苏州大学校史丛书

总主编 王卓君 朱秀林

U0836384

苏州大学校史研究文选

主　编　周建屏 王国平
副主编　徐　燕 张　燕

苏州大学出版社

图书在版编目(CIP)数据

苏州大学校史研究文选/周建屏，王国平主编.—苏州：
苏州大学出版社，2008.12
ISBN 978-7-81137-162-8

Ⅰ.苏… Ⅱ.①周…②王… Ⅲ.苏州大学－校史－文集
Ⅳ.G649.285.33－53

中国版本图书馆 CIP 数据核字(2008)第 186344 号

苏州大学校史研究文选
周建屏　王国平　主编
责任编辑　施　放

苏州大学出版社出版发行
（地址：苏州市干将东路 200 号　邮编：215021）
丹阳市教育印刷厂印装
（地址：丹阳市西门外　邮编：212300）

开本 787mm×1 092mm　1/16　印张 34　字数 850 千
2008 年 12 月第 1 版　2008 年 12 月第 1 次印刷
ISBN 978-7-81137-162-8　定价：60.00 元

苏州大学版图书若有印装错误，本社负责调换
苏州大学出版社营销部　电话：0512-67258835

苏州大学校史丛书编审委员会

主　任：王卓君　朱秀林

副主任：夏东民　张学光

委　员：（以姓氏笔画为序）

王书昭　王春元　王顺利　叶伟衡　田晓明　白　伦　任　平
刘有儒　刘　林　印其章　朱士群　朱　江　朱和生　朱炳元
江　村　江　涌　江　静　何寿春　吴融如　宋肇棠　宋锦汶
张　影　张云朋　张圻福　张良田　张雪根　张菊兰　李鹤皋
杨　巩　杨一心　沈雷洪　赵经涌　陆匡宙　陈一星　陈王善继
陈克潜　周孝谦　周炳秋　周德欣　杭晓平　郑薇青　金　均
姜礼尚　姚焕熙　施明干　赵　凯　钟文综　唐忠明　夏昌明
徐惠德　殷爱荪　秦和鸣　袁沧洲　诸镇南　钱培德　顾佩兰
顾　钢　高伟江　高祖林　高　敏　崔志明　曹　鄂　黄文锦
黄金玉　喻叔英　程肖彭　葛建一　路建美　蔡衍郎

执行主编：王国平

总　　序

苏州大学的历史，追溯最早源头，自东吴大学创办至今，已经一百多年了。

历史的偶然性往往使人们惊异不已。近代中国第一所西制大学不是诞生在浸润着欧风美雨的上海等沿海大都市，而是诞生在有着深厚的古老历史文化传统的姑苏。对历史偶然性的惊异又总会激发人们对历史必然性的思索。正因为苏州有着上千年崇文重教传统，才会在近代新的历史条件下宽容地接受了一所异质的教会大学。正因为苏州有着发达的科举文化，当甲午战争失败给社会以空前刺痛之时，才会有一群科举士子毅然转向西学以救亡图存，为大学的兴办创造了难得的生源与际遇。正因为苏州不是沿海大都市，在近代社会转型之际，它更少都市的商业喧嚣，以厚重的文化素养使现代大学茁壮成长……

鸟瞰苏州大学的百年历程，名校汇聚，群贤毕至，千帆竞发，如同百川归流，激荡成壮阔的历史长河。1952 年院系调整，苏南文化教育学院、东吴大学文理学院及江南大学数理系合并组建苏南师范学院，不久更名为江苏师范学院。1982 年，江苏师范学院改为苏州大学。苏州蚕桑专科学校、苏州丝绸工学院、苏州医学院又先后于 1995 年、1997 年、2000 年并入苏州大学。星移物换，万象更新，今日之苏州大学正跨越世纪，攀上历史的高峰，前面是更为辉煌的未来。

这套丛书将向您展开苏州大学一百多年的历史长卷。我们希望，她所承载的历史文化积淀，以及附丽其上的历史记忆、历史评论等等，能让您开卷有益。

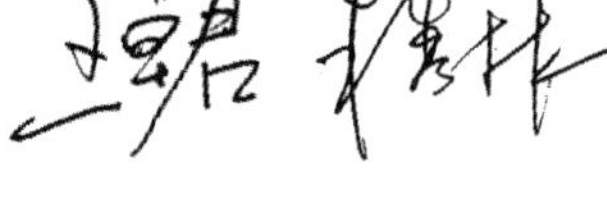

Preface

The history of Soochow University today can be traced back to the establishment of the former Soochow University (1900—1952), one of the earliest universities in the country over a hundred years ago.

Amazingly, the first modern Western university in China wasn't born into the coastal metropolis like Shanghai which had been westernized much earlier, but coincidentally in the ancient city of Suzhou which enjoyed great cultural profundity and historical tradition. This amazing coincidence certainly inspired people to reflect its inevitability. It was Suzhou's traditional homage to culture and education that nurtured an open field to a mission university from the West. It was also its developed Imperial Civil Service culture that enabled a group of Suzhou elite scholars to determinedly turn to Western learning for the survival and revival of the nation after the humiliating Sino-Japanese war in 1894. Furthermore, it was the non-coastal metropolis location that made Suzhou less commercialized during the social transformational period and favored, with its rich cultural attainments, by education pioneers. All these helped to create rare opportunities for an institution of higher learning and its maturity.

The centennial history of Soochow University has witnessed mergence of well-known institutions, assembly of the virtuous, and prosperity of attainments, and continuation flows of historical development. During the national reformation of colleges in 1952, Southern Jiangsu Teachers' College, very soon as Jiangsu Teachers' College was formed on the mergence of the School of Liberal Arts and Science of the former Soochow University, Southern Jiangsu College of Culture and Education and the Department of Science of Jiangnan University. Soochow University was renamed in 1982, and in 1995, 1997 and 2000 respectively, Suzhou College of Sericulture, Suzhou Institute of Silk Textile Technology and Suzhou Medical College were merged into Soochow University. With great changes, Soochow University in the 21st century is renewing itself with each passing day for the peak of its historical glory and bright future.

The book series are opening a demonstrative display of the centennial history of Soochow University. It is sincerely hoped that the accumulation of culture, to which historical memories and comments attached will provide readers a beneficial review of the University.

Wang Zhuo-jun　Zhu Xiu-lin

苏州大学校史研究文选编辑说明

1. 本书辑入有关苏州大学校史研究的论文及相关文章,涉及苏州大学及其前身学校与并入学校。

2. 本书选辑文章按五个专题分类,即创办与发展、校史人物、教学科研、学生运动与其他。

3. 相关文章的排序:创办与发展部分按相关学校分别编排,依次为东吴大学、苏州文教学院、江南大学、江苏师范学院、苏州蚕桑专科学校、苏州丝绸工业学校、苏州医学院、苏州大学,并按文章所涉事件的时间先后为序;校史人物部分按文章所涉人物的姓氏拼音为序;教学科研部分,按文章所涉学历教育层次高低为序,先人文科学后自然科学;学生运动部分按文章所涉事件的时间先后为序;其他部分则按文章所涉事件的时间先后为序。为便于编排,原文中插图均省略。

4. 据不完全统计,迄2007年底,发表在各种刊物(含部分非正式出版刊物)上的校史研究文章共约三百余篇,本书选辑近百篇,未辑入本书者,有关信息附录于后,以资参考,以便检索。某些重要校史事件、校史人物等因尚无相关研究文章,未能在本书中得到反映,谨此说明。

5. 附录部分按专题、学校分别集中编排。

6. 辑入的论文及相关文章,除根据编辑规范作相应改动外,基本保持原貌,不作修改。

苏州大学校史研究文选目录

一、创办与发展

二、校史人物

三、教学科研

四、学生运动

五、其他

一、创办与发展

东吴大学的起源

——上海中西书院简论

胡卫清

上海中西书院(The Anglo—Chinese Methodist College, Shanghai)与苏州博习书院、宫巷中西书院共同构成了东吴大学的三个源头。有关中西书院的历史,学界已作过一些研究。[1]这些研究当然是很有意义的,只是其所本之资料多取自《万国公报》,而该报在隶属广学会后对中西书院甚少报道。这样,人们对中西书院整个发展过程仍不免有难窥全豹之感。本文力图在较为全面地占有资料的基础上对其历史作进一步的探索。

一

上海中西书院由美国监理会(South Methodist Episcopal Church)传教士林乐知创办。林乐知(Young John Allen),1836年1月3日出生于美国南方的乔治亚州柏克郡,中学时代受洗加入监理会,1858年被监理会封立为牧师,1859年与妻子及尚不满半岁的女儿乘船赴华,于次年7月抵达上海。[2]从19世纪60年代起林乐知心里就一直酝酿着一套教育计划,到80年代初方付诸实施。促成林乐知开设中西书院的因素主要有以下两个方面:

就主观因素论,林乐知的思想受到神学自由主义的影响,在"救灵"与"救世"的问题上持一种开放的态度,注重社会整体环境的改造,希望通过文化教育和其他社会活动来为基督教的传播开辟道路。受这种思想影响,林乐知对各种世俗活动表现出异乎寻常的兴趣与热情。与那些深入穷乡僻壤从事个人灵魂拯救的教士不同,林乐知更愿意在通都大邑活动,更乐意和中国的官绅士大夫交往,他长期供职于上海广方言馆和江南制造局翻译馆。他说:"大量的有价值的经验与观察是可以通过与中国有文化教养的上层社会的直接接触获得的。"[3]林乐知认为,教会对于彻底改造中国负有不可推卸的责任,而要改造中国就一定要涉及中国的教育。他指出,"我们已强加给中国一场革命,这场革命涉及到中国的教育","传教士们被召集起来去从事教导这个民族的伟大工作"[4]。

从客观的社会环境看,伴随洋务自强运动在各个领域的展开,清廷对懂外语通西学的新式人才的需求迅速增大,而当时屈指可数的几所洋务学堂远远不能满足这种要求,这就为近代教会学校的发展提供了一种机遇。但是当时在华工作的传教士思想大都很保守,他们把教育仅仅视为传教的工具和附属品,福音和救灵是第一位的,一个传教士如果过分热衷世俗事务就是对圣职的亵渎。他们开办的学校主要有两种:一种是带有慈善性质的走读学校(Day Schools),招收贫困和流浪的儿童,以供应饭食乃至分发少量钱币相招徕,教读《圣经》和少量的儒书,这种学校大多程度很低,学制也不规范,一般由传教士委托一名当地教师开办;另一种是带有鲜明神学教育性质的寄宿制学校(Boarding Schools),这种学校虽然学制课程较为规范,但往往伴随着严格的契约,学生离校后主要在教会内从事布道工作。显然,这两种学校都不可能为当时中国的主流社会所接纳,一般官绅士大夫对教会学校嗤之以鼻,绝不肯把自己的子女送到这样的学校受教育,就是那些进入教会学校的学生也并不是为了寻求受教育的机会,而是带有明显的"吃教"的目的。这两种学校所培养的人自然也不适合洋务机构的要求。传教士如果希望通过教会学校培养人才来影响中国的自强运动的话,那么他们就必须考虑调整其教育政策,使教育朝着世俗化和专业化方向发展,同时还要在学校开设外语课程。

寻求一种既对中国人有吸引力又不致过分触怒那些保守的福音主义教士和更保守的差会本部的教育体制,是摆在林乐知等开明教士前的一个问题。好在答案并不难找,这就是双语教育体制。这种体制由于既教儒学又教西学西语(主要是英语)而带有文化折中主义色彩,学校的宗教氛围也相对淡化,对于那些开明的中国士大夫来说自然是可以接受的;而由于这种学校所培养的人才在就业上并不局限于教会内部,而是广泛地分布到各洋务机关,因而可以扩大基督教在华影响,也不能不使部分传教士和少数差会对此有所考虑。《教务杂志》在 19 世纪 80 年代开始对英语教育进行讨论。香便文(Benjamin Couch Henry, 1850—1901,美国北长老会教士)持消极态度,而库思非(Carl F. Kupfer, 1852—1925,美国美以美会教士)和李安德(Leander W. Pilcher, 1848—1953,美以美会教士)则积极支持英语教育。[5]在福州美以美会已于 1881 年 1 月 19 日开办鹤龄英华书院。[6]在天津美国公理会教士山嘉利(Charles Alfred Stanley, 1835—1910)也提出了开办一所双语制学校的庞大计划。[7]可以说到 19 世纪 80 年代传教士中间已有一部分人对英语教育形成了共识。不过反对实施英语教育的人更多,这就使得那些主张双语制教育的人不得不经常为自己的主张进行辩论解释。

林乐知对双语制教育寄予厚望,他相信通过这种学校可造就一批人才,"内而帷幄决胜之具,外而撙俎折冲之猷,膺疆寄而筹闾阎口体之需,任边防而备干城腹心之选,所谓识时务之俊杰皆可于此取之"[8]。林乐知希望自己培养的学生"中西并重"[9],成为学贯中西的通才。由于当时教会的中初等教育都有所发展,但缺乏真正的高等教育,所以林乐知把自己的目标定为大学。1881 年监理会请他开呈布道方法,他拟定的条例中第一条就是"设立教会大学"[10]。

1881 年 9 月 24 日,林乐知在其主办的《万国公报》上发表《设立中西书院启》,宣布在上海县城西门外法租界三一堂之东隅建造中西书院一分院。启事发表时,第一分院已经开工,具体的筹备工作肯定早就开始了。一分院建筑系两层楼,长 62 英尺,宽 68 英尺,可容纳 250 到 300 人。[11]第二分院也正抓紧筹办,拟建于美租界虹口吴淞路。为了顺利开展这项"造福于中国的新教育计划",林乐知于这年 11 月 12 日辞去其在江南制造局的职务。[12]两分院落成前夕,林乐知在《申报》上刊登广告,希望学生速到八仙桥林华书院报名。[13]报名非常踊跃,启事刊登 20 日内报名人数已超过 200,其中一分院报名不到一个月就额满[14],遂定于 1882 年 1 月 19 截止一分院报名,30 日举行入学面试。据中西书院掌教沈毓桂估算,因额满未能入学者先后有数百人。[15]

1882 年 3 月 9 日,上海中西书院第一分院开馆,正式揭开了该校历史的第一页。紧接着,虹口第二分院也于 4 月 22 日开馆。两分院教学进入正轨后,林乐知马上开始筹建大书院的活动,并将《万国公报》停刊。大书院于 1883 年 8 月初动工,次年 2 月竣工。

中西大书院虽然建成了,但林乐知开办一所真正的大学的梦想却并没有因之而实现,失望与沮丧困扰着他。他希望学生认真学习中文,了解本民族的文化,保持民族特性[16],

同时接受系统的现代知识教育。但是学生却只对英语感兴趣，而且就是学习英语，他们也不打算系统学习，他们希望速成，往往学一两年，长的也不过三四年就离校而去，然后到洋务机构或外国人开办的洋行里去谋求一份收入颇丰的职业。这种情况在其他实行双语制教育的学校里也普遍存在，这就给了那些反对在教会学校进行英语教育的人以口实。1890年上海传教士大会上，美国北长老会教士狄考文（Galvin Wilnon Mateer，1886—1908）发表长篇论文，猛烈抨击双语制教育。[17]尽管美以美会教士力为廉（William Henry Lacy，1858—1925）、武林吉（Franklin Ohlinger，1839—1919）、李承恩（Nathan J. Plumb，1843—1899）均发言反驳了狄的观点，上海中西书院教习冯昌黎也为自己的学校进行了辩解[18]，但事实是狄的发言确实戳到了要害。这类学校的学制的确需要进一步完善改进，否则就会变成纯粹商业性质的语言学校。

1895年秋，监理会会督郝德立调派潘慎文（Alvin Pierson Parker，该会教士，1850—1924）任中西书院监院。潘慎文对中西书院只重视英语教育而忽视儒学和西方科学学习的状况很不满意，上任伊始马上着手调整学制。1897年全校只使用汉语作为教学语言教授数学，这在中西书院历史上还是第一次。[19]潘慎文对双语制学校学生汉语水平低下的现状十分清楚。[20]为此学校加强了儒学经典的教育，使其成为一门主要课程。在科学教育方面，从1898年春季起实行正常收费，不再减免学费，科学课程一般安排在晚上。[21]为了使学制走向正轨，学校规定，“如有全按课程诵习，捐款略减”[22]，以资鼓励。潘慎文的措施取得了一些成效，1901年中西书院开始有预科毕业生，1905年起有正科毕业生。[23]

潘慎文任中西书院监院时期，正值中国甲午战败之后，亡国灭种的塌天大祸使得部分国人觉醒过来，对西学的兴趣无可遏止地增长起来。作为西学传播主渠道之一的教会学校，因此身价倍增，获得迅速发展的机缘，教会高等学校也有所发展，在校大学生近200名。[24]而此时监理会虽拥有初级学校58所，学生1 310人，居新教在华差会的第7位，有中学及书院6所，学生552人，居第4位[25]，但仍缺乏真正的高等教育。1895年监理会教士孙乐文（David Laurence Anderson，1850—1911）在苏州开办宫巷中西书院，开始时系试办性质，没料到学校进展非常顺利。宫巷中西书院开办的成功使监理会开始考虑调整其教育政策，以发展真正的高等教育。1899年初，监理会决定迁并博习书院，学生教师迁往上海中西书院，而学校的建筑、仪器则移交给宫巷中西书院。同年10月监理会中华年议会在苏州开会，决定该会的高等教育工作统一在苏州进行，建立一所大学包括文理学院、医学院和神学院三个部门，其他部门也将尽快开办。[26]1900年5月其母会批准该计划，并派总干事向田纳西州申请执照，认可其授予的学位。[27]1901年3月8日宫巷中西书院迁入天赐庄，东吴大学正式开办。[28]

监理会为什么不选择上海而选择苏州来开办大学呢？原因有二：其一是监理会对开办近20年的上海中西书院的成绩与体制颇感失望，遂决定另起炉灶造就一所新型的大学，而孙乐文的宫巷中西书院虽然开办时间不长，却展示了一种新的希望，所以决定以宫巷中西书院为基础创办大学[29]；其二是上海乃是一商业性大都市，尺地寸金，中西书院所在之地地价甚贵，学校在此难于发展，而在苏州天赐庄购地则便宜得多[30]。

监理会决定在苏州开办大学的消息传出后，上海各报均说上海中西书院将马上迁往苏州，潘慎文不得不刊登告白，说这“实系误会，盖苏设书院虽有成议，尚未兴工，本书院仍在原地”[31]。但是东吴大学创办后，中西与东吴并立达10年之久，这其中的原因却必须予以说明。首先是监理会上海连环司的一些人出于地方主义和情感的考虑，对中西归并东吴持消极态度；第二是中西书院的学生多来自上海上流社会，他们的父母是中西书院经济上的赞助者，如果中西迁往苏州，他们中的许多人自然不可能继续提供赞助；第三，中西书院开办20余年，日积月累，财力雄厚，昆山路南北，东起吴淞路西至乍浦路，数十亩地产均归书院所有，这也是监理会迟迟不肯下决心迁并中西的原因之一；第四，中西书院自潘慎文任监院起逐步走向正轨，在东吴开办的头几年里无论就师资、生源、教学水准还是就学校的教学设备而言，中西都要超过东吴。文乃史（Walter Buckner Nance，1868—？美国监理会教士）描述此时孙乐文的心情时说道："只要中西书院仍然强大，而东吴只有少量的毕业班级，那么对他来说提出由后者合并前者也许是很为难的。"[32]

1906年葛赉恩（Jocn W. Chine 1868—?，美国监理公会教士）接替潘慎文执掌中西书院。1907年学校花费一万余元兴建房屋，整修校舍，所有学生宿舍都安装了电灯，照明条件大为改善。[33]葛赉恩在教学管理上"力谋改善，迎合时代精神。"[34]1909年学校添设专门的商业班，聘请经验丰富的会计H. V. S. 迈尔斯执教。同年6月4日，中西书院举行建院25周年（以大书院成立之日起计算）庆祝会，尽管当日大雨滂沱，仍有2 000人出席大会，"沪上官绅均往道贺，颇极一时之盛"[35]。美国驻沪总领事维礼德（Amos Parker Wilder，1862—1936）和李提摩太（Timothy Richard，1845—1919，英国浸礼会教士）等到会作了演讲，会后进行了捐赠活动。[36]

1911年3月16日东吴大学校长孙乐文逝世，5月1日葛赉恩调任为东吴大学校长。中西书院由白约瑟继续负责。5月底监理会决定结束中西书院，将之归并到东吴大学。[37]到春季学期结束时，这所存在了整整30年的学校终于宣告结束。当时，归并消息宣布后，引发了一些冲突和麻烦。中西书院同门会的会友对归并尤为不满，认为此举是"合法谋杀了他们的母校"[38]，但总的说来归并还算顺利。作为两校合并的关键人物，葛赉恩态度十分明确，他说："本年痛苦的经验让我们看清了联合行动的必要性，地方和情感的考虑必须服从最明确的需要，即通过整个教会统一和集中的努力来深化和加强基督教教育工作的基础。"他呼吁大家正确对待东吴大学，"让我们把它视为自己的学校，它值得我们热情地支持，让我们在大学工作中保持年议会的团结精神，集中在一个目标上，放弃个人的偏爱，我们将会实现以前从未有过的成功"[39]。

中西书院1911年在校学生191人，后来实际进入东吴者85人[40]，教师并入东吴者是白约瑟、施密德、史拜言和沈觉初4人。大部分师生仍然留下来，由上海连环司继续开办，学校取名"中西学堂"，系中学程度，1915年改名为东吴第二中学。

中西书院归并后，"东吴声势，于是大振"[41]，历史又揭开了新的一页。

二

中西书院的学制与课程前后变动很大。1881年11月26日林乐知在《万国公报》正式公布《中西书院课程规条》，实际上在此之前《申报》以"善举足志"为题已将课程公布。[42]这是一份八年制课程单，英语语言学习在其中占有很重要的地位，年年开设，自然科学课程包括数学、物理、化学、天文学、地理学、地质学、矿物学、生理学等，人文学科则有历史学、政治经济学、国际法和伦理学等。中学课程因学生年龄及程度差异较大，只能根据具体情况各分班次。这份课程单说明，林乐知采取的是一种文化理想主义或者说折中主义的态度，他希望学生“中西并重”,既系统接受现代西方的知识教育,又认真学习本民族的文化经典,保持民族特性。但是,任何理想都必须经受现实的考验。进入中西书院的学生大多是买办商人及官绅的子弟,他们只对英语学习有兴趣,而中西书院又是一所经济上实行自养的学校,学校的收入绝大部分来自学生上缴的学费及膳费,这样学校便不太可能与学生订立条件苛刻的契约,强迫学生按照学校自己规定的学制进行学习,而只能根据学生意愿开设课程。同时林乐知本人在教育观念上也较为开放,并不主张实行传统的寄宿制学校形式,就如同当时圣约翰书院所实行的那样。[43] 1883 年林乐知发表《中西大书院章程》,宣布大书院内分列三院:中文院、西文院和格致院,学生如“欲三院学问皆精,必得八年或十年功夫,倘仅为贸易之计亦须先学英文二年,然后教授各项贸易买卖文字,必得四五年之苦功庶可酬应”[44]。这实际上是宣布实行双轨学制,即正规的八年学制和专门满足学习英语和贸易学生的变通课程。对这种状况林乐知颇有无可奈何之感。1886 年他发表启事说,“乐知创立中西书院,栽培中华子弟,本图上达,非取浅小视之,历有四年,所授生徒或半途辄止,或乐于小就,及知始知诸生来院肄业大半仅欲贸易而已”。感慨之余,林宣布学校课程仍分为“专图远大之谟”的上等和“权作浅近之计”的次等两类,任凭学生自己选择。[45] 关于上等课程的学习情况,据书院教习刘乐义(G. R. Loehr,美国监理会教士,林乐知女婿)说,在林乐知卸任前后,书院内已有学生在学习五级和高级英语读本以及地理、历史、代数、化学、物理、天文、地质学和生理学等课程,只是“由于许多途径向我们的学生敞开及对会讲英语的中国人的需求,让学生学完全部八年课程是不可能的”[46]。这就说明尽管两种学制并存,但毫无疑问英语语言教育占据着主要地位,而真正的学院制高等教育还只是一种追求目标。

潘慎文时期中西书院仍然实行八年学制,不过潘慎文拟定的八年学制比林乐知的更加规范,课程更详尽明确。学制规定:正科四年,预科四年,预科里又分初级和中级两等。英语教育在全部课程中所占比例仍然最重,不仅有专门的语言课,而且部分课程也有英文讲授,充分反映出双语制学校突出外语教学的特色。汉语教学已有所改进。开始采用新编的蒙学教材,同时亦系统讲授儒学经典。四书五经中除《易经》外全都开设了。正科的部分数学和科学课程达到了现在高中和大学低年级的水准。[47] 如果将中西书院正科的课程和东吴大学、圣约翰大学、北京汇文书院以及南京汇文书院相比较,可以说它们是比较接近的。然而考察一所学校的水准不仅要看它开设了什么课,更要看它的实际教学情况。中西书院虽然此时声称有 30 名正科生,比北京汇文书院和南京汇文书院都要多,但这只能说明当时教会大学普遍的低层次和低水准。[48] 就整体水平而论,中西书院仍是以提供初、中等教育为主要特征,这不仅仅是因为其正科毕业生在其全部在校生所占比例太少,历年全部毕业的正科生总共才不过 14 名[49],更因为其所谓“预科”并非今日之大学预科,实乃从头开始的初等教育。以这种“预料”的基础而选择出来的正科生,其水平如何自无庸多说。

葛赉恩接手中西书院后曾于 1908 年 12 月发表启事,宣布对学校章程“重加修饰,七年毕业”,在授课上“增益时间,改良课本”[50]。但究竟是正科缩短了一年,还是预科缩短了一年,增加了哪些课程时间,采用了什么新教材,我们均无从得知。七年学制当延续至中西书院结束为止。

作为一所教会学校,中西书院自然是重视宗教教育的。有些论著根据《万国公报》等中文资料推定林乐知时期没有开设宗教课程。笔者仔细搜集排比了各种史料,证明这种说法是错误的。事实上中西书院从1882年开办起就在英语初级班开设了常规基督教课程,所以“毫无疑问,从一开始中西书院就已经制造出浓厚的宗教影响,并且这种影响将愈来愈强烈”[51]。当时中西书院所使用的宗教教材主要是“印度基督教本国语协会”的出版物,这些读物主要选自《耶稣传》、《旧约》圣经和《约伯记》。刘乐义指出:“如果一个学生在学校里花半年左右的时间学习《主祷文》、《摩西十诫》和《使徒信经》,他就能了解一些救世计划的知识。”[52]刘乐义的经验是每天用少量时间进行宗教教育比投入大量时间效果更好,在课堂上讲道比在书院教堂更能吸引学生的注意。[53]必须指出的是,尽管林乐知在中西书院开设了宗教课程,但他始终没有将培养教会工作人员纳入学校的目标体系,他希望培养的是具有基督教信仰的世俗领袖与人才,而非神职人员。与林乐知相比,潘慎文思想则显得保守一些,他说:“像中西书院这样一所学校的主要目标之一,就是为中国教会训练工作人员。”[54]在他的努力下,1900年春季书院开设了一个传道班,有5人进入此班肄业。[55]这个班一直持续到1905年以后。[56]这个时期预科阶段开设了《耶稣传》、《基督本纪》、《圣经》历史、《使徒行传》和《天道溯源》等课程,目的在于给予学生关于基督教及其教义的基本知识,正科阶段则开设了神学概要、自然神学和基督教伦理学等理论性较强的课程。除了宗教教育外,中西书院还存在各种宗教组织,主要有:圣日学堂、益赛会、基督教青年会以及中西书院撙节会。限于篇幅,这里不详细介绍。晚清传教士尤其是新教教士的观念体系里已经糅合了近代西方的价值观念,他们讲授基督教教义时很自然地将这些观念输入学生的心脑之中,而学生在聆听“天国的福音”时也同时感受到西方世俗文明的“强烈召唤”,他们开始成为真正意义的近代学生。

在学生生活方面,中西书院十分注重培养学生的团结精神和集体意识,为此学校组织了各种学生团体,主要有:(一)讲学会,属辩论会性质,设立时间不详。每月集会两次,推举人选题辩论,既练口才又长见识。“奉行不怠,数年如一日。”[57]学生可用英语也可用汉语辩论。辩论会对培养学生的政治意识、铸造爱国精神也是很有作用的,中西书院在1903年曾专门举行过“爱国会”。(二)体操会,又名运动会,设立时间为1903年。[58]1904年4月23日中西书院还与南洋公学、东吴大学和圣约翰书院组织了“中华大学联合运动会”[59]。为激发学生对体育的兴趣,书院还组织过全校性的运动会,共设了14个比赛项目。[60](三)足球队,成立时间不详,经常与圣约翰和东吴进行比赛。(四)同门会,即校友会,成立时间为1906年。[61]该会以“联络砚谊,交换智趣为宗旨“,每年举行正式会议一次。[62]1907年同门会会友及院内学生为改进校舍捐款数达2 000余元[63]。中西迁并东吴后,其后续之中西学堂及东吴二中均赖同门会会友之支持得以维持。东吴大学校友会成立后,中西书院同门会会友一并列入。

三

可以从以下三个方面来评价上海中西书院在近代中国的影响:

(一)中西书院倡导的双语制教育及其促动的教会教育的专业化和世俗化的趋势在近代中国教育史上影响甚远。诚然,林乐知等人没能很好地解决满足社会需求与实施正规学历教育之间的矛盾,结果只能被动地适应社会需要。这不仅使他的大学梦想一度破灭,而且还招致了保守的传教士们的攻击。但是教会学校必须面向中国社会,必须从狭隘的慈善教育和神学教育的死胡同里走出来。从传教的工具变成真正的教育机构,走上专业化和世俗化的道路，这是时代的需要，是大势所趋。事实上20世纪的教会学校都逐步淡化了学校的宗教色彩，并以双语制教育为主要特色，同中国的公私立学校展开竞争，共同促进了中国教育的近代化。从这个意义上说，林乐知和中西书院迈出了历史性的第一步，尽管不是很成功，但毕竟走在时代的前列。

（二）肄业人数众多，影响遍及国内外。根据1886年的统计，截至当年9月中西书院肄业总人数已达939人[64]，1895年达2 000人[65]。自潘慎文担任监院起直至归并东吴，这15年学生注册的资料比较齐备。笔者根据这些资料同时参考当时学生的流动率进行推算，中西书院后15年的肄业人数亦有2 000名左右。所以整个书院存在时期的学生肄业总人数约有4 000名，这在当时的确是一个庞大的数字。中西书院不仅学生肄业人数多，而且其地域分布甚广。就国内而言以上海本埠和江浙学生为多，广东籍学生为数亦不少。大书院建成具备住宿条件后，学生更是遍布国内。就国外而言，中西书院还有一些来自韩国和日本的学生。[66]韩国学生尹至昊1886年由其父送入上海中西书院，次年3月受洗入教。[67]其后尹致昊又到美国凡德比尔特大学学习，毕业后回韩国，成为监理会在韩事业的开拓者。[68]尹致昊后来因为拒绝与日本侵略者合作，被当作政治犯囚禁起来。另一名韩国学生梁桂三1906年结业于中西书院，其后也进入凡德比尔特大学学习，并曾担任过旧金山高丽会书记。回国后致力于教会事业，成为韩国监理会的领袖人物。[69]日本学生的具体情况不太清楚。

（三）造就一批良才，为中国的近代化事业作出了贡献。中西书院成立时李鸿章、唐廷枢等洋务官僚曾慷慨捐助，支持书院的建设。中西书院作为一所世俗化较早的教会学校始终与洋务机构保持着密切联系。1883年上海电报局招考，中西书院学生“多有取入前列者”。到1891年底书院历年肄业者“或至各海关，或至电报各局以及铁路招商等局办事者已有200余人。再各处设立电报、水师等学堂由本书院去学习者亦有数10人”。[70]1894年林乐知又说，近年来应李鸿章之命“函送到津者已不下200余人”[71]。东吴大学在25周年校庆时论及中西书院时写道，“当世邮务、电政、路局以及实业界中之桃李，强半出自我门”[72]。这虽有点夸张，但也并非是无根之谈。这么多人进入洋务机构，说明中西书院对中国早期的近代化运动作出了较大贡献。根据东吴大学校友会的统计，中西书院尚有谢武衡、郑辅华和应尚才等10名学生曾赴美留学。收入《上海工商人物志》的汪国璇也是中西书院的学生，他在20世纪20年代曾担任上海市信托商业同业公会监事，南洋企业公司经理，新华银行副经理和国安信托公司总经理，在企业界和金融界享有“崇高地位”[73]。早年就读于中西书院的方液仙，于1911年创办了中国化学工业社。1933年方液仙又创办上海中国国货公司，自任总经理，成为沪上实业界知名人物。[74]

作为一所学校，中西书院已走进尘封的历史，然其足音余响会让人想起它曾有过的辉煌。

注释：

[1] 有关上海中西书院的研究主要有：魏外扬《沈毓桂之生平思想》，台湾师大历史所硕士论文（打印本），第81—95页；梁元生《林乐知在华事业与万国公报》，香港中文大学版，第52—67页；易惠莉《西学东渐与中国传统知识分子》，吉林人民出版社，第163—180页。

[2] A. A. Bennett, “Missionary Journalist in China”, Georgia University Press, p. 27.

[3] John K. Fair bank edited, “The Missionary Enterprise in China and America”, Havard College, 1974,

p. 164.

[4] The Chinese Recorder, Vol. XXI(1890), p. 298—299.

[5] The Chinese Recorder, Vol. XII(1881), p. 225—236; Vol. XVII(1886), pp. 417—419; Vol. XX (1889), p. 403—410.

[6] Eddy Lucius Ford, "The History of the Educational Work of the Methodist Episcopal Church in China", Christian Herald Press Foochow, 1938, p. 146.

[7] Kwang—Ching Liu(刘广京) edited, "American Missionaries in China", Harvard University, 1970, p. 54—59

[8]《万国公报》第49册,台湾华文书局,第13416页。

[9]《万国公报》第49册,台湾华文书局,第8760页。

[10]《中华监理公会年议会五十周年纪念刊》(中文版)第51页。

[11] The Chinese Recorder, vol. XII(1881), p. 390.

[12] The Chinese Recorder, vol. XII(1881), p. 470—471。

[13]《申报》1881年12月8日广告版。

[14]《申报》1882年1月2日广告版。

[15]《申报》1882年5月8日。

[16] A. A. Bennett, "Missionary Journalist in China", p. 285.

[17] Records of the General Conference of the Protestant Missionaries of China, 1890, p. 461—464.

[18] Records of the General Conference of the Protestant Missionaries of China, 1890, p. 497—499, 500—501, 507—508.

[19][21] Minutes of the Annual Session of the M. E. S., 1897, p. 20; 1898, p. 18.

[20] Records of the Triennial Meeting of the E. A. C., 1902, p. 170.

[22]《申报》1896年1月27日《中西书院告白》。

[23]《东吴大学实录》,民国4年版,第79—82页。

[24] 顾长声:《传教士与近代中国》,上海人民出版社,1991年,第228页。

[25] The Chinese Recorder, Vol. XXX(1899), p. 144—145.

[26] The Educational Directory For China, 1905, Published by E. A. C., p. 91—106.

[27] W. B. Nance, "Soochow University", p. 19.

[28][29] Minutes of the M. E. S., 1901, p. 28; 1911, p. 21—22.

[30]《万国公报》第19卷3号(1907.4),《监理会创立大学堂之历史》。

[31]《申报》1900年1月6日《中西书院》。

[32] "Soochow University", p. 95.

[33] Minutes of the M. E. S., 1907, p. 29.

[34]《东吴校刊》民国二十四年七月。

[35]《申报》1909年6月8日。

[36][37][39][40] Minutes of the M. E. S., 1909, p. 35—36; 1971, p. 21—22, 35—40; 1912, p. 38.

[38] "Soochow University", p. 128.

[41]《东吴大学二十五周年纪念特刊》第6页。

[42]《申报》1881年11月19日"善举足志"。

[43][44][45]《申报》1883年2月5日《万航渡圣约翰书院启》;1883年12月14日《中西大书院章程》;1886年2月11日《中西书院告白》。

[46] The Chinese Recorder, Vol XXVII. (1896), p. 194.

[47][48] The Educational Directory For China, 1905, Appendix Ⅰ—Ⅱ, Ⅶ, Ⅹ, Ⅶ.

[49]《东吴大学实录》第 81—82 页。
[50]《申报》1908 年 12 月 8 日《中西书院通告》。
[51] The Chinese Recorder, Vol. XIII(1882), p. 456.
[52] The Chinese Recorder, Vol. XXVII(1896), p. 86—87.
[53] Records of the Triennial Meeting of the E. A. C. ,1896, p. 252—253.
[54][56] Minutes of the M. E. S. ,1904, p. 18;1905, p. 19.
[55]《教保》卷十三《中西书院报单》。
[57]《教保》卷四八《文武并重》。
[58]《新闻报》1903 年 10 月 24 日《体操大赛》。
[59]《上海市年鉴》民国二十五年丁部第 76 页。
[60]《时报》1905 年 6 月 9 日《记中西书院运动会》。
[61][63] Minutes of the M. E. S. ,1906, p. 25—26;1907, p. 29.
[62]《申报》1909 年 5 月 8 日。
[64] The Chinese Recorder, Vol. XVII(1886). p. 260.
[65] The Educational Directory For China, 1895,(Shanghai: American Presbyterian Mission Press) p. 60.
[66][67] The Chinese Recorder, Vol. XXVII(1896), p. 193; Vol. XVII(1887), p. 291.
[68](韩)金得榥著,柳雪峰译:《韩国宗教史》,社会科学文献出版社,第 286—287 页。
[69] Golden Jubilee 1886—1935(M. E. S.), p. 50—51.
[70]《中西教会报》1892 年 5 月《中西书院报单》。
[71]《万国公报》复刊第 71 期《中日两国进止互歧论》。
[72]《东吴大学二十五周年纪念特刊》,第 30 页。
[73]《上海工商人物志》"汪国璇"条,民国三十七年版。
[74] 陆茂清:《国货联手战东洋——方液仙献身实业纪实》,《纵横》1993 年第 3 期。

原载《档案与史学》1997 年第 4 期

博习书院述论

胡卫清

苏州博习书院、宫巷中西书院及上海中西书院是东吴大学的三个源流，其中又以博习书院历史最为久远，现存有关博习书院的史料散见各处，搜罗不易，且相互矛盾之处较多。笔者根据所掌握的史料，加以考订，连缀成篇，以期对博习书院的发展历史有一个客观的评价。

一

博习书院的前身是存养书院，存养书院是美国监理会在华创办的第一所男子寄宿学校。1848 年 4 月 28 日监理会首先派遣戴医生和秦佑及其眷属赴华传道，于上海城东门外建造福音堂，开办女学一所，小学两所。[1] 1869 年监理会又派遣蓝柏赴苏州传道，次年，曹子实加入苏州布道行列，讲道之余，曹还教一个驼背的男孩和一个小女孩读书识字。1871 年，曹子实租赁葑门十全街教友殷勤山之屋，正式宣布开办一所男子走读学校，由于学生来自各地，走读学校显然不合要求，便改办寄宿学校。[2]

曹子实是浙江秀水人，孤儿，早年随兄赴沪，结识蓝柏牧师，留在塾中肄业，1859 年蓝柏夫人因病回国休假，遂携曹一同前往。曹子实在美国发奋求学并受洗入教，由于施洗者是密西西比的马歇尔会督，因此曹取英文名查理·马歇尔。1869 年曹子实从纽约返回上海，翌年随蓝柏赴苏布道兴学。[3] 这所男子寄宿学校开办后，刚开始似无名称，影响也不大，19 世纪 70 年代中期蓝柏几次给《教务杂志》的编辑通信，述及监理会在华活动的情况，但都没有提到这所学校。[4] 由于吴地风气未开，年轻士子对教会又多持敌对态度，学校很难招到品学兼优的学生，刚开办时只有两名学生，直到 1874 年在宁波招了一班学生后，学校才逐渐发展起来。同年史于嘉由杭州长老会荐至苏州监理会为教友，即在曹子实所办的学校教书[5]。1875 年潘慎文牧师赴华，次年前往苏州，一边传道，一边协助曹子实工作。[6]

1878 年，监理会开始在天师庄（后名天赐庄）购地，兴建传教士住宅和学校。1879 年，曹子实被调往上海，其原住处出租[7]，学校迁入天师庄，由潘慎文接管。共有 18 名学生迁入天师庄。[8] 在这次搬迁过程中，美国肯塔基州的一位教友捐资 6 000 元，用于兴建学校和教堂。[9] 学校正式取名为存养书院，亦名存养书塾。[10] 在这个时期，潘慎文为了学校的发展，“时或被人嘲弄唾骂，时或忍饥耐寒”，甚至有“暴徒冲入天赐庄”，尽管困难重重，潘均能“淡然处之”[11]，终于使存养书院在三吴之地扎稳了脚跟。据林乐知在 19 世纪 80 年代初报告，当时存养书院已有学生 42 名[12]，另一份材料则显示“学校的进展一切顺利”[13]。值得注意的是，在 1882 年监理会第一次非正式年议会上所发表的报单和分派单上都没有直接书写“存养书院”之名，只是间接提到“苏州男培养书塾，潘慎文经理”[14]，“蔡凤章襄助培养书塾事宜”[15]。笔者见到的最早直接使用“存养书塾”的材料，是在《万国公报》第十五年 731 卷杂事类中。总的看来，19 世纪 70 年代末 80 年代初，在华监理会无论是男子教育还是女子教育，无论是走读学校还是寄宿学校，都有了较大的发展[16]，而存养书院无疑是这些学校中最成功的一所。

1884 年，存养书院改名为博习书院，以同名纪念在该校发展中捐资最巨的一位友人。[17]学校改名后，扩大校址，提高程度，到这年年底学生人数增至 55 人，虽然在人数上不能与新办不久的上海中西书院相比[18]，但博习多寄宿生，学生流动性小，肄业时间长，故学业程度反比前者为高。1888 年第三次年议会学塾部报单称博习书院“所选课程备具合宜，更有格致房、机器房并一切器皿机器”。[19]1889 年潘慎文回美国，希望能筹措到款项在博习开设工业课。潘回美国期间由衡特立代理校政，翌年仍归潘慎文执掌校政，多有兴革。1891 年学校进一步扩大规模，添购仪器，学生人数增至 75 名，机器房价值 3 000 元左右，并建筑一座天文台于校场之西南隅，其物镜对径 4 寸半，聚光点线有 5 尺[20]。可惜由于经济上的原因，工业课尚未办成，潘即被差会调长上海中西书院，结束了他在博习近 20 年的活动。论及博习，不得不特别指出曹子实的开创之功和潘慎文的维持发展之劳。

潘慎文离博习后，韩明德牧师继任监院。1896 年春添设英文班，由韩明德夫人教授，当时学生人数为 70 名，历年肄业总人数达 300 人[21]，同年文乃史来华，襄理校政。1897 年学生登记注册为 139 人，几乎比上年翻了近一番[22]，并添设英文数班。1898 年改由文乃史任监院。在韦理生会督回美国前，也就是 1899 年初春，监理会召开了一次会议，决定将博习书院迁往上海合并到中西书院，而学校的建筑、仪器则移交给孙乐文的宫巷中西书院。[23]这次合并由文乃史具体负责执行，当年二月份合并即告结束。这次迁并也提供了一次机会，使校方得以淘汰一部分不合格的教师与学生[24]，部分优秀生转入上海中西书院，继续完成其学业。

二

博习书院的前期即存养书院阶段，学校的教学全部采用中文教学，“西国文字均不教习”，所学课程有圣经、西学及儒书，学生入学年龄大致限于 8、9 岁至 15 岁之间[25]。进入 19 世纪 80 年代中期以后，随着洋务的勃兴和外资的大量涌入，社会对于懂英文、通西学的人才需求急剧增加，学校在课程上有所调整，增设了英文课程。1887 年初博习书院在《申报》上刊登广告，准备开设“英文书院”，招收 25 名学生[26]。1888 年元月份至二月份又连续一个月在《申报》上刊登广告：“苏城葑门内现设英文书塾，兼教算学、儒学、格致诸学，束修每年英洋十二元，半年一付，须洋八元，零付每月二元，底细章程可到院详问。博习书院美国教士潘慎文谨具。”[27]根据后来的情况，可能专门的英文班没有开成，但在院学生愿意者可兼习英文，到 1891 年时已有 16 名学生习英文。1891 年，潘慎文认为“历年来学生课程，尚未尽善”，于是重新拟定章程：第一年至第五年为备选课程，第六年至第十年为正书院课程，格致、算学等课概用华文教授，以便学生领悟。[28]全部课程学完，约相当大学毕业水平。当时由于科举考试中新增算学一门，学校对算学颇为重视，学生中有 7 人习算学，已习至微积分。

博习书院十分注重基础教育，反对忽视基本原理只进行单项技能培训的急功近利的做法。潘慎文指出：“中国教育改革的一项主要危险已经出现，这就是中国努力想获得西方教育的结果，却不愿费力去学习那些已被确立并在我们的知识中广泛使用的原理；他们想获得‘法’，却不愿去钻研‘理’。”[29]在他的倡导下，博习的学生能获得较为全面的发展，学问功底扎实严谨。当然社会的功利性选择趋向有时也会漫过校园的高墙，影响学校的既定教学目标。1896 年春季，书院添设英语班后，61 名学生中只有 21 名学习英语和其他常规课程，其余 40 名学生只学习英语，或者除英语外再学习一两门数学算术等应用性课程。为此，校方要求所有学习英语的学生必须学习学校所规定的全部常规课程。[30]博习书院对学生的升级考试和毕业考试十分严格。每年大考,决定学生的升留级或能否毕业,尽管在博习肄业者数以百计,但是真正在学院毕业者只有 14 人,加上并入中西书院之毕业生,亦不过 32 人。[31]可见标准之严格。

毋庸讳言,作为一所教会学校,尤其是作为一所寄宿学校,博习书院是十分重视宗教教育的。1868 年《教务杂志》第一期发表一篇专论教会教育的文章,不同意把免费招生入学住读的教会学校称为"寄宿学校",而主张称为"培训传教士助手学校"。[32]的确,寄宿学校要比具有慈善性质的教会走读学校宗教气氛浓厚得多。潘慎文就毫不掩饰地说过,寄宿学校"体制的优点在于,首先它能使学生经常地保持在基督教影响之下,而远离其异教家庭的不良影响","其次,它能使学生在学校肄业的时间更长,在教育方面获得更大的进展,同时能够对学生进行更彻底的基督教真理的灌输"。潘慎文承认,博习书院"最重要的工作应当是训练当地的辅助传道人员",他说,像博习书院这样的学校,其目的"不仅是一般地提供给人们西式教育,而且更主要的是为教会去培训当地代理人——布道员、教师、医生等,一个卓有成效的当地机构没有一所这样的学校作保证是不能成功的"[33]。

除上文已述的宗教课程外,博习书院还对部分品学兼优且愿意从事教会工作的学生进行专门的培训,1881 年潘慎文已有 8 名神学学生。[34]1891 年,博习书院又打算开办一"传道书塾,专教圣经,考察天道,并读圣经原文"[35],但因师资缺乏没有办成。1896 年时,学校已办有一个专门的神学班,有 8 名学生在其中学习[36],而到 1897、1898 年时只剩下 3 名学生,蔡式之、陈楹卿执教该班,后者还给学生编写了一份专论儒、道、佛三家之谬误的讲义,这份讲义除在课堂上讲述外,还通过其他传教士向全国广为散发[37]。

学校建有自己的小礼拜堂,所有学生必须参加主日礼拜和周三晚上的宗教仪式活动。卫斯理教派特有的益赛会也被引进到博习书院里来,这是一种大众性的宗教性组织。监理会在华的益赛会每年举行一次益赛会大会,设有会正。各连环、各循环及布道外均按期举行益赛会,届时众人毕集,圣帜高扬,先由牧师或传道人员领祷、布道,然后举行一些文艺及游戏活动,以增加其吸引力。[38]博习之益赛会每周例行活动一次,时间一般安排在下午,1896—1897 年度有 47 名学生参加了益赛会[39]。除益赛会外,基督教青年会也在书院组织起来,当时称"幼徒会",1897 年有 30 名正式会员,13 名非正式会员,1898 年增至 41 名正式会员,32 名非正式会员,而这年学生在校人数分别为 139 人和 124 人,可见其影响之大。长期严格的宗教教育和浓厚宗教氛围的熏陶使大多数学生都皈依了基督教。1898 年学生中有 44 名信徒和 30 名尚未受洗的记名教徒,占学生总数一半以上。[40]

近代教会学校的宗教教育,从政治文化角度论,属于帝国主义的奴化教育范畴,这是毋庸置疑的。同时,基督教教育本身也是一种人格教育,陶冶学生的博爱精神、献身精神,为形成近代新型的人格起了一定的作用。

三

博习的管理由监院总负责,监院之下并无中介性的教学或行政组织。由监院聘用教师及佣工。教师分为中、西教习,另设有督学和名额不等的助教,后者由高年级学生或刚毕业不久的学生担任。为了保证学校的纯正性,尽量聘用基督徒尤其是本差会的基督徒任教,但当教学需要时,也聘用非基督徒的中国教员。1898 年春季,学校在英语部聘用了一位能讲英语的非基督徒教员，在两个月的工作里他让校方感到非常满意，同时也使自己与书院紧密地联系在一起，以致他离开时，一部分学生随他一起离开博习。这次经历使校方认识到："在教会学校的一个重要位置安排一位异教徒教师是很愚蠢的，有必要消除所有这样的教师，如果我们能够培养出自己的人去取代他们的位置的话。"[41]

在学生管理方面，由于是寄宿学校性质，学校明文规定：凡入校学生必须与校方签订合约以保证他们能留在学校，直到他们完成全部学业或学校纪律允许他们离开为止。学校提供免费住宿，不收学费，而学生要自备衣服、寝具。潘慎文说："从前由外国教会提供衣服、寝具的学校在招生方面仍困难重重，然而现在人们对我们的信任感正在被建立起来，他们开始在某种程度上欣赏我们所提供的教育的价值，因此申请入学的人比我们能够接纳的要多。"[42]从1886年起开始收取住宿费每月半元，实际上已有一个学生开始缴纳每月一点五元的住宿费，学校的性质已开始发生变化。到1896年开设英文班时，宿费学费成为学校一项重要的收入，学生中可能还有部分家住苏城的走读生，学生来源日益多元化，早期多贫寒子弟和布道人员子女的现象有所改变。上述种种现象表明，19世纪90年代中期以后的博习正在逐步丧失其寄宿学校的性质。

四

在评价博习的历史地位之前，必须先澄清一个问题。现存史料有一种说法，即监理会认为博习书院举办数十年，而成绩不佳，故予以结束。[43]笔者仔细考察现存各种史料，尤其是由韦理生会督主持召开的有关博习迁并的会议的当年以及前几年的年议会记录，可以肯定的是，博习书院之所以结束与其成绩佳否无因果关系，主要是因为监理会要在其基址上起建新的综合性大学。这次迁并会议是监理会教育政策上的一个重大改变，是监理会教育中心的一次重大转移，不选择上海而选择苏州作为监理会的教育中心。在苏州，位于天赐庄的博习书院无疑是兴建新大学的最佳地点。博习迁并，不迁入苏州宫巷中西书院而迁入上海中西书院，乃是由于前者新开不久，程度不高，而后者举办近20年，有能力保证那些已在博习肄业有年的优秀生继续完成其学业。关于博习书院的历史地位，可以从以下两方面予以评价。

1. 为姑苏开风气，为东吴立基础

博习书院创办于19世纪70年代初，率先在学校开设西学课程，传播西方文明，开吴中风气之先。当时苏地虽为省府所在，文人荟萃，晚清更成为国学重镇，但年轻士子热衷功名，于西学不屑一顾，博习开学后竟然招不到学生，只好到宁波去招生。经过近30年惨淡经营，"在风气未开之内地，以中国语文教授算学及自然科学于有志向之子弟"，终于获得成功[44]，博习之学生散布于吴中各学校，使西学影响进一步扩大。戊戌变法前，乃至有苏城地方官员付高额学费到博习书院学习，并有3位地方长官和7位官员亲自至博习出题考试学生，优者给奖。在博习历史上还曾有两名日本学生在其中学习，可见影响之广远。[45]

博习书院也为东吴大学的创办提供了重要的前提与基础。首先，博习一直重视科学教育，在教学中注重基础理论与实验操作相结合，尤以理科见长，不少学生曾到沪上中西书院、格致书院等学校任教。[46]这种优秀传统为东吴所保存并发扬光大，终于使东吴理科名扬全国。其次，博习为东吴准备了师资。博习之教师先后转入东吴成为其中的骨干力量，博习的学生也直接参与了东吴的创办与教学工作。监理会第一代华人牧师李子义之子李伯莲1887年毕业于博习，东吴大学创办时(1902年前称"东吴书院")李任提调即学监，与校长孙乐文"苦心经营十年"[47],功不可没。另两名博习学生史拜言、沈觉初亦在东吴分别担任算学和史学教授。[48]复次,博习书院的建筑设备仪器为东吴大学的创办提供了物质前提。博习迁并时,学校的设备仪器全部转入宫巷中西书院,东吴创办,宫巷中西书院迁入,设备仪器自然归入。东吴开办,工程巨大,需费浩繁,建设速度缓慢,很长时间内仍旧使用原博习的校舍建筑。[49]很难设想,没有博习数十年的底子,东吴能够很快走上正轨,成为20世纪初年享誉海内外的著名学府。

2. 为社会造就了一批杰出人才

在博习书院存在的近30年里,先后在其中肄业的学生约400人左右[50],人数虽不多,杰出人才却不少。清末民初教育界中最著名的基督徒著作家谢洪赉即出自于博习书院。谢洪赉于1883年入博习肄业,1892年毕业[51]。一生自译自著自资刊印的书籍,多达数十种,不少风行全国各地,其中如中学教科书《生理学》、《物理学》、《化学》、《代数学》、《几何学》、《三角术》、《微积学》、《初等小学理科教科书及教授法》、《瀛寰全志》,还有英语读物《英文进阶》、《英文初范》、《华英地理问答》、《华英要语论类编》、《英语捷径前后编》、《中英文典》、《国学文典》、《亚洲读本》、《袖珍英汉辞林》等,此外还有有关个人修养及宗教读物二十余种[52]。商务印书馆开办时期,谢全力支持,商务之成功,谢与草创诸子有同等之劳;在上海中西书院任教10年,沥诚启迪,学生誉之曰"谢圣人";在青年会担任书报编辑部工作,使之成为当时最有影响的部门[53]。最后积劳成疾,英年早逝。谢洪赉之学识品德与功绩与当初博习对他的教育与培养是分不开的。除谢洪赉外,博习书院学生中杰出者还有不少。如日后成为东吴大学教授的史拜言、沈觉初等,担任西医的史志钧、成颂文、施亦临等。他们为近代中国教育和科技的进步作出了贡献。

注释:

[1] J. W. Lambuth: "Sketch of the American(South) Methodist Mission", in the Chinese Recorder Vol. VII(1877) p. 314—315.《中华基督教卫理公会华东年议会百周纪念1848—1948》第9—10页。

[2][3][8][24] W. B. Nance: Soochow University p. 8, p. 10, p. 18—19 United Board for Christian College in China Press. U. S. A.

[4] The Chinese Recorder Vol. VI(1875) p. 225—226; Vol. VII(1876) p. 381—382; Vol. VII(1877) p. 314—315.

[5][19]《中华监理公会五十周纪念刊》(中文版)第4页,第29页,民国二十五年十月。

[6] 吴竞《略谈东吴大学建校经过》说"1871年监理会派曹子实和美国传教士潘慎文在苏州十全街办起存养书院"(《苏州大学学报》1983年第1期第117页),有误。因为后者1875年方才来华。

[7] The Chinese Recorder, Vol. XII(1883) p. 154.

[9] A. P. Parker: "Short Account of the South Methodist Mission since 1877, in the Chinese Recorder Vol. XII(1881) p. 292".

[10]《东吴大学二十五周纪念特刊》作1879年取名博习书院,误;该书关于博习迁并的时间亦不确(见该书第6页)。

[11]《中华基督教卫理公会百周纪念册1847—1947》,第83页。

[12] The History of Methodism Vol. VII p. 502. New York, Eaton and Mairs(1902).

[13][34] The Chinese Recorder Vol. XII(1882) p. 456.

[14][15][25]《万国公报》第15册,第9728页,第9745页,第9764页,台湾华文书局。

[16] A. A. Bennet: Missionary Journalist in China p. 87—88, the University of Georgia Press, 1983.

[17][53] Golden Jubilee 1886—1936—Commemoration Volume of the fiftieth Anniversary China Annual Conference Methodist Episcopal Church. South p. 28, p. 44—45, Published by methodist Episcopal Church, South, 10 Young Allen Court, Shanghai, China,1935.

[18] The Chinese Recorder Vol. XVI(1885) p.100.

[20][28][35][42] 潘慎文:《博习书院报单》,《中西教会报》1892 年 5 月。

[21][36] China Mission Handbook p.232. 231. Shanghai; American Presbyterian Press. 1896.

[22][30][37][39] Minutes of the Twelth Annual Session of the China mission Conference of the Methodist Episcopal Church, South p. 24—25, Held at Shanghai September 22—27, 1897 Printed at "Shanghai Mercury" Office.

[23] Minutes of the Fourteenth Annual Session of the China mission Conference of the Methodist Episcopal Church, South. p.15 Held at Soochow October 19—24,1899 Printed at the "Shanghai Mercury" Office.

[26]《申报》1887 年 1 月 29 日广告栏。

[27]《申报》1888 年 1 月 22 日—2 月 9 日,2 月 18 日—27 日广告栏。

[29] A. P. Parker: "The Relation of our Association to the cause General Education in China". in the Chinese Recorder Vol. XXVI(1896),p.345.

[31][48]《东吴大学实录》第 78 页,第 4—6 页。民国 4 年版。

[32] L. B. Peet:"On Mission Schools" in the Chinese Recorder Vol. 1(May,1868—to April. 1869)p.151.

[33] A. P. Parker: "Buffington Seminary, Soochow." in the Chinese Recorder Vol. XIV (1886) p.437—438.

[38]《教保》卷四八,《年会益赛会记录》;《华美教保》卷二三,《益赛会年会章程》。

[40][41][45] Minutes of the Thirteeth Annual Session of the China Mission Conference of the Methodist Episcopal Church. South. p.21—23, Held at Shanghai, October 20—25. 1898 Printed at "Shanghai Mercury" Office.

[43] 转引自吴竞文(参见注[6]),原又似出自《东吴大学堂记》。笔者未见过该资料,吴先生又非整段引录,颇难推定。若原资料如此,则有明显的记载错误,因为监理会 1898 年年会(1898 年 10 月 22—25 日在上海召开)没有讨论过博习合并事宜,作出迁并决议的会议是在 1899 年初春召开的。(见英文版 1899 年年议会记录第 15 页)

[44]《东吴校刊》第 11 页,民国二十四年版。

[46]《教保》卷三七《基督徒纪宏忠小传》;《中华监理公会五十周年纪念刊》上海中西书院教职员图(1901 年摄)内有四人系博习学生。

[47] 谢颂三:《中华监理公会工作史略》第 20 页,中华监理公会基督教教育部版,民国三十四年版。

[49] Minutes of the China mission Conference and Annual Meeting of Representatives of the Woman's Board of Foreign Missions, Methodist Episcopal Church, South, eighteenth Session. (Soochow, China, October 22—27,1903) p.23 Printed by the Methodist Publishing House. Minutes of Twenty-first Session of the China Mission Conference of the Methodist Episcopal Church, South. p.24 Held in the Moor Memorial Church, Shanghai. October 3—9 1906. Printed by the Methodist Publishing House.

[50] 以 China Mission Handbook(p.232) 提供的历年肄业总人数 300 人为基数,参考 1897、1898 年年会报单博习人数得出。

[51] 黄警予:《谢君洪赉小传》(载《谢洪赉先生纪念册》,无出版地址及日期,当为青年会出版物)关于谢入学及毕业时间有误,见该书第 1 页。

[52] 胡贻穀:《谢庐隐先生传略》第 5—6 页,第 20—21 页,青年会书报部,1917 年 12 月。

原载《苏州大学学报》(哲学社会科学版)1994 年第 1 期

东吴大学的创办

王国平

东吴大学创办于中国经济与社会发展的重要转型时期。这一时期中国经济与社会发生的深刻变化成为基督教在中国创办教育事业的历史条件,东吴大学正是在这样的条件下应运而生的。本文就晚清中国社会与近代教育改革、美国监理会在中国的传教事业所准备的基础、东吴大学的创办及东吴大学创办的时间作粗浅的探讨,并求教于大家。

一、晚清中国社会与近代教育改革

中国有足以骄人的悠久灿烂的古代文明,汉唐雄风曾引世界为之折腰。从古代地缘政治来看,中国无疑是亚洲特别是东亚的中心。中国是"中央王国",四裔则为藩属和"蛮夷之邦"。封闭在山海之间和传统思想之中的中华帝国,没有兴趣去了解在她视野之外的那个世界,那个先是缓慢、然后又加速发展变化的世界。到18世纪,欧洲资本主义国家的工业革命如火如荼,中国却仍然停留在"牛郎织女"式的自给自足的自然经济,统治中国的清政府则酣睡于"乾嘉盛世"的美梦之中。进入19世纪后,世界资本主义蓬勃发展,中国却已远远落伍了。

1840年的鸦片战争,是中国与一个西方列强第一次综合国力的较量,中国失败了,被迫与英国订立城下之盟。《南京条约》和随后与法国、美国等列强订立的不平等条约,改变了中国的命运。主权独立、领土完整的中国开始套上半殖民地的枷锁。神州陆沉,有识之士冲决传统的罗网,大声疾呼:"师夷长技以制夷",把学习西方以强国御敌的命题提上了近代中国的议事日程。然而,清朝统治者似乎并没有被震醒,在他们看来,《南京条约》就是"万年和约",天下从此太平了。军队依旧积弱不振,吏治照样腐败,整个官僚机器所赖以建立的科举制度和教育体系没有丝毫改变。接着便是第二次鸦片战争的失败,再一次的丧权辱国。除赔款以外,外国传教士可以到全国各地传教,外国公使进驻北京也成为现实,这些都是清政府最不能接受的。

这一次,清政府被大大地触动了。李鸿章对时局作了这样的描述:"东南海疆万余里,各国通商传教,来往自如,麇集京师及各省腹地,阳托和好之名,阴怀吞噬之计。一国生事,诸国构煽,实为数千年来未有之变局。轮船电报之速,瞬息千里;军器机事之精,工力百倍,炮弹所到,无坚不摧,水陆关隘,不足限制,又为数千年来未有之强敌。"[1]10 作为封建统治者,清政府首先想到的是效仿西方的"坚船利炮",于是有了洋务运动。这一"求强"的运动发轫于19世纪60年代,在中国这块古老土地的地平线上,出现了一线现代工业文明的曙光,最早的近代军事工业诞生了,支撑近代军事工业所必需的民用工业,以及近代工业技术人员和翻译人才等方面的需求产生了,与此相关的近代教育便必然地产生和发展了。此后,中国的经济、社会、文化等各方面都发生了日益深刻的变化。但是,一直到20世纪初,中国仍然处在清政府封建专制统治之下。就教育而言,中国仍然维持着以科举制度为核心的教育和官吏考选体系。

科举制度在历史上曾经起过进步作用，但它的弊端也与生俱来，对科举制度的批判代不乏人。尽管科举制度和传统教育模式为世人所诟病，“新事物”应运而生，但是遭到重重阻碍。1862 年 1 月，清政府设立对外交涉的中央机构总理衙门。8 月，总理衙门附设同文馆。这是第一所中国官方创办的外语学校，培养翻译人员和外交官员。1866 年 12 月至 1867 年 1 月，恭亲王奕䜣等两次奏请招收举人、贡生及科举正途出身之五品以下京外各官，以及翰林与五品以下由进士出身之京外各官，入同文馆学习天文算学。此举竟引发一场轩然大波，顽固守旧分子大学士倭仁等群起反对。结果，“因浮言四起，正途投考者寥寥”[2]30。不管怎样，天文算学馆还是开办了。中国近代教育就这样在新旧思想的冲突中蹒跚前行。

值得提及的是，从 60 年代起，清政府中央和地方还是创办了一些近代学校，如上海广方言馆、广州同文馆、湖北自强学堂、福建船政学堂（求是堂艺局）、江南制造局附设操炮学堂、工艺学堂、广东实学馆、福州电气学塾（电报学堂）、天津电报学堂、上海电报学堂、天津医学堂（北洋医学堂）、山海关铁路学堂、南京陆军学堂附设铁路学堂、湖北矿务局工程学堂、南京矿务学堂等。所办近代军官学校有：天津水师学堂、广东水陆师学堂、江南水师学堂、天津武备学堂、直隶武备学堂、湖北武备学堂等。应该指出，这些学堂因招生规模的局限而远远不能适应当时经济与社会的发展与需求。

除了创办新式学堂外，由于洋务运动的需要，清政府还多次向欧美派遣留学生。1871 年，曾国藩、李鸿章率先奏请选派幼童去美国留学，从 1872 年起选派幼童四批共 120 人赴美。由于顽固派的要求，1881 年，总理衙门又奏准将这些学生撤回。这些学生在美 7 至 9 年，只有少数人进入大学，多数还在中小学学习。1876 年，李鸿章又奏请派遣福州船政局附设学堂学生 30 人分赴英国、法国留学，培养海军人才，并于 1877 年成行。1879 年后，福州船政局又向英国和法国续派了留学生。1876 年，李鸿章曾选派军官 7 人赴德国留学，培养陆军人才。显然，这一时期派遣的留学生，主要是培养军事人才，谈不上满足社会经济的需求。

还应该指出，在科举制度废除之前，这些新式西学学堂的教育以及留学教育与旧的教育和选官制度存在根本的矛盾，想从科举中讨前程的读书人，不会轻易放弃科举考试而进新式学堂和出洋留学。但是，也不能排除一些重大历史事件引起的重大社会变动，会造成对旧的教育体系的突破。

1894 年爆发的甲午战争和中国战败于“蕞尔岛国”日本的耻辱，以及此后日益深重的民族危机，推动维新思潮澎湃向前。1898 年“百日维新”期间，按照维新派的建议，光绪皇帝下诏废除八股、“改试策论”。维新派的改革目标是“不惟八股当废，即科举亦当废”。但考虑到“数百万”秀才、举人的既得利益和“登进之路”，维新派在新政中没有提出废除科举制度，而以策论代替八股，作为达到废除科举制度的过渡。

与改革科举制度相应，新政在教育方面也有所革新。新政伊始，决定创办京师大学堂。不久，光绪皇帝又命总理衙门参用西方学制制定大学堂章程。京师以外，各省各地所有书院“一律改为兼习中学西学之学校”。省会之大书院改为高等学，郡城之书院改为中等学，州县之书院改为小学。由于慈禧太后发动政变，维新新政如昙花一现，宣告失败。中国的近代教育又一次遭挫折，但近代教育观念却已广泛传播。

基督教在中国所举办的教育事业，既与西方列强政治相联系，又对中国教育的发展起了促进作用，同时也给中国的教育事业增添了一份特殊的遗产。

二、监理会的传教活动及其创办的书院所准备的必要基础

监理会是美国基督教新教的重要差会之一。母会原称"The Missionary Siciety of the Methodist Episcopal Church"，属卫斯理宗，1819 年成立，本部设在纽约。1844 年发生南北分裂，北方称美以美会（Methodist Episcopal Mission），南方称监理会（Methodist Episcopal Church, South 或 Methodist Episcopal Mission, South）。监理会 1846 年成立，本部设在田纳西州纳什维尔。[3]

监理会成立伊始，就特别注重举办教育事业与医疗卫生事业以推动教会事业的发展，并对到中国传教有特别的兴趣。对监理会来说，这个时候到中国传教，又正赶上百年不遇的良机——清政府刚刚开始松动对基督教在中国传教的禁令。

1847 年，监理会决定委派南卡罗来纳州的戴乐（Taylor, Charles）到中国传教。不久，又委派秦右（Jenkins, Benjamin）与戴乐同行。1848 年 4 月 24 日，戴乐夫妇与秦右夫妇一行四人乘坐开往上海的 Cleone 号轮船，从波士顿出发[4]，8 月 12 日抵达香港。9 月 20 日，戴乐夫妇抵沪。秦右夫妇因病滞留香港，次年 5 月到上海[5]。此后至 1860 年，监理会又有一些传教士陆续到达上海。他们是：耿惠廉（Cunnyngham, W. G. E.）、唐雅各（Belton, J. S.）、雷大卫（Kelly, D. C.）、蓝柏（Lambuth, J. W.）夫妇、林乐知（Allen, Young John）和华美基（伍德，Wood, Marguis Lafayette）。

1858 年《天津条约》订立之前，清政府还不允许传教士离开通商口岸到内地活动。监理会传教士来华后，上海便成为他们活动的主要地区，这些活动又给监理会在苏州的传教活动打下了基础。

第二次鸦片战争的失败，清政府被迫与列强订立了 1858 年的《天津条约》和 1860 年的《北京条约》。根据这两个条约中的相应条款，传教士可以到中国内地各处传教。1868 年，以美国卸任驻华公使蒲安臣（Burlingame, Anson）为首的中国使团在访美期间，与美国政府签订了中美《续增条约》（亦称《蒲安臣条约》）。条约第七款规定："美国人可以在中国按照指准地方设立学堂，中国人亦可在美国一体照办。"[6]262 美国人由此取得了在中国开办学校的权利。

由于美国南北战争的影响，一直到 1875 年，监理会才继续向中国派遣传教士。到 19 世纪末，监理会在包括上海在内的苏南地区的教会事业已经形成相当的规模。在此期间到苏沪一带的传教士主要有：潘慎文（Parker, Alvin Pierson），1875 年来华；蓝华德（Lambuth, Walter R.），1878 年来华；孙乐文（Anderson, David Laurence）与柏乐文（Park, William Hector），1882 年来华；文乃史（文蕴彬，Nance, Walter Buckner），1896 年来华；还有海淑德（Haygood, Laura Askew）、衡特立（Hendry, J. L.）、韩明德（Heam, T. A.）、项烈（Henry, Robert）、薛伯赉（Shipley, J. A. G.）等。此外，以会督身份代表监理会视察中、日等国传教情况的有慕文（Marvin, E. M.）和惠会督（Wilson, Alpheus. W.）。这一时期监理会的传教事业非常发达，1882 年，已拥有 3 个教区 11 个牧区。1886 年，美国监理会总会派惠会督到沪，出席了 11 月间在昆山路林乐知住宅举行的第一届年议会，在年议会上，惠会督阐述了"母会对中国传教区的浓厚兴趣，及这片工场对传教事业的重要意义"。[7] 实际上，上海和苏南的

传教事业构成了监理会在华传教事业的主体,并成为监理会向日本和朝鲜开展传教活动的基础。

基督教各派在苏州城区的开教发韧于1859年英国伦敦会传教士杨格非的活动;在苏州城乡的开教则发韧于1858年美国圣公会传教士韦廉臣(Williarm, Chamming Moors)、李瑾(Liggins, J.)和华人会吏黄光彩的活动。由于1860年6月至1863年12月太平军占领苏州,基督教在苏州开教后未能进入正常的传播和发展阶段。基督教各派在苏州真正立足和开展正常的教务活动,严格说来,是从1870年监理会的传教活动开始的[8]。至1879年,监理会已在苏州陆续设立了四处布道所,一所在十全街,一所在护龙街,一所在凤凰街,另一所在濂溪坊,均在天赐庄附近。由于教务的进展,1881年,经潘慎文、蓝华德等人努力,监理会在"天赐庄之折桂桥弄口谋得地基,建成设有四百人座位的耶稣堂"[9]。1890年,又有监理会传教士韩明德及项烈到苏州。翌年,他俩与华人牧师陈盈卿创立了宫巷乐群社会堂。此外,1892年监理会在养育巷建立了求世堂。

监理会重视在苏州创建诊疗所和医院。1877年,蓝华德在天赐庄租赁民房办诊所,命名"中西医院"。1880年,蓝华德回美国研究医学和医院建筑。两年后,蓝华德携其妹夫柏乐文同返苏州,着手筹建医院。1883年初,柏乐文获得教会和苏州地方人士捐款,在天赐庄购得民田7亩,破土建院。半年竣工,题名"苏州博习医院"(英文名Soochow Hospital)。博习医院是监理会的得意之作,《中华监理公会年议会五十周年纪念刊》称:当时,外国各教会"在华设立之施诊所颇多,正式医院则仅设于沿海四埠耳。自上海至北京二千余里之内地,迄无一正式医院",博习医院之创设,"实为嚆矢"。

除博习医院外,1887年,监理会的斐医生(Phillips, Mildred M.)在博习医院以东建立了妇孺医院。该院在医务和医护教育方面均与博习医院协作。

监理会同样重视在苏州创办学校。从1871年到1900年,监理会在苏州已成功地创办了存养书院(博习书院)和宫巷书院。此外,监理会还创办了长春学堂。1889年,美国监理会的女布道会派金振声(Atkinson, Virginia M.)到苏州办学。金振声先在申衙前(今景德路)毕氏住宅办小学,除招收男童外,增设刺绣科以招收年长失学女子。1893年,该校迁长春巷定名长春学堂。

监理会在苏州和上海举办的事业及其影响,为东吴大学在苏州的创办准备了条件,其中尤以博习书院、中西书院和宫巷书院的开办对东吴大学的创建贡献最大。

博习书院是监理会最早创办的书院。它的创办可以追溯到1871年曹子实在苏州创办的一所主日学校。1875年11月1日,潘慎文来华抵沪,第二年即到苏州协助曹子实办学。

1878年,美国肯塔基州科文郡的Buffington先生捐款2 000美元。后来又增加4 000多美元,其中一半是Buffington先生的儿子G. N. Buffington所捐[10]。同年,监理会在天赐庄购地,兴建住宅和校舍。1879年,曹子实调往上海,十全街主日学校迁入天赐庄,命名存养书院(亦名存养书塾),主日学校的18名学生亦随校迁入天赐庄。1884年,存养书院改名为博习书院,以纪念捐款办校的Buffington。[11]

存养书院全部采用中文教学,且不教外语,主要讲授圣经、西学和儒学。潘慎文重视基础教育,他曾针对当时出现的偏向发表意见:"中国教育改革的一项主要危险已经出现,这就是努力想获得西方教育的结果,却不愿费力去学习那些已确立并在我们的知识中广泛使用的原理;他们想获得'法',却不愿去钻研'理'。"博习书院倡导学生全面发展,要求学生学习规定的全部课程，而不是只学一门英语，或只学一些实用课程而忽视基本原理的学习。

博习书院有自己独特的教学计划，博习书院继承了存养书院的传统，这些课程概用中文讲授，以便学生领会与掌握。后任东吴大学校长的文乃史曾予以高度评价，他认为："这样，博习书院就使中国贫苦学生使用他们自己的语言，公正平等地接受到当时美国的初等和中等教育。"[12]9 博习书院自然非常重视宗教教育。除一般的宗教课程外，所有学生都要参加主日礼拜和周三晚上的宗教仪式活动。

在潘慎文的努力下，博习书院的办学条件也不断改善。1891 年后，书院进一步扩大规模。教学楼可以容纳 100 名学生。屋顶小阁安装了一口来自伦敦的钟，潘慎文又制成另外三个钟面，以便东南西北四个方向都能看到时间。在一座小的圆塔上安装了一架六英寸的望远镜，成为一座简易天文台。书院的实验室和实习车间配置了相当好的化学和物理的器材和设备，有蒸汽机、车床、气象设备等。

博习书院作为东吴大学的前身之一，对东吴大学的创办至少有三个方面的贡献：其一，博习书院在办学中基础理论与实验操作并重；重视基础教育，又以理科见长，对东吴大学的办学不无影响。其二，为东吴大学培养了一批师资，这在东吴大学早期师资短缺，特别是华籍教师短缺的情形下尤为可贵。其三，在办学条件方面对东吴大学早期不无助益。博习书院迁并上海中西书院时，其设备仪器留给宫巷书院，并随之转入东吴大学。东吴大学也正是在博习书院校址的基础上开办的，而且在很长一段时间中仍使用原博习书院的校舍和建筑。

中西书院是监理会在上海创办的著名书院，它的创办人是监理会在中国重要的代表人物林乐知。

19 世纪 60 年代，清政府开办了同文馆。"同文馆计划的聪明之处及其极大成功，可能启迪了林乐知创办一所现代大学的理想，这所大学将聚集具有相当知识、对东西方思想都有基本理解的教师，以培养广大的年轻学者参与未来的世界文化。"为了实现这一大学梦想，林乐知于 80 年代初创办中西书院（Anglo-Chinese School），作为未来大学的基础。

中西书院课程设置分为三个阶段：初级教育 2 年、中级教育 4 年、高级教育 2 年，即 2－4－2 三级教育体制。学生在修完中级教育课程毕业后，可以继续在院深造 2 年学习高级教育课程内容。中西书院是一所教会学校，但它的宗教氛围比其他教会学校宽松得多。

林乐知创办中西书院，花了很大的心血，他特地辞去广方言馆教习职，还停止出版《万国公报》，专注于中西书院。至 1896 年，潘慎文出掌书院后，书院比以前更重视自然科学各门课程的教学和实验，实验设备不断增加，办学条件日益完善，书院又有了较大的发展。1899 年春，根据监理会的决定，苏州博习书院迁沪并入中西书院。

但是，从总体上说，中西书院的实际情形并不符合林乐知的办学初衷。虽然林乐知强调中学西学并重，实际上学生们于"中国传统学识知之甚少，也无兴趣更多地掌握。对于西学亦只关心英语，且仅想学到足以使其能在上海的贸易中求得一份好差事即可"[12]15。"这样，如同一个在任何可望的将来都不会实现的梦，'大学'渐渐淡去。甚至'书院'这个名称也被证明是顶太大的帽子。虽然它挂着这个名称，并得到教会教师前后十二年多不断的服务，直到开始重新组建一所大学——'东吴大学'。"

"中西书院决未成为林乐知所筹划的那种学校。预言者超越了那个时代。但它所付出的一切都是值得的，虽然学校同仁中的一些人认为，经办这所学校的传教士们去'宣传福音'会更好。"[12]17

在某种意义上说,正是因为上海中西书院没有直接发展成为监理会在中国所要开办的"大学",才使苏州的宫巷书院成为"大学"的直接前身,才有了后来的东吴大学。

1890 年,监理会传教士韩明德及项烈到苏州。1891 年,他们俩与华人牧师陈楹卿创立了乐群社会堂。正是在这里,1895 年,一个偶然的机会,促成孙乐文创办了宫巷书院,孙乐文也由此走上中国基督教教育的前沿地位。

1894 年 7 月,甲午中日战争爆发,清军海战失利,日军陆军长驱直入,攻占辽东。1895 年 2 月,北洋海军全军覆灭。3 月,辽东前线清军全面溃败。中国被日本打败,被迫与日本议订《马关条约》。这一奇耻大辱激起朝野上下的义愤。5 月,维新志士康有为等在北京发动了著名的"公车上书",力主拒绝和议,要求变法图强。当时署理两江总督的张之洞也上疏力阻和议,要求变通陈法,除弊图强,洗雪耻辱。张之洞主张学习西方科学技术,他在南京仿德国军制,编练江南自强军,采东西规制,设武备、农工商、铁路、方言、军医诸学堂。甲午战争的耻辱和张之洞的主张对当时苏州的一些爱国知识分子产生了巨大的影响。

据文乃史在其所著《东吴大学》一书中记述,1895 年的某一天,在苏州,几位受科举教育的年轻学者走进教堂,这是破天荒的事。这几位学者告诉孙乐文:"我们读了总督(按指当时署理两江总督的张之洞)的文章,现在懂得了为什么这个奇耻大辱落到我们身上。我们过去过于自负,不向别的国家学习。而日本向西方学习致强,跻身于当代世界列强。张之洞说:'对中国来说,除此无路可走,那就是:学习!'在我们看来,由于要学的东西很多,开始的最好方法是学习你们的语言,这样我们才能读你们的书。"孙乐文欣然允诺。

1895 年 11 月 18 日,宫巷书院正式开办。由 25 位年轻学者组成的班级形成宫巷学校的核心。孙乐文家庭中的两个成员教英语。李伯莲和他的兄弟李仲覃——博习书院的毕业生——教汉语、数学、初等自然科学,包括地理,还有宗教。学生们参加汉语早祷,在主日学校里组成一个班,读中英文对照的福音书。

宫巷书院的创办适应了教学双方的需要。就学生而言,25 人中的大多数已经是通过科举考试的"秀才",他们深谙儒家学说,但不懂数学、自然科学、地理或除了本国以外的其他国家的历史。他们渴求"西学"。就监理会而言,孙乐文相信,基督教会从来没有面临这样一个机遇:"我们将应谦恭的年轻学者们所请,将我们最好的东西传授给他们,这正是基督教幻想家以前所一直梦寐以求的日子,只是那时时机不成熟。"[12]5

这种奇特的结合不能不说是中国当时特殊国情的特殊产物,对中国的爱国知识分子来说,要图强只有学西学,而西方基督教教会在中国的教育事业是传播西学为数不多的重要渠道之一。

宫巷书院建立后最初两年,学生入册人数不断增长。1898,宫巷书院注册学生超过了 100 人。秋季学期开学时,正是戊戌维新的高潮时期。由于戊戌维新的影响,"许多新来的士人申请入学,我们的书院成为苏州最受欢迎的学校。至少在一个官衙里有人抱怨宫巷书院从科举考试那里夺走了年轻人,抱怨那一点点的英语知识损害了他们对所熟悉的备受推崇的'文章'的爱好"。

宫巷书院的成功及其充满希望的前景,这个由几十位学者组成的追求真正高等教育的宫巷班级,"导致差会于 1899 年制定了重组其教育工作的计划。看来,林乐知为中国人创办一所大学的梦想——这一梦想因缺少关心真正的大学教育的学生而幻灭,现在有望实现了”[10]。

宫巷书院，而非博习书院和中西书院，成为东吴大学的直接前身，其主要原因在于：

1. 宫巷书院起点高，发展势头好。从1895年创办的最初的25人班开始，宫巷书院的学生就具有高的文化起点，大多数已经是“秀才”，通过了一系列科举考试的第一步。历年入学人数也很可观。据孙乐文的1897年报告，宫巷书院在一年中取得了好的进展，有68名学生注册。1898年11月，宫巷书院注册学生超过了100人。1899年，尽管有戊戌维新失败和义和团运动的影响，宫巷书院仍有55名学生。据1901年的报告，一年来，有64位学者入学。书院相信以后会有更多的学者入学。

2. 经费自给。书院完全自给，教师的薪水和日常开支均从所收学费中支付。中国人对宫巷书院教育工作很感兴趣，他们还在宫巷书院设立了两项各为期十年的奖学金、一项为期五年的奖学金。“这项计划还吸引了其他很多人，他们都想为他们的孩子设立奖学金。”

3. 建立了与上层社会的联系。据孙乐文1900年报告：“宫巷书院有许多强有力的朋友，这些人不但有学生的家人，还有不少别的士绅，这些人是苏州城里有影响的人物。我们得到他们的赞成和鼓励。从我们所遇到的这一广泛而有影响的阶层来看，他们渴望政府和政策的变化。希望政府彻底改革，清除旧的弊端和腐败，使中国赶上时代，在前进中立于世界民族之林。”

时至19世纪末，中国近代社会对近代教育的呼唤越来越迫切了，传教士们对此非常感兴趣，他们感到“有趣的是，中国人的维新思想怎么会转向学校？他们怎么会寄希望于一个新的更好的教育制度而不是战舰和军队？以往两年对维新派的迫害并没有改变他们的观点，只是改变了关于如何完成这一改革的方法的想法。作为真正的中国人，他们原来的想法是，改革应来自政府的行动。现在，维新派的后辈们想的是，他们应该亲自着手工作，因为政府辜负了他们。政府对他们的辜负却成为基督教得以在中国建立新的教育制度并使之基督教化的一个机遇。”

与此同时，教会所办教育事业也产生着向高等教育发展的要求。就监理会而言，它已经办了三所像样的书院，这些书院培养了大批学生，这些学生受到相当于“当时美国的初等和中等教育”，这样的中等教育又为高等教育打下了基础。监理会已经积累了足够的办学经验，现在已经可以考虑办一所他们梦想中的大学了。

还有，苏州、上海一带的特殊区情，给教会大学的诞生推波助澜。正如孙乐文1900年报告所说：“从许多来自苏州的调查来看，我们在苏州的许多朋友完全信任我们，并仍期待我们建立一所我们所许诺的‘大学’。”

世纪之交，在苏州创办一所大学的条件成熟了，东吴大学呼之即出。

三、东吴大学的创办

从创办东吴大学的决策到东吴大学在美国田纳西州的注册，前后历时三年之久。

就林乐知创办大学的梦想而言，上海中西书院是一次失败的尝试。因为那里的学生绝大多数是为了在上海滩上涉外商务中谋求职位而学习英语的。苏州宫巷书院的成功则使这一梦想有望成真。

1899年冬，监理会已在酝酿创办东吴大学。10月19日至24日，监理会在苏州第一教堂举行了第十四届年议会。差会的蓝华德总干事和监理会掌管东方牧职的惠会督都参加了在中国的传教会议。参加会议的还有潘慎文、步惠廉(Burke, W. B.)、文乃史、白约瑟等。“会议提议调整现有学校,并与其他学校发展为由苏州的一所大学牵头的一个体系。宫巷书院须迁至博习书院在天赐庄的校舍,大家认为,那里能添置足够的土地以满足校园的需要。”[12]19这所酝酿中的大学就是后来的东吴大学。

在上述筹备工作的基础上,1900 年 5 月 13 日,美国监理会的一些重要成员,包括纳什维尔的哈蒙德(J. D. Hammond)、埃特金(James Atkins)、柯克兰(James H. Kirkland)、蓝华德,马里兰的威尔逊(即惠会督),以及密西西比的高乐威,在田纳西州首府纳什维尔集会,决定在“中华帝国”的江苏省建立一所大学,英文校名为 Central University of China,即东吴大学。[13]

从后来事情进展的情况看,这次会议之后并没有立即向田纳西州政府申请注册立案,注册立案之事一直推迟到一年以后,显然主要是受了中国爆发的义和团运动的影响,当然还有其他一些必要的准备工作须完成。

1900 年 11 月,监理会在上海举行年议会。1900 年 12 月 15 日,在惠会督的指导下,年议会制定了《东吴大学校董会章程》。这一章程为东吴大学董事会的建立、东吴大学校长的选举乃至日后东吴大学的注册、开办和运作奠定了基础。该章程规定,由美国监理会差会选举东吴大学董事会。董事会接受委托照管在中国的学校工作,特别是拟议在苏州设立的大学。

据《东吴大学校董会章程》,东吴大学第一届校董会拟由惠会督、林乐知、孙乐文、潘慎文、柏乐文、步惠廉、文乃史、葛赉恩、高乐威、哈蒙德、埃特金、柯克兰组成,负责中国传教的会督将是校董会的当然董事。

《东吴大学校董会章程》(以下简称章程)责成差会书记高乐威、A. J. Larmar、惠会督、James O. Branch、John W. Mclean 等五人,根据 1900 年 5 月田纳西州纳什维尔会议通过的决定,尽快在田纳西州取得法人执照。

据章程细则第一款规定,董事会由 13 位经差会选举产生的董事组成,其中 7 人须为居住在中国的传教士,另外 5 人须在美国本土居住;负责中国传教的会督则为当然董事。如居住在中国的董事出现缺额,由校董会任命增补;如居住在美国的董事出现缺额,则由差会直接任命增补。

章程细则第二款规定,董事会选举主席 1 人;副主席 2 人,其中 1 人居住中国,1 人居住美国;书记 1 人;司库 1 人。

章程细则第三款规定,董事会有下述权利:

1. 在苏州建立一所“东吴大学”。这所大学包括三个系科:一为文学系,目的在于“为中国的年轻人提供按西方标准的全面彻底的大学教育”。二为神学系,目的在于培养传教工作的完全合格的学生。三为医学系,目的在于指导和培养学生的医学和外科的理论与实践能力。此外,董事会还可以设立诸如法学、工程学等认为适宜的其他系科。

2. 继续开办上海的中西书院并指导它的办学方针,使之与建立董事会的总目标一致。

3. 掌管差会在这里的所有学校,并建立被认为适宜的其他小学或更高年级的学校。

4. 从总体上协调差会的所有学校,使之成为一个有机整体,使监理会的教育工作更有效地进行。

5. 主管选举校长、教务长、各学院教授会成员,所有此类选举均须经由投票。

6. 为董事会的管理制定细则。

章程细则第四款为财产、财务等方面的规定。差会为教育工作已购置的,以及此后因需要而购置的所有财产、土地、建筑物等,无论来自中国人或其他人的捐献,无论是学费或奖学金收入,均由校董会控管。校董会须经差会批准,仅为发展教会教育工作而使用这笔财产和资金。

章程细则第五款为章程修改的规定。本章程可以在校董会例会上修订,须有出席人数的三分之二多数投票通过,建议修正案须提前三个月通知校董会所有成员,须经差会批准。

按照这一章程,差会为在中国的教育工作而选举和组织了东吴大学校董会。孙乐文被校董会选为东吴大学第一任校长。

在校董会指导下,开办东吴大学的准备工作加紧进行。最重要的工作之一是为宫巷书院搬迁天赐庄作土地和校舍的准备。在这方面,苏沪一带的中国民众作了最大的贡献。据孙乐文当时的报告,除暂时占用原博习书院的建筑外,为购买土地和盖房架屋,中国人捐款18 093.72 美元。最大的一笔个人捐款额是 6 100 美元,还有 2 000 美元的、1 500 美元的、1 000美元的……这些捐款不只来自苏州,还有来自南浔、常熟和上海。大量捐款是通过柏乐文的努力而来,正要赴美的柏乐文热情地为学校工作。上海的捐款通过林乐知努力而来。陈楹卿牧师则在获得土地及与官员打交道等方面发挥了无可比拟的作用。孙乐文说:“我们一买到土地,就立即砌了围墙。迄今为止,所有购置土地砌立围墙的钱全部来自中国人的捐款。”

除捐款外,苏州官府和民众还从其他方面给东吴大学的开办以大力的支持。文乃史说:“中国友人的捐助用于购置和围起与博习书院毗邻的土地,以及迁走几百处墓穴,其中大多数是半个世纪前太平天国时期殉难者的。挖掘和重新入葬这些遗骨,我们有幸得到了仁慈堂(善助堂)的合作。在美国‘承揽殡葬者’及其‘殡仪馆’兴起的几个世纪之前,如同仁慈堂这样的机构已经是中国城市的特色。这种‘堂’用于殡葬服务,它的库房看管棺木,直到死者的家人能够找到葬地,或者迁往祖籍——有时是在遥远的省份。通常,取得一块上面有坟墓的土地是很麻烦的;但这个坟墩密布地方,没有碰到什么困难,就成了东吴大学校园中心地带。这应感谢当局和‘仁慈堂’(它得到民众高度的尊重)。”[12]20 当然,更少不得驻节苏州的江苏巡抚鹿传麟的支持。在鹿巡抚的支持下,监理会才“能够为新校购置七八英亩的土地,虽然其中包括迁走一所佛寺和大量的坟墓”[10]。

其他准备工作还有:选举成立新的教授会,文乃史和白约瑟调为东吴书院教授;苏州的书院在其进一步发展前将被称为“东吴书院”[14];采取其他类似的必要步骤,诸如:建立一个高年级的学院,尽可能快地在学院课程中引入研究课程,及时补充神学、医学和法学等方面的特殊工作。

1901 年新年伊始,全国政治局势发生变化。义和团运动失败了,它对中国政局和基督教在中国的活动与政策还是产生了重大的影响。就外国教会而言,它们不得不对其在华活动与政策进行反思,寻求在中国传教的更合适的方式。就中国政局而言,1901 年 1 月,慈禧太后在西安宣布实行新政。2 月,清政府发布上谕,向列强表示要“量中华之物力,结与国之欢心”。1901 年以后,19 世纪下半叶不断发生的“教案”渐趋平息。

监理会决定春节后开学,因而修缮了博习书院的校舍,添置了教学设备和用具。“1901年 3 月 8 日,星期五,书院从宫巷迁出,我们在苏州的教育工作进入了一个新纪元。”[10]

1901 年 3 月中旬,东吴大学开办的第一个工作周,惠会督从上海登舟来苏州,参加了东吴大学的开学活动和工作。他于 3 月 16 日上午回到上海,旋即离华返美。

1901 年 4 月,惠会督出席了监理会在新奥尔良举行的大会。在这次大会上,由于惠会督等人的宣传,尽管"中华帝国"对美国人来说是一个非常陌生和遥远的国度,东吴大学还是成为一个热门话题。监理会大力宣传发动,以支持东吴大学的开办。从中国返回美国的林乐知、李嘉麟(李德,Reid, C. F.)、惠会督等都发表了演讲。

惠会督在演讲中说:"教育是中国人头脑中最主要的想法,它的支配力无所不在。中国人认为,没有教育就一事无成。给教育所打的印记,将会给中国人的家庭生活、社会生活和民众生活烙上同样的印记。如果你将中国的教育变成基督教的教育,它就会影响从皇帝到最底层的苦力的所有中国人。这就是它的意义所在。"在谈到计划建筑的漂亮的东吴大学主楼时,惠会督说:"我们想使中国人产生强烈的印象并使他们了解,我们将要为他们所做的正如我们在美国为年轻人所做的一样好。"

林乐知则说:"在东吴大学,我们所希望的不仅仅是一所学校,我们所希望的是一个典范、是学校的一个榜样。"[15]

参与东吴大学创办决策的查理斯・B・高乐威会督也发表了演说。文乃史在所著书中这样描绘:"1901 年 4 月……'二十世纪运动'在新奥尔良举行的一次盛大的传教大会上达到了它的顶峰。查理斯・B・高乐威会督关于近期在中国的发展所提供的空前机遇的雄辩的学说,激起了巨大的热情。"那个晚上就为东吴大学募集到五万美元的捐款。[12]21

1901 年 6 月 13 日,美国监理会以惠会督、哈蒙德、艾特金、柯克兰、蓝华德等 5 人的名义,向田纳西州政府申请注册立案。注册文件(田纳西州法人章程)主要内容如下:

"1900 年 5 月 13 日,监理会传教部在田纳西州纳什维尔举行年会。纳什维尔的 J. D. 哈蒙德,J. 艾特金,J. H. 柯克兰,蓝华德,马里兰的 A. W. 威尔逊,以及密西西比的 C. B. 高乐威,以及他们的同仁和继任人,代表监理会的所有成员,特此申请设立一个法人团体,名为'在华之中央大学'(Central University of China)。

宗旨:获取、接收、持有、投资和使用金钱、基金和财产,包括动产和不动产,在中华帝国的江苏省永久性地创建并开办一所大学及其附属之学院,在监理会主持下按照监理会所批准和认可的传教规范经营。

本法人团体之任务:作为一所有权授予学位的学院或大学,扶持文学和科学事业;建立一所图书馆;扶持一个历史学会;组建并扶持各种实业协会;促进绘画、音乐及其美术;配合工贸商会;或履行其他类似性质的职责。本法人团体的上述股东及其同仁和继任者,在具备必需的资格后组成一个董事会。

本法人团体应享权利:以法人名义起诉或被起诉;拥有并使用统一图章,本法人团体指定之官员以法人名义所行签名合法并具法律效力;本法人团体除拥有动产外,还可视运作之需,同时拥有房地产并购置、持有或接受礼物、馈赠和设备;购入、接收、出售房地产,以偿还或部分偿还团体的债务;制定章程细则,并使所有的规章制度与保证法人团体正常管理的法律章程相一致;根据法人团体事务的需要,任命除董事长和司库以外之下属官员和代办,确定职称和职务薪资。

董事会出于法人利益之考虑如需增加董事,经由监理会差会同意,有权增选董事,人数最多可至 33 名。首届董事有权选举下届董事;新任董事应与创始董事一样成为法人团体的股东……所有官员的任期可由章程细则决定,但不得超过3年。在继任官员经适当程序选举产生并通过资格认证之前,现职官员的任期继续有效。

本法人团体如违反本章程之任何条款,州政府皆可立即解散之。"

1901年6月24日,这一注册文件由田纳西州州务卿莫顿(John W. Morton)签署生效。[16]

四、余论:东吴大学创办的时间

在东吴大学历史上,东吴大学校方关于东吴大学创办时间的确定,实际上也有两种不同的做法。一是确定为1900年创办,如1923年春季学期的公告在学校简介中称:"东吴大学创办于1900年"[17]。类似的事例还见于1934年的Soochow University Bulletin等。二是确定为1901年创办。如校方在1926年举行了东吴大学校庆25周年的隆重庆典。类似的事例则更多。

笔者认为,这两种说法见仁见智,各有所据。

如前所述,可能作为东吴大学创办时间的标志事件主要有五项:

第一,1899年10月19日至24日,监理会在苏州第一教堂举行的第十四届年议会。这次"会议提议调整现有学校,并与其他学校发展为由苏州的一所大学牵头的一个体系。宫巷书院须迁至博习书院在天赐庄的校舍"。此为东吴大学之酝酿。

第二,1900年5月13日,美国监理会在田纳西州首府纳什维尔集会,决定在"中华帝国"的江苏省建立一所大学,英文校名为Central University of China,此为创办东吴大学之正式决策。

第三,1900年12月15日,监理会在上海举行的年议会制定了《东吴大学校董会章程》。据此章程,选举了东吴大学首任校长。

第四,1901年3月8日,宫巷书院从宫巷迁至天赐庄博习书院原址办学,监理会"在苏州的教育工作进入了一个新纪元"。此为东吴大学之正式开办。

第五,1901年6月24日,东吴大学在美国田纳西州注册。

如果把东吴大学的创建看作一个过程,那么,上述五项事件就画出了这一创建过程的轨迹。如果认为美国监理会决定创办东吴大学和校董会成立及校长的选举产生具有决定的和标志的意义,那么,说东吴大学创办于1900年未尝不可。如果认为学校的正式开办和注册更具有决定的和标志的意义,那就应该说,东吴大学创办于1901年。

要确定一个东吴大学创办的标志性事件和时间,第二、三、四、五项均可入选,其中又以1901年3月8日为最佳选择。这一日期的历史意义,在当时即已为人们所感受,正如东吴大学创办人在1901年的报告中所说:"1901年3月8日,星期五,书院从宫巷迁出,我们在苏州的教育工作进入了一个新纪元。"

注释:

[1]《李文忠公奏稿》,卷二十四。

[2]《筹办夷务始末(同治朝)》,卷四十九,民国十九年故宫博物院影印本。

[3] 美国卫斯理宗到中国传教的教会除美以美会、监理会以外,还有美普会。美普会(Methodist Protestant Mission),母会原称"Board of Foreign Missions of the Protestant Church"。1880年前成立,本部在堪萨斯州堪萨斯城。1939年,美国美以美会、监理会及美普会合并为一个教会。1941年,原三会在华差会亦合

并为中华基督教卫理公会,简称卫理公会(Methodist Church Mission),设华东、华中、华南各年议会。不久组成"中国中央议会"。到 1949 年,该会有牧区 452 个,牧师 487 人,传道 214 人,女传道 239 人,信徒 102 693人(黄光域:《近代来华新教差会综录》,《近代史资料》总八十二号)。

[4] A. W. Wilson, Missions of the Methodist Episcopal Church, South, p. 82. Nashville, Tenn. 1884.

[5] W. R. Lambuth, The History, Policy, and Outlook of the Foreign Missionary Works of the M. E. Church, South, Missionary Issues of the Twentieth Centruy, Nashville, Tenn.

[6] 王铁崖. 中外旧约章汇编[M]. 第一册. 北京:三联书店,1957.

[7] Minutes of the China Mission of Annual Conference of M. E. Church(South).

[8] 王国平. 基督教在苏州的开教与初传[J]. 苏州大学学报,1996,(2).

[9] 杨镜秋. 卫理公会传教士占据天赐庄八十年史话.

[10] Minutes of the China Mission of Annual Conference of the M. E. Church, South p. 13 1886. 11.

[11] 据上引书,很可能从 1878 年起,书院英文名称即已为 Buffington Institute.

[12] 文乃史. 东吴大学(中译本)[M]. 王国平等译. 珠海:珠海出版社,1999.

[13] State of Tennessee, Charter of Incorporation. Volume O-2, Page 59 of the charter books.

[14] 东吴大学开办之初,在中西书院并入之前,又被称为东吴书院:The Tung Wu College。按文乃史的说法,"宫巷书院,作为'东吴书院',在天赐庄的博习书院的场地重新开办"。

[15] Missionary Issues of the Minutes of the Twentieth Century. Papers and Address of the Central Missionary Conference of the Methodist Episcopal Church(South). Nashville, Tenn. 1901.

[16] 参见拙著:《东吴大学在美国田纳西州的注册文件》,《苏州大学学报》1999 年第 2 期。1907 年 10 月 5 日,东吴大学校董会又以孙乐文、惠会督、潘慎文、文乃史、李多玛、柏乐文、葛赉恩、韩明德、哈蒙德、蓝华德等 11 人的名义,仍在田纳西州纳什维尔申请将 Central University of China 校名变更为 Soochow University。1908 年 6 月 28 日,变更校名的申请仍由田纳西州州务卿莫顿最后签署生效。

[17] Soochow University Bulletin, Spring Term, 1923.

原载《苏州大学学报》(哲学社会科学版)2000 年第 2 期

东吴大学在美国田纳西州的注册文件

王国平

关于东吴大学的注册文件

这次我到美国进行学术访问，并协助建立苏州大学北美校友会，初衷之一，就是想找到东吴大学在美国的注册文件。这是东吴大学校史研究的一项基础工作。

文乃史(W. B. Nance)是东吴大学第三任校长，后来又长期担任东吴大学的西顾问。文乃史曾写过《东吴大学》一书，他在《东吴大学》的序言中写道："鉴于卫理宗各派于1939年联合以后，监理会(原南方教派)差会的档案已经丢失，作者不得不在很大程度上依靠自己的记忆。所幸本人曾在博习书院教了两年书，在中西书院又从教两年，余下在中国的时间都在东吴大学度过。"特别引人注意的是，文乃史写这段话的时间是1955年10月，当时他就在田纳西州(State of Tennessee)诺克斯维尔(Knoxville)附近的橡树岭(Oakradge)，离田纳西州的首府纳什维尔(Nashville)并不太远[1]。

文乃史断言档案已经丢失，历史的长河又流淌了四十多年，我对查寻东吴大学的注册文件没有太高的预期，但还是抱着一丝希望，想去田纳西州寻觅。

1998年9月25日，为了给田纳西之行作一些准备工作，我在达拉斯试发一份邮件给田纳西州图书档案馆，说明来意并寻求帮助。10月1日，我收到了复信。该馆凯德拉·莫尔(Chaddra A. Moore)女士在来信中告诉我，"据该馆目录，东吴大学于1901年6月24日在田纳西州纳什维尔注册，文件保存在注册文册的O-2卷第59页。注册团体的列名成员是威尔逊(A. W. Wilson)、哈蒙德(J. H. Hammond)、埃特金(James Atkins)、柯克兰(J. H. Kirkland)和蓝华德(W. R. Lambuth)。"

莫尔女士在来信中还说："1908年7月28日的易名文件将学校的名称由'在华之中央大学'改为东吴大学，这份文件保存在注册文册的P-6卷第443页。"[2]

莫尔女士的这份邮件使我喜出望外，东吴大学的注册文件终于有了着落！同时又使我非常惊讶，历史真实竟然与我们所熟知的情节相去甚远。

其一，东吴大学并非如我们所知道的那样注册于1900年。这一说法本来是非常流行和权威的。

例如，文乃史在《东吴大学》中写道："1900年5月，差会通过了所有这些计划；7名传教士被指定为董事会成员，委派总干事从田纳西州办讫执照，核准学位授予权。"文乃史在这里没有说明在田纳西州办讫执照的时间。该书大事记则有明确的陈述："1900·5差会通过任命7位传教士为董事会成员。1900年在田纳西州取得执照，董事会建立。"文乃史的结论是很清楚的：1900年11月，东吴大学在田纳西州注册取得执照。[3]

又如，William Purviance Fenn所著《变化中的中国的基督教高等教育》称："1900年年末，从田纳西州取得执照，学校董事会选举孙乐文为校长。”[4]该书出版于1976年。

再如，T. Otto Nall在《我们的会督怎样为中国人服务》一书的献词中说：“另一位监理会会督蓝华德，出生于上海，父母都是传教士。蓝华德早就是老东吴的好朋友。尽管东吴大学一直到1900年才依据田纳西州的法律取得执照以便授予学位”[5]。据该书称，T. Otto Nall是监理会在中国传教史上的最后一位会督。该书付印于1988年。

这些表述虽然没有注明出处，显然都源于文乃史著《东吴大学》。

其二，东吴大学的英文校名有一个更改的过程。

据文乃史述，1900年11月，在田纳西州取得执照，董事会建立。核准“文学、医学和神学系，以及可能被认为适宜的其他系科。校名为：“东吴大学”（Soochow University的中文名）[6]。文乃史似乎并不知道东吴大学注册时校名是“Central University of China”。

实际上，作为东吴大学创始人之一的林乐知（Young J. Allen），早就在他本人创办的《万国公报》上刊载了他自己撰写的《监理会创立大学堂之历史》。这篇文章说：

初时本拟在上海创立大学堂，因先立高等小学堂两所，作为分院，一在虹口，一在法租界八仙桥。……若在苏州设立大学堂，即可附设藏书楼、演说堂，以便讲究科学之需，且以借官绅学界之用。移建苏城之议既定，即以虹口旧基，作为中西书院空地。时本年会派余与柏乐文君，经理筹捐购地诸事，余欲免生枝节，商请美国总领事古纳君[7]介绍，函恳江督[8]及苏抚军[9]协助，即蒙传谕元和县令从速助成，于是孙君乐文、柏君乐文、陈君榕卿等，始得克期将建造大学堂基地购成，皆受贤督抚之赐也。……建造大学堂之时在西国得有照会，原名在华之中央大学堂（加一中央字者以备他年分设东南西北各院也），但在中国则称为东吴大学堂，若以其地称之，则苏州大学堂。所以称为东吴者，因刘制军函中，有造就东吴人才字样，故题斯名也。[10]

根据林乐知的这篇文章，“Central University of China”直译为中文应为“在华之中央大学堂”，或可译为中华中央大学。东吴大学的这个英文校名，反映了美国监理会想在中国建立以苏州的东吴大学为中心，在其他地区建立各学院的宏伟设想。这一目标最后未能实现，只是在上海建立了一个东吴法学院。这个英文校名既不切合实际，又与东吴大学中文校名缺少意义上的关联，也很少使用。到1908年，东吴大学的这一英文校名改为“Soochow University”。

应该指出，尽管东吴大学于1901年注册时英文校名为Central University of China，而且直到1908年才正式易名为Soochow University，事实上，Soochow University这一英文校名在1908年之前早已在一些场合使用。如：1906年美国监理会出版的年报（Annual Report of the Board of Missions of the M. E. Church, South. 1927年后改名为Missionary Yearbook of the Methodist Episcopal Church, South.）刊登了东吴大学主楼的照片，说明文字即为：Soochow University。又如，更早一点，1903年的东吴大学杂志之一，Soochow University, 1903 Annual也使用了这一英文校名。相信还能发现更多的类似情况。

顺便说，林乐知讲东吴大学“若以其地称之，则苏州大学堂。所以称为东吴者，因刘制军函中，有造就东吴人才字样，故题斯名也”。或许可以这样说，林乐知是第一个，而且早在东吴大学创办之初就提出“苏州大学”校名的人。或许还可以说，“苏州大学”校名和“东吴大学”校名具有同样悠久的历史！

1998年10月26日，我从达拉斯飞抵田纳西州诺克斯维尔。10月28日，校友邓庆平驱车陪我去纳什维尔。田纳西州图书档案馆的历史文件保存得很好。东吴大学的注册文件和其他许许多多的注册文件都毫无损坏地保存在一本本厚厚的精装文册里。

根据这两份文件,东吴大学的在田纳西州的注册时间、东吴大学注册的英文校名及其更改就很清楚了:

1900 年 5 月 13 日,美国监理会(Methodist Episcopal Church, South)的一些重要成员包括纳什维尔的 J. D. 哈蒙德,J. 埃特金,J. H. 柯克兰,蓝华德,马里兰的 A. W. 威尔逊(即惠会督),以及密西西比的 C. B. 高乐威,在田纳西州首府纳什维尔集会,决定创办 Central University of China,并于 1901 年 6 月 13 日以 A. W. 威尔逊、J. D 哈蒙德、J. 埃特金、J. H. 柯克兰和蓝华德等 5 人的名义,向田纳西州政府申请注册立案。注册英文校名即为 Central University of China(“在华之中央大学堂”)。1901 年 6 月 24 日,这一注册文件由田纳西州政府官员(Secretary of State) John W. Morton 最后签署生效。[11]

1907 年 10 月 5 日,东吴大学校董会又以 D. L. Anderson(孙乐文)、A. W. Wilson(惠会督)、W. B. Burke、A. P. Parker(潘慎文)、W. B. Nance(文乃史)、H. T. Reed、W. H. Park(柏乐文)、Jno. W. Cline(葛赉恩)、Thos A. Hearn(韩明德)、J. D. Hammond、W. R. Lambuth(蓝华德)等 11 人的名义,仍在田纳西州纳什维尔申请将 Central University of China 校名变更为 Soochow University,1908 年 6 月 28 日,这一申请仍由田纳西州政府官员 John W. Morton 最后签署生效。[12]

东吴大学的两份注册文件

(顾雪芬译　胡茂亚校)

第一件:东吴大学 1901 年 6 月在田纳西州的注册文件

田纳西州法人章程

1900 年 5 月 13 日,监理会传教部在田纳西州纳什维尔举行年会。纳什维尔的 J. D. 哈蒙德,J. 艾特金,J. H. 柯克兰,蓝华德,马里兰的 A. W. 威尔逊,以及密西西比的 C. B. 高乐威,以及他们的同仁和继任人,代表监理会的所有成员,特此申请设立一个法人团体,名为“在华之中央大学”。

宗旨:获取、接收、持有、投资和使用金钱、基金和财产,包括动产和不动产,在中华帝国的江苏省永久性地创建并开办一所大学及其附属之学院,在监理会主持下,按照监理会所批准和认可的传教规范经营。

本法人团体之任务:作为一所有权授予学位的学院或大学,扶持文学和科学事业;建立一所图书馆;扶持一个历史学会;组建并扶持各种实业协会;促进绘画、音乐及其他美术;配合工贸商会;或履行其他类似性质的职责。本法人团体的上述股东及其同仁和继任者,在具备必需的资格后组成一个董事会。

本法人团体应享权利:以法人名义起诉或被起诉;拥有并使用统一图章,本法人团体指定之官员以法人名义所行签名合法并具法律效力;本法人团体除拥有动产外,还可视运作之需,同时拥有房地产并购置、持有或接受礼物、馈赠和设备;购入、接收、出售房地产,以偿还或部分偿还团体的债务;制定章程细则,并使所有的规章制度和保证法人团体正常管理的法律章程相一致;根据法人团体事务的需要,任命除董事长和司库以外之下属官员和代办,确定职称和职务薪资。

……

董事会出于法人利益之考量如需增加董事,经由监理会传教部同意,有权增选董事,人数最多可至33名。首届董事有权选举下届董事;新任董事应与创始董事一样成为法人团体的股东。……所有官员的任期可由章程细则决定,但不得超过三年。在继任官员经适当程序选举产生并通过资格认证之前,现职官员的任期继续有效。

……

本法人团体如违反本章程之任何条款,州政府皆可立即解散之。

……

我们,下列署名人,本着上述宗旨并行使所载权利,依据田纳西州的法律,谨此请求州政府批准本章程。

1901年6月13日

A. W. 威尔逊　J. D. 哈蒙德　J. 艾特金　蓝华德　J. H. 柯克兰

田纳西州大卫逊县　　注册办公室　1901年6月14日

我,J. K. 戈特勒,大卫逊县注册员,特此证明上述章程和证书在本办公室注册(文册第238册第30页),这些文件于1901年6月13日下午2点30分收到,并登录于记事本第17册第248页。

J. K. 戈特勒,大卫逊县注册员

By-T. S. Lusty, D. R

田纳西州大卫逊县

兹有申请人和股东A. W. 威尔逊、J. D. 哈蒙德、J. 艾特金、蓝华德、J. H. 柯克兰等人亲自前来,在我——P. A. 谢尔顿,田纳西州政府职员面前承诺,他们本着章程所载宗旨履行契约。

1901年6月13日于办公室

职员P. A. 谢尔顿

我,J. W. 莫顿,田纳西州州务卿,特此证明,我已收到上述章程连同证书,一式三份,并已证明属实。

1901年6月24日

J. W. 莫顿

第二件:东吴大学1908年7月在田纳西州变更英文校名的文件

法人章程修正案

我们,组成"在华之中央大学"董事会的下列署名人,依据田纳西州的法律,为修正法人章程,向州政府提出申请,将上述法人团体的名称由"在华之中央大学"更改为东吴大学。

1907年10月5日

孙乐文　威尔逊　W. B. 柏克　潘慎文　文乃史　H. T. 里德

柏乐文　葛赉恩　韩明德　J. D. 哈蒙德　蓝华德
签名：蓝华德

田纳西州大卫逊县

兹有署名人蓝华德，申请人之一，亲自前来，在我——P. A. 谢尔顿，田纳西州政府职员面前承诺，他们本着章程所载宗旨履行契约。

1908 年 6 月 26 日于办公室

（签名盖章）　　职员 P. A. 谢尔顿

田纳西州大卫逊县

兹有署名人之一蓝华德前来，作为第一宣誓人，向我——P. A. 谢尔顿，田纳西州政府职员，宣誓并称：他和署名人孙乐文、威尔逊、W. B. 柏克、潘慎文、文乃史、H. T. 里德、柏乐文、葛赉恩、韩明德、J. D. 哈蒙德等相互熟识，这些董事也宣称他们和蓝华德相互熟识，本修正案也是出于他们的意愿。

1908 年 6 月 26 日于办公室

（签名盖章）　　职员 P. A. 谢尔顿

田纳西州大卫逊县

1908 年 6 月 29 日下午 12 点 55 分收到档案，并归档于文册第 310 册第 241 页。登录于记事本第 22 册第 255 页。

W. H. 莫顿，注册员

By－B. 威廉，D. R.

我，J. W. 莫顿，田纳西州州务卿，特此证明，上述章程连同证书于今日注册并由我证明属实。

1908 年 7 月 28 日。

J. W. 莫顿，州务卿

注释：

[1][3][6] W. B. Nance, Soochow University. 1956.

[2] Letter from Chaddra A. Moore, 1998, 9.30.

[4] William Purviance Fenn, Christian Higher Education in Changing China 1880—1950, p. 54. William B. Eerdmans Pubishing House, 1976.

[5] T. Otto Nall, How Our Bishops Served the Chinese, Upper room Pritting House, Hong Kong, March 1988.

[7] 古纳，John Goodnow(1858—1907)，1897 年 9 月至 1905 年任美国驻上海总领事。

[8] 江督、刘制军，即时任两江总督的刘坤一。刘坤一(1831—1902)，湖南新宁人，字岘庄。由湘军起家，历官广东按察使、广西布政使、江西巡抚、署两江总督、两广总督、两江总督，后遭弹劾而退隐。1890 年 11 月 22 日复任两江总督，直至 1902 年 10 月 6 日病逝，谥忠诚。有《刘忠诚公(坤一)遗集》传世。

刘坤一曾于光绪二十五年十一月十四日(公元 1899 年 12 月 16 日)给美国驻沪总领事古纳复信，信中说："蒙寄书三种六本，拜谢。承示贵国进士林乐知拟在苏垣设立书院，为敝处教育人才。与江宁设立之汇文书院,后先济美。东吴士子从此皆是公门桃李矣。苏垣为抚军驻节之所,鹿滋轩中丞以翰院起家,于中外名儒莫不加礼。适馆授粲,自能宾主交欢也。"《复美领事古纳》,《刘忠诚公(坤一)遗集》,书牍(三)卷十三。

[9] 鹿滋轩中丞、苏抚军,即时任江苏巡抚的鹿传麟。鹿传霖(1836—1910),直隶定兴人,字滋轩,亦作芝轩,号迂叟,谥文端。历任广西兴安知县、桂林知府、河南、陕西巡抚、四川总督、广东巡抚、江苏巡抚兼署两江总督、两广总督、军机大臣。1899 年 12 月至 1900 年 9 月任江苏巡抚。

[10] 林乐知:《监理会创立大学堂之历史》。《万国公报》1907 年 4 月第 19 卷第 3 号。

[11] State of Tennessee, Charter of Incorporation. Volume O - 2, Page 59 of the charter books

文件为 8 开纸张,共两页。部分文字手写,部分文字打印。本文中的格式力图展现其原貌。省略部分为原件中删除之打印文字。

[12] Amendment to the charter of Incorporation, Volume P - 6, Page 443 of the charter books

文件为 8 开纸张,共一页。全部文字打印。本文中的格式力图展现其原貌。

(本文写作得到陈珍棣、杨大春、杨木武资料工作的帮助,谨此鸣谢。)

原载《苏州大学学报》(哲学社会科学版)1999 年第 2 期

略谈东吴大学建校经过

吴 竞

旧中国的教会学校东吴大学，它的早期校史，在一些文章、专著与辞书里，均有涉及或介绍。如上海人民出版社出版的《传教士与近代中国》一书说："70 年代传教士开设的学校有，监理会于 1870 年在苏州的存养书院"；又说："1881 年林乐知在上海开办的中西书院，后来形成了东吴大学"；还说："苏州东吴大学，1901 年建校，由苏州博习书院、上海中西书院、苏州中西书院等合并组成，美国基督教监理会开办。"[1]《辞海》三卷本上册说："东吴大学，美国基督教会在旧中国办的大学。校址在苏州、上海两地。1881 年（光绪七年）美国监理公会设中西书院于上海，1897 年又设中西书院于苏州。1901 年合为东吴大学。"[2]滕亚屏同志在《旧中国的教会大学》一文中说："1897 年，美国监理会设中西书院于苏州，1901 年改为东吴大学。"[3]那么，苏州东吴大学的建校经过如何？苏州存养书院、苏州中西书院究竟何时开办？1901 年苏州东吴大学开办时，是否由上海中西书院合并组成？为了弄清这些问题，我不揣谫陋，爰成此文，以就教于专家和熟知东吴校史的前辈们。

一

毛泽东同志说："美帝国主义比较其他帝国主义国家，在很长的时期内，更加注重精神侵略方面的活动，由宗教事业而推广到'慈善'事业和文化事业。"又说："我国许多有名的学校如燕京、协和、汇文、圣约翰、金陵、东吴……等，都是美国人设立的。"[4]因此，我们要弄清楚东吴大学是怎样办起来的，必先了解美国基督教会尤其是差会监理公会是怎样来到苏州的。"十六世纪后的基督教，除了具有麻醉人民的鸦片烟的一面，还有殖民工具的一面。随着……西方国家殖民野心的增长，殖民工具的一面就日益明显地暴露出来，从而引起中国统治阶级日益深重的疑虑。"[5]到清朝，康熙五十六年（公元 1717 年）下令禁止天主教在中国传播，后历雍正、乾隆、嘉庆而到道光初年，都把禁止传习天主教定为不易的方针。所以在鸦片战争前，传教士是不允许来中国活动的。但是仍有少数西方传教士从国外潜入广州、澳门的。1830 年美国基督教会传教士俾治文来到广州，就是鸦片战争前美国第一个闯进中国的传教士。

1840 年英国挑起侵略中国的鸦片战争，1842 年清政府战败被迫签订中英《南京条约》。从此，中国的大门被西方资本主义侵略者打开了。1844 年 7 月，美国强迫清政府订立中美《望厦条约》，除取得《南京条约》中的侵略特权外，还规定准许美国人在五口自行建造礼拜堂等。这样，美国和其他各国传教士，便以不平等条约为依据，相继来华活动。上海开埠后不久，美国传教士就到了浦江岸边。1848 年，美国基督教监理公会派传教士秦右、戴医生两人来华。次年，在上海郑家木桥（今延安东路福建中路口）建造教堂一所。1853 年，又有蓝柏等三个传教士来沪，与秦右一起从事精神侵略活动。不过，这时还限于五口，尚不能到五口以外的城镇去传教。但他们对邻近上海的地上天堂苏州，则心向往之，便在上海吸收了一个姓殷的苏州人入教，并通过这个教民到苏州从事了一些传教活动。第二次鸦片战争中英、法、美、俄四国合伙，先后强迫清朝政府订立《天津条约》和《北京条约》，又攫取了许多特权，还规定外国传教士可到内地游历、传教，以及在"各省租买田地建造自便"的特权。从此，这些侵华急先锋又取得内地传教权，为他们深入内地大开方便之门。嗣后美国教会势力便由五口向内地伸展，由上海、南翔而苏州，监理会先派蓝柏到苏州建立教会，吸收教民。当他来到苏州时，苏州人并不相信基督教，只有极少数人去入教。稍后，传教士便以办学校为媒介，进行传教活动，恰在这时，浙江秀水人、传教士曹子实从美国回华，由浙江教会介绍来苏州活动。1871 年，监理会派曹子实和美国传教士潘慎文在苏州十全街办起存养书院。为什么说它办于 1871 年而不是 1870 年呢？主要是根据曾在博习书院、上海中西书院、苏州东吴大学先后任国学教习的徐允修所著《东吴六志》里说："在博习书院未曾成立以前，先设存养书院于葑西之十全街，……盖当前清同治十年，西历一千八百七十一年"。《东吴大学二十五周纪念特刊》中《二十五年来之东吴》一文也说："方曹先生子实创存养书院于葑西十全街也，远在公元一八七一年。是不特为教会兴学吴中之滥觞，抑亦为吴中兴学之先驱。"两书都说存养书院建立在 1871 年。

事后监理会又在天赐庄"给价永租，建造西式楼房"。1879 年，将存养书院迁天赐庄，改名博习书院。尽管这些传教士把所办学校也模仿中国称呼叫书院，但无论存养或博习，苏州人去就读的极少，且"人之毁之者，犹恐不及"[6]。也正如《东吴六志》所说："两校（指存养、博习）中男女学生自行束脩以上者，实为寥寥，大多数由各地宣道师劝勉而来，与宗教有关系者。"为什么当时苏州人不愿去就读呢？第一，因为它们都是由教会开办的，教会是西方殖民主义者侵略中国的工具，人们对教会心存疑虑，甚至"仇视之"。第二，那些地主、士绅、官僚的子弟，要走所谓正途，即通过读经，参加科举考试，去猎取功名，登入仕途，显耀门庭，也不会去入学。因此，到存养、博习去就读的，大多是用"优免学、膳各费"的办法，由各地宣道师送来与教会有关的儿童。正如那些传教士在《中国教育事业的报告》里说："最初之教会学校，实为辅助传道而设，传道者既不能得成人之信仰，乃开设学校，俾得集孩童于基督教教义影响之下。"所以这些最初的教会学校，实际上是为他们进行精神侵略培养传教基干服务的。正是博习书院培训的中国牧师，"把传道工作，推广到湖州、常州、无锡等处，成立六个教区"[7]。

1882 年，监理会又派传教士孙乐文、柏乐文等三人来华，孙乐文被派往南翔教堂，柏乐文则到苏州宫巷教堂。由于柏乐文懂得一些医学，次年，即于天赐庄开设博习医院。办医院也和办学校一样，都是为了侵略的需要。如岭南大学医学院院长焦惠林《在牛痘刀尖上》里说："在中国的愚蠢人民中，只有用医学才能打开它的大门。"柏乐文用行医治病为媒介，去接近、笼络、结交苏州及其附近地区的地主、士绅和官僚。这一办法也果然奏效，有所谓"平素与之往还者，多知名之士，如本城迎春坊巷张氏、中由吉巷陆氏、海红坊巷潘氏、高师巷许氏、南浔刘氏、张氏，均系多年至好"[8]之说。这些地主、士绅还吹捧他"活人兴学，独厚于苏，苏人德之"[9]。当然，那些感恩戴德他的，无非是些社会上层分子。博习医院收费昂贵，贫苦的劳动大众是很难进得去的，偶尔进去了也不会得到应有的重视。

1884 年，孙乐文"迁苏州宫巷[教堂]牧师"。他一面传教，一面研究中国人的品性习尚，使监理会在苏州的传教事业"倍形孟晋"。不久，孙便"升为苏州循环长老司"。连英国在华传教士、老牌帝国主义分子李提摩太也赞叹他是"传道队之前锋，询不诬也"[10]。而孙乐文也“视苏州为第二之故乡”了。

不难看出,美国基督教监理会传教士从麇集沪上而发展到苏州;由宗教事业而扩大到文化事业和“慈善”事业。到中日甲午战争前,教会尤其是监理会,在苏州已具有相当的势力了。

二

1894—1895 年的中日战争,清政府战败,被迫签订《马关条约》。这是个空前的卖国条约,割地之大、赔款之巨、权利丧失之多,使全国为之震惊。民族资产阶级上层和具有爱国思想的知识分子,“恫国势之日蹙,有志于当世之务,争言维新”[11],知科举之不足恃,要求学习西学。孙乐文有鉴于此,1895 年 11 月 18 日,“遂就宫巷余屋仿西国学校之意旨,试办中西书院”。说中西书院开办于 1895 年而不是 1897 年,主要是根据东吴大学的鼻祖刊物、1903 年出版的《雁来红》载《东吴大学堂记》说:孙乐文“遂开一学堂于宫巷,名曰中西书院,时西历千八百九十五年十一月十八日也。”此外《东吴六志》也说:中西书院的开办,“时在前清光绪二十一年,西历一千八百九十五年十一月十八日,为开校授课之第一日”。嵇绍周所撰《孙乐文传状》里说:“一千八百九十五年十一月十八日,创设中西书院于宫巷,而自任总教习。”《二十五年来之东吴》一文说:“一八九五年,孙博士乐文,爰有宫巷中西书院之设”。民国《吴县志》卷二十八记中西书院设立年代是“光绪二十一年”,即 1895 年。所有这些中文资料,都说苏州中西书院开办于 1895 年 11 月。而其中《雁来红》的记载,尤其值得重视,因为该刊出版于东吴刚刚建立不久,时孙乐文正在东吴大学任校长,还为该刊写了“弁言”。因此,说苏州中西书院设立于 1897 年,我认为是可疑的。

苏州中西书院开办宗旨,“以试探华人对于西国学术之向背如何”。第一年招学生 25 人,次年增加至 40 多人,到第三年秋季,竟猛增至 109 人。这时,苏州又有张仲仁兄弟设“苏学会”于唐家巷小学,倡新教育以应康有为、梁启超发动的维新变法运动。孙乐文“知华人之风气已开,设学时机已到”。更主要的是西方资本主义侵略者在《马关条约》后于中国办的企事业日多,以及由外国控制的中国海关、邮局等机关急需人才,遂有筹设大学之举。1898 年监理会举行年会,对苏州中西书院“大加赞赏”;而对开办已历时 20 年的博习书院,认为“成绩平平”,不如理想,因而决定博习于是年年底停办。下一年,选学生 30 人并入上海中西书院;而将博习原有“房屋地产及一切仪器”,皆归并于苏州中西书院。监理会监督还在年会上对孙乐文表示:“如能广购地亩,以为学堂推广之地”,将给以支持。1899 年秋,监理会书记蓝华德来苏州,与孙乐文和柏乐文等商议,将中西书院改设大学堂,教以高等科学,“先办文科、圣道科、医科,为监理会最高学府”。他们看中博习书院后面的一大片开阔土地,选为大学堂的校基,刁滑的柏乐文,深知土地是劳动人民的命根,担心强购土地,“以致发生暴动,而教士身受惨祸”。他提议只有勾结官府,土地才可轻易到手。于是,商定由孙乐文函请美国驻沪领事古纳来苏,进谒江苏巡抚鹿传麟,“告以买地事”。惟命是从的鹿巡抚,“亦表同情,当日遣元和[县]令来商买地之法”[12]。接着,古纳又邀请巡抚、布政使、按察使、学政、知府、知县以及“绅、学、商各巨公”,假葑门苏关公署设筵会议。会上由监理会传教士、《万国公报》主编林乐知将在苏办大学堂计划详细演说,“合座赞同,并许尽力襄助”。元和县知县还表示,将大学堂所需土地,限各业户在三个月内出卖;若过三个月不卖,知县便把它当作官荒,发给白契,俾便教士管业。在清苏州地方官吏的支持下,“未几,诸地悉买，而围地之工兴矣”[13]。他们一面动工兴建大学堂校舍，一面将博习书院原有房屋略加修理，“因陋就简，权宜一时”。1901 年 3 月 20 日，东吴大学便正式开学了。所需经费，“半为在美所经募，半集自平江、黄浦、蓉湖、琴川以及苕溪之缙绅先生辈”[14]。不过，东吴开办之初，只有中学班，正如《东吴大学二十五周纪念特刊》里说：“东吴大学之名，虽发现于二十五年之前，实则始初四年，并非大学，纯系中学，所授之课，完全中学程度。……一千九百又五年，……方始教授大学课程，招收大学学生。”从中西到东吴，与存养、博习时期的招生对象则有所改变，不再用“优免学、膳各费”招收那些“荜门圭窦”的穷苦孩子，“而是尽力吸收新兴的买办资产阶级子弟或其他富家子弟入学，而且收取较高的学费”[15]。监理会以孙乐文为东吴大学的首任校长。

我认为就东吴大学开办的经过来考察，说 1901 年东吴大学建校，是由博习书院、苏州中西书院合并而成则尚可，正像《东吴大学二十五周纪念特刊》里说：“殊不知东吴之先有中西，中西以前有博习，前乎博习者，更有存养在也。”它把东吴大学的形成过程说得一清二楚，句子所说的“中西”，当指苏州中西书院，并不包括上海中西书院在内。至于说是“林乐知在上海开办的中西书院，后来形成了东吴大学”，或如《辞海》中说：是由上海中西书院、苏州中西书院于“1901 年合为东吴大学”，似不符合事实。因为我在上述所引的中文资料，没有一条记载 1901 年东吴建校，是和上海中西书院合并而成的。不过，上海中西书院合并于苏州东吴大学，这又确系事实。然而，乃是东吴建校十年后的事。《二十五年来之东吴》一文说得很明确：“1911 年，葛公（指葛赉恩）遂挈其中西之师生而来苏，且主东吴校政。”《东吴六志》也说：“上海中西书院，……中间于宣统三年，西历 1911 年，将中西归并东吴”。这是因 1911 年春孙乐文病死，时掌上海中西书院的葛赉恩来苏州继任东吴校长，遂将上海中西书院合并于东吴大学的，也才有“东吴声势，于是大振”[16]之说。

注释：

[1]《传教士与近代中国》，第 228、334 页。
[2]《辞海》上册，上海辞书出版社，1979 年 10 月。
[3]《吉林师大社会科学学报》，1980 年第 2 期。
[4]《“友谊”还是侵略？》，《毛泽东选集》第四卷第 1510 页。
[5] 李时岳：《反洋教运动》，第 3 页，三联书店出版。
[6]《二十五年来之东吴》，《东吴大学二十五周纪念特刊》。
[7] 王治心：《中国基督教史纲》，第 212 页。
[8] 徐允修：《东吴六志》。
[9] 张仲仁：《美国柏乐文先生像赞》。
[10] 嵇绍周：《孙乐文传状》。
[11] 张仲仁：《纪念章太炎先生》。
[12][13]《东吴大学堂记》。
[14]《二十五年来之东吴》。
[15]《传教士与近代中国》，第 228 页。
[16]《二十五年来之东吴》。

原载《苏州大学学报》（哲学社会科学版）1983 年第 1 期

存养·博习·中西·东吴

——东吴大学建校经过补遗

胡喜麟

吴竞同志的《略谈东吴大学建校经过》一文[1]，清楚地说明了东吴大学的创办过程，纠正了某些书刊上的谬误，信而有征。吴文寻根探源，追溯到存养、博习、中西诸书院，为研究东吴大学的历史提供了重要的材料。可是，读后觉得意有未尽，且个别细节似乎稍有出入，爰再略加补充，请吴竞同志指教。

美国监理公会在苏州创办学校是从曹子实开始的。曹子实是一个孤儿，1859 年被美国监理公会传教士蓝柏(J. W. Lambuths)带往美国，在美国受了洗礼，教名是查理·马歇尔(Charley Marshall)。不久，蓝柏又来上海，把曹子实留在美国，交给凯利医生(Dr. D. C. Kelly)照顾。1861 年，美国内战爆发，凯利在南方军队任军医，曹子实做他的助手，跟他学习医疗技术。1865 年内战结束，曹子实一边工作，一边读书。过了四年，1869 年，他回到上海。1870 年，被蓝柏派到苏州活动。他住在十全街，除传教布道外，还给附近居民治病，教两个小孩读书。1871 年，他在十全街正式办起了小学，并招收寄宿生。[2]

曹子实办学的时间，有两种说法。吴文引证《东吴大学二十五周年纪念特刊》和《东吴六志》，说是 1871 年。而 1930 年的《东吴年刊》则说是"同治九年"(即 1870 年)。考诸上述事实，两说均可成立，开始教学是在 1870 年，而正式开办学校则在 1871 年。

吴文说："1871 年，监理公会派曹子实和潘慎文在苏州十全街办起存养书院。""1879 年，将存养书院迁天赐庄，改名博习书院。"(着重号是本文作者所加)这与事实稍有出入。1871 年创办十全街小学只是曹子实一人，潘慎文(A. P. Parker)是在 1876 年被派来襄助曹子实的。潘慎文到校以后就向教会建议发起募捐扩建学校，并把学校定名为存养书院。"存养"之名始于 1876 年[3]。为了便于发展，1879 年存养书院迁到天赐庄。这时，曹子实同两名美国医生沃尔待·蓝柏(Walter Lambuths)和柏乐文(W. H. Park)合办诊所[4]，离开了学校，潘慎文就任存养书院校长。不久，各地捐款陆续汇集，捐款最多的是巴芬顿(Buffington)。为了感谢和纪念他对学校的贡献，1884 年将校名改为"Buffington Institute"，中文名为"博习书院"。这是"博习"一名的由来。潘慎文自编了算术、地理、自然科学常识等课本，用中文教学，教学内容相当于当时美国小学一、二年级的程度。同时，在学校内还讲授《圣经》，用基督教教义影响中国儿童的心灵，使他们长大后为教会服务。事实上也确实如此，往后，江浙几个主要城市的中国牧师大多毕业于博习书院。

美国监理公会除了在苏州办学外，也在上海办学。上海从 19 世纪 40 年代就开始了，比苏州早。其主要骨干，最初是本杰明·詹金斯(Benjamin Jenkins)和查利·泰勒(Charles Taylor)，后来是林乐知(Young J. Allen)。林乐知原是《万国公报》(Review Of The Times)的创办人和主编。第二次鸦片战争后，清政府设立了总理各国事务衙门，衙门内附设同文馆，招收一批中国学生在馆内学习英、法、德、俄四国语言文字及其他自然科学，准备用作各方面的翻译。林乐知看到这一形势,计划创办一所大学,培养一批高级的懂得中西文化的中国人,帮助美国政府进一步控制中国的内政、外交。经过多年酝酿,1882 年在上海昆山路开办了中西书院(Anglo-Chinese College)[5]。但是由于种种原因,学校开办以后并不兴旺,十余年间仅仅教授了英语,毕业生大多投身于海关、铁路、邮电部门工作,没有能进入清政府上层统治机构。林乐知办大学的"宏伟规划"没有能实现。所以后来文乃史(W. B. Nance)回忆这一段历史时十分遗憾地说:"'大学',像梦一样消失了。"[6]但是,林乐知的设想直接导致了后来东吴大学的诞生。

甲午中日战争以后,资本主义国家对中国的侵略更加全面、更加深入了。在这种形势下,监理公会在办学问题上作了新的部署,一个更大规模的计划正在酝酿之中。

1895 年 11 月,监理公会传教士孙乐文(D. L. Anderson)在苏州宫巷创办了一所学校,名为宫巷书院(Kung Hang School),习惯上也称中西书院。开始时只有 25 名学生。学校内开设国文、算学、自然科学常识(包括地理)、神学等课程。据说,开办宫巷书院还有一段故事:有一天,孙乐文在宫巷教堂布道,领唱赞美诗。有 6 个身穿丝绸长袍、知识分子模样的中国青年突然走进教堂,安静地在后面椅子上坐下。中国的"读书人"来听布道,这是前所未有的事,所以孙乐文觉得很奇怪。他中止了布道,请 6 个青年到他办公室去。坐定之后,孙乐文问他们的来意。一个青年回答说:"我们是来请你教英语的。"并说:"日本学习西方,成了世界强国,我们要振兴中华也要向西方学习,首先要学习你们的语言,才能读你们的书。"孙乐文答应了他们的要求,但提出一个条件:至少要有 25 人才能开班。青年们同意了。过几天,这 6 个青年如数带了他们的朋友一起来了。于是,学校就办起来了。这 25 人后来成了宫巷中西书院骨干[7]。这个故事大体是可信的。因为中国在甲午战败,朝野震惊,于是,民族资产阶级和具有爱国思想的知识分子纷纷要求学习西学,争言维新,蔚成风气。殊不知,中国知识分子这种爱国愿望正好迎合了美国监理公会扩大办学的计划。这样,在苏州又增加了一所教会学校。

同年,监理公会将潘慎文从苏州博习书院调往上海,执掌中西书院(原校长林乐知继续主编《万国公报》)。博习书院校长由赫恩(T. A. Hearn)继任。1896 年 3 月,监理公会派文乃史到博习书院任教授。

宫巷中西书院创办以后很有起色,1898 年 11 月,在校学生超过了 100 人,而且"思想程度已臻上乘之士,曩昔林公(按指林乐知)所怀之硕划,至是始流露其试行之可能性"[8]。宫巷中西书院的办学实践促进了监理公会扩大办学计划的实现,"各地教会筹设大学之举即于是时发起"[9]。1899 年 2 月,监理公会为了集中力量办好宫巷中西书院,决定将博习书院迁往上海,与中西书院合并。文乃史调往上海任教。同时,又派葛赉恩(J. W. Cline)[10]到宫巷中西书院以增强力量。

从 1895 年到 1899 年,监理公会增办宫巷中西书院,并调兵遣将调整充实苏沪两地原有学校的力量,这些都是前奏。1899 年底,监理公会扩大办学的蓝图亮相了:在苏州办一所大学,在附近县城办几所中学和更多的小学,形成一个系统完整的范围广泛的学校网[11];宫巷中西书院改为大学,迁往天赐庄博习书院旧址,并购买土地扩建校园。1900 年 5 月,美国监理公会的国外宣教部批准了这个计划,并向美国田纳西州州政府立案。监理公会指定林乐知、潘慎文、柏乐文和孙乐文为代表,着手筹备建校事务。11 月,校董会组织就绪,学校定名为东吴大学,推孙乐文为校长(任职至 1911 年去世)。而上海中西书院继续办下去,仍由潘慎文主持[12]。另外,将文乃史和葛赉恩对调,文乃史到东吴大学,葛赉恩到上海中西书院任教。

1901 年 3 月,宫巷中西书院迁至天赐庄,东吴大学正式成立。

据上所述,可见东吴大学是由苏州宫巷中西书院改名而成,并非由博习书院与中西书院合并组成(东吴大学成立时,博习书院已经不存在),也不是由上海中西书院与苏州中西书院合并而成(东吴大学成立时,上海中西书院依旧存在。上海中西书院并入东吴大学是1911 年的事,吴竞同志已作了考证)。但是,就其渊源来看,确是"东吴之先有中西,中西之前有博习。而前乎博习者,更有存养在也"[13]。这几所书院一脉相承,同源合流。而在合流过程中,又同曹子实、潘慎文、林乐知、孙乐文,葛赉恩、文乃史等人有密切关系[14]。所以,考察东吴大学建校经过,必须弄清这几条"流"和这几个人,这是至关重要的。

注释:

[1] 载《苏州大学学报》(哲学社会科学版),1983 年第 1 期,第 116—119 页。

[2][3] 文乃史著《Soochw University》, New York 1956 年版第 7—8 页,《年表》。文乃史是东吴大学第三任校长(1922—1927),后任顾问,1949 年回国。

[4] 这个诊所于 1883 年发展为苏州博习医院。

[5] 林乐知开办中西书院的时间有三种说法:1881 年、1882 年、1884 年。本文根据文乃史《Soochow Unirersity》和 1930 年《东吴年刊·校史概略》。当时,林乐知办了两所学校。一所是中西书院,在昆山路。1911 年中西书院迁苏州并入东吴大学,该处改办中学,隶属于东吴大学,称第二中学。1915 年,又在该处办了法科,称东吴法学院(Law School of Soochow University),又名中国比较法学院(The Comparative Law School of China)。另一所学校在当时的法租界,与东吴大学无关系。

[6][7] 见文乃史《Soochow University》第 15 页,第 4—5 页。

[8][9] 见 1930 年《东吴年刊·校史概略》。

[10] 葛赉恩是东吴大学第二任校长(1911—1922)。

[11] 这张"网"后来形成了:在苏州有第一中学,上海有第二中学,湖州有第三中学,江浙一带另有 20 余所小学,分别隶属于三所中学,而三所中学更衔接于东吴大学,连成一系。此外,在松江设圣经学校,在无锡设实业中学。

[12] 1905 年,潘慎文因另有任务,辞去中西书院校长,由葛赉恩继任。1911 年,东吴大学第一任校长孙乐文去世,校董会推葛赉恩任东吴大学校长,葛赉恩携上海中西书院教职员和学生来苏,并入东吴大学。

[13] 见《二十五年来之东吴》,载于 1926 年《东吴大学二十周纪念特刊》。

[14] 东吴大学几座主要建筑物:林堂、孙堂、葛堂、子实堂,就是为纪念林乐知、孙乐文、葛赉恩、曹子实而命名的。这几座建筑物今天还在,分别为外语楼、数学楼、化学楼、学生第二宿舍。

原载《苏州大学学报》(哲学社会科学版)1985 年第 4 期

最早开设的教会大学

——东吴大学

许周鹣　张梦白

东吴大学创建于1901年，是开设最早的教会大学。草创伊始，鉴于师资的匮缺和学生科学知识的贫乏，难于直接实施大学课程的教学，先开设中学班，至1905年正式招收大学生。1907年，首届大学毕业生11名，其中1名被授予文学士。之后，东吴大学不断扩大教学规模和完善教学体制，将大学本科的学制定为4年，1915年文理正式分科，同年增设研究生课程，于1917年开始授化学硕士学位，是为国内首创。东吴大学从1901年到1925年共培养了120位大专毕业生，121位文学士，130位理学士，87位法学士；还培养了2位化学硕士，4位动物学硕士，2位植物学硕士。尤为值得一书的是，东吴大学生物学、法学人才辈出，为中国近代科学的进步作出了贡献。

一

东吴大学生物学的奠基人是美籍教师祁天赐。他于1901年受聘于东吴大学，执教时间长达20年之久，祁天赐原在美国范德比尔特大学攻读生物学，获理硕士学位。祁天锡擅长动物学，侧重于对苏南鸟类和昆虫的研究。他首先编写了华东鸟类指南一书，1922年又编纂了江苏省植物名称及分类一览。那时，国内的生物学研究尚属起步阶段，祁天锡凭藉其丰富的生物学知识，致力于华东地区动植物的研究，填补了这一科研领域的空白。东吴大学早期培养的生物学人才成为我国近代大、中学的主要师资力量。东吴大学毕业生王志稼精心编写了中学生物教科书，成为20年代我国中学广泛采用的生物学教科书。东吴大学毕业生在各大学执教生物学者不胜枚举，如胡经甫（约翰、东吴、燕京）、陈纳逊（东吴、金陵）、王志稼（沪江、东吴）、朱元鼎（约翰）等，计约15名之多。30年代东吴大学生物学毕业生的成绩斐然，以李惠林的生物学、高尚荫的微生物学、谈家祯的遗传学的学术成就最为突出，在国内科学界居于领先地位。据不完全统计，东吴大学毕业生中当选为中国科学院院士的有20名，其中生物学方面的占8位。

东吴大学生物系又以创设生物材料处，制作各种标本而著称。祁天锡在东吴大学执教生物学之际，亲自指导学生制作动植物标本，培养学生的动手能力，加强直观教学。由于我国大、中小学已纷纷开设生物学课程，而动植物标本紧缺，向英、美、德等国购买，费用极为昂贵。为解决生物学教学的需求，东吴大学生物系开始培训制作生物标本的技术人员。他们首先从制作昆虫等简单的标本着手，既有助于训练标本的制作技巧，又能较快地供应大、中学生物课教学所需的标本，以解燃眉之急。在美籍教师约翰逊、中方教师胡经甫和技术人员的齐心努力下，于1924年正式成立生物材料处。苏州附近湖泊众多，河道密布，水生生物及藻类植物极为丰富；近郊山岭遍布树木草丛，是昆虫、寄生虫的聚居之地。生物材料处的师生员工不辞劳苦，四出采集，在实践中不断总结经验，提高制作标本的技术，并逐年发展，各种动植物标本的收集相当齐全。其中有各种动物骨骼、植物病理、胚胎遗传、昆虫、寄生虫、细菌、细胞等，一应俱全。各类标本或固定在标本架上，或用瓶装保存，或制成玻璃片标本，妥善保管，以供教学和销售之用。生物材料处一度颇具规模，工作人员达15位，库存各种标本的价值达1万数千美元。制作的动植物标本除供应国内大、中学校、科研机构和医院所需之用外，还远销东南亚各国和欧美国家，一些华东地区特有的蝴蝶、昆虫等标本，成为东南亚欧美各国收藏的珍品。

二

20世纪初，上海及华东地区社会经济有了较大的发展，急需法学专业人才，而司法人才寥若晨星。于是东吴法学院应运而生。1915年秋，东吴法科在上海正式成立，校名为"中国比较法学院"，简称"东吴法科"，后改名"东吴法学院"，校址位于上海。

东吴法学院在初创阶段办学条件极差，规模很小，上课时间定在下午4时到7时半，教室则利用东吴二中课后的空闲。学生均为在职人员，业余就读，教师也都兼职授课，采用夜校的形式对当年的学生和教师都很合适。规定学制为5年，至少在大学中修完2年的基础课才能报考，录取之后再攻读3年。首届毕业生于1918年获得法学士学位。学生毕业后经学校推荐可往美国留学，正常情况下，1年后可获硕士学位，2年后可获博士学位。东吴法学院的毕业生出国深造的机会较多，有利于他们的成才。

东吴法学院早期的教科书基本采用美国大学法律系所用的英文原本，主要讲授英美法。这一教授内容恰好符合当时上海等地的特殊需要。英美等国都因在中国享有领事裁判权而在上海设有司法机构，需要精通英美法律的专业人才。1927年以后，东吴法学院开始扭转侧重英美法的偏向，重视中国法和大陆法，逐步开设中国法、大陆法和其他国家的法律课程，使学生的法学知识更为丰富。与此同时，学校的建制也更完备，除夜校外，招收正规的全日制学生，按国家规定设置一、二年级的基础课，后三年专攻法学课程。东吴法学院在积累了本科教学经验的基础上，又增加研究生课程，于1928年始授法学硕士学位。

东吴法学院的教学方法独具特色，尤为注重实用性，这与同时期中国的政法类学校和法国人在华创设的法律学校均不相同。东吴法学院以英美法为重点，因而采用"案例教学"的方式。法律课本充满抽象的概念，枯燥艰涩，而"案例"则多种多样，案情具体生动，对"案例"展开充分的研究讨论，可以培养学生独立思考和理解分析的能力，还可以从案情中推演出法律的概念和原理。东吴法学院又采用"型式法庭"的方式来进行诉讼实习，作为最后一年的必修课。早年，东吴法学院的诉讼程序完全按照当时上海租界的会审公廨所采用的程序，学生分别担任推事、律师、证人、翻译，作为毕业前的实习。1927年以后，会审公廨几经改组，诉讼程序渐而接近中国法庭的形式，"型式法庭"的内容也随之变换。参加实习时，学生所任的推事、检察官、律师、原告、被告、证人等，除了在开庭时应履行各自的职责外，检察官还得作起诉书、律师写答辩状、推事作判决书等。这样的实习方式为学生毕业后走上工作岗位作了充分的准备。

东吴法学院建于国际工商业大都市上海，涉及当时租界当局和外商企业的法律纠纷十分频繁，对律师的需求量大。而东吴法学院的毕业生英语流利，又精通英美法，所以当律师者居多。20年代及随后一段时间，华人在上海公共租界担任"捕房律师"的几乎全是东吴法学院的毕业生。其时工部局法律部共有律师8名，东吴法学院毕业生占7名。东吴法学院在司法界任职的较少，恰与朝阳法学院的情况相反，在当时国内法律界有“北朝阳、南东吴”的美名。

东吴法学院以其严谨的学风和务实的精神，培养出许多法学界的著名人士，其中不乏国际法权威、名教授、名法官、名律师以及其他法律专家和司法界人士。早期毕业生如吴经熊、陈霆锐、何世祯、何世枚、石超庸、江一平、端木恺、丘汉平、查良鉴等都在法律界具有较高的名望。稍后的毕业生也在国内外法学界中显露出深厚的法学底蕴和处理法律事务的才华。二次大战结束后，远东国际军事法庭在东京审判战犯过程中，东吴法学院毕业生倪征: 、杨寿林、裘绍恒等8位参加，担任我国所派法官梅汝璈、检察官向哲濬的首席顾问、顾问、秘书、法官助理、翻译等职务。他们在整个审判过程中协助工作，提供证据，为伸张正义出力。联合国海牙国际法院成立后，我国先后有6位法律界著名人士当选为大法官，其中王宠惠、顾维钧、倪征: 为东吴法学院毕业生，郑天锡、徐谟曾任东吴法学院教授。联合国为南斯拉夫问题设立的国际法庭中，东吴法学院校友李浩培当选为法官。现任香港首席按察司（最高法院院长）杨铁梁也是东吴法学院的毕业生。于此，足见东吴法学院在中国司法界育才树人的业绩。

三

东吴大学采纳西方近代大学为范本的办学方式，十分注重学生课余时间的校园文化生活。创办之初，即组织了学生辩论团体：竞智会和丽泽会，定期辩论，又开展校际之间的辩论大赛，焕发了学生新的精神面貌。还组织了书画社丽则会、东吴剧社、学生健身队等。这些校内社团的活动，培养了学生的组织能力和社交能力，有助于提高学生的独立思考能力和对近代新思想的吸纳。因此当震惊中国的五四运动爆发之际，东吴大学学生并未受教会大学的束缚，他们积极响应，成为五四运动中的参与者、推动者。

1919年5月7日，北京学生发动五四运动的消息传到苏州，震撼了江南故城，东吴大学校园中顿时群情激愤，一致响应北京的学生运动。5月8日东吴大学学生召开“国耻纪念会”，反帝情绪高涨。晚间，东吴大学学生代表到苏州桃坞、晏成、萃英、英华等几所中学联络，约定于9日下午游行。5月9日下午1时半，东吴大学学生的游行队伍出发，他们手持600多幅旗帜，沿途散发数千份通俗传单，到公共体育场召开集会，高呼反帝爱国口号，这是苏州市内第一次以近代游行的方式，呐喊出民众积郁多年的反帝呼声，在宁静的姑苏城内激起了反帝爱国的首次波澜。

随着反帝爱国斗争的日益高涨，东吴大学学生决定成立新的学生团体——东吴学生会，以有效地组织学生运动。在东吴学生会的成立大会上通过表决，一致赞成罢课，以声援北京学生的反帝爱国运动。同时有计划地开展一系列活动：1. 学生会演讲部每天派出10队学生，到苏州城内各处演讲。演讲部部长陆绶玉备有城区地图，已经讲过之处，逐一画上记号，不致有漏缺。以后又派各队到附近城镇演讲，以扩大五四运动的影响。2. 学生会著述部与苏州日报馆协商，增辟“东吴声”专栏，专载东吴学生会的稿件。3. 学生会调查部组织学生成立调查组，到苏州城中各处调查日货的名称、商标价目及代用品，一经查到，即令销毁。4. 学生会广告部每天派学生上街张贴200张传单，散发500张传单。5. 学生会决定在校园中停用日商振兴电灯公司所供的电灯，改用其他灯具。东吴学生会各部各司其职，组织学生参与各项活动，将苏州市的反帝爱国斗争推向新的高潮。

正当苏州五四运动向纵深发展时，东吴大学校方十分惧怕学生运动态势的扩展，宣布提前放暑假。东吴学生会于6月5日决定将具体事务布置给各同乡会，让学生回到家乡后，在假期中继续开展反帝爱国的宣传活动。

1925年5月30日，上海五卅惨案发生后，全国群情激愤。5月31日晚，东吴大学学生邀请上海学联代表来校报告“目睹惨状”，全校师生义愤填膺。6月1日东吴大学全体学生致电上海学联及各报社，声援上海人民的反帝爱国斗争。上海东吴法学院的全体学生于6月1日召开特别会议，决定响应罢课。接着东吴大学学生进行了有组织的反帝爱国宣传：1. 请中国孤星社委员长作演讲，详细介绍五卅惨案的真相。2. 东吴大学文理学院学生利用课余时间到苏州市区向群众宣讲。法学院学生每日到上海闸北演说，“以语言唤醒同胞”。3. 学生会宣传部每日印刷传单，到繁华的街市和茶馆酒肆散发，“以文字唤醒同胞”。

以东吴大学学生为首的苏州学生联合会，组织苏州市23所学校的学生举行了33次声势浩大的游行和集会。6月30日苏州各界联合会响应学联的提议，召开“沪、汉惨案死难诸先烈追悼大会”。各机关、团体一律下半旗志哀，各商店门前悬挂白色小旗，上书“永矢不忘”、“万众一心”。参加大会者臂缠黑纱，手执白旗，以志哀悼。

东吴大学法学院学生凭藉所掌握的法学知识，积极配合上海市民的斗争。学生会特设“法律讨论委员会”，由端木恺、王耀堂等14人组成，“担任调查检验等项工作”、“研究此次惨案之法律问题”。他们为详细了解死伤情况，深入医院到病床前向受伤者调查，发现各医院均有巡捕监视伤员行动，特致函出庭律师，请向会审公廨据理抗争，撤去各医院巡捕。他们把调查所获资料整理后，编成《五卅惨案受伤调查表》、《五卅惨案死亡调查表》，向社会各界公布。经调查，确认死亡人数自5月30日至6月4日，6天内死亡达28人之多。为进一步做好取证工作，确定枪弹究竟从何方向射入，法学院学生克服重重困难，通过复验尸体，搜集证人证词，终于得出“弹由背部射入”的结论。在此基础上，“法律讨论委员会”编纂了《五卅血案实录》，除文字记录外，还有巡捕开枪以及死伤者照片等六七十幅，并附有中外证人所写证词的手稿。该书的出版受到社会各界的重视。法学院的学生还特聘本校教授、著名律师组织义务律师委员会，为被捕学生、工人辩护，直至获释。

四

1911年，东吴大学师生见校园周围失学儿童众多，本着为社会服务的目的，创办了“惠寒小学”。惠寒小学初办时为夜校，一年后改为日校。仅聘请一名专职教员负责管理学校的日常事务，其他教员均由东吴大学师生义务担任。招收的学生是东吴大学附近贫苦之家中无力上学的子弟，学生入学免收一切费用，书籍用品都由学校供给。在师生的齐心努力下，惠寒小学办得蒸蒸日上，入学人数不断增加，多次扩建校舍。为筹集办校经费，东吴大学师生不遗余力，展开了多种形式的募捐活动。例如，1914年青年会发动学生自制校旗、明信片等出售，赚取钱款捐赠给惠寒小学。1915年、1916年、1918年春青年会利用课余时间放映电影，场场满座，售票之款项，悉数捐予惠寒小学。1926年以后，惠寒小学成为一所正规的全日制小学，学生所学课程与其他公私立小学相同。惠寒小学毕业生中成绩优秀者，可以免试升入东吴附中。经过东吴师生数十年的筹划经营，惠寒小学声誉卓著。至抗战前夕，六个班级的男女学生达170余人。

在义务创办正规小学的同时，东吴大学学生还创办了义务夜校和暑假义务学校。1919

年东吴大学学生会成立后，即将推广普及教育作为一项重要议题，经讨论商议，一致决定创立义务夜校，招收贫苦子弟和成年文盲，以为社会尽青年学生之力，并推举顾培庸为校长。他们将招收的学生按文化程度的高低分为甲、乙两班，每天晚上授课2小时。东吴大学的工友中，受益者不少。

东吴大学学生会还发动学生在假期中回家乡组办义务学校，为社会贡献微热。其中数1921年暑假的义务学校办得最为出色。那年东吴大学学生会在暑假前就安排义务教育热衷者演讲一星期，演讲的题目有“中国教育之缺乏”、“学生之教育责任”、“义务教育之要素”等，有150多名学生报名，自愿担任义务教员。暑假中，学生们在江浙各地开办了19所义务学校，每天上午8时到11时上课，教授课程有国文、算术、修身、常识、习字、图画、音乐、体育、英文等，让贫苦子弟有了读书识字的机会。

东吴大学对近代科学知识的传播，具有一定的积极意义，尤其在中国大学生物学、法学等学科建设中起了奠基的作用。东吴大学培养了一批时代新人，他们的新思想新文化为中国的进步增添了活力。

原载《民国春秋》1996年第5期

抗日战争时期的东吴大学

杨恒源

日本帝国主义侵华八年,给中华民族带来了极其深重的灾难。在抗战初期即沦陷的江南地区人民首当其冲,他们与日本侵略者进行了关系民族存亡的拼死搏斗,作出了巨大的牺牲。东吴大学的师生,同样经受了严峻的考验。他们在抗日民族统一战线的旗帜下,坚持爱国主义立场,以民族大义为重,克服种种困难,始终坚守教育阵地,为抗日救国,为培育人才,作出了贡献。

东吴大学历史悠久,早于1901年,由美国基督教监理公会(今卫理公会)在苏州博习书院旧址开办,是解放前美国基督教会在我国开办的13所教会大学之一。东吴大学分设文、理、法三个学院。抗战爆发前,文、理学院在苏州,法学院在上海。

一

抗战八年,东吴大学师生始终坚守教育阵地,一再迁校,历尽艰辛。

1937年8月,日寇大举进攻上海,战火蔓延苏州。东吴大学在苏州的文、理学院师生"为了避免战火的威胁,更为了不愿靦颜在敌寇控制下生活",在校长杨永清和教务长徐景韩、总务长冯家声以及慎斐文、沈祖懋诸教授的带领下,毅然地离开了有数十年历史渊源的苏州,向浙江迁徙,沿途克服种种困难,"致使文、理学院师生得以在湖州第三附中续课"。(《八年离乱》载1946年《东吴年刊》)然而,时隔不久,日寇又在金山卫登陆。湖州一带也受到了严重威胁。"11月,该校师生再由湖州分道向杭州,泗安两地撤退。后来泗安师生又分成两部分,一部分向长沙进发,一部分回到上海;暂住杭州的师生则转往安徽黟县办学。"(《八年离乱》载1946年《东吴年刊》)

1938年初,校长杨永清和部分教师从泗安转迁上海。"会同在上海的东吴法学院院长及教授们一起筹备并借西藏路的慕尔堂(今沐恩堂)和南京路上的慈淑大楼开课;7月,在安徽黟县的部分师生在孙蕴璞、吴献书、陈海澄、程小青、张梦白、陆鸿钰诸先生率领下,也陆续来到了上海"。(见1946年《东吴年刊》)于是,在校长和教授们的努力下,东吴文、理、法三学院和附中都在上海招生复课,致使培育人才的事业续而不断。

然而,到1941年冬,太平洋战争爆发,日本侵略军抢占租界,学校被迫停办。据1946年的《东吴年刊》记载:这时许多热心教育的教授,并没有就此散开,他们一面举办一些分科补习班,一面在暗地里作南迁筹划。1942年4月,准备就绪,开始行动。为避开敌伪注意力,决定分批撤离。第一批走的有潘慎明、沈青来、慎斐文教授等。他们撤至福建邵武,联合协和、之江两校复学,并在金华成美中学设点联络。这时,日寇凶焰万丈,疯狂进攻,不到一个月,金华亦陷入魔手,联络中断,于是,准备第二批撤离的教授们遂困居上海。

不久,由于日本侵略军又迫近福建,邵武也非久居之地了。于是,在邵武的东吴师生复向广东进发,在广东曲江仙女庙弄到一片地面,造了几幢简陋的房子,作为校舍。这些作校舍的房屋均按东吴原有校舍“林堂”、“葛堂”的名字命名，表面上当然是表示“君子不忘其旧”之心，实际是寄托着师生“抗战获胜利，打回老家去”的良好心愿。（《八年离乱》，载1946年《东吴年刊》）

1943年春，在岭南大学的协助下，于曲江第一次招生。校务由沈体兰、潘慎明两位主持。这时，除原来首批撤来的人员外，陈晓、张宗炳两位先生也来到了曲江，吴大琨先生也前往任教。学生百余人。

到1944年夏，日本侵略军又迫近曲江，学校只能忍痛解散，教授、学生们纷纷走向重庆。这时，东吴法学院院长盛振为与沪江大学合办的东吴沪江法商学院，已在重庆开学。于是，从广东曲江来此的东吴文、理学院师生与之汇合，坚持办学。

1945年8月，抗战终于获得胜利。11月中旬，校务委员会派钱长本、许安之、孙蕴璞诸先生到苏州先行视察校舍情况，并准备设法接收东吴校舍。旋经多次交涉，使强驻校内的千余敌军搬迁，于12月1日接收林堂全部，及校门两旁教职员住宅4幢。但是这“只是几幢空房，别无长物，不要说仪器设备同教室里的桌椅荡然无存，就是连门窗、墙壁、地板也残毁不堪，旧健身房及螺丝浜住宅一所除了一堆瓦砾、几株枯草以外，根本没有什么建筑的痕迹了。依照当时的物价估计，修理费要‘法币’六万万元，合美金卅万元之多”。维格堂，老宿舍，体育馆还驻有敌人同贮藏的物资，所以无法进去调查，损坏的程度不得而知，当然也无法估计修理的费用了。（1946年《东吴大学法学院年刊》）

为能及时复校，钱长本先生一面筹措修理房屋，一面着手招生，并尽快举行入学考试，计录取文、理学院正式学生126人，选读学生40人。12月12日正式开学上课。此时，“钱长本先生代教务长，孙蕴璞先生代总务长兼会计，教授则有陈海澄、蒋吟秋、金东雷、徐景韩、张承宏、钱慕云、刘恩同等10余人分任各课。校务进行得非常顺利”。（《东吴师生八年离乱述略》，载《苏州大学校史资料选辑（一）》）

时隔不久，在多方交涉和催促下，东吴文、理学院的大部分教学大楼和学生宿舍以及教职员住宅均相继收回，并经整修后使用。法学院亦全部迁回上海昆山路原址，陆续开学上课。至此，颠沛流离、历尽艰辛的东吴师生终于结束了八年离乱生活，实现了“抗战获胜利，打回老家去”的夙愿。

二

从上述东吴师生在抗战期间，一再迁校到最后复校的历程中，我们看到，尽管他们没有亲自奔赴抗战疆场和日本侵略军浴血奋战，但是，他们在坚守教育阵地，培育人才方面，却是付出了代价，作出了成绩的。这对于一个教会学校的师生来说，是应该予以肯定的。

战前，教会学校的东吴大学，校方主持人及其教授们，他们的生活待遇一般说还是比较优裕的。抗战开始后，他们颠沛流离，转辗数省，一再迁徙，备尝艰辛。迁徙过程中的住房困难尤为突出，不少户一家数口拥挤在一间小屋里；偏住上海“孤岛”时，校舍全为临时借用，教授先生们也都是拥挤在小小的亭子间，或灶间内容身。但是，他们深知，在国家危急，民族危亡的时刻，匹夫有责，自己应自觉担负培育祖国青年的任务，面对困难，不出怨言。他们不管条件如何差，不问学校迁到城市，还是乡镇，都坚持办学，并始终坚持“从严要求”、“重视基础教育”这一东吴办学的传统。正如学生们在回忆文章中所说，东吴八年离乱虽极端艰苦，“而吾校授课，非但不稍松懈，抑且增加课程，各教授循循善诱，殷殷教导之精神，实

堪敬佩”。(1946 年《东吴法学院年刊》)

东吴的学生,绝大多数也是富有爱国热情,勤奋好学,一心上进的。“其时环境虽然日趋恶劣。而校中学习空气,则日益浓厚。”(1946 年《东吴法学院年刊》)张梦白教授回忆此段情景时说:“抗战时期,在东吴文、理、法学院和附中就学的学生,而今遍布全国各地,有的居住海外,他们在教育、科技、经济、外交等界作出了不少成绩,其中不少人已是海内外的著名人士或专家、学者。而他们的根基是在抗战期间打下的。”张梦白教授还详细叙述了著名教授李政道的事例:世界著名的李政道教授就是抗战前期在东吴中学部就读的。他最近两度回到母校苏州大学参观访问。他高兴地说:“我比较扎实的基础就是那段时间打下的。”他还愉快地承担了母校苏州大学名誉教授的光荣任务。

值得称道的是,东吴师生在一再迁校的颠沛流离困境中,始终坚持了民族大节,不为困难所折服,也不屈从于敌人的淫威和恐吓。困居在上海的教授先生们,为了祖国的文化教育事业,为了吸引沦陷区的青年学生团结御侮,坚持在暗无天日的孤岛——上海与之江大学留沪的教授先生们联合办学,克服种种困难,开办了华东大学,以后又开办了中国比较法学院和正养中学,以培育祖国青年,发展民族文化教育事业。在敌伪统治淫威下的上海办教育,教授先生们“宁愿慢慢儿暗暗地推动教育,却决不肯向敌伪教育机关登记,得所谓‘保障’”。(《八年离乱》,载 1946 年《东吴年刊》)为了避免日伪的注意力,为了不向敌伪教育机关登记,当时的招生没有登过报,也没有贴过广告,只凭着人们之间相互转告和相互传达出去,而报考的青年非常踊跃。这一方面显示了沦陷区青年的爱国和好学求知欲的高涨,另一方面也反映了教授先生们的坚贞不屈的气节。

有关资料记载和东吴老教授回忆所及,敌伪方面还曾多次向东吴校方和教师们施加压力;还不止一次地暗示可以资助经费,威胁利诱,软硬兼施,但均没有达到目的。东吴校方有关人员和教师们,顶住了压力,识透了他们的阴谋,坚决拒绝登记和接收款项。太平洋战争爆发后不久,日本侵略军占领租界,日伪教育机关又召集在沪的各教会大学主持人开会,强令要其接受指令,按照日伪规定继续办学。东吴校方主持人及教授先生们又断然拒绝,中断办学。但暗地里坚持采用分散教学的形式,一如既往地为祖国培育青年,发展民族文化教育事业。

尤为难能可贵的是,东吴师生在民族存亡危急关头,针对教会学校的特点,利用教会学校组织“团契”的传统,不管学校迁在何处,条件如何困难,都能通过团契形式,开展团契活动,宣传抗日救亡,并收到了成效。

据原东吴教师周锡恩先生回忆,当时文、理、法三个学院的每一个系各有一个大的团契组织。抗战期间的团契活动,其目的、活动内容和方式都不同于原先团契,主要是利用这一形式,吸引和团结师生,一起开展救亡宣传活动。其中知名度最高、影响最大的是教育系的“三乐团契”和社会系的“海棠团契”以及生活系的“励志团契”等。他们一星期活动一次,内容是通过文艺、体育表演、诗歌朗诵、戏剧演出、义演义卖、学术讲座等形式,寓抗日救亡内容于其间,使师生进行自我教育,并通过参观访问、慰问演出等活动,深入民间进行宣传。(周锡恩:《抗日时期东吴的团契活动》)雷洁琼、林汉达、刘良模、俞庆棠等有影响、有威望的教授们分别担任了上述团契的顾问。他们经常出席团契的时事讲座,发表演讲,讲述中国抗战形势和全民族团结抗战的意义,使师生深受教育和启示。每一次讲座后,在学生们的日记和壁报中,就会出现一批抗日救亡的诗歌等文艺作品,还不时贴出救亡的标语口号,以激发大家的抗日救亡的民族感情。有的团契还邀请中国共产党的干部讲述抗日民族统一战线政策,群众反映极为强烈。在曲江期间,吴大琨教授讲述皖南事变,大大激起了大家"反对分裂、坚持团结抗战"的强烈感情。有的学生遭敌伪逮捕,受到残酷拷打,始终不屈。还有些学生直接走上抗日战场,与日本侵略军浴血奋战。以上充分表明,东吴师生在抗战八年期间,不仅坚持了教育阵地,发展了民族文化教育事业,而且坚守了民族大义,发扬了自强不息的爱国主义革命精神,积极从事抗日救亡活动。

三

东吴师生在抗战期间,之所以能始终团结一致,坚守教育阵地,并积极开展抗日救亡宣传活动是决非偶然的。

总的说来,这是由于我们中华民族富于反对外来侵略压迫的英勇斗争精神和优良的革命传统,具有强大的民族凝聚力和向心力。在日本侵略军大举进攻中国,中华民族处于生死存亡的危急时刻,作为炎黄子孙的东吴师生,发扬了以民族大义为重的爱国主义精神和革命优良传统,冲破了种种障碍,克服了重重困难,一致团结御侮。具体地说,可以分为以下三个方面:

一是优良的爱国主义革命传统的发扬。众所周知,东吴大学是由美国教会办的学校,其主权掌握在教会手里,因而东吴师生必然遭受到教会势力的束缚和压制,同时又因受社会地位和家庭门第的影响,一般存有不过问政治的倾向。然而,学校毕竟是社会不可分割的组成部分,历次的思想运动和革命斗争,无一不影响和波及学校。毛泽东同志指出:"在中国的民主革命运动中,知识分子是首先觉悟的成分。"(《毛泽东选集》第二卷,第 523 页,人民出版社 1967 年版)

东吴大学又是办在中国的土地上,并不与世隔绝,广大师生仍然受到中华民族爱国主义传统的影响和熏陶,因而,他们面对帝国主义的蹂躏和日益深重的民族灾难,同样具有较强烈的爱国心和民族自尊心,不断奋起反抗。东吴师生早就多次掀起过爱国热潮,如抗议美帝虐待华工,联合苏州各校抵制日货,罢课游行等等。1919 年江苏督军、省长叫嚷"恐染过激主义"的时候,《东吴学报》发表了《德谟克拉西与遗传性》(《东吴学报》,1919 年 12 月出版)等文章,提倡民主,宣传新文化。

1919 年"五四"运动爆发后,东吴进步学生冲破教会束缚和校方阻力,在各班班会的基础上成立了东吴大学学生会,投身爱国运动。5 月 9 日,东吴学生参加了全市学生环城游行,以表示永远不忘四年前北洋军阀袁世凯接受日本灭亡中国的"二十一条"的国耻。"五九"学生环城游行,是苏州市历史上最早的一次群众性反帝反封建爱国运动。"五四"时期,东吴学生会还上书北洋军阀政府,要求释放北京被捕学生。尤其令人注目的是中国共产党成立后的第二个月,《东吴学报》就发表了《布尔什维克之研究》一文,热情宣传和赞颂列宁领导的十月革命的胜利。1925 年东吴大学建立了地下党组织。1927 年初,北伐军到达长江中下游,东吴进步学生掀起了"挥师运动",驱逐了 4 名欺压学生的教师。更值得称道的是,其师生在第一次国共合作和北伐战争胜利进军的影响下,"于 1927 年推翻了由外国人任校长的制度,成为中国第一个由中国人自己任校长的教会大学,当时校长为杨永清"。(《中国高等学校简介》,教育科学出版社出版)可见,东吴师生是具有光荣的爱国主义革命传统的,他们在抗战八年中的斗争精神正是这一革命传统的发扬光大。

二是中国共产党团结御侮抗日民族统一战线的影响和推动。东吴师生中的进步人士，早在1923年就在苏州地下党的领导下创办工人夜校和工人俱乐部，学生费青参加领导工作。抗战时期的团契，有的就直接由地下党员掌握。团契曾请中共地下党员韦悫讲演抗日民族统一战线总方针，使师生们认识到，由于中国共产党从整个民族的全局利益出发，主动提出并积极推动了抗日民族统一战线的建立和发展，促进了全国各阶级、各阶层的全民族团结抗战。

正因为如此，全中国人民团结了起来，相互支持，相互帮助和促进，共同克服重重困难。例如：东吴师生在广东曲江时，遇到了建校舍缺少经费的困难，一位桂林校友说，现在是全民族抗战，有钱出钱，他捐款支援前线，同时捐款建立了一幢女生宿舍。另外一位与东吴素无关系的广东人魏明新先生也在抗日民族统一战线政策的感召下，帮了很大的忙，把房子修建好，才奠下了学校的基础。东吴师生转辗八年，尽管困难重重，但在抗日民族统一战线的旗帜下，在全民族团结互助精神的鼓舞下，他们每到一地，都得到了当地人民群众的支持和帮助。这就足以使他们能够以民族利益为重，战胜艰难险阻，并进而积极开展了抗日救亡的宣传活动。

三是爱国教授们发挥了积极作用。他们在迁校过程中，始终坚守教育阵地，不问条件如何困难，环境如何恶劣，都兢兢业业工作，从严要求学生，为祖国培育人才。他们坚决拒绝敌伪方面的物质利诱，决不到敌伪教育机关登记或到敌伪教育单位任职和授课，慷慨而又坚定地表示，"再穷再苦也不能丧失民族气节"。（张梦白：《教书育人，为建设精神文明出力》），载《苏州市政协七届五次会议发言材料》）

当时不少教授、先生宁愿在华东大学比较法学院和正养中学等多所又穷又苦的学校兼课，有的每周高达40节以上，以微薄的薪金维持最起码的生活，从不去做丧失民族气节的事。雷洁琼、林汉达、刘良模、俞庆棠等威望高、影响大的教授，不仅与全校师生同甘共苦，兢兢业业地传授文化科学知识，培养人才，还始终坚持爱国主义、自强不息的革命精神，亲自担当学生团契顾问，举办时事讲座，讲述抗日救亡真理，宣传国共合作，坚持抗日民族统一战线的意义，激励师生团结御侮，积极开展抗日救亡宣传活动。在敌伪于公交汽车站暗杀东吴早期毕业生、沪江大学校长刘湛恩，上海爱国教授生命遭受严重威胁的情况下，东吴的教授、先生们不仅没有屈服，而且越发加深了对敌伪的仇恨，并以教好学生功课，带领学生更加积极地开展抗日救亡宣传工作的实际行动来回击敌人。

特别值得赞许的是，有些教授一面坚持教学，一面做抗击日本侵略军的实际工作。如经济学教授吴大琨当时就通过我东江游击队为美国空军提供日军飞机场情况，从而使日本驻广州空军受到致命打击，以及援助被日本侵略军关押的美国人立了大功。吴大琨教授因此被美国授予美国自由勋章一枚。这是美国军队发给平民的最高一级勋章，吴大琨教授也是中国惟一的美国自由勋章获得者。（见1985年8月27日《工人日报》）教授们的表率和榜样作用，致使东吴师生始终如一地团结御侮，民族革命精神得到发扬光大。

总之，东吴师生在抗战八年中的斗争历史，从一个侧面，反映了抗日战争时期我国教育界人士、高校师生，在不同的岗位上，用不同的方式同日本侵略者作斗争的战斗历程。今天重温这段历史，使我们从中得到很多有益的启迪。

原载《苏州大学学报》（哲学社会科学版）1988年第4期

东吴大学向中国私立学校转变过程述论

杨大春

1927年起,中国教会大学普遍实行由美国教会学校向中国私立学校的转变,这种转变是教会大学中国化变革的集中体现。东吴大学原是一所典型的美国教会大学,它向中国私立学校的转变经历了1927年前的酝酿准备、1927年上半年的动荡、1927年下半年换用中国籍校长和1929年在中国政府立案四个阶段。这四个阶段基本反映了当时全国大多数美国教会大学向中国私立学校转变的共同历程。东吴大学在1929年转变为一所中国私立学校,这种转变既非完全出于教会学校的主观愿望,也不单纯是非基运动、收回教育权运动和北伐战争的结果,而是在多年积累演化的渐进基础上,受中国社会压力催逼后突变而成。这种“渐进”和“突变”相结合的特点反映了当时全国教会大学中国化的共性。

一、1927年前中国时局的变化与东吴大学的初步应对

东吴大学领导者很早就有将这所美国教会大学中国化的意图。1901年学校初创时,虽然校董会没有中国成员,但负责学校日常行政事务的最高机构——校政部却自始就有中国人参加。首任校长孙乐文(美国人)曾有意起用中国人为校长[1],使学校在中国政府立案,并曾向清政府的学部提出申请[2]。然而,当时的中外环境还难以接受这种意识。1906年,清朝学部向各地方发出咨文,不给外国人所办学校注册立案,不给这些学校毕业生与中国学校毕业生同等待遇。[3]与此同时,在教会内部也存在着教会学校是否应在中国政府注册的争议。多数教会人士基于维护教会学校的宗教特性和近代西方教育特点的顾虑,反对教会学校在中国政府注册,以免受牵制。受到清政府和教会两方面的阻碍,东吴大学早期的中国化努力未获成功。

辛亥革命后,特别是新文化运动开始后,中国社会的民族主义浪潮渐涨,要求教会学校应在中国政府立案、接受中国政府管制的社会呼声越来越高。受此形势影响,北洋政府改变了清政府的政策,愿意承认教会在华所办学校,并敦促这些学校应在中国政府注册立案。教会也愈发感觉有必要让教会学校在中国政府注册,以寻求中国政府的支持。1917年,北洋政府教育部颁布《教会学校注册立案办法》,规定:教会学校须在中国政府注册立案,学校不得强迫学生修习宗教科目和参加宗教仪式。该办法公布后,华东基督教教育会即开始研究政府承认教会学校问题,结果认为权衡利弊,立案比不立案好。1919年的五四运动是中国历史上划时代的思想解放运动,它掀起了20世纪20年代中国的爱国主义浪潮,使得反对帝国主义,争取国家主权成为民众的强烈要求。因为基督教会和近代史上侵略中国的西方列强有密切联系,因为基督教义和中国传统文化有巨大差异,所以当时社会上普遍认为反基也即反帝,反帝就必须反基,教会学校由此成为这场社会思潮的首要冲击对象。1922年,世界基督教学生同盟在北京清华大学召开第十一届大会,激化了中国社会中反对基督教和

帝国主义侵略的爱国情绪。中国社会主义青年团的机关刊物《先驱》杂志出版《非基督教专号》,中国学界成立非基督教学生同盟,启动了后来持续几年的非基运动。1925 年的五卅反帝爱国运动又将反对基督教的斗争向前推进,使得中国文化教育界在 1922—1926 年间连续发动了三次大规模的非基运动和收回教育运动。这些运动的核心集中于四点:(一) 教会学校须改用中国人为校长;(二) 教会学校校董会须由中国人主持;(三) 教会学校须废除强制性宗教教育;(四) 教会学校须在中国政府登记注册。北洋政府被迫对民间非基运动和收回教育权运动作出回应,制定出了一系列方针政策,试图收回教会学校的主权。1920—1924 年,北洋政府不断出台管制教会学校的新政策,教会也加紧立案问题的研究。中华基督教教育会董事会在 1925 年 4 月表示:"基督教学校应即速向地方政府或中央政府注册立案。"[4] 主张注册者认为:注册后可以争取到在中国社会的合法地位,有利于拓宽教会学校毕业生的就业途径,特别是有利于他们进入中国政府部门工作。长此以往就会提高教会学校的社会地位,扩大教会学校的影响。特别是能通过这一部分毕业生密切教会和中国政府的联系,扩大教会在中国上层社会的影响,为基督教在中国的扩张创造条件。同年 11 月 16 日,北洋政府教育部发布《外人捐资设立学校请求认可办法》,再次规定外国人在华开办教育机构应在中国政府登记注册。可见,到 20 世纪 20 年代中期,接受中国政府管理,实行中国化已是中国社会和政府对教会学校的普遍要求,也是各地教会学校无法回避的现实。

东吴大学在创校之初就已有使学校中国化之意,五四以后更加重视对国内反帝非基势力的应变之策,具体表现于起用华人和改变宗教课程等方面。1922 年,文乃史校长(美国人)在北京会晤了在中国外交部任职的杨永清。杨是东吴大学 1909 届毕业生,是文乃史最得意的学生之一。文乃史邀请杨永清回东吴大学工作,并举荐其为副校长。但杨此时公职繁重,没有受命。同时,学校任命另一著名校友、神学教授赵紫宸为教务长。赵紫宸成为加入东吴大学领导层的第一位中国人。[5] 1923 年,东吴大学决定改组校董会,改变大学的管理方式。[6] 1924 年,东吴大学校董会实现初步改组。江长川(校友、监理会著名牧师)、胡贻縠(校友、中央银行秘书)等五人进入校董会,成为东吴大学校史上第一批中国校董。[7] 东吴大学开办于上海的法科在这年向北洋政府教育部呈请立案,次年得到正式批准。[8] 1926 年开学后,东吴大学废除宗教必修课,将宗教课改为选修,礼拜仪式也改由学生自愿参加。[9] 在教会大学中国化的变革中,东吴大学走在了全国同行的前列。

1926 年,国民革命军由广东出发,挥师北上,开始轰轰烈烈的北伐战争。这场战争鼓舞了全国人民反帝反封建的爱国热情,各地群众和文化教育团体要求改变教会学校帝国主义教育性质,收回教育权的呼声越发高涨。教会学校的学生也纷纷加入爱国洪流,要求改组学校,加强中国人管理学校的权力。在社会和学生的内外夹攻下,教会学校被迫加速中国化变革。这年冬季,东吴大学法科教务长刘伯穆(美国人)鉴于时势压力,率先向校董会呈请辞职,并请物色中国籍人选继任。[10]

东吴大学在 1927 年前进行的这些中国化努力成为它在 1927—1929 年间大变革的前奏。1927 年是中国社会剧烈动荡的一年,东吴大学也在这一年开始了向中国化学校的全面转变。

二、北伐战争与杨永清出任校长

1. 南京事件促使潘慎明出任代理校长

1927 年 1 月,北伐军攻克武汉,建立武汉国民政府,接着大军顺江东下,旌旗直指宁沪。

国民政府顺势收回了汉浔两地的英租界。长江流域的反帝爱国运动如火如荼、生机勃勃。东吴大学的学生富有爱国传统,曾经积极参加了五四运动和五卅运动。随着全国非基运动、收回教育权运动和北伐战争的节节推进,东吴学生也汇入了反帝的洪流。1927 年春季公布的东吴大学学生会新宪章将该会宗旨确立为:“甲,学生自治;乙,与全国学生界合作实行爱国运动。”[11]为配合全国的反帝形势,东吴大学学生会发起“择师运动”,反对美国教师的奴化教育。他们在校刊中发表文章,愤怒地指出:“我们教会学校的学生一向处在西人势力之下,受尽外界的讪笑、攻击与歧视,着实觉得非常的痛苦。”“现在一切被压迫的民众都随着革命胜利而抬头了”,因此,东吴学生强烈要求:“第一,彻底收回教育权;第二,彻底进行择师运动;第三,热烈参加政治革命。”学生们要通过自身的行动“证明我们是十足的中国国民,而不是外界向来指斥的‘外国顺民’。不消说,同时也证明东吴大学绝不是所谓的‘洋奴养成所’”[12]。

鉴于校园内外高涨的反帝形势,东吴大学校方被迫加快了中国化变革的步伐。3 月 1 日,文乃史校长在校董会议上主动辞职并要求赶快选举中国人作继任,新校长上任前他只作代理校长。因此,校董会立即开始动作。[13]文乃史是中国教会大学中第一个辞去校长职务、选择中国人作继任的外国校长,以后的历史变化证明他的决定是明智之举。文乃史辞职后,新的中国校长人选尚未定夺,时局就急遽转变。3 月 24 日,由于进据南京城的部分北伐军士兵对外国人行动失当,金陵大学副校长文怀恩(美国人)遇害。停泊在长江中的英国军舰竟然开炮猛轰南京城,造成中国军民生命财产的严重损失,激起了中国人民的极大愤慨。这就是震惊中外的南京事件。消息传出,在华外国人顿感紧张。美国驻北京的公使,驻上海、广州等地的领事纷纷指令各地美国人紧急撤离,或者退到上海、香港,或者回美国。文乃史和东吴大学的其他美国教师也在 3 月 30 日应美国驻沪领事的要求,全部撤往上海。这是东吴大学自开办以来,美国教师第一次全体离校。自 24 日南京事件后,因为局势不稳,学校的工作已经逐渐由中国教职员工承担起来。30 日,美国教师撤离后,校董会紧急推荐东吴 1914 届校友、学校教授、江苏吴县人潘慎明为代理校长,其他所有校务也完全交给了中国教职员工。这是东吴自开办以来,第一次完全由中国教职员工负责校务。31 日,在上海召开的校董会议确认了这种变动。在美国教师离开后,留守的中国教职工们顶住社会和学生的双重压力,尽力维持学校的稳定局面,使学校工作按计划继续进行。[14]中国教职工们在激烈动荡的社会环境中初次接手校务就能稳定局势,保持学校正常运作,充分显示了中国人自己管理大学的才能,受到美国同行的称赞。[15]

南京事件后,大多数外国传教士都撤到了沿海口岸城市,或打道回国。到 1927 年 7 月,在中国的将近 8 000 名基督教传教士中仅有 500 人左右仍留在内地。像文乃史离开东吴大学一样,很多教会学校的校长在离校前都匆忙指定了中国人代理教务长、代理系主任或代理校长。这就使中国人通过南京事件而占据了教会大学的“大多数行政领导职位”。尽管这些临时领导人遇到了战乱时期的种种社会压力和重担,但他们“和少数留下的传教士还是尽了一切努力挽救学校。到 1927 年秋,大多数大学重新开学”[16]。由此可见,东吴大学在这段时期的变化确实是全国教会大学的代表和缩影。

2. 杨永清出任校长

1926 年冬,东吴大学法科教务长刘伯穆已经提出辞职。校董会同意他于 1927 年 4 月 1 日正式离职,并改法科为法学院。东吴大学校友吴经熊博士当选为东吴大学法学院首任院长,另一位校友盛振为博士任教务长。[17]吴经熊执掌法学院,开了中国人任东吴系统中独立院校院长(校长)的先河,带动了东吴大学后来的深入变革。

6月,东吴大学撤至上海的西方国家教职员召开会议,讨论了东吴大学需要改组的两件大事:第一,东吴体系中的各级学校校长(院长)必须由中国人充当;第二,完全管理学校的机关(校董会)必须在中国境内。会议考察国内其他教会大学变革状况,认为岭南大学的改组方案值得仿效。因为北伐战争自广东起步,地处广州的岭南大学在全国教会大学中最早受到战争的冲击,也最早着手进行中国化的改组。1927年1月,岭南大学制订出改组方案,主要内容是:在中国成立校董会,负责岭南大学的行政管理,包括负责筹措全部中国教职员工的工资。设在纽约的董事局改为岭南大学美国基金会,名义上仍拥有校园和建筑(农业用地除外),但根据上述条件把它们租给学校。基金会的主要职责是资助西方教职员,争取数量不变。校长改由中国人担任,(岭南首任中国籍校长钟荣光于1927年8月11日就职)主要处理各种社会关系和筹款,另有一名中国常务副校长实际从事行政管理。美国基金会在学校派一位常驻代表,任学校西顾问。[18](岭南大学的原美国籍校长香雅各改任西顾问)

确定了改组计划以后,东吴大学董事会开始酝酿中国籍校长人选,修改校董会条例,并筹划与美国监理公会订立移交学校的合同。物色中国校长和改组校董会条例的各项工作进展顺利。1927年夏,校董会正式确立了由文乃史推荐的首任华籍校长人选,他就是曾经被推举为副校长的杨永清。[19]东吴校董会为什么选中杨永清作文乃史的继任者呢?这与当时全国的教会大学选用华人校长的普遍标准有关。1925年,燕京大学宗教学教授、后来出任燕京首任华人校长的吴雷川先生指出,中国人出任教会大学的校长,必须拥有四个条件:第一,信基督教者;第二,现充或曾充本校教职员者;第三,品学兼优,能办事者;第四,曾经留学欧美,富有学识而又品端望重者。[20]这四条实际上成为全国教会大学任用华人校长的普遍标准。

杨永清,1891年生,字惠庆,浙江镇海人。其父杨维翰是创办东吴大学的基督教监理会老教友,先从医于无锡,颇有声望,后在监理会创办的苏州博习医院工作,又服务于监理会松江圣经学校多年。1909年,杨永清从东吴大学毕业,先在上海清心中学任教约两年半,后考入北京清华学堂。1913—1914年,他回到东吴大学教学,次年又考取官费留美,入威士康辛大学为研究生,修政治经济与教育,后转入华盛顿大学,研究国际公法与外交,以全级60余名同学中第二名的成绩毕业,得硕士学位。杨永清不仅学习突出,而且有社会活动能力,擅长外交。1916年,他出任民国驻美公使顾维钧的秘书,颇得顾之器重。1917年,他任留美中国学生会会长,兼该会月报主笔。后受顾维钧推荐,任中国驻英公使随员。1920年,国际联盟召开日内瓦会议,杨为全国代表团秘书。1921—1922年,他任顾维钧出席华盛顿国际会议的秘书。1922年5月返国,初在北京财政部任职,继调外交部条约司。就在这年,他曾被文乃史校长推荐回母校任副校长。1925年,杨永清担任了北京关税会议筹办副主任。次年,又受命为驻英伦敦总领事,后又回国任盐务署督办秘书兼总务科副科长。在北京时,他还曾兼任各大学讲师。杨永清全家都是基督徒,和监理会有密切的联系,对东吴大学很有感情。除他和他的父亲长期服务于监理会之外,他的一个妹妹杨锡珍是监理会所办之景海女子师范学校毕业生,后来担任中华基督教女青年会干事和监理会所办的上海中西女中校长。杨永清夫人瞿惠贞也是景海女师毕业生,一个虔诚的监理会教徒。因此,当文乃史向监理会推荐杨永清出任东吴校长时,他曾说:这位新校长“来自于一个我所知道的最虔敬的基督教家庭"[21]。杨永清本人也自述是"东吴大学的毕业生和产儿"[22]。通过以上介绍可见,杨永清的学识、能力和经历完全符合教会大学选用校长的标准。

6月24日前,美国教职员中除了7人回国外,其余都陆续返回苏州,并出席了于是日举行的1927届毕业典礼。暑假中,学校一边考虑加紧改组,一边编制下一年的经济预算,为中国化变革准备资金。为了节省开支,校董会决定关闭无锡实业中学和松江圣经学校。实业中学的学生并入附属第一中学,圣经学校移交给监理会年议会与宣教会议办理,不再属于东吴系统。同时,校董会还特设委员会以解决这两所学校的遗留问题。

1927年9月,新学期开学。报名入学的学生特别多,学校收到了超出预算的学费,由此弥补了因7名美国教职员回国所造成的经费损失,改善了学校经济。而且关闭后的无锡实业中学的校具也在本月迁至苏州,分给大学和一中使用。这些因素使得学校本年度经费宽裕,为中国化变革创造了良好的经济基础。10月28日,全体师生热烈集会,欢迎新当选的杨永清校长抵校。[23]12月3日,学校举行新校长就职典礼,杨永清正式成为东吴大学第一任中国籍校长,文乃史改任西顾问。东吴大学由此完成了向中国校长的过渡。

三、东吴大学在南京国民政府注册立案

1927年12月20日,国民政府颁布《私立大学及专门学校立案条例》。1928年2月6日,国民政府大学院又颁布《私立学校条例》。这两份文件的核心是:① 私立学校的校长必须是中国人;② 私立学校校董会董事长和半数以上成员必须是中国人;③ 私立学校不得设置宗教必修课,亦不得强迫学生接受宗教宣传;④ 私立学校校董会和私立学校必须分别在中国政府注册立案,且校董会必须先于学校立案。到期不在中国政府注册立案者,国家将不承认其办学资格及毕业学历。这四点中前三点是实现第四点的前提条件。这四点要求成为当时中国政府关于在中国开办私立大学包括教会大学的基本政策,也是衡量教会大学是否实现中国化转变的标志。

至1927年底,东吴大学已经完成了改任中国籍校长和废除宗教必修课的工作。欲在激烈动荡的中国生存下去,还必须适应社会形势,遵守政府政策,改组校董会,在中国政府注册立案,进一步中国化。东吴大学校董会成立于1900年,初期由9—13人组成,清一色的全是美国人。前文已述,东吴大学为了应付中国民族主义的浪潮,在1923年就开始考虑改组校董会。1924年,江长川等中国人进入了校董会,成为第一批中国籍校董。后来,陆续又有一些中国人进入校董会。1927年南京事件后,校董会更加抓紧改组事宜。7月前,校董会的改组方案已经基本确立,产生了新的《校董会章程》。新《章程》第4条规定:"(一)校董会会员额定15人,以西教士3人,同学6人,其他6人组织之。(二)校董会员不得以校内教职员或学生充任。(三)其中须多数为本国人。"第7条规定:"校董会设会长1人,副会长1人。……校董会会长须为本国人。"这些规定能使新的校董会符合国民政府的立案要求,初步实现学校的中国化。《校董会章程》第3条规定校董会的目的是:"就华东区域内,以基督教精神经营私立东吴大学,实施高等教育,促进社会福利,及公民训练,并依创办人设学本旨造就健全之人格。"第4条中规定:"会员全体须为基督信徒,其中半数以上须为监理会信徒。"[24]这两条规定显然是为了使东吴大学在中国政府注册立案,实现中国化转变后继续保持教会大学特色,继续服务于美国基督教事业,反映了监理会表面上顺应中国形势,实际上千方百计控制东吴大学,侵略中国教育事业的真实意图。东吴大学校董会除在

《校董会章程》中保留下许多教会利益外，还对美国监理会作出说明和解释，并使之最终接受了改组方案。根据新的《校董会章程》，东吴大学校董会加紧改组。1928 年的东吴新校董会名单如下：

会长：江长川（江苏）；副会长：葛赉恩（美国）；书记：沈体兰（江苏）；书记：鲍乃德（美国）；会计：胡贻穀（江苏）；成员：钮锡生（江苏）、蒋保厘（福建）、李登辉（福建）、安迪生（美国）、江贵云（江苏）、徐可升（江苏）、尤敦信（江苏）、巴克蒙（美国）、麦玲雪（美国）、步惠廉（美国）。[25]

可见，到 1928 年时，中国人已占校董会的多数（9 名）。1929 年，校董会里的中国人又增至 11 名，占整个校董会人数的三分之二。这种构成已完全符合南京国民政府关于私立学校校董会立案的规定。[26]

1927 年 4 月，校董会按照国民政府的注册要求，填写相应表册，提出立案申请。美国监理会接到校董会的改组方案后，急忙派海外干事顾德博士和艾思华会督赴华考察。10 月 25 日，顾德博士在东吴大学校董会议上毫不掩饰地指出监理会对学校改组的总体要求是要继续保持基督教精神。1928 年 2 月，国民政府派专员至东吴大学考查立案工作，结果同意东吴大学的申请，并同意继续使用“为社会造就完人”的校训。[27] 1929 年 1 月，杨永清出席在田纳西州孟斐斯城召开的世界基督教大会。他在会上发言说明根据中国的形势，东吴大学必须向中国政府注册立案，并将在中国化改组后尽力保持教会的办学特色。4 月 8 日，杨永清带着美国监理会同意东吴大学中国化变革的意见返抵苏州。在此之前，学校校政部已于 3 月 31 日决定接受由杨永清提议的新中文校训——“养天地正气，法古今完人”，此校训后来一直沿用至东吴大学闭校。[28] 4 月 12 日，校政部议决将东吴大学已起用教育部给予的正式印章之事呈报教育部。[29]

此后，东吴校董会向国民政府分别提出了校董会和学校的立案注册申请，并将学校的组织沿革、行政系统、校舍、经费、教职员及现肄业学生、已毕业同学及图书馆概况等项详细拟具表册文件呈请政府审查。6 月，南京国民政府教育部特派教育司长朱经农及高等教育司成员谢树英视察东吴大学，检验学校呈请立案事务，结果认为满意。17 日，教育部正式发文，批准成立东吴大学校董会，并予注册立案。同月，教育部马次长暨朱经农二人莅临东吴法学院视察，亦表满意。7 月，教育部发文批准东吴法学院注册立案。法学院又成为东吴教育体系中首先在南京国民政府注册立案的院校。同月，国民政府教育部发布第 980 号训令，正式批准东吴大学在国民政府教育部注册立案。8 月 2 日，该训令经中央大学转达东吴大学。

注释：

[1] 1910 年 12 月 19 日《民立报》。

[2] 史襄哉：《东吴大学移交经过情形纪略》，《教育季刊》第 4 卷第 2 期，中华基督教教育会 1928 年版，第 15 页。

[3] 1906 年 10 月 16 日《申报》。

[4] 高时良：《中国教会学校史》，湖南教育出版社，1994 年，第 277 页。

[5] 史襄哉：《东吴大学移交经过情形纪略》，《教育季刊》第 4 卷第 2 期，中华基督教教育会 1928 年版，第 15 页。

[6] Minutes of the Thirty-eighth Session China Annual Conference of Methodist Episcopal Church, South,

(1923),p.61.

[7] Minutes of The Thirty-ninth Session China Annual Conference of Methodist Episcopal Church, South, (1924),p.11.

[8]《东吴大学年刊》(1930年),中国第二历史档案馆藏档全宗5—6349,第91页。

[9] Minutes of The Forty-one Session China Annual Conference of Methodist Episcopal Church, South, (1926),p.59.

[10] Minutes of The Forty-two Session China Annual Conference of Methodist Episcopal Church, South, (1926),p.50.

[11]《新东吴》第2卷第1期(1927年),第42页。

[12]《新东吴》第2卷第1期(1927年),第3页。

[13] Minutes of The Forty-one Session China Annual Conference of Methodist EprsCopal Church, South, (1926),p.59.

[14] "The Revolution and Christian College", The Chinese Recorder, p.456, July of 1927.

[15] Golden Jubilee, Commemoration Volume of the Fiftieth Anniversary China Annual Conference of Methodist Episcopal Church, South, 1935, Shanghai, p.30.

[16] 杰西·芦茨著,曾巨生译:《中国教会大学史》,浙江教育出版社,1987年,第240~242页。

[17] Minutes of The Forty-one Session China Annual Conference of Methodist Episcopal Church South, (1926),p.59.

[18] 李瑞明:《岭南大学》,第83页。

[19] Minutes of The Forty-one Session China Annual Conference of Methodist Episcopal Church South, (1926),p.59.

[20] 吴雷川:《教会学校立案以后》,《生命》第6卷,生命出版社,1925年11月,第2页。

[21] The Missionary Voive, February 1928, p.55.

[22]《教育季刊》第4卷,第79~80页。

[23]《东吴年刊》(1929),苏州大学档案馆馆藏"3-永-13"档案。

[24]《东吴大学校董会章程》,苏州大学档案馆馆藏"3-永-12"档案。

[25]《私立东吴大学文理学院一览》(1928),苏州大学档案馆馆藏"3-永-5"档案。

[26]《东吴大学年刊》(1929),苏州大学档案馆馆藏"3-永-13"档案。

[27]《东吴大学年刊》(1929),苏州大学档案馆馆藏"3-永-13"档案。

[28]《教育季刊》第6卷,第96页。

[29]《教育季刊》第5卷,第107页。

原载《档案史料与研究》2002年第3期

东吴大学在近代中国史上的意义

张玉法

东吴大学庆祝建校一百年,本人应邀在建校百年的学术讨论会上作一个引言。刘校长为引言所定下的题目是《东吴大学在近代中国史上的意义》,这个题目就我了解,是把东吴大学放在近代中国史上来看,不专讲东吴大学本身的历史。东吴大学本身的历史,在《东吴大学建校百年纪念特刊》和《东吴大学大事记》中已经写了不少[1],这次讨论会中更有许多专门而深入的论文。

东吴大学是1900年美国基督教监理公会(The Methodist Episcopal Church, South)的传教士在江苏省的省会苏州建立的。那时正是外国势力在中国极盛的时代,可以从四方面加以说明:① 1842年中国在中英鸦片战争中失败,被迫开放广州、上海等五个口岸与外人通商,接着与外国订立了一些不平等条约,外国人在中国享有领事裁判权、关税协定权(外国货物运来中国销售,最多只纳5%的关税)。② 1858—1860年间中国败于英法联军,被迫让外国人入内地传教,并开放更多的口岸通商。③ 1895年中国在甲午战争中败于日本,割让台澎、赔偿巨款以外,准许外国人在中国通商口岸设工厂。④ 1900年中国的义和团排外运动引起八国联军入北京,清政府仓皇逃奔西安,结果除赔偿巨款以外,将天津海口到北京间的国防设施拆除,外国可以随时派兵到北京保护使馆区。

那时中国既贫且弱,世界各强国都到中国来找机会。外国商人来中国赚钱,外国传教士来中国传教,遇到任何阻力,他们的政府都以武力逼使中国政府加以排除,或以外交压力让中国就范。这在当时看来,都是帝国主义侵略中国,现在看来,也许就是国际经济、文化交流。此处先就外国传教士来中国的想法和做法作一说明。当时来中国传教的西方传教士,有三种活动:一种人以传布福音为主,讲圣经的道理,让人相信有上帝的存在。一种人眼见中国人贫困与病弱者无人照顾,或做医疗工作,或做救济工作,目的亦在让人体会到上帝爱人,从而信奉上帝。一种人认为中国人不信上帝,是由于蒙昧无知,应从办教育做起,不仅办小学教育和中学教育,也办大学教育,以培养社会领袖。在他们看来,如果社会领袖都信上帝了,一般人就会信上帝。东吴大学成立的最初理念,虽然不是以学校为传教的媒介,并且非常注重新知识的传授,但也希望多培养信仰上帝的社会领袖。

传教士在中国所办的学校,初以中、小学程度为多,据统计,1899年时,新旧教在中国所办的教会学校约2 000所,学生约4万人[2]。一般说来,传教士在中国所办的学校,在1860年代中期以前多属小学程度,1860年代中期以后开始向中学发展,较有规模的,多以书院为名。到1880年代有大学程度的书院出现[3]。其后,一些中、大程度的书院即开始联合建立大学。东吴大学的前身就有苏州的博习书院和宫巷书院,以及上海的中西书院。为什么叫书院呢?因为书院是当时中国私立学校的普通称呼,在1870年代,苏州约有中国人自办的书院20个[4],在1900年的时候,苏州有中国人自办的书院32个[5]。上海中西书院成立于 1882 年,苏州博习书院定名于 1884 年,苏州宫巷书院成立于 1896 年,都是美国基督教监理公会的事业。1899 年博习书院迁上海与中西书院合并,1900 年冬利用博习书院旧址,以宫巷书院的师生为基础,筹建"东吴大学堂",次年三月正式开学。东吴大学在成立的时候,美国基督教监理公会捐赠 5 万美金,中国官商捐赠土地和金钱,以协助东吴大学的成立[6]。东吴大学未在中国立案,1901 年在美国立案时英文名 Central University of China,原想以苏州为中心,另办许多大学,后来别的大学未办成,到 1908 年乃将英文名地方化为 Soochow University。

传教士在中国所办的书院,在教学内容上与中国旧制的书院不同,中国旧制的书院只教习经史等国学,传教士所办的书院,在教学内容上除国学以外,有神学和西学。影响所及,中国也有中学、西学兼习的书院成立,最早的是 1878 年在上海成立的正蒙书院。分设国文、舆地、经史、时务、格致、数学、诗歌等科,有些旧书院也改为中学、西学兼习,如 1898 年两湖总督张之洞将湖北原来只习国学的两湖书院和经心书院都改为兼习西学[7]。甚至有一些专习西学的书院成立,譬如 1876 年在上海成立的格致书院,即分为矿务、电学、测绘、工程、汽机、制造六科[8]。

中西学兼习的书院和专习西学的书院,出现于 1870 年代,多属私立。在此前后中国政府所办的新教育机构多采用"学堂"为名,如 1866 年设于福州的船政学堂,1879 年设于天津的电报学堂,1880 年设于天津的水师学堂,1882 年设于上海的电报学堂,1885 年设于天津的武备学堂,1890 年设于南京的水师学堂,1893 年设于武昌的自强学堂,1895 年设于天津的中西学堂。这些学堂,相当于中学或专科学校。到 1896 年刑部左侍郎李端棻奏请于京师设大学堂、各省府州县皆设学堂。1898 年清廷于京师设大学堂,谕令各省府州县之大小书院一律改建高等学堂、中等学堂与小学堂,1899 年又令将各省城书院改设大学堂,各府厅及直隶州书院改设中学堂,各州县书院改设小学堂,于是各省纷设大学堂,如浙江省城杭州的求是书院改为浙江省求是大学堂,江苏省城苏州的中西学堂改为苏州中西大学堂[9]。与此同时,美国基督教监理公会传教士于 1899 年计划将苏州宫巷书院升格为大学堂,次年取名东吴大学堂,1901 年 3 月正式开学。1902 年山西太原设山西大学堂、陕西西安设关中大学堂、江西南昌设江西省大学堂,1903 年 5 月天津中西学堂改为北洋大学堂[10]。

各省设立大学堂的运动于 1903 年 12 月以后受到抑止,是月颁布《奏定学堂章程》,规定京师设大学堂,省设高等学堂,府及直隶州设中学堂,州县设小学堂,于是各省大学堂多改为高等学堂,如苏州中西大学堂改为江苏高等学堂、浙江求是大学堂改为浙江高等学堂。除京师大学堂外,仅天津北洋大学堂、太原山西大学堂保留。1905 年上海有两个私立大学的出现:一为留日学生受日本取缔归国所组成的中国公学,一为上海震旦学院学生因反对法国教士退学另组的复旦公学[11]。此期间及其以后,中国公私立大学及独立学院陆续成立,计 1908 年 8 所,1918 年 9 所,1928 年 49 所,1938 年 70 所,1948 年 131 所[12]。迄于 1949 年以前,与教会有关的私立大学,共十六所,兹依大学成立年代先后,列表于下[13]:

大学名称	地点	最后定名年代	定名前之演变	所隶教会
东吴大学	苏州	1900	博习书院,1871→	新教
震旦大学	上海	1905	震旦公学,1903→	旧教
圣约翰大学	上海	1905	培雅书院,1865→圣约翰书院,1879→	新教
华西协和大学	成都	1910		新教
金陵大学	南京	1910	汇文书院,1888;宏育书院,1906→	新教
金陵女子大学	南京	1913		新教
华南女子文理学院	福州	1917	福州女子学院预科,1908→华南女子学院,1914→	新教
福建协和大学	福州	1918	福建协和学院,1916→	新教
华中大学	武昌	1924	文氏学堂,1871→文华大学,1909→	新教
辅仁大学	北京	1925		旧教
岭南大学	广州	1926	格致书院,1888→岭南学堂,1903→	新教
燕京大学	北京	1928	汇文大学,1890;华北协和大学,1904;华北协和女子大学,1904	新教
齐鲁大学	济南	1931	登州文会馆,1864→潍县广文大学,1902→山东新教大学,1904→山东基督大学,1909→	新教
沪江大学	上海	1931	上海浸会学院,1906→沪江学院,1918→	新教
津沽大学	天津	1947	天津工商学院,1923→	旧教
之江大学	杭州	1948	杭州育英书院,1897→之江文理学院,1914→	新教

由上表可知,在1900年代成立的大学,先后有东吴大学、震旦大学、圣约翰大学,在1910年代成立的大学先后有华西协和大学、金陵大学、金陵女子大学、华南女子文理学院、福建协和大学,在1920年代成立的大学先后有华中大学、辅仁大学、岭南大学、燕京大学,在1930年代成立的大学先后有齐鲁大学、沪江大学,在1940年代成立的大学先后有津沽大学、之江大学。

与教会有关的私立大学,对中国的大学教育至少发生四方面的影响:① 引进外国高等师资,② 引进外国新学课程,③ 推行男女同校,④ 引进外国大学制度。这四方面的影响,此处不能详述,仅就③、④两点略作说明。推行男女同校以岭南大学为最早,1920年前即有少数女生入校,到1920年成为定制,1921年即有女生在岭南大学获学士学位。东吴大学于1920年准许女生入学,燕京大学和齐鲁大学于1923年准许女生入学[14]。可能是受基督教大学倡导男女同校的影响,北京大学也于1920年招收两名女生上课,为国人所办大学男女同校之始[15]。关于引进外国大学制度,仅举学位制度的建立,作为示例。中国建立新式教育制度之初,未采用西方的学位制度,仍以科举制度中的功名定学习程度的高低。1902年清廷在《钦定京师大学堂章程》中规定:由小学堂、中学堂、高等学堂、大学堂分科毕业,经复考合格,分别给予附生(小学堂)、贡生(中学堂)、举人(高等学堂)、进士(大学堂)出身文凭。1903年清廷复对国外留学归国者给予科举功名定出办法:留学国外五年制中学毕业、得优等文凭者，给予拔贡出身；经八年学习，从高等学堂及各种实业学堂毕业、获优等文凭者，给予举人出身；经8—11年学习，从分科大学本科选修毕业者，给予进士出身；大学本科毕业获学士学位者，给予翰林出身；从大学院毕业、获博士学位者，除给予翰林出身外，并予翰林升阶[16]。

由上可知，在20世纪开始的1910年代，中国公立大学尚未建立学位制度。那时外国大学对学士、硕士、博士学位的授予大多已有比较统一的标准。以美国为例，在1900年以前的20年，全国授予硕士、博士学位者已达5 094人[17]，学士更多。筹备于1900年的东吴大学，既于1901年在美国注册，一开始即引进了美国大学的学位制度，1907年颁授第一个学士学位（文学），1917年颁授第一个硕士学位（化学），至于设立博士班，则迟至迁台后的1970年代。不过，东吴大学在1924—1926年间曾颁赠几个荣誉博士，包括法学荣誉博士王宠惠、文学荣誉博士马寅初。私立大学开始建立学位制度，对公立大学发生影响，1912年民国建立，北京政府教育部于当年10月颁布《大学令》，规定"大学各科学生修业期满、试验及格、授予毕业证书，得称学士。1915年1月，北京政府发布《特定教育纲要》，规定"学位除国立大学毕业，应按照所习学科给予学士、硕士、技士各字样外，另行组织博士会，作为审授博士学位之机关"。但学位制度的真正建立，要到1930年代初期，当时国民党执政，南京的国民政府于1931年4月宣布：自1935年7月1日起，开始实行学位授予；学位依国际惯例，分学士、硕士、博士三级[18]。

当国民政府于1931年4月宣布于大学建立学位制度的时候，东吴大学已于1929年7月在教育部立案，定名为"私立东吴大学"。既在教育部立案，即成为国家教育体制内的大学。与前此30年在国家教育体制之外者有所不同。如前所述，东吴大学的建立，初时有宗教的目的，在美国注册，校长和董事会的人都是美国人，学校的制度、教学的课程，都不符合中国政府的规定，政府不承认，但也不敢取缔，因为教会教育是外国传教事业的一部分，取缔会妨害外国既得的传教权利。清末民初，国家积弱不振，受不平等条约的约束，外人在中国开矿、设工厂、建教堂、办学校，中国都无法过问，形成国中之国。到1920年前后，受五四运动的影响，中国朝野企图对这种情形加以改善。此处仅就教育权的收回加以说明。

收回教育权运动，肇因于一次世界大战期间（1914—1918），当时外国教会对教会学校的资助减少，许多教会学校不得不寻求本土的支持，而以减少宗教课程、增加中国教育所需要的课程为交换。教会学校的教育目标从传扬基督教逐渐转移到各科知识的传授上[19]。到1920年代初，时在五四运动以后，政学界对国家的走向有不同的思考。对外国传教士在中国办教育，且独立于中国教育系统之外，有不同的反对意见：第一派以北大校长蔡元培为代表，他主张教育独立，不受各派政党和各派教会的影响。他所拟的办法是：大学中不得教神学科，各学校不得举行祈祷式，使教士不得参与教育事业。第二派以宣扬国家主义的青年党人士为代表，主张教育应以国家为中心，与宗教分离，无论私人或宗教团体所设立之学校，均需遵照政府的规定、受政府监督，不得有宗教教育及宗教仪式。第三派以宣扬反帝国主义的共产党人士为代表，认为教会及教会学校都是帝国主义侵略中国的工具，应将教会学校加以取缔或由国家收回自办。在上述三派思想影响下，全国各教育团体也力谋从外国教会手中收回教育权，主要的要求有二：① 教育与宗教分离：各级学校内不得传布宗教，或使学生诵经、祈祷、礼拜。② 教育受国家管理与监督：各级学校需遵照中国教育规程和教育法令办理，并向政府注册，受政府监督[20]。

在收回教育权风潮影响下,在1924—1925年间,各地教会学校都发生学潮,部分学潮起于反帝国主义的情绪,当时全国8 000名外籍教师中,因此回国者7 500名,另外的最重要的诉求,是要求学校向政府立案,因为未向政府立案的学校,学籍、学位,政府均不承认,使学生的升学、就业发生困难。当时新教会各大学学生人数:华北协和大学和华北协合女子大学(1928年并为燕京大学)508人,金陵大学461人,浸会学院(后改为沪江大学)508人,山东基督教大学(后改为齐鲁大学)392人,东吴大学265人,华西协和大学258人,岭南大学226人,圣约翰大学218人,福建协和大学175人,之江文理学院(后改为之江大学)148人,金陵女子大学137人,华南女子文理学院80人,华中大学74人。在学潮的过程中,不少教会学校的学生退学,上海圣约翰大学的部分学生甚至退学另组光华大学(1925年6月)。在此前后,国民党和国民政府也推行收回教育权运动,广州岭南大学首先于1927年1月被迫改组,学校行政由美国人交给华人。是年3月,国民革命军进至长江下游南京、苏州、上海一带,东吴大学于4月改组,由华人任校长,上海沪江、圣约翰、东吴法科、震旦大学,以及南京的金陵大学等,或要求由华人师生接办学校,或因外籍教师离华,由华人师生暂为维持。北伐完成后,在1928年9月至1931年12月间,教会大学均在政府立案,金陵大学在1928年9月,沪江大学在1929年3月,燕京大学在1929年6月,东吴大学在1929年7月,岭南大学在1930年7月,辅仁大学在1931年8月,齐鲁大学和华中大学在1931年12月。立案的条件是:① 行政权交中国人管理,② 宗教课程改为选修,③ 宗教仪式改为自由参加,④ 冠以"私立"二字[21]。

教会大学在政府立案改为私立大学后,至少产生三种影响:① 政府可以直接管理、监督各私立大学,各私立大学并依照政府的教育法规和命令行事。② 政府对私立大学开始资助,中国人向私立大学捐款者渐多,原属教会大学的私立大学接受教会的捐款减少,受教会的关怀也减少。③ 由于大学条例规定大学至少需有三个学院,迫使大部分私立大学不得不在申请立案前后积极扩充为三个学院,燕京大学为文、理、法三院,齐鲁大学为文、理、医三院,金陵大学为文、理、农三院,沪江大学为文、理、商三院,圣约翰大学为文理、工、医三院,岭南大学为文理、农、工三院,华中大学为文、理、教育三院,华西协和大学为文、理、医三院。[22]东吴大学于1927年由文、理、法三科改为文学院、理学院和法学院三院。

由外人管理、在外国注册的教会大学改为由中国人管理、受中国政府监督的私立大学,首先面对的就是与公立大学竞争。为与公立大学竞争,不得不发展各大学原有的专长或力图加强中国研究。譬如东吴大学发展法学研究,沪江大学发展商学研究,金陵大学发展农学研究,北京协和大学发展医学研究,上海圣约翰大学获基金会的帮助建立先进的科学实验室,燕京大学获基金会的帮助,与美国哈佛大学合组哈佛燕京学社。[23]在这种情形下,教会学校受到中国政府和民间的捐款,在学校财政的比例上也日益增多,如1929年占24%,1937年占53%[24]。

教会大学在中国政府立案后,不仅成为国家高等教育的一环,而且也与国家的命运结为一体。最能表现私立大学与国家命运结为一体的,可以举两个事例:其一、1937—1945年抗日战争期间,政府命令沿海各大学迁至内陆各省,各大学多遵命而行。其二、1948—1949年间国民党执政的政府在大陆抗共失败撤退至台湾之后,绝大部分大学未随政府迁台,只有少部分师生和校友来台,留在大陆的各大学除停办者外,皆依中共的教育体制而改制,部分大学则在台复校。此处先说抗日战争时期的大学内迁。

在抗日战争爆发、沿海各省大城相继沦陷前夕，教育部命令各大学内迁。北平的北京大学、清华大学和天津的私立南开大学初迁湖南长沙，并为长沙临时大学，于 1937 年 10 月 25 日开学。后因战火关系，长沙临时大学于 1938 年 4 月迁至云南昆明，更名国立西南联合大学。另外，北平的北平大学、北平师范大学、北洋工学院迁陕西西安，并为西安临时大学，于 1937 年 11 月 15 日开学。到 1938 年 3 月又迁至陕西城固，改名国立西北联合大学。[25] 其他大学多个别迁校，如南京的中央大学于 1937 年 10 月中旬迁抵重庆沙坪坝；广州的中山大学于 1939 年 3 月迁至云南澄江；上海的同济大学初时迁至浙江金华，又迁到广西八步，再迁到云南昆明，最后迁到四川李庄。这期间教会大学如何呢？一部分随政府迁内陆省份，一部分迁入租界，一部分悬挂美国旗以求保护。1941 年太平洋战争爆发后，由于美日开战，许多教会大学师生又迁于内陆省份，当然也有留在原校继续上课的。[26] 内迁四川的大学著名的是金陵大学、金陵女子文理学院、齐鲁大学和燕京大学。另有沪江大学部分师生。这期间，东吴大学的命运也相当坎坷。1937 年 11 月 19 日，日军攻占苏州，东吴大学文学院和理学院先迁至湖州，旋即停课，大部分师生移至上海公共租界，与圣约翰大学、沪江大学、之江大学、金陵大学、金陵女子文理学院等部分师生同赁慈淑大楼上课；东吴大学法学院迁公共租界，假慕尔堂上课。1941 年 12 月 7 日日军进占上海公共租界，东吴大学法学院改名“中国比较法学院”继续办理，惟部分师生西迁重庆，至 1943 年与迁重庆之沪江大学组设“联合法商学院”。另外一方面，东吴大学文学院、理学院师生则辗转迁至浙江、安徽、四川、广东等省，历尽艰辛，而弦歌未辍。1945 年日本投降后，在四川的东吴法学院师生迁回上海，恢复法学院原名。同时，文学院和理学院亦在苏州恢复东吴大学的建制。当时中国各基督教大学为谋共同发展，组织“中国基督教大学联合董事会”（United Board for Christian Colleges in China），东吴大学于 1946 年入会。1949 年 4 月后，部分师生来台。是年 7 月，旅台同学会成立。是年中国基督教大学联合董事会改组为“亚洲基督教高等教育联合董事会”（United Board for Christian Higher Education in Asia）。留在苏州的东吴大学，至 1952 年改为江苏师范学院，在上海的法学院则并入华东政法学院。

1949 年国民党的党政机关自大陆撤退来台之际，各大学并未如抗日战争期间，随政府而迁移；各大学只有部分师生和校友至台，并组有校友会。大陆各大学旅台校友，努力于在台“复校”者，以东吴大学为最早。1951 年东吴大学旅台同学会鉴于台湾地区大学院校甚少（当时只有在台北的台湾大学和台湾师范学院，以及台中农业学院和台南工学院），失学青年日增，倡议在台“复校”。8 月成立董事会，初在台北市汉口街设东吴补习学校，分法政、商业会计、英文、比较法律四科。由于办学成绩优良，至 1954 年“教育部”准将东吴补习学校改为“私立东吴大学法学院”，内设法律、政治、经济、会计四系。1958—1961 年间东吴大学法学院陆续迁入士林区外双溪新校址。1968 年增设文学院、商学院。恢复“私立东吴大学”原名。1970 年增设理学院（至 1984 年又增设外国语文学院），1973 年成立硕士班，1977 年成立博士班。在东吴大学在台“复校”、发展的过程中，1956 年 9 月“清华大学”在台“复校”，先设原子科学研究所；1958 年 8 月“交通大学”在台“复校”，先设电子研究所；1963 年 6 月“辅仁大学”在台“复校”。

大陆地区的大学在台“复校”者，“国立”者有“政大”、“中山”、“交通”、“清华”等校，私立者有东吴、辅仁等校。早期在台新设的大学，“国立”多由学院改升，私立者有东海、文化、淡江等校。从 1965 到 1975 年，大学及独立学院的总数，由 21 所增至 25 所[27]，10 年之间只增4所。到1987年以后,“教育部”放宽大学及学院的设置,高等教育始迅速发展。据2000年的资料,台湾地区的大学,“国立”者46所,私立者59所,总计105所,不包括空中大学和军事院校在内。

回顾东吴大学的历史,除建校之外,在百年之中发生三次大的转折,第一次在1927—1929年间,由在外国立案的教会大学变为在中国政府立案的私立大学,代表国家从外国人手中争回教育主权。第二次在1937—1945年间,因抵抗日本侵略,部分师生随沿海各公私立大学追随政府迁于内陆,代表大学的命运与国家结为一体。第三次在1949—1952年间,留在中国大陆的师生及学校主体,纳入中华人民共和国的教育体制,并且易名;至台湾的师生和校友则致力“复校”工作,并有了初步的成就,奠定了日后发展的基础。我们不仅可以从东吴大学百年的校史中了解中国高等教育的发展,也可从东吴大学百年的校史中,了解中国政治的大变局。

注释:

[1] 该两份文献由台湾东吴大学提供,本稿引用该二文献处,不另注出。

[2] 李华兴主编:《民国教育史》,上海:教育出版社,1977年,第29页。

[3] 李华兴主编:《民国教育史》,上海:教育出版社,1977年,第761页。

[4] 王树槐:《中国现代化的区域研究:江苏省(1860—1916)》,台北:中央研究院近代史研究所,1984年,第57页。

[5] Barry C. Keenan, Imperial China's Last Classical Academies: Social Change in the Lower Yangzi, 1864—1911, Berkeley: Center for Chinese Studies, University of California, 1994, p. 16.

[6] Jessie Gregory Lutz, China and the Christian Colleges, 1850—1950, Cornell University Press, 1971, p. 91,111—113.

[7] 丁致聘:《中国近七十年来教育纪事》,台北:台湾商务印书馆台二版,1970年,第3页,7页;古楳:《现代中国及其教育》,上海:中华书局,1936年,第315页。

[8] 参考王尔敏:《上海格致书院志略》,香港:中文大学出版社,1890年。

[9] 丁致聘:《中国近七十年来教育纪事》,台北:台湾商务印书馆台二版,1970年,第1~9页有关记载。

[10] 丁致聘:《中国近七十年来教育纪事》,台北:台湾商务印书馆台二版,1970年,第9~12页有关记载。

[11] 郑世兴:《中国现代教育史》,台北:三民书局,1981年,第62—63页。

[12] 郑世兴:《中国现代教育史》,台北:三民书局,1981年,第146页,229页,304页。原统计1947年为130所;另加1948年成立的之江大学,为131所。

[13] 李华兴主编:《民国教育史》,第763—765页;前引Jessie G. Lutz书,第531—534页。

[14] Jessie Gregory Lutz, China and the Christian Colleges, 1850—1950, Cornell University Press, 1971, 第136—137页。

[15] 丁致聘:《中国近七十年来教育纪事》,台北:台湾商务印书馆台二版,1970年,第85页。

[16] 李华兴主编:《民国教育史》,上海:教育出版社,1977年,第546页。

[17] 李华兴主编:《民国教育史》,上海:教育出版社,1977年,第544—545页。

[18] 李华兴主编:《民国教育史》,上海:教育出版社,1977年,第548—550页。

[19] 李华兴主编:《民国教育史》,上海:教育出版社,1977年,第775页。

[20] 杨翠华:《非宗教教育与收回教育权运动(1922—1930)》,张玉法编:《中国现代史论集》第六辑《五四运动》,台北:联经出版公司,1981年,第235—245页。

[21] 杨翠华:《非宗教教育与收回教育权运动(1922—1930)》,张玉法编:《中国现代史论集》第六辑《五四运动》,台北: 联经出版公司,1981 年,第 246—276 页。1925 年各新教大学人数,见前引 Jessie G. Lutz 书,第 162 页;外籍教师归国人数,见前引李华兴书,第 773 页。

[22] 王治心:《中国基督教史纲》,香港: 基督教文艺出版社,1979 年三版,第 317 页。

[23] 李华兴主编:《民国教育史》,上海:教育出版社,1977 年,第 776—777 页。

[24] 李华兴主编:《民国教育史》,上海:教育出版社,1977 年,第 779 页。

[25] 李华兴主编:《民国教育史》,上海:教育出版社,1977 年,第 610 页。

[26] Jessie Gregory Lutz, China and the Christian Colleges, 1850—1950, Cornell University Press, 1971, 第 361—395 页。

[27] 郑世兴:《中国现代教育史》,台北:三民书局,1981 年,第 392—393 页。

选自《东吴大学建校百年校史学术研讨会论文集》

无锡国学专修学校论略

陆振岳

无锡国学专修学校,简称无锡国专。以国学即传统文化为教学和研治对象的学校,在19世纪20年代,于辽宁、四川等地曾有几所,硕果仅存的是无锡国专。无锡国专比一般高等学校的文、史、哲等系科,别具特征。各个时期,均培养出一批又一批学有专擅的人才,在海内外赢得了声誉,为我国近现代高等教育的历史,留下灿烂的一页。

一、学校简史

1920年初创时,校名为无锡国学专修馆,1928年改为无锡国学专门学院,1929年定名无锡国学专修学校,1949年又改为中国文学院。其间,1937年7月至8月抗战爆发,为反对日寇侵略,学校于10月向后方播迁,由长沙至桂林。1939年又在上海设分校。于是而有锡校、桂校、沪校的称谓。抗战胜利后,桂校于1946年春复校返锡,沪校直到1950年才与锡校合并。1950年4月,并入苏南文化教育学院。1952年,随院系调整进入苏南师范学院,不久改为江苏师范学院,即苏州大学的前身。它的纵向发展历程,大致可分为四个时期。呈现不同的特点。

1. 专修馆时期

1920年11月,浙江钱塘人施肇曾(字省之)出资,敦请唐文治在无锡创办无锡国学专修馆,由唐任馆长。

唐文治(1865—1954)字颖侯,号蔚芝,别号茹经,江苏太仓人。曾从王紫翔受性理之学,又肄业于著名的南菁书院,受业于时称东南经学大师的黄以周(字元同)山长。壬辰科成进士,历任户部、总理各国事务衙门、商部、农工商部的主事、章京、右丞、左丞、侍郎、署理尚书等职。两次充随员,出访日、英、法、比、美诸国,极为重视西方文化教育之所长。转而办学。先任交通大学前身的上海高等工业学堂监督,苦心经营13年,创获丰硕的成绩。1920年10月间,因故坚辞上海工校职,返无锡寓居。

唐文治慨允施省之所请,随即在无锡、南京、上海三处招生。报名者近千人,经过评核,录取正额生24名,附额生6名。1921年正月20日开馆,暂借锡山下的商营的山货公所做校舍。

施省之出资:开办费8千元,经常费每年1万元。这点经费对于百事待举的学校,显然是不能满足所需的。于是,馆长聘孙鸣圻(字鹤卿)为馆董,并得杨寿楣(字翰西)的赞助,捐资于城内学前街旧金匮县训导署及空地重建尊经阁,并修葺部分房屋。随即呈请县署,经同意,10月便迁入新舍。1921年、1923年又各招新生一班,每班30名。

2. 立案转制

1926年12月,三届学生毕业。随之而驰誉国内。经商定,改专修馆为无锡国学专门学院。具文呈请国民政府大学院(即教育部)审批。得批示,私立学校得由校董会报批。唐文治会同唐滋镇（字保谦，孙鹤卿谢世后的继任者），多方联络，组成无锡国学专修学院董事会。校董会分设经济股和教育股，其人选为：

经济股有：唐滋镇、穆藕初、荣宗锦、荣宗铨、杨寿楣、刘鸿生等；教育股有：丁福保、钱基博、高阳、陆仁寿、钮永建、吴敬恒等。董事长为唐保谦，后由其子唐炳源（字星海）继任。

1928 年 7 月 18 日报批校董会，8 月 6 日，大学院核准，随即申报国学院事。9 月初，大学院先后特派王鎏、汪东和柳诒徵、薛光琪来院调查，极称办理完善，成绩优良。于 9 月 20 日，大学院批准无锡国学专门学院立案。既经政府批准立案，当然就得按照法令，将学校的机构和教学的体制作调整和改变。专修馆时只有馆长、教习、助教和事务人员数人。而国学院则设院长和教务、总务等职员，教员又有教授、副教授、讲师等称谓。后来，教育部根据高等学校的既定制度，学院须有三个以上的系组成。国学院不具备此种条件，所以在 1929 年 11 月指令无锡国学专门学院改为无锡国学专修学校。

这个时期，学生人数不断增加，教职员也相继添聘。在经济方面，除校董会的捐助外，还争得政府的补助，有临时费和经常费，1937 年一次拨临时费有 3 万元，经常费每月也有三四百元。1935 年，由蔡元培等争得的庚子赔款，国专也分得一笔补助。有了点经济力量，校舍不断扩建，1930 年至 1933 年，先后新建、改建校舍 14 幢。1929 年 1 月，由孙鹤卿遗嘱捐资，得蔡文鑫、唐星海赞助，建成图书馆。藏书也陆续增至线装书 7 万余册，其中有相当数量的元明善本。还有万有文库、丛书集成、四部丛刊、四部备要以及其他的平装书，订阅有多种报章杂志。

这时，学校呈蒸蒸日上之势。

3. 播迁广西和上海设分校

抗日战争爆发后，无锡国专和沿海各地的大中学一样，为了抗日，免遭日寇的蹂躏，向内地播迁。

1937 年 10 月，敌机轰炸无锡，只有少数高年级学生仍在校授课，唐校长率其余师生至无锡南门外王祥巷上课。11 月，上海战线内移，才决定内迁。适陈鼎忠教授从长沙来函相邀，校长亲率志愿内迁的师生数十人，会同俞庆棠所率的江苏教育学院师生，向长沙进发。14 日起行，经南京，溯江上至武昌，转往长沙。一路颠沛流离，备尝艰辛。老校长的言行，深深地激励着师生，大家精神异常振奋。1938 年 2 月间到湘乡，租民屋上课。而两湖战事紧急，适俞庆棠从桂林来，告知广西省主席黄旭初因黄炎培的介绍，欢迎唐先生及国专去桂，并将派大小汽车到衡阳迎接。19 日由衡阳启程，终于到达桂林，租赁民房开课。

1938 年 6 月下旬，唐校长终因年事已高，且水土不服，决定向教育部请假回上海，委托教务主任冯振代理校长职务。冯代校长不负师命，克服重重艰难险阻，坚持办学，与民族抗战相始终。

11 月，日寇侵占武汉，又分兵南下，长沙大火，桂林震动。学校转向北流县的山围和萝村，借用民房和祠堂复课。1939 年秋，分别在南宁、梧州招生，录取新生一百数十名。物资缺乏，因陋就简，师生的生活极为艰难，然而，依然弦歌不辍。“招邀硕彦同都讲，罗列英才细讨论”，冯振于萝村写的这一诗句，如实地反映了此时国专师生的精神境界。不久，桂林的局势相对稳定，学校决定迁回桂林。

在那样困难的条件下，学校坚持办学，并且取得成绩，备受称道，各方纷纷给予赞助，还得到广西省政府的支持，拨款补助。学校于桂林成立校董会，推爱国将领李济深（解放战争时的国民党革命委员会主席）任董事长，董事有黄绍竑、刘侯武、盘珠祁、黄钟岳、李任仁、梁漱溟、雷沛洪等。校董会发起向社会热心人士募捐筹款。后又得教育部补助，并向广西银行和广西合作金库借得临时建筑费。报教育部，又经桂林市政府批准，选址于桂林市区东南的穿山，征购土地50亩，建成礼堂、图书馆、教室、办公室、教工宿舍、男女生宿舍等16座平房，另有运动场和相应设施。学校初具规模，可以满足500学生教学和生活的需求。在那样的时代，的确是得来不易的。这是国专在桂林的最为美好的时期。

1944年8月，日本侵略军攻陷衡阳，桂林作紧急疏散。师生们不得不忍痛撤离呕心沥血营建的学校，作更为艰辛的迁移。由平乐至蒙山，借用民居为临时校舍。不久，日寇逼近蒙山，部分师生又西去瑶山金秀，经费艰难，一切勉强维持，直到抗战胜利。

这时，穿山校舍毁于战火，就在山围筹备复员回无锡。由梧州转广州，借中山大学房屋住宿上课，三月后，乘教育部指定的招商局轮船，分两批到沪上并转无锡。八年多的播迁，终于结束。

1939年6月底，唐校长离桂林，转道香港到上海。因战乱未能去广西而分散在沪、苏、浙各地的国专学生，纷纷请求老校长在沪复课。经过报请教育部，先仅同意设补习部，以后准予称无锡国学专修学校，这就是无锡国专沪校。聘王蘧常为教授兼教务主任，一切教务以至校务，均借重于王主任。教室先后借用私宅和中学。1939年9月起，开始招生，一直至1949年。

4. 无锡复校

抗战胜利后不久，在无锡组织复员委员会，聘请在锡老校友进行筹备事宜，唐校长又委托王蘧常到无锡负责复校的具体事项。1946年初，开始招收春季始业班学生。

桂校师生于1946年五六月间返回无锡。由于学前街的校舍并没有遭受多大的损坏，随着桂校师生到锡，与无锡师生会合，复员、复校工作便告完成，大体上恢复了旧观。但是，因为校董会的原任校董已有变化，经费资助减少。内战的全面爆发，国民党统治区经济凋蔽，教育部的补助不但数额少，而且时断时续，无补于实际。学校因经费支绌而困难重重，根本无力兴建新校舍。

1949年8月，苏南解放不久，学校报经苏南人民行政公署批准，改为中国文学院。1950年春，得华东军政委员会教育部指令，沪校合并至锡校。不久，又经苏南行署核准，并入苏南文化教育学院。

二、办学宗旨与学校体制

关于无锡国专的办学宗旨，无疑是与创办人又是主校政的唐文治的教育思想关联着，是从教育思想派生而形于实践的。《茹经先生自订年谱》庚申五十六岁下记述创办国学专修馆时说：

> 吾国情势，日益危殆，百姓困苦已极。此时办学，必当以“正人心，救民命”为惟一主旨。务望诸生勉为圣贤豪杰；其次，亦当为乡党自好之士，预贮地方自治之人才……他日救吾国、救吾民，是区区平生之志愿也。

之所以如此重视教育的思想，有一个形成和发展过程。他在科举中式后，曾尽力从政，以冀有所成就。然而，在那个民族危机深重的年代，是难以奏效的。他曾总结这一教训说：“光绪末造，吾辈蒿目时艰。常欲知其不可为而为之，而卒无补于国是。”[1]所以造成这种结局，他归之于缺乏人才。以为“道（光）咸（丰）以来，缀学之士，大都持不屑不洁之高论。守其已知，拒其所未能。偶有谈洋务者，相与摈斥不遗余力。一旦有事，朝廷不得贤士大夫折冲樽俎之才而用之”[2]。他又深受资本主义国家教育事业成就的启迪，从英国的牛津大学，“名儒名相皆出其中”，因而深有感慨说：“自古有不世之功，而特患有不立之志，亦无难成之事，而特患无任事之人。”[3]进而得到结论性的认识，以为“人才者，国家之命根也；学堂者，又人才之命根也”[4]。因而他在母丧守制、服阕后，不再出仕，转而从事教育。办教育，又和儒家不能实现政治抱负、退而乐育英才的思想相吻合。

唐文治对于培育人才，极其重视品德的教养。要敦品励学，不仅是加强身心的修养，而且尤其注重实践，要身体力行。

唐文治对教育抱有极高的目标：“中国最要者，在造就领袖人才……鄙人办学时不自量力，常欲造就领袖人才，分布吾国作模范。”必须是“欲成学问，当为第一等学问；欲成事业，当为第一等事业；欲成人才，当为第一等人才。而欲为第一等学问、事业、人才，必先砥砺第一等品行”[5]。又引苏轼的话说：“办天下之大事者，立天下之大节者。”[6]

再深入一层谈及品与学的关系，品则居于首位，是基础。他形象地比喻这一对关系范畴，说道：“窃尝譬诸人之学问，犹墙屋也；礼义道德，犹基础也。若无礼无义，无道无德，而徒以学问为饰观之具；一旦品行隳坏，名誉扫地，是犹基址不固，墙屋坍塌，其危险何如矣！”[6]以学问比墙屋，以礼义道德比基础，二者的关系就此显现了出来。推己而及社会，以“正人心，救民命”为办学的惟一宗旨，便是由此扩展和深化概括而得的。

关于“正人心，救民命”这一命题，他早在1894年中日战争失败之际，给光绪帝上《为时局艰危沥陈管见以挽大局而维国运》倡言改革的折子中，就曾提出。所以要“正人心”，“非独滞也、塞也、昏也、曲也，而且邪佞也、残忍也。孟子所谓机械也、多诈也、穿窬也、害人也，皆知觉不良之尤也。积亿万人不良之知觉，淆乱其国性，而与灵者、通者角，则其国必无幸矣”。“正人心”之所以重要，还因为“政者，正也。未有身不正而能正人者也，未有心不正而独能正其身者也”[7]。又说：“人心正，而后有真正之学问，而后有真正之是非，而后有真正之人才。”[8]

所以要“救民命”，这是因为“有民而后立国。后世谈爱国而不知爱民，言救国而不知救民，此民与国歧而二之，民亡而国亦危……余所谓侮辱民位，抑遏民情，剥夺民权，敲吸民财，窒塞民智，遗弃民命诸端，皆当扫除而更张之”[9]。

上述的办学主旨，在立案转制后，既是一贯地继承，同时又有所发展，最为重要之点，是“在研究本国历史文化，明体达用，发扬光大，期于世界文化有所贡献”[10]。这就是还应放眼于国际社会，当以有贡献于世界文化为职志。

对办学宗旨初衷的继承与发展，不但坚持贯彻于教学中，而且反映于其他方面。如《校歌》，唐文治词，沈叔逵曲：“五百载名世生，道统继续在遗经。乾坤开辟，学说何纷纭？惟我中华，教化最文明。上自黄帝迄孔孟，先知先觉觉斯民。大道行，三代英，我辈责任讵敢轻。勉哉，勉哉！俭以养德，静以养心。建功立业，博古通今，为生民立命，为万世开太平。”语词包涵浓郁的儒学色彩，又融贯着强烈的经世致用的观念。每周一集会，都得唱校歌。

又如以“作新民”为校训。语见《尚书·康诰》和《礼记·大学》，据《礼记正义》的训释：“君子曰，新其德常尽心力不有余也。”就是要不遗余力地加强自我的道德修养，不断地进入新的境界。校训以尺五正楷,制成横匾,悬挂于礼堂讲台的上方正中,两侧配以长联,镌刻于宽二尺多、长一丈有余的木板上,联语是唐文治集儒经而成:

好学近乎智,力行近乎仁,知耻近乎勇。所存者神,所过者化;
富贵不能淫,贫贱不能移,威武不能屈。虽愚必明,虽柔必强。

这一集联,从艺术性而言,是当之无愧的上乘。内容既讲学,又讲行,其所揭示的智、仁、勇和大丈夫所表现三个"不能",都是儒学所追求的理想人格应具的品德。小会议室挂有木刻杨继盛手书联语:"铁肩担道义,辣手著文章。"食堂里挂着木制横幅,词为"世界龙战,我懼沦亡;明耻教战,每饭不忘"。还挂有王守仁、顾炎武、陆世仪、高攀龙的四幅画像。王守仁宣扬良知良能,主知行合一。顾炎武具有民族气节,他的名言"天下兴亡,匹夫有责"。陆世仪提倡学问要"切用于世",还主张"习武"。高攀龙为东林党领袖,崇尚气节。以他们的学行来激励学生。

关于学校的体制。专修馆时期,由于馆长曾求学于著名的南菁书院,对书院的制度与教学,有切身的感受。所以,很熟练地将书院的模式移植过来。馆长全面主持馆务。设教习和助教,开始时仅聘请各一人,第二次招生后,加聘教习一人。这时,教学人员与学生的比例为1∶14。教学实行日有讲、月有课、年有核的制度。日讲,就是每天上午,由馆长、讲习分别作讲授,而后学生自学,结合师生间的责疑问难。月课,系指于课后的作业外,一月中规定有两次课业。课业评定等第,按第行赏,称为膏火金。年核,就是一年作一次总检核。既评定学生的成绩,也检验先生的教学。

学校改为国学院之后,既然向政府立案,按照教育部的相关法令,从书院的模式向当时一般大学的文学院转制。修业年限改为三年,又实行学年制与学分制的结合。即三年之内要修满120学分,不足者不得毕业;但即使已得120学分,不满三年仍不能毕业。这一制度,一直推行到结束。这个三年制,不同于二年制专修科,毕业生可以和以后的四年制本科一样,有资格参加高等考试和出国留学考试。抗战前夕,曾设立预科,在预科读一段时间,报考正科。1939年,全国教育会议决议和据教育部令,增设五年制专科,招收初中毕业生修业五年。到1942年4月间,教育部为培养文书应用人才,拨专款,指令设二年制文书专修科,相当于现在的文秘专业。这样,学校就有两个专业,三年制、五年制和二年制三种学制。锡校和桂校均设有二专业三学制,而沪校未设文书科。

三、校风与学风诸特点

无锡国专的办学,自始至终贯彻、体现了唐文治的教育思想。有远大的目标而不事空论,注重身体力行,并且从学校的实际出发,办出独特的校风和教学特点。而教学特点,又是学风以至校风的具体化。

学校的发展历史,突出地显现了艰苦创业和勤俭办学的精神。初创时,资助者仅有开办费8千元,经常费1万元。据当时教育部的规定,一所私立学校开办时必须有资金6万元,二者的差距是不小的。就是依靠了艰难创业和勤俭办学,学校办起来了,而且稳步地得到发展。此一精神,反映在教学上就是勤奋和刻苦的作风。在抗日战争那样危难的年代,桂校遇到出乎想象的艰难险阻,也是依靠这种精神,战胜重重困难。当时,教育部参事在视察后所作的报告中说:"足称苦干……全校师生维系于精神上之满足,孳孳讲学……非始非寝馈国学,究系服膺前哲遗训有以致之。中国文化之伟大,于此又获一显证。"正因为如此,获得社会热心人士的支持和赞助。

学校的任务是教学,培育人才的成败,教学无疑是关键的步骤。无锡国专的特殊定位,在教学上有如下特点:

1. 教学内容重点突出在国学

专修馆时期,以经学、理学、文学、史学、政治学为主。其目的在于:"通经学、理学,以究古今之奥坊……明史学、政治学,以达外内之情,定期为文以验之。"[6]"究古今"、"达外内",贵在"务实"而"达用"。在讲课、自习而后,极其注重习作,"月课"是定期的习作,评出等第后,按一、二、三等发给奖金性质的膏火金。

转制以后,虽在不同阶段和于锡、桂、沪三校的课程小有差异,但在总体上则是一致的。大致依据抗战前锡校所定的范围而稍加变化。

课程的设置,分必修和选修两类。大体而言,必修课有:国学概论、散文选、韵文选、文字学、音韵学、目录学、修辞学、国史、文学史、哲学史、史学史、文化史、作文训练等。选修课除外文、世界史、西洋文学史、西洋哲学史等之外,分为三类:义理、辞章、考据。内容极为繁富。扼要说来,义理包涵了儒经、先秦诸子、宋明理学、史学等原作,如《论语》、《孟子》、《墨子》、《荀子》、《左传》、《国语》,关、闽、濂、洛诸人著作,以及《宋元学案》、《明儒学案》等。

辞章既有先秦、两汉、六朝、唐、宋等不同时尚的诗词、散、骈等文选,也有通贯古今或断代的各体文选,李白、杜甫、柳宗元、陆游等诗文专集以及《诗品》、《文心雕龙》等诗文理论。

考据有综合的如清代考据学或称汉学,也有如阎若璩、戴震、王念孙和王引之父子、钱大昕等考据专著,以及校勘、笺注、辑佚、辨伪等专门。

在实际的教学中,不尚空谈,注重实学。要讲读独立著作的原书。即使是那些有独立体系的学科,也尽可能地要讲或参阅原作。如目录学本是一门学科,在讲读时要读解《汉书·艺文志》、《隋书·经籍志》等史志,《四库全书总目》、《书目答问》、《读书敏求记》、《郡斋读书志》、《直斋书录解题》等公私目录著作,以及《中国目录学史》等目录学源流等论著。

学业在修业的过程中,极其强调要打基础,注重有扎实的根底。对课程必须认真,讲究朗读以至背诵,这成为无锡国专久盛不衰的传统。

主张学习的知识面要广、要博,而且要由博返约,精于一种专门。因为专是以博为基础的,而且专是一生的事,所以在学校学习时看重博,尤其是前几年。只有到毕业的一年,才提出学生可以根据自己的兴趣和已有的长处,选一个专业,作为毕业论文的选题方向。只有沪校,在毕业的一年,分设哲学、文学、史地三组,学生凭志愿报名。各组有主任一人,哲学组主任王绍唐、文学组主任郝立权、史地组主任由王蘧常兼。并设导师制,任务是指导学生作毕业论文。具体的导师人选,由师生自愿组合。对于学生的选择专业,完全决定于自己的志愿,当然也不排除教师的建议,再经学生认定。提倡多面发展,不拘一格。

这一带有方针性质的措施,产生了很好的实际效果。从无锡国专创办之后的历届毕业生之中,以其出类拔萃、业有专精的佼佼者来看,的确各领风骚于文、史、哲各个领域。著名的如唐兰、吴其昌、王蘧常、吴则虞、蒋天枢、钱仲联、王绍曾、周振甫、魏建猷、马茂元、徐兴业、吴孟复、杨廷福、汤志钧、冯其庸等,层见迭出,不胜列举。因为功底厚,知识博,又精擅于一门,所以在文、史、哲的领域里,一专多能。在高等学校能开多种课目,在中等学校则是优秀的文史教师,还有的成为编辑和图书馆工作的专家,这是为无数的事实证明了的。

2. 礼聘名师，兼容并蓄

教学的良窳成败，师资是第一位。俗话说：名师出高徒。校长非常重视教师的优秀人选，重学行而不重资历，有的不惜重金礼聘。如陈衍原是清代的举人，却是著名的文学家，同光体评论家，著述很多。清末民国初，在学坛享有声誉。唐校长亲自登门敦请，并且许以薪给高于一般的两倍。不少知名的学者、教授，出于为唐校长道德文章和办学精神的感召，有请必应。因此，无论是锡、桂、沪校的各个时期，教师阵营之强，可与国内任何一所著名的大学相媲美。约略地说来，先后在国专任教（专任、兼任）的名家如陈衍、钱基博、顾实、朱文熊、王蘧常、魏建猷、冯振、梁漱溟、饶宗颐、巨赞法师、张世禄、阎宗临、夏承焘、周予同、周谷城、蒋伯潜、黄云眉、王謇、童书业、金德建、郭绍虞、胡曲园、蔡尚思、葛绥成、任中敏、朱东润、周贻白等，还请章太炎、钱穆、吕思勉、李济深、田汉等来校开设讲座或作专题演讲，可以说得一时之选。

值得提出的是，唐校长在学术方面是以理学见长的。但他从来不曾将理学放在首位，而是由学生自由发展。反映在聘任教师的方面，兼收并蓄各种学科之长。即使是与理学不相容的学派中人，也一样给以礼遇。如顾实个性怪癖，在课堂上公开批评理学。人们以此相告，而校长对顾实仍以礼相待，相处得体，使得顾实大为感佩。又如李源澄当时年岁较轻，为四川廖平的得意弟子，他藐视理学，校长也不因此而存介蒂。

章炳麟（字太炎）是清代汉学的殿后者，他不但极力反对今文经学，而且与宋明理学也异其旨趣。唐校长请章氏来校演讲，对他很尊重，亲自参加听讲，赢得章氏的好感。章炳麟鉴于学校的学风好，对唐校长道德文章和办学倾心赞服，几次请他到苏州为章氏国学讲习会讲学。章并撰书赠唐校长一联：

> 光风霁月之怀，何止吞三万顷；
> 鹿洞鹅湖而后，于今又五百年。

黄庭坚称周敦颐“人品甚高，胸怀洒落，如光风霁月”[11]。借用此典，又套用杜甫“气吞云梦泽”的诗意，比说唐校长的人品、胸怀，何止吞三万六千顷的太湖。“鹿洞”，指朱熹讲学的白鹿洞书院。“鹅湖”为朱熹、陆九渊在宋时信州（今江西上饶）的鹅湖寺，即史称的“鹅湖之会”。孟子曾说，每隔五百年，“其间必有名世者”[12]。作者借此推颂无锡国专承白鹿书院和鹅湖会的继起。章氏是一位有风骨的学者，对人决不会轻易地溢美的。

3. 性情教育

特别应当一表而出之的，是唐文治的教育思想中，既有理论意义又有实践意义，而且具有开创性的，是他的性情教育之说。《自订年谱》六十一岁下说：“余向主道德教育。迨阅历世变，始悟性情教育为尤急……居今之世，教授国学，必须选择文章之可歌可泣，足以感发人之性情者，方有益于世道也。”他有一句很精辟的话：“天下惟有真性情者，乃能为大文章。”[13]

这一开创性的见解，在于证实：抽象的理性教育固然重要，而形象生动、富有感情的文章，容易打动人、感染人，是深化理性教育之所必须。感性的彻悟，从而使得理性的认识更为深化和巩固。

为使理解古人文辞所蕴涵的“性情”，并获得深刻的感受，唐校长竭力主张读文，讲究读文的方法。要精读，要背诵。他列出多种范文，如贾谊《过秦论》，诸葛亮《出师表》，范仲淹

《岳阳楼记》，欧阳修《泷冈阡表》，李华《吊古战场文》，岳飞《满江红》，文天祥《正气歌》，等等。要求领受其命意之所在，再求其神气。他自己读文，“凝神炼气，抗坠抑扬。黄钟大吕，如协宫商。疾则如长江大河，奔腾澎湃；徐则若峰回路转，曲折迂旋。若抒发性情之文，更如怨如慕，如泣如诉。性情教育，实萌柢于斯”[14]。只要听过（包括唱片）唐文治读诗文的人，都会会心地赞同这种评说。

4. 编印丛书和出版刊物

为着增强学校的学术气氛，鼓励并促进师生从事学术研究，学校从有限的经费中拨出一部分出版师生的论著。这些出版物，可分作三类：一是丛书，定名为《无锡国学专修学校丛书》。抗战前先后出版，除唐校长外，有陈衍、冯振、叶长青、陈鼎忠等所著，合计26种。一是以学校名义办的刊物，有《国专年刊》、《国专季刊》、《国专月刊》。历史较长的图书馆还有典藏，常有研究者征引其中文字。一是汇编教师的讲记、记录稿和学生的优秀习作。如《无锡国学专修馆讲演集》、《无锡国学专修馆文集》、《学生丛刊》、《学生自治会季刊》、《无锡国专校友会集刊》、《国风》诗刊等。有时出的纪念册也收有师生的学术论文。

参考文献：

[1] 陈君征宇诗集序[A]. 茹经堂文集：初编卷六[M].

[2] 唐文治. 与友人书. 茹经堂文集：二编卷四[M].

[3] 唐文治. 奉使日本国记. 茹经堂文集：初编卷六[M].

[4] 蓄艾. 论整理学部[M].

[5] 上海交通大学第三十届毕业典礼训词[A]. 茹经堂文集：三编卷一[M].

[6] 无锡国学专修馆学规[A]. 茹经堂文集：初编卷二[M].

[7] 唐文治. 政治学大义序. 茹经堂文集：初编卷四[M].

[8] 南洋大学年刊序[A]. 南洋大学年刊，1923.

[9] 孟子贵民学题辞[A]. 茹经堂文集：四编卷四[M].

[10] 无锡国学专修学校组织大纲[Z].

[11] 宋史[M]. 卷四百二十七. 北京：中华书局，1985.

[12] 孟子[M]. 卷四. 十三经注疏[M]. 北京：中华书局，1982.

[13] 国文大义[A].

[14] 唐蔚芝先生读文传播会灌音片缘起[Z].

原载《苏州大学学报》（哲学社会科学版）2000年第2期

传统书院的现代转型

——以无锡国专为中心

陈平原

在晚清学制改革大潮中，朝野间对于“开学堂，育人才”很快形成共识；分歧在于如何看待源远流长的书院。“时局多艰，需材尤急”，无法生产坚船利炮的书院，其教学宗旨及培养方案，非改不可。于是，出现了三种颇有差异的选择：一、整顿书院，增加西学课程（胡聘之等）；二、保留书院，另外创设讲求实学的新式书院或学堂（廖寿丰等）；三、请皇上发布诏书，“将公私现有之书院、义学、社学、学塾，皆改为兼习中西之学校”（康有为等）。取消书院，以便集中人力财力，发展新教育，这一“兴学至速之法”，从郑观应最早提出，迭经胡燏棻、李端棻、康有为等的一再奏请，终于成为最高统治者的谕令，通行全国。其间虽有反复，但秋风日紧，大树飘零已成定局（注：参见胡聘之等《请变通书院章程折》、廖寿丰《请专设书院兼课中西实学折》、张汝梅等《陕西创设格致实学书院折》、康有为《请饬各省改书院淫祠为学堂折》、郑观应《盛世危言・考试》、胡燏棻《变法自强疏》、李端棻《请推广学校折》及《清帝谕各省府厅州县改书院设学校》，分别见舒新城编《中国近代教育史资料》上、下册〈北京：人民教育出版社，1961 年〉和朱有瓛主编《中国近代学制史料》第一辑下册〈上海：华东师范大学出版社，1986 年〉）。

清末民初的教育改革家宁愿纵论缥缈含糊的“三代之学”，而不想涉及近在眼前的书院之利弊得失，可能有不得已的苦衷，比如，不愿意“穿新鞋走老路”，或者担心旧体制因而“藕断丝连”等。可这么一来，传统中国的教育精神，被高悬云端，无法介入 20 世纪初极富激情与想象力的制度创新。只是在新学制已经完全确立，书院基本上退出历史舞台，教育家们方才回过神来，对书院的黯然退场表示极大的遗憾。比如，以提倡新文化著称的胡适便大发感慨：“书院之废，实在是吾中国一大不幸事。一千年来学者自动的研究精神，将不复现于今日。”（注：胡适：《书院制史略》，《东方杂志》第 21 卷第 3 期，1924 年 2 月）。

“此情可待成追忆，只是当时已惘然。”擅长“以史为鉴”的中国学人，在追怀日益远逝的书院的同时，开始“补偏救弊”。于是，为 20 世纪中国高等教育，提供了一道不太耀眼但也无法完全漠视的“风景线”。那便是：或借书院精神改造现代大学（如蔡元培、胡适），或尝试重建已经失落的书院（如章太炎、马一浮）（注：参见陈平原：《大学之道——传统书院与二十世纪中国高等教育》，《岭南学报》新第一期，1999 年 10 月）在这其中，对传统书院大有好感，可又能顺从浩浩荡荡的世界潮流，与现代教育体制接轨的，当推唐文治（字颖侯，号蔚芝，别号茹经，1865—1954）创办的无锡国专。

这所“书院式的学校”（注：参阅钱仲联：《无锡国专的教学特点》，见《文教资料》1985 年 2 期。钱氏乃无锡国专早期毕业生，1934 年回母校任教，其追忆与总结相当精彩），创建于 1920 年，初名无锡国学专修馆，1927 年改为无锡国学专门学院。励精图治十年，终于在 1928 年通过考核调查，被批准立案，1930 年得教育部令，更名私立无锡国学专修学校。抗战中,在极端艰难困苦的条件下,无锡国专以不同形式分别在桂林、上海两地办学。1946 年初春在无锡复校,1950 年因经费支绌被合并,取消建制。30 年间,曾在无锡国专就读的校友约一千七八百,其中不乏文史研究方面的杰出人才,如早期学生王蘧常、唐兰、吴其昌、蒋天枢、钱仲联、魏建猷,后期学生马茂元、周振甫、冯其庸、汤志钧、朱星、王绍曾等。更重要的是,这所学校的课程设置及讲课方式,不同于一般大学的中文或历史系;其筹建及运营,更富有传奇色彩。而这背后,牵涉到现代化进程中传统文化及教育精神的延续与转型,值得认真研究。

一、从"救民命"到"正人心"

民国年间的大学校长,颇有一言九鼎,决定整所大学的风格与走向的,如国立大学的蔡元培、梅贻琦、私立大学的张伯苓、教会大学的司徒雷登等。但所有这些校长,就其与所主持的学校的亲密程度而言,均不若唐文治之于无锡国专。称唐校长乃无锡国专的灵魂,一点也不过分。不只是规划与创办,更包括日常的管理与讲授,唐先生几乎事必躬亲,尽管其眼睛已经基本失明。可以这么说,无锡国专的一举一动,都带着明显的唐文治个人色彩。这自然是因为学校规模小(顶峰时期学生人数也不过 300 人),加上是私立,校长有权"说了算"。但更重要的是,如此兼及传统书院的山长与现代学堂的校长,正是唐文治的自我定位。故必须将唐先生本人的社会阅历、政治倾向、文化理念与学术追求考虑进来,方才可能解读这所风格独特的学校。

首先碰到的问题是,作为大名鼎鼎的交通部上海工业学校(即 1896 年由盛宣怀奏请筹设的南洋公学,1921 年起改名交通大学)的校长,为何辞去现职,跑到无锡创办小小的国学专修馆?这一点,论者大都依据唐文治本人的自述:因目疾日深而辞职,因宗旨相近而办学。可这里有几个小问题,牵涉到日后无锡国专的发展方向,不能不详加辨析。

依《茹经先生自订年谱》"庚申(1920 年)五十六岁"则,不顾交通部以及学校同人的再三挽留,十月初三日"余遂决计解职回锡",同年十二月间方才应施肇曾邀请开办无锡国学专修馆。也就是说,辞职与开馆,二者之间没有必然联系。但此前半年,唐先生已经答应出任私立无锡中学的校长,并为其制定章程。(注:据无锡市三中《深切怀念老校长唐文治先生》〈《唐文治先生逝世四十周年纪念文集》,油印本,江苏无锡,1994 年〉称,唐日后还专门为无锡中学撰写校歌:"力拯水火济生民,即为邦国兴太平。")此前八年,原籍江苏太仓的唐文治,已经在无锡购地建屋,奉父徙居。回过头来,不难发现,56 岁的唐文治之所以退隐无锡,并非一时心血来潮。早已将无锡作为终老之乡,这才能理解其宣布讲学宗旨时,突出"预储地方自治之才"。而所谓"惟冀有如罗忠节、曾文正、胡文忠其人者出于其间,他日救吾国救吾民,是区区平日之志愿也",(注:唐文治:《茹经先生自订年谱》,第 85 页,无锡国学专修学校学生会校印,1935 年)除豪杰崛起于乡间的传统想象外,还凸显了清末民初变革的新思路:权力下移,地方自治。

而这,正好对应了精研易经、洞明世事的唐文治一生的运动轨迹:京城为官(1892—1907),上海办学(1907—1920),无锡讲道(1920—1950)。(注:抗战爆发后,年过七旬的唐文治主要活动在上海,但因仍在从事无锡国专未竟事业,故不加分别。至于同是一校之长,何来"办学"与"讲道"的区别?这涉及对于两校性质及宗旨之理解)对于唐先生来说,真正的"节骨眼",不在大清王朝的解体,而是自家的文化根基。抗战中坚持民族气节,拒绝出任伪职,这对于理学家来说,自在预料之中。曾任商部左侍郎、后又曾署理农工商部尚书的唐文治,辛亥革命后不只没有成为遗老,甚至在关键时刻,与伍廷芳等联名通电,要求清帝逊位。这显然得益于其尽早离开了污浊的京城,远走上海办学。

1907 年的远走上海,并不像自订年谱上说的,只是为了照顾“父亲年迈,思乡日切”;在我看来,主要还是官场失意:一直提携他的农工商部尚书载振被参劾辞职,唐因而前途渺茫。而同样是弃政从教,选择上海高等实业学堂,而不是北京实业学堂或北京贵胄学校,这倒是很能显示唐文治的见识。四年后,唐因上海高等实业学堂改南洋大学事上京,年谱里留下这么一句:“京师气象,腐败已极,余小住数日即回上海。”(注:参见唐文治:《茹经先生自订年谱》,第 71 页)十几年的京官,不能说对红顶子毫无留恋——自订年谱里再三出现蒙皇太后召见垂询云云,可见一斑。陈衍批评唐文治“学问文章,皆有纱帽气”(注:参见钱钟书:《石语》,第 43 页,北京:中国社会科学出版社,1996 年),不无道理。可关键时刻,当机立断,告别无可作为的京城与官场,远走上海的唐文治,又投身于晚清另一热门事业:“教育救国。”

到任不久,唐文治上条陈,订章程,立宗旨。除了要求增加经费、扩充专科人数,更强调“严定章程,以道德端其模范,以规律束其身心,庶几教授管理有可措手,学生乃能有志上进,蔚为通才”。作为“实业学堂”,自是“大要在造就专门人才,尤以学成致用,振兴全国实业为主”。可监督(校长)唐文治,却还有培养通才以及整顿士风的愿望,于是在《咨呈重订章程和宗旨》中,不忘添上一句“并极意注重中文,以保国粹”。(注:参阅《条陈本学堂办法》和《咨呈重订章程和宗旨》,均见刘露茜等编注《唐文治教育文选》,西安:西安交通大学出版社,1995 年)这可不是可有可无的官样文章,讲求实业与保存国粹并重,正是唐先生一辈子奋斗的目标,也是其区别于一般的洋务官员或理学名臣之处。

曾两度跟随载振亲王出访英、法、美、日等国,再加上任职外务部和商部,唐文治对西方各国的政治、经济、文化略有了解,当然明白“实业救国”与“教育救国”二者交叉的分量。出长上海实业学堂后,强调“学堂异于科举,要以崇实为宗旨,使人人重于实学”。正是由于这种“尚实”的办学宗旨,加上上海的特殊地位,学校水平迅速提升,博得国外教育界的好评,毕业生甚至可以直接进入美国大学的研究院深造。以至唐先生不无得意地称:“余私心窃计,以为中国东南各省无大学,于此,盖始基之矣。”(注:参见刘露茜等《唐文治对近代高等工程教育的贡献》,《唐文治教育文选》,第 320—342 页)

作为东南各省大学之翘楚的上海交通大学,1930 年举行第三十届毕业典礼,特邀请老校长前来训词。唐文治先是表白当初办学之“区区宏愿,尝欲兴办实业”,很快地话锋一转,引述诸多孔孟语录,论证“欲成第一等学问、事业、人才,当先砥砺第一等品行”。(注:参见《上海交通大学第三十届毕业典礼训词》,《唐文治教育文选》,第 231—234 页)确是理学家本色,时刻不忘教导学生如何做人。如此才性,出长“工业专门学堂”,其对于创办铁路或电机专科,改革土木及机械课程,到底能投入多大的热情,实在值得怀疑。不妨看看唐校长上海十四年间的著述:《国文大义》、《古人论文大义》、《人格》、《国文阴阳刚柔大义》、《论语大义》、《孟子大义》、《大学大义》、《中庸大义》、《工业专门学校国文课本》等。除了理学,就是文学,作为人文学者的唐文治,无可挑剔;可作为专门学堂的校长,唐先生明显对电机之类缺乏兴趣。

身为一校之长,唐文治更关心学生的“人格”,而不是具体的“学业”,这完全可以理解。

可即便如此，我还是惊讶唐校长著述时之精力充沛。1912年，“因胸中欲言者甚多”，唐校长将制订校训的计划，改成撰写《人格》一书：“是书宗旨，专在发明人道，示以当然之格。”（注：参见《人格》之“绪言”以及《茹经先生自订年谱》1912年则）第二年，在致交通部的公函中，唐校长又强调：“居今世而言教育，惟有先以注重道德为要点。……道德并非空谈，惟以人格核之，而后事事乃归于实。”（注：《致交通部公函商讨教育宗旨》，《唐文治教育文选》，第109页）同年，又将自编《高等国文讲义》八册函请交通部转送教育部审查，希望“以之饷大学生徒”。大概是意识到可能遭遇“不务正业”之讥，唐文治预先摆明“本校国文一课特加注意”的理由：“科学之进步尚不可知，而先淘汰本国之文化，深可痛也！”（注：参见《函交通部致送高等国文讲义》，《唐文治教育文选》，第117—119页。教育部的复函非常得体：因其只负责审查中学以下教材，“本书不在审定范围之内，应由编者自由出版，听各学校自由采用”）

作为“工业专门学校”的校长，本该是引进“科学”的先驱，可唐文治却关心起汹涌澎湃的西学大潮对于本国文化的无情冲刷。这种思考，显然超越了具体校长的职权范围，更像个深谋远虑的教育家兼思想家。假如世道平静，唐校长一边推崇实学，一边讲求人格，二者互为补充，未尝不是好主意。可迅速崛起的五四新文化运动，对于唐校长以“人格”调节“实学”的计划，是个致命打击。原先赖以安身立命的孔孟学说，如今被北大的新秀们扫进了垃圾堆，这可是唐文治无论如何也不能接受的。问题在于，由“文学革命”而“政治革命”，五四新文化运动如飓风般迅速推进。上海自然也不例外，校园里，除了“科学进步”与“本国文化”之此起彼伏，如今又添上“新文化”与“旧文化”的猛烈碰撞。而这，对于唐校长之“决计解职回锡”，我相信有直接的影响。

《茹经先生自订年谱》1920年则在述及因目疾日深而自行解职时，还有这么一句：“自上年学潮后，学风愈觉不靖。”虽是寥寥十二字，却不可轻易放过，在我看来，这与唐之由大学校长转为“讲学家居”颇有关系。对于举世瞩目的五四运动，唐文治的态度值得玩味：既公开发表通电，要求政府谅解学生的“爱国热忱”，“勿加苛责”（注：《请顾教育大局电》，《唐文治教育文选》，第145页）；同时又对此后校园里难得平静不无忧虑——这其实也是蔡元培等大学校长以及社会名流的想法（注：参见陈平原、夏晓虹主编：《触摸历史——五四人物与现代中国》之“余论”以及有关蔡元培、章太炎、康有为、胡适等章节，广州：广州出版社，1999年）。对于一个希望“严定章程”加强管理的校长来说，这绝对不是好兆头。

辞职之前，感叹“学风愈觉不靖”；辞职之后，当即开办国学专修馆，并宣布讲学宗旨：“吾国情势日益危殆，百姓困苦已极，此时为学，必当以正人心、救民命为惟一主旨。”（注：参见唐文治：《茹经先生自订年谱》，第84—85页）二者如此配合默契，不会是纯粹的巧合。考虑到此后唐文治越来越公开地批评新文化运动，有理由相信唐氏此举乃寄托遥深，是人生关口的一大转折。其重要性，一点不亚于1907年的弃官从教。

在参照朱熹《白鹿书院揭示》、高攀龙《东林会约》等而制定的《无锡国学专修馆学规》中，唐文治强调“吾馆为振起国学，修道立教而设”，故特别看重的是“检束身心，砥砺品行”。甩开“振兴实业”的口号，专注“维持人道”与“挽救世风”，（注：《无锡国学专修馆学规》，《唐文治教育文选》，第147—155页）对于理学家唐文治来说，显然更为得心应手。从筹办洋务，到讲求实学，再到“修道立教”，唐文治的道路，在晚清新派学人中，很有代表性。

经过生光电化、坚船利炮的洗礼，清末民初的士大夫，已很难再只讲仁义、礼仪，而无视制度、物质的强大力量。只是有感于西学大潮使得传统中国风雅凋零，有违自己的良知与教养，方才挺身而出，救弊补阙。对此，有必要给予“同情之了解”。从早年的提倡洋务（“忠臣孝子断不可不谈洋务”），呼唤西学（“西学堂之不容不设”）（注：在戊戌政变后一年的《与友人书》中，唐文治专门论证“西学堂之不容不设”，以及“忠臣孝子断不可不谈洋务”，参见《唐文治教育文选》，第1—5页）到晚年的“振起国学，修道立教”，这一转折，有个人安身立命的考虑，但更多的是时世推移，而不得不做出的自我调整。对于积弱贫困的中国来说，“振兴实业”与“挽救世风”何者为重，很可能见仁见智。但若套用唐文治的讲学宗旨，无锡国专无疑着眼的是“正人心”，而不是真正意义上的“救民命”。

作为一名别有幽怀的理学家，由“振兴实业”转为“修道立教”，或者说由“救民命”转向“正人心”，自是本色当行，也自有其独立价值。问题是，晚清以降，有此情怀的不只唐文治一家，为何无锡国专能取得骄人的成绩，而康有为、章太炎、马一浮、梁漱溟等人之创办书院，便显得举步维艰？

二、另有渊源的“东南学术”

在教育史家眼中，晚清之书院改学堂，目的是使中国教育走上“与国际接轨”的康庄大道。故论及书院教育，基本上截止于“清末书院改革”，或者“书院制度的近代化进程”，偶尔顾及“近现代对书院精神的发扬”，（注：参见李国钧主编：《中国书院史》，第二十二章，长沙：湖南教育出版社，1994年；陈谷嘉、邓洪波主编：《中国书院史资料》，第六编，杭州：浙江教育出版社，1998年）也都未能给予认真的清理与公正的评判。反而是思想史家会对章太炎、马一浮等人的书院讲学感兴趣，因为这是一种有理想、有信念，象征意义远大于实际效果的可贵尝试。

20年代初，有感于“文学革命”与“整理国故”所向披靡，对“忠信笃行”等传统伦理道德造成极大冲击，南京高师（今东南大学）的教授们借《学衡》杂志奋起反击，与新文化分庭抗礼，形成南北对峙局面。（注：胡先骕：《朴学之精神》（《国风》8卷1期，1936年10月）称：“五四以后江河日下之学风，至近年乃大有转变，未始非《学衡》杂志潜移默化之功也。”此乃个中人的自我表彰，不足为凭。但《学衡》诸君之力主“昌明国粹，融化新知”，确与五四新文化人态度迥异。进入90年代，学衡派的文化保守主义立场，得到不少“了解之同情”）撇开当初论战时的激愤之辞，大致而言，北方学者锐意革新，自是容易流于空疏：南方学者功力深厚，可又未免过于守旧。张其昀关于“世人多称南高学风偏于保守，这是一误解，与其称为保守，不如称为谨严，较近事实”的辩解（注：张其昀：《南高的学风》，《国风》7卷2期，1935年9月）在我看来，实属多余。因文化理念的“激进”、“保守”与治学态度之“空疏”、“谨严”，不是一个层面上的问题。而胡适所说的“南方史学勤苦而太信古，北方史学能疑古而学问太简陋。将来中国的新史学须有北方的疑古精神和南方的勤学工夫”，（注：《胡适日记》，第438页，北京：中华书局，1985年）虽是持平之论，却忘了南北学者治学态度的差异，其实隐含着政治立场与文化理想的冲突，很难靠学养或方法来调适。

在二三十年代的中国学界，与《学衡》杂志（1922—1933）文化理念相近的，除散落各地的专家学者，还包括若干很有特色的私人讲学机构。1918年筹备、1922年正式成立于南京的支那内学院，虽由沈曾植、陈散原、章太炎代为撰写“缘起”与“简章”，主持人欧阳竟无也有“须复宋明讲学精神之教育”的说法，但毕竟近于居士道场而不是传统书院。（注：参见徐清祥、王国炎:《欧阳竟无传》,第七章,南昌:百花洲文艺出版社,1995 年)倒是唐文治 1920 年创办于无锡的国学专修馆、康有为 1926 年创办于上海的天游学院、章太炎 1935 年创办于苏州的章氏国学讲习会,都以"国学"相号召,对抗其时已经如日中天的"新文化"。有趣的是,这些有影响的私人讲学,均集中在江苏一省。(上海旧属江苏,二三十年代江苏省的教育、文化组织多仍在上海活动)真应了那句名言:"东南学术,另有渊源。"

据张耀翔在《清代进士之地理的分布》一文所作的统计,清代一甲状元、榜眼、探花共 342 人,其中江苏就有 119 人,占 34.8%,浙江 81 人,占 23.7%,安徽 18 人,占 5.2%。(注:转引自杨念群:《儒学地域化的近代形态》,第 270 页,北京:三联书店,1997 年)三者加起来,共 218 人,占 63.7%。虽然科考功名并非人才的惟一指标,但据此可约略看出一地之教育及文化水准。故梁启超在《近代学风之地理的分布》所下的判断:"一代学术几为江浙皖三省所独占",(注:梁启超:《近代学风之地理的分布》,见《饮冰室合集·文集》第 14 册,上海:中华书局,1936 年)还是大致可信的。

正因为文化积累深厚,在社会、学术转型中,东南士子自然不甘只是充当配角;更何况旧学根基深厚者,必定反感新学之"浮躁",也有能力与之争锋。考虑到民初浙江学人大举进京,占据北大等重要位置,甚至有盘踞把持学界之嫌;(注:桑兵的《五四前后的北大新文化派》〈打印稿〉收集了不少被排斥者的怨言,值得参考)而早在晚清,"徽籍学者大量涌入江浙地区,造成了安徽书院的学术真空状态",难以产生学术大师。(注:参见杨念群《儒学地域化的近代形态》第 478 页)好不容易涌现出若干新锐(如陈独秀、胡适),又都跑到北京兴风作浪去了。这样,20 年代中国,有资格也有能力代表传统文化与学术的,确实非江苏学人莫属。这就难怪南京学界自觉扮演主流之外"另一种声音"的代表。当然,考虑到晚清以降学者们大都四处求学,转益多师,原籍不再是决定性因素,故这里更看重讲学者的居住地。

一地学风与一地民风相关联,无锡国专之得以成功,与当地士绅的财政支持,以及民间的文化需求大有关系。有意讲学的"当世大儒",非只唐文治一家;借私人讲学弘扬国粹的,也非只无锡国专一处。但只有无锡国专能够获得足够的本地生源,以及相对充裕的办学经费。

1926 年,康有为在上海创办"研究天地人物之理,为天下国家之用"的天游学院,原本准备办成正规大学,因经费无着,只好改在上海愚园路自家住宅设教。登报招生后,应者寥寥。好在"康圣人"豪气不减当年,做了非常精彩的自我辩解:"上海各大学人数动辄千百,我院只有二三十人并不为少。耶稣有门徒十二人,尚有一匪徒在内。今其教遍于天下,岂在多乎。"(注:参见蒋贵麟《追忆天游学院》和任启圣《康有为晚年讲学及其逝世之经过》,夏晓虹编:《追忆康有为》,第 459—477 页,北京:中国广播电视出版社,1997 年)可此一时彼一时,康有为晚年处境,不要说无法比拟耶稣传教,与早年万木草堂讲学相比,也已不可同日而语。

与康有为上海讲学之凄清截然相反,章太炎的苏州讲学则显得十分热闹。1935 年 9 月,太炎先生创办"以研究固有文化、造就国学人才为宗旨"的章氏国学讲习会,(注:参见《章氏国学讲习会简章》,《章太炎年谱长编》,第 960 页,北京:中华书局,1979 年)因有众多政界闻人与学界名流捧场,(注:学会的发起人朱希祖、钱玄同、黄侃、汪东、吴承仕、马裕藻、潘承弼等,以及赞助人段祺瑞、宋哲元、马相伯、吴佩孚、李根源、冯玉祥、陈陶遗、黄炎培、蒋维乔等,均为政界闻人与学界名流,有很大的号召力)加上诸门人充任讲师协助教学,(注:如朱希祖、汪东、孙世扬、诸祖耿、潘承弼、沈延国、徐复等)创办之初的章氏国学讲习会,可称得上“盛况空前”。(注:参见沈延国《章太炎先生在苏州》和汤炳正《忆太炎先生》,文均载陈平原等编《追忆章太炎》,北京:中国广播电视出版社,1997 年)可有一点不应该忘记,这笔数目不小的办学经费,乃蒋介石的“私人馈赠”。此“都下故人之情,有异官禄”,故不妨用以办学的万金,(注:章太炎《与王宏先书》有云:“前月杪,丁君鼎丞又来致中央问疾之意,且以医药见惠,此既都下故人之情,有异官禄,故亦不复强辞;然无功受贶,终有不安。因去腊已在此间发起讲习会,即以此款移用,庶几人己两适。”)一直支持学校的运转与《制言》杂志的出版,直到 1941 年太平洋战争爆发学校停办,方才“全部用罄”。(注:参见《制言》63 期所载收支账目)

其实,在 20 世纪中国,所有“大儒讲学”,都无法回避不太“优雅”的经费问题。独立于现代教育体制之外的“讲习会”或“专修馆”,没有功名引诱,也不教谋生手艺,可想而知,愿意付费问学者,数量不可能很多:因而,单靠学费,无法维持正常运转。既不像康有为那样捉襟见肘,也并非如章太炎依靠当局馈赠,唐文治的无锡讲学,靠的是民间赞助。自施肇曾投入第一笔经费(开办费八千,常年经费每年一万)起,无锡国专主要依靠地方士绅的捐赠,非但弦歌不辍,且日渐扩大规模,完善设施。关于无锡国专的经济状况,《茹经先生自订年谱》中颇多记载,总的来说运作良好,没有出现大的危机。(注:唐文治《茹经先生自订年谱》第 84—85 页、88 页、108 页等分别记载了大笔的捐赠。而 102 页、118 页提及因学校扩充或校董捐款停滞而造成的困难,笔锋一转,又大谈学校如何发展。1933 年新校舍落成,同时完工的还有忠义孝悌祠的改建,后者的费用由唐文治和钱基博承担,见《茹经先生自订年谱》第 120 页)

自古富庶的江南,在晚清开始的以上海为中心的工业化浪潮中,“近水楼台先得月”。20 年代的无锡,虽也同样遭受战火蹂躏,毕竟工商业发达,经济实力雄厚。更重要的是,这里的士绅受传统中国文化影响,热心于赞助教育事业。远在戊戌变法之前,无锡就开始创办新式学校,而且均为民间私立。钱穆对其家乡人“重名犹过于重利”的习性,有相当精彩的描述:“凡属无锡人,在上海设厂,经营获利,必在其本乡设立一私立学校,以助地方教育之发展。”(注:钱穆:《八十忆双亲·师友杂忆》,第 232 页,长沙:岳麓书社,1986 年)《师友杂忆》举的例子,还包括无锡巨商荣德生之创办江南大学,以及“无锡巨商唐家,请太仓唐蔚芝来无锡创办一国学专修馆”。后说不准确:最早动议并出资兴办国学专修馆的,是钱塘人施肇曾:只是后来跟进的,确以无锡士绅为主。(注:据 1991 年刊行的《无锡国学专修学校校友录》所收《无锡国专校董名录》,28 名董事中,浙江 3 名,上海 2 名,余者均为江苏人士。而江苏籍董事中,无锡又独占 16 席)正因有此传统,无锡一县,在教育方面,往往开风气之先。二三十年代影响深远的社会教育运动,江苏是领头羊,而无锡又是“江苏社会教育的策源地”,这也可见当地民众及政府对普及教育的重视。(注:《无锡教育周刊·社会教育专号》〈1934 年 8 月〉对其时无锡的人口、职业、识字率(66%)、社会教育设施及经费等,有认真的统计。若此统计材料属实,则臧佛根为此专号所作《序言》以及华晋吉《无锡社会教育史略》所说的无锡为江苏乃至全国社会教育的策源地,大致可信。另据同专号转载的《全国民教馆统计》,其时全国共有民众教育馆 728 处,而江苏一省占了 225 处,将近三分之一)

除了无锡地方乡绅的教育理念,还必须考虑唐文治的文化理想与个人魅力。应该说是二者一拍即合,天衣无缝,否则,无锡人何必恭请原籍太仓的唐文治?曾为京官的唐文治,自1907年激流勇退赴上海办学以后,便十分热心江苏的地方事业。先后出任江苏教育总会会长(1908)、江苏地方自治总理(1910)以及各种同乡会、赈灾会的会长。当会长不只是满足虚荣心,还要出钱出力——尤其是赈灾的时候。读《茹经先生自订年谱》及各种回忆文章,不难发现唐文治对于地方教育及慈善事业的投入。这与早年之坚信"天下惟能爱其乡土者,然后能爱其国家",故"欲上下数千年"、"纵横亿万里"者,"当自乡土始",(注:《汇刻太仓旧志五种序》,《唐文治教育文选》,第23—25页)可说是一脉相传。而这,其实正是传统中国政治的游戏规则:"从来名宦大臣,退老居乡,多知恭敬桑梓,敬宗恤族,于地方有贡献。"(注:钱穆:《八十忆双亲·师友杂忆》,第235页)只是由于现代都市的兴起,使得城乡之间的物质、文化水平以及医疗条件迅速拉开距离,以后的"名宦大臣","退老"但不"居乡",更别说服务桑梓,于地方有所贡献了。

三、"东林"抑或"南菁"

虽曾随使出访日本及英、法、比、美诸国,参观过牛津大学等著名学府,协助撰写"欧美风教,沿途景物,详载靡遗"的《英轺日记》,(注:1903年上海文明书局刊行的载振《英轺日记》,唐文治到底起多大作用,是代笔,还是编纂,目前学界尚无定论。尽管有载振儿子溥铨关于其父只是粗通文墨不擅写作的回忆〈参见《无锡国专在广西》第46页〉,我还是倾向于维持《茹经先生自订年谱》的说法:"公务之暇为载大臣编《英轺日记》成",而不为唐争"著作权")再加上执掌上海工业专门学校达十四年之久,唐文治对西学其实没有多少了解,也缺乏起码的兴趣。故其主持无锡国专,所倚赖的只能是本土的学术资源。

早年就读清代四大书院之一的南菁书院,先后受业于黄以周、王先谦等经学大师;独立办学时,选择的又是有东林书院"光荣传统"的无锡。依常理推测,唐文治办学的主要灵感,应来自这两所同样声名显赫但风格迥异的书院。既然是风格迥异,就很难简单叠加,而必须有所选择。对于东林、南菁的褒贬,涉及无锡国专的发展方向,不可掉以轻心。

主张"实事求是,莫作调人"的南菁书院,"其自修与研究之精神,实在令人佩服";至于"明朝太监专政,乃有无锡东林书院学者出而干涉,鼓吹建议,声势极张……前者死后者继,其制造舆论,干涉朝政",(注:胡适:《书院制史略》,《东方杂志》第21卷3期,1924年2月)更是令胡适等后世学人感慨不已。顾宪成、高攀龙诸君之讲学,本来自有主张,可后人大都只记得其关心国事,无意中遗忘了其理学方面的思考与著述。从黄宗羲之赞叹"一堂师友,冷风热血,洗涤乾坤"(注:《明儒学案》卷五八《东林学案》,《黄宗羲全集》第八册,第727页,杭州:浙江古籍出版社,1992年)到张君劢之表彰其"不但讲学,而且论政",(注:张君劢:《书院制度之精神与学海书院之设立》,《新民月刊》1卷7—8期,1935年12月)虽然时世迁移,读书人对东林书院的想象没有改变。

既然在无锡讲学,很自然地人们会以历史上曾名满天下且至今仍有流风余韵的东林书院作为尺度,对之比照衡量。1933年3月14日,章太炎在无锡国专作题为《国学之统宗》的演讲称,"今欲改良社会,不宜单讲理学,坐而言,要在起而能行",具体的榜样就是"无锡乡贤,首推顾、高"。同年10月22日,章又再次莅临演讲,这回更是直截了当地强调"无锡本东林学派发源之地",并叹惜"东林之学,至清中叶而阒焉无闻"。(注:参见章太炎的《国学之统宗》和《适宜于今日之理学》,载《制言》54期、57期)推崇顾、高二君之气节,这与唐文治没有差异;可要说无锡国专的当务之急是恢复东林书院传统,则非唐先生所能认同。

1920 年作《无锡国学专修馆学规》,提及高攀龙的《东林会约》,注重的是“检束身心,砥砺品行”;(注:《无锡国学专修馆学规》,《唐文治教育文选》,第 147 页)1930 年撰《国专学生自治会季刊题辞》,称“惟相与考德问业,砥砺修名,如高景逸之《东林会约》”;(注:唐文治:《国专学生自治会季刊题辞》,《国专学生自治会季刊》,1930 年 12 月)再加上 1926 年出资刻印《高忠宪公别集》,1933 年新校舍落成,“布置膳堂,悬王文成、高忠宪、顾亭林、陆桴亭四先生遗像”,应该说唐文治对高攀龙是推崇备至的。可到具体评论时,或称赏“论学精粹处极多”,或表彰高风亮节,就是从不直接提及“东林党人”的政治抗争。(注:参见《茹经先生自订年谱》,第 100 页、第 120 页以及第 26 页)

为《国学专修馆十五周年纪念刊》作序,应该说是建立自家学术传统的最佳时机,唐先生还是小心翼翼地回避近在咫尺的东林书院:“则夫开鹿洞、表鹅湖、绍龙场之心传,与夫正人心、救民命之事业,当吾校三十周年纪念,必有发扬光大之者。”(注:《国学专修馆十五周年纪念刊序》,《唐文治教育文选》,第 271 页)为什么？不妨先看看他在《无锡国学专修馆学规》中对孟子“自任以天下之重”和顾亭林“天下兴亡,匹夫有责”的解说:“谓学者当任天下之重,研究天下之务,非谓干涉天下之事。人人能各安其本分,各勤其职业,斯天下治。”(注:《无锡国学专修馆学规》,《唐文治教育文选》,第 155 页)如此立说,与唐先生曾立朝为官有关,即深知此中厉害,不愿引起当局的猜忌。这很容易招来“巴结权贵”、“奴颜媚骨”之类的讥讽。可批评新文化,提倡儒家学说,不见得就是有意附和国家的主流意识形态;抵制党化教育,代之以儒家伦理,讲气节,求忠义,也不见得一无是处。

无锡国专的校友津津乐道于唐先生处理危机时之灵活机动,(注:黄汉文《记唐文治先生》关于“验印风波”的描述,最为精彩,见《无锡国专在广西》,第 76—77 页,苏州大学〈原无锡国专〉广西校友会主编,非卖品,1993 年)这一点,显然不同于章太炎、马一浮的名士派头:一言不合,拂袖而去。章、马保持了学者的尊严,值得称道;可真要办教育,无法不跟官僚打交道,也不能不有所妥协。“识时务”的唐先生,极力表彰高攀龙的气节,但却不愿意给人追摹东林书院的印象。因为,执政者永远不希望书院成为“讽议朝政,裁量人物”的场所——无论过去,还是未来。

当然,还必须考虑南菁书院的传统。世人之称道“清代四大书院”,注重的是其学术上的成就,而不是政治上的抗争。甚至可以这么说,清代办得好的书院,都在抵制科考制艺的同时,刻意回避东林书院的议政传统。作为南菁书院的主讲,黄以周强调“专肄经史辞赋,一洗旧习”,选编课艺时,看重的是“深训诂、精考据、明义理之作”。(注:黄以周:《南菁讲舍文集序》,《南菁讲舍文集》,光绪十五年刊本)而弟子缪荃孙为黄以周撰墓志铭,更是如此着墨:“先生教以博文约礼,实事求是。道高而不立门户,常语门弟子曰:前代之党祸可鉴也。”(注:缪荃孙:《中书衔处州府学教授黄先生墓志铭》,《续碑传集》卷七十五,上海古籍出版社 1987 年影印本)

这里所说的“前代之党祸”,指的正是东林党人之“讲学兼议政”。办教育不同于立学说,需要持之以恒的努力,不但无法意气用事,有时还不免委曲求全。作为前朝高官,唐文治深知世道艰难;为保存学校而小心翼翼,其实无可厚非。可这么一来,出现一有趣的局面:饭厅里悬挂杨继盛的联语“铁肩担道义,辣手著文章”,但落实到具体的办学方向,无锡国专追摹的,其实是唐先生早年就读的南菁书院。

四、"国学"作为专科

传统中国推崇的是"通人之学"。历代书院中,也有侧重专科训练的(如医学、术数、军事、工艺等),但此乃"边缘性知识",不是读书人心目中的正途。读书人钻研的是作为国家意识形态的儒家学说,其目的是通过科举考试,成为国家管理机器的一部分,实现"治国平天下"的理想。

晚清开始出现专攻西学的书院(从"方言"到"格致")。而废除科举考试后,西式学堂成为大势所趋。张之洞之创建"存古学堂",(注:《中国近代学制史料》第二辑下册〈上海:华东师范大学出版社,1989 年〉收有一辑关于各地"存古学堂"的文章,其中包括《学部修订存古学堂章程》,可见当年清政府及士大夫为"保存国粹"所做的努力)将"国学"作为"专门"来修习,预示着世人政治立场及文化心态的大转移。已经从"半部《论语》治天下",大踏步后退为"保国粹,存书种"。即张之洞《奏设存古学堂折》(1907 年)所说的:"列朝子史,事理博赅,各体词章,军国资用,亦皆文化之辅翼,宇宙之精华,岂可听其衰微,渐归泯灭!"(注:张之洞:《奏设存古学堂折》,见《中国近代学制史料》第二辑下册,第 503 页)

曾经是读书人命脉的孔门学说,如今成了专修课程。强调"客观研究"的同时,实际上已经将其从日常生活中剥离出来。新文化人之从"文学革命"迅速转为"整理国故",并没有使"国粹"摆脱日渐边缘化的窘迫境地。1918 年北京大学筹设研究所(1922 年研究所国学门方才有效运作),(注:参见拙著《老北大的故事》,第 85—94 页,南京:江苏文艺出版社,1998 年)1925 年清华学校创建研究院国学门,再加上从 20 年代中期起,教会大学(如燕京大学、辅仁大学、金陵大学、齐鲁大学、岭南大学等)也都先后设立了研究国学的专门机构。(注:参见陶飞亚、吴梓明:《基督教大学与国学研究》第六章"三十年代教会大学的国学热",福州:福建教育出版社,1998 年)一时间,谈论国学成为风尚,大有将其作为评判大学研究水准的意味。实际上,只要在中国办学,就必须贴近本土的文化学术与社会生活;而且,比起根基尚浅的"西学"来,20 年代的中国学界,"国学"明显容易出成绩。

就学校规模、研究经费、社会知名度而言,在 20 年代的"国学热"中,无锡国专毫无优势可言。但有一点,师生们强烈的文化认同感——即依旧生活在"传统"之中,这是其他大学的师生所不具备的。接受教育部考察并改名"无锡国学专门学校"后,办学宗旨略有改变,不再提"正人心,救民命",而是:"研究本国历代文化,明体达用,发扬光大,期于世界文化有所贡献。"即便如此,无锡国专的师生依旧是"别有幽怀",不希望只是从事卓有成效的"客观研究"。

唐文治特别喜欢引证 1931 年国联教育科代表唐克尔·培根参观无锡国专后所发的感慨:"我们来中国看过很多学校,读的是洋装书,用的是洋笔,充满洋气。这里才看到纯粹中国文化的学校,才看到线装书和毛笔杆。"(注:参见《文教资料》1982 年 7—8 期上"唐文治与无锡国专资料"所收金易占、杨廷福等两文。另外,黄汉文《缅怀唐文治先生》〈《文教资料》1985 年 2 期〉提到一趣事:"学校检查听讲笔记,我因'横行、用钢笔写,不记分'〈陆先生的批语如此〉。"所谓"不记分",即"作零分计"。如此规定,可见主事者眼中"毛笔"之地位)在 1933 年出版的《国专季刊》上,对此事有比较详细的报道。培根除谈及国学之重要性,更宣称:"贵校为研究'国学'之最高学府,负有保存固有文化之责,与普通学校之使命不同。"(注:健实:《国联教育考察团莅锡来校演讲志略》,《国专季刊》,1933 年 5 月)这话肯定说到了无锡国专师生的心坎上——尽管北大等名校的学者们不见得认可。

在无锡国专，无论讲学的"大儒"，还是莘莘学子，都有一共识：以"继绝学"自命。这种精神状态，相当感人。老师"痛旧道德之沦丧，新文化之似是而非"，"深愿以淑人心扶世道救中国"；（注：唐文治：《广思辨录序》，《国专月刊》1 卷 4 号，1935 年 6 月）学生则谴责新学之士"见异思迁，抛荒古训"，接下来就是："于戏！学之不讲，先圣有忧，继绝振微，当仁不让！"（注：《发刊词》，《国专学生自治会季刊》，1930 年 12 月）而所有这些论说，都直接针对北大为代表的新文化。

魏建猷之推崇王国维，批评疑古派乃"过渡时期一种破坏工作，未足以语建设"，还主要是学术方法之争；（注：魏建猷：《中国古史研究之将来》，《无锡国专年刊》，1931 年上册）高君仁引申发挥钱基博的《今日之国学论》，着力驳斥胡适"扩大研究的范围"、"注意系统的整理"、"博采参考比较的资料"这国学研究三大主张，认定此乃文献之路，不解决根本问题。因为，"研究国学者，所负之使命，在恢复中华民族创造文化的能力与精神"，而这种德性之路，需要体贴与领悟，更需要同情与信仰。结论是："当此时也，奋臂一呼，振起绝学，岂非吾辈之责乎！"（注：高君仁：《研究国学者所负之使命》，《无锡国专年刊》，1931 年上册）

值得注意的是，无锡国专师生的这种文化追求，得到了东南诸多学界名流的大力支持。《无锡国专第十届毕业刊》上，刊有章太炎、蒋维乔、陈三立、柳诒徵、李根源、陈衍、吴梅、姚永朴、胡朴安、陈钟凡、陈柱等人的贺词。（注：《无锡国专第十届毕业刊》〈非卖品〉，1933 年 5 月）至于具体内容，不外乎"含英咀华"、"温故知新"、"修己治人"等，虽说不出更高明的理论，可这毕竟表明了一种情绪与倾向：即对抗新文化，反对割裂传统，强调"国学"研究还包含"检束身心，砥砺品行"，以及"正人心，救民命"的特殊功能。

五、以"文章"为中心

作为理学家的唐文治，虽然著述甚多，且曾经声名显赫，其实缺乏独立的理论思考，只能说是"躬行君子"；因而，在现代中国思想史上，远不及章太炎、马一浮重要。所谓"其治经汉、宋兼采，合考据、义理而一之"，（注：陈衍：《茹经室文集三编序》，《茹经室文集三编》，1938 年刊本）基本上是客套话；倒是晚年的讲学实践，更值得称道。

没有多少精彩理论表述的唐文治，极为关注学生的人格培养与道德熏陶，因"学问之道，首重品行"。据唐先生称，其以"检束身心，砥砺品行"为讲学宗旨，并非始于无锡国专；出长上海工业专门学堂时，便"每于星期日集诸生讲经并修身立品大要"。（注：《上海交通大学文治堂行奠基礼记》，《唐文治教育文选》，第 297—299 页）如此以孔门学说为根基，以宋明大儒为榜样，几十年"传道授业解惑"，本来应该大有成效，可令人困惑的是：千余学生中，"文史方面有成就的固然不少，但竟举不出一位研究宋学而有成就的校友"。（注：黄汉文：《记唐文治先生》，《无锡国专在广西》）跟这直接相关的，还有另外一段话："为什么国专出来的学生，一般还能写写文章，这和唐先生的熏陶有关。"（注：杨廷福、陈左高：《无锡国专杂忆》，《文教资料》，1982 年 7—8 期）换句话说，一个修养很深的理学家，竟教出一批能文章的文史专才。

如此局面，除了时世迁移，理学之接受与传播大受限制，还与唐文治的教学宗旨与方法大有关联。《茹经先生自订年谱》有云："余向主道德教育，迨阅历世变，始悟性情教育为尤急。"如何实现"性情教育"？唐先生的思路颇为奇特，即借助于文章的阅读与写作，完成学生的人格塑造："居今之世，教授国学，必须选择文章之可歌可泣足以感发人之性情者，方有益于世道也。"（注：《茹经先生自订年谱》，第 98 页）

几乎所有的老校友，回忆起无锡国专来，都会集中在如下四点：修心养性；专书教学；书声琅琅；作文比赛。以"文章"（而非一般意义上的"国学"）为中心，借助"熟读精审，循序渐进，虚心涵咏，切己体察"的"十六字诀"，既实现"性情教育"，又完成学业训练。这与现代大学分门别类的课堂讲授，自是大有差异。

所谓"学者欲穷理以究万事，必读文以求万法"；（注：《国文经纬贯通大义自叙》，《唐文治教育文选》，第 188 页）或者"读文一事，虽属小道，实可以涵养性情，激励气节"，（注：《无锡国专校友会春季大会训词》，《唐文治教育文选》，第 313 页）单是追究其与程朱理学的离合，在我看来，还远远不够。因唐文治如此立说的深层原因，乃直接针对五四新文化人之排斥文言写作。无锡国专要求学生在抑扬顿挫、缓急轻重的诵读中，玩味文章的起承转合，以及文气的阴阳清浊，长久地沉浸于诗文的境界中，而后豁然开朗，一通百通。如此教学，从内容到方式，都与桐城文派大有关联。实际上，唐文治的诵读与作文，受晚期桐城大家吴汝纶的影响很深，这一点，《茹经先生自订年谱》中有明确的表述。

无锡国专的教授，颇有以能文著称的（如陈衍）；至于唐文治本人的文章，倒不见得十分精彩。钱基博为唐文治《茹经堂外集》作序，称自从参加无锡国专事业，"乃得时时亲接其言论，然后知先生躬行君子，不徒沾沾词章记诵之末"。（注：钱基博：《茹经堂外集序》，《中国现代学术经典·钱基博卷》，第 930 页，石家庄：河北教育出版社，1996 年）以"躬行君子"相许，自然是极高的评价；可其中似乎还蕴涵着另一层意思，即对唐文评价不高。1932 年无锡国专学生集资铅印钱基博的讲稿《现代中国文学史长编》，1936 年上海世界书局出版增订本时"材料增十之四，改窜及十之五"，（注：参见钱基博《现代中国文学史》，第 509 页，长沙：岳麓书社，1986 年）可两书均只字未提唐文治的文章。这与同在无锡国专任教的陈柱撰写《中国散文史》时，专门表彰"吾师唐蔚芝先生"之"以古文为天下倡，性情文章，均近欧阳修"，（注：陈柱：《中国散文史》，第 310 页，上海：商务印书馆，1937 年）形成极为鲜明的对照。

与钱基博态度相近的，还可举出被唐文治奉为上宾、高价聘请的陈衍。在《茹经室文集三编序》中，陈衍大力称许唐文治"晚讲学乡邦，于举世不悦学之日，独以通经致用为根本要图"，并提及"其作为文章，于平日读书见事所得力，遇题而左右逢源"。不说才情与学识，而突出"益以数十年宦海世途之阅历"，（注：陈衍：《茹经室文集三编序》）其实也是对唐的文章不太以为然。钱钟书《石语》中记录下陈衍这么一段话，可以帮助我们了解时人的真实想法："唐蔚芝学问文章，皆有纱帽气，须人为之打锣喝道。余作《茹经堂》三集序驳姚惜抱考订义理词章三分之说，而别出事功一类，即不以文学归之也。"（注：钱钟书：《石语》，第 43 页，北京：中国社会科学出版社，1996 年）

理学不如马一浮，朴学不如章太炎，就连文章也都不被陈衍等文坛宿将看好的唐文治，其主要贡献在教育。作为教育家，唐文治有眼光，有胆识，有恒心，其独力支撑很不时尚的无锡国专，为 20 世纪中国高等教育留下另一种可能性，值得尊敬与同情。

对于 20 世纪中国教育来说，1950 年是个关键的年头，不只无锡国专消逝了，无数个性鲜明的私人学校都不复存在。这一年，梁漱溟曾上书中央，建议设立民间的中国文化研究所，（注：《一九五〇年向领导党建议研究中国文化，设置中国文化研究所之草案》，《梁漱溟全集》第六卷，济南：山东人民出版社，1993 年）熊十力则曾希望恢复三个私人讲学机关：欧阳竟无创设的支那内学院、马一浮主持的智林图书馆，以及梁漱溟执掌的勉仁书院，目的是“存旧学一线之延”。（注：参见熊十力《论六经》之“结语”，上海：大众书局，1951 年）如此低调的申辩，仍未能获得谅解。

此后的很长时间里，私学被彻底取缔，思想大一统的局面日益僵硬。

进入 80 年代后，私人办学逐渐放开，可步履十分艰难。比如，中国文化书院至今未能正规办学，筹划已久的无锡国专复校，看来也希望渺茫。表面上各种民办高校迅速发展，学生数量激增，但缺了唐文治当年孜孜以求的“正人心，救民命”，毕竟是一种很大的遗憾。

退一步说，即便做不到“正人心”，也无法“救民命”，若能在“继绝学”方面有所贡献，也都值得尝试与鼓励。

2000 年 6 月 27 日于北京西三旗

原载《现代中国》2001 年第 1 期

"国立社会教育学院"一所具有创新特色的高等学府

傅道文　张英霖等

国立社会教育学院成立于1941年8月。教育部聘陈礼江为院长,院训:"人生以服务为目的,社会因教育而光明。"原定校址南京,时值抗日战争,暂借用四川璧山县立中学等校为临时校址。社会教育学院以研究社会教育、培养社会教育专门人才为宗旨。开学时有学生70余人,其中有江苏省立教育学院、大夏大学社会教育系二、三、四年级学生并入,教职员40余人。学院初成立时设有社会教育行政、社会事业行政及图书博物馆学三系,另设电化教育、社会艺术教育两个专修科。为适应社会需要,1944年秋增设国语专修科,1945年秋增设新闻学系,1946年秋设电化教育系,1947年秋设社会艺术教育学系。其时师生人数增至700余人。

为了使社会教育取得成效,在研究、实验及推广事业方面,设有研究部及推广委员会。1941年8月学院成立时即成立国民教育实验区及实验社会服务处于四川璧山。1942年秋,学院曾在四川重庆青木关设立附属中学,翌年又成立附属师范部。1945年,又将重庆青木关小学改为附属小学,以供师范生实习。这些附属学校在抗战胜利后随学院东迁,分设于丹阳、常熟和南京栖霞山等处。

1945年抗战胜利,学院东迁,校址定在南京郊区栖霞山,暂借苏州东北街原太平天国忠王李秀成王府,包括苏州名园拙政园为临时院址。新生部则设在栖霞山新校址。1946年,国民教育实验区移设宁沪线之安亭,在苏州成立实验民众学院、实验补习学校及实验社会工作站,在栖霞山设社会教育实验区。

1949年4月苏州解放,5月由市军管会派宣传部徐步接管学院。以后,苏南行署文教处决定由古楳、刘雪庵、刘及辰、彭饬三等组成院务委员会。1950年2月,苏南行署决定国立社会教育学院、江苏省立教育学院合并,成立公立文化教育学院,院址设在无锡社桥原江苏教育学院原址。

与名园结缘

1999年12月5日下午,在拙政园远香堂前的走廊里,新立的《社会学院院址记》碑正式面世。这是有关拙政园历史的一块园记碑,由95高龄的原社会教育学院教授谢孝思先生撰文并书写。

抗战胜利后学校东迁,院址本来定在南京栖霞山风景区,但因经费短缺,校舍未能全面兴建,为不耽误学生学业,便借苏州拙政园为院址。据说,当时是通过该院历史教授刘桂东与江苏省主席相熟的关系而获准的。因为拙政园曾被汪伪江苏省政府占用,那时由国民党江苏省政府管。

古园处处花丛人影弦歌不绝。当时学校行政部门设在忠王府工字殿一路,后殿为图书阅览室;戏厅是戏剧组的教室和实验剧场;戏厅左北的四合院为社教、社事、新闻、图博四系的教室;电化系的教室和实验广播电台在今拙政园饭庄所在的东路厅堂内;后花园是音乐、美术组的教室;小沧浪和志清意远为语专科的教室;绿漪亭、梧竹幽居、绣绮亭、待霜亭等是练习钢琴的琴房;今园林博物馆的陈列室和苏州博物馆办公区分别为男女宿舍区;东花园是教职员宿舍,现天泉亭一带系由农田改建的大操场。1948 年暑假后,因学生人数增加,复借用张家之复园,从此被长期分隔的中西部遂告贯通。拙政园今日的范围规模,基本上是在社教学院借用时期形成的。当时园中花木茂盛,处处可闻琅琅读书声和悠扬的钢琴声。

当年社教学院聘请了不少著名教授,一时园中名师济济,青年学子如沐春风。他们的到来不仅为拙政园增添了一页不寻常的历史,也是苏州大学历史上堪资记述的一章。

东迁后的学生运动

社教学院有不少师生在争取解放的斗争中经受了锻炼,提高了认识,走上了革命道路。1946 年学院由四川璧山迁到苏州后,学生在反对蒋介石发动全面内战的斗争中,和苏州各大中学校学生一起举行罢课、示威游行,抗议美军暴行,要求美军退出中国。1947 年 5 月,社教学院的学生积极投入全国性的“反饥饿、反迫害、反内战”的斗争。在纪念五四运动的晚会上朗诵了郭沫若的《雷电颂》,表演了《李有才板话》、秧歌舞,并派出代表到南京参加游行。社教学院学生李明杠被推选为请愿谈判首席代表。游行队伍遭到反动派的残酷镇压,造成震惊全国的“五二〇”血案。同学们为此组织罢课抗议,绝食斗争。反动政府派遣军警,企图镇压,最后宣布提前放暑假。暑假中,同学被列入黑名单的达 100 余人,其中 2 人被捕,30 余人被开除学籍或受留校察看等处分,地下党组织被破坏。1948 年 5 月,全国学生运动进一步高涨,社教学院重建中共党支部。在党支部领导下,新的学生自治会成立。为迎接解放,保护学校,组织了一次又一次的政治活动。解放前夕,社教学院学生自治会邀集全市大中学校学生举行了规模盛大的“营火晚会”,演唱了《团结就是力量》、《你是灯塔》、《山那边呀好地方》等革命歌曲,激发了同学们的革命激情,还公演过《黄河大合唱》,轰动苏州城。很多学生通过这些活动和斗争的锻炼,于苏州城解放后不久参加了革命队伍。

社教火炬仍灿燃

社教学院虽只存在了十个春秋,但她撒向社会的种子,历经磨难、考验、演变,绝大多数都能立足于教育界、文化界和其他社会事业。师生虽不足 2 000 人,但足迹遍布海内外,不少人还卓然有成。其中有大学教授、中学校长、普教通人、社教骨干,有著名作家、画家、演员、编辑、记者,有创办从幼稚园到大学预科班的教育家,有从香港到旧金山的企业家,还有的参政议政,更多的是在各级各类学校,在图书馆、博物馆,在文化馆、教育馆,在期刊、报社、出版社,在电影制片厂,在各种文化事业单位,默默无闻地辛勤耕耘着。他们都有一个共同的心愿:愿以服务为人生的目的,更愿从事教育以终身。这正是社教火炬仍灿燃,学院精神会永存的明证。

1989 年 1 月,《群言》杂志上有篇谈改革的文章,作者王怀冰批评教育界的虚夸风,认为:“各省市(地区)原先设立的教师进修学院,本来就有点虚夸了,近年又纷纷改名为教育学院,更加名不副实。”文中特别提到:“正规的教育学院,是研究教育科学的高等学府……如要办一个专业研究社会教育的高等学府,则可参照解放前苏州的国立社会教育学院。”在半个世纪以后的今天,仍有学者把我们的学院列为教育学院中的一个典型例证,可见真正的事业是不朽的。

台湾《云五社会科学大辞典》中第八册教育学类“社会教育”一章,约五万多字,较为详细地阐述了社会教育的意义、历史、内容、方法、实施原则及其发展趋向,文中一再提到社会教育专家、院长陈礼江及其某些主张,还是比较公允的。这一专著的作者熊光义,正是社教学院社会事业行政学系第一届毕业的校友,后来在台湾出任省立台湾师范学院院长。这又可证明社教火炬无处不生辉,社会教育事业正是方兴未艾的事业。

大教育观在中国较早较全的体现

“大教育”,是针对有意识、有计划、有组织、有领导、有一整套具体措施,并已施行千百年,但却有一定局限的“小教育”学校教育而言的。“大教育”的含义,简言之就是全体人民的、全部生活的、全程人生的教育。“大教育”包括学校教育和社会教育。“大教育”或近代的“社会教育”,也有别于教育组织以外,其他社会组织和社会活动在完成它的本职任务时所附带发生的教育作用或影响,即所谓社会的教育和家庭的教育。“大教育”观的形成主要是在20世纪60年代初“终身教育”思潮兴起之后,教育的全面性、开放性、机动性、多样性和民主性,才逐渐为有识之士所重视。而国立社会教育学院却孕育了20世纪30年代末、创建于40年代初,尤其是其系科比较新颖而齐全,在当时能够创建六系一科(社会教育行政系、社会事业行政系、图书博物系、电化教育系、新闻系、社会艺术教育系、国语专修科),与全日制正规化传统大学的系科设置大不相同,在一定程度上反映了“大教育”思想,这不能不说是一大创举。

社会教育学院有明确的办学目标:培养社会教育高级人才,训练社会教育干部人才。有创新的教学内容:设置了全国高校至今少有的社会教育、社会事业、社会艺术、电化教育、图书博物、新闻、国语等系科;开设了20门全校共同必修课,161门各系科专业必修课,151门各系科专业选修课,其中相当多的是较为专门、特殊、新颖的课程,重视理论与实践相结合,课内外校内外相结合。加上较为严整的规章制度,较为优秀的教师阵容,师生共同奋斗了十年,培养出上千高级社会教育人才。

“开放型”办学模式在高校的初步探索

社教学院从创办时起,就有重视大学教育的推广工作,特设专门委员会主持其事。截至1947年,学院主要开展了以下几项推广工作:

一是举办校外选读。为了帮助失学青年进修学术更好地服务社会,学院将每学期开设的课程实行“对外开放”,招收校外选读生,凡具有高中毕业学历的青年,均可申请选读。前六年学院还在四川璧山那个小县城里,在交通很不方便的情况下,选课者仍有459人之多,足见社会需要的殷切。

二是举办公开学术讲演。为了推广科学文化知识,提高社会人士研究学术的兴趣,学院经常聘请国内外专家,举行公开学术讲演,讲演范围分自然科学、政治、经济、哲学、文学、教育、艺术、史地、时事等部门,当年应邀来院演讲的学者名人有:黄炎培、晏阳初、陶行知、梁漱溟、郭沫若、叶圣陶、徐悲鸿、王芸生、金仲华、顾毓琇、李蒸、黄齐生、舒新城等。前六年已举办109次,听众约六万多人次。

三是举办音乐演奏会。每学期公开举办几次,参加演出的师生从不辞辛劳,用以提倡音乐教育,陶冶性情,启迪智慧,颇受群众欢迎。前6年共举行42次,听众约四万多人次。

四是举办戏剧公演。少则每月一次,多则二三次,前6年共公演76次,观众约计十余万人。学院为了普及和提高戏剧水平,曾对地方各级学校、团体的业余演剧进行辅导,颇受戏剧爱好者的好评。

五是举办美术展览。每学期必须举行几次,前6年共举行过36次展览,参观者近两万多人。

六是辅导地方社教。学院对省市县各社教机构的设计和经营,民众学校招生留生问题的研讨,民校教材教法的选择,人员的进修等均给予协助和辅导。

七是推广本院研究实验成果。例如编写的国民读本、民众课本、分组教学法、国民基本词汇、国语教育、城市民众学校补习学校之实施等,均设法推广。

八是开办实验民众学校和实验补习学校。学院在璧山时,在校学生就办有民众学校及补习学校,也有实验性质。搬到苏州以后,正式筹办两所实验民众校和实验补习校,分儿童班、青年班、妇女班、成人班,共有学生一千余人,开展了十多项实验,成效较好。

九是举行电影放映和实验广播。电化教育系科的师生,经常巡回各地放映电影及幻灯片;还设有实验广播电台,定期播送各种教育节目。这在四十多年前,还是很有吸引力的社教活动。

国外大学的"开放性活动"虽然出现较早,但是都很零星且随意性很大。像"英国开放大学"有上万学生,也是20世纪70年代初的新生事物,它主要是靠广播、电视、函授与暑期学校相结合的先进手段。而社教学院在四十多年前的中国社会里,一所创建不久的独立学院能够开放八九项活动,对探索"开放型"的办学模式来说,的确是走在前面的。

理论与实践并重　共性与个性兼顾

社教学院一直重视理论与实践相结合。其办学宗旨就是:"以培养社会教育专门人才,研究社会教育高深学术为任务。""专门人才"必须有识有能;"高深学术"用于社会教育,都非理实结合不可。陈礼江院长所写的院歌歌词中说:"社会因教育而光明,民族因教育而复兴,我们正肩荷着教育民众促进社会改造的重任!"文艺研究,科学探寻,技能熟练,知识湛深,更充满服务的精神。为全民而教育、研究教育的目的,都是为了复兴民族、改造社会;他们钻研学问、锻炼本领的途径,也都是力求知识湛深、技能熟练。这学用结合与知能结合也就体现理实结合。他们的"文艺研究,科学探寻"主要在明"理";"技能熟练,服务精神"主要是就"实"。"为全民而教育,愿教育以终身"是一种理论联系实际的精神。

理实结合的具体体现,反映在课程设置和实验实习两方面。

全校共同必修的20门课程中,堪称理论课的有7门,即哲学、经济学、政治学、社会学、教育概论、普通心理、教育心理等;重在实践的课有8门,即注音符号、讲演术、体育、音乐、国文、外国文、社教概论、普通教学法等。其余属于一般文化修养的有5门,即中国通史、世界通史、三民主义、伦理学、自然科学(物理、化学、生物、自然、地理任选一科)。

社会教育行政系必修19门课程中,偏重理论的有9门,偏重实践的有10门,另有31门选修课。社会事业行政系必修14门课程中,偏重理论的有7门,偏重实践的有7门,另有29门选修课。图书博物馆系必修27门课程(分图书馆、博物馆两组)中,偏重理论的有12

门,偏重实践的有15门,另有23门选修课。新闻系必修14门课程,偏重理论研究的有5门,偏重实践应用的有10门,另有25门选修课。电化教育系必修42门课程(分广播、电影两组)中,偏重理论知识的有18门,偏重实践应用的有24门,另有8门选修课。社会艺术教育系必修41门课程(内分音乐、美术、戏剧三组)中,偏重理论的有15门,偏重实践的有26门,另有29门选修课。

教育,本来偏于应用,社会教育尤为明显。社教学院在中国教育史上属首创。它的设计者陈礼江先生参照中外多种社会教育模式,构建社教学院蓝图并付诸实施。他兼重理论与实践,学院各系所设课程,理实结合且略偏于实践应用的特点非常明显。

社教学院还十分重视实验。各系必修课程中都有毕业实习、毕业论文两项。学院行政组织中设有"学生实习指导委员会",并在学院《学则》第54条中提出:"学生应于第三学年修完后,依照规定作有计划之长期毕业实习一年,并作实习报告,实习不及格者,不予毕业。"学院还专门制定了《学生毕业实习规则》。至于实验工作更是学院一大特色。学院在其研究部和推广委员会主持下,组建了两个实验区:一是国民教育实验区,先后在四川璧山和江苏昆山、嘉定进行实验,主要进行了分组教学法实验、国民基本字汇实验、扫除文盲实验、国民教育辅导实验、协助地方自治实验等工作,在探索普及国民教育的有效途径方面,取得良好的实验结果。二是社会教育实验区,建在南京郊外栖霞山,主要进行了乡村社会及经济调查、乡村干部训练实验、注音汉字教学实验、导生传习实验、张村卫生事业实验、农会中心经济建设实验等工作,在探索推进乡村文化、教育、经济、卫生等建设的有效途径方面,作出了贡献。至于开办实验民众学校和实验补习学校,更是学院师生所乐于从事的。这些都说明,学院在体现理论与实践相结合这一重要教育规律方面是卓有成效的。

在共性与个性并重方面,社教学院也是有特色的。学院对各种专业的学生有共同的要求,院训"人生以服务为目的,社会因教育而光明","为全民而教育,愿教育以终身",是要求所有学生经过教育、培训与陶冶所要达到的"共识";在课程设置方面,既有全校共同必修课,而且把体育、音乐、讲演术与注音符号等四门课定为"当然必修科目",这是一般大学所没有的;又有各系科的共同必修课,其目的也是培养共性。除必修课外,各系科都开设了大量的选修课,这又充分体现了尽量照顾学生的个性需要。学院在学生生活方面有统一要求,如"升旗早操",学院专门定有《规则》,要求学生一律参加,并登记出勤,如一学期缺席1/3,即不给体育成绩,缺席满三次者扣操行成绩一分,更多者则记过,这也是在培养共性。另一方面,学生在自由选择"选修课程",自由组建课外社团,出版校园刊物,举办学艺活动,进行专题研究,参加社会活动等等,又是相当灵活的。这对发展学生个性方面起了良好作用。因而社教学院的学生不仅在课业上能勤学苦钻,而且在课外活动,特别是观察问题与解决问题的能力培养方面也是较为突出的。

师生间平等互爱　学校里勤学苦读

学院还有一个特色,就是师生关系十分融洽,尊师爱生的情谊,体现了民主平等、团结友爱、和谐合作的新型师生关系。老师的威望,首先建立在其精湛学术技艺与高尚道德情操上,学生受器重,又主要由于他们聪敏虚心,求知若渴与勤学苦钻、精进不已。当年社教学院的教师中有不少知名学者与优秀教师,阵容可观;学生来自全国各地,有不少经历过社会生活锻炼,学识修养都比较成熟。在课堂上既严肃认真,又生动活泼。著名教育家、几任中山大学校长许崇清教授，在社教行政系讲“教育哲学”课，有一次评论教学法思想，一位同学提问：“什么叫注入式？”许老师风趣地回答：“就像我教你们这样就叫注入式。”师生大笑。在课堂外，师生交往十分亲切，既能登门请教、大胆争论学术问题，或交流对时局看法；又能在生活上、工作上相互关怀和支持。笔者于1952年去北师大参加短期学习时，初到北京即写信给原社教行政系“比较教育”课老师、后任北师大实习指导委员会主任的董渭川教授，说明待住定后再去拜访老师，谁知董老师得信当天晚上就先到宿舍来看我，使我感动不已！原社会事业行政系的陈仁炳教授，从50年代后期起曾受到不公正待遇，一直过着十分清苦而孤独的生活，到80年代初还未落实好政策，1983年原社事行政系杜学魁同学从香港回来，亲自雇车迎接陈老师去畅游苏杭，后来一次春节，杜同学又专程飞到上海同陈老师共度佳节，师友们听到这个消息无不动容！远在美国加州大学任教的杨鸿义同学，为关照原社事系著名老教授许德珩先生在美学习的亲属，可谓尽心尽力。长住美国的原图书博物馆系著名老教授严文郁先生，1987年回国讲学，来到重庆时，许多同学从很远的地方赶到市区拜会严老师，师生都非常激动。

为了怀念当年许多令人难忘的老师们，让我们再重温一些老师的大名，让有关系科的师友们虽散处海内外，但能又一次掀开记忆的帷幕，在心灵深处回荡着“师友的呼唤”！记得吧——

社教学院院长及主要干部有：陈礼江、古楳、胡昌鹤、陈友端、顾岳中、许公鉴、甘导伯、石联星、张济材、马祖武、金轮海、朱垂胡等。

社会教育行政系主任及教师有：杜佐周、童润之、程锡康、庄泽宣、许崇清、董渭川、赵廷为、吴增芥、陈孝禅、方享颐、方辰、邱椿、吴江霖、陶次如等。

社会事业行政系主任及教师有：许德珩、朱亦松、朱约庵、刘及辰、陈仁炳、岑家梧、言心哲、张迦陵、张少微、邓子琴、陈文彬、彭饬三、丁瓒等。

图书博物馆系主任及教师有：汪长炳、杨家骆、顾颉刚、严文郁、岳良木、黄元福、鲁润玖、钱亚新、徐家麟、荆三林、纪聚贤、沈维钧、祝嘉等。

新闻系主任及教师有：俞颂华、马荫良、许杰、曹聚仁、戴敦复、谢东平、葛思恩、方秋苇、张其春、朱彤、李稚甫、李凌飞、谢六逸、刘静渊等。

电化教育系主任及教师有：李清悚、汪畏之、许幸之、戴公亮、洪深、张骏祥、焦菊隐、钱家骏、潘慎明、潘澄侯、郑伯璋、谭玉田、陈天智、杨霁明等。

社会艺术教育系主任及教师有：应尚能、刘雪庵、谷剑尘、孙静录、吕凤子、韩天眷、梅经香、杨村彬、应云卫、陈白尘、向培良、郑君里、史东山、舒强、丁景清、戴爱莲、王光乃、朱之绰、王稼祥、张立德、李朴园、陈新民、周贻白、董每戡、孙浩然、蒋仁、谢孝思、刘苇、钱仁康、赵越、吴人文、吴仞之、胡馨庵、乌叔养、陆修棠等。

国语专修科主任及教师有：何容、萧家霖、李稼年、张拱贵、吴奔星、廖序东、王嘉祥等。

曾记得社教行政系主任杜佐周教授，在和同学们分别时，留下四句师生相互勉励的话，至今记忆犹新，似可引作结束语，聊供师友长相思：

“此花我手栽，我去花未开；

此花将谁赏？留待后人来！”

原载《苏大校友》2005年第2期

江苏省立教育学院的恢复与新生

童润之

抗日战争期间，在重庆及其附近的若干机关学校里，有不少是过去江苏省立教育学院的校友，他们组织校友会，决议抗战胜利后在无锡原址恢复母院，并公推秦柳方、朱若溪、茅仲英、宋廷栋、陆盖等校友协助复校事宜。

日本投降时，重庆校友会立即组织复校筹备委员会，请国民党元老吴稚晖、钮永建领衔，分别拍电报给当时国民党教育部部长朱家骅及当时江苏省主席王懋功。又公推刘平江和我乘第一艘复员船尽快返苏，进行联系并办理接收和复校事宜。

我和刘平江带着重庆校友捐助少量用作复校的经费，于1945年10月10日由重庆到达南京，看到了王懋功，他同意我们复校，但年内不能拨给经费。刘不久即留在省府里工作，我于十月底受命为江苏省立教育学院院长。

1946年初，日军已受降离开该院，我只接收到一半校舍，其余部分仍为国民党部队所占用，直到1948年始全部收回。

学校恢复以后，仍办有社会教育、农业教育两系以及电化教育、家事教育两专修科，附设农场、牧场、工场。各实验区与民校亦逐步恢复旧观。电专科并建立电台一座，牧场每天供应市民消毒牛奶。学生最多时达470人。当时主要教授与副教授有高柳桥（政治），董渭川（教育），周葆儒（教育），张焕庭（心理），邵晓堡（民教），顾岳中（比较教育），吴白匋（历史），陈雪尘（国文），沈叔良（外语），肖毓秀（心理），王仙舟（社会事业），朱若溪（民教），刘平江（兼任地方建设），刘同圻（园艺），戴有安（农艺），李少华（畜牧），张照（畜牧），臧广田（兽医），章绳以（家事），陈汀声（播音教育），戴公亮（电影教育）。又经常来院讲学的有钱天鹤、李蒸、刘季洪、李适生、赵曼、陈鹤琴、马博庵等人。

当时办学特点有三：1. 开门办学，面向民众。教育对象不限于在校学生，而遍及于各个广大民众教育实验区和民众学校，这是符合该校办学宗旨的。2. 艰苦奋斗形成传统校风。学生大都来自农村和小市民阶层，习惯于工农业生产活动。院内有一段时期实行勤工俭学，每到下厂下乡实习期间，学生自行举炊，料理生活。而大部分时间则从事民教活动，形成传统的艰苦朴素校风，颇为当时一般群众所称道。3. 勤俭办学，师生共同克服困难。学校经费，自开办以来，即很拮据，因管理得法，学校无一弃用之物，无一员多余之人。在抗战初期，因经费断绝，每位教职员只发给生活费12至18元。直至1947年夏始恢复少量经费。复校以后工作人员，包括工友，只限制为50—55人。从1938年初直到1941年暑期停办时，在经费极度短缺期间，学院内始终保持弦歌不辍，事业兴旺的景象。

复校以后学生爱国运动蓬勃发展。1946年底，北京发生沈崇事件，激起全国人民特别是青年学生极大愤怒，人们纷纷举行示威，抗议美帝罪行。教院学生也组织一次反美示威大游行，尽管沿途布满军警，企图阻止，学生照样高呼口号、散发传单，从光复门入城，经过闹市出北门经吴桥返校，游行队伍受到挤满街道两旁的群众的欢迎与支持。1947年春学生公演一出讽刺当时国民党货币贬值的《万元大钞》一剧，受到当时政府的阻止和院内特务的捣乱，但终于顺利演出，受到院内外大量观众的赞赏。同年6月2日为了响应南京学生“五二〇”事件，又组织一次绝食游行运动。次年5月24日为纪念“五二〇”事件而联合各校在院内场地举行一次“营火晚会”，节目新颖，有进步内容，遭到城防司令部的干预，组织严密调查，到冬季竟捕去师生十余人。我当时在南京老家养病，闻迅后赶回营救，经过一周，我又病倒住院，被捕学生先有九名被释出狱，直到学期终了，才全部释放。

1949年2月学院春季学期又开学了。师生渴望的无锡解放之日终于来到。无锡是1949年4月23日夜晚，也可说是24日清晨解放的。当日清晨三时许有一小队解放军同志进驻教育学院，只要一些稻草铺地休息，其余什么都不要。天明以后，即有大队解放军陆续到锡，国民党军自知无力抵抗，早已逃之夭夭。解放前夕，我们还以为无锡会发生较大较久战争，我和教务主任高柳桥还特地去上海金城银行提出学院一笔存款，准备维持战时状态的师生生活。不料我们从上海回来的第二天清晨无锡即已解放。许多群众燃放鞭炮并敲锣打鼓表示欢迎与庆祝。许多人自动到城中崇安寺举行庆祝会，我也去参加了。我看到了蚕桑女校郑校长，还有其他几个学校的校长，我们相互询问，今后学校怎么办？谁也提不出办法。于是相约去看无锡解放后的第一任市长顾风，问他我们各校应当怎么办？我们很容易看到了他。他说：不久文教处的负责人陶白要来无锡，他会主动来找你们谈的。果然不出三日，陶白本人就来到教育学院，组织成立军管会，派宋云旃同志前来办理接收事宜。又数日，文教处在无锡师范召开全市教育界师生代表大会，我和我院一些师生去参加了。在主席台上，一位身材比较高大，蓄了长须的中年人，给我们作报告，讲述共产党对于教育事业的政策与措施。我一看这人不是我在桂林时请他到江苏教育学院演讲新教育的季平先生吗？无锡解放之初，江苏实行南北分治，苏南行署即设在无锡，署名出布告的是管文蔚与刘季平两人。尽管他蓄了长须，我越看越像我在桂林认识的季平，报告中途休息时，我上台向他请教，他说他就是在桂林的“季平”，现在恢复原名了。并问我高阳现在何处？我告诉他高阳已病故在桂林。他了解我们在桂林办理江苏教育学院的情况。从此对我院和我本人特加关心和照顾。

到了暑假，苏南文教处在我院组织教职员进行学习，我因母病去南京侍养，不料母患脑溢血而病故，未能参加学习，还写信给刘、陶两位领导，表示要辞去院长之职，并建议改院长为委员制，由即将回国的俞庆棠先生为主任委员。同时我在南京看了金陵女大吴贻芳校长，她表示要聘我为该校教授兼教务主任。我贸然同意，并坚辞苏教院院长之职。刘、陶两领导分别复信给我，坚决要我回锡，进行苏教院领导班子改组事宜，我不能抗拒党的领导，乃向吴贻芳道了歉，又毅然回锡。经文教处研究，教育学院院长制改为委员制，俞庆棠为主任委员，在俞未回国前由童润之代理。周葆儒为副主任委员，张焕庭为教务部主任，高柳桥为研究部主任，李德培为总务主任。此外，教育学院决定开办教育研究班，招收失业知识分子和一部分在职师资参加研究学习，并指派童润之为研究班主任，由宋云旃同志负责班的实际工作。

到了寒假，文教处决定将设在苏州拙政园的国立社会教育学院迁来无锡与江苏省立教育学院合并，改为苏南文化教育学院。首先成立筹委会，刘季平为主任委员，陶白为副主任委员，童润之为秘书长。参加筹委会的在教育学院方面有童润之、张焕庭、高柳桥、周葆儒，钱淦庭等，在社教学院方面有古楳、谢孝思、刘雪庵、朱彤、徐嗣山等。筹委会决定在院长、副院长领导下设教务、政治、生产、总务四个部，并附设工厂、农场；在教务处领导下设社会教育、中国语文、新闻、艺术教育、电影播音教育等系及俄语专修科。同年秋私立无锡中国文学院也并入文教学院。在筹院期间，苏南行署报请政务院任命古楳为文教学院院长，童润之为副院长。是年12月，政务院批准，全院师生举行庆祝大会，庆祝新院的成立和正副院长的就职。

1952年暑期，高校实行院系调整。苏南文教学院、私立东吴大学和无锡私立江南大学合并改建为江苏师范学院。院址设在苏州私立东吴大学。三校的有关系科，如中文、外语、数理化生等合并建成师院的各有关科系，不能成为系科，又与师院无密切关系的部门则并入其他有关学校，如苏南文教学院的电影系则并入北京电影学院，农教系以及江南大学的农学院则并入苏北农学院（即今江苏农学院），东吴大学的药学研究室并入南京药学院，江南大学的理工学院的数理部分留在江苏师范学院，工程部分并入南京工学院（今东南大学）。

1982年，江苏师范学院改名为苏州大学。

原载《无锡文史资料》第25辑

荣氏私立江南大学管理体制的特色

周 萍

高等学校的管理体制是指学校的领导制度、机构设置、管理权限和规章制度等根本性的组织制度，它是学校内部带有整体性、全局性的制度。高等学校管理体制是否合理，主要看在这种体制下高校能否积极主动地适应社会发展的需要和满足自身发展的需要，能否很好地协调学校系统内外部各方面的关系，从而最大程度地调动全体教职工的积极性，最终体现在高校能否实现自己的目标、为国家培养高质量的人才。私立江南大学是1947年至1952年由我国近代著名的爱国实业家荣德生先生在无锡创办的一所综合性本科大学，是一所先进的、实用型的、理工文农并重的私立大学，她为发展中国的工农业培养了一大批杰出的专门技术人才，在我国高等教育的发展史上留下了灿烂的一页。今天，我们重温这段真实的历史，仍然为其合理的高等教育管理体制、先进的管理理念和高效率的组织结构所吸引。

一、荣氏私立江南大学管理体制的特色

1. 在行政管理方面实行校董会、校政委员会领导下的校长负责制

根据《私立江南大学组织大纲》规定，校董会为学校最高机构，由校董5人至15人组成。在校董会下设校政委员会，处理学校重要事项。另“置校长一人，秉承校董会之方针和校政委员会之决议，综理校务”[1]。1947年学校初创时，设正副董事长3人，校董18人，常务董事5人，校政委员会由荣德生之子荣一心任主任委员，当时第一任校长为章渊若。学校下设教务、训导、总务三处，置教务长、训导长、总务长各一人，在校长领导下，分别主持全校教务、训导及总务事宜，人选由校长在本校教授中遴选兼任并提请校政委员会通过后聘任。学校又设文学、理工及农学三大学院，各设院长一人，由校长在该院教授中遴选兼任，提请校政委员会通过后聘任。学校教师分教授、副教授、讲师和助教四种，由学院院长、系主任商请校长，提送校政委员会通过后聘任。在各系科领导方面，坚持系主任负责制，在聘用师资、选择教材等方面学校给予积极支持。由于学校体制合理，学术气氛十分浓郁，再加上待遇优厚，一时兼职的名教授纷至沓来。当年就招学生307人，教职员74人；五年中共培养了1 150多名学生（本科毕业的314人）。1951年为了适应新的形势要求，学校设校务会，改为校长制，由沈立人任校长。

私立江南大学管理机构比较精干，人数不多，但办事效率高，这在国内同类高校中也是少见的。除教务处、训导处、总务处外，只设校长室、会计室。为了协助校长处理行政事务，在《私立江南大学组织大纲》中要求“必要时并得设副校长一人，辅助校长处理校务”。校长室只“置秘书一人”，会计室“置会计主任一人，助理员若干人”。行政机构人员很少。除职员外，其他一些主要机构的重要岗位往往是由本校教授兼任，如教务长、训导长、总务长和三个学院院长等职。在管理决策方面，除了校董会、校行政委员会外，还规定设校务会议、行政会议、教务会议、院务会议、系务会议、处务会议，对各类重大事项予以协商处理，起到

了有效的组织作用。

2. 在教务管理方面采用先进的教学管理制度,重视学生个性差异

私立江南大学采用了“三学”与“二强调”的教学制度,规定了借读生制度、学生转院或转系制度,这些教学管理制度在当时乃至今天都是非常先进的。“三学”即学分制、学程(课程)制和学期制,“二强调”即强调进行启发式教学,强调学好坚实的基础课与专业课。《江南大学教务规则》规定:“学程(课程)以每周授课一小时,满一学期作为一学分为原则。实验课程,以每周上课两小时,满一学期作一学分为原则”。各门功课按其重要性设置不同的课时和学分,学生每学期应按照院系及年级所规定学程学分修习,不得少于十二学分。学生应修满规定学分及学程后才能授予学士学位。如果一学期某一学程缺课占上课时间三分之一,则不得参与该学程的学期考试。如果学生学有余力,可以按兴趣跨学院、跨系科选修其他课程,可以参加考试并获得学分。这样增强了学生学习的主动性,扩大了学生的知识面。

在强调学好基础课方面,私立江南大学实行英语通才教育,所有系科(除中文,史地两系外)的课程基本上都用英语原版教材,再加上名师云集,很多课程都用中英文结合讲课,使学生的英语水平提高很快。此外,借读生制度和转系生制度也是颇具特色,“凡别的大学学生因某种原因要到本校就读,经审查合格和双方学校同意,可免试插班到指定专业和年级中继续就读,即‘借读’,成绩与学分被原学校承认;反之,亦可”。因而江大也吸引了当时一些著名高校的学生来求学。学校还制定了《学生申请转院或转系办法》,学生如果认为所入院系与本人志趣不合,经家长或监护人同意,可请求转入他院或他系学习,申请转院或转系。但规定限于二年级开始以前办理,只能一次为限。这些措施,非常人性化,可以帮助学生解决一些特殊的要求和困难,有利于学生兴趣的培养,也有利于教学质量的提高。

3. 在学生管理方面,规章制度齐全,措施得力

私立江南大学管理制度非常严明,规章制度很详细。例如在《江南大学训导规则》下就包括《江南大学训育委员会组织规程》、《学生请假规则》、《学生宿舍规则》、《学生行李储藏室规则》、《学生膳厅规则》、《学生集会结社规则》、《学生奖惩规则》和《运动器具借用规则》等详细的规定。江南大学为了做到“训教合一,发挥教育功能”,实行导师制,颁布《江南大学导师制实施细则》,规定各院系学生以15人至20人为一组,每组设导师一人,由校长聘请教授担任。在学期开始时,由训导处公布每组学生及担任导师之姓名,使导师与学生有长时间接触。《实施细则》规定:“各组导师对于学生之思想、行为、学业及身心修养,均应体察个性,依据学校训育方针施以训导”、“导师对于学生之性行、思想、学业、身体状况等项,均须加以记载,并针对学生缺点,提出改进意见,每学期报告训导处一次。如平时发现学生不良习性或其他特殊事项,并须随时通告训导处”。另外,训导处每月要召集训导会议一次,由各组导师出席,汇报各组训导实施情形,研究探讨出现的问题。训导师在学期结束时,要将学生的操行评定等评语送交训导处,作为评定学生操行分数的参考。上述各项规定较好地保证了导师制的顺利实施,有利于学生良好个性的形成和防止突发事件的产生。

为了救济贫困学生,私立江南大学实行了《清寒学生免费暂行办法》和《江南大学学生勤工助学办法》,要求申请免费的学生,家庭确实贫困,并且品行端正、学业成绩优良,没有受过学校任何惩戒和奖学金、助学金、贷学金资助。对于申请勤工助学的学生,规定每月工作不得超过40小时。学生勤工助学的工作设为四种:甲种为写讲义、画图表及打字;乙种为工场工作;丙种为农场工作;丁种为杂务工作。工场工作由理工学院学生选习者担任,农场

工作由农学院学生选习者担任，由于学校设有工场、农场等实习基地，学生勤工助学主要在学校内完成，不至于影响学习，甚至能让学生结合其专业得到一定的实践锻炼。

除上所述，学生管理方面还有《学生课外作业竞赛办法》、《学生担任团体职务规则》等，学校鼓励学生参加各种课外作业竞赛，发展青年的智慧才能，对于担任各种团体职务的学生要求其学业操行成绩达到优良。以上这些制度的确立为学校教育质量的提高和优良校风的形成起到了积极的保障和促进作用。

二、荣氏私立江南大学管理体制对我国高等教育的启示

私立江南大学作为当时全国仅有的 14 所私立大学之一，虽然没有设在大城市如北京、上海和广州，而创办在荣德生先生的家乡无锡，但在其短短的五年时间里，吸引了一大批杰出的专家学者来任职或兼职，可谓“群贤毕至”，也培养了一大批优秀的专业人才，其主要原因不仅是因为荣氏家族投入了巨资，也与学校建立了一整套较为合理的管理体制和运行机制是分不开的。虽然我国近代的私立高等教育很不发达，管理体制基本上是学习欧美的，其制度、理念和内容等也与西方较为相似，但对我们今天的高等教育仍有许多参考借鉴作用。

1. 公立高校管理体制应体现效率原则

私立江大实行校董会、校政委员会领导下的校长负责制，组织机构上设教务处、训导处、总务处、校长室、会计室，置教务长、训导长、总务长各一人，秉承校长分别主持教务会议、训导会议、总务会议，由校长聘任并均由教授兼任，可谓是职责分明、机构精干。目前我国对高等教育的行政管理是把公立高校作为事业单位，它不同于政府组织、企业组织与非营利性组织，是中国单位制度下的历史产物。虽然这种体制在新中国成立时特定的历史时期发挥了整合资源的积极作用，但发展到今天“单位体制已越来越显示出了其‘制度的劣势’”[2]。如经费主要依靠政府拨款，学校对政府依赖性强，缺少办学自主权；校长由政府任命，教职工多是终身制，捧着铁饭碗，他们的待遇主要依据其行政级别和职称而定；学校是个小社会，办医院、食堂、幼儿园、校办企业等。在这种背景下，高校内部管理体制也缺乏应有的效率和活力。许多高校存在多层次领导、机构臃肿、人浮于事、干部能上不能下、规章制度不健全、反馈系统不畅通等问题。因此，除了要改进高校外部管理体制外，进一步完善我国高等学校内部的管理体制已迫在眉睫。领导体制要责权分明，使党委、行政系统、学术系统各自真正发挥好应有的作用；组织机构要精干，人员要精减，效率要提高；管理制度要健全，关键是要对全校教职工有相应的激励和约束机制，实行真正意义上的聘任制，干部要做到能上能下；管理的职能结构要畅通，使决策、指挥、监督、反馈等各方面有机联系，以便学校能及时发现工作中的不足和失误，从而予以及时改正。

2. 民办学校的管理体制主要应建立健全董事会制度和进一步深化内部的管理体制改革

建立合理的高校管理权力结构并从制度上予以保证是我国民办高等教育改革的关键。科学化的、规范化的教育管理体制将是民办高校健康发展的基础和保证。依照《中华人民共和国民办教育促进法实施条例》第九条规定：“民办学校的举办者应当依照民办教育促进法和本条例的规定制定学校章程，推选民办学校的首届理事会、董事会或者其他形式决策机构的组成人员。民办学校的举办者参加学校理事会、董事会或者其他形式决策机构的，应当依据学校章程规定的权限与程序，参与学校举办的办学和管理活动。”第二十一条又规定：“民办学校校长依法独立行使教育教学和行政管理职权。民办学校内部组织机构的设

置方案由校长提出，报理事会、董事会或者其他形式决策机构批准。”这些条例对民办教育的举办者、执行者及管理机构的权力进行了规定。目前我国大多数民办高校内部管理体制尚不健全，很多高校没有成立董事会或理事会，举办者权限过多、校长全权管理、缺乏相应的约束和监督机制、实行家族式的管理等现象比比皆是，甚至有的学校以营利为目的，忽视高等教育发展规律和社会公共的教育目标，出现违规行为，这些对民办教育的声誉影响很大。如果要解决这些问题，民办教育就必须认真学习国内外私立大学的先进经验，尤其是重视和加强民办教育的管理体制建设，使民办高校能够真正办出特色和水平，得到社会的认可。私立江南大学遵循“砥砺德行、发扬文化、研究高深学术、养成专门人才”这个办学宗旨，建立合理的管理体制，积极为发展国家工农业培养专门技术人才，是民办高校学习的典范。

3. 各项管理制度应体现以人为本的理念

在高校，以人为本首先就是要以学生为本，无论是行政管理、教学管理和学生管理要时时处处为学生的利益着想，规章制度的设立要从提高人才培养的质量出发。私立江大无论是学分制的实行、导师制的实施和《学生申请转院或转系办法》、《清寒学生免费暂行办法》、《江南大学学生勤工助学办法》等一系列规章制度的颁布，无不体现了对学生思想、行为、学业及身心修养全方位的关注，对学生品性和兴趣的体察和呵护，作为一名私立江大的学子应该是很荣幸的。目前我国很多高校已经实行了学分制、导师制、勤工助学制度和特困生贷款等制度，但是在制度的合理性和可操作性上仍存在许多问题，如学分制学生没课可选搞走过场、导师不导或很少导、特困生贷款还非常困难等情况，影响了制度的最终执行效果。私立江大的管理制度制定得较为详细且切实可行，为帮助学生克服困难、全面发展提供了可靠的制度保证。

以人为本还应体现在对教师的尊重、对人才的尊重、对学术权力的尊重。荣德生先生很重视人才，他曾经写道：“事业之兴，必以人才为始基也。”当时私立江大物色教授很严格，除专人介绍外，主要依据其学历和水平。这些教授大多来自国内尤其是沪宁线上的著名大学，阵容非常强大。荣家倡导尊师重教的优良风尚，不惜重金聘请一大批国内著名专家学者来任职或兼职，对这些专任的教授、各系科的主任热情相待，甚至把荣府的主要楼房用做教师宿舍。在规章制度方面规定各院院长综理院务、各系主任办理系务，坚持系主任负责制，因此全校学术气氛很浓，学生的学习积极性也很高，取得了良好的教学效果。今天科教兴国的战略已经深入人心，人们已经普遍认识到人力资源是我国经济社会长期发展的第一资源。高校是人才培养的摇篮，也是高层次人才比较集中的地方。高校要坚持体制改革和制度创新，酿造一种尊重知识、尊重人才的氛围，努力吸引人才、培育人才，建设一支高素质的教育科研队伍，特别是要为年轻人才脱颖而出、施展才华提供更大的舞台和更多的机会。

参考文献

［1］上海大学、江南大学《乐农史料》整理研究小组. 荣德生与兴学育才［M］. 上海：上海古籍出版社，2003.

［2］王建华. 国有民营——高等教育走向第三部门的有效选择［J］. 清华大学教育研究，2004，(1).

原载《江南大学学报》（人文社会科学版）2005 年第 3 卷第 2 期

三十年来的苏州蚕桑专科学校*

中华人民共和国的三十年是光荣、伟大的三十年。在这三十年中，我们的祖国发生了翻天覆地的革命性变化。苏州蚕桑专科学校是一所具有76年历史的老校，解放以前，虽为发展祖国的蚕业教育与蚕丝生产作出过贡献，但新中国成立后的三十年，学校才发生了巨大变化，得到了更大的发展。

解放前36年中毕业生总数为1 552人，其中大专毕业生141人，中技毕业生1 411人。学校在培育蚕丝技术人才，推广改良蚕种和养蚕新技术，改进制丝机械和制丝技术等方面作出显著贡献，在发展蚕桑生产和丝织工业方面起了一定的推动作用。

新中国成立以来，在党的教育方针指引下，学校工作取得了很大成绩，不仅毕业生数量有较大增长，而且教育质量也不断提高。三十年来，学校培养大专毕业生1 035名，中技毕业生1 496名，共计2 531名，为解放前36年的153%，其中大专毕业生增长了6.34倍，不仅为江苏本省提供了发展蚕桑生产的技术力量，也为全国22个兄弟省、市、自治区输送了436名蚕桑科技人才。此外，还为朝鲜民主主义人民共和国培训了7名留学生，为农业部举办师资及技术训练班四期480人，为本省举办各种进修班（包括试点班，短训班）10期580人，在苏州、南通、扬州三个地区八个县培训了函授生一千余人。

五十年代初期及中期，学校按照上级指示进行了一系列教学改革。根据培养目标要求制订了教育计划、教学大纲，并受农业部委托主编了《蚕的生物学》、《蚕的病虫害防治学》、《鲜茧收购及处理》、《柞蚕》，参加编写了《养蚕学》、《桑树栽培附病虫害防治学》、《蚕的良种繁育学》等一套中专教材。五十年代后期，党提出了“使受教育者在德育、智育、体育几方面都得到发展，成为有社会主义觉悟的有文化的劳动者”与“教育必须为无产阶级政治服务，必须同生产劳动相结合”的教育方针。根据这一方针，学校制订了专科教学计划，在省农业局的领导下编写了一套适合专科使用的新教材。六十年代初期，贯彻执行了“高教六十条，”教育质量得到进一步的提高。林彪、“四人帮”的极左路线搞乱了学校师生员工的思想，搞乱了教学秩序，严重影响了学校的发展和教育质量。粉碎“四人帮”以后，在党中央和江苏省委的领导下，改革了招生制度，恢复和正常了教学秩序，根据实现四个现代化的要求，在农业部的领导下，浙江农业大学与本校共同负责制订四年制的蚕桑专业教育计划，学校承担《桑树栽培及育种学》、《桑树病虫害学》的主编任务，并参加了《蚕体解剖生理学》、《养蚕学》、《家蚕良种繁育及育种学》、《蚕病学》等教材的编写工作。1978年秋，根据形势发展的需要，新建了家蚕育种专业及茶叶专业。在加强基础理论方面，恢复了日语，增设了英语、高等数学、物理，生物化学、普通遗传学、细胞生理学等课程，1979年下半年在校学生453人，其中蚕桑专业八个班293人，家蚕育种专业两个班61人，茶叶专业一个班21人，及桑蚕良种繁育技术训练班78人。

---

* 本文无作者。

1979 年 9 月底全校教职员工 193 人，其中教师 79 人(内讲师级以上 25 人)。老教师大多还坚持在教学、科研第一线，有的承担了业务领导工作，他们在培养中青年教师中起着传、帮、带的作用。中年教师通过长期的工作实践，积累了比较丰富的经验，在粉碎"四人帮"以来，都能抓紧时间，刻苦学习，努力提高业务技术水平，现在他们是教学、科研工作的骨干力量，确实起着承上启下的重要作用。在老中年教师的帮助下，青年教师正在成长起来，他们奋发图强，刻苦钻研，好学上进，有的已能在教学、科研第一线承担一定的任务。

我们学校是一所老校，这几年承担的教学任务比较大，全校教职工发扬了勤俭办学，艰苦奋斗的革命精神，挖掘潜力，克服困难，努力提高教学质量，开展科学研究，在培育蚕桑科技人才，提高蚕桑科学水平方面作出了应有的贡献。

在教学过程中，广大教师一般都能够在钻研教材、熟练教学内容的基础上，注意教学法研究。他们不辞辛劳，想方设法，提高教学效果：其一，基础课教师在讲清基础理论的同时，注意专业需要，尽量使理论与专业实际结合起来。分析化学教师为了适应农村条件进行漂白粉有效氯测定，一度用蓝墨水法代替吐酒石法，继而又用碘化钾成为溶液滴定，取材容易，方法简便，误差又小；有机化学教师在组织学生进行蛋白质性质的实验时，以蚕茧为分析对象；生物化学教师在讲述酶的时候，联系到蚕体血液中的谷草转氨酶及脂肪体中的谷丙转氨酶。其二，专业基础课教师为了联系蚕桑专业的实际，充实教材内容，开展了一些科学实验和调查研究。植物学教师研究了桑树组织器官的构造，编纂了《桑树形态解剖》一书；植物生理教师进行了桑树光合作用，水分代谢生理作用的测定，开展了桑树矿质营养动态、桑树氮素代谢和激素对桑树生长的研究；土壤肥料教师调查了全省几种典型土类对桑树生长发育的关系，总结了盐碱土栽桑的经验，试验了对桑叶氮磷钾含量的速测方法；蚕生理教师研究了家蚕化性的内分泌机制和家蚕脑生理机能，进行了家蚕脑的生长、变态和脑神经分泌细胞的活体观察。其三，许多教研组花了大量精力，搜集、制作各类标本，绘制教学挂图，创造直观教学的条件，帮助学生加强感性认识，蚕病教师采用活病蚕示范上实验课，并由学生饲养病蚕的教学方法，提高了学生对各类蚕病的病原、病症及病变过程的识别能力；桑病虫教师在实验中组织学生进行病原接种和药物抑菌试验，培养学生进行科学研究的基本训练。其四，专业课如栽桑、养蚕等除了讲述基本知识和技术原理以外，都重视了基本技能训练，由学校实习场与教研组共同组织学生在校内基地进行专业实习。养蚕教学实习内容包括常规饲育及全龄少回定量育、小蚕炕床育、大蚕地面育、屋外育、激素养蚕及各种簇具比较，还有一次农村生产实习；栽桑育苗由学生自己播种，自己管理苗圃，进行多种方法的嫁接实习，还有一次去校外桑苗圃进行生产实习，桑园全年栽培管理的重要环节如栽植、夏季管理、冬季管理等都在校内桑园进行实习。专业实习对培养学生的劳动观点，热爱专业，熟练基本技能，印证、理解和运用理论知识都起着重要作用。学校实习场的主要任务是为教学科研服务，在教学实习过程中同时完成了一定的蚕种生产任务，三十年来为全省提供原种、普通种不下数十万张。

高等学校除了担负培育高等科学技术人才的任务以外，还担负着提高科学技术水平的任务。学校历史虽久，但在科学研究方面基础薄弱，设备也差，可教师的热情很高，尤其在党的十一大和五届人大一次会议提出在 20 世纪末实现四个现代化的奋斗目标和全国科学大会召开以后，他们认识到教育是基础，科学技术是关键，深感重任在肩，不怕困难，创造条件，"找米下锅"，自觉地承担了一批科研课题，取得了一定的进展，也出了一些成果。例如：

栽桑方面的快速育苗,短根接已经完成试验,湖桑扦插接近实用阶段;桑园丰产栽培技术积累了初步经验,抗旱丰产地方品种选育也有了相应的基础。养蚕方面初步总结了全年全龄少回育(稚蚕二回育,壮蚕三回育)的技术措施和用桑标准。早秋蚕新品种选育方面积累了近百个原始材料,选育了几十个早秋组合,有的组合性状质量良好。桑树病虫害研究方面完成了黄化型萎缩病的传染规律和综合防治的试验,赤锈病的传染原研究和桑蓟马生活史调查;正在进行桑细菌病,桑毛虫性引诱剂和桑芽枯病的研究。家蚕病虫害研究方面完成了青头败血病的病原、传染规律和防治方法的研究,家蚕病毒防治研究,克菌丹,百菌清,熏烟对防僵效果的试验,灭菌灵对蚕室蚕具消毒效果的试验,还开展了病毒病传染规律的研究。蚕桑基础理论方面结合教学也进行了一些研究,取得了成果或进展。据1972年以来的不完全统计,学校教师就研究成果写出的论文或报道在学校编印的《蚕桑科技资料》上发表的共有90余篇。(在校外刊物和学术交流会上发表的论文不计在内)此外,根据教学生产和群众学习的需要,部分教师承担了《辞海》、《辞源》、《大众农业辞典》、《农业辞典》等工具书籍关于蚕桑部分条目的编写工作;为省出版局编写了《栽桑学》、《养蚕学》两册科技教材。以上科研课题有的是在教学任务繁重,人力不足,设备缺乏的情况下进行的。如植物生理教研组当时有四名教师,没有配备教辅人员,要担负植物学及植物生理学两部分内容,100多名学生的教学工作,但是,他们就在近几年内完成了桑树光合作用,水分代谢,矿质营养,伤流量及其成分等四个课题,正在进行桑树氮素代谢,激素对桑树生长和桑树组织培养诱导新品种的研究等三个课题。有的同志白天上课,利用晚间及假日;有时停电,待到晚间九时以后再进行实验;没有仪器设备,去外单位协商借用他们的设备;分析药品不全,向其他单位请求支援。蚕病组教师在应用免疫对流电泳检测家蚕质型多角体病毒(CPV)的过程中自己动手只用了五十多元制造了一架简易袖珍直流电泳仪。就是在这样困难的条件下,全校教职工发扬了勤俭办学,艰苦奋斗的革命传统,完成了教学和科研双重任务。这种奋发图强的精神,确实难能可贵。

蚕桑生产长期以来停留在手工操作的落后状态,提高劳动生产率是当前比较突出的问题。学校在六十年代初期就开始了蚕桑机具改革的研究,当时虽试制了脚踏伐条机,设计了简易给桑除沙蚕台和升降蚕台,研制了蚕种电动脱水机,散卵称量仪等。70年代以来,学校组织了专门力量从事试验研究。养蚕方面已有每小时汽化1.5公斤水,供蚕室补湿用的电热补湿器,经过鉴定进行小批量生产,供应省内外生产、科研和教学单位使用;可控硅自控蚕种催青箱能容纳一千张蚕种,自动控制温湿度及气流调节,春、夏、秋季都能使用,经过两年中间试验,性能良好,即将鉴定;蚕室简易温湿度自控装置及消毒喷雾器(有电动与手揿两种型式)都简单实用,受到欢迎;1976年为援阿尔及利亚蚕种场设计了钢架升降蚕台;为农村设计了能就地取材省工省料投资少的简易活络蚕台。栽桑方面以东风12型手扶拖拉机为动力,已试制成桑田中耕除草、喷药、拔树等操作配套机具,(其中中耕除草机及喷药机同时在东风4型手扶拖拉机上配套),已在生产中试用。

综观三十年来学校发展的历史,有两点深刻的体会:一是坚持了毛泽东教育思想的科学体系,坚持了正确的路线、方针、政策,学校工作就前进,就发展。文化革命前的十七年从总体来说,学校是沿着正确的道路前进发展的。反之,在林彪、"四人帮"横行时期,极左路线篡改、歪曲、阉割了毛泽东教育思想体系,破坏了正确路线、方针、政策的贯彻执行,学校工作受到了严重挫折。当前必须开展关于真理标准问题的讨论,根据学校的历史实践,认真总结正反两方面的经验，端正思想路线，分清是非标准，按照党的政治路线要求，进一步改革学校各项工作。二是必须充分相信和依靠全校教职工，鼓励他们加强团结，发扬艰苦奋斗的革命精神，克服困难，为祖国蚕业科学教育不断作出贡献。三十年来学校的变动较多，存在的问题不少，尤其是林彪、“四人帮”的破坏，给学校造成了极大的困难。学校的教职工队伍从总体来讲是好的，他们在学校党委领导下，团结一致，同心同德，不畏困难，挖掘潜力，承担了繁重的教学和科研任务，取得了较大的成绩。学校现有物质条件是比较差的，师资力量与发展蚕业科学教育的要求相比还不相适应。必须重视改善学校的物质条件，加强师资队伍建设，要为全校教职工创造必要的工作条件，生活条件，充分调动他们的积极性，发挥他们的才能，使他们在教学、科研工作中多作贡献。

学校工作的现状与兄弟院校相比，与“高教六十条”的要求相比，与实现四个现代化的要求相比，差距还很大，改造学校的任务还很艰巨，有许多工作需要认真地、切实地去做。作为一所有长久历史的，承担着培养蚕桑、蚕种、茶叶科技人才，提高科学水平的高等农业学校，应该在改造专业，提高教学质量，多出人才、快出科研成果方面快马加鞭，迅速疾进。我校全体教职工同志一定能够在党中央领导下，高举马列主义、毛泽东思想的伟大旗帜，坚持四项基本原则，解放思想，开动机器，实事求是，团结一致，为加速实现蚕桑现代化作出新贡献。再过二十年，当我们迎接国庆五十周年的时候，一个更加光辉灿烂的现代化的社会主义中国，必将以崭新的雄姿出现在世界人民面前。那时，苏州蚕桑专科学校也将更加生机蓬勃地迎着蚕桑现代化的胜利，进入新的世纪。

原载《江苏蚕业》1979 年第 10 期

苏州丝绸工学院

解振同

苏州丝绸工学院的前身是由著名爱国人士史量才先生于1903年创办的私立上海女子蚕业学堂。1911年迁至苏州浒墅关镇,更名为江苏省立女子蚕业学校,之后历经中等蚕丝学校、丝绸专科学校,于1960年经国务院批准,升格为苏州丝绸工学院,迁至苏州市现址。

学校现设有丝绸工程系、染整化学纤维工程系、机械电气自动化工程系、管理工程系、工艺美术系、基础课部、社会科学部和德育教研室等五系、二部、一室。下设13个本科专业、11个专科专业和3个硕士学位点,另有3个硕士学位点正申报待批。此外,还举办了成人学历教育和各种非学历成人教育,受国家教委和纺织总会委托代招丝绸工程和染整工程2个专业的出国研究生,拥有计算中心、电教中心和20多个实验室。校办实习总厂分设缫丝、丝织、机械和印刷等4个工厂,创办了6个经济实体和17个经营公司,实行技工贸一体化的运行机制,创建了以苏州为中心的校外实习基地和实习点。图书馆藏书35万册,期刊1 000余种,全院占地面积近300亩,校舍面积12万平方米。现有教职员工1 000多名,其中有正、副教授高级专业技术职务人才200名,在校学生2 500多名。

在长期的办学过程中,学院始终继承和发扬自己的特色和传统,坚持走艰苦创业的道路,弘扬爱国主义精神,重理论联系实际,把学校教育与社会生产紧密结合,融培养人才与推进中国丝绸事业的改革发展为一体,以振兴我国丝绸事业为己任。培养出的万余名丝绸专业人才遍布祖国各地,在中国丝绸工业战线上发挥着重要的作用。

在教学领域,坚持深化改革,努力提高教育质量,重视基础教学,注重外语和计算机能力培养,加强实验和实习环节,积极进行老专业的改造和新专业的建设,试行主副修专业,认真开展重点学科、重点课程、重点实验室和重点教材等"四重建设"。其中,丝绸工程学科被选定为部级重点学科,并被江苏省评为省级优秀学科。

在科研领域,有丝绸科学研究和11个研究机构,成立了科学技术协会。全院科研工作分应用基础研究、新材料研究、新工艺研究、新设备、新测试仪器研究和新助剂研究5大类协调进行。近年来,先后完成了蚕丝结构和理化性能研究、真丝绸泛黄及防泛黄研究、蚕丝蛋白质膜结构和性能研究等应用基础研究,由此引生出了一系列新的课题。在新材料方面,完成了真丝复合丝的加工技术和产品开发、桑蚕膨松丝、丝素涂膜纤维工艺研究与蚕丝新用途研究;在新工艺方面,开发了真丝蜡染新技术、真丝绸彩色扎染、泼染新技术、丝素肽以及化妆品的生产技术等;在新设备、新测试仪器方面,研制出了SFD－507高速自动缫丝机、FD301V型煮茧机、生丝匀度自动检测仪、FD501自动缫丝机、SGD601型丝织机、两种类型的刚性剑杆织机等;在新助剂方面,开发了精炼剂、柔软剂、染色助剂、印花糊料、防油污整理剂等。迄今为止,已有40多个科研项目分别获得国家、部(省)、市级科技成果奖。这期间,出版教材和专著百余部,自编讲义200部,编辑摄制电教片50余部。定期出版《苏州丝绸工学院学报》(中文版和英文版两种版本)、《丝绸世界》、《教学研究》和校刊等刊物。

在对外交往方面，与日本信州大学和香港理工学院建立了校际友好关系，与日本、英国、法国、意大利、德国、美国、澳大利亚和瑞士等国 18 所高等院校和研究机构建立了联系。经学院倡议发起，于 1991 年 9 月和 1993 年 9 月成功地承办了两届中国国际丝绸会议，许多国家和地区的专家和学者出席了会议。

当前，学院在"团结、求实、勤奋、创新"的旗帜下，正以崭新的姿态迎接新的挑战，全院师生员工以饱满的热情，共同开创着苏州丝绸工学院更加美好的未来。

原载《江苏高教》1993 年第 6 期

苏州医学院

校庆办公室

苏州医学院位于苏州城内。校园内有明代园林“可园”一座,亭台楼榭,曲廊环抱,山水相映,幽静雅致。学院创建于1912年,1957年由南通迁至苏州,是我国历史悠久的医学院校之一,1963年始属核工业部领导,是国务院第一批授权可以授予博士、硕士、学士学位的院校之一。

苏州医学院现有临床医学系、预防医学系、放射医学系、基础医学部和外语培训部等5个系部,共有51个教研室。有3所附属医院,其中两所是综合性医院,一所是儿童医院;有4个研究所,即江苏省血液研究所、放射医学研究所、医学生物技术研究所、苏港合作苏州中药研究所。有33个研究室,两个研究中心即核工业核医学中心、辐射医学应急中心。有夜大学,它包括临床医学和护理两个专业。还有国家教委批准开设的5个助教进修班和卫生部审定的10个学科的全国医学教育进修基地等。第一附属医院还附设一所卫生学校。全院师资力量比较雄厚,现有教授、副教授、主任医师、副主任医师等高级专家331人,讲师、主治医师1 039人。杜子威院长是国务院学位评定委员会委员。全院现有博士点7个,硕士点23个,有13名博士生导师。该院还是江苏省惟一有权授予在职人员硕士学位的医学院校。全院师生员工近6 000余人,现在在校学生有本科生1 523名,专科生301名,博士生15名,硕士生100名;面向全国20多个省、市、自治区招生,毕业生已遍布祖国各地,他们当中有相当一部分人已成为本单位医疗、预防、教学、科研和管理的骨干。

学院图书馆藏书近33万册,中外期刊2 000多种,并有先进的光盘检索系统,全院师生在这里可汲取当今世界最新的医学信息和丰富的精神食粮。

语言室、计算机中心设备齐全、先进。电化教育设施日趋完善。基础医学部各形态学科实验室已配备彩色显微录相系统,显微镜下的图像可显示在宽阔的电视屏幕上,便于学生学习和教师辅导。

各形态学科实验室,有大量标本、模型、图片、切片、实物等。各功能学科实验室,有大量电子设备、分析仪器、测试工具、记录装置等,可供教学之用。

放射医学专业是本院的特色之一,它有两个专业方向:一是培养从事辐射防护和辐射损伤的诊断与治疗的专门医师;二是培养利用放射性核素对疾病进行诊断和治疗的核医学医师,为我国核事业的发展和原子能的和平利用输送了许多专门人才和新生力量。

放射医学和核医学方面的许多专用设备如钴60辐照装置、低本底γ、β测定仪、SPECT、γ—照相机、人体整体测量装置、Bekman液体闪烁计数器等,为师生们的学习和教研创造了有利条件。

自1978年以来,该院先后与日本名古屋卫生保健大学、法国巴黎第七大学、美国罗马林达大学医学院以及美国南佛罗里达大学等建立了校际交流关系,并聘请了有关专家为名誉教授或客座教授。近年来，有数百位外国专家前来访问、讲学，并派出300多名学者分赴美、英、法、日及西德等10多个国家考察、进修或学术交流。

原载《江苏高教》1992年第6期

苏州大学管理体制改革述评

江 涌

高等教育改革,体制改革是关键,管理体制改革则是其中的重点与难点。自1982年以来,苏州大学坚持以《中国教育改革与发展纲要》为指导,把握机遇,以改革求生存,以改革促发展,在管理体制改革领域进行了不懈努力与探索,取得了明显成效。

经过多年的管理体制改革和发展,苏州大学在百年华诞到来之际,已拥有哲学、经济学、法学、教育学、文学、历史学、理学、工学、农学、医学、管理学等十一大学科门类,下设人文学院(中文系、历史系、政治与公共管理系)、理学院(数学系、物理系、化学化工系)、工学院(机电系、计算机系、通信与电子系)、法学院、财经学院、教育学院、外语学院、材料工程学院、蚕桑学院、水产学院、体育学院、艺术学院、职业技术学院、文正学院等14个学院,在校全日制研究生、本科生28 000余人(其中研究生1 800余人),成人学历教育11 000余人,合计39 000余人,共有教职工4 000多人(教授、副教授1 100余人),拥有3个博士后流动站,22个博士点,84个硕士点以及3个专业硕士学位授权点。苏州大学已发展成为一所多学科协调发展,具有相当规模,基础较为雄厚,在大陆地方大学中名列前茅的高校,于1996年11月跻身于国家"211工程"建设行列。

一

苏州大学的管理体制改革是在大陆特定的历史背景下推进的。大陆原来的高教管理体制是一种国家集中计划、中央政府各部委(俗称"条")和省级政府(俗称"块")分别投资办学和直接管理的体制。这种体制在形成之后,由于与计划经济体制相适应,且当时高校数量也不很多,矛盾并不明显。但久而久之,随着市场经济体制的建立与逐步完善,这种高教管理体制却逐步衍化成"条""块"分割、自成体系、封闭发展的格局,所带来的弊端日益严重。主要表现在:条块分割,自成体系,直接导致部门和地方在低水平上重复设置高等院校和专业,造成有限教育资源的极大浪费;单科性院校比重过大、数量过多,造成毕业生知识面较窄,难以适应经济建设对高层次人才的交叉型、复合型要求;高等教育在结构和布局上严重不合理,高校严重缺乏生机和活力。

为了从根本上改变这一状况,多年来,大陆许多高校在管理体制改革领域进行了积极的探索和尝试,改革的形式包括共建、合作、协作、划转、合并等五种形式。苏州大学在这五个方面均有不同程度的涉猎。

共建,即学校在投资渠道不变的情况下,实行上级政府部门与地方政府双重领导,共建管理。在80年代中期,苏州大学就先后通过此种方式与江苏省财政厅、江苏省司法厅和苏州市政府共建了苏州大学财经学院、法学院和工学院;1996年,江苏省教育委员会与苏州市正式签署共建苏州大学协定。共建后的苏州大学实行省市共管、以省为主的体制。根据协定,江苏省教育委员会把苏大列为重点建设学校,全力支援苏州大学为苏州市和苏南地区实现基本现代化提供服务；苏州市则将苏大作为本地区高等教育的基地，全方位加以重点扶持。共建不仅强化了苏州大学为地方经济建设和社会发展服务的主动性，而且也让学校在为地方经济建设服务中汲取了营养，增强了办学实力。

所谓合作是指两所或两所以上的学校，在原隶属关系和投资渠道不变、自愿互补的基础上，进行各种形式的协作。随着大陆改革开放的进一步深入，与苏大合作办学的海内外高校与日俱增，目前已达到60余所，其中包括台北东吴大学、天津大学、新加坡南洋理工大学以及美国、德国、日本、韩国的一些高校。合作的形式包括教师与学生的互访、资料的交换、联合召开学术会议等若干方面。通过合作办学，实现了双方乃至多方的资源分享、优势互补、学科交叉、协同发展，达到了共同提高教育质量和办学效益的目的。

协作是指企业、企业集团以及科研单位通过各种形式参与高等学校的办学。协作这种形式在苏州大学早已有之，但随着经济建设的发展和高教管理体制改革的推进，这一形式近年来更为普遍。目前，苏大14个学院中每个学院都有自己的协作企业，通过协作这种形式加强了学校与社会的联系，实现了从封闭型办学向开放式办学的转变。

所谓划转则是高等学校隶属关系的一种转换，包括中央部委属高校划归地方政府管理，或由这一部委划归另一部委管理等。通过划转，可以逐步改变中央部门和地方政府同在一地重复办学、严重浪费教育资源的现象，对于优化高教布局和结构大有裨益。苏州丝绸工学院（1997年并入苏州大学）就是一所原隶属于中国纺织总会的部属高校，在高教管理体制改革进程中，由中国纺织总会划归江苏省政府管理，为日后与苏州大学的合并奠定了基础。

合并是指高校与高校之间或高校与科研院所之间的合并，是高教管理体制改革的最高形式。合并办学是近年来苏大管理体制改革的重点。

二

为适应江苏省国民经济和社会发展需要，深化江苏高教管理体制改革，经原国家教委和江苏省政府批准，1995年、1997年，苏州蚕桑专科学校、苏州丝绸工学院先后并入苏州大学。下文将介绍苏州大学与苏州丝绸工学院的合并简况。

苏州丝绸工学院与苏州大学仅一路之隔，原隶属于中国纺织总会，是一所以丝绸和艺术为优势，以工为主，工艺经贸相结合，多学科协调发展的高校。在数年前的办学中，由于受到学科门类的限制和整个行业发展状况的影响，学校办学困难较大。

在大陆高教管理体制改革的推动下，1996年1月，苏州丝绸工学院隶属关系由中国纺织总会划转到江苏省。随后，江苏省专门成立合并工作领导小组，负责全面筹划该校与苏州大学合并事宜。1997年6月，经原国家教委和江苏省政府批准，苏州丝绸工学院正式并入苏州大学。

在总结以往管理体制改革经验的基础上，苏大与苏州丝绸工学院的合并采取了管理体制改革的最高形式——实质性、一步到位、融合式的合并，坚持以学科建设为龙头，根据“发扬优势，强化应用，促进交叉，办出特色”的原则，从学科建设的需要出发，进行学科结构的调整与优化，进一步发扬原有学科优势与特色，提高学科建设水平。通过实质性合并，苏州大学组建了丝绸学院（后更名为材料工程学院）和艺术学院，将原苏丝机电与苏大工学院合并，原苏丝国际工商管理系与苏大财经学院合并，原苏丝社科部与苏大政治与公共管理系合并。在学科专业调整中,原两校同类学科专业一律合并。

通过上述调整,一些学科的特色得到了保持和发扬,如:丝绸学院的组建进一步发挥了丝绸学科的优势,保持了为行业服务的特色。学校还将丝绸学科列为“211 工程”重点扶植学科,并在“211 工程”建设的机动经费中拨专款用于该学科建设。

学校各职能部门在短短两个多月的时间内完成了各项工作的合并。教学科研部门完成了各项规章制度的统一和教学科研工作的安排调整;学生工作部门完成了学生管理工作的衔接;人事部门完成了全校师资队伍的调整与优化;产业部门完成了校办产业的清理工作;等等。从规划、计划到政策、规章,从内部协调到对外联络,经过短短两个多月的合并,到 1997 年 9 月,合并工作基本就绪,真正做到了快速、有序、平稳、高效。

合并办学的成功实践为苏州大学发展带来了规模效应、互补效应、共享效应和示范效应。合并后,苏州大学的办学规模进一步扩大,学科门类明显增加,师资队伍有所增强,学科整体水平稳步提高,办学条件得到改善,产生了较好的规模效应。近几年来,苏大每年招生规模都在 5 000 人左右,且生源质量较高,较好地满足了地方经济建设和社会发展对高素质人才的需求。同时,学科门类的增加,促进了学科群体的形成。实践证明,合并后一些学科梯队结构更为合理,实力增强,教学科研人员摆脱了“孤军奋战”的困境,有了施展才华的天地。例如,丝绸研究所开展的“丝绸文化史”研究涵盖了丝绸文化研究、历史学、艺术学等多学科,是多学科合作的具体体现。

合并后,苏州大学的学科优势得到了互补,产生了互补效应。主要表现在原苏州大学工科较弱,而原苏州丝绸工学院工科较强,合并不仅拓宽了苏大为地方经济建设的服务面,而且也使工科各学科通过互补内涵得到充实。

原苏丝纺织工程及设计艺术学是特色学科,但因学科特点及行业影响使其发展空间受到限制。合并后,凭藉其他相关学科的有力支撑,其优势和特色更为明显。由于学科间的互补,在苏大形成了国内惟一的从种桑、养蚕、缫丝、丝织、染整、服装设计与制作工艺到时装表演全过程、全方位的学科群体。学科间的互补与联合使苏州大学具备了承担重大科研项目,开展高水准研究的能力。

合并后,教师资源实现了共享,共享效应日趋明显。原两校师资互补性较强,开设的课程互为补充,有效地保证了课程开出率和教学质量。在合并后制订的教学计划中,全校任意选修课程不仅在数量上有所增加,而且在课程门类上增幅较大。如新组建的艺术学院开设了艺术类课程,填补了艺术教育的空白,对推进素质教育,提高学生的艺术素养起到了积极作用。同时,一些教育资源也实现了共享,促进了教育质量和办学水平的提高。

合并工作为苏州大学在高教管理体制改革方面积累了更多的宝贵经验,尤其是在合并后学校的管理模式、教学管理、学科建设、后勤保障等方面提供了许多可资借鉴的做法,对今后深化管理体制改革有一定的示范和指导作用。合并的示范效应由此可见。

诚然,上述规模效应、互补效应、共享效应和示范效应只是合并工作的初步成果。在今后的办学过程中,合并的成果还将进一步显现。

纵观从东吴大学到苏州大学的百年历程,合并一直是推动学校事业发展的重要力量。随着大陆高教管理体制改革的不断推进,苏州大学还将面临新的合并任务,并将继续给学校发展带来新的机遇。可以预见,合并办学必将对苏州大学今后的改革发展产生更大的推动和促进作用。

评 论

讲评人:周祝瑛

各位午安。很高兴有机会参加庆祝东吴建校百年盛会,并且有机会拜读到江教授的大作。我一直对于中国大陆90年代初期高校合并的问题很感兴趣,而这时江教授刚好提供了苏州大学一个非常好的经验,我的一些心得希望能就教于各位。

江教授特别提到有关苏州大学在体制上必须加以改革的原因,主要是针对"条"、"块"的问题。这可能是对于在台湾的我们比较不了解的。在台湾,除了以前的师范学院是由教育厅管辖,大学都是由"教育部"管辖。中国大陆则只有36所是属教育部所辖的部属高校,其余每省都有省属大学、师范学院或师范大学。所以苏州大学所进行的管理体制改革,应该可以说是教育行政主管的改变。江教授这篇论文里主要是讲到苏州大学管理体制的改革的原因,并举出了这个管理体制中,与苏州的蚕桑专科学校及苏州丝绸工学院合并的情况,而合并后苏州大学如何扩充学科的专业、扩充人员。目前苏州大学全校有39 000多位学生。苏州大学所谓的"学校合并"是一个相当特殊情况,也是一个非常宝贵的经验。

读完这篇论文,我有几个小小的疑问。华东师大有一位薛教授曾说过,在大学的合并当中有所谓的"强弱合并"、"强强合并"、"实力不太强的合并"及"地方性的合并"。苏州大学可能是强弱合并,这是从江教授的论文中看出来的。而令人诧异的是,在短短的三个月中,有些学院已经并入到学校中,且能扩充学校规模。目前中国大陆高校,校长除了办学术、办校之外,还有校办社会这样的情况。在这样的情形下,学校合并的问题应该是特别多。我特别想知道,每个学校有其不同的特色,不同的办学理念,学校合并后,如何去结合办学理念?第二个问题是有关人事融合的问题。校办社会所包含的人事问题很多,也很复杂,这些问题如何解决?这当中甚至有权力的再分配的问题。合并后谁当院长?谁当校长?第三个是管理融合的问题。学校合并希望能够是一加一大于二而不会小于二,而江教授所提到的苏州大学好像是一加一大于二,我很希望知道它是如何办到的,特别是在这么短的时间内。最后一个问题是关于学校的学术方面的,例如学科、财务与教师之间的关系如何协调。因为其他学校的合并可以看到一些问题,例如专科学校教师与大学教师的评等可能不一样。以上是我提出的四个问题就教于江教授,谢谢!

选自《东吴大学建校百年校史学术研讨会论文集》

老树逢春更著花

——苏州大学改革发展纪实

侯星芳　江　涌　顾明高

1999年9月13日,中共中央政治局常委、国务院副总理李岚清一行第三次来到苏州大学这所充满生机与活力的校园。在听取校领导工作汇报后,他十分满意地指出:"没想到发展得这么快!""苏州大学大有希望!"

苏州大学是国家"211工程"重点建设高校,前身为创建于1900年的东吴大学。东吴大学是美国基督教创办的教会大学,是我国东南著名学府。在东吴大学的发展史上,曾经创造了许多值得自豪的"第一":杨永清是华人担任基督教教会大学校长的第一人;1906年创办的学术性刊物——《东吴月报》是我国高校最早的学报,在国内外有一定影响;1917年开始颁授硕士学位,是我国高校最早授予硕士学位的高校。东吴大学还为国家、社会培养了一大批栋梁之材;现任全国政协副主席,中国佛教协会会长赵朴初,前任全国人大常委会副委员长费孝通、孙起孟、雷洁琼,前任全国政协副主席董寅初,港台知名人士杨铁梁、查良镛、蒋纬国以及李政道、谈家桢、刘健康、宋鸿钊等20多位院士、50多位大学校长都是东吴校友。

1952年全国院系调整时,由东吴大学、苏南文化教育学院和江南大学数理系合并建立苏南师范学院,在东吴大学校址办学。同年定名为江苏师范学院。1982年,根据国家经济建设需要经国务院批准改为江苏省重点综合性大学——苏州大学。1995年、1997年,苏州蚕桑专科学校、苏州丝绸工学院先后并入苏州大学。1996年,苏州大学以改革发展的优异成绩跻身于国家"211工程"行列。

苏州大学现有全日制本科生及研究生1.8万多人,成人学历教育9 300余人,教职工3 200余人,拥有2个博士后流动站,10个博士点,52个硕士点,2个工程、法律硕士专业学位,16个省级重点学科,4个省级重点实验室,2个国家人才培养基地。走进苏州大学校园,给人的强烈感受,便是"老树逢春更著花"。

廿年三跨越

改革与创新是苏州大学的最根本的动力源泉。进入新时期,苏州大学抓住改革开放的有利时机,高举改革大旗,以改革促发展,实现了三次跨越。1982年,苏州大学由师范学院改制为综合性大学,学校紧紧抓住这一难得的发展机遇,果断实行多层次开放式办学,探索一条联办共建的富有生机的新路子。学校先后与江苏省财政厅、司法厅、苏州市政府分别共建苏州大学财经学院、法学院、工学院,既节省了学校办学经费,又加快了事业发展。1992年邓小平同志视察南方谈话以后,苏州大学结合国家实施"211工程",加快学科与专业调整、建设,提出服务地方经济的发展战略,跻身于国家"211工程"行列。1997年,党的十五大召开,进一步解放了人们的思想,苏州大学又在创新领域接连做了3件大事:后勤服务社会化取得实质性进展,已有7 000余名学生住进了社会化的学生公寓,用自己的成功实践回答了李岚清副总理在苏大视察时要求苏大探索和做好"穷国办大教育、穷国如何办好高校后勤"的指示;3年中苏州蚕桑专科学校、苏州丝绸工学院先后实质性并入苏州大学。三校的成功合并,使得苏州大学成为全国高校中并校最成功的典型之一,多次受到中央领导和上级领导的肯定;为适应国家高等教育快速发展的新形势,大胆探索新的办学模式。1997年底在江苏高校中率先成立职业技术学院,今年又在全国率先创办了有独立校区、独立经费、独立法人的"三独立"的公有民办二级学院——苏州大学文正学院。

教改重创新

刚刚揭晓的全国第二届高校先进教务处光荣榜上,苏州大学再度喜获殊荣。早在1993年,苏州大学在全国首创性地先后推行主辅修制、单课选修制、学分制、必读书目制和导师制等教改措施、有力地促进了教学质量的稳步提高。在教学工作中,学校注重深化改革,面向市场,加强基础、拓宽口径、强化应用、重视实践、通过素质教育、大力培养一专多能的复合型人才。近几年苏州大学学生荣获包括全国青年发明奖、全国大学生挑战杯一等奖在内的数十个省级以上的奖项;获包括全国先进班集体、三好学生等在内的省级以上荣誉约40个。苏州大学毕业生都能以扎实的基础,较广博的知识面和较强的社会适应能力、竞争能力赢得社会的普遍欢迎,许多学生已成为地方经济建设和社会发展事业中的骨干力量。

科研面向市场

科研工作在注重基础理论研究的同时,直接面向地方经济建设主战场,加强应用性、开发性研究,积极申报项目。近两年每年实现科研经费4 000万元,先后获得包括国家自然科学奖、国家发明奖和国家科技进步奖在内的省部级以上科研奖200多项;SCI索引论文名列全国高校第28位,在全国地方高校中名列前茅。与此同时,学校努力促进科技成果转化为生产力,涌现一批科技含量高、经济效益好、深受企业欢迎的科技成果。据统计,学校可供利用或转让的科技成果达242项,分布在信息科学、机电一体化、材料科学、纺织工程、环保工程和生物工程等领域。只就电子信息一项,该校就推出了4种具有自主产权,产业前景十分广阔的高科技成果,即"激光像素全息制版系统"、"镭射包装材料及其生产线设备"、"激光全息注塑"和"激光全息防伪"。其中"激光全息注塑"和"激光全息防伪"在苏州新区信博公司进行生产,年产值达1 000万元。学科建设不断得到加强,1999年7月,国家计委批准了该校"211工程"重点建设项目:中国纯文学和通俗文学、低维物理和低维复合材料、有机合成化学、计算机信息处理新技术、区域(苏南)经济与社会发展、现代蚕桑丝绸工程、现代光学与技术。

后勤社会化

学校各项事业的发展离不开强有力的后勤保障。后勤部门锐意改革,在后勤服务社会化进程中取得突破性进展。那鳞次栉比的校舍、井然有序的食堂,无不凝聚着苏大人的智慧与创新。苏州大学抓住苏州市产业结构调整的有利时机,积极争取地方政府的支持,开拓多种渠道筹措资金,采取多种措施改善办学条件,大力推进学生公寓社会化,3年利用社会资金在校外新建学生公寓约6万平方米,7 000多名学生住进了学生公寓。今后三四年,该校还将与校园周边地区企业、单位合作新建10万平方米学生公寓，届时将全面实现学生宿舍公寓化的目标；后勤服务社会化也极大地改善了教工住房条件，3年新增教工住房6.7万平方米，即将竣工3.6万平方米，住房成套率由84%上升到96%。人均居住面积达9.23平方米。学校连续两年被江苏省政府授予“教职工住房建设先进单位”称号。到2000年，苏大在校全日制学生约为2万人，按传统的解决办法，学校至少要征地500亩，总投入需5亿元，而采用后勤社会化方式，学校总投入只需1亿元，大大提高了办学效益。

扩大开放　加强国际合作

开放办学已成为现代高等学府发展的时代潮流。苏州大学积极扩大开放，与日本、韩国、新加坡、德国、美国、加拿大、澳大利亚等国家和我国香港、台湾等地区的60多所高校建立了校际教学、科研合作交流关系，先后聘请外国专家、教师170余人次，接待国外代表团300余次，派出教师留学进修讲学500余人次，派代表团出访近100次，接受国外长短期学生和进修生3 000多人次，现有在校留学生400名。

苏州大学的发展始终受到历届校友和港澳台、海外知名人士的关注和扶持，他们慷慨捐资帮助苏州大学建立敬文图书馆、存菊堂、逸夫楼、东吴之家、学术报告厅等，帮助设立纵横汉字信息研究所，设立朱敬文奖学金、箬政奖学金等，累计金额达3 000万元，有力地促进了苏州大学各项事业的发展。

星转斗移，岁月沧桑。在这风景如画的东吴园里，几代人为了苏州大学的发展竭忠尽智，洒尽了汗水！在走过百年的风雨坎坷之后，今年的5月18日，苏州大学将迎来它的百年华诞。雄关漫道真如铁，而今迈步从头越。苏州大学领导集体正以前所未有的气魄与胆识，以改革总揽全局、以只争朝夕的精神，解放思想，开拓进取，正将一个实力更强、水平更高、发展更快的全新的苏州大学推向新的世纪！

原载《中国城市经济》2000年第1期

二、校史人物

青峰永在

——柴德赓先生传略*

何荣昌　张承宗　柴邦衡

青少年时期打下坚实的文史功底

柴德赓先生（1908—1970），字青峰，浙江诸暨人。他 5 岁入私塾，勤奋好学。11 岁能读《古文观止》。1920 年进临浦小学，又经博学的国文教师陈榜良先生的悉心指导，在幼年就打下了扎实的国文根底。毕业后，研读《左传》、《纲鉴易知录》、《东莱博议》、《古文辞类纂》等书，对文史产生了浓厚兴趣。1923 年进临浦小学初中班，当时的历史教师蔡东藩，正在撰写历代通俗演义。蔡老师的教育与熏陶，使他对史学与文学的研读更有长进。蔡东藩先生是他步入史学之门的启蒙老师。同年，他考入杭州安定中学，是全班国文功底最扎实的学生，同学中有问题都向他请教，称之为“柴秀才”。1926 年夏，考入浙江省立第一中学高中科。在校期间，他积极参加了杭州学生反帝反封建的爱国活动，被推选为该校出席杭州学生联合会的代表，担任常委。毕业后，1929 年北上，考取北平师范大学史学系。是时家中经济困难，无力供应其读书费用，后来得到一位在京亲戚的资助，并在其家中担任家庭教师，才得以继续深造。入学后，他的才华与好学深受陈垣教授的器重。当时陈先生曾从考生中挑选了四份优秀的考卷作为范本，以勉励学生用功学习，柴先生的考卷名列榜首，陈垣教授在考卷上批了“以柴生为第一”的评语。从此，他长期在陈老师的指导下从事史学研究，登堂入室，成为陈垣先生非常得意的门生，是其学术传人。在大学时期，还有邓之诚老师对他教诲很深，使其永志不忘。1931 年，其亲戚南迁，柴先生的学习生活又遇困难。后经陈垣先生介绍，在辅仁大学附中兼任语文教师。这是柴先生从事教育事业的开始。在大学期间，他坚持半工半读，勤工俭学，经常带几个烧饼，在北京图书馆埋头看书。1930 年，他曾以“寒冬夜读”为题作诗，描述了苦读的情景：“黄昏把卷费沉吟，一字难安笔屡停。更鼓声残炉火冷，隔窗明月窥书灯。”这种勤奋学习的精神，使他在学术上打下了坚实的基础。1933 年毕业后，他执教于辅仁附中。1934 年受挚友相邀到安庆一中教国文课。1936 年受聘于辅仁大学历史系，从事史学研究与教学及大一国文教学工作。当时在辅仁大学同时教大一国文的有柴德赓、余逊、周祖谟、启功。后来这四人被称为辅仁“四翰林”。抗战期间，北平沦陷后，因辅仁是教会大学，属于“非伪校”尚能独立办学，不受日伪干扰，同时正值妻子生育并出于对陈老师的敬重，不愿离开老师，而滞留北平。1943 年底，汉奸曹汝霖将出任辅仁大学董事长，柴先生得悉此事后，与陈垣老师相约离开辅仁。他说：“曹汝霖是日本帝国主义的走狗，我们读中学时就喊口号‘打倒卖国贼曹汝霖’，怎能在这种人手下工作。”后陈垣先生因故未能成行。1944 年初，柴先生举家离开北平，经商丘、界首、洛阳、西安辗转入川。他在临行前夕告别陈垣老师留下的诗文序说：“余立志南行，期在明日，援庵夫子早有同行之约，部署已定,而校务长雷冕等涕泣相留,遂不果行。今夕余往辞别,师勉励之余,继以感喟,余泪下不能禁。归寓倚装赋此,不知东方既白。甲申正月初五夜。”其诗中云:“八载胡尘污乾坤,忍饥读书乐晨昏。迟迟未肯言去国,总缘河朔重师尊。……黄昏斗室话时艰,相约联吟到巴山。……谁知十事九拂意,得自由身良非易。吾道忠恕不相违,去留终须合大义。……明朝挥手从兹去,回首师门肠内热。”表达了他“年年无限家国恨”的忧国心情和对陈老师的恩谊之深。离开北平后,颠沛流离,长途跋涉,到达重庆。应台静农、魏建功等友人邀请,搭船到白沙,任国立女子师范学院历史系副教授兼图书馆馆长。时台静农教授为国文系主任,魏建功教授为教务主任。抗战胜利后,国立女师因迁校问题发生学潮,他带头反对当时的教育部长朱家骅,揭露其在学校搞特务统治的嘴脸,并担任教授会秘书,起草各种宣言、启事,与教育部公开论战,驳得对方招架不住,与台静农等三人被解聘。1946 年,柴先生亦被迫离开白沙,回到北平,被聘为辅仁大学历史系教授兼系主任。1952 年院系调整时,辅仁大学与北平师大合并为北京师范大学。他担任历史系教授兼系主任,白寿彝为副主任。1955 年,他响应号召,支援兄弟院校,调入江苏师范学院(今苏州大学),任历史系教授、系主任。他积极认真的工作为江苏师范学院历史系的建立与学科建设作出了重大贡献。

师承陈垣大师 《史籍举要》光彩照人

柴德赓毕生从事史学研究与教学工作,是史学界知名学者。在北平师范大学、辅仁大学读书、教书时,备受陈垣校长的青睐。他先后在陈老身边学习、工作 20 多年,亲受教诲与指导。师生相与讨论研究学问,关系十分密切。诚如他在《我的老师——陈垣先生》一文中所说:“我要永远向老师学习,做他的小学生,踏上他所走的道路前进。”他师承陈垣先生的治学经验,精研目录学,对史籍的研究造诣很深。先后在辅仁大学、北京师范大学、北京大学、江苏师范学院等校,讲授中国历史纲要、中国历史教学法、中国古代史、史料与史学、中国历史要籍介绍及选读等课程。1982 年北京出版社出版的《史籍举要》一书,就是根据他在江苏师范学院历史系讲授中国历史要籍介绍及选读的手稿和部分讲义,由他的学生许春在、邱敏、胡天法进行整理,并经北京大学历史系许大龄教授精心审校而成的。《史籍举要》反映了柴先生史籍研究的成果和教学经验。

《史籍举要》内容丰富,重点突出,评论精辟,有独到见解,正如作者所说,其目的是为了使青年学生“了解中国历史方面有哪些是重要书籍,哪些应该精读,哪些应该参考,哪些仅备检阅;更进一步了解这些书籍是什么人做的,什么时候做的,站在什么立场说话的,什么时候印行的,它里面记载些什么重要史料,它是用什么方法记载的,这些记载和见解对不对?这些书有什么优点,有什么缺点,我们对这些书应该怎样批判和利用?”可见柴先生教书育人的匠心和认真负责的态度。这是一部史学入门的好书,受到史学界和青年学生的欢迎,已多次再版,为学术界所瞩目。吕叔湘先生在《书柴德赓〈史籍举要〉》一文中说:“此书优点甚多,最值得指出的有两点。第一,所举书籍虽多,但不是全然孤立论述,而是常常指点彼此之间的异同因革,因而全书脉络贯通。……第二,评论一书的优劣得失都有根有据,恰中肯綮,决非笼统一说,或人云亦云。”他认为,《史籍举要》“确实是在同类书中允称上选”。何竹第在《柴德赓的〈史籍举要〉》一文中,亦称书中的“看法和处理方法都是十分中肯的”。认为“本书可作为研究史料的人员一把钥匙”。该书出版后,即被国家教委列为文科教材。1988 年荣获全国高等学校优秀教材奖。该书一再重印,影响甚广,备受名家和文史学界的推崇。

2002 年，北京出版社将《史籍举要》收入《大家小书》丛书中，重新专册出版。2003 年，中华书局（香港）有限公司在港出版《文史名家启蒙丛书》中也将《史籍举要》收入专册出版，在港、澳、台地区及海外广为发行。此外，台湾地区与韩国的出版社也曾出过专版和译文版。该书已不仅引领文史初学者进入浩如烟海的古籍之门，而且被众多史学研究专家在著述中频繁引用。

柴德赓的《史籍举要》，也是他师承陈垣的治学经验，致力于史籍目录的研究成果。如刘乃和教授所说："这本书应该说是在学术界有很大贡献的，在学术上是来源于陈老师的。"张守常先生在《回忆听援庵先生讲课》一文中亦称："柴先生是援庵先生的入室弟子，是有师承家法的，所以从柴先生的《史籍举要》中还可以看得出（援庵先生）《史学要籍解题》的原始面貌。"

学术造诣

柴德赓不仅精于目录学、史料学，而且在历史学的研究方面也有许多成就。中华书局 1982 年出版的《史学丛考》，收入了他在 1931 年至 1965 年期间的主要史学论著。他治学严谨，考证翔实，立论精辟有据，有独到见解。在五代史、宋史、明清史、清代学术史及辛亥革命史诸方面，都有较深的研究。

他早年对宋史就作过深入的钻研，不仅精于正史，还熟晓宋人笔记。在他精研过的《宋史》上，留下了许多珍贵的眉批。鉴于"自来言宦官祸国，每举东汉、唐、明三朝，语不及宋"，他考察了北宋宦官领兵、监军与走马承受公事等情况，于 1941 年 12 月在《辅仁学志》第十卷第一、二合期上发表了《宋宦官参预军事考》，以丰富的史料，论证了宋代宦官参与军事的史实。他说："余观宋代宦官之与政治，举凡国计民生治河决狱之事，巨细莫不与闻，顾以参与军政，与一代用兵关系最大，军政之坏，殆由于此，故特考其始末，表而出之。"文中还论述了南宋宦官不预军事，"而典兵者乃无一人，此一代政治军事之大变迁也"。由于他对宋史研究的专深，五十年代初中国史学会组织编写的《中国历史概要》（即苏联大百科全书中的中国历史）中宋史部分是他撰写的。

《通鉴胡注表微》是陈垣先生的名著，柴先生读后撰写了《〈通鉴胡注表微〉浅论》，发表于 1947 年 4 月 16 日、23 日《上海大公报 · 图书周刊》第 15、16 期。文章深刻阐述了《通鉴胡注表微》著作的时代背景、学术成就与价值，赞扬陈垣先生的民族意识与爱国情操，同时也反映了柴先生的爱国思想。他说：《表微》中"所举的议论，俯拾即是，凡是沦陷期间在北平受过生活煎熬、思想压迫的人，读起来格外有同感，这些话无异是替大家说的。……这书虽在沦陷期间作成，但发表已是胜利以后，未尝没有新的感慨附丽其中，像《治术》、《民心》、《货利》诸篇，就有很显著的表现。"

1961 年，柴先生从 9 月 1 日《光明日报》上看到钱仲联先生《关于陆游和陆秀夫新材料》的文章，该文根据《会稽陆氏族谱》说明陆秀夫为陆放翁的曾孙。他读后感到新鲜，但又发生疑问，"为自来史家所未道"。随即于 9 月 6 日写了《陆秀夫是否放翁曾孙》一文。他从陆秀夫的先世、秀夫名字与放翁子孙排行不符、陆秀夫图像题识等三个方面作了深入分析。《光明日报》随即于 9 月 15 日刊出。从钱文发表到柴文提出质疑，只隔六天时间，足见柴先生反应敏捷，具有深厚的史学功底，同时也反映了他治学的严谨。

《〈资治通鉴〉及其有关的几部书》是柴德赓对宋代史学研究的重要论著。他对《通鉴》

作了全面系统和深刻的论述,在史学界很有影响。20世纪60年代前期,他曾经在《香港大公报·艺林副刊》先后发表过《谈〈通鉴纪事本末〉》、《〈资治通鉴〉的作者》、《〈通鉴〉的编纂方法》等文。1963年,他应北京大学翦伯赞邀请,到北京大学讲学一年。在此期间,曾给中共中央党校的学员讲《资治通鉴介绍》,深入浅出地介绍这部史学巨著的写作集体、编纂方法、采用史料、胡三省注及主要优缺点,有其独到见解。尤其是他结合自己的亲身经历讲了应当怎样读《通鉴》,更可作为我们阅读时的借鉴。

1965年7月2日《人民日报·学术研究》第75期发表了柴先生撰写的《论欧阳修的〈新五代史〉》一文,认为"欧史效法《春秋》,最突出的一点是尊王思想"。指出:"欧阳修对五代十国的看法,没有从生产发展、阶级斗争着眼,是不正确的。向来对于五代十国有些错误看法,多数来源于《新五代史》,必须加以纠正。"

《明季留都防乱诸人事迹考上》是柴德赓的第一篇学术论著。这篇论文是在大学二年级写成的,文中对明末复社联名发表的《留都防乱公揭》中143位具揭人的生平事迹,一一作了考证。该文1931年6月发表于北平师范大学《史学丛书》第一卷第一期。文中歌颂了"辅南明诸王图兴复"的冯京第、黄宗羲等人,表彰了"国亡自尽"及"因事累为清室所获殉义"的魏学濂、陈子龙等人,而对那些晚节不好的人,则给予了鞭挞。文中充分利用了地方志及各种其他典籍,其内容丰富,考证精密,反映了他对明清之际历史的熟悉。后来因学校经费困难,《丛刊》停办,因此论文的下半部未能继续刊出。陈垣老先生1962年在《红旗》杂志上发表的《衷心喜悦话史学》中还提到这件事。

《〈鲒埼亭集〉谢三宾考》亦为柴先生早年的成名之作,发表于1943年12月《辅仁学志》第十二卷第一、二合期,对谢三宾的家世与生平事迹作了全面的考证与论述,对其晚节不保、两次降清作了批判,表达了柴先生热爱祖国的民族意识。该文曾获当时中央研究院论文一等奖。这些论著都反映了他师承陈垣先生经世致用的治学宗旨与考据特长。

柴德赓在清代学术史的研究方面,也有很深的造诣。在他的论著中,如《王西庄与钱竹汀》、《王鸣盛和他的〈十七史商榷〉》、《章实斋与汪容甫》、《试论章学诚的学术思想》等论文,都写于20世纪60年代"文革"之前,当时正是他精力旺盛、学术成熟的时期。由于他对清代学术源流与师承关系了如指掌,所以,这些论文都具有较高的学术价值。

古籍整理　功不可没

柴德赓对我国古籍整理工作也作出了重要贡献。1951年,他接受中国史学会的委托,主编中国近代史资料丛刊《辛亥革命》。1956年完成,全书共分8册,320万字。收录了120多种资料,其中从未发表的有十余种,字数约占四分之一,其他虽经发表,而刊本难得者居十之七八,是研究辛亥革命的重要文献。1964年,他受教育部之请,借调到北京协助陈垣老师点校新、旧《五代史》。当时,柴先生协助整理《新五代史》,刘乃和协助整理《旧五代史》。他们还编制了新、旧《五代史》的人名索引,编制了《五代十国年表》和有关五代史的论著目录等。可是正当点校工作接近完成的时候,"文化大革命"发生了。新、旧《五代史》的整理工作也因之中断。不久,柴德赓也被召回苏州而遭受迫害,1970年1月23日不幸去世。数年后,当二十四史整理工作重新继续进行时,中华书局还派专人到苏州江苏师范学院历史系,来找他联系整理《新五代史》的工作。此时,他们才知道柴先生已经不在人世,而深感惋惜。

对发掘苏州地方史料的贡献

《永禁机匠叫歇碑》的发现，是柴德赓对明清社会经济史研究的重要贡献。1955 年，他调任江苏师范学院历史系主任后，随时留意苏州地方文献。他在与纪庸教授进行学术交流时，谈到明清时期资本主义萌芽的问题。他们都认为，苏州历史文物中应该有这方面的记载，后来看到苏州图书馆藏旧抄本顾震涛《吴门表隐》中，提到机房殿有雍正十二年《永禁机匠叫歇碑》的记载，引起了他的重视。为了弄清碑文的内容，是年年底，他亲自去玄妙观访碑，在道士的指引下，终于在机房殿的墙脚下找到了这块碑，并请人拓下碑文。随后，他写了《记〈永禁机匠叫歇碑〉发现经过》一文，作了介绍，发表在《文物参考资料》1956 年第 7 期。该碑现保存在苏州碑刻博物馆。

《叫歇碑》发表后，柴先生还作了进一步的研究。他在给尚钺先生的信中说："我为研究这碑，曾经去苏州图书馆借来康熙二十五年的《织造府志》，对当时官营手工业的组织作了一些了解，肯定这碑所记的机户，都是私营手工业的资方。对碑上有姓的官吏，也大略考过，完全符合。为什么碑要立在玄妙观祖师殿？因为这是（当时）工人聚集之所。……明末葛贤率众抗税就是在玄妙观集会的。"《永禁机匠叫歇碑》还被收入在 1956 年三联书店出版的尚钺先生的专著《中国资本主义关系发生及演变的初步研究》一书中，作为"附录"。尚钺先生在"附录"说明中说："从柴德赓教授发现此碑的经过，使我们体会到一个研究学问的方法，即一切的机会和材料，都是为有思想准备的人而设的。……我们祖国有悠久的历史和文化，因之，文化的遗存一定很丰富，而且很普遍。只要我们肯研究，肯留心，我们当能发现更多的有史料价值的文化遗存。"

20 世纪 60 年代前期，柴先生在苏州地方史的研究领域有了进一步的拓展，他用诗文证史的方法，于 1960 年 1 月 8 日写出了《从白居易诗文中论证唐代苏州的繁荣》的初稿，当时没有公开发表，直到 1979 年 6 月，刊登于《江苏师院学报》1979 年第一、二期。另有一篇题为《天堂苏杭说的由来》，则刊发于 1961 年 6 月 11 日的《新华日报・新华副刊》。在苏州工作期间，他对明末苏州灵岩山爱国和尚弘储的生平及爱国抗清思想、对弘储弟子中的著名遗民、对黄宗羲与灵岩之会等，均作了深入研究与考察。这篇《明末苏州灵岩山爱国和尚弘储》的遗稿与力作，于 1982 年 6 月编入中华书局出版的《史学丛考》，才得以与读者见面。

教书育人　桃李满天下　辛勤建系　繁荣学术开盛花

柴德赓毕生热爱教育事业。自 1931 年在辅仁大学附中任教开始，从事教育工作 40 年。他教学认真，讲课生动，内容充实，论述有据，有独到见解。他待人热情，诲人不倦，因而受到广大师生的敬重与爱戴。许大龄先生回忆柴先生在北京大学讲课的情况时说："1963 年他在北京大学讲课，无论是在课堂上，或是在宿舍里，几乎每天都有很多青年同志把他包围着，有历史系的，也有中文系的，有同学，也有青年和中年教师，去聆听他的谆谆教诲。他平易近人，来者不拒。那时我们都担心会把他的身体累坏。但面对求知心切的青年同志，他是从不考虑自己的健康情况的。"刘乃和回忆早年在辅仁大学听柴先生讲课时说："我认识柴先生是在 1939 年考入辅仁大学历史系的时候。他给我们班讲'中国历史纲要'。刚一上课，那清朗的语调，生动的内容，就把全班同学的注意力吸引住了。在一年的讲授中，他经常夹叙清人治学特长和历史掌故，使同学开阔了眼界，提高了治史的兴趣，初步获得了读书的门径。他是我们班最受欢迎的老师之一。"许春在回忆在江苏师院就读时听柴先生讲授《中国历史要籍介绍及选读》时说:"柴先生处理教材极有功夫,不论介绍哪一部名著,都讲得生动风趣,旁征博引,纵收自如。有时先生借题发挥,犹如跃马驰骋,引我们进入知识的锦绣谷中,令人目不暇接,似有脱缰忘返之感,然而先生话锋一转,又回到原先话题,这时我们才发觉先生原本要讲的艰深内容已经让我们在一路赏景之中悄然冰释了。"可见他讲课的教学效果很好,很受学生欢迎。

他关心青年学生的成长与进步,解放前,他掩护过进步青年投奔革命。在教学中他关心学生的学业,也关心学生的政治思想与品德教育,鼓励青年勤奋学习。

柴德赓为江苏师范学院历史系的建立作出了重要贡献。当时江苏省的师范院校的历史专业还没有本科生,柴先生到任后即积极投入规划筹备,加强学科建设,培养与充实师资,增添图书设备,努力提高教学质量,终于在较短的时间内建起了历史系。他重视师资的培养,关心青年教师的提高,勉励青年教师要认真读书,打好扎实的基础。他亲自指导青年教师组成读书小组,学习《资治通鉴》、《书目答问》,指导青年教师掌握与使用《二十史朔闰表》、《中西回史日历》等工具书,选派青年教师到有关院校进修提高。当他外出参加学术会议时,常把青年教师带去参加学术活动,听学术报告,从各方面培养、提高青年教师的水平。

柴先生积极提倡科学研究与学术交流,认为这是提高学术水平的重要途径。他要求教研室建立制度,定期开展学术活动,互相交流学习心得,交流学术思想。他注意校际之间的学术交流活动。1956 年秋天,在他的主持下,江苏师院历史系举行第一次科学讨论会,邀请了南京、上海、杭州等有关高校的教师来参加。他主持江苏师范学院历史系工作后,数年间先后邀请了尚钺、吴晗、吴泽、韩儒林、沈炼之、翦伯赞、邓广铭、胡华等史学界名家来院作学术报告与座谈交流,促进了师生教学与科研水平的提高。随着全国教育事业的发展,江苏师范学院的规模也越来越大,教学质量不断提高,一批批毕业生相继走上教育工作的岗位。1962 年,江苏师范学院庆祝建院十周年校庆时,柴德赓喜看师范教育事业的发展,赋七言绝句四首,以志欢庆。诗云:"学府宏开岁月更,十年成绩已峥嵘。吴中自古人文地,今使前贤畏后生。""水映楼台柳拂丝,弦歌何处不相宜。图书万架花千树,正是人才蔚起时。""学海无津一筏航,不迷方向见朝阳。经师难得人师重,相约红专各擅场。""一代风华春不驻,千秋事业史无前。昌明科学今非昔,进步还须志更坚。"诗中表达了柴先生为进一步培养又红又专人才的千秋事业而努力的决心。

精于诗词　擅长书法

柴先生是一位很有才华的学者,他长于史学,精于诗词,擅长书法。留有《偶存草》手稿与《青峰诗存》残册,存诗 134 题,185 首,写作时间从 1926 年起至 1964 年。所作诗歌题材广泛,有读书治史、寄怀友人,有赞颂祖国大好河山,记叙生活历程及抒发爱国情思等题材。这些诗歌的写作时间,包括抗日战争、解放战争和新中国的建设时期,因此,从自身的生活侧面也反映了近代中国的历史变革。

柴先生擅长书法,深得书法界的好评,认为他的字形美且苍劲有力,功力深厚。他曾任中国书法家协会常务理事。1956 年 10 月 5 日,他在《人民日报》上发表了《百花齐放中论一花独不放》一文,呼吁倡导书法艺术。可惜他的墨迹已大多无存。1988 年,其子祖衡、邦衡、君衡,女儿令文,一起将他亲自抄写的部分诗稿和征集到的遗墨,与柴先生精心收集的《青峰师友墨缘册》及其诗歌,整理编印成 16 开本的《柴德赓教授纪念册》刊行于世。《青峰师友墨缘册》是他先后请书法上有相当造诣的师友题写的墨迹，其中有陈垣、柳诒徵、周祖谟、顾颉刚、赵朴初、启功、余嘉锡等人，不愧为一册书法艺术的精品。1998 年，其子祖衡、邦衡，女儿令文，又编印了一册《柴德赓书法选》，其中收录的柴先生于 1964 年在北京所书的《毛主席诗词三十七首》，是一份不可多得的书法艺术精品。

毕生爱国　追求真理

柴德赓是一位爱国的知识分子，在青年学生时代就积极投入反帝爱国运动。他发扬五四青年爱国精神，反对帝国主义的侵略，反对封建主义的压迫。1928 年"五三惨案"[1]后，学生们上街游行，唤醒民众，抵制日货，募捐救援同胞等。其时，他在杭州也积极参与领导了学生爱国运动。在抗战期间，在敌伪统治下的北平，辅仁大学因属教会学校，尚能以弘扬民族意识来治史，在陈垣老师的影响和悉心指导下，他写出了《〈鲒埼亭集〉谢三宾考》这样的鞭鞑民族败类、唤醒民族意识的著名论文。这一时期也是他写诗痛斥日寇侵略、抒发爱国情怀最多的时期。在革命战争年代，他多次掩护地下工作同志的活动。有位山东解放区的同志到北平工作，被敌人盯梢，曾在他家里住了十来天，后安全离开北平。任弼时 1948 年 1 月 12 日在西北野战军前委的讲话《土地改革中的几个问题》一文，也曾在他家里刻钢板油印。后来在中央党校工作的朱彤同志，1948 年在北平地下工作处于危险时，也受到柴先生夫妇的保护，并在第二天化了装，由他们夫妇亲自护送上火车。当时刘乃和的弟弟刘乃崇因参加地下党领导的进步戏剧运动，身处险境，也是在柴先生与师母陈璧子的掩护下，化装成古董商人，奔赴革命圣地。

新中国建立后，他拥护共产党，积极参加各种社会活动，曾担任辅仁大学教育工会主席三年。1950 年 12 月，经马叙伦、陈伯君介绍，他加入中国民主促进会，任北京市分会理事。1953 年，他参加第二次赴朝慰问团任华北分团副团长，到前线慰问中国人民志愿军。1956 年夏，他被选为民进中央委员、江苏省民进筹备委员会副主任委员。他是苏州市民主促进会的创始人，苏州民进是他到苏州后与范烟桥、谢孝思等同志积极筹建起来的。他担任苏州民进主任委员，并任江苏省政协常委、苏州市政协常委和苏州市人民委员会委员。他团结了许多苏州文化名流，如汤国梨（章太炎夫人）、周瘦鹃、范烟桥、谢孝思、程小青、蒋吟秋等，疏通他们参政、发挥作用的渠道。他拥护共产党的领导，认真学习，积极参加政协和民主党派的各种活动，团结同志、参政议政，为祖国的社会主义建设贡献力量。

柴德赓致力于史学研究与教育事业近40年，是一位有才华有成就的著名学者。他的治史成就、学术思想、治学精神与高尚品德，在史学界、教育界留下了深远的影响。

注释：

*《柴德赓先生传略》，初载于何荣昌、张承宗主编：《青峰学记》（《江苏文史资料》第 52 辑、《苏州文史资料》第 21 辑），1992 年出版。后收入王淑芳、麻星甫主编《师范群英光耀中华》第 15 卷，陕西人民教育出版社，1994 年出版，标题为《柴德赓　历史学家》；又收入苏州市政协文史工作委员会编《相知集》（苏州文史资料第 35 辑），2003 年印，题为《柴德赓：治学的精英，育人的园丁》。后经柴邦衡增补，题为《青峰永在》，刊于《苏大校友》2005 年第 2 期，收入《百年青峰》时又有所增订。

[1] 五三惨案，即"济南惨案"，1928 年日本帝国主义为阻止北伐，借口保护侨民，出兵侵占济南，打死中国军民而制造的一场惨案。

原载《百年青峰》，苏州大学出版社，2007 年出版

柴德赓先生《史籍举要》读后

李秋沅

《史籍举要》是柴德赓先生为高等学校历史系学生和有志于史学的青年而写的指导治史门径的书，是柴先生多年讲授“中国历史要籍介绍及选读”一课的心血结晶。它一问世，就受到学术界的重视和好评。吕叔湘先生称此书“在同类书中允称上选”（吕叔湘《书柴德赓〈史籍举要〉》，《光明日报》1990年5月2日）。这部书第一次印刷，印数即达3万4千册，其发行量之大在同类书中是首屈一指的。

中国的史籍浩如烟海，对于一个初入高等学校的学生来说，真如瞎子摸象，既难窥其全貌，更有不知从何处入手之叹。正是针对这种情况，作者为此书规定的目的是，“在于使高等学校历史系的学生和有志于史学的青年……了解中国历史方面有哪些是重要书籍，哪些应该精读，哪些应该参考，哪些仅备检阅；更进一步了解这些书籍是什么人做的，什么时候做的，站在什么立场说话的，什么时候印行的，它里面记载些什么重要史料，它是用什么方法记载的，这些记载和见解对不对？这些书有什么优点，有什么缺点。我们对这些书应该怎样评判和利用？”（《史籍举要·前言》。以下引本书只注页码）从这段话可以看出作者撰著此书的目的有二：其一是告诉读者中国古代的史书哪些是最重要的；其二是告诉读者如何去读这些书。

中国的史书那么多，哪些是最重要的呢？作者根据此书的阅读对象是初次接触这些书籍的青年学生这一特点，实事求是地提出选书的标准是“多讲普通习见的书”（《前言》）。“普通习见”听起来语不惊人，但对初学者来说却是最“切实有用的”。

本书分上下两编，上编讲纪传类，即传统所谓的“正史”，内容除二十四史外，加上《清史稿》，共二十五史，计162页，占全书的十分之六，是本书的重点。下编分列编年体类、纪事本末类、政书类、传记类、地理类等五类，选书70余部，计108页，占全书的十分之四。上下编合计选书不过百余部，但都是各类中最重要最有代表性的著作。包括了自西汉至民国初年各时期所写的最重要的史籍。至于连类附及之书，也有简单介绍，主分次明，眉目清楚。从这里，初学者对中国古代历史书籍的分类，各类中有些什么重要的书籍，便可有一系统的概括的了解，为下一步的研究取得一把钥匙。

对于第二个问题，也就是指导读者如何去读的问题，柴先生对每部书大致是从四个方面介绍其内容的，即（一）作者及著作年代；（二）史料来源及编纂方法；（三）优缺点及在史学上的地位；（四）注解及版本。在讲解方面，柴先生为自己提出的要求是，“讲解力求系统、明白、扼要，不钻牛角、掉书袋”。“史书源流及史学常识、因事附见，以切实有用为主。”（《前言》）这样的介绍确实做到了既系统、全面，又明白、扼要。这也就成了《史籍举要》一书的突出优点之一。

正是由于作者著书目的明确，因而此书具有如下几个特点：

深入浅出　有启发性

书目举要这类课很容易使人感到呆板枯燥,但是柴先生讲起来却是轻松活泼,娓娓动听。这里有这么两个原因:一是柴先生在介绍重要史籍时,既是一部书一部书地讲解,又不是孤立地论述,而是瞻前顾后、左串右联,说明彼此之间的继承和发展。全书体系完整,脉络贯通,一气呵成,读起来毫无支离破碎之感。二是在介绍某书时,常常附带介绍一些有关的佚闻旧事,既丰富了教学内容,又引发了学生的学习兴趣。如讲到《汉书》颜师古注时,顺便指出"唐人司马贞、张守节注《史记》,很多是参考《汉书注》的"(第20页)。讲到《后汉书》的史料来源时,说范晔与裴松之所见史料略同,"裴松之得以搜集这些资料撰成《三国志注》,范晔则取以改撰《后汉书》。二人同时,作为亦各不相谋,其成就是一样大的"(第23页)。在讲到裴松之注《三国志》时,附举出他的儿子即作《史记集解》的裴骃,他的曾孙裴子野作《宋略》,为刘知几所赞赏,"可称一门史学"(第40页)。又如在介绍《通鉴注》的作者胡三省时,说他27岁登宝祐四年(1256年)进士,接着说了一句"和文天祥(状元)、陆秀夫、谢枋得等为同年"(第177页)。文天祥是南宋末年著名的抗元英雄。陆秀夫是背着南宋最后一个小皇帝跳海的人。谢枋得于宋亡之后,不与元人合作,饿死于大都。三个人都是很有民族气节的。柴先生这么一联系,既增添了学生的兴趣,也有助于记忆。记得在课堂上柴先生还附带提到,宋朝考过一百几十次进士,现在留下的题名录只有两个,一为宝祐四年的,因为这一年的状元是文天祥;一为绍兴十八年的题名小录,因为朱熹是那一年第五甲第十九名。真是左顾右盼,处处逢源,十分生动活泼。没有丰富的历史知识并灵活地运用是无法做到这一点的。

探源溯流　指示门径

此书虽说是"举要",但作者对书的内容并不是简单介绍而已,常常是探源溯流,或指出某书在编纂方法上的因革异同,或指出此书在流传过程中地位的变化。例如,类传创自《史记》,范晔修《后汉书》不仅继承了这一体例,增加了传目,还于列传中使用类叙法以增加容量。所谓类叙法,用柴先生的话说,即"情节相同,虽记载仅一二行,亦必详其姓氏里居……此等人物立一传则事实不足,又不忍没其姓氏,乃用类叙法附入其中一人传中。《后汉书》如此类者极多,亦一特点"(第28页)。这是《后汉书》在编纂方法上对《史记》的继承和发展。柴先生在指出这一特点后,还加了一句,"后来惟《明史》善用此法"。又如,《晋书》于本纪、列传之外,又有载记三十卷,用以记述十六国史迹。柴先生不仅指出"载记名称最早见于《东观汉记》,有载记述新市、平林、公孙述等反对王莽诸人",而且分析了唐修《晋书》采用这一体裁的原因。他说:"因十六国皆在中土,但又不受晋封爵,势难以前史世家列之,乃援载记之例,分国记述。"并借刘知几的话对《晋书》采用这种体裁作了评价,说这是"择善而行,巧于师古"。最后还指出"此三十卷书,材料十分重要。……为今日研究十六国史事惟一资料"(第50页)。再如,《唐会要》是以事目为中心,记述唐代各项制度沿革变迁的史书。作者在介绍此书的开头,历举此书在各个朝代一些重要书目中的分类情况:"《崇文总目》、《郡斋读书志》以《唐会要》入'类书'类,《直斋书录解题》入'典故'类,《文献通考·经籍考》入'故事'类,《宋史·艺文志》入'类事'类,《四库全书》入'政书'类。"接着分析了其变化的原因,指出类书"皆分门别类,罗列典故,为作文章取材方便而流行。……《唐会要》

则全载典章制度，不同于类书之并载风花雪月、草木虫鱼，故愈至后世，地位愈高，由类书而典故，而故事，而类事，至《四库全书》竟入‘政书’之列”（第220页）。“辨章学术，考镜源流”是中国古代目录学的优良传统，《史籍举要》虽是指导初学者的入门书，也充分体现了这一优良传统。这样介绍不只丰富了学生和读者关于史籍的知识，也指明了史学的发展。

此书与其他同类书相较，还有一大优点，就是作者往往三言两语，给读者指示读书门径。例如，在讲到《南齐书》时，说“《南齐书》诸志中，《百官志》最简明。读南北朝史的，每苦官职纷杂，先读《南齐书・百官志》可以得其概略”（第65页）。又如介绍《宋史纪事本末》时指出，“此书内容较《通鉴纪事本末》为充实，除军事杀伐外，多及制度”。接着列出十七目，说“此等题目均极重要”。最后指出“明代著作虽多，能像此书切实有用者亦不多见。读宋史不可不读此书”（第196，197页）。在介绍了《通典》之后说：“《通典》和《通鉴》，一为制度，一为史事，合而观之，相得益彰。”（第211页）又说：“研究唐史，以材料论，天宝以前之材料《通典》可以依据，天宝以后，则《唐会要》为最早史料。尤因此书所引材料，原书已亡，故不尽作工具书用。”（第221页）于传记类介绍钱仪吉《碑传集》、缪荃孙《续碑传集》、闵尔昌《碑传集补》后说，钱书“所收人物自天命至嘉庆二百年，共一千六百八十余人，大致包括了清代前期重要人物的碑版状记及地志杂传等资料，在清代史料目录中占有重要地位”。“缪、闵二书因所辑人物多及近代……故其价值不可低估。”（第249页，250页）最后还顺带介绍了前燕京大学引得编纂处所编的宋、辽金元、明、清四种传记综合引得，指出“从北宋至辛亥革命一千年间的重要历史人物大都可以从中查出线索，极为有用，为图书馆必备之书”。（第250页）在谈到如何利用封建时代文人所写的个人传记时说：“姓名籍贯、生卒年月、平生仕履、社会关系，这四点是了解一个人物的基本条件，一般传记虽至谀墓之文，于此四点，大略可信。”（第253页）像这样的例子还有不少。这些不仅给初学者指示了门径，就是对历史研究者也是很有用处的。柴先生这些论述，言辞不多，笔调轻松，却又贴切得当。如吕叔湘先生所说：“这些都不是不经过深入探讨就能下笔的。”

广征博引　考证翔实

柴先生青年时期师从陈垣先生研习史学，治学严谨，对目录学、考据学均有很深的功夫。对清代学术源流，尤其是史学方面的成就，了如指掌。因此在介绍每部书时，虽着墨不多，但使人感到内容非常充实。例如，本书对所举史书的作者，虽然只有数行简要的介绍，但却注明该作者的事迹见于某书某卷。这样既节约了篇幅，又为欲知作者详细情况的读者指明了进一步了解的途径。又如，本书在评论作者及作品的得失短长时，大量引述前人的评论，并加以裁正。有些评论柴先生认为好的，就加以肯定。例如，在评价《资治通鉴》时，柴先生说：“司马光是一个踏实的人，此书是一部实实在在的书。钱大昕云：‘读十七史，不可不兼读《通鉴》。《通鉴》之取材，多有出于正史之外者，又能考诸史之异而裁正之。昔人所言，事增于前，文省于旧，惟《通鉴》可以当之。’（见《潜研堂文集》卷二十八《跋宋史新编》）我们就拿这句话作为《通鉴》优点的总结吧。”（第175页）

前人有些评论，柴先生认为是错误的或不妥当的地方，便详加考证或予以反驳，虽名家亦不稍假贷。例如，《举要》在介绍范晔《后汉书》时说：“范撰是书，以志属谢瞻。范败后，瞻悉蜡以覆车，遂无传本。”柴先生说：“《宋书》卷五十六有《谢瞻传》，瞻乃谢晦之兄，高祖永初二年（421年）卒，范晔尚未撰史，安能托其作志。后阅范书卷十下《后妃纪》章怀注云：

'沈约《谢俨传》曰:范晔所撰十志,一皆托俨。搜撰垂毕,遇晔败,悉蜡以覆车。宋文帝令丹阳尹徐湛之就俨寻求,已不复得,一代以为恨。其志今阙。'方知《提要》所云谢瞻,乃谢俨之误。谢俨今本《宋书》无传,惟《宋书》卷八十五《王景文传》有谢俨之名。"言之凿凿,有根有据。又如,关于沈约《宋书》与裴子野《宋略》二书孰高孰低的问题,自唐以来,论者多引沈约见《宋略》而叹曰"吾弗逮也"这句话,进而得出结论说裴书为上。《宋略》已佚,无从查考。柴先生据《南史》所载,知当时所以重视《宋略》,在于议论。又据《梁书》卷三十《裴子野传》及《史通·古今正史》所论,知裴书是删沈约《宋书》而成,不过叙事比《宋书》好。柴先生又从《通鉴考异》中所引证的《宋略》原文与《宋书》作一比较,然后得出结论:"大抵以材料论,《宋书》为详。因此《通鉴》依据《宋书》比较多些。但《通鉴》采用裴子野论十篇,如元嘉元年论典签专恣之害,又大明二年论仕途惟论门户不问贤能之非,颇有见地,不同于空论。"(第62页)

考证是研究历史的一种手段。考证之所以必需,是因为不论是史事还是史书,在记载上往往有不同的甚至相反的说法,怎样才能决定去取,就需要考证。《史籍举要》虽非考史之作,但从上引少数例子可见柴先生学识渊博,精于考证。有些说法不一的问题,经他考释,真实情况得以阐明,学生和读者由此得到了正确的认识。

介绍版本　切于实用

版本知识对于阅读古书是必不可少的基础知识,因此,本书所介绍的各部史籍大都有版本一项。其内容主要包括两方面,一是介绍该书现存的善本及常见的版本,二是指出不同版本的异同及使用时应注意的问题。要在以切于实用为主。例如介绍《后汉书》的版本时,特别指出"《后汉书》因纪传与志分属二人,各本排列次序,都是纪、传在前,志列于后,只有殿本把志插入纪、传当中,因此引用《后汉书》志、传的卷数,常常相差至少三十卷"(第34页)。殿本在过去是最通行的一种版本,使用的人很多。回想我过去在备课时就曾碰到这个问题,如若不是有柴先生的先期指点,恐怕还要花不少时间去摸索呢!如今大家阅读廿四史,一般都是用中华书局出版的点校本。点校本《后汉书》是以商务印书馆影印的南宋绍兴本作为底本。绍兴本保持了原来面目,所以大家一般不会遇到同一篇志或同一人的传记,卷数相差数十卷的问题。但是在阅读前人论著或自己从事研究的时候,却难免不遇到上述情况。知道此书不同版本的差异,遇到问题便不会困惑不解了。又如,柴先生在谈到《元史》中的诏旨都是引用旧文时举了两个例子,"如卷一百二十四《忙哥撒儿传》内有诏书一篇,文极古雅,仿古《尚书》体,乃宪宗蒙哥诏书。又卷二十九《泰定帝纪》又有泰定元年登极诏书全用白话,乃译蒙文而成者,两个诏书相比,极为不类。后者于乾隆时已删改而润饰之,成为文言。今五局本、苏州局本《元史》此诏已用改译本"(第148页)。现在通行的中华书局点校本《元史》是以商务印书馆影印的百衲本为底本,最接近初刻本的原貌。泰定元年登极诏书全为白话。有了柴先生的指点,今后在研究过程中遇到此一问题,便会迎刃而解了。又如《旧五代史》原书早佚,今本是清修《四库全书》时从《永乐大典》中辑出,先后有三种版本问世。柴先生指出:"《旧五代史》版本,以南浔嘉业堂刘氏本为最好,江西熊氏本次之,殿本的改动最大。"(第117页)像这类的版本知识对读者都是非常切实有用的。

我于1954年9月至1955年5月曾跟随柴德赓先生学习"中国历史要籍介绍"。当时我只是一个大学刚毕业不久的青年,对于中国传统的文化知之甚少,每次听课或与柴先生个别交谈都感到很有收获。不管我提的问题多么幼稚，柴先生总是十分耐心十分热情地予以回答。后来，柴先生调往江苏师范学院（今苏州大学），我的学习也随之中断，至今想来，仍觉是件憾事。时隔30余年，重温旧课，追忆往事，不胜今昔之感。

原载《史学史研究》1992年第3期

"人生以服务为目的,社会因教育而光明"

——怀念原国立社会教育学院院长陈礼江

黄文浩

陈礼江(1893—1984)字逸民,江西省九江市人。早年入九江南伟烈大学(德籍美国人办的一所私立学校)就读,毕业后任九江第六师范教员。约在1920年赴美国留学。在芝加哥大学研究教育学和心理学,获硕士学位。1922年回国任武昌师范大学教授、教务长。当时正值国内高校改制,陈悉心规划,完善院系制度,使学校教学步入正轨,在国内颇具影响。1927年应江西省主席朱培德之邀,出任江西省教育厅长,在任三年。当时教师工资常被拖欠,陈力争将教育经费立为专项,使全省教育工作者能按时领到工资,真是功德无量。他竭力推行新学制,实行小学四二制、中学三三制。他又争取增加教育经费,添置学校的图书设备以改善教学条件,在他任内创设省立乡村师范五所。一任厅长,使陈感到中国的教育问题不少,需要改革。1930年江西省主席易人,陈亦卸任去广州中山大学任教授。1931年暑假,陈去上海,遇见老友陈剑翛先生。陈剑翛告诉陈礼江,他最近去无锡参观江苏省立教育学院,见该院办学宗旨与设施和一般教育学院不同,值得一看。陈礼江正在思索中国教育前途往何处去的问题。遂去无锡江苏教育学院参观,受到高阳院长的热忱欢迎。该院设四年制民众教育学系及农事教育学系,在农村有三个实验区,学生四年级时到农村,从事农事、语文、政治教育的实习,目的是通过教育改变农村的落后面貌。陈礼江参观三天后,高院长请他向全院学生讲演。他说:"中国的教育已到应当改革的时候了。贵院找到了一条道路即民众教育(西方国家称为 Mass Education),中国大多数人住在农村,无学校可进,而他们是国家的主人,以这种未受教育的情况,怎么能当好主人呢?我在贵院参观后知道贵院已指出一条改革中国教育的道路,我希望能有机会参加这项工作。"正是由于这一机缘,1931年陈礼江辞去了中山大学教职,到江苏教育学院任教授兼教务主任,教一门心理学,并管理学校教务及学生的实习。通过教学实践,学院的领导人一致认为:学生的培养目标是要学生知道中国教育的问题是大多数民众无法受到教育,这就是实施民众教育的依据,学生就是将来改革教育的人,应该具备一定的专业知识,了解中国历史发展过程和当前中国社会的经济状况,学生毕业后不仅会说理而且能动手做,要具有进取精神与知识技能两者并立。陈礼江主张:民众教育的对象主要是成年人,以别于一般的学校教育。民众教育的内容,根据民众的需要:第一要进行生计教育,改进农业,增加生产,使人人有饭吃;第二要实施政治教育,使群众都具有爱国、守法的公民美德;第三要实施语文和科学教育,扫除文盲,让民众都能读些书,掌握一定的文化知识;第四要进行健康教育,帝国主义污蔑中国人为"东亚病夫",必须改变人民不健康的状态,使人人具有健康体魄;第五要重视休闲教育,清除封建迷信、陋习和坏习惯,使人人有正当的休闲生活;第六进行家庭教育,家庭是构成社会的细胞,儿童及未成年人的成长受家庭影响极大,家齐而后才能治国。如果能按以上六项教育民众,使人人有饭吃、有公民的道德修养、识字并具有一定的常识、身体健康、生活正当合理、家庭和睦,民众教育的目的就达到了。这些思想认识在全校师生中取得一致后就实行起来。学校发展了,学生人数逐年增加,宁沪一带流传着学校教育改革的信息。江苏教育学院与河北定县晏阳初、瞿菊农领导的平民教育促进会,山东邹平县梁漱溟倡导的乡村建设并称为三大农村改革的基地。来院参观的人络绎不绝,事闻于蒋介石。有一天,陈礼江接到教育部长朱家骅的电话,要他到南京去一趟,次日他到南京,得知原来蒋介石要了解江苏教育学院办的民众教育到底是怎么一回事。第二天,陈礼江随朱家骅去蒋介石住所,扼要向蒋介石介绍了在无锡办民众教育的情况,蒋听罢说:"今后还要请你来谈。"又对朱家骅说:"你们教育部也应当注意此事。"

1931—1935 年,陈礼江在江苏教育学院教学的同时,编著了《民众教育》、《教育心理学》两书由商务印书馆出版,《普通心理学》在正中书局出版,与杜佐周先生合译美国教育家桑代克(Tharndike)所著《成人的学习》(《Adult Learning》),译此书的目的是要说明成人具有学习的心理能力。此外还与马祖武先生合编《民众教育读本》,此书曾获 1936 年中英庚款董事会奖金。学院还办了《教育与民众》季刊。

1935 年 10 月,当时教育部长王世杰电约陈礼江去南京面谈,王对江苏教育学院实施的民众教育给予积极评价,说现在可以把民众教育推广到全国去,教育部有社会教育司可以主持此事,并邀陈出任社会教育司司长。陈回无锡后,江苏教育学院几位领导人商议认为这是把民众教育推广到全国去的好机会,于是同意陈礼江离院去教育部任职。

1936 年陈礼江到教育部任社会教育司司长,当时该司分设两科,第一科管理"通俗教育"如戏剧、说唱、改良风俗等;第二科管理考古、艺术、音乐等,陈召集全体工作人员座谈,强调要加强民众教育工作。凡属社会教育范围内的各图书馆、博物馆、音乐、美术、戏剧、体育、电影、广播等事业,社会教育司都要注意支持。为了加强社会教育工作,陈礼江考虑多时并写成《普及中国社会教育草案》呈送部长,经批示"准予由该司逐渐实行"。有了纲领还需要有人来实施,可是抗战开始后各级政府机关都忙于抗战,无暇顾及社会教育了,而形势却需要加强社会教育向群众进行爱国主义的宣传。陈礼江请示部长同意后于 1938 年夏在武汉召开各省教育厅的社会教育科科长会议,讨论他拟的《普及中国社会教育草案》,落实机构、人员、经费等问题。但此后由于日寇猖狂进攻,后方通货膨胀加剧,各地社会教育的开展实效不大。

国民政府内迁重庆后,国难当头,亟需宣传艰苦抗日,又要救流亡到后方的难民。陈礼江与陈立夫部长详谈后认为要发挥社会教育的作用,于是由社会教育司主办了以下几件大事。

(一) 成立三个社会教育工作团,分驻重庆、成都、贵阳,收容逃难到后方的过去从事社会教育工作的人员,去报名参加就可成为团员,领取工资,解决生活问题,经费在社会教育司经费中开支,每个团都有 150—200 人。团员中有长于歌咏的、有长于演剧的、有长于口才的,各按所长分别组织,到各地从事民众教育,宣传抗日。

(二) 在重庆与璧山之间的青木关,原为农村赶场地,1939 年春日寇飞机大炸重庆,教育部就迁到青木关,以后往来人多就成为一个小市镇。在此办一个民众教育馆,经常派人到各茶馆宣讲抗战形势,揭露日寇暴行,同仇敌忾,号召民众团结抗战,馆内有书报阅览室,定期展示农事方面的图片,宣传农业生产的科学知识,还开办成人识字班,办了一个简易剧场,请一些剧团来演出话剧、京剧,丰富群众的生活。

（三）推行电化教育，在教育部内成立电化教育委员会，派员去香港购买电影器材及影片，到各地放映，为此办了电影教育人员训练班，培训各省派遣的电化教育人员。

（四）在青木关设立音乐学院，招收初中毕业生或有音乐天赋的青少年，学制8年，教育部次长顾毓琇兼院长，实际上由陈礼江代管院务，该院培养了不少音乐人才。

1939年秋，教育部突然接到蒋介石手令，大意说各省县民众教育馆空虚无实，陈部长应加整顿，下签中正二字。这在教育部是“头号大事”，陈立夫与陈礼江研究后，决定由社会教育司开办各省县民众教育馆馆长训练班，在青木关择地建屋由教育部令各省分批派遣馆长到青木关受训。训练班从1940年初到同年8月共办4期，每期6周参训人约一百二三十人。办训练班后，各省都感到社会教育工作人员匮乏。社会教育工作团的不少团员因工资难以养家糊口而离团另谋生计。内迁到桂林的江苏教育学院，因为是江苏省立的，而江苏是沦陷区，学校经费无着，到1941年春已难以为继。陈礼江乃向部长建议办一个学校，培养社会教育专门人才，陈立夫以为然，于是调陈礼江为参事，筹建国立社会教育学院。经派员几处寻觅校舍，最后借得璧山县中、县女中校舍（二校因避日机轰炸搬到农村去了）予以修缮、添建设施，定为社会教育学院院址。1941年秋学院正式成立，陈礼江被任命为院长。他聘胡昌鹤为教授兼教务主任、高鸿缙为教授兼训导主任、甘导伯为教授兼总务主任，另外还设有研究部、实习指导委员会、推广教育委员会；在城南小学借得部分房屋办了乡村教育实验区，在璧山汽车站（成渝公路）建社会服务处，在城中心成立民众教育馆（原县立与学院合办）供学生实习、实验用。

1941秋—1946夏，学院设置四年制社会教育行政系（系主任初为程锡康，后为童润之）、社会事业行政系（系主任初为朱约庵，后为朱亦松）、图书博物馆系（系主任汪长炳）；二年制电化教育专修科内分电影及广播两组（科主任戴公亮）、艺术教育专修科内分音乐组（主任应尚能）美术组（主任韩天眷）戏剧组（主任谷剑麈）。1941年秋开学共招一年级新生二百余人，此外社会教育行政系有少量二、三、四年级学生是江苏教育学院和大夏大学社会教育系停办而未毕业的学生，他们奉教育部令转入社会教育学院继续完成学业。

陈礼江亲自拟定院训“人生以服务为目的；社会因教育而光明”，点明人生哲理和社会教育的主导思想，颇有现实意义，可惜在旧社会难以实现。他知道要办好这所高校必须有名师才能出高徒。他多方张罗请了不少知名学者到校专任或兼任，如陈白尘、郑君里、刘雪庵、焦菊隐、张骏祥、应云卫、戴爱莲、许幸之、钟灵秀、岳良木、梅经香、董渭川、刘及辰、许杰、洪深、庄泽宣、许德珩、陈仁炳、言心哲、张少微、杜佐周、陈剑脩、钱仁康、韦悫、邱椿、肖家霖、何容、乌叔养、吕凤子……当时重庆璧山道上真可谓“冠盖相望”，极一时之盛。陈礼江亲自授课。他讲课不带讲稿，但条理清楚，娓娓动听。我还记得他讲到心理学的应用时举了一个例子：美国某小镇上有两家相距不远的咖啡店，出售牛奶、咖啡、面包，生意差不多，甲店盈利颇丰，乙店则收益平平，有人研究其原因，发现是应用心理学上的差异，乙店的服务员问顾客：“牛奶中要不要打鸡蛋？”甲店的服务员则这样问顾客：”牛奶是打一个蛋还是打两个蛋？”同样问一句话，营业额却是不一样的。可见陈礼江授课之生动。

为了使学生了解国内外大事，加强学校与社会的交流，陈礼江服膺蔡元培先生办大学要兼容并包的精神，邀请专家与社会名流到校讲演，我记得有瞿菊农、肖孝荣、高觉敷、王云五、郭沫若、于斌、黄齐生，有一次请了英国驻华使馆的文化参赞是用英语讲的，语调较慢，内容有较强的趣味性，造句大都是 Simple Sentence，所以大家基本上能听懂，这对英语的教和学都有很大启发。为了提高学生学习英语的兴趣,学校每年都组织英语讲演比赛。

璧山是个小县城,不通电,除了几家茶馆外没有休闲文娱场所,为了丰富师生的文娱生活,陈礼江十分重视组织周末的文娱晚会,发动师生表演文娱节目,当然主要是艺术系戏剧组、音乐组组织的演出,我记得有谷剑尘老师创作的话剧《牛头岑》(描写敌我地下斗争),应尚能老师的独唱音乐会,梅经香、孙静录老师的钢琴演奏音乐会等。每次晚会,礼堂里挂上汽灯,人头济济,掌声不绝,不仅校内师生参加,还有校外来的观众。有一次晚会请了军训部(也在璧山与学院一墙之隔,部长为白崇禧)的一位少将部员,他是在中国的越南籍抗日战士,他会玩魔术,于是请他来表演。

陈礼江还找机会让学生走出去接触社会,1942 年暑假,高鸿缙老师带领我们一班同学去重庆北碚参观,我记得活动之一是参观了中央工业试验所(名称可能不准确),所长是教育部次长顾毓琇先生的弟弟顾毓瑔,试验所搞的是当时的新科技,使我们大开眼界也坚定了对抗战胜利的信心。1943 年秋,中国教育学会在北碚举行年会,陈礼江任大会秘书长,我们这一年级正好开始教育实习。陈礼江把我们带去参加了年会的全过程,让我们见识了许多教育专家的风采和言论,得到不少启发和认识。

陈礼江十分重视体育运动,在学校有限的空间辟有两个篮球场,鼓励系科、年级之间开展篮球赛。有一次在北碚的国立体育专科学校派出篮球队到璧山挑战社会教育学院的球队,他们是专业的球员,所以赛前我们都捏一把汗,比赛结果却是客队铩羽而归,一时重庆各高校无不对社教学院侧目。

社教学院在璧山曾遭遇过两次“风波”。一次是 1943 年秋,迁在农村的县中校长率领师生进驻社教学院,似乎作了大打出手的准备,一时校内气氛紧张。陈礼江即令全院停课,把教室供县中师生歇息,要厨房烧好茶水饭菜,招待不速之客,同时到教育部请拨 40 万元特款,准备给县中改善在农村的办学条件,然后到学院隔壁军训部求见白崇禧说明原委,挽白崇禧出面解决。白约好县长及当地士绅次日在县府举行扩大纪念周,会上县长请白部长训话,白指责县中校长的无理行动,肯定陈院长的做法是正确的。然后由县长宣布将县中校长免职,任命新校长。新校长即拿了 40 万元的支票,率领师生回农村去了,一场风波就此消弥。另一次风波是 1945 年 8 月,一天午休时间,驻在璧山的青年军 201 师一名军官,腰佩手枪,到学院二院女生宿舍找一位女同学。传达室工人通知了这位女同学,可是这位女生不肯出去会见军官,而这名军官在传达室门口也不肯走,他把手枪拿在手上把玩,突然一声枪响军官倒地,究竟是自杀还是手枪走火则不得而知,学校立即把这名军官送往璧山卫生院,终因伤重不治。青年军中部分士兵将亡者的棺材抬进学院大礼堂,一时事态严重,但第二天棺材又被抬走,事情也烟消云散。我们只知道陈礼江为此事大伤脑筋,但究竟是如何解决的则未披露。大家只知道陈礼江善于处理这类突发事件,他气度宽宏,手腕灵活。西方有谚语说:“智者能把复杂的问题简单化,愚者只会把简单的问题复杂化。”陈礼江先生无疑属于智者。

1945 年抗战胜利,教育部决定社会教育学院迁南京,但因学院是在战时创建的,南京没有校舍可以回迁,陈礼江派员寻访后,决定将院址定在栖霞山。在栖霞山校舍建成前,先借原江苏省立乡村师范原址作为学院的新生部。再向江苏省政府借得苏州拙政园(包括现在的苏州博物馆及拙政园)作为学院的院本部。拙政园内汪伪时期破坏严重,陈礼江先派人将园内房屋景点修葺,并按学校需要加以分隔。1946 年 5 月起在璧山的师生分批东下,到苏州准备开学。学院增设新闻系，聘俞颂华为系主任，电化教育专修科改为系，聘汪畏文为系主任，科仍保留；艺术教育专修科也改为系，仍分三组，科也保留，还增设国语专修科，聘何容为主任；社会教育行政系主任由古楳担任；社会事业行政系主任由刘及辰担任。陈礼江仍一本初衷聘请名教授到院任教，许崇清、汪懋祖、顾颉刚、岑家梧诸先生都在苏州执教过。学院在苏州开展电化教育比四川方便得多，自建了广播电台每天定时播送各类节目。自建电影放映队，周末在院内放映电影。有一次女高音歌唱家周小燕、喻宜宣到苏，陈礼江敦请二位在校礼堂举行了一次音乐晚会。由于社教学院是高等学府，拙政园又是著名园林，学校开学后几乎每天都有人来参观，学院声誉鹊起。可惜由于蒋介石发动内战，随着解放战争的进展，国统区物价飞腾，师生生活困难，社会矛盾日增，学生运动高涨，陈礼江穷于应付，多次向教育部请辞未果。到 1949 年，陈礼江不停奔波于宁沪两地向教育部催要经费，以解师生倒悬之急。解放军即将渡江，陈礼江在上海与苏沪 8 所国立院校长向教育部次长杭立武催要经费无着，返苏铁路中断。陈礼江于是离院出走香港，一度在香港大学任教，不久赴美考察。1950 年 9 月他回到上海，曾应聘任复旦大学教授。后在历次政治运动中遭到了不公正的待遇，被遣返九江乡间居住。“文革”后在中学教英语，1978 年起任九江市政协第七、八届委员，1984 年 2 月病逝于八里河寓所。享年 91 岁。

陈礼江为我国著名教育学、心理学专家，毕生从事教育事业，为我国的社会教育事业作出了贡献，他筹建、主持国立社会教育学院 10 年，倾注大量心血，学院栽培了不少人才，所以他对学院有很深的感情。1964 年他曾填词《江南好》：“江南好，最忆是姑苏，拙政园中勤灌溉，满园桃李庆丰收，能不永悠悠。”

原载《苏大校友》2005 年第 2 期

陈石遗先生与无锡国专

宁　友

陈石遗先生(衍)是清末"同光体"诗人中的重要人物。"同光体"诗人的主要创作活动,是在光绪、宣统期间。这是以"宗宋"为旗帜的宗派,"出于标榜,以上承道(光)、咸(丰)以来何(绍基)、郑(珍)、莫(友芝)的宋诗传统自居"。其是非功过,钱师仲联在《论"同光体"》[1]中已详论之。

石遗先生于1931年应叶长青教授(后来曾任国专总务主任)介绍来无锡国学专修学校。国专教授中他年事最高,声名最盛。唐尉芝校长以每课时大洋20元的高薪聘他,不但在国专是特例,在其他各大学中亦属罕见。据老校友回忆,当时别的教授的讲课费为每课时2元,而学生每学期的伙食费为24元(一日三餐)。石遗先生没有辜负学校对他的厚遇,他家住苏州胭脂桥,每周克服生活上的种种不便,来往于苏锡途中。

石遗先生学识丰富,除了文学之外,对于经、史、诸子亦有问必答,剖析详尽。他还和学生个别交谈,答问释疑,沟通思想。因此,学生们尽管以言语隔阂为憾,但对他极为尊重,获益匪浅。1933年《第十届毕业纪念刊》中《五朝五言古体之嬗变》、《苏门六子评传》、《清诗之流别》、《〈孔雀东南飞〉韵谱》,[2]都是受石遗先生的影响。其他像关于目录学、校雠学、《史通》的论文,亦直接或间接受他的影响。因为这些课程都是叶长青主讲的。他后来曾撰《要籍解题》,叶长青据以充实讲课内容。杨炳方校友还在该刊中发表《石遗室丛书提要》。徐义校友草就《近代诗学之鸟瞰》,文长五万字,毕业刊上发表了此文的序目,谓当时有一派"不专一代一家,惟能与称是从,河海不择细流,泰山不让土壤,如陈石遗先生是也"。

1931年"九一八"以后,外侮日亟,石遗先生讲课时,以古喻今,激发学生爱国思想。他在讲授南宋及金、元诗、明末清初、近代诗时都注意及此。他讲过不少陆放翁的爱国诗篇和宋遗民诗,其数量远过《宋诗精华录》上所著录的。他讲《资治通鉴》不但能背诵原著,连胡三省的注也能成段背诵。无锡国专的老师,能背诵《四书》、《五经》不足为奇,像他那样能背诵胡三省注的精警之处,不得不为学生们叹服。胡三省是南宋宝祐年间进士,宋亡,隐居不出。他在注《资治通鉴》时,抒发爱国思想,对石敬瑭之流,大事鞭挞,而对忠臣义士,或显或微予以表扬。石遗先生常对学生说:"胡三省是古之有心人,他用《春秋》笔法为《通鉴》作注,诸君要注意及此。"

叶长青是石遗先生的学生,后来又列为唐校长的弟子。石遗先生初来国专,有随行助教代为板书。叶长青教授担任总务主任后,出于尊师,替老师板书,助教也就不来了。叶长青有《〈文史通义〉注》,编入无锡国专丛书。他有一次在课上说:"我闻诸夫子,'六经皆史'之说并不始于章学诚,章氏以前早有人道及。"他所说的"夫子",学生们认为是石遗先生。事为石遗先生所闻,他在某次全校性的大会上,郑重向学生们说:"叶先生之言是闻之于唐校长,鄙人不能掠美。"石遗先生谦逊,一时传为美谈。

后来陈鼎忠(天倪)、顾实(惕生)、杨铁夫、钱仲联等先生相继来校任教。在无锡国专建校十五周年(1936年)前后教师极一时之盛,他们都很尊重石遗先生,先生对后辈亦奖掖备至。教务主任冯振心(振)先生请列门墙,受业称弟子,一时传为佳话。

国专曾将教授们的著作付印,编入《无锡国学专修学校丛书》中。其中《通鉴纪事本末书后》、《史汉文学研究法》、《石遗室论文》,都是石遗先生根据讲稿增补而成。他每次讲课必有讲义。至于课堂所讲,则为讲义的补充或发挥,并不是宣读讲义。有些不便于书面发表的见解,则于讲课时出之,个别谈话时则更深透。他到国专以前,已由商务印书馆出版过《近代诗钞》和《石遗室诗话》,影响很大。到国专后,开始写《石遗室诗话续编》,随讲随撰,所论诗人,多先生所及见者。

他的诗,当时有人说是江西派,他并不赞同,曾对学生们说:"凡江西派古诗多转韵,余则少转韵;江西派律诗中联多拗体,且有不对偶者,余则拗极少,且未有不对者。世人以余为江西社里人者,乃皮相之论也。"[3]

石遗先生的诗,取法于苏轼、陆游,但并不贬低唐人,对杜甫、白居易颇为推崇,是属于"同光体"中的闽派。至于他选的《近代诗钞》,所著《石遗室诗话》及《续编》,"虽以'同光体'诗为主,然亦广涉各种流派,如湘湖派之王闿运、邓辅纶,诗界革命派之黄遵宪、康有为、梁启超、金天羽,南社之黄节、诸宗元、沈宗畸、林学衡等,亦皆涉及,盖尚非墨守门户之见者"[4]。

他的文章"既不反对桐城,而亦不以桐城为足"[5]。唐校长说他:"纯任自然,平谈苍老,于子厚、介甫为近"。

老师的引导对学生的影响是极大的。30年代中期的国专,学生爱好旧诗或师法钱仲联先生,兼参唐宋,不取一法,不舍一法;或师法石遗先生,兼法唐宋而偏于宋诗。至于写古文,学生们大都以唐校长为师,兼采《石遗室论文》。抗战期间,石遗先生教过的学生薛玄鹗(思明)、沈熙乾、戴小尧等在母校任教,影响到国专后期的学生。

黄濬(秋岳)、梁鸿志(众异)与石遗先生是同乡,又是他早期的学生。石遗先生在文章里、谈话中称道不已。如称梁鸿志的"旧随洗钵僧成塔,误记寻诗梦堕廊",善学苏东坡(按:指《和子由渑池怀旧》中的"老僧已死成新塔,坏壁无由见旧题")。抗战初期,黄濬因出卖军事情报被处死刑,唐校长对石遗先生是信得过的,在写完墓志铭后谈到此事,说道:"想不到石遗门下出此等败类。"后来梁鸿志也叛国投敌。唐校长又说:"石遗先生如在世,将被此等枭獍活活气死!"

抗战后期,有一次唐校长与松江、上海、太仓一带的老先生们(如南社诗人陈陶遗、高吹万等)会饮。席间谈到"同光派"诗人时,唐先生说:"沈子培先生是我的老师,始终忠于清朝,究属贤者之过;石遗先生大节无亏;陈散原先生(三立)于北平沦陷后绝食而死;三位都不愧骚坛魁杰。独有郑孝胥卖国求荣,遗臭万年将同于秦桧,今之论清末民初诗者,摈而不论,自取之也。"

注释

[1] 钱仲联:《梦苕庵清代文学论集·论"同光体"》,齐鲁书社出版。

[2] 以上诸文依次为萧佩三、俞振楣、王正履、陈士群所作。"五朝"指晋及宋、齐、梁、陈。

[3]《无锡国专第十届毕业刊》上王正履、徐义都这样写,词句稍异,今据徐义《咬菜根室随笔》。

[4] 钱仲联:《近百年诗坛点将录》,《中国近代文学研究》第一辑。
[5] 陈柱:《中国散文史》。

原载《文教资料》1986 年第 6 期

辛勤耕耘六十载

——记著名化学家、教育家程有庆教授

张绳祖执笔*

一

1983年7月7日，苏州大学的电化教室里坐满了人，一会儿寂静无声，一会儿掌声雷动，一会摄影机电光闪闪，原来那是苏州大学为程有庆教授等执教六十年，表彰他们在教育工作中贡献毕业精力的庆功大会。张乃康校长致了贺词。他说："一个人能在教育人的岗位上不间断地工作五十年，六十年以上，实在是值得庆贺的。我国历来有尊老敬贤、尊敬师长的传统，我们一定要继承发扬这样的好传统。"他又说："我们要认真总结和传播教师几十年如一日，辛勤工作、在实践中创造和积累起来的教书育人的宝贵经验。"张校长祝老教授们健康长寿，发挥更多余热，为人民教育事业作出新的贡献。发言的人，有的介绍程老师的严肃认真的工作作风，有的赞扬他为国家培养出大批人才所作的贡献。一个接着一个的发言博得一阵阵的掌声。在主席台上，程老师发言时，精神饱满，容光焕发，心情十分激动，一时说不出话来，他热泪盈眶。在他简短的发言中，他谦虚地说："我是一个普普通通的教师，只做了一个教师应该做的事情，而党和大家给我这么大的荣誉，专门为我们召开这样隆重的大会，感谢党和大家对我的鼓励。我虽年过八十，还要继续努力，干一辈子教育工作。"程老师还把他在新旧社会中的教学工作作了对比，他更热爱社会主义教育事业。他表示一定要牢记胡耀邦同志的号召："毋忘团结奋斗、致力振兴中华。"要活到老学到老，将有生之年全部贡献给祖国科学文化教育事业。发言后，放映了程老师设计并指导拍摄的"液态空气"电影。这部电影阐明了液态空气的性质、用途，受到与会者赞赏。最后，校领导赠予他们松鹤彩画镜相，以作纪念。

苏州大学为程老师庆功，程老师是当之无愧的。他努力钻研业务，不断改进教学方法，全心全意为教育事业服务。在六十年中，桃李满天下，他为国家造就了大批人才。他的学生遍及全国各地，凡是涉及化学的部门，不论是工厂、学校、科研机构、出版单位等各个领域都有他的学生。而且他们大多是各单位的业务骨干，不少人为普及化学知识，发展化学，作出重要贡献。他还培养出若干享有国际声誉的化学家，如黄量、钱庆文、杨念祖、蒋锡夔、龚鹤亭[1]，等等。程老师的一生为祖国教育事业耗尽了心血，取得了丰硕果实。但他并不以此满足，近年来他不顾年老体弱，不辞辛劳，应邀到徐州、扬州、南京、桂林、成都、青岛等地讲学，参加各种教学活动。他真是一位好教师，是我们学习的榜样。

二

程老师1901年生于江苏常熟一位中医家里，幼年进私塾，13岁进塔前县立小学。小学毕业后，考取苏州桃坞中学，以优异成绩于1922年毕业，由该校保送到上海圣约翰大学化学

系为“工读生”。他一面进修大学课程，一面在化学系担任辅助工作。为了弥补平时少修的学分，他每年参加暑期学校学习。这种积极进取的精神，深为同学所钦佩。1928 年他又以优异成绩毕业于圣约翰大学，得理科学士学位，并留校任化学系助教。1929 年 8 月到北京燕京大学研究院进修，1930 年毕业，得理科硕士学位。随即回原校先后担任化学系讲师、副教授、教授、系主任等职。1947 年 8 月赴美国，进威斯康辛大学研究院深造，1948 年毕业，得生物化学硕士学位。1948 年 6 月回国，继续在圣约翰大学化学系任教授兼系主任。1952 年 8 月全国院系调整时，调到苏州大学前身——江苏师范学院，任化学系教授兼主任。

在程老师青年时代，军阀混战，民不聊生，中国人民灾难深重，正面临国亡家破的悲惨境地。程老师目睹此情此景，悲愤已极，认为必须开发民智，振兴科学，才能拯救祖国。他立志要献身祖国的教育事业，大学毕业后，就留校任教。他工作认真负责，一丝不苟，不为利诱，不怕威胁，六十年如一日，坚持在教育工作岗位上。

他在威斯康辛大学取得学位以后，一些美国朋友对他说：“你的祖国太落后了，你回去没有发挥才能的余地，还是留在我们美国吧，凭着你的才能，你将获得你所需要的一切。”他说：“不，我的祖国需要我的知识，如果我的知识不能为祖国服务，那还有什么价值可言呢。”他毅然回到了祖国。当时，上海正处在黎明前的黑暗之中，物价飞涨，人民生活在水深火热之中。程老师子女众多，更加入不敷出，不少朋友劝他弃教从商，他毫不动摇，宁可饿着肚子教课，决不放弃自己的志愿。而且，在抗日战争胜利之后，当时在圣约翰大学里，学生中由地下党领导的进步力量跟三青团等反动力量斗争极为激烈。程老师坚定地和进步力量站在一起，同情和支持反饥饿、反内战等爱国活动，并曾不避危险，千方百计地保护过进步学生，因而被反动当局列入黑名单。

上海解放前夕，有人劝他全家迁往美国，到美国大学任教，可程老师立场非常坚定，他斩钉截铁地说：“我哪里也不去，我的根在中国，我要留下来继续执教！”

解放后，程老师生活安定，心情舒畅，更加把全部精力扑在教育工作上，他决心把自己的全部知识教给学生。这期间也遇到一些挫折，程老师却始终坚持原则，凡是他认为对学生有好处，对事业有贡献的事情，他抵住干扰，坚持到底。例如，解放初期，在圣约翰大学，程老师仍用英语上课，和以前一样要学生用英文记笔记，因而受到冲击，但程老师并不因此退缩。他说：“语言只是一种工具，我们应该承认在科学技术方面还落后于西方国家，有必要掌握他们的语言，才能把先进科学技术学到手。”学生支持他的观点，拥护他继续用英语讲课。又如，他的学生朱沁华说：在十年动乱期间，程老师受到种种折磨，书当然教不成了，人也被折磨得不像样子，可他绝不灰心，丝毫也没有动摇他为祖国教育事业服务的决心。在那度日如年的日子里，他忘不了改进化学教学，一有机会就闯进当年人迹罕至的化学系外文资料室，一头钻进外文书籍堆中，从大量的外文书刊中，搜集最新的化学教学资料，他摘录、翻译了一千多种课堂演示实验和投影演示实验资料，积累了一本又一本现代化学资料，以备有朝一日重登讲坛时能把学生教得更好。这个愿望终于实现了。不久他又走上了讲坛。在庆祝江苏师范学院成立纪念会的报告会上，他热情奔放地对学生说：“同学们，你们今后是搞化学教育的，要懂得科学是严肃的，生活也是严肃的，来不得半点虚假，你们要好好学习啊，要对得起自己的祖国，要为祖国教育事业的繁荣昌盛贡献自己的一切力量。”

程老师为祖国教育事业耗尽了心血，真正做到贫穷不能移、威胁不能屈的地步。他是我们教师学习的好榜样。

三

程老师在几十年教学实践中，积累了丰富的教学经验。在总结这些教学经验方面，他的学生田正华作了如下的概括：在程老师的主持下，圣约翰大学化学系的课程设置有许多特点：

一、注重“三基”，即基本理论、基础知识和基本技能。程老师亲自抓基础课教学，每年主讲一、二年级各一个班的基础课即无机化学课和分析化学课从未间断过。这给学生打下了牢固的基础。

二、重视开阔学生的知识面。化学系为高年级学生开了十几门进修课，每个学生可选六七门。程老师本人就开过工业分析、发酵化学、食物营养化学、生物化学、稀有元素络合物、高等分析化学和维生素学等。我听过前三门，对开阔视野很有好处。它使我们毕业后能适应多种岗位上的工作。

三、加强实践性教学环节，培养学生分析问题和解决问题的能力。

1. 重视实验课，努力培养学生独立操作的能力。他这个繁忙的系主任从不放弃这个直接对学生面授的机会，每次都亲临指导，培养学生的操作技能，帮助他们通过实验巩固所学的知识。拿定量分析实验来说，不仅要每个学生独立分析样品，还要求学生配备所需的标准溶液。为了方便学生，化学实验室全天开放，学生可随时入内做实验。

2. 安排实习，联系生产实际。我们学完三年级课程后，在暑假里安排了一个多月的实习，分别到药厂、染料厂、试剂厂、化工厂和商品检验局等部门实习，把所学理论跟生产实际联系起来。我们感到这样做很有好处，它使我们走上工作岗位后很快就能胜任工作。

3. 四年级开始，做毕业论文，这是综合培养学生独立进行科研工作能力的重要环节。程老师亲自抓这项工作，带我们到上海市有关部门，了解当时国家需要解决的化学课题，从而使我们懂得怎样确定科研课题，并使我们的毕业论文具有实用价值。

4. 程老师重视课堂演示，增强学生感性认识，提高了教学效果。

四、坚持外语教课，提高了我们专业外语水平。程老师用英语讲课，并要求我们用英文记笔记，做习题，答考卷，写读书报告、实验报告和论文等。这样做使我们受益一辈子。特别值得一提的是我们有一门课叫读书报告（Journal Report），在三、四年级每人每学期有此一课必修，程老师教我们如何查阅文献，然后每个学生围绕一个专题自找文献，用英语写一篇综述报告，并向全班同学用英语报告并解答同学提出的问题。这门课既训练了查阅外文文献的能力，又培养了运用外语的能力和归纳总结的能力，我们感到非常有用。

五、严格要求学生。程老师一贯既严格要求自己，又严格要求学生，平时就抓紧，不等期末算总账。同时在实验方面，分析化学有数据要求，有机化学有产量要求，不符合要求的要重做实验。

在教课时，程老师深入浅出，循循善诱，常用浅显易懂的事例来说明某些难懂的理论问题，并特别重视课堂演示实验。他说：“一个生动有趣的直观性强的演示实验会使学生永久不忘。”他不断更新演示实验的内容，使演示实验达到尽善尽美。他总结了自己几十年的教学经验，写出了《普通化学课程演示实验》专著，至今成为基础化学教学的范本之一。

程老师的教学方法富有启发性，每堂课自始至终贯彻一个“思”字和“活”字，使学生容易接受，所以取得了极其显著的教学效果。他的学生陈国华所介绍的情况足以说明这一点:“1981 年我赴美进修,导师与我商定题目后,给我一个半月(六周)时间写出开题报告和实验设计,结果我只花了两周的时间全部阅完有关文献,并写出开题报告和实验设计,导师感到很惊讶。问我为什么能那么快,我说这并不难。他看了我的报告十分满意,连连夸奖。这样从一开始我就取得了他的信任。我之所以能取得这样的成绩,应该归功于程老师对我的严格要求和精心培育。”

四

程老师在学习方面对学生要求很严,但在其他方面对学生爱护备至。凡受过程老师直接教诲的学生都有一共同的感受,他和蔼可亲,平易近人。学生对他既尊敬,又亲近,不仅是学习有问题乐于去请教他,即或思想和生活上的问题,也都愿意跟他商量,而他总是耐心听取,从谈话中发现问题,加以指导。他不仅关心学生的学习成绩,更关心他们的成长。他是既教书,又教人,既是严师,又是慈父,师生之间的感情亲密无间。在学校里是如此,在毕业以后几十年也还是如此。那是在 1978 年夏天,78 岁的程老师参加全国高等院校化学教材编审会议来到北京。“程老师来北京了”这消息像长了翅膀似地在他留京的学生中传开了。在程老师下榻的地方赶来看望他的学生中不乏化学界的著名学者,其中有科学院一些研究所的所长、研究员,有大学化学系的教授、副教授、讲师,有医药化学专家,在化工厂的工程师和中学化学教师。尽管他们有的已成了化学界中有点名望的人物,有的已是享有国际声誉的学者,但此刻围绕在程老师的周围,心头充满了敬意。程老师看到许多自己培育出来的学生都成了祖国化学界的栋梁,心头也充满了莫大的快慰。从下面摘录的七律和歌行各一首,也可以看出他们师生之间的感情是何等深厚!

八十寿辰,师生聚首苏州东园[2]。庚申四月,有庆老师八十大庆,四方弟子竞相走约,于四月初五日聚首于苏州东园,为老师上寿。百鸟朝凤,笙磬同音,洵人间佳事,亦科学界美谈也。老师博闻强识,治学谨严,弟子一旦受诲,终生获益,饮水思源,良有所感,是以百泉汇集,皆老师感召之深也,因呈诗以进。

同音笙磬庆华筵,八十回看堪称全。
曾借化工千变理,育栽桃李百株妍。
梵皇渡畔[3]辛勤汗,吴市城东锦啸篇。
弟子齐心效汉朔,蟠桃再献寿年年。

赠良师[4]

1982 年 11 月 24 日晚,在徐州同学 22 人,在燕子居欢迎程有庆老师来徐讲学,师生聚首一堂,无限欣快,特献歌行一首,以志其盛。

天高气爽无限秋,思师讲学莅徐州。
师生畅叙星拱月,云龙山水尽兴游。
烈士塔前吊英魂,淮海路上赞人流。
人生七十古来稀,八二高龄登高楼。
古彭山河今胜昔,更浴金风万水遒。
回首往事语不已,别意离情岁月稠。
当年稚态依稀在,学子笑指霜染头。

霜染头，何须愁，吾师健步在前头。

高风亮节楷模立，千里标骥志未休。

程老师除有意识地对学生进行思想教育外，还事事处处以身作则。他治学严谨，诲人不倦，对自己要求严格，对工作认真负责，爱祖国，爱学生，不为利诱，不为威屈，他坚持原则，毫不退缩，他这种高尚道德，爱国精神，对学生必然会起到感染作用，他真正能做到言教身教，而身教更重于言教。

五

1983年冬程老师辞去了苏州大学化学系主任的职务，退居三线。但他连年来，直到现在，不顾年老体弱，不怕长途跋涉，在大江南北，继续到北京、南京、徐州、扬州、青岛、南宁、桂林、成都等地参加编写教材的会议或作学术演讲。他继续担任江苏省人民代表大会代表、苏州市人民代表大会常务委员会副主任、中国民主同盟江苏省委员会副主任委员、江苏省化学化工学会名誉理事等职务。曾任教育部高等学校理科化学教材编审委员会委员兼无机化学编审小组副组长。他还继续撰写论文，发表在中外杂志上，并继续研究"投影演示实验"的电化教学。程老师献身于祖国教育事业的志向，老而弥坚，愿程老师健康长寿，为祖国教育事业作出更多贡献。

注释：

* 本文由张绳祖执笔汇总、整理并摘要。为本文提供素材的有田正华、陈国华、严隽坦、梁英豪、周志毅、徐振亚、俞福良、田育诚、李素桢、钱辉唐、朱沁华、冯学美、王恤民、赵徐声。

[1] 黄量(女)：中国医学科学院北京药物研究所研究员。钱庆文；现任美国麻省大学研究院研究中心主任。杨念祖：现任美国芝加哥大学教授，光化学专家。蒋锡夔：现任中国科学院上海有机化学研究所研究员。龚鹤亭：现任中国科学院上海生物化学研究所研究员。

[2] 这首七律的作者是胡勤裕(圣约翰大学毕业生)。

[3] 圣约翰大学旧址名梵皇渡，今上海万航渡。

[4] 这首诗行的作者是陈学诚、赵立伯(江苏师院毕业生)。

原载《化学教育》1985年第2期

为艺术，为祖国

——戴爱莲九十人生追忆

单三娅

戴爱莲，一个在中国舞蹈史上占有重要地位的名字，一个在中国艺术界备受尊敬的名字。当她于2006年2月9日17时34分走完她90年人生道路时，我们更加感到了她的分量。在新华社的讣告中，她被称为："中国共产党优秀党员，中国当代舞蹈艺术先驱者和奠基人之一、著名舞蹈艺术家、舞蹈教育家。"

她是中国当代舞蹈教育的开拓者

提起中国当代舞蹈艺术，有两个人是必须首先提起的，那就是吴晓邦（1906—1995）和戴爱莲，他们同为20世纪中国新舞蹈艺术的开拓者。

20世纪30年代，14岁的戴爱莲从她出生的西印度群岛特立尼达来到英国学习舞蹈，先后师从著名芭蕾舞蹈家安东·道林和现代舞蹈之父鲁道夫·拉班以及现代舞大师玛丽·魏格曼，学习芭蕾舞和现代舞。她当时就不把自己局限于某一艺术门户之中，而是兼收博采，在学习严格的古典芭蕾表演艺术的同时，倾心于拉班更加自由的情感表现方法。

40年代，她回到祖国，投身于抗日洪流，将炽热的爱国激情融入舞蹈艺术的探索之中。在香港，她在宋庆龄领导下举行专场义演，她创作的《警醒》、《游击队的故事》、《东江》等一批反映中国抗日军民战斗风貌的舞蹈，使观众为之动容。在重庆，她深切关注社会现实和民生苦难，创作了舞蹈《空袭》、《思乡曲》、《卖》，有力地控诉了日军罪行，倾诉了沦陷区难民的满腔悲愤。她和著名舞蹈家吴晓邦、盛婕等一起，举行了"舞蹈发表会"，用他们创编的舞蹈控诉日本军国主义暴行，歌颂爱国军民的战斗精神。

在这个时期，戴爱莲开始了她在祖国的舞蹈教育拓荒工作。她先到国立歌剧学校和国立社会教育学院（苏州大学前身之一）任教，后来出于对陶行知教育思想的钦佩，应邀到陶行知育才学校开设舞蹈课，与师生同吃发霉的米，同在露天舞台上课。戴爱莲教育孩子们如何做人，如何爱国，尽心尽力地培养着中国未来的舞蹈人才。

新中国成立以后，戴爱莲的艺术生涯进入了辉煌期。她为新中国培养了第一批舞蹈演员（华北大学文艺学院舞蹈队）；她组建了新中国第一个舞蹈团中央戏剧学院舞蹈团（中央歌舞团前身）；她主持了新中国第一个舞蹈学校北京舞蹈学校（后为北京舞蹈学院）；她担任了新中国第一个芭蕾舞团中央芭蕾舞团的领导。戴爱莲还担任过中国舞协第一届主席、二至五届副主席、中国文联委员、国际拉班舞谱学会副主席、联合国教科文组织国际舞蹈理事会副主席、中国舞蹈家协会名誉主席。

她是民族艺术之根的追寻者

终其一生，戴爱莲的英语始终比汉语说得流利，但这并不意味着她的中国文化之根不深。相反,她是舞蹈界公认的中国民族舞蹈艺术的奠基人。

她的学生,今年同样 90 岁高龄的舞蹈学院教授彭松说:“她当年回国,一个主要的目的,就是要追寻中华文化之根。当时,中国的知识分子都在向西方学习,而她却从西方跑回来,一头扎进民族民间文化中汲取营养。”

20 世纪 40 年代初期,中国战乱频仍,生活艰苦,戴爱莲一方面积极参加抗日救亡运动,一方面苦苦寻觅中华民族舞蹈之根。她以高度的热情汲取着中华传统文化。同时,她研究民族学,继而追索到人类学,她发现,中华民族舞蹈之根存在于各民族之中,于是,她踏上了舞蹈寻根之旅。先是瑶山,后是川北、西康,甚至大西北新疆。她回忆说:“当时去西康地区,山间的道路既狭窄又湿滑,不时有山石坍塌,而旁边就是万丈悬崖,一不留神就会跌下去摔个粉身碎骨。”然而戴爱莲没有退缩,她的舞蹈理念告诉她,艺术的源泉存在于人民之中,只有得到这样鲜活的滋养,艺术的生命才能永不枯竭。在瑶族、彝族、苗族、藏族、维吾尔族等少数民族地区,她潜心采风、学习,记录了大量少数民族的原生态舞蹈。她用拉班舞谱记录的八个藏族舞蹈,已经永久珍藏于美国纽约舞蹈中心图书馆和英国伦敦舞蹈中心图书馆。

近三年对中国民族民间舞蹈的采集、整理、研究,使戴爱莲创作激情犹如火山喷涌,她将散见于民众中自然传衍的舞蹈加工为舞台艺术。1946 年 3 月,“边疆音乐舞蹈大会”在重庆公演,她带领学生们演出了她创作的瑶族舞蹈《瑶人之鼓》、根据桂剧《哑子背疯》改编的《老背少》、融入昆曲身段的《思乡曲》、彝族舞蹈《倮倮情歌》、苗族舞蹈《苗家月》、藏族舞蹈《巴安弦子》及《甘孜古舞》、维吾尔族舞蹈《马车夫之歌》等,这些过去不被人重视的民族民间舞蹈登上了大雅之堂,一时风靡大后方,满城皆说戴爱莲,在重庆青年宫一演就是十几场。接着,戴爱莲又带领她的育才学校师生在上海连续演出四场,这股清新、健康的民族舞蹈之风一扫当时旧上海的靡靡之音,青年学生们纷纷效仿学习。中国民族民间舞蹈从此登上了现代艺术舞台。1946 年秋天,戴爱莲应邀访美国,介绍中国民族民间舞蹈,由于没有乐团随行,便由同行的画家丁聪吹竹笛伴奏。新颖的舞蹈使美国公众耳目一新,引起轰动,加深了中美两个二战盟国之间在文化艺术上的沟通与了解。

新中国成立后,戴爱莲虽然担任了繁忙的领导工作,但她丝毫没有放松对民族民间舞蹈艺术的挖掘与创新。她以高超的编舞技法对流传于陇东、陕北的民间舞“荷花灯”进行再创造,创作了《荷花舞》;她取材敦煌壁画、借鉴京剧中的长绸舞,创作了双人舞《飞天》。1953 年,《荷花舞》在柏林世界青年联欢节参赛并获奖;1955 年,《飞天》在华沙世界青年联欢节参赛并获奖。这两个舞蹈都被公认为“20 世纪经典”,成为传世之作。

舞蹈家、舞蹈理论家、《飞天》首演的主演之一资华筠说:“戴先生虽然从小受的是西方教育,但她对民族艺术和东方审美非常热爱,她 80 多岁还坐着拖拉机到云南村寨学习舞蹈。她对大众的创造力非常尊重,对民间艺术有很强的提炼和升华能力,能够准确把握不同民族舞蹈的审美特质。她真心向民众学习,绝不像有些人蜻蜓点水般体验生活。她一生虽然没有写书,但她的舞蹈理念全部贯穿于她的作品之中,清晰而坚定。”

舞蹈评论家于平认为:戴爱莲从不把舞蹈看成一门封闭的少数人的艺术,相反,她多年来倡导学习拉班舞蹈理论方法,认为应该发扬更自然更合理的人体动作。她在主持舞蹈学院工作时提出:不能搞“学院派”,不能搞一个模子、一个标准特别是民族艺术,它们各自都有自己的特点;她在主持中央芭蕾舞团的工作时,力倡中国特色芭蕾的形成。她认为舞蹈者应该追求至善大美的境界。她对中国原生态的舞蹈始终怀有一份深深的敬意，并身体力行地崇尚实践着返璞归真的舞蹈风气。

在英国皇家舞蹈学院的大厅里，陈列着世界上四位杰出女性舞蹈艺术家的塑像，其中之一便是著名雕塑家维利·索科普为戴爱莲而作的塑像。这是世界舞蹈界对她艺术成就的肯定。她总是说：我是中国人，荣誉属于我的祖国。

她是党的事业的终身实践者

2005年12月26日，在北京协和医院高干病房区的会议室里挂起了一面中国共产党党旗，这是中央芭蕾舞团党委在这里为病中戴爱莲举行的特殊的入党仪式。下午，文化部党组书记、部长孙家正以及中央芭蕾舞团团长赵汝蘅等来到了会议室，专门为戴爱莲主持一个不同寻常的入党仪式。那天，戴爱莲化了淡妆，打起精神坐起来，完全不像一个久病的老人。孙家正部长握着她的手说："你追求进步，几十年如一日，我很高兴做你的入党介绍人，黄华同志也欣然同意做你的入党介绍人。"此时，戴爱莲的眼中闪烁着幸福的目光。在赵汝蘅团长的带领下，她举起右手，面向党旗庄严宣誓："我志愿加入中国共产党，拥护党的纲领，遵守党的章程，履行党员义务……随时准备为党和人民牺牲一切，永不叛党。"年迈体弱的戴爱莲，此时一字一句，坚定有力，将她一生的信仰都融入这短短的誓言中。在场的人，无不为这位九旬老人对理想的不懈追求而肃然起敬。宣誓之后，戴爱莲再一次回忆起了她的青年时代，她说："当我还在国外的时候，就受到了党的影响。那个时候我就知道，中国惟一的希望就是中国共产党。我很幸运，看到了繁荣的今天！"

其实，戴爱莲早在英国留学时期，就信仰共产主义，加入了英国共产党。她回国后，曾经天真地问周恩来同志能否自动转为中国共产党党员。当她得知一切都得重新开始时，她从未后悔，也没动摇过，而是以她实践党的事业的一生，证明了自己不愧为一名中国共产党的优秀党员。

接触过戴爱莲的人都对她有这样的印象：率真、坦荡；正如她的舞蹈，美丽、质朴而单纯。她是一位真正的艺术家。她的一生，演出了经典的舞蹈，活出了精彩的人生！

原载《苏大校友》2006年第1期

古典的余韵:"东吴系"女作家

张　曦

自"五四"以来,从冯沅君到庐隐、从萧红到丁玲,"出走"似乎成为女性解放的一个象征性姿态,而对情爱、性爱的大胆追求,也似乎是一代新女性确立自我、谋求解放的必由之途。但是就在20世纪40年代初沦陷区的上海女作家里,却出现了一种引人注目的现象,那是一批出生于20年代、接受了更完全的新式教育的年轻一代,以"禁欲、博爱、自立",提供了女性解放的另一路径;并以对世俗爱情的拒绝和自我道德完善的强烈诉求,赋予此期最受重视的"日常生活永久人性"以新的内涵。这批作家因大多就学于东吴大学,以致文坛一时有"东吴系"的美称。

沦陷上海文坛"东吴系"女作家的出现,和老作家胡山源的贡献密不可分:他是20年代初如春笋开遍的文学社团之一的"弥洒社"的发起人和重要代表,但在当时他就体现出与激进和功利的主流文学精神不同的取向——"顺应灵感而创作",追求一种将灵魂融于文学的纯粹境界。20年过去了,昔日的寻梦人已经成为东吴大学教授,他与此期文坛通俗文学作家交往甚密,身体力行于现代白话文学的雅俗融合,另一方面鼓励学生创作,奖掖人才,并凭藉自己和《紫罗兰》、《万象》主编周瘦鹃、陈蝶衣的友情,向他们作推荐,使这一批就学于东吴大学及东吴大学附中的女学生在极短的时间内脱颖而出,成为令人瞩目的文坛亮点。

这批年轻的女作家,带来了一股清新的气息,部分地实践着胡山源理想中的"通俗文学"理想:一种既切近现实俗态人生,但是又坚持自我理想追求和道德诉求的作品。她们主要是:施济美、汤雪华(胡山源寄女)、程育真(著名侦探小说家程小青之女)、练元秀、俞昭明、杨琇珍,等等,都出身书香门第,家境优裕,曾有"小姐作家"的称号。陶岚影在《春秋》1944年2月号里就直接以《小姐作家》为名来描绘这批作家的日常生活,并下结论说:"她们都是上海的摩登小姐,我不敢拿'俭朴刻苦'来恭维她们,然而我敢大胆地说她们都是勇敢正直的有为青年。"在谭正璧编选的《当代女作家小说选·叙言》(1944年)里,他更将她们称为"上帝的儿女"和"象牙塔"中的一群。从这些称呼本身我们可以大致想象出这些作家的情形。

"小姐作家"的成名,证明了旧派编辑在编辑刊物和推出新人方面的能力,更是他们重视市场与读者的一次成功的行动。作为二十出头、尚未走出少女幻梦的年轻作家,她们的作品大多取材于当时尚属希罕的女大学生生活,表现校园爱情、友情的悲喜交集和少女对事业、婚姻的想象与恐惧,基本上是典型的"身边文学",给历练丰富的人看来未免狭隘。文笔的稚嫩,也使这些作品还存几分"习作"气。但笔调的清新流利、故事的美丽缠绵、情感的柔婉干净,以及对女大学生生活这一空白地带的表现,却使她们得到了一些具有惟美倾向颇有影响力的编辑如陈蝶衣、周瘦鹃的大力赞赏,《万岁》、《万象》都推出过"女作家特辑",《紫罗兰》更为女作家们提供了半壁江山。周瘦鹃、陈蝶衣除了在"编辑室"、"写在紫罗兰前头"里以文字对其作郑重的介绍,还刊出如《小姐作家》、《女作家书简》这类文字,使读者增加对她们的了解、密切二者的关系，再加上“小姐作家”这一称谓本身对市民读者的感召力，她们在当时的活跃可想而知。

表面看来，这情形简直有点类似于今日的“美女作家”了。但是她们作品里体现出的思想倾向，却和重视欲望、感官、世俗生存的市民通俗作品大相径庭。她们重自我而排斥外界，张扬精神而轻视肉欲，富于自我牺牲和忏悔精神。这种基督宗教意识和传统伦理意识的结合，使她们表现出浓厚的古典情怀。而且必须注意到，这是她们在相对自由的环境中所作出的自主选择，因而深深打上了个人和时代的印记，而与封建的妇女观相区别。

没有经历什么生活的风雨、也还没有感受到生存的压力，她们宛如大观园里的众姐妹，过着无忧无虑、琴歌赠答的优雅生活。少女如水的柔情，如花的心事，本身就为她们的作品带来一种惟美的诗意情调。但是象牙塔中的人，仍然会受到外界风声鹤唳的惊悸，出于理想者的洁癖和少女的自卫本能，她们采取了对俗世人生的拒绝姿态，这又集中地体现在对爱情、婚姻、家庭这些为历来女性最重视的东西的拒绝上，体现出禁欲主义的特点。

以施济美、俞昭明为代表的一部分作家，她们以“人生的事业”来拒绝“世俗的爱情”。这样的句子比比皆是：“快乐在不停的工作里……这一串芳香的日子，不可以将庄严的志愿忘怀。”(《永久的蜜月》)“将热情寄托在严肃的工作上，不比浪费在温馨的甜梦里更好么?”(《一个落花时节的梦》)应该说，她们也许不具有改变现实的勇气，却并不缺乏独善其身的决心。当我们一旦穿透她们的锦绣文字、似水柔情，那些散布在她们的作品里、阻碍着她们去追求幸福和爱情的朦胧的阴影就会明晰起来，那就是严酷的现实环境。这个环境，一方面是沦陷区人民屈辱的生存，她们对爱情的回避，一定程度上体现了她们不愿沉溺于恶劣的生存环境，而宁愿保持清醒的态度，从而隐隐投射出时代风雷。不过，对于她们而言最切身的体会还是另一方面的，那就是她们对现实社会女子恋爱—结婚—家庭的庸常人生轨迹，有深深的恐惧。施济美的不少小说，都以朋友、同学在婚前婚后的对比，反复表达着“婚姻是女子坟墓”的观点。小说《小不点儿》、《暖室里的蔷薇》题旨大致相似，都表示对美丽聪明极有才华的女同学因结婚而销声匿迹的惋惜：“她终将老在这锦绣小天地里了。”“先开的花儿所以也先谢。”“那惊才、那绝艳、那夺人的聪明与智慧，都平静的在人生之流里无声无息的流了过去。……我该为她祝福呢？还是为她伤感呢?”汤雪华在《一朵纯白的莲花》中也有这样的感慨：“女子嫁人，等于断送了上帝苦心创造的一件美术品，这是人世间的悲剧。”更精彩的是《烦恼丝》，女主人公“莫太太一生丰衣足食，无忧无虑，只是为了一头细细的发丝，到现在，还常在恼着，哭着，笑着，叹着，操心着，忙碌着”。从“头发”之小，见出旧式妇女无聊琐碎的一生，更以诙谐的笔调，写出浪费生命的悲剧。婚姻与女性自我尖锐的对立，这种思想并不独见于这些作家，而在当时不少作品里都有所反映，联想张爱玲的一句戏言：“最恨：一个有天分的女子忽然结了婚!”可见这一代受过高等教育的女性，是多么恐惧终身在“卧室”“厨房”“厅堂”这样的狭小空间盘桓的传统女性命运！

她们已经完全没有同时代的新市民作家苏青对于“性爱”、对于“婚姻家庭”那样矛盾、复杂、欲弃难舍的情感。她们的作品反映了传统女性婚后隐匿于家庭、在丈夫孩子和家务中消磨“惊才与绝艳”的无声而酷烈的悲剧。她们是骄傲的，决心反抗这一命运，但她们究竟也是柔弱的，为了摆脱这一宿命，她们连带地牺牲了爱情。此期发表她们作品最多的著名言情小说杂志《紫罗兰》的一大特色就是，对于情感题材，女性作家大多显得冷静和超然，表现得真挚和缠绵的倒是男性作家。在这些作品里，她们对爱情对男子持不信任的态度，宁可将感情寄托于亲情、友情、工作，也不愿寄托于爱情。爱情往往成为女性不幸命运的肇始者，而罪魁祸首乃是情欲，"质本洁来还洁去，莫使污淖陷沟渠"，这回荡在大观园女儿国上空的凄美情韵，也在她们的作品里隐隐浮现，"拒绝"依然是她们采取的惟一姿态。

而以杨琇珍、程育真等为代表的另一类"小姐作家"，则较少前者对女性人生的切实体会，而是以强烈的宗教意识为思想依凭。她们以"博爱"的情怀、自我牺牲的精神来放弃世俗的爱情。杨琇珍的作品如《庐山之雾》、《蓝色的多瑙河》等，大都写一个多情的少女、或一对多情的男女，为了爱者的幸福而不惜牺牲自己，以飘逸的笔触，赞美一种超俗的、惟美的道德化的感情；程育真的作品较多，视野也更开阔，她是把宗教的博爱平等思想，作为救世良方来应用的，体现出一种对社会的责任意识。她的作品，强调以"爱"来对抗黑暗，保有内心的纯洁，并以"爱"来对待世人，抑恶扬善。小说《笑》里有这样的句子："世界缺少爱，那么你应该把你的爱献给世界……因为黑夜已深白昼将至。"《同情》写自己为孤儿献出同情，也疗治好了自己的厌世心态；而散文《生的礼赞——所乐有甚于生者——孟子》，则将孔孟之道与耶教的博爱生死之辨糅在一起，赞美了一种精神满足高于世俗生存的人生态度；《自高与自卑》、《新禧》两篇小说，强调女性的尊严，并将尊严置于其他一切价值之首，显示了更为明确的道德热情。她还有一些作品歌颂冲破一切阻碍、追求纯洁美好爱情的勇气和精神，体现了作家对理想爱的向往。这再一次说明了，她们的禁欲思想，乃因为她们已隐然意识到"情欲"对女性、对人性的桎梏与伤害，换言之，不是不想爱，而是无可爱，是不满于世俗的感官之爱、利益之爱，而渴望着更为永恒的精神之爱。当现实的人生满足不了这种理想时，她们宁可保持爱情的缺席状态也不愿委曲求全，所以这种古典的情怀，却是和一种独尊自我、蔑视成规的勇气相伴随的。

女作家施济美的人生选择，可以说是对这种观念的一个绝好注脚。她在此期和另一位女作家的弟弟俞允明恋爱，并定下婚约。俞允明是一位有志气、追求光明的热血男儿，订婚不久即秘密奔赴内地，却不幸在空袭中身亡。噩耗传来，施济美不但承担了巨大的悲痛，而且坚持以俞允明的语气，给他的父母写信。抗战结束后，施济美的文名越来越响亮，但她却终身未嫁，而与一位女朋友保持亲密的友谊。直至"文革"期间，因不堪受辱，两人同时在1968年自缢身亡，至今不知其魂归何处！"东吴系"的另一位女作家汤雪华，则很少流连于自我的天地，而致力于表现大"社会"的一角。她的一部分作品表现重重黑暗、处处悲惨的下层贫民生活，都写得很沉痛，体现出深厚的人道精神。尽管这类作品因为缺乏实感，多借新闻素材写作，情感稍嫌不够节制，但一位象牙塔中的人，能够有这样一种情怀，却是难能可贵的。

当汤雪华将严肃的道德审视贯注到她所描写的世态人情小说，尤其在表现她熟悉的都市女性人生时，真正显出了她的才华。出于对现代摩登女性"利己"思想观念的深切洞察，一种讽刺的笔调在她手中用得滚瓜烂熟，很有几分英国小说家简·奥斯汀的风味。小说《转变》讽刺一个在物质欲望与精神需求之间动摇不定的女子，由此深切地见出"物质"对女性人生的渗透；相似的有《犹豫》，笔调轻松，"写一位时代女儿的择偶，既要诚恳，又要活泼；既要才貌好，又要金钱多，鱼与熊掌，势难兼得，于是徘徊瞻顾，犹豫不决起来"（这是周瘦鹃在《紫罗兰》上发表此文时所做的评语）。在另一些作品里，她更尖锐地批判一种"只知有己不知有人"的所谓"个人主义"："凡将自己的快乐建筑在别人的痛苦上的人，应该毁灭！"（《快乐与痛苦》）"高贵的小姐啊！你有满房漂亮的东西装扮身体，竟不够奢侈，还要撕碎了别人的灵魂来装饰你自己的灵魂!”(《蔷薇的悲剧》)“你想在女子最深固的劣性——嫉妒——未消灭以前在恋爱中求安慰吗？你想在社会骚动未安定以前在事业上求安慰吗？你真是自寻烦恼了!”(《安慰》)

在《神秘的发网》里，道德热情的渗透，使作品散发出特殊的人性厚度和忏悔的力度。这个故事套用了一种神秘故事的格式，以层层揭密的手法，引出一段沉睡多年的人生历史：那是一个归国探亲的洋学生，在偶然的机会里，以“法兰西”的浪漫手段，成功地勾引了一个美丽娴雅的中国少妇。在一个星期的时间里，他们“昏迷，狂放，忘记了世界，忘记了一切，像喝着最浓烈的酒，沉醉，整日夜的沉醉!”

> 然而酒醉到底要醒来。醒来时，有的人哭，也有人揩揩脸上的汗，感到非常厌倦！也许他有些厌倦了。毕竟是古老中国里带些古老的女人，虽然美丽，却缺少风趣，变化，和女人最重要的娇和媚。……
>
> 他厌倦了！他又想起美丽的法兰西，那神秘的巴黎之夜……

他向她道再见:“谢谢你这一个星期解了我不少寂寞!”并且未曾理会她的惊愕，冷淡地离开了她。这段艳遇，就像他经历过的无数艳遇一样，很快在他的心中淡忘了，因为他是在法兰西的熏风里成熟的，这个浪漫的文明教给他“恋爱不是人生的义务，是人生的享受，像醇酒一样美味而又带些刺激性的享受!”他彻底地忘记了这么一回事；但是，对于那个古老中国的女子，却是她一生中惟一的爱情，她为这段情而疯狂，害死了自己的丈夫，最后在极度的癫狂中自杀身亡。

又是出于极偶然的原因，他知道了这一切，这件可怕的事将他三十余年来的美好生活全部毁了，“他抛下三十年中获得的荣誉，地位和幸福，孤独地隐居到这个无人认识他的小城小镇。从此每个寂静的黄昏，他用沉痛的眼泪，跪在那小小的发网前低头忏悔”。当“我”对他的行为表示不解时，他悲怆地说：

“因为我并未亲手杀人，所以我瞒过了严明法律，瞒过了世人耳目。然而孩子……我不能瞒过自己的良心！……”

在这里，“癫狂”和“忏悔”见证男性和女性在“纵欲”后的不同结果，然而同样都在表达着情感的力度和它可怕的坚执。这情感是如此纯粹，以至于超越了现实生活乃至生命。这个作品以都市奇情小说的形式，再次表达了“东吴系”女作家们以一种拒绝爱情的方式表达出的对人格圆满和成熟爱情的执著。在这里，脱离情感和责任意识的“性”与其说是爱的升华，不如说是爱的劫难、人性的劫难。

在文学史上，“东吴系”女作家可说是昙花一现。当沦陷期暂时的平和状态结束，中国陷入了更大的动乱，当建国后席卷全国的革命浪潮一波未平一波又起时，这种追求个人道德自决的热情和正直，已经被人们遗忘。只有今天，当女性在物欲和情欲的双重诱惑下面临新的危机，当女性无休无止的所谓“解放”带来的却是更多的挫折和屈辱，也许我们会怀念秋水伊人的倩影，会期望天长地久的爱情，以及璧玉幽兰般的人格境界。这时“东吴系”作家们的芳姿余韵，才会在历史的深处重新出现，并且纯洁新鲜一如当年，拨动我们的心弦。

原载《书屋》2002年第9期

春蚕到死丝方尽

——记蚕丝专家费达生女士

周一川

在收集中国女性日本留学史的资料过程中，笔者自 1994 年到 2003 年曾先后四次拜访蚕丝专家费达生。2005 年准备再去苏州给费老照几张照片放在所著《近代中国女性日本留学史》书内，却获知费老已于 8 月 12 日去世的消息。在沉沉的悲痛之中，决定将费老曾向笔者讲述的留学经历记录下来，以此悼念这位为中国的蚕丝事业奉献出了毕生精力的杰出知识女性。

教育之家

1903 年 10 月 3 日，费达生生于江苏省吴江县。父亲费璞安曾留学日本，参加辛亥革命，其间任吴江县议会议长。此后，任江苏省教育厅"督学"等职。母亲杨纫兰毕业于上海的女子学校，曾参加当时的女子解放运动和"放脚运动"，在吴江创办蒙养院（幼儿园），可以称之为近代中国第一代女教育家。与其他的家庭不一样，这是一个慈父严母之家。费达生小的时候，自己曾觉得小脚好看，就跟祖母说要缠脚。母亲知道后把女儿叫过来说："你想缠脚，是吗？好，我来给你缠。"母亲让费达生坐在高板凳上，拿出布条用力地缠了起来。因疼痛难忍，费达生大哭起来，母亲方才放手。并说："这就是缠脚，你还要不要？"讲到这儿，费老伸出自己的脚来，笑着说："你看，我可是天足。"

费老说，自己之所以一心扑到工作上，是和母亲的教育分不开的。母亲有五个孩子，四个儿子，一个女儿。母亲很开明，经常教育她，不要像其他女孩那样总把眼睛盯在厨房和家务上，要自强自立，有一技之长，为社会做工作。费达生在女蚕校读书的时候，曾和母亲一起经过日本人经营的瑞丰丝厂。那时母亲指着丝厂的大门对女儿说，将来你要把这丝厂从日本人手里夺回来，为国家雪耻。苏州解放时，自己成为接收瑞丰丝厂的成员，想到母亲的愿望终成了现实，心中的激动之情无以言表。在母亲的教育下，费达生兄弟五人都学有所成，成为社会栋梁之材。其中，小弟费孝通是我国著名的社会学家。

赴日留学

费达生 1920 年毕业于江苏省立女子蚕业学校（简称女蚕校）。这是一所在国内屈指可数的蚕校，日本 1929 年出版的《支那蚕业大观》一书中，将此校和杭州蚕业学校并称为蚕业学校的"双璧"。费达生毕业后不久，女蚕校的校长郑辟疆（早年，曾与费达生父亲费璞安同在山东青州蚕桑学堂任教，30 年后，成为费达生的丈夫）来到费达生家，给她带来了省里给了学校两个赴日留学名额的好消息，并问费达生是否想去。费达生非常兴奋，得到了父母的支持，决定赴日留学。除费达生外，女蚕校派遣的另一名留学生是费达生的同班同学、校长郑辟疆的妹妹郑蓉镜。两人任务是分别学习日本的养蚕和制丝技术。

1920年9月,费达生和郑蓉镜乘船到了日本。到东京后,两人住在中国留学生集中的“改盛馆”。这家小旅馆较便宜,当时住着几十个刚到日本的留学生。他们共同请了一名叫松本的老师教日语,但每天的上课时间只有一个多小时,大家很不满足。为尽快提高日语水平,两人挤出时间去商店等日本人多的地方去练习日常会话。在熟悉了东京的生活后,两人搬到了小石川附近的一位叫金泽的老太太家借住。

1921年春,费达生和郑蓉镜两人一起考入了东京高等蚕丝学校。该校设有制丝教妇养成科,招收女生。此校也是清政府1910年制定的惟一的女子日本留学章程中,明文规定的女生具有成为官费生资格的三所学校之一。先后有21名中国女学生入学,其中14人毕业。

东京高等蚕丝学校的学习内容是以制丝为主。费达生的同班同学共20余名,日本学生都住在校园边的宿舍里。宿舍设有舍监,管理严格,出入都须舍监批准。留学生活比较艰苦。费达生是班上惟一的留学生,不允许住校,只得在离学校不远的地方租了一间十几平方米的小房。房间里有蜂窝煤炉,可以做饭,但费达生早晨只简单地吃点儿咸菜稀饭,中午在学校吃,尽可能把时间用在学习上。

费达生在中国已接受过蚕丝的专门教育,来到日本留学,所学制丝课程成绩优异,她的缫丝实际操作成绩居全班之首。老师曾表扬费达生并对同班的日本学生说:“中国学生可以做得如此好,你们能做到吗?”但费达生对日语等非专业科目的学习非常吃力,毕业论文提交的只是一首七言诗。因日语老师是一位懂汉诗的学者,看到费达生的诗非常高兴,使费达生顺利通过了毕业论文的审查。

费达生还讲了一件偶然进入学校实验室的事情。有一天,她因找福本福三老师,被人领到了实验室门外,费达生没等老师出来,就径直进入了实验室,看到了福本与高桥、冈崎老师正在研究制作立式缫丝机。当时还是座式缫丝时期,立式缫丝机日本也还处在试验阶段。福本老师看到费达生,立刻将她领到实验室外面,在走廊里和费达生谈话。后来,回国后她与同事一起制作立式缫丝机时,当时在实验室看到的机型还起到了参考作用。

东京高等蚕丝学校的教程很紧,平时教授科目里没有的内容多在星期天讲授。如丝绵制作等课程就安排在星期天,老师专门通知费达生到校听课。费达生说这是她留学期间最高兴的事情。

1923年费达生以优异的成绩毕业于东京高等蚕丝学校,福本老师知道费达生是苏州人,曾对费达生说,苏州有日本人开的瑞丰丝厂,如愿意去,可以介绍。费达生断然谢绝,对老师说自己是女蚕校送出留学的,一定要回女蚕校工作。

返回母校

回国后,她和郑蓉镜回到女蚕校。费达生学的是制丝,但当时的女蚕校还没有制丝专业,根据郑辟疆校长的指示,费达生先到了推广新蚕种和宣传科学养蚕的“推广部”,赴吴江县农村宣传科学养蚕。1924年费达生等4人来到吴江县庙港乡开弦弓村,她们初次在农村工作,看到了蚕农们的贫穷生活,非常痛心,决心改变这种状态。4位姑娘吃住在农村,克服种种困难,说服蚕农们用新蚕种和新方法养蚕,建立了一个由21户蚕农组成的共育组。由于采用了新蚕种以及科学养蚕技术的普及,当年共育组的蚕农们都获得了丰收。在费达生等人的努力下,新蚕种和科学养蚕技术逐渐得到了蚕农的信任,随之推广开来,取代了土种并且传播到了浙江、皖南等地。

随着科学养蚕技术的推广，制丝工艺落后的问题随之而来。费达生等在农村开始进行从改良土丝到机械制丝的改革。1929 年费达生帮助蚕农们在开弦弓村创设了“开弦弓丝厂”，这是中国历史上最早的农民自办的合作企业。因之，费达生被称为中国的“乡镇企业之母”。

1930 年，女蚕校新设制丝科，费达生兼任制丝科主任。其间，她曾在“吴江县制丝合作社”、“无锡永泰丝厂”、“乾生丝厂”指导制丝，也曾直接管理过玉祁、震泽、平望等制丝所。同时，费达生与制丝科的同事一起试制成功了“立缫车”，命名为“女蚕式立缫车”，并在女蚕校的实习工厂建立了立缫车间。

1937 年抗日战争爆发，大部分制丝工厂毁于战火。费达生根据学校的决定，于 1938 年 5 月到了大后方四川，一边为学校来川做准备，一边参与四川省蚕业工作。费达生在乐山考察时，看到了硕大的“沱桑”叶，非常兴奋。回重庆后，给校长郑辟疆写信，告知“……乐山桑叶大如席，请我师速来”。

1939 年春天，郑辟疆一行从上海经香港，辗转万里来到重庆。虽然经费、人员不足，但学校的工作逐渐得以恢复，同时建立了乐山蚕丝实验区。费达生担任着四川丝业公司制丝总技师及四川乐山蚕丝实验区主任，并为防蚕病、养秋蚕、建蚕种冷库到处奔走，为四川蚕丝业的发展作出了很大的贡献。

1945 年抗战胜利后，在乐山的女蚕校教职员工开始分批返回故乡苏州。回到女蚕校的费达生看到的是一片废墟，恢复工作困难重重。此外，苏州除日本人经营的瑞丰丝厂外，其他丝厂大都毁于战火。当中蚕公司接收瑞丰丝厂时，费达生和几位同事参与了接收工作，亲手摘下了“瑞丰丝厂”的厂牌，挂上了“苏州第一丝厂”的牌子，并接受了中蚕公司的任命，担任苏州第一丝厂厂长。后费达生回到女蚕校任实习丝厂经理和教员。在经费不到位的情况下，为恢复女蚕校正常的教学科研工作不断地奔忙。

“同宫茧”

1950 年，为中国的蚕丝事业忘我奋斗了几十年的郑辟疆和费达生在校庆纪念大会上宣布结婚，成为夫妇。92 岁的费达生在对笔者谈到此事时，脸上洋溢着幸福的笑容。费老说，事情是由包括自己在内的蚕校 6 位独身女同事要盖年老后共同居住的“乐友村”之事引起的。郑辟疆是独身主义者，并经常教育自己的学生要做职业妇女，献身蚕丝事业。这位校长认为妇女要做事情就不能结婚，因此，女蚕校及蚕种场独身女性很多。解放后女性的新姿态，使郑辟疆的想法发生了转变。郑辟疆看到自己的学生们为中国的蚕丝事业付出了青春年华，但她们老了之后的生活却让人担心。在新的环境下，郑辟疆决定与相恋已久的费达生结为夫妇，并希望其他未婚女同事也能成家。当费达生听到郑辟疆讲到结婚之事时，非常激动。她说，自己与郑校长在一起为蚕丝事业的发展忘我地工作，志同道合，患难与共，郑校长出主意，自己付诸行动，攻克了许多难关。两人相处的 30 年中，自己非常尊敬郑校长，两人相爱也有多年，但到郑校长下决心结婚时，两人的年龄已是超过 70 岁和近 50 岁的人了。

上海《大公报》报道：“……全国闻名的两位蚕丝专家，年已 71 岁的郑辟疆老先生和费达生女士(今年 48 岁)于 3 月 12 日在苏州浒墅关举行结婚典礼。这两位原来都抱独身主义，他们有同一志趣，毕生献身蚕丝事业，恋爱已有 20 余年，到现在一了他们的私愿，使有情人终成眷属,一时传为蚕丝界佳话……”郑辟疆的好友黄炎培从北京寄诗祝贺:“真是白头偕老,同宫茧(两个蚕结成的茧)是同心,早卅年结合,今朝已成金婚。”费达生夫妇的婚礼简朴无华,不设酒宴,不收贺礼,仅以茶会形式进行。婚后第二天,夫妇就一起应邀出席了苏南行署召开的蚕农代表会议。

费达生夫妇的婚后生活和谐幸福,充实忙碌。郑辟疆除任蚕丝专科学校校长一职外,还任苏南行署委员。1952 年郑辟疆为江苏省人民政府委员,1954 年,当选全国第一届人大代表。费达生 1950 年曾到上海中蚕公司技术室工作,后又回到蚕校继续担任试验丝厂经理兼教学工作。郑辟疆为了广东的蚕丝业,不顾高龄体弱,同费达生一起赴广东,调查研究制订计划,并从江苏调动技术骨干,迅速展开工作。费达生 1954 年当选为江苏省人大代表,1956 年任苏州市工业局副局长,8 月被周恩来总理任命为江苏省丝绸工业局副局长。

1956 年蚕丝专科学校实行蚕、丝分校,将制丝科和丝织科分出,设立了丝绸工业学校,郑辟疆兼任两校校长。1958 年丝绸工业学校改为丝绸工业专科学校,郑辟疆为校长,费达生任副校长。1960 年升格为苏州丝绸工学院,郑辟疆任院长,费达生任副院长,此学院是中国培养丝绸业技术人才的最高学府。这个时期,费达生仍不断地进行技术革新,试制成功了定纤自动缫丝机,推广到全国各地。

晚年生活

“文革”期间,费达生也同其他老知识分子一样,受到冲击。先后被隔离审查,强制劳动下放五七干校,历时十余年。丈夫郑辟疆病逝于 1969 年。

“文革”结束后的 1978 年,费达生任苏州丝绸工学院顾问。尽管年事已高,但她仍然奔波于江南的农村和工厂,指导养蚕和制丝,并继续总结自己在教学和生产第一线的经验,发表了若干篇有关蚕丝制作和蚕丝业的论文。据其女婿黄扬讲,上了年纪的费老也很少在家,总是简简单单地吃过饭,就到各地察看养蚕制丝的情况,亲临现场指导工作。费老一生在科学的道路上,筚路蓝缕,孜孜不倦;同时又追求着真理和进步。她是中国共产党党员,又是九三学社成员,一、二、三、四、五届江苏省人大代表。1979 年,费老当选为中国纺织工程学会名誉理事,苏州市妇女联合会副主任。1981 年,当选为苏州市政协副主席。1987 年当选为中国丝绸协会第一届理事、江苏省丝绸协会名誉会长。

1992 年,费达生患乳腺癌住院,动手术后,在家休养。其间,她仍未停止自己的蚕丝工作,继续着蓖麻蚕的研究。笔者第一次采访费老是在 1994 年的夏天,她的院子里种着蓖麻,对一点儿也不懂蚕丝的采访者认真地讲解蓖麻蚕的优势,并拿出自己用蓖麻蚕丝织的毛衣说明蓖麻蚕丝的特点。这使笔者联想起费达生同班同学井上和佐藤的回忆,她们说费达生为人诚实,做事认真,编织非常拿手,经常教日本朋友织毛衣,和同学们的关系很好。

在费老百岁生日过后的 2003 年春节,笔者第四次来到苏州费老的家。在黄扬夫妇的精心照料下,费老面色红润,精神饱满。但毕竟已是百岁老人,记忆以及眼耳已有障碍,可只要提到和蚕丝有关的话题,费老记得还是一清二楚,讲起来滔滔不绝,最后还唱起了《蚕校之歌》。

原载《春秋》2006 年第 4 期

我认识的费孝通

谈家桢

孝通兄早年即负笈英国，攻读社会学博士学位，以“江村经济”研究一鸣惊人，享誉海内外。回国后更是以强国富民为己任，行行重行行，足迹遍及祖国大江南北，身影出现在大城小镇。孝通兄提出过许多有益于国家和地区社会、经济发展良策，尤其苏南乡镇经济模式之研究为世人敬仰。孝通兄辛勤耕耘一甲子，著作等身，奖掖后学，滋兰树惠，终成社会学教育和研究之一代宗师。孝通兄一生，体现出一位社会学家、人类学家、教育家和社会活动家满腔报国情怀。

孝通兄和我曾长期在清华共事，后又同在民盟积极参政议政，共求国是，谋报效祖国之路。我调上海大学后，孝通兄更是鼎力相助，使上海大学社会学系研究水平不断提升，跻身一流。孝通兄与我既是吴地同乡，又是同事，交往几十年，私交甚笃。我们曾无数次执手相聚，纵论天下，畅游学海。前年在上海见面时之情景尤历历在目，而今想起那次见面竟成诀别。此景真是恍如隔世，悲痛不已。

谨书此短文以表我对孝通兄沉痛悼念之情。为弟惟率全校后学同仁，致力于“科教兴国”，矢志报国为民，以继承孝通兄遗志。

费孝通是我东吴大学的校友。我在大学毕业前夕，经同学们的一致推选，接受了编辑1930届年刊的任务。当时为东吴大学二年级学生的费孝通，是一位热血青年，也是学生运动的骨干，在同学中很有威信。或许，在当时费孝通的心目中，搞年刊既浪费时间又转移了学生运动的视线，于是，他带头抵制编辑年刊工作，因此，在当年的年刊上，缺少了他所在的一班同学的照片和材料，实为憾事。之后，1930年我兼任东吴大学普通生物学实验课的教学，正好做了费孝通的老师而与他结识，也算是“化干戈为玉帛”，当时我就感受到了他对社会、对国家的关切和对人民的深厚感情。果然，同年他受当时革命思想影响，决定不再学医，转入燕京大学社会学系，转攻社会学专业。

在社会学领域内费孝通可说真是如鱼得水。1938年，在抗日战争的漫天烽火中，他从伦敦大学的经济政治学院学成回国。在十分艰苦的条件下，凭着他对祖国的满腔热情，根据对家乡吴江县开弦弓村的考察，在1939年年仅29岁时，就写下了轰动学界、中国重要的社会学著作《江村经济》。

在“江村”调查中，费孝通发现，中国农村的基本问题就是农民吃饭穿衣的问题，内忧外患使他们陷入极端贫困境地。当时的现实促使他产生了尽力使中国农民脱贫致富的使命感，也使他一生“志在富民”的追求更加坚定。在以后的学术工作中，费孝通提出了农民温饱的“小康水准”、“现代工业技术下乡”、“乡土工业重建”等问题和想法，并且将毕生的大部分研究，都围绕着中国农民脱贫致富这个主题。

1979年，邓小平提出恢复社会学的学科地位的任务，费孝通接受了中央重建中国社会学所的委托，并于是年当选为民盟中央副主席。他又回到“江村”，在大量深入的调查基础上写出《小城镇、大问题》等系列文章,受到了普遍重视。在全国范围内,小城镇建设形成高潮。后来他在民盟中央主席的位置上,也提出了许多富民的主张,为中国农业和农村经济发展作出了不可磨灭的贡献。

60 年后,我与费孝通同任中国民主同盟中央委员会的名誉主席,见面时,他对当年的事竟记忆犹新。他还风趣地说:"那时我与谈老师唱反调,幸好谈老师没有报复我,给我生物课打个不及格,不然我就没法毕业了!"如今念及,痛何如哉!

原载《群言》2005 年第 5 期

浮舟沧海，立马昆仑

——记著名学者、红学家、书画家冯其庸先生

耿毓亮

冯其庸先生是我国当代著名的学者、名闻中外的红学专家，其研究领域的广度和深度都为世人所深知。他的书法和绘画也达到了很高的艺术境界。对先生的艺术之途作一探索，应是一件有益学界的事。

冯其庸先生，名迟，字其庸，号宽堂，以字行。江苏无锡人，生于1924年，1947年参加党的地下活动，1948年毕业于无锡国专。1949年5月参加中国人民解放军并在苏南行署工作，9月任教于无锡市第一女子中学，1954年8月调北京中国人民大学，历任讲师、副教授、教授、硕士研究生导师等职，1975年至1986年借调文化部主持《红楼梦》的校注工作并创建了红楼梦研究所，任所长，1986年8月调入中国艺术研究院，任副院长，兼职中国人民大学语言文学系教授。

冯其庸先生以红学专家名世，“治红”精深博洽，显示了多方面的修养。先生对中国文学史的研究和教学，对中国文化的探源考察，对戏曲、诗歌、书法、绘画的研究及创作，均成绩斐然，从而确立了他在我国文史艺术领域应有的学术地位。

冯其庸先生在《红楼梦》研究方面的论著已有十多种，数百万字。他的《曹雪芹家世新考》(重订本)，在曹氏家世研究方面，取得了重大突破；在《红楼梦》的抄本研究上，他有《论庚辰本》、《石头记脂本研究》等专著问世，受到国际学术界的重视。1980年应邀赴美国参加国际《红楼梦》学术研讨会。

关于曹雪芹和《红楼梦》的思想性质的研究上，冯先生发表了《千古文章未尽才》、《曹雪芹与红楼梦》等重要论文。他指出，曹雪芹是中国历史上的一位杰出的天才作家，他说曹雪芹是在吸取了传统先进思想和传统文化精华的基础上，才自我造就成为天才式的人物的。他的天才是个人的勤奋学习和社会给予他的重重苦难中磨炼出来的。在论及曹雪芹和《红楼梦》的思想性质时，冯其庸先生深刻地指出：“曹雪芹是一位超前的思想家。”“贾宝玉和林黛玉的叛逆思想和叛逆行为，充分体现了那个时代思想界的先进思想和斗争精神。他们是一对洋溢着18世纪中期的时代精神的典型。他们在意识形态领域起到了启蒙作用。”又说：“曹雪芹是当时的先进思想家，《红楼梦》所表现的自由、民主、平等完全属于近代范畴的思想，从历史的角度看，至今仍有着生命力。”冯其庸先生还说：“《红楼梦》这部书不仅是对二千年来的封建制度和封建社会的总批判，而且还闪耀着新时代的一线曙光。它既是一曲行将没落的封建社会的挽歌，也是一首必将到来的新时代的晨曲。”

冯其庸先生所主持的《红楼梦》新校注本，以乾隆抄本“庚辰本”为底本，集十多位专家的研究成果，发行后受到学术界高度评价。全国古籍整理组长李一氓先生撰文指出，这个本子可以作为《红楼梦》的定本，它是古典作品整理与校注的典范。据统计，该书出版后，已发行五百多万部，影响之大，可见一斑。

冯其庸先生还主编了《脂砚斋重评石头记汇校》，全书约一千万字，是红学研究中卷帙

最大的一部；另外，他还重新纂校订定了《八家批评红楼梦》，本书是总结清代评点派红学的一部巨著。冯其庸先生还出版了《梦边集》、《漱石集》、《秋风集》、《瀚海劫尘》、《落叶集》、《夜雨集》等著作。他的《论红楼梦的思想》一书，也将于近期出版。

近二十年来，冯其庸先生还致力于祖国西部原始文化和历史地理的研究。曾多次深入甘肃、新疆、内蒙的戈壁沙漠，作实地考察，基本走完了唐玄奘西天取经的国内路线。早在80年代初，冯先生就开始对西部作实地调查，1994年冯先生在他的大西部摄影集《瀚海劫尘》的序言里就说："我向往祖国的大西部是因为我坚信伟大的中华民族必定会强盛！而强盛之途除改革、开放、民主、进步外，全面开发西部是其关键，从历史看，这样众多的人口，这样伟大的民族岂能久虚西部。回思汉唐盛世，无不锐意经营西部，现在到了全面开发西部的关键时刻了，我们应该为此做点学术工作，多做点调查工作。"1993年秋，他到了民丰，深入俗称死亡之海的塔克拉玛干大沙漠。1995年8月，冯先生以73岁高龄第四次到吐鲁番作调查，当时吐鲁番中午高温已达50—60度，先生冒着酷暑对交河、高昌古城和胜金口千佛洞、柏孜克里克千佛洞、吐峪沟千佛洞作了认真考察，之后，还到南疆和田、民丰、若羌、喀什等地，并直上4 900米的帕米尔高原红旗拉甫。在此期间，他写了不少文化实迹的考察文字，拍摄了数千幅珍贵的照片。1998年8月25日，冯先生以76岁的高龄，第二次上帕米尔高原4 700米的明铁盖达坂山口，发现并考实了1355年以前唐玄奘从印度取经归国的山口古道，冯先生的论文发表后，立即引起国际学术界的高度重视，多次请他在国际会议上作学术报告。论文已被多种学术专著收录。今年9月，上海的朋友还为他举办规模颇为宏大的西部摄影展，不少老专家都为展览会题了词。据知最大的照片放大到10米。

冯其庸先生的全部学术活动、学术著作的最大特点是坚持调查研究，坚持亲知亲闻。他虽然已经是70多岁的人了，但仍然克服重重困难，连续坐三个多月的汽车，行程数万华里。在大西北的黄土高原上，在戈壁沙漠中，有时每天只能吃一顿饭，有时连水都喝不上。种种困难都没有改变冯先生深入沙漠进行实地考察的勇气和决心。冯先生说："我深深敬佩玄奘排除万难的伟大意志力，所以我得出一条启示：不有艰难，何来圣僧。为学若能终身如此，则去道不远矣，为人若能终身如此，则去仁不远矣！"我想这也是冯其庸先生的自身写照。

冯先生不仅是著名的学者，还是一位诗人。先生于20岁前后开始在《大锡报》发表旧体诗词和散文，38岁主编《历代文选》。近年先生写了不少西部纪行诗和其他题材的旧体诗，如他到了玄奘西行的库车，饱览了古龟兹国的风光，惊叹其特异的山川后题诗云：

看尽龟兹十万峰。
始知五岳也平庸。
他年欲作徐霞客，
走遍天西再向东。

1993年9月第四次赴新疆时，他的题诗体现了先生老而弥坚，壮心不已，藐视困难，勇于胜利的豪情壮志。诗曰：

老来壮志未消磨，
西望关山意气多。
横绝流沙越大漠，
昆仑直上意如何。

1990 年 11 月 18 日风雪中登嘉峪关,题诗曰:

天下雄关大漠东,
西行万里尽沙龙。
祁连山色连天白,
居塞烽墩接地红。
满目山河增感慨,
一身风雪识穷通。
登楼老去无限意,
一笑扬鞭夕照中。

冯其庸先生集学者、诗人、书画家于一身。其书法楷书初学大小欧,篆书学《石鼓》,隶书学《张迁》、《孔宙》、《衡方》、《朝候小子》,行书初学李北海,后专学王字,从《圣教》、《兰亭》到《家书》,数十年浸淫于此。于苏字则心赏《寒食帖》,于米字则喜《蜀素帖》,尤重《深秋帖》,于晚明特重黄道周、倪元璐、傅山、张瑞图,而于倪元璐尤为心仪。清初王铎也是冯先生最为欣赏的一家。由于先生遍通诸家,眼界非凡,其书作或雄浑豪放,或高古典雅,或清奇旷达,或绮丽含蓄。既起伏跌宕,流动婉转,又清秀潇洒,逸气四溢,既充盈着书卷气,又散发出浩然大气,从而形成了格调清新逸气豪迈的书风。

冯先生的画学青藤白石,而钟情石涛、石溪、石田、昌石,先生曾名自己的画室为"五石轩"。其画为大写意,笔法灵动,雄浑典雅,畅快而变化无穷,元气淋漓,情深意厚,无处不透露出其才情和学问。近年来其作品颇为世人所重,画册、展览、题词、问道之邀应接不暇。先生的书法、绘画具有独特的个人风格,具有一种与众不同的潇洒清新的文气和洒脱不羁、豪放超迈的浪漫精神。人们评论他的画是真正的文人画。刘海粟称赞他的书画都是第一流的,是他的学问和修养自然造成的。

1998 年 5 月在中国美术馆举办了冯其庸先生书画展,取得了巨大成功。顾廷龙、启功、杨仁恺、周绍良、张中行、史树青、许麟庐等著名的学者、书画家、鉴定家都出席了开幕式,对冯先生的书法和绘画给予了极高的评价。1999 年 10 月中国文联、中国书协举办了京华十老书法展,其中赵朴初、启功、冯其庸先生的作品最为夺目,人们评论冯先生的书法具有很强的学术气息和高深的文化内涵。

冯其庸先生现为中国红楼梦学会会长,中国汉学会会长,中国炎黄文化研究会副会长,中国戏曲学会副会长,《红楼梦》学刊主编,敦煌吐鲁番学会顾问。

冯其庸先生文载青史,艺名四海,待人热情、真诚,他常告诫年轻人,做学问是一辈子的事,要甘于寂寞和淡泊。近年来先生多醉意于书画艺术的研究和创作,过 70 岁才觉书法稍可寓目。先生是多么谦虚啊,这正是真正大家的风采。先生的红学研究已举世瞩目;西部文化研究正发挥着巨大的作用;书画艺术已进入高境,已达自然天成之境。先生是学术界、文化艺术界的骄傲,是我们后学的典范。我们期待着冯先生有更多的作品问世,贻芳后人,泽被学界同仁。

愿先生身体健康,艺术之树长青。

庚辰夏日于万竹轩

原载《传记文学》2000 年第 11 期

顾娟:弘扬中华医学的民间大使

乔 莲

春天的故事:外交官也来“热炒”专利

顾娟应邀赴北京人民大会堂参加会议,她的《中药抗病毒重药组方》获得国家发明专利(专利号 ZL0315 0524.4)。在春风中,这位明朝御医第 14 代传人的笑容,格外灿烂。

病毒感染会引起一系列疾病,包括病毒性肝炎、心肌炎、肺炎、艾滋病、SARS 病等。而致病因素往往是错纵复杂的,像 SARS 病突然袭来时就是这样,至今仍未清楚病毒来源及致病机理。如盲目使用抗菌素和激素,不但对病情无补,还会损伤患者的肝、肾、肺等重要脏腑的功能,对体弱多病、免疫有问题的患者会造成严重后果甚至死亡。国家知识产权局的专家认为,顾娟的这一专利首创配伍重药,以中药配伍的多成分为基础,通过多靶点、多途径、多层次的药理来治疗各类病毒疾病,适用性强,开发和应用前景十分广阔。据专家评估,该专利项目投资效益和社会效益显著。有关单位特将此纳入“全国重点专利实施工程”。

随着近年来国际“回归自然”热的升温,我国中成药被很多国家和地方所看好,天然药物的开发及临床使用在国外越来越广泛。目前,传统制药已被许多国家认为是一个朝阳产业,而国际上的传统药物主要指中成药,其年销售额已超过 150 亿美元,并仍在以每年 10% 的速度增长。因此,专家认为,顾娟的中药抗病毒天然药物一旦进入投产,将有着广阔的国际市场前景。

顾娟的专利一经报道,要求进一步采访,希望合作开发等信函雪片似地从海内外飞来。罗马尼亚驻华大使馆公使西米翁先生对顾娟的《中药抗病毒重药组方》专利大为称赞,他说:“人家‘炒’你的专利,我也来‘炒’,因为我非常看好你的这一成果。”

同样受到“追捧”的是“福寿堂养生茶”。这是顾娟根据宫廷秘方,选用道地纯天然中药,按中医养生原理精心配制的,符合人们追求自然、崇尚食补的现代化健康理念。品尝了“福寿堂养生茶”后,美国华美总会、美国中医学针灸学会会长梁葡生自告奋勇地要去美国营销推广,他在来信中写道:“阁下的研究成果,引起国际上中医药界的重视和浓厚兴趣。阁下的福寿堂养生茶,经本人介绍给客人使用后,反映很好,异口同声称赞:一是口感好、二是效果好、三是便携好。”梁会长热情相邀顾娟赴美参观考察,在美国正式设立福寿堂分公司。

这些年来,顾娟利用自己的产品和优势,与海外同行展开多方合作交流。每年应邀赴海外讲学,弘扬中华医学,加强中医药的国际交流。

秋天的花絮:百年老店成为“观光景点”

金秋时节,有着 400 多年历史的福寿堂重新开门揖客。

明朝万历年间,江苏南通著名郎中、御医顾邦贤创建了福寿堂国药号。他悬壶济世,扶贫济危,送医送药不收分文,治愈了穷百姓的疫病。《通州地方志》有"百姓乡亲皆往福寿堂拜谢邦贤"的记载。顾邦贤还创制了医治疑难杂症的多种秘方。

顾娟5岁即随父学医,成为福寿堂祖医的第14代传人。她和丈夫曹一民硕士携手,在继承祖传方剂的同时,还几十年如一日地潜心研究,取得了一批医学新成果,尤其在医治癌症、白血病和多种疑难杂症方面颇有独到之处,在海内外享有"巾帼神医"美誉。1998年10月,作为上海第一家私人药房,顾氏福寿堂在上海杨浦区翔殷路582号正式开业,年逾古稀的顾娟走马上任董事长。各大传媒对此纷纷作了报道,新华社还向海外发了专稿。

顾娟非常感激党和政府的热情关怀。她感慨地说:"我到海外讲学,美国、日本、韩国等都在加大力度研究我们的中医;目前西方国家已有40多家植物药研究机构,德国、澳大利亚的药品管理部门已来我国对中药进行考察。老祖宗传下来的岐黄术,可不能让人家抢在了前面啊。"她不顾自己年届古稀,依然夜以继日地研究。对新开的顾氏福寿堂药房,她强调"要以社会效益为重。我们福寿堂不以营利为目的,重要的是弘扬中华医药。"侨属企业的优势,使福寿堂得以及时了解、掌握海外的高新技术,使之与传统医学的研究开发紧密结合,形成一个集科研、临床、生产、销售为一体的中医药集团。

日本东京电视台、北海道电视台、朝日电视台相继来沪拍摄新闻片,将福寿堂作为展示上海新风貌的一个"景点"。

夏天的热浪:投资落户当"红娘"

夏日里,中国新闻社的一则电讯稿报道:在侨界的一次会议上,侨办官员向当时任上海市副市长、浦东新区管委会主任的赵启正介绍顾娟,赵启正高兴地握着顾娟的手,风趣地说:"看来,您不仅是'巾帼神医',而且是位弘扬祖国医学的'民间大使',还是我们浦东新区的'红娘'呢"。

50多年来,顾娟凭着顽强的毅力,不断攻克医学难题,创造出一个个生命奇迹。她治愈了海内外一大批疑难杂症和绝症患者,其中包括一些海外著名跨国集团的总裁。他们"起死回生"后激动地对顾娟说:"顾医生,您有什么要求尽管讲,我们一定回报您。"

"我个人在国内生活得很好。你们真要回报我,就请到上海,到浦东新区来投资吧。"顾娟认真地说。于是,顾娟就成了海外一批企业家与浦东、与上海"结缘"、投资落户的"红娘"。

近年来,顾娟应邀多次赴美国、新加坡、阿联酋、香港等国家和地区讲学。她当然要讲祖国医学,同时也讲祖国翻天覆地的巨大变化,更会讲到上海的变化。顾娟出席国际会议并发表有关中医中药治疗癌症肿瘤、艾滋病等绝症的医学论文,引起与会医学专家们的浓厚兴趣,又因为她从上海来,他们特别想了解这个中医研究大夫是怎样看待上海变化的。

已故的中央文史研究馆馆长萧乾曾在文章中评价:"顾医生的功德不仅使大陆的人们受益,也已经跨过海峡、泽及宝岛上的同胞,以及太平洋彼岸的患者。"他在给顾娟的来信中说:"在您的汤药(及丸药)之前,我在家中常备氧气罐4个,并经常轮流使用。自5月服您药后,它们已经成为多余的了。因为我的心胸闷堵现象已基本消失。"萧夫人文洁若也在给顾娟的来信中称:"吃了您的药,我的便秘问题已解决。从来没有这么舒畅过……今后我一定好好工作,报答您的恩情。"在紧接着的另一封信中,文洁若这样写:"顾神医,自从4月上旬开始吃您的药，萧乾和我，以及竹林和老赵，都在健康方面大有起色，来自海外的一些朋友也对您的医术和医德赞不绝口。弘扬中华医学的民间大使，您是当之无愧了。”“我想，如果够资格，我还真乐意做这样的‘民间大使’和‘红娘’呢。”顾娟笑着说。

冬天的传奇：古稀三闯美利坚

迎着寒冬凛冽的风，顾娟又一次来到美国参加会议，她利用自己的优势，积极宣传中华医药，与海外同行展开多方合作交流。

中新社香港报道：“被誉为巾帼神医的上海中医师顾娟，如期离开香港飞赴阿联酋。这位以治疗恶性肿瘤及疑难病闻名的老人，将在该国以中医医术解除患者痛苦。……就在此行赴阿联酋传医途经香港，此间不少癌症及疑难症患者也闻讯求医。记者访问时恰有台湾来的问候顾娟的电话。对方在电话中告诉记者，她的母亲两年前吃了顾大夫的药，颈部淋巴肿瘤数天内迅速消失，至今未有复发。”

顾娟第一次赴美，是应邀出席在美国华盛顿召开的首届世界传统医学大会。在论坛上，她从中医中药角度对致癌克癌机理提出了独特见解，引起与会各国医学专家的浓厚兴趣。

以后，顾娟又赴美参加医学研讨大会并作学术报告。她以具体病例阐述“中华医学不仅能治疗癌症，而且能治疗死亡率极高的艾滋病”，再次引起轰动。美国《世界日报》报道称：“巾帼神医顾娟富有传奇色彩，以令人难以置信的医术成为人们关注的焦点。许多读者打电话、写信要‘巾帼神医’顾娟的电话和住址，许多人排队等候顾娟的义诊。他们都是顽症、疑难杂症或绝症患者和他们的家人。”

美国《星岛日报》报道：“记者会上，当场有人要求顾娟医师把脉。顾娟医师把这些‘病家’的健康状况一一道来，无不‘切中要害’，众人连声称奇。”途经旧金山时，不顾旅途劳累当即举行赈灾义诊，中国驻旧金山领事樊建萍在来信中说：“看到您的成就得到国际的认可和赞赏，我为之十分自豪。以往国内的来访者，往往是围着‘老外’转；这次您顾医生一来，却是‘老外’围着您团团转。我真觉得扬眉吐气。”

顾娟还应邀赴新加坡进行为期半个月的访问讲学。新加坡卫生部部长姚照东与顾娟作长时间亲切交谈时，高度赞扬顾娟的崇高医德和精湛医技，并邀请她作再次访问；新加坡全国职工总会负责人符喜泉议员也多次与顾娟畅叙。

在新加坡期间，顾娟发表了《中医治疗癌症肿瘤的独特疗效》的专题演讲，近600名听众冒雨前来听讲，宽敞的礼堂被挤得水泄不通。主持会议的新加坡全国新闻工作者协会秘书长称：“这种热烈场面和轰动效应，实在难得看到。”

“老骥伏枥，志在千里。”古稀之年的顾娟，仍抱着炽热的愿望：多开发新药，让中华医药真正能为全人类服务。

原载《苏大校友》2005年第2期

葛赉恩与东吴大学校园文化建设(1911—1922)

张　燕

东吴大学是美国监理会于1901年在苏州创办的一所教会大学,作为中国近代教育史上独特的教育机构,东吴大学在其发展过程中,形成了不同于其他学校的校园文化。本文主要探讨葛赉恩任期中的东吴大学成功的校园文化建设,以期为当前高等院校的校园文化建设提供参考。

一、课余活动丰富多彩

东吴大学经过第一任校长十年经营,到葛赉恩任期,学校各方面日益成熟和完善,校园文化建设也日益受到重视,学生的课余活动更加丰富多彩,成为校园文化建设的一个重要组成部分。东吴大学学生的课余活动主要分为课余学术活动、课余文体活动、社会实践与服务等。

1. 课余学术活动

面对国立学校的强力竞争,东吴大学重视学生学习,尽可能为学生创造良好的学术氛围,以学术为特色的各种组织、团体、机构和活动也就应运而生。

在校务部的支持下,1921年秋,东吴大学组织了"东吴学会"。学会宗旨有三条:(一)实地调查以补助功课的不足,(二)收集正确的报告以补调查的不足,(三)编辑丛书作实地研究的根据。学会组织设有社会学、哲学、教育学、宗教学、生物学、理化学、地质学、算学八部。各部都有规定的会章和研究宗旨,如社会学部的宗旨是研究政治学、经济学、社会学的理论,"并且实地调查国内政治经济社会种种状况"。理化部的宗旨就是"研究物理学",讨论诸如"建造苏州自来水厂的经济方法"、"析光的现象"等问题。各部都是奋力猛进,互相争胜[1]。

学校经济学会曾组织会员调查苏南各地的工业现状,在20世纪20、30年代,不少师生写出了相当有水平的调查报告和论文,如尤敦信的《中国桐油工业之调查》、汪葆熙的《中国黄丝业之危机》,刘思荣的《中国近年丝织物外销衰弱的原因及其对策》,张树声的《无锡去后推原中国之失败与落伍》等[2]。

学校注重学生的口才思辨能力的培养,东吴大学学生于1908年就已成立了两个辩论会团体:丽泽会和竞智会,两个组织互不统属,各自吸收成员,以"养成利辨之才为宗旨"。先是两会之间进行辩论,1913年,圣约翰大学校长卜舫济提议在东吴和圣约翰大学之间举行一年一度的辩论赛,一度成为东吴大学学生活动中的重要节目。两校共进行了七场比赛,东吴大学赢得前三次和最后一次。1921冬,东吴大学辩论会改组,又建立了正名会、明强会、昌言辩论会、立诚会,各树一帜,各会都有明确目的、宗旨,还阐明了组织系统,分工明确,组织严密。不仅锻炼了学生的口头表达能力,培养了学生的集体荣誉感,引发学生对当时中国社会实际的思考，而且使学生养成了遵守规则、按章办事的习惯。

学生成立了以提倡美学为宗旨的婳则会，其中分为四科：书、画、音韵、雕刻，会员选一二科目交成绩，每学期举行展览会一次，名人演讲数次。

学生会还主办了《东吴学报》，东吴学报社由“同学会教职员及在校学生三团体各举代表，推选职员”组成[3]，具体编辑人员以学生为主，知名教师任顾问，由校学生负责人出版发行，直至1933年才改为学校承办。

2. 文体活动

注重文体活动，是东吴大学的一大特色。其中文艺社团有东吴剧社、音乐会等。针对当时戏剧界大多演些才子佳人的低俗戏剧，东吴剧社提倡“有艺术价值之戏剧”，演具有现代含义和内容的剧目，如《什么是解放》、《好买卖》、《残余的照片》、《巾帼剑》等。音乐会分两类，一为军乐器，一为旧时之雅乐，即景倕会，专门研究国乐。此外还有唱诗社等。

东吴大学历来重视体育锻炼，认为“体育之功能与德育并重”[4]，在学校创办之初，就发起兵式体操、运动体操，有专门的中西教习指导[5]。并把体操列入课程表，作为四年毕业必要条件。除了这些，学校也积极引导和鼓励学生参加课外体育锻炼，学校最初一个全体大会组织就是健身会，宗旨是谋求全体同学的体育发展[6]。由于东吴大学与西方国家的密切关系，很多先进的体育用品和设备最先在学校里使用，由国外传入的体育竞赛项目也开始在学校里流行起来，各种体育社团组织也多起来了，如棒球队、篮球队、足球队、网球队、田径赛队等，每到下午四点钟散学后，总能在校园的操场上看见队员们运动的身影。

除了西方体育竞赛项目外，东吴大学还成立了技击部，其宗旨是“冀还我国魂，复我元气，孱弱种族，一变为雄武国民，盖非仅仅为保存国粹已也。”[1]这是学生爱国主义与锻炼身体的结合。

此外，还有其他的体育组织，如兵操队、童子军等，通过开展各种集体活动，给学生以现代军事方面的训练和献身服务精神的熏陶，培养学生纪律观念，公民意识和吃苦耐劳的精神。

3. 社会服务与实践

辛亥革命之后，民主共和的观念深入人心，本着自由、平等、博爱的精神，东吴大学学生在基督教青年会的主持下，于1911年为街区穷苦孩子开办了一所全日制义务小学——惠寒小学，免除学生一切费用。学校仅聘请一名专职教员负责管理学校的日常事务，其他教员都由东吴大学学生在课余时间免费担任。他们为小学筹集募款，提供各种中国传统学校没教过的课程，并开展各种各样的课外活动。在东吴大学学生的努力下，惠寒小学蒸蒸日上，更多的贫困子弟得到教育。

同时，东吴大学学生还创办义务夜校和暑期义务学校。1919年学生会成立后，将推广普及教育作为一项重要议题，经过议决，决定为贫困子弟和成年文盲创办一所义务夜校，为社会尽青年学生之力，并推举顾培庸为校长。他们将招收的学生按文化程度的高低分为甲、乙两班，每晚授课2小时[7]。此外，他们还为校内外的仆役组织了工余夜校[8]。

学校还发动学生暑假义务教育，为社会作贡献。其中1921年暑期义务教育最突出，这是学生自动发起并作了精神的准备，联络苏城各校一起活动。前期在校内还进行了演讲宣传，动员学生参与，并印刷两种空白表格，一是社会教育调查表，用来调查各地教育状况，二是义务学校报告单，用来填报义务学校的成绩，总之体现了学生会组织的充分准备[9]。暑假中，学生们在江浙各地开办了19所义务学校，每天上午8时到11时上课，教授国文、算术、修身、常识、习字、国画、音乐、体育、英文等，使得各地的贫困子弟有读书识字的机会[7]。

东吴大学的课外活动还有很多，如课外政治活动、宗教活动、社交活动等。这一时期，东吴学生的政治活动主要表现为各种形式的与社会现实相联系的学生运动。在五四运动及福州惨案中，东吴学生都以很高的热情参与，用自己的实际行动证明了热血青年的爱国情感。作为教会学校，东吴大学对学生的课外宗教教育从未放松。但随着教会学校的改革，学校宗教色彩逐渐淡化。宗教组织也日渐失去宗教的特性。学校团体中最受舆论界赞许的是青年会，因为它不独在服务方面能发扬基督教的真精神，就是在办事上也处处显出和衷共济的诚意[1]。这说明了它从纯粹的教会团体向社会性转化，对参加者的影响也有了社会性的一面。此外，学校还组织了东吴同门会，1919年改为各地支会，以统一于总会，培养校友对母校的感情，增进同学之间的联系，建立良好的人际关系。

二、校训、校歌与校园文化建设

教会大学有明确的精神目标上的追求，他们对校园文化建设比较重视。除了引导学生开展各种课余活动，还注重以校训、校歌、校徽等形式营造一种精神氛围，使学生在耳濡目染中潜移默化，最终成为符合学校办学宗旨的人才。

校歌作为反映学校精神风貌的标志，在校园文化建设中具有举足轻重的地位，在激励师生发扬学校优良传统、增强学校独有的群体观念、培养学生勤奋学习的优良品质方面具有不可替代的作用。

东吴大学有两首校歌，在葛赉恩任期中确定的一首校歌，以英文歌词为先，后配上中文歌词：

> 葑溪之西胥江之东广厦万间崇，凭栏四望虎丘金鸡一例眼球笼。
> 皇皇母校共被光荣羡我羽毛丰，同门兄弟暮云春树记取古东吴。
> 天涯昆弟一旦相逢话旧故乡同，相期努力敬教劝学分校遍西东。
> （副歌）东吴东吴人中骞凤世界同，推重山负海涵春华利实声教暨寰中。

从中我们可看出东吴大学校歌歌词雄壮有力，气势恢宏，很有气魄。同时也包含了东吴大学的一些办学特点和精神追求，第一句描述的是大学的地理位置和建筑规模，第二句讲的是东吴同门之谊，第三句讲的是东吴校友遍天下，共同推广教育的志向。副歌体现了东吴人的自豪感和推广宗教教育的责任感。在唱诵校歌的同时，东吴学子油然而生庄严肃穆和激励的情感。

校训是办学理念和价值取向的高度概括，表达的是大学管理者对求学者的热切希望，在校园文化建设中处于核心地位，被誉为高校校园文化建设的明珠。东吴大学校训是"Unto A Full Grown Man"（为社会造就完美人格），体现了东吴大学是为社会培养一个具有全面文化的人才为办学目标，注重对学生进行道德上的培养和教育，使学生养成基督教式的"完全人格"，这也是基督教教育的宗旨。[10]

东吴大学在培养目标上，更多地追求学生人格的完善，以学生为核心，通过各种活动和组织，教育学生求善求真求美，充分挖掘每个人的潜能，达到德智体全面发展。在学校里教给学生的不是某项专门的知识，注重的是学生全面文化素养的提升。反映在课程设置中就是“通才教育”，中西文化并重，人文精神与科学精神并重；在校园课外活动中，鼓励学生创办各种社团组织，开展实地调查与社会服务等，培养学生自主创新能力与献身服务精神；在日常生活中，教育学生尊敬师生、团结同学、与人和谐相处。

同时，作为一所国外传教士在华创办的教会大学，东吴大学校园文化体现了一种中西文化合璧的特色。其中最明显的是校历安排中，每年的10月20日，纪念孔夫子的诞辰，给学生放假[11]，此外，在圣诞节这天，校园里有各种圣诞节的装饰品，师生举办圣诞联谊活动，使人犹如在国外的大学。这些节假日的安排，并行不悖，学生乐在其中。

每学期，学校还邀请名家学者来校演讲作报告，其中，美国著名的教育家杜威博士、美国爱迪先生、丁立美传道师、金陵神学校校长、甘路得博士、范子美先生、赵紫宸先生等都曾来校演讲，在大师的熏陶下，东吴学生眼界开阔，知识得到长进。

三、小　　结

作为文化教育机构，东吴大学对学生及社会的影响不仅仅局限于课堂教学，还通过学校生活的方方面面，使其办学理念与思想深深渗透其中。在葛赉恩任期内，学校通过组织丰富多彩的课余活动，校训、校歌等熏陶，形成了一个中西文化合璧、学术氛围浓厚、以学生为本的自主活泼的校园文化。校园文化作为一种文化形态，对学生价值观念、道德情操、思想内涵和行为模式的形成和发展有着较深的影响，在培养学生的综合素质方面也起着不可替代的作用，因此学校需要通盘考虑，重视校园文化的建设，充分认识到校园文化的价值和作用。东吴大学成功的校园文化建设，对于当前我国高校的校园文化建设有很大的启发意义。

参考文献：

[1] 东吴年刊[J]. 1922.

[2] 史青寰. 教会学校与中国教育近代化[M]. 广州：广东教育出版社，1996.

[3] 发刊词. 东吴杂志[J]. 1925(1)：1.

[4] 东吴大学实录. 苏大档[Z]. 民国八年，全宗号:3 - 长 - 2.

[5] 告白. 东吴月报[J]. 1907(7):2.

[6] 东吴年刊[J]. 1929(1).

[7] 许周鹣，张梦白. 最早开设的教会大学——东吴大学[J]. 民国春秋，1996(5).

[8] Minutes of the China Mission of Annual Conference of M. E. Church, South., 1921.

[9] 校内纪事. 东吴学报[J]. 1921(民国十年九月)，3(1).

[10] 徐允修. 东吴六志[M]. 利苏印书社印，1926.

[11] DIALECTIC SOOCHOW Volume 1, October 1, 1919, No. 3.

原载《苏州教育学院学报》2006年第23卷第3期

高文彬：东京大审判最后的中国全程见证者

吴晨光

将“杀人竞赛”者送上断头台

他们并肩站立，军刀拄地，脸上流露出日本式的狞笑。他们的身后，是211名中国人的冤魂。

刊发于1937年年末东京《日日新闻》上的照片震惊了世界。“百人斩超记录！”这家日本知名媒体使用了如此标题。图片上的两名日本少尉军官向井敏明与田野毅在南京大屠杀中，以军刀砍掉中国人头颅的数量作为“竞赛”，最终以向井杀死106人“获胜”。而田野失败的原因，是军刀“卷了刀刃”。

1947年，东京，远东国际法庭中国检察官办公室。23岁的检察官秘书高文彬在浩如烟海的资料中，发现了这份报纸。“当想到自己的同胞像牲口一样被屠戮时，我的心都碎了。”他说：“作为中国人，惟一的想法就是将他们处决。”

是一架美国军用飞机将高文彬送往东京的。1946年5月，从上海到东京的航程需要3个多小时。与高文彬同行者还有周锡卿、张培基、刘继盛、郑鲁达，因英文出色，他们被远东国际法庭中国检察官向哲浚先生选为翻译。半年之后，脱颖而出的高文彬又担任检察官秘书。

载有两名刽子手照片的《日日新闻》，经高文彬之手传回中国南京军事法庭。对东条英机等28名日本甲级战犯的审理，是在远东法庭进行的，而对于亲手屠杀中国人的乙、丙级战犯，则在中国国内的不同地区接受审判。

“证据引起了中国法庭的高度重视。”高文彬回忆说：“他们通过盟军司令部，抓捕逃亡在日本的向井和田野。由于重名者很多，搜寻几乎持续了半年，最终在两人的家乡日本崎玉县，盟军看到了他们。刽子手已经脱掉军装，头裹白布，在街边做起了小生意。”

根据中国第二历史档案馆的记载：尽管两人在法庭上极力推诿，但因证据确凿最终被判处死刑。1948年1月28日，杀人凶手被拖到南京雨花台刑场执行了枪决。

亲历东京审判

从担任检察官秘书到1948年7月回国，大部分工作日在早上八点半，高文彬都会准时来到办公室，收集证据，并将那些沾满中国人血泪的证词翻译成英文。一位年轻的美国少尉也会把前一天的庭审记录送来，由这位中国检察官秘书仔细阅读，整理后装订。“每位法官或者检察官只有一份记录，但我要求提供两份。”高文彬说，“除了为向先生保管之外，我打算把另一份带给我的母校东吴大学法学院。”而在审理到与中国关系密切的部分时，检察官秘书也会来到现场，并从雄辩而严谨的中国检察官身上学到了很多东西。

"二战后的东京一片萧条。"高文彬说,"街头四处是小贩,为生意的不景气满面愁容。而在地铁中,年轻的女孩会主动拉客,生活的艰苦让她们不得不放弃尊严。"

由于中国人是战胜者的身份,所以高文彬受到了很大的"礼遇"。当他在商店和日本人碰面时,他们都会回避。"如果你是弱者,他们会飞扬跋扈,一旦你强过他,他就会对你心服口服。"

高文彬住在东京七重洲旅馆,与一名美国军官同室。最初每月的报酬是250美金,当调任秘书职务后,薪水增加到300美金,生活可以过得非常舒适,当时他每月的住宿费用只需两美金,而每天的伙食费是0.4美金。

审判是在东京涩谷区的日本陆军省旧址进行的。法庭上飘扬着11个战胜国的国旗,包括中、美、苏、英、法等,而法官也来自这些国家。审讯工作从1946年5月3日开始,由检察长、美国人季楠向法庭呈递起诉状。开庭之前,先由荷枪实弹的英国宪兵将全部被告人从监狱中提出,押上军车,车窗上蒙着黑布。下午审理结束后,再按照原样押回监狱。

"28名被告人被指控犯有55项罪状,主要被归结为破坏和平罪、违反战争法规及违反人道罪。"高文彬说:"审理共经历两年半时间,开庭818次,受理证据4 000多件。东京审判与同一时期欧洲纽伦堡法庭对德国纳粹的审判,是《国际法》的重要发展,为《联合国宪章》中关于制止侵略、和平解决国际争端奠定了基础。"

尽管出庭时间不多,但每天阅读庭审记录让高文彬对审理过程了如指掌。接近80岁的时候,他以寥寥几千字清晰地概括了远东法庭成立的背景及审理过程;又对流行一时的《远东国际大审判》提出了自己的观点。"但最为遗憾的是,我从东京带回来了两木箱庭审记录,在上交后全部失散。"抗战胜利60周年时,老人痛心地说:"很多历史就这样湮没在岁月中。"

1948年11月12日,长达1 200多页的判决书终于出炉。28名日本战犯中,7人被处极刑包括战争的发动者东条、手中沾满中国人鲜血的土肥原、板垣;另外21名战犯分别被判无期或有期徒刑。

远东国际法庭法官梅汝璈、检察官向哲濬、检察官顾问倪征𣋉等人一下子成为民族英雄,而高文彬的母校东吴大学法学院也因此更加著名。在赴日的10多名中国人中,70%以上是东吴毕业生。

东吴大学的义气书生

上海昆山路188号,东吴大学法学院遗址。自1915年建院,这里为中国培养了数百位学术精英,包括新中国首任国际大法官倪征𣋉、外交部顾问李浩培,小说家金庸等人。在20世纪初期,它被称为世界上最优秀的"比较法"(这里的学生兼修英美法与大陆法,并在学习中感受两种法系的异同)学院之一。1941年,21岁的高文彬走进白色小楼,成为大一新生。

当时上海已经沦陷3年,为了避免在汪伪门下"注册",从1941年到1945年,法学院曾3次搬迁。先是从昆山路搬入一座教堂,最后又转移到南阳路爱国女校。在颠沛流离中,高文彬学习了数十门课程,其中关于外国法律,都是全英文讲授。

"我们不敢高喊爱国口号,但没有人不痛恨侵略者。"他回忆说,"学校在昆山路时,我上学要经过位于常德路的一个日本兵营。为了表示对他们的厌恶,我宁可绕路走。"

日本人举起白旗的时候,高文彬获得了法学学士学位。在当时,十之八九的国人都是文盲,可以想象到一个法学学士的珍贵。毕业纪念册上,同学对他评价道:“君神采清朗,短小精悍,雄于膂力,同窗咸戏称其有‘气功’。兄之力学精神,尤非浅浅之徒,所可望其项背。兄于英文,甚宗墨皋兰,读《约翰生传记》,不数日,即能默诵全书……”

60 年前的毕业纪念册已经泛黄。2005 年 6 月 6 日,82 岁高龄、已经满头银发的高文彬翻开它时,眼睛里流露出飞扬的神采。他指着与他一同赴日参加东京审判、出任检察官顾问的鄂森先生的照片说:“这是我最尊敬的师长。”

毕业纪念册的序言是由鄂森执笔的,“春秋朝夕,影烟暮霭。中言而发,愀然而起。当其一纵一横,舌簧如电,目耀如星,充分表现习法者应有之精神。”在另一页,有东吴大学法学院的校歌:“茫茫禹域,整顿匡扶,责任在吾徒!法制兴邦,陪材沪上,几辈已前驱!”

晚年的辉煌

1945 年 7 月毕业后,高文彬先后担任国民政府地方法院刑庭书记官、老闸区公所户政股股长。在拥有两年多东京审判的经历之后,检察官秘书又回到上海,成为国民政府外交部驻上海办事处的一名专员,相当于今天的科长。当红旗插上这个大都市的城头,解放军接管了高文彬所在的机构,他留在这里继续服务。

没有任何征兆,无妄之灾在 1952 年降临到高文彬头上。受东吴大学一名被错打成“特嫌”师长的牵连,受人尊重的外交官被判 8 年劳改。后回原籍不被接收,在那里呆到 1978 年。

而邓小平的复出给他们带来了希望。

1979 年冬天,56 岁的高文彬回到了阔别 28 年的上海。他身上的蓝色棉衣四处露出棉絮,手里只有一个破木箱。当他走出上海火车站时,有人把这位参加过东京审判的英雄斥为“叫化子”。

上海海运学院收留了他,如今,这所学校已经更名为上海海事大学。近年花甲的老人在这里拥有了教授头衔,主讲国际海洋法和国际私法。“政府后来要对我的冤案进行补偿,但被我谢绝了。”他说。

1984 年,南京大屠杀遇难同胞纪念馆工作人员找到了他,他参与东京大审判那段辉煌历史终于被写入史册。今天,老人的巨幅照片挂在纪念馆“东京审判”的栏目中,他是目前健在的惟一全程见证历史审判的人。

1991 年,高文彬应邀赴美国加州大学海斯汀法学院讲学,被该院推荐为“马文·安特生基金会”第一任外国专家讲师。这个法学院拥有全美第 10 的排名。

毕竟是一位已到了 70 岁的老人,病痛折磨着他。1992 年之后,他一直在家休养,并指导着海运学院的十几名研究生。

“就在我感慨青春不再的时候,命运再次发生转折。”高文彬说,“1997 年,一位名叫薛波的陌生人敲开我的家门,请我参与到《英美法大词典》的编辑工作中去。”

目前,世界上有两套法律体系并行,中国等国执行的是大陆法,而英、美等国运用的是英美法。国际交流的增多尤其是中国“入世”之后,没有此类工具书的中国法学家们举步维艰。自 1993 年起,中国政法大学硕士薛波联络了一批志同道合者,开始词典的编撰。

“解放后中国对于英美法教育的断代,让工作陷入僵局。”薛波说,“在多方求助之后,我们终于找到了这批东吴学者,从此,工作峰回路转。而参加过东京审判的中国人,有 1/3 成为词典的编审。”

高文彬所负责的，是以 A、D、H 为首的词条的校订。北京方面会把经过英中对译的初稿送到他的家里，而后定期把校订后的稿子取回。薛波至今保留着老先生们一字一句校对的底稿，他们的敬业会不时让这个坚强的男人泪水满面。“我的参考书是英国《牛津法律大词典》、美国《布莱克法律大词典》等 6 本砖头一样厚的工具书，在桌子上翻来翻去确实费力。”高文彬说。

由于词典的编辑是个人行为，薛波没有向老先生们许诺任何报酬，但这丝毫不妨碍工作的进展。直到 2003 年 5 月 12 日的辛劳之后，这本收录了 50 000 个词条、厚达 1 434 页的词典出版时，高文彬已经整整 80 岁。

数名老人在编辑过程中去世，而 1998 年的一场中风也让高文彬的精力大不如以前。词典的扉页上，记录着这些老人的名字，“这是在参与东京审判之后，我人生中第二次辉煌。”高文彬说。

上海，东长治路的一个高档小区内，老人品味着他的一生。

他精神矍铄，腰板笔直，声音洪亮，虽记忆有些衰退，“但有一点我永远不会淡漠，那就是日本对我们的侵略”。高文彬说：“很多时候，当我闭上眼睛，就是我所翻译的几十万字的中国人的血泪证词。历史不能被遗忘，是的，绝对不能！”

原载《苏大校友》2005 年第 2 期

为民众教育事业鞠躬尽瘁的一代宗师——高阳

林 冈

一、毁家兴学,无私奉献

高阳的父亲高鼎火(字秋荃)幼年空贫,无钱读书,12 岁开始当学徒,工作之余,刻苦自学,事业有成,自办同昌棉籽行,后任上海大有油厂经理,于 1920 年 2 月去世。临终时嘱咐践四,分家产、置义田、办义学,以解决高氏子弟读书问题。高阳商得家人同意,于 1920 年 4 月起,变卖沪锡两处住宅和无锡三里桥同昌棉籽行、上海大有油厂、通汇桥高顺昌砻坊等,先后筹资五万余银元,并捐赠廿四史及红木家具等创办学校。全家原住上海宜昌路一幢 1 000平方米的花园洋房,后全家迁移来无锡,租住新生路钱姓房宅,依靠月薪维持日常开支。

1920 年初夏,开始筹备建校,由钱孙卿等社会名流十余人组成校董事会,聘请国学大师唐文治担任校长,高阳担任董事。唐先生鉴于无锡地区高小学生众多,但中学较小,慨然允诺,并有感于高阳的办学热忱,声明不受薪津,以资赞助。唐文治掌校十年,规模逐步扩大,后发展成为一所江南名校。校舍先租赁西水关马培家私宅上课。1922 年 6 月,高阳在南门羊腰湾购得土地 16 亩自建校舍,10 月落成后,1923 年迁入新址。校董事会建议校名为"秋荃中学"以资纪念,他谦辞了;学校要悬挂他父亲的遗像,他也劝阻了;学生要集资为他父亲塑铜像,他也婉拒了。当时的大总统徐世昌颁给"劝学敬学"的匾额,他也力劝学校不要悬挂。高阳为学校提名"无锡中学",表示此校为地方事业,立意为公,上报政府,当时省政府原有规定私立学校不得以地方名命名,省教育厅鉴于高阳毁家兴学,一心为公,特予批准,惟在校名前冠以"私立"两字,以示区别。其亲属子女 7 人先后在校读书,各种费用照交。他常对子女说:"吾人捐资,志在兴学,绝不能从中谋取个人利益。"高阳毁家兴学,社会人士传为美谈,无不称颂。

二、竭尽心力,培养民众教育服务人才

高阳早年就读于上海吴淞中国公学,以优异成绩毕业后,入上海圣约翰大学,后转入东吴大学。1914 年赴美国康奈尔大学攻读经济学获硕士学位。回国后,1917 年高阳受聘入暨南大学,任教务长兼商科主任,4 年后改任中国公学大学教务长。1928 年中央大学区立民众教育院由苏州迁至无锡,10 月高阳出任院长并将该校迁至无锡社桥。次年春又添设劳农学院,设农民师范科,仍由高阳兼任院长。1930 年大学区制废除,两个区立学院合并改称为"江苏省立教育学院",设民众教育和农事教育两个系和民教、农教两专修科。公开对外招生,学生不限于本省籍。这是中国教育史上第一所培养从事民众教育事业人才的高等学校。他与俞庆棠女士一起竭力倡导民众教育,广纳革新教育之思想。抗日战争前,根据发

展需要，又增设电影播音教育和劳作师资两个专修科。

江苏省立教育学院办学宗旨，为培养全省民众教育与农事教育高级服务人才，并为全省民众教育、农业教育研究、设计及实验的场所。其名虽称教育学院，但与普通大学的教育学院迥然不同，各项设施，无成例可循，采取边教学、边研究、边实验、边推广，以逐步建立民众教育的理论与实施方法。学院在高院长的领导下，创办伊始，先设有实验部和研究部，后合并为研究实验部，积极从事民众教育的研究实验与推广工作。在院址附近开办黄巷实验区，以后又先后在无锡北郊和东郊开办了惠北和北夏两个民众教育实验区，在城区开办了工人教育实验区、篷户教育实验区和无锡实验学校。工人教育实验区着重研究实验工人文化补习教育的组织、教材和教法，篷户教育实验区办理识字班、文化实习班之外，着重实验卫生教育、生计教育和消防保卫教育。设在无锡光复门外的实验民众学校每日从下午到晚间，分班分批轮流上课。学生有工人、店员、家庭妇女、小商小贩、失学失业青年及儿童，每天上课教师多至4 人。这些城乡民众教育的实验、研究与推广工作，都由院内学生在教师指导下进行，作为他们的教育实习，也是研究实验部及有关教师搜集资料、积累经验的依据。当时一些教育实践家如钱俊瑞、马祖武、古楳、赵冕、茅仲英、王倘等人曾担任各区、馆、校的指导教师，这些民教研究与实验事业，卓有成效，每年招致众多关心社教和从事社教工作的人前来参观学习。

为了发表民众教育的研究实验成果，交流民众教育的经验和意见，报道国内外民众教育和民众教育动态，学院又编辑出版《教育与民众》月刊，每期约十万字，销售2 000 余份。当时被认为是国内社会教育的权威刊物。

高院长一贯认为“教育为立国之本”，“教育不能仅施于围墙之内，而应施于整个社会，教育不能仅以青年为对象，而应普及广大民众”。他主张知识分子应深入民间，为工农大众服务，开民智，疏民困。他提倡手脑并用，坐言起行，他一贯以身作则，身体力行，刻苦勤学，公私分明，并勉励学生，“待人要诚恳，做事要认真”。为了培养学生具有深入农村踏实工作的品质和工作能力，他非常重视实践。学生入学后，规定按时到实验区、实习基地参观见习。本科生毕业前一个学年要到实验区或实习基地学习，专科生在毕业前一个学期参加实习。高院长也经常参加各实验区的检查与指导工作。

为了联络各地社会教育工作者的情谊与交流工作经验，由俞庆棠、高阳、李蒸、梁漱溟等人发起组织成立中国社会教育社，社址设在无锡社桥教育学院内，抗战前曾先后在无锡、广州举行过两次年会，社员最多时曾达到千人以上。

由他主持的江苏省立教育学院，声誉卓著，被列为苏、浙、沪八大知名高校之一。

1937 年抗日战争爆发，11 月，高院长率领学院师生员工及家属200 余人西迁。其长子文凯在途经高淳时肺病复发，无法行走，高院长身负率校内迁重任，日寇紧逼，无法停留，只得将文凯留在一座破庙里托付给僧人，不久文凯因肺病逝世。迁校期间，为避免敌机扫射轰炸，师生经常日夜徒步行走，有时船行逆水顶风，高院长与师生一道，上岸背纤，西迁途中，艰苦备尝。学院迁到桂林以后，先借用广西大学部分校舍进行复课，后由广西省政府拨款在七星岩附近建临时校舍，并租借民房、祠堂作师生宿舍之用。师生生活异常艰苦，国民党教育部所拨经费因物价飞腾，法币贬值，学校无法维持，乃于1941 年暑期被迫停办。部分社教系高年级学生转入国立社会教育学院继续学业，大部分学生则就地转学入广西大学。不久，高院长受命任广西大学校长。其时广西大学比较混乱，高院长着手整顿校风、校纪，改进教育方法，提高教育质量，一年多时间，学校面貌大为改观。他因长期生活艰苦，心力交瘁，于1942年辞职离校，在市郊陈家祠养病。1943年1月，国民政府教育部聘任他为全国学术审议委员会专门委员。由于经济困难，无力入医院治疗，病势日趋严重，于1943年7月6日在陈家祠逝世，年仅51岁。遗物仅破箱子两只，旧长袍两件及若干书籍。一代著名的教育家就这样两袖清风，为教育事业鞠躬尽瘁、死而后已。高院长逝世后，周佛海曾送上赙仪一万银元，被高夫人沈志芬严词拒绝，其民族气节令人敬佩。

高院长逝世后，家属尊重遗愿，将遗体葬于桂林东南望城岗。数年后，原私立无锡中学体育教师金仲康到广西大学任教，为报答高院长知遇之恩，征得家属同意，出资将遗骸护送回上海，后葬于无锡舜柯山。1986年无锡市教育局、无锡市教育学会、无锡市三中、省立教育学院校友会在市政协礼堂召开纪念会，将高院长骨灰迁移至无锡市龙山公墓、立碑纪念。碑文由教院院长朱若溪撰文，书法家陈修伯书写。1994年1月高阳墓被批准为无锡市级文物保护单位。

泱泱太湖水、苍苍惠山松，先贤之风，山高水长。高阳堪称高山仰止，风范长存的一代师表。

原载《苏大校友》2006年第2期

郭影秋学术传略

王俊义

中国人民大学名誉校长郭影秋同志,是一位有长期斗争历史的革命老战士,他从抗日战争初期起,历任党、政、军各部门的领导职务,具有丰富的领导工作经验。自 1957 年转入教育部门后,曾先后主持过南京大学、中国人民大学的领导工作,从事高等教育工作卓有成就。同时,他无论是在戎马倥偬的战争年月;或者是在繁忙的党、政领导工作中,都不废读书治学,学习理论,研究文史,写诗填词。曾撰写出版有史学专著、诗选和其他理论著述。他既是教育家,又是一位思想缜密的历史学家和富有才华的诗人。凡熟悉了解他的人,无不交口称赞:“影秋同志兼资文武,德才兼备,是位不可多得的人才。”

不平坦的道路

郭影秋,原名郭玉昆、又名郭萃章,江苏省铜山县人,1909 年出生于一个贫苦农民家庭。

他的祖辈乃一筐一担,从异乡逃荒到苏北,举目无亲,家无片宅尺土,直到其父亲时,还做地主家的“住房户”、“种地户”,住地主家的房、种地主家的地,除缴纳苛重的租税外,还要无偿为东家服各种劳役。到影秋同志四五岁时,家中才稍有房屋和土地。

从影秋同志往上数,家中好几代没有一个读书人,他父亲觉得这也许是被人轻侮的重要原因。因此,下狠心要让影秋同志读书,他从 7 岁起,便在家乡读私塾。在短短几年内,他便读完了《四书》、《五经》,初步奠定了传统文化基础。他所在私塾的老师,会写古体诗词,经常给他们讲些音韵格律方面的知识,并规定年纪大的学生,每天写首古诗。影秋同志写诗填词,也是在私塾中受到启蒙的。

1919 年,五四运动爆发;1921 年中国共产党成立,将历史推向新的阶段。尚处少年时代的影秋同志,对整天关在私塾里读“子曰”、“诗云”,已感不能满足。于是,他又跑到距家往返百余里的大彭(今徐州市)去读高小。1926 年北伐军围攻徐州城时,影秋同志从自身的苦难遭遇出发,迫切渴望北伐军获胜,以结束军阀割据的混乱局面。他曾与同学少年商议,如何开城迎接北伐军。后来,还曾到云龙山凭吊北伐阵亡将士墓,并写下《吊北伐阵亡将士墓》的诗。

但是,蒋介石背叛了革命,大肆屠杀共产党人。影秋同志目睹了一批批共产党人惨遭杀害,其中有些人还是他平素尊敬的老师,自然引起他对共产党人的同情。1929 年初,他正在铜山师范读书时,国民党为安插党羽篡夺铜师的领导权,策划了驱逐原铜师校长的学潮。当时,影秋同志是铜师学生会主席,拒绝了国民党的诱惑和拉拢。因此,他后来受到国民党的恫吓和排挤。

影秋同志离开铜师后,从苏北流浪到江南,衣食无着,有时竟寄宿寺庙,如其诗云:“乞食吴门闻狗吠,寄居萧寺听鸡啼。”1929 年秋,他以第一名的成绩,偶然地考入无锡国专。无锡国专是经学大师唐文治先生为培养国学专门人才而设立的一所专科学校。影秋同志在这里学习时，曾直接听到唐文治、陈柱、钱基博等著名学者的课。当时，国专设立的课程有经学、经学史、宋学（理学）、汉学（考据学）、音韵学、文字学等。如沿着国专的路子发展下去，他完全有可能成为国学家。但由于经济困窘，学费无着，又不得不中途辍学。

1930年秋，他转学考取了公费的无锡江苏教育学院。在这里，他学习了教育学、心理学、教育史等课程。教育学院的院长是国民党CC派头目，在学校实行法西斯统治。影秋同志多年目睹到国民党的黑暗与腐败。此时，他对现实已强烈不满，无心再循规蹈矩地学习学校规定的功课。他开始考虑社会实际问题，探索人生应走的道路，大量阅读当时流行的各种新兴的社会科学书籍，苏联的普罗文艺，以及我国“五四”以来的现代文学，如鲁迅、瞿秋白、茅盾、郭沫若等人的作品。特别是在这时，他还秘密阅读过恩格斯的《家庭、私有制和国家的起源》、列宁的《国家与革命》。这些马列主义著作，把他的思想引入新的境界，使他对中国社会和革命开始有所认识了解，对共产主义产生了憧憬和追求。

1931年九一八事变后，京、津、沪、杭等地的学生纷纷到南京请愿，敦促蒋介石抗日，江苏教育学院的学生，也冲破了学校当局的控制，有二三百人到南京参加请愿活动，影秋同志是这支请愿队伍的领队。国民党政府调集大批军警特务，强行把请愿学生遣回原地。江苏教育学院当局对影秋同志的行动非常恼火，召开了全院大会，扬言要开除他。在进步教授俞庆棠、雷宾南等人的保护声援下，他才免遭处分。

1932年，影秋同志以“丙等”操行评语在教育学院毕业，被分配到徐州民众教育馆，从事民众教育工作。在这里，他结识了薛暮桥（经济学家）、李可染（画家）和陈向平（文学家，原中华书局上海发行所副总编辑）。他们志同道合，畅谈思想，议论形势，并合作利用《徐报》办了《新生》副刊，发表一些进步作品。他们还酝酿再办一个《齿轮》杂志，李可染同志把刊物的封面都设计好了，后因徐州国民党党部的阻挠，未能出版。

1935年，影秋同志应邀到江苏沛县中学，任该校教导主任，并在这里秘密加入中国共产党，在该校从事抗日救亡的宣传教育活动，使沛县中学成为全县抗日救亡的活动中心。他的革命活动，引起国民党特务的注目。1936年6月被捕。在狱中他面对叛徒的诱惑、敌人的拷打，坚贞不屈，如同他在狱中写的诗句那样：“试把铁锥敲劲骨，铮铮犹自有金声”，“打掉门牙肚里咽，英雄宁死不低头”。

1936年“西安事变”后，国共两党再次合作，影秋同志受党组织委派，到国民党第五战区司令部抗日民众总动员委员会工作。1938年5月徐州沦陷，影秋同志按党的指示，走向农村、深入敌后，组织武装力量，开展游击战争，在创建和开辟湖西抗日根据地的斗争中，建有不可磨灭的功勋。但是，革命的道路并不平坦。1939年秋冬，湖西地区发生了一桩罕见的冤假错案，影秋同志也被诬指为托派，被撤职逮捕，受到残酷的毒打逼供，最后决定枪杀，正值千钧一发之际，当时驻在山东的一一五师政委罗荣桓同志，奉中央指示，赶至湖西制止了事态发展，亲自为影秋同志松绑，挽救了他和大批革命干部。

湖西肃托事件被制止后，影秋同志继续担任该地区领导。这时，他亲自动手编写了历史剧《揭竿起义》、《岳飞之死》、《黄天荡》等，在湖西根据地广为演出，教育和鼓舞军民的抗日斗志。

抗日战争胜利后，影秋同志又在湖西地区及冀鲁豫大区，投入解放战争，直到1948年，随刘邓大军渡江南下。全国解放初，先后在川南和云南担任党政领导。

1957年，他由云南省长、省委书记调任南京大学党委书记兼校长；1963年春又调中国人民大学任党委书记兼副校长，从事教育事业，为社会主义革命和建设培养专门人才，成绩斐然。

在十年动乱中，影秋同志是林彪、康生一伙的打击对象之一，他又一次受到摧残蹂躏。从1967年起，便久卧病床，特别是截去下肢后，朝朝暮暮，瘫卧病榻。这位久经风霜的老战士，又一次经受疾病的考验。但他的病房成了书房，各种书刊拥几堆案，他带病坚持工作，整理著述，撰写回忆录。多年来，他急切地盼望康复，以便继续为党做更多的工作，

忠诚于党的教育事业

影秋同志个人受过高等教育，早年又从事过民众教育和中学教育工作。对教育事业有深厚的感情。1957年夏，他在中共中央党校学习，他写信给党中央，主动要求到教育部门工作。中央很快批转了他的信件，并派当时的中央组织部长安子文同志和他谈话，决定派他到南京大学主持工作。周总理曾对云南籍辛亥革命老人李印泉先生诙谐地说："你们贵省的省长郭影秋，不愿做省长，自告奋勇要求到大学去。"

南京大学在国民党时代为中央大学。校内拥有雄厚的师资力量，其中有不少著名的专家学者。影秋同志到校后，在原有工作基础上，针对当时的具体状况，进一步加强了党的领导，调整充实了校系领导核心，认真贯彻党的民主集中制原则，建立和健全了全校的政治思想工作队伍。为稳定教学和生活秩序，划分了学校的教学区和生活区。重视和强调提高教学质量，大抓各学科的科学研究。同时，他亲自上课，从事专题学术研究，邀请国内外专家到校讲学，倡议和组织各种学术讨论会。六七年时间内，改变了南京大学的面貌，全校出现了一片欣欣向荣的景象。

1963年初，周总理拟调影秋同志到国务院做副秘书长。恰在此时，中国人民大学的老校长吴玉章同志急请周总理给他派一位得力助手，以改变学校当时的工作局面。中央经慎重研究后，决定改派影秋同志到人民大学，协助吴玉章同志主持领导学校的全面工作。他到中国人民大学后很快打开局面，把学校的工作推向新的阶段，提高到新的水平。1978年，在十年动乱中被停办了的中国人民大学重新恢复，影秋同志又带病出任学校的主要领导，协助成仿吾同志，克服重重困难，使学校在原有基础上又有新的发展和提高。郭影秋同志在人民大学的建设发展过程中，起着承先启后、继往开来的作用，受到学校师生员工的爱戴。

作为一个深孚众望的大学校长，关键在于他懂教育，了解办学规律，有明确的办学指导思想。这主要表现在：

（一）学校的一切工作都要围绕以教学为主的原则。影秋同志在南京大学工作期间，按照当时规定的"教学、科研、生产三结合"的方针，划了几条线，确定教学、科研、生产劳动各自应占的学时比例，不能随便越轨，不管来自哪里的命令指示，都要严格控制在比例线内。以此保证教学为主，教学与科研、生产三结合的原则。

1963年到人民大学后，针对前些年政治运动太多影响冲击教学与研究的状况，影秋同志在任职后的第一次开学典礼会上，就明确向全校师生员工宣布："学校的中心工作是继续贯彻党和政府的方针政策，把一切工作迅速转到以教学为主的轨道上来，进一步提高教学质量。"为贯彻以教学为主的原则，他亲自兼任学校的教务部主任，他又强调总务后勤人员，要树立为教学、科研服务的思想，在可能的物质条件下，为教学与科研，创造好的环境和

条件。

（二）强调基础课教学，重视提高教学质量。他认为一个学校能否为国家培养更多更好的人才，关键在于提高教学质量。对如何提高教学质量，他曾提出一系列明确要求："首先要根据学校的发展方向，修改或制定教学大纲，保证各学科的基本教学内容。"从提高教学质量出发，他尤其重视各科基础教学，一再强调："应当特别注意抓好基础课，加强基础知识、基础理论和基本技能的训练。"他反复要求："每一个学生，一定要把基础课学得深一些、厚一些，知识面宽一些，掌握得更牢固一些。"为此，他指出：各系、各教研室"要对各专业学生的基础课学习进行检查，对基础课学得差的学生，要进行再补课"。他之所以如此强调基础课的教与学，是基于认为"基础课学得好不好，不只关系到学生的专业课能否学好的问题，而且关系到毕业之后，在业务上能否继续前进的问题……今后若干年内，能否攀登科学高峰的问题"。

他重视提高教学质量，还表现在切实抓教学的各个环节。在南大和人大，他都到教研室蹲点，同教师一起讨论教学方案，又经常到课堂听课，有时还参加课堂讨论。

他还认为，只有加强科学研究，不断丰富更新本学科的内容，才能进一步提高教学质量。他曾指出，要办好一个学校，乃至一个系、一个所，都应有自己的特点和专长，不能只有共性，没有个性。只有共性，没有个性是站不住的，不被重视的。因此，他要求各系、各研究所都要加强科学研究，明确研究方向，组织科研力量，制订科研规划，检查计划执行情况，抓好科研成果。还曾作出规划，拟在条件成熟时，成立人民大学研究院。

（三）尊重和爱护知识分子，正确贯彻党的知识分子政策。影秋同志认为要办好一个学校，必须有一支政治素质好、业务能力强的教师队伍。这就涉及到如何正确对待知识分子问题。难能可贵的是，在知识分子工作中长期存在的"左"的路线影响下，他却能在具体工作中尊重和爱护知识分子，尽其所能，较为正确地贯彻党的知识分子政策。

他在人民大学工作期间，始终认为学校的教师和干部队伍是好的。他到校不久，就登门拜访了三十多位学有专长的教授和副教授，虚心听取他们对办学的意见。对于一些在运动中受过错误批判的老教授，影秋同志更是和他们促膝谈心，劝慰他们放下包袱，鼓励他们著书立说。他曾建议尚钺同志（曾在全国范围内受到错误的点名批判），编写一本简明扼要的适合于青年阅读的《中国通史》。尚钺同志的《中国历史纲要》（1980 年版）就是接受影秋同志的建议，重新修订再版的。

影秋同志尤其爱护青年教师，在各种场合，再三勉励青年教师一定要迅速提高教学水平、研究水平和政治思想水平。他还要求各个系、各个教研室，要妥善安排力量，老年带中年，中年带青年，层层挂钩、层层接班。

影秋同志作为一个教育家，大学校长，他的思想品德，也足以为人师表。他谦虚谨慎，工作严肃认真，一丝不苟，解决和处理问题，亲自动手，重视第一手材料。在个人生活上，严于律己，廉洁奉公。他在人民大学一直是处于吴玉章、成仿吾校长的助手地位，对这两位德高望重的老教育家，他十分尊敬，曾不止一次地说："吴老在世时，我是吴老的助手；成老任校长，我仍然是成老的助手，我要努力当好这个助手。"一旦工作有所失误，他总是引咎自责："我这个助手没有做好。"

从事明清史研究

郭影秋同志在青少年时代就刻苦攻读过《四书》、《五经》，尤其喜欢历史。在他念私塾、读高小、上师范时，便大量阅读史书，曾饶有兴趣地读过各朝各代的历史演义，还曾熟读过《左传》、《国语》、《史记》、《汉书》、《资治通鉴》等史学名著。

解放初，他在川南工作时，看到、听到不少有关张献忠和大西军的史料史迹，感到封建史书对张献忠及其领导的大西军多有污蔑，如称张献忠“生性嗜杀”，甚至说他在四川“杀男女六万万有奇”，这显系诬蔑之词。明末全国人口也远不足一亿，张献忠焉能在四川一省就屠杀六万万有奇?！影秋同志还看到当时颇为流行的一本小册子的后记中写道：“吾川人何其不幸也，前有张献忠，后有张国焘，皆在吾川屠杀无辜。”他觉得把不同时期不同性质的历史人物比附在一起，已属不伦不类；又不加分析地指责张献忠“乱杀无辜”，显然是自觉不自觉地受到封建正统史学影响。值得注意的是这些言词且出自一位大史学家的手笔。这说明肃清封建史学影响，是史学战线的重要任务。这时，影秋同志已萌生要编写大西军及其领导人物的历史的念头。1952 年，他调至云南工作。由于大西军后期的杰出将领李定国最后曾在云南坚持联明抗清，因而当地保存有大批有关李定国的历史资料和遗迹，他都尽可能地查阅和考察。如他在考察了史载为李定国抗清驻兵的“缅宁”后，即写下缅怀李定国的诗句：“疾风飘风卷怒江，宁亡徼外耻言降。民族大节农民恨，一代英雄李晋王。”通过阅读有关史料，他认为李定国的一生，是与大西军休戚与共的一生，这位农民军领袖追随和领导大西军战斗了 32 年，转战秦、晋、豫、楚及川、黔、滇、粤等十五六省，取得辉煌战绩，直至兵败临死之前，还嘱咐其子与部属：“宁死荒外，勿降也！”他考虑如能编写一部李定国的编年史，不仅可以表彰李定国的功绩，而且可以通过这位农民起义领袖艰苦奋斗的历史，反映大西军发生、发展及其败灭的过程。从此，影秋同志便开始酝酿编写《李定国纪年》。

1957 年他调到南京大学工作后，在担负繁重的领导工作的同时，进一步搜集有关大西军及李定国的材料，甚至利用节假日，或到北京开会的机会，跑南京图书馆、北京图书馆，借阅有关图书，与明清史方面的专家学者讨论研究。历时数年，终于在 1959 年写就，于 1960 年出版了《李定国纪年》。

《李定国纪年》凡二十余万言，主要记述了李定国一生的光辉业绩。是书正文自“庚午(1630 年)明崇祯三年”(李定国 10 岁)起，至“壬寅(1662 年)清康熙元年”(李定国 42 岁)逝世止，按年月汇录了李定国一生的资料。同时，又简要地记述了明末清初全国政治、经济、军事、文化等方面发展形势的资料。对引用材料，一一注明出处，并对有些资料，加“按”提出自己的看法。此外该书卷首刊有关于李定国事迹的地图、照片及文物拓片；书后又附录了李定国的多篇传记及论述李定国的资料十数则。该书虽名《李定国纪年》，其内容实际上则是大西军的战史编年，是国内外第一部全面、系统地记述关于大西军及其领袖人物的史料性专著，有很高的学术价值。

《李定国纪年》问世以来，引起史学界的广泛关注，纷纷评价“这是一本新型的历史上农民英雄的年谱”、“确是一本值得推荐的好书”等。直到前不久，还有评论指出：“一部有价值的著作，贵在经得起时间的考验；虽历经世事沧桑，仍永葆其学术价值，郭影秋同志所著《李定国纪年》就是这样一部值得称道的史学专著”。(见 1982 年《思想战线》第三期，读《李定国纪年》)

综合一些论者的评述，《李定国纪年》一书的特色是：

(一) 搜辑宏富、考订精审：此书广征博采，网罗博览的文献典籍多达 100 余种，诸凡正史、野获、稗史、文集、笔记、语录、奏议、揭帖、方志、碑铭等，均一一涉猎。从中辑录出史料多至数千条。同时,又删繁就简,审慎取舍,对于许多众说歧异、错综复杂,以讹传讹,乃至封建统治阶级为诋毁农民起义而歪曲的史料,作者均进行了细致的考订,去伪存真,取其精华,弃其糟粕。

(二)坚持唯物史观,评价历史人物:《李定国纪年》书前冠有作者的长篇序言,论述了他为什么要整理大西军和李定国的史料,怎样评价李定国这个人物,以及关于整理史料的一些意见。在论述这些问题时,作者运用了马克思主义历史唯物论的基本原理,阐述了评价历史人物的观点和方法。另外,作者还一再强调要从零散史料的表面现象中,透过现象,弄清历史事变内在的、本质的联系,揭示历史事变的规律。

(三)史论结合,勇于创新:《李定国纪年》作为一部史料性的专著,并非仅仅停留在对史料进行客观的整理编排方面,而是较好地贯彻了史论结合的原则。作者认为"要真正弄清一个历史上的问题,就不能不掌握比较可靠的资料,即所谓'第一手资料';但是'光靠所谓'第一手资料,或'大量的史料'还不够,如果没有正确的历史唯物主义的观点,即使能搜集到一些资料,也将为芜杂的材料所淹没,而不能用以说明历史事变与历史发展的真相"。另外,书中特别指出:"近来有些人编写明清之际的历史,往往只提大顺军李自成的作用,不提大西军、张献忠的作用,即使提出来也是为了接受教训……那是不妥当的。"其实"明末农民军开始号称'十三家'、'二十四家'、'三十八家',到后来却只有两大家,一家是李自成领导的大顺军,一家是张献忠领导的大西军",两支大军相互支持和声援,"这一家的胜利,有时挽救了另一家的危机,另一家牵制明军的兵力多些,也恰恰支持了这一家的大发展。在相当长的时间内,张献忠一支是明军攻击的主要对象。明军最大的一次'剿局'……基本上是被以张献忠为首的农民起义军彻底粉碎的",怎么能把一支"转战十六省、浴血奋战十七年(前后三十二年),一度达到百万农民参加的农民起义大军"一笔抹煞呢?这些看法,观点鲜明,分析得当,论证透彻,为日后多数明清史研究者接受和采纳。此外,书中对李定国死难和埋葬的地点,影秋同志也根据历史文献和历史遗迹的考察,在众说纷纭的情况下,提出自己独到的见解,并为史学界和一些前辈所赞同。

郭影秋同志继《李定国纪年》一书之后,又撰写了《谈郑成功和李定国的关系》、《论李定国坚持西南抗清斗争的历史作用》等论文,进一步阐述和发挥了《李定国纪年》一书中的思想观点。

郭影秋同志在学术研究中,敢于坚持真理,不为来势汹汹的极左思潮所左右,十年动乱期间,包括李定国在内的农民起义领袖,许多人都被污蔑成"叛徒",《李定国纪年》自然也成为影秋同志的一大罪状,但他始终不承认李定国是"叛徒"。他曾在给李希泌同志的信中说:"《李定国纪年》成书后,我又搜集了一些有价值的材料,在'十年内乱'中,均被当作为叛徒翻案的材料洗劫一空。可惜!有人把李定国当作叛徒,我均一笑置之,原有认识,至死不悔。"(见1980年12月25日郭影秋给李希泌的信。据希泌同志提供原件)

1967年当郭影秋同志被"四人帮"迫害中断工作时,仅58岁,正是精力旺盛之际,也是为革命事业与学术研究多结硕果的时候,然而在十年浩劫期间政治上的迫害与病痛的折磨,却使他难以正常工作,他的聪明才智和抱负未及充分施展和发挥。否则他对党的教育事业、对明清史研究,乃至在诗词创作方面,作出的成就和贡献将会更多更高。

原载《文献》1985年第2期

郭影秋：不当省长当校长

良 驹 刘锦萍

郭影秋(1909—1985)又名郭萃章，江苏省铜山县马兰村人。马克思主义教育家、历史学家。他七岁入私塾，靠借贷和师友资助，先后在铜山师范、无锡国专、江苏教育学院读书，阅读了不少马列著作和进步书刊。1935年冬，他在沛县中学任教期间，秘密加入中国共产党。

1936年6月，他被国民党反动派逮捕入狱。面对敌人的酷刑和叛徒的无耻诱惑，他坚贞不屈。"西安事变"后，他受党派遣，到国民党第五战区司令部抗日民众动委会从事统战工作。"七七"事变后，中共苏鲁豫皖特委进驻徐州，他把民教馆实习用的200余支枪秘密发给游击队员。徐州沦陷后，郭影秋到湖西开展游击战。1938年7月，苏鲁豫(湖西)特委建立，他任特委书记兼苏鲁人民抗日义勇队第二总队政治委员。一一五师六八五团到达湖西后，部队整编，他率二总队参加主力部队，任苏支四大队政委，后又担任独立大队政委。1939年9月，湖西地区发生了错误的"肃托"事件，郭影秋被诬为"托匪"，遭撤职逮捕。时八路军一一五师政委罗荣桓等星夜赶来，亲自为郭松绑，才幸免于难。郭影秋不计个人得失，继续率领全区军民与日、伪开展斗争。1945年11月，他代表冀鲁豫军区去徐州与国民党、美军代表谈判，多次揭穿美蒋反动派的阴谋。1946年8月，任三分区司令员、政委和地委副书记。不久，改任冀鲁豫军区党委委员兼敌工部长、军区副书记兼政治部主任。这一时期，他领导了解放济宁的战斗，参加了济南战役、淮海战役。1949年初，任中国人民解放军十八军政治部主任，跟随刘邓大军渡江南下，转战于安徽、江苏及西南各地。全国解放后，他从军队转入地方，先在川南任党委委员、行署副主任，后在云南担任省长和省委书记。1957年在南京大学任校长兼党委书记。1963年任中国人民大学党委书记兼副校长。粉碎王洪文、张春桥、江青、姚文元反革命集团后，又在人民大学担任主要领导职务，为教育事业作出了积极贡献。他出版的专著有《李定国纪年》、《郭影秋诗选》等。他因在"文化大革命"中受到康生、江青一伙的点名批判，横遭残酷斗争和野蛮迫害，身心受到严重摧残。1985年10月29日，病逝于北京。临终遗嘱：丧事从简；不开追悼会，不举行告别仪式；遗体交医院作科学研究；《诗选》的稿费交组织作为最后一次党费。

受教育走上革命道路

1932年秋，郭影秋从江苏教育学院毕业，被分配到徐州民众教育馆工作。1934年夏，到江苏沛县中学任教导主任。在教学方面，他把国民党政府规定的《公民》课，改教时事政治，国文课主要选讲进步诗文，如高尔基的《海燕》，鲁迅的《狂人日记》、《阿Q正传》，郭沫若的《女神》等，向学生灌输进步思想。课外开展体育活动，还成立了话剧团、京剧社等文艺组织。郭影秋常自编、自导、自演。

一次，他们在沛县县政府礼堂演出左联的剧本《牺牲》，宣传抗日，郭既是导演，又饰演剧中主要人物。他饰演的东北义勇军排长遭日军枪杀前，高呼“打倒日本帝国主义!”一时台上台下群情激愤。当时，在台下看剧的国民党县政府官员，竟气急败坏地叫嚷：“这是共产党宣传!”还唆使一些特务跑到后台，强令阻止演出，郭影秋据理力争说：“为什么宣传抗日就是共产党宣传，难道全东北的人民群众都是共产党吗?”

郭影秋在沛县中学的活动，一方面遭到国民党某些顽固派的嫉恨，另一方面却引起了中国共产党人的关注。这时，苏鲁豫特委负责人郭子化、张光中到沛县恢复建立党组织，并指示苗宗藩、王义在沛县开展党的活动。苗宗藩与郭影秋经过多次接触后，于1935年10月的一个深夜，庄重地对郭影秋说：“经过党组织的认真考察，决定吸收你加入中国共产党，入党的事情要保密，除你我两人外，不许和任何人发生组织联系。”

郭影秋入党后，按照党的指示，先后在校内组织读书会、时事座谈会，培养积极分子，动员和组织青年学生到社会上进行抗日宣传，逐步在沛中建立了党的秘密组织。

1935年4月，中国共产党领导的微山湖武工队，在沛县湖东的夏镇处决了叛徒、特务姜友吉，为此，国民党徐州市党部策划了对共产党的大破坏、大搜捕。他们于6月11日夜，在徐州附近各县统一行动，凡认为是共产党员或嫌疑分子乃至有“左”倾思想的“危险分子”，统统被抓起来，郭影秋也未能幸免，被捕入狱。

郭影秋在狱中多次受审，不管审问者如何威胁、利诱，他就是“我不是”、“不知道!”这两句话。敌人恼羞成怒，把他吊起来，用皮鞭狠命地抽打，再猛然松开绳子，将他从高处摔到地上，直至郭影秋被折磨得昏死过去。国民党特务还利用叛徒到狱里来劝诱。郭影秋坦然地说：“我没有什么可交待的，如果要枪毙就不用说了，如不枪毙，我就准备把牢底坐穿!”

郭影秋被关押了3个多月，敌人没有抓到他是共产党的任何证据，也没有查出他和姜友吉案的任何联系，加上他的老师俞庆棠教授等在狱外积极营救，终于在1936年9月下旬被释出狱。

为建立抗日武装奔忙

郭影秋出狱后，未和党组织接上关系前，一度在徐州民众教育馆开办的农民生活学校任教。卢沟桥事变后，中共河南省委派刘文为特派员，来徐州进行党组织的恢复和重建工作。

抗战爆发后，按照中共山东省委的指示，在陇海路以南建立湖西特委，辖区武装由特委统一领导，统称湖西人民武装抗日义勇队。特委书记和部队政委两个职务都由郭影秋担任，这样，湖西地区党的领导机构与武装组织的领导就正式确立了。

中共湖西特委的首要任务是发动群众，进行武装抗日斗争。为此，特委对湖西地区所属各县义勇队的组织编排与领导干部进行了统一调整，使部队的建制尽快健全。尔后，进一步发动群众，扩大抗日民族统一战线，筹粮、筹款、筹集枪支弹药，等等。经过艰苦的工作，全地区的抗日武装得到迅速发展。

但在发展过程中，也存在很多困难，特别是部队的衣食供给没有保障。当时，驻在丰县的汉奸武装王献臣(外号王歪鼻子)的部队，还不断对我驻区进行侵扰，以致卡断我们的给养。因此，特委组织了一次攻打王献臣的战斗。但打得非常艰苦，打了20多天，仍僵持不下。1938年底，由彭明治和吴文玉(即吴法宪)领导的八路军正规部队苏鲁豫支队(简称苏支)，开进湖西，一举全歼王献臣部。在正规部队强有力的配合下，湖西地区的抗日形势迅速好转,各个县先后建立起抗日政权,逐步形成了抗日根据地。

不久,根据山东省委指示,湖西人民武装抗日义勇队第二总队改编为八路军山东纵队挺进支队,郭影秋仍任政委。但是,就在打王献臣战役的过程中,郭影秋得到特委已改组的通知,改组后的特委书记是白子明,郭影秋任特委委员与部队政委。作为特委主要领导成员之一的郭影秋,在其未参与研究的情况下,特委组织班子竟突然改组,他对此很不理解。事实上,特委的这次改组,却为此后的湖西"肃托"事件埋下了祸根。

王献臣的汉奸武装被打垮后,还有一股反动势力就是盘踞在铜山北部的籍星科部队。籍部原是一股土匪武装,国民党要剿灭它,它便接受了日军的番号,叫做苏北反共救国军。籍星科是司令,他曾与王献臣配合,对湖西根据地进行两面夹击。王献臣被打垮后,如何解决籍星科这股反动武装呢?是武力歼灭还是争取改造?经过认真分析研究,特委决定争取改造它,并决定由郭影秋去完成这个任务。郭影秋遵照党组织的决定,决心身入虎穴,尽力争取籍星科反正。

郭影秋在赴籍部之前,认真调查研究了籍星科其人及其部队的情况,对面临的任务进行了冷静分析,认为客观上存在着争取籍反正的有利条件:一则是有声威大震的苏鲁豫支队和湖西人民武装抗日义勇队作武力后盾;二则籍星科与国民党势力有矛盾,虽接受日军番号,并不想死心塌地地为日本效劳。特别是王献臣被歼灭后,他失去了同盟和依托,内心恐惧,深怕步王献臣的后尘,被八路军消灭;三是籍星科队伍中的一些班、排长及绝大多数士兵,都是当地人,与八路军,义勇队中的干部、战士有各种联系,另外,共产党在此之前也曾在他的部队中做过一些策反工作,他的第三团团长何玉祥积极主张抗日,而该团又是籍部的主力。郭影秋分析上述有利条件后,胸有成竹地认为只要对籍从民族大义的角度,动之以情,晓之以理,争取其反正完全有可能。

1939 年春节之前,经与籍星科、何玉祥沟通后,郭影秋仅带了两名警卫,前往籍部所在地。他到籍部后,籍星科故作威风和镇静,当郭影秋进入该司令部院落时,从大门口沿院内夹道直到籍的司令部,站满荷枪实弹的卫队。当下面通报:"八路军郭政委到!"籍仍躺在床上抽鸦片,连头都不抬,他旁边还坐着国民党沛县的参谋长及籍部团以上骨干。

郭影秋见此情景,镇定自若地主动坐下,也一语不发,看他们如何举动。那位国民党沛县参谋长开口说:"郭先生你是来作说客的吧!"

郭影秋毫不示弱地回答:"我是应籍司令之约,来共商抗日大计,不知参谋长阁下到此有何公干?"

这时,籍星科才开腔说:"话不能这么说,他也是我请来的客人。"

郭影秋则不以为然地说:"籍司令你有言在先,只是你我商谈,并未说有第三者参加,若走漏风声,对司令未必有利!"

籍星科连忙解释说:"不妨,不妨事,他是我个人的老友也是自己人。"

经过上述简短交锋后,籍星科才从床上坐起来,他先以怀疑的口气发问:"你们共产党有力量打日本吗?"

郭影秋立即觉察籍星科的内心矛盾,他一怕共产党没有力量消灭日军;二怕失去日军支持再受国民党夹击,自己被消灭。根据他这种心理状态,郭影秋有针对性地向他介绍了整个抗日形势的发展,以及湖西地区八路军的实力,着重向籍指出:在中国的土地上,日寇最终必然被消灭,中国共产党有抗日到底的决心,并说:"凡是有民族心的中国人都应置身抗日行列，投靠日本是没有出路的。”

籍星科的思想逐渐有所触动，才摆出想要谈判的架势，询问联合后八路军有何具体打算。郭影秋当即说：“大目标是一致抗日，只要共同抗日，一切具体问题都好商量。”

就这样，翻来复去，时而缓和，时而紧张，最后终于说服了籍星科，以接受共产党的统一指挥为条件，保持其队伍的相对独立性，编为独立大队，仍由籍任队长，把他的武力纳入共产党所领导的抗日武装。

不久，籍星科部除少数人不愿反正外，计有 2 000 余人，正式宣布反正。接着，组织上又委派郭影秋担任反正后的独立大队的政委。经过大量艰苦细致的工作，终于将这支土匪武装改造成党所领导的人民军队。这样，驻在湖西地区的大股敌对势力，或被歼灭，或争取反正，整个湖西抗日根据地连成了一片。

不当省长当校长

全国解放后，党的战略方针由武装夺取政权转入政权建设和经济建设，郭影秋也由野战军转入地方党政部门工作。

他先任四川川南行署副主任；1952 年 8 月调到云南。1952 年秋，担任省政府副主席，半年之后，又被选为省长及省委书记处书记；1956 年 8 月，郭影秋到北京参加党的八大。会后到中央党校学习。由于郭影秋参加革命前从事教育工作，对教育事业很有感情，在党校学习期间，他曾向中央请求到教育部门工作。1956 年 6 月，中共中央组织部部长安子文找他谈话，转达了党中央的意见，决定调他到南京大学担任校长兼党委书记。1957 年 8 月，他告别了滇池和云南各族父老兄弟，转入了教育战线。

1957 年秋季，郭影秋到南京大学任职。当时，周总理曾对云南籍辛亥革命老人李根源说：“你们贵省省长郭影秋，不愿当省长，自告奋勇到大学去。”这诙谐的话语，反映了周总理对郭影秋主动到教育部门工作的赞许。

郭影秋到南京大学后的工作实践证明，他不仅是一位优秀的党政领导干部，同时也是一位懂教育、会办学的教育家。

郭影秋初到南大时，反右派斗争正处于高潮，“大跃进”的浪潮即将来临，在这样的历史条件下，他不得不用相当的精力去抓政治运动。但在可能范围内，他尽可能设法少影响学校的教学和科研工作。他广泛接触教师，或登门拜访，或开座谈会，并深入课堂宿舍，向学生了解对教学工作的反映和要求。

当“大跃进”进入高潮时，政治活动多，生产劳动多，上下左右各部门动辄要叫学校停课。郭影秋认为学校总还得上课，为了保证教学，在他主持下，学校规定了教学、科研、生产劳动各占多少时间，不得互相侵占。这样，保证了教学工作的正常进行。

1961 年初，中共中央提出“调整、巩固、充实、提高”的方针后，郭影秋根据当时高校的实际，及时在南大提出“教学是压倒一切的中心任务”，要“坐下来，钻进去，认真读书”，逐步使南大师生从频繁的政治运动和生产劳动转向认真教学和读书的轨道，使教学和科研成为学校的中心工作。为了提高教学质量，他还对学校规定了一些具体措施，如每学期都要进行教学检查，加强教学薄弱环节，提倡有经验的教师上教学第一线，抓好学生的基础理论、基本知识和基本技能的“三基”训练等等。这对稳定教师情绪，克服“左”的倾向，恢复正常教学秩序和提高教学质量，都起到了一定的推动和保证作用。

郭影秋十分重视学校的科研工作。他把教学和科研作为办好学校的两个中心环节来抓，利用南大师资力量基础雄厚，学科齐全的特点，采取多学科合作，狠抓尖端，保证重点，大力攻关。郭影秋还拟定了南大贯彻“双百”方针的“十二条意见”，进一步明确了全校各学科科研方向，调动了各方面的积极性，促进了科研工作的发展和提高，使南大的科学研究形成了自己的特点和风格。他还把每年的校庆日——5月20日，规定为学校的学术活动节。作为一校之长，郭影秋不仅号召教师刻苦钻研业务，著书立说，而且自己身体力行。他虽身兼数职，但仍孜孜读书，从事教学和研究，给全校师生讲政治理论课，为历史系学生指导论文，还广泛搜集资料，完成了史学专著《李定国纪年》。这些做法都激励了广大教师更加努力地搞好教学和科研工作。

郭影秋在南大任职期间，学校的规模有较快、较大的发展，学生人数逐年增加，他来校时全校学生有4 000多人，离校时已达5 000多人。学科建设也有相当发展，陆续建立了一批新的专业。教师队伍不断扩大，人才迅速成长，南大逐步成为国内外著名的综合大学。郭影秋也在从事教育工作的实践中成为一位深孚众望的大学校长。

1963年初，周恩来总理拟调郭影秋到国务院做副秘书长。恰在此时，中国人民大学校长吴玉章急请周总理给他派一位得力助手，以改变学校当时的工作局面。中央经慎重研究后，决定改派郭影秋到人民大学，协助吴玉章主持学校的全面工作。当年5月，郭影秋只身来到人民大学。

中国人民大学是在老解放区革命大学基础上建立和发展起来的，是新中国成立后中央直接创办的一所新型的综合性社会科学大学。建校后在培养政治理论师资和经济管理干部，宣传马克思主义理论方面做了大量工作，取得很大成绩。但是一段时期内，学校的领导工作出现了一些缺点和错误，特别是1959年的“反右倾”和1960年的“反修教育检查”，使学校的校系领导与教学骨干受批判约有近百人之多，一些同学还被扣上“右倾机会主义”、“修正主义”的帽子，干部教师的积极性受到挫伤，学校的工作处于停滞状态，郭影秋正是在这种情况下来到人民大学的。

郭影秋十分清楚学校的中心任务是教学。他在开学典礼上，明确指出：“学校的中心工作是继续贯彻党和政府关于高等教育的方针政策，把一切工作都转移到以教学为中心的轨道上来，进一步提高教学质量。”他亲自兼任教务主任。制定了贯彻以教学为中心的各项措施，要求各系各专业都根据学校的发展方向，制订和修改教学计划。他尊重和爱护老、中、青知识分子，关怀学生的全面发展，重视政工、后勤工作，充分调动学校各部门的积极性。

从1963年至1966年“文化大革命”之前，短短的三年内，便使人民大学改变了面貌，呈现出蓬勃的生机。全校师生员工交口称赞：“影秋同志是德才兼备的好校长。”“不愧是知识分子的良师益友。”

“文革”中的严峻考验

1966年5月，中共中央任命郭影秋为中共北京市委书记处书记，主管文教工作。6月13日，他代表华北局去上海参加“中央文革领导小组”会议。会议期间，康生竭力拉拢郭影秋，郭当面予以拒绝。从此，康生便视他为眼中钉、肉中刺，伺机进行打击陷害。

7月2日深夜，康生在北京师范大学的群众大会上，信口雌黄地诬称“郭影秋知道‘二月兵变’”。在康生的煽动下，第二天人民大学的部分师生到北京市委要求揪斗郭影秋。郭影秋星夜被揪回学校,押上批斗台,戴上高帽子,低头弯腰4个多小时。

7月29日,郭影秋的中共北京市委书记职务被宣布撤销。

由于人民大学历史形成的原因,“文革”中郭影秋成为学校内部争论的焦点人物之一。邓小平、陶铸曾分别在全校大会上发表了“保护性”的讲话。邓小平说:“对郭影秋同志我们还是比较了解的,他抗日战争中的表现是好的,解放战争中的表现也是好的。到人民大学后的情况怎么样,我不很了解。但是,大家可以和他的前任领导比较一下,是否有进步有变化呢?”

这些讲话不仅未能改变郭影秋的危难处境,反而加重了他的“罪行”而横遭迫害。吴玉章校长对郭影秋十分关怀和爱护,虽年事高迈,身体不好,仍拄着拐杖到校告诫师生:“影秋同志不是反革命,是党的好干部。”吴老还到医院慰问被批斗后患病住院治疗的郭影秋,当郭向吴老汇报了他到人民大学后几年来的工作情况时,老人家边听边落泪,最后语重心长地说:“你用心很苦呀!”

吴老这句肺腑之言,成了他同影秋的最后诀别之词。1966年末,敬爱的吴老不幸病逝,被打成“黑帮”的郭影秋竟被剥夺了向吴老遗体告别的资格。

郭影秋自从被揪回学校后,关押、批斗、毒打、审讯,受尽种种野蛮的残害,各种莫须有的罪名铺天盖地而来。特别是1967年3月3日,戚本禹到人民大学宣布郭影秋是人民大学的第二号“敌人”。从此郭影秋的处境更加悲惨。他被严密关押,轮番批斗,随意侮辱殴打,一日三餐不得温饱,有病不能及时治疗。精神上的折磨,肉体上的摧残,使他本来很健康的身躯垮了下来。终于小病酿成大灾,不得不截去左下肢,造成终生残疾。

即便是在这样的处境中,郭影秋对党、对未来仍抱有坚定的信念。他坚信笼罩大地的乌云终归会被驱散,如同其诗句所说:“风狂天地暗,早晚见阳光。”整个10年动乱中,他是那样沉着坚定,不赶风头,不讲假话,严于律己,实事求是,再一次经受了特殊环境中严峻的考验。

1976年10月,粉碎“四人帮”的喜讯传来,郭影秋万分喜悦。他多次向中央请求恢复人民大学(人民大学“文革”中被停办)。在邓小平的直接关怀下,1978年4月,党中央责成成仿吾、郭影秋负责中国人民大学的复校筹备工作。7月7日中央批示下达了国务院关于恢复中国人民大学的文件,从而使停办8年之久的人民大学正式恢复,在百废待举、困难重重的情况下,郭影秋为重建人民大学而日夜操劳,协助成仿吾,以病残之躯,架扶双拐,处理复校后的各种工作。他清醒地意识到,自己的时间已经不多了,应在有限的时间内,再拼命为党多做点工作。

1978年7月26日,在复校大会上,他勉励全校师生员工:“时间是宝贵的,我们从现在起到本世纪末的时间大约是七亿秒,七亿秒是一个很长很长的天文数字。如果我们能一秒一秒地思考问题,一秒一秒地处理工作,一秒一秒地培养青年,一秒一秒地锻炼身体,就是说争分夺秒地大干快上,我们会在一年、三年、八年、十二年之内,飞跃前进,大出成果,大出人才。”

他是这样说的,也是这样做的。他不顾体弱多病,主持各种会议,架着双拐到课堂听课,到伙房调查,即使在病情加重、卧病在床时,依然关怀和指导学校的工作。直到他病情危重,脱离学校的领导工作后,当人们探视他的病情时,他依然仔细地询问和倾听学校各单位的情况,鼓励大家在新校长领导下,群策群力,努力工作,把中国人民大学办得更好。

1985年10月29日,郭影秋与世长辞。他生前曾两次嘱咐,丧事从简,不开追悼会,不举行遗体告别仪式,遗体交医院作科学研究用,《郭影秋诗选》的稿费作为最后一次党费上交。

郭影秋的一位学生和战友,在献给他的一副挽联中写道:"一身正气,两袖清风,马列灵前应无撼;三寸丹心,百磨筋骨,众人眼底自成碑。"这副挽联的确是郭影秋一生革命业绩和高尚情操的真实写照。

原载《党史博采》2007年第9期

黄摩西的《中国文学史》

徐斯年

黄人(摩西)《中国文学史》,其编撰时间比林传甲《中国文学史》的出版年代(1910 年)整整要早六年,应属国人所著第一部本国文学史。孙景尧先生《沟通——访美讲学论中西比较文学》(广西人民出版社 1991 年版)、王永健先生《"苏州奇人"黄摩西评传》(苏州大学出版社 2000 年版)二书,分别列有专章,集中评介这部具有开创意义的著作,但未引起学界足够注意。本文拟再作些介绍,并且呼吁重印该书。

成书过程

黄摩西《中国文学史》,苏州大学图书馆藏有两套,一套二十九册(缺一册),另一套三十册(其中一册为抄本),后者很可能是海内外现存的惟一全帙。书由国学扶轮社出版,有光纸竖排铅印。开本:20 厘米×13.2 厘米;每面 12 行、行 29 字。总计约 160 万字。每册首页右侧均题"中国文学史　东吴大学堂课本"。未印出版时间。全书内容,前有"总论"、"略论"、"分论",其后即为上世、中世、近世文学史,迄于明代。每一历史阶段以及章节多有绪论、结语;大量篇幅为作品选,其间杂有按语、点评、注释。

按王永健《摩西评传》:东吴大学堂正式成立于清光绪二十七年(1901 年),首任校长为美国人孙乐文(David Lawrence Anderson)。同年,黄摩西即受聘为该校"国学教习(教授)"。据其同事徐允修于民国十五年(1926 年)所著《东吴六志·志琐言》(利苏印书社出版)云:

光绪三十年,西历 1904 年,孙校长以本校仪式上之布置略有就绪,急应厘定各科学课本;而西学课本尽可择优取用,惟国学方面,既一向未有学校之设立,何来合适课本,不得不自谋编著。因商之黄摩西先生,请其担任编辑主任,别延嵇绍周、吴瞿安两先生分任其事。一面将国学课择要编著;一面即用誊写版油印,随编随课。故编辑之外,又招写手四五人,逐日写印。如是者三年,约计所费已达银元五六千,所编《东亚文化史》、《中国文学史》、《中国哲学史》等五六种。孙先生以此事着手业经三年,理应择要付印,因由黄先生将《文学史》整理一过。此书系其自己手笔……惟发抄各家程式文时,致涉繁泛。书虽出版,不合教课之用。正欲修改重印,先生遽归道山,遂致延搁多年。今春,有王均卿先生(系先生之老友,在中华书局任编辑者),愿负修改之责,完成合适之本,付诸铅印,不日即可出版矣。

上述记载说明,摩西《中国文学史》应有三种版本:(一)"随编随课"、"逐日写印"的油印本,属于当年用于教学的内部讲义。(二)由黄先生"整理一过",且已"出版",但"不合教学之用"的一种版本。(三)摩西死后,由王均卿修改整理的"合适之本"。现存的国学扶轮社本当然不是油印本,但也不可能是王均卿整理本(这两种本子至今均未发现),因为其内容恰恰留有"发抄各家程式文""致涉繁泛"、作品选读的其他部分也相当庞杂、章节体例不够统一等粗疏特征。故可认定:这正是摩西在逝世之前"整理一过","虽出版"但"不合教学之用"的那个版本。摩西卒于民国二年(1913 年),国学扶轮社成立于宣统三年(1911

年),摩西即为创办人之一,由他主编的《普通百科新大辞典》亦由国学扶轮社出版(1911 年 5 月印行)。由此可知摩西《中国文学史》的正式出版时间,应该略迟于林传甲本。但是,据王永健先生介绍,光绪丁未(三十三年)四月(1907 年 6 月)出版的《东吴学报》第十一期和同年年底亦由东吴大学出版的《学桴》第二年第一期上,曾经连载摩西《华离期及暧昧期横决力及反动力》一文,注曰:"节录正科第一年讲义",属于这部《中国文学史》的重要部分。所以,其"节录"的公开发表时间,仍然早于林传甲本。

摩西学贯中西,《中国文学史》中包括他的许多学术见解,这在清朝末年是非常新颖、独特的。下面仅就文学观、文学史观和方法论略作述介和解读。

关于文学观

摩西在该书第四编第一章第一节"文学定义"中说:中文里的"'文学'之名,始于孔门设科"。尽管与后来的概念不完全相同,但是由流溯源,略名考实,"则虽谓中国文学皆范围于孔门诗礼之中而不过,无不可也"。但是,到了世纪之初的当时,不仅中国文学已经发生了由简而繁的巨大变化,而且西方文学及其文学观念也已传入中国,"故欲定一'文学'之界说",极为困难。他在叙述中国文学发展历史时所采取的策略,是"姑就历史之习惯,以定其称谓之异同"。但是,作为全书引论,他要着重介绍的则是当时西方学术界流行的、中国读者感到十分新颖的文学观念。

在论述"文与文学"的关系时,摩西首先引述日本大田善南《文学概论》所介绍的巴尔扎克、阿图诺、狄比图松、科因西哀四种文学定义,以为均有不够明了之处。接着,他以烹苦斯德《英吉利文学史》对于"文学"的界说为基础,对照薄士纳《比较文学》、朋科斯德《文学形体论》等西方著作的相关内容,从"文学之目的"、"读者之标准"、"表显之技巧"、"文学之精髓"、"文学之资料"和文学对于美的要求六个方面详加讨论。最后得出结论:"美构成文学的最要素","而美则属于感情,故文学之实体,可谓感情云"。文学应求"不变不易之美","趋时者非美,违时者亦非美;偕俗者非美,戾俗者亦非美。此种消息,固难为率尔操觚者言焉"。因为,这既是艺术情趣问题,又是美学理论问题:既是艺术风格问题,更是艺术实践问题。同时,摩西也强调了"真"、"善"两个要素的重要性:"远乎真者,其文学必颇","反乎善者,其文学亦亵"(《总论·文学之目的》),所以,文学之美也是应与"真"、"善"相统一的。

以"美"即"感情"为文学第一要素,这是贯穿摩西《中国文学史》的一个主体观念。还有一个主体观念则是——"自由"乃文学之本性。

摩西在该书《总论·文学史之效用》中说:"文学为语言思想自由之代表","今古中外,苟以文学名家者,未有不具不羁之气概,爱智之精神者"。而"语言思想之自由,政治、习俗固未尝明为制限,而亦不能制限也。"他之所以将中国的"上古文学史"称为"文学全盛期",主要理由即在于此一时期的中国文学,曾经达到过"极大自由"的高峰,其标志就是以楚辞为代表的"南方文学"。摩西说:春秋之世有"公"无"私","政治上能矫其弊者惟秦(秦穆始霸,其所用蹇叔、百里奚、山余、公孙枝诸人,皆借才异地,无一右族),故秦卒代周。文学上能矫其弊者惟楚,故南北学派分峙,而使春秋以上阀阅之文学,一变而为战国处士之文学;博物数典之自然文学,一变而为穷理尽兴之爱智文学;樽俎坛坫折冲之文学,一变而为名山大川传人之文学。冲决周公、孔子以来种种专制之范围,人人有独立之资格,自由之精神,咸欲挟其语言思想扫除异己,而于文学上独辟一新世界,而志均力敌,遂亦成为连横合纵之大国。”“是则非战国之能造此文学,实文学之能造此战国也。”这是对文学之“自由本性”及其作用、意义的刻意揄扬。(按摩西对于周公、孔子的历史地位和作用又是充分肯定的,详后)作为文学观,对于“自由本性”的关注成为摩西考察文学历史动力和运行机制的一个主要的理论焦点。有意思的是,这个观点还在逻辑上蕴蓄着颠覆“真、善、美统一论”的能量。对此,摩西固然并无自觉,却是值得我们注意的。

基于上述文学观,摩西反观中国古代文学,以为虽具悠久之传统、“典重雄奇之本质”,但有两大弊端:一曰“佞”,二曰“诞”。“佞”是专制的恶果:“下之事上,贱之事贵,以反逆为大恶,以媚兹为义务,歌功颂德,既便于口吻,掩过饰非,遂流于记载。”而所谓文者,竟至“愈郑重则愈失真,愈冠冕则愈无当”!“诞”是迷信的流毒,同时又是“佞”的一种变态:“盖佞者虽屈于威力而阿谀以取容,其心实有不甘,遂别出一术以隐为抵抗,或挟最高之天权,或挟最尊之师权,或挟最信仰之鬼神权,上与君主分席。其始或出于不得已,虽明知其诡谲,而姑用以自振,日久成习,则渐多无病之呻吟,且以不经为矩矱;而君主之黠者反利用之,以为粉饰太平之具,以塞觊觎非分之萌。既佞既诞,愈诞愈佞”,“上下互售其欺”,因而成为文学第二大弊!

必须指出,摩西是主张“文学或不免于诞”,亦即认为文学必然要有“铺张扬厉,神奇变化”的,“然必肆而能敛,奇不诡正,斯有所征信而垂后”。他作为弊端而攻击的“诞”,实质不指文学想象,而是一种根深蒂固的国民劣根性。为了说明这一点,他把中国古代文学放到世界文学史里加以比较:“观于世界文学史,则文学之不诚,亦初级进化中不可逃之公理。创世之纪,默示之录,天方夜谭,希腊神话,未尝非一丘之貉,不当独为我国诟病。惟彼之贤于我者,华与实不相掩,真与赝不相杂,而除一上帝外无赞美之文,除几种诗歌小说外无神怪之说,即间有之,而语有分寸,尚殊奴隶之卑污;事有根据,不等野蛮之迷信。故其国民,皆以诚为至善,以诳为极恶,外交内政昭如划一,以固其国础。文学未始无功焉。”由此可见,摩西对于文学之美、文学之情感性的认识,又是以“立诚”与否为判断标准的。

关于文学史观

摩西在《总论·历史文学与文学史》中谈及“历史”与“文学”及“文学史”的区别时指出:若将“历史”作为一个整体概念加以考察,可以看到“文学之演进,诚散见于历史中,而历史只能吸收之,而不能包括之”;若将“文学”作为一个宽泛概念加以考察,又可发现“历史”亦“多含文学性质”,甚至可以视为“文学之一部分”,然“历史”所注重者,毕竟“在史实不在词藻”。另一方面,若将“历史”作为一个综合的概念加以考察,则其“分类,有自然的,有精神的,前者为种族、地理、物产等,政治、宗教、教育诸史,则属于后者,文学史亦其一也”。若将“历史文学”也作为一个综合概念加以考察,则其“分类,有模范的,有叙述的,前者为文谱、文论等,而文学史则属于叙述”。他又在《总论·文学史之效用》中指出:作为“精神”的、“叙述”的历史,文学史的效用,即在于“就既往之因,求其分合沿革之果,俾国民有所称述,学者有所遵守”。以上属于文学史的共性,即任何国家的文学史都必然具有的性质。

“文学史”在当时的中国还是一个全新的概念、一种没有前例可循的著述类型。所以,摩西详细分析了我国旧学既“重文学”又“独无文学史”的状况,以及由此带来的弊端:由于没有文学史,我国历来“所以考文学之源流、种类、正变、沿革者,惟有文学家列传(如文苑传,而稍讲考据、性理者,尚入别传),及目录(如艺文志类)、选本(如以时、地、流派选合者)、批评(如文心雕龙、诗品、诗话之类)而已。而所持者又甚狭,既失先河后海之旨,更多朝三暮四之弊",难免"执近果而昧远因,居一隅而失全局";以至进入20世纪,仍"有己而无人","多美此而剧彼","无世界之观念",阙"大同之思想"。此"皆因无正当之文学史以破其锢见也"。可知摩西撰写这部《中国文学史》,其立意不仅在于"保存国粹",而更在于希图以此突破国人锢见,促进"世界观念"之形成。

只有把中国文学史置于世界文学史中加以考察,才能更清楚地看到它的缺点,也才能更清楚地看到它所具有的独特"世界地位"和宝贵的"世界价值"。所以,摩西在揭露中国文学弊病的同时又指出:放眼全球,可与中国比肩的国外古文明,只有"巴比伦与埃及";"印度、犹太"、"希腊、罗马",均已属于后起者了。上述诸国"当时之文学,虽极发达,要其继续,不过百年"。至于"今之英、法、德、美,虽以文物睥睨全球,而在千百年前,方为森林中攫噬之图腾,乌有所谓文学者?故以文学之谱牒言,独我国可谓万世一系,瓜瓞相承,初未尝稍杂以非种,即或求野求夷,吸收新质,要为文学生活上营养之资,而不能乱文学生殖上遗传之性。今虽过华屋而叹陵夷,窥明镜而羞老大,然一息犹存,当有待盖棺而论定;百足相辅,安见不一旅之中兴?"这段论述的意义,不仅在于体现着国粹主义精神和民族自信心,更加值得注意的是从学术角度揭示了中国文学史所具有的延续数千年而未被取代的"原生性"和"本土性"特征,这是全球独一无二的。摩西提到的那些文明古国,其"原生"文化都遭到过灭绝或断裂的命运。至于欧美诸国的文化,也都具有非原生、非本土的断层背景。例如英国,不列颠的原住民是克尔特人(Celt),但是自从该岛被罗马人、萨克逊人先后占领之后,罗马基督教文化就取代了克尔特人的本土文化,而罗马—基督教文化的本源,又可追溯到希腊文化和希伯来文化。然而在希腊、犹太本土,其原生文化却又早就衰微了。上述文化生态与中国是判然有别的。将中国文学史置于各自有其利弊的、不同文化的"世界语境"之中加以比较和考察,使摩西编撰的第一部本国文学史甫一面世,即已高屋建瓴而令人耳目一新。

摩西既以"自由"为文学之本性,他在考察中国文学的发展轨迹时,必然就把"自由"与对"自由"的制约这两种因素的矛盾,视为贯穿整部文学史的基本矛盾和动力。在摩西的视野里,制约文学自由的因素固然包括政治,但绝非仅仅限于政治——他认为:甚至在"文学"刚刚萌芽时,制约因素就已包含在自身之中了。他在《略论》中说:"文学之名目,立于有文字之后,而文学之性质,早具于无文字之先。"没有文字,文学固然无法遗传,但"拘牵于文字,反易涣文学之精神",所以,"离绝文字,固不能见文学:瞻循文字,亦不足为文学"。以此言之,文字不就是制约文学自由本性的一个因素吗?当然,在封建社会里,制约自由的主要因素还是"专制",但是摩西又未笼而统之地一概否定"专制"。他在评述"上世文学史"时提出"行政权"和"文学权"两个概念,并且根据具体的历史背景,分析它们对于特定时期的文学所产生的复杂作用。他说:中国文学,权舆于春秋之世,其时周公兼掌"行政"、"文学"二权,属于最大的专制者。但是,"专制之才莫大于周公,专制之法亦莫良于周公"——由于"寓平等于不平等之中",故在周公治下,不仅政治举措含"限制君权"之意,而且文学上也"有专制文学之外形,而无专制文学之实际"。孔子则为"革周公文学权之命者也",虽无行政权却掌握了文学权,以"与行政权抗行";故"当孔氏时,有专制文学之实际,而无专制文学之外形"。周、孔的"专制"虽各有其流弊,但都对促进"周、秦之交"的文学"全盛"起过积极作用。秦、汉之后,文学虽"全入于专制范围内",元气日衰,但其"外形常为统一,而内容则支离破碎也。……盖统之者本无实力,受统者又非出于真意”(《总论·文学史之效用》),所以“横决”、“反动”之力并未消亡,中国文学历史舞台上的活剧只会演得更加跌宕起伏。作为史家,摩西对中国文学史的动力是把握得十分准确的;由于他的视野非常开阔、观点和方法相当辩证,所以不会陷入后人深受其害的庸俗社会学的泥沼。

关于中国古代文学的分期,摩西并行不悖地使用了两种划分方法:按第一种方法,分为“上世”、“中世”、“近世”三大阶段:按第二种方法,分为“全盛期”、“华离期”(按“华离”为犬牙交错之貌)、“暖昧期”三大时期(明代为“第一暖昧期”,清代为“第二暖昧期”,所以王永健先生认为应是四大时期)。第一种方法主要反映时间概念,第二种方法主要反映性质概念,实则二者可以视为“一体两名”:对历史阶段的界分都是一样的,然而后一方法意义更大,因为前一方法的“界点”实际由它决定,而其界分标准,则基于摩西提出的“历劫”论。他在《略论·暖昧期》中说:春秋战国之后,“我国文学有小劫一,次小劫三,大劫一,最大劫二。祖龙之焚坑,一小劫也。南北朝之分裂,五季之奴虏羼处,蒙古之陆沉全国,为三次小劫。汉武之罢斥百家,为一大劫。”明、清之暴虐,则为二“最大劫”。将这些论述与其历史分期相较,有如下图:

附图

全盛期(上世)　　　　　　　　　　华离期(中世)

　　　　　　　　　　　　　　　　(晋)(唐)(宋)(元)

先秦/祖龙焚坑/汉武罢百家　　南北朝分裂/五季羼处/蒙古陆沉全国

一小劫　　一大劫　　　　　　　　三“次小劫”

摩西对秦皇、汉武的评价判然有别。他认为秦皇焚坑,针对的是“昧于时世,尚持战国时称先则古之习,聒而不休,欲与一统君主作螳臂之抗”的儒者。“故焚坑之祸,挟书偶语之禁,不过扫除一星之余烬耳!其事本极平常、极琐小,为统一行政上一种手段……在秦不为过举,在诸家实由自取。”此一举措,“盖因有淘汰之功”,“求其最后之果,则为诸家之功臣”也。至于汉武独尊儒术,则“阳为爱护之,而阴实囚役之也”,是“挟孔子以号令天下也”。所以,“秦之坑儒坑其身,汉之坑儒坑其脑;秦之焚书焚其现在之文字,汉之焚书并焚其未来之思想。”这就是摩西称秦皇为“小劫”、汉武为“大劫”的理由。既然如此,为什么仍将汉代列入“全盛期”呢?就《略论》所述考察,至少有三个原因:其一,炎汉盛世,实奠定于文景之治,汉武则享其余荫者也:其二,“汉虽提倡儒术,而百家之说仍流传于社会”,故文学仍有相当自由之象;其三,当时又有“史迁特起,最录百家,能尽其渊源正变而为之支配,其事业足与尼山相媲。”尽管如此,汉武之毒,毕竟性状剧烈,“兼以魔醉,史迁虽竭力补救,而元气已衰退”矣!摩西这些见解,确乎议论奇伟,洞见肺腑,至今读来,仍觉痛快淋漓。

关于方法论

摩西在《总论·文学史之效用》中谈及文学的自由本性时曾说:

……至若诗歌、小说,实文学之本色。故三代典籍,每多有韵之文,而《虞初》、《齐谐》,亦为最古之史乘。前者所以生音乐之精神,后者所以穷社会之状态。体制虽有变更,而目的未尝或异。馀若客嘲宾戏,呈诡辩之才;石鼎锦图,极文心之巧;典午清谈,为两宋南宗、北宗之滥觞:舒王经义,树有明甲科、乙科之正鹄。此皆文学之不循故辙而独辟一区者,虽无当于大道,要不失审美之旨。而述文学统系者,往往摈不与列。由前而言,则失之太广;

由后而言，则又失之太狭。广则不能通者而强求其通，狭则本可通者而屏不使通，而其极均至于不通。虽曰政治、习俗实使之然，此语言思想之自由，政治、习俗固未尝明为制限，而亦不能为之制限也。示以文学史，庶知返乎？

按这段话里的"客嘲"，当指东方朔的《答客难》和杨雄的《解嘲》，班固则曾仿其体而作《答宾戏》；"石鼎"当指联句诗（见《韩昌黎集》）；"锦图"当指回文诗；"典午"原指司马职官，此处指代两晋。摩西列举自汉至明"不循故辙"而出现的四种"无当于大道"的文体，说明若要厘清它们与"故辙"的来龙去脉，必须注重"会通"，从而提出了文学史方法论的一个重要课题。

"会通"亦称"通变"，刘勰《文心雕龙》有专篇论之，其源则出于《易》。《易·系词上》："形而上者谓之道，形而下者谓之器；化而裁之谓之变，推而行之谓之通。"王弼注："因而制其会通之道也。乘变而往者无不通也。"孔颖达疏："阴阳变化而相裁节之谓之变也，是得理之变也。因推此可以变而施行之谓之通也。""通"与"变"是互为依存的，没有"变"也就无所谓"通"。摩西强调的是：文学史的任务既是"就既往之因，求其分合沿革之果"，那么史家就必须善于把握"因""果"之间的有机联系，即"因"如何变为"果"的"理"。倘若胶着于"因"，例如只用上古诗、骚和《虞初》、《齐谐》的标准去套后起的文体，所见固然"广"矣，但对"宾戏"、"石鼎"、"清谈"、"经义"那样"不循古辙"而生的新文体，就会显得不合辙；合不上辙而硬要去合，就是"不能通者而强求其通"。反之，倘若胶着于"果"，将"宾戏"等作为惟一标准，去推究文体渊源，则视界必狭，当然讲不清诗、骚、《虞初》、《齐谐》与之有何关系，这就是"本可通者而屏不使通"。过去"述文学统系者"之所以对"宾戏"等"往往摒不与列"，当不出于上述两种原因。史家只有把"因"如何变为"果"的规律考察清楚，"推此可以变而施行之"，才能达到"会通"。这是对我国传统辩证思维方法论的出色继承和应用。

与此同时，摩西又用进化论作为考察中国文学历史演进规律的理论工具，并且也十分强调把握进化论中辩证方法的重要意义。他在《分论·华离期》中引用了西方学者的一段话：文治之进化非直线形，而为不规则之螺旋形。盖一线之进行，遇有阻力，或退而下移，或折而旁出，或仍循原轨。故历史之所演，有似前往者，有似后却者，又中止者，又循环者，及细审之，其范围必扩大一层，其为进化一也。

接着，摩西就用这样的方法来分析"中世文学史"："文学至秦汉后，似有中道而划、一蹶不振之势。其实止者自止，行者自行，退者自退，进者自进。其止也，正其所以行也：其退也，正其所以进也。……故统一之形虽如故，而实质已乘涨力而四出。……其力为横决，而其象为华离。……在思古者诚不无荡析崩坏之嗟，而未始非文学舞台上第二级之演进也！"正是基于这样的观点和方法，摩西虽以明、清两代为中国文学史上的两次"最大劫"，同时他又充分肯定这两个时期在小说、戏曲、制艺和汉学等方面所取得的进展，以及方孝标、龚自珍等具有反抗性、前瞻性的作家的意义，并且预言：蕴蓄于"暧昧期"内的"文学之反动力"，必定会将中国文学推向更高一级之演进。

凡此，均为摩西综合运用"会通"和"进化"辩证方法，研究、阐释中国文学史的特出范例。

19世纪后半叶，西方诞生了一个全新的学科——比较文学。摩西在他主编的《普通百科新大词典》里，曾准确地介绍过比较文学作为一个新兴学科的性质和任务。如前所述，在其《中国文学史》的总论和分论中，则不仅介绍、引用过薄士纳的专著《比较文学》，而且经常运用这一学科的观点方法，从宏观角度观察、评价中西文学历史现象的异同；在对各历史阶段作家作品的评介中，还有许多从微观角度运用比较文学观点方法的实例。至今，中国比较文学界的多数学者仍然认为这个学科在我国的产生，始于1907年鲁迅发表《摩罗诗力说》，殊不知摩西《中国文学史》的撰写和传布时间更早。应该说，黄摩西是我国首先介绍比较文学这一学科，并运用其观点方法研究中国文学史的先行者。他所做的工作的意义，不仅在于首先运用平行比较的方法审视、研究中国文学史，更在于为开创跨文化研究的学术领域和建立文化相对主义的语境，迈出了可贵的第一步。

该书简目

摩西《中国文学史》原无目录，内文体例比较混乱。第一册标明"第一编　总论"、"第二编　略论"，"编"下均列小标题而不列章节；第二册为"第三编　文学之种类"，下列四章，"章"下只列小标题而不列"节"；第三册为"第四编　分论"，下列"第一章　文学之起源"、"第一节　文学之定义"，其后即无章、节(除第七册突然又见"第一章"、"第一节"外)。王永健先生曾整理目录一份，统一补加章、节序次、标题，全书脉络因而得以清晰呈现。但王先生将上、中、近世三大时期的文学史作为三章，与"文学之起源"并列，归入第四编，如此处理，尚可商榷：其一，"三世文学史"不宜视为"分论"；其二，以每一"世"为一章，过于庞大、臃肿。本目录系根据笔者原始查阅笔记，参考"王目"体例整理而成，限于篇幅，压缩为简目(节以下具体内容均从略)。鉴于原书已有"上世文学(史)上之上"、"中世文学史上之上"等标题，因即据以分出第五至十一编，并从而划分各编章节。虽亦未必尽善，但大结构毕竟稍为匀称。统计数字难免存在疏误，尚希读者见谅。

简　目

中国文学史　东吴大学堂课本(第一册)

第一编　总论：文学之目的/历史文学与文学史/文学史之效用/结论

第二编　略论：文学之起源/文学之种类/文学全盛期/文学华离期/暖昧期/第二暖昧期/文学之反动力

(第二册)

第三编　文学之种类

第一章　文(叙文体33种，自"命"、"令"至"经义"等；附50种，自"告身"、"内批"等至"下火文"、"撒帐词"等；前有"正义")

第二章　诗(叙诗体8种，前有"正义")

第三章　诗馀(叙词体4种，前有"正义")

第四章　词馀(叙曲、通俗小说及南北宫调，前有"正义")

(第三册)

第四编　分论

第一章　文学之起源　第一节　文学定义/第二节　文字之起源/第三节　音韵/第四节　书体/第五节　文典

(第四、五、六册)

(上世文学上之上——此题原位于第四册开端)

第二章　文学之胚胎　第一节　诗歌/第二节　神话/第三节　格言

第五编　文学之全盛上期(上世文学史上之上)

第一章　六经　第一节　诗之文学(附琴操)/第二节　书之文学(附逸周书、国语)/第三节　礼之文学/第四节　乐之文学/第五节　易之文学/第六节　春秋之文学(附文献)

第二章　儒家　第一节　儒之名义/第二节　儒之品类/第三节　儒之源流/第四节　儒教之所以无力之由/第五节　儒之文学

第三章　道家　第一节　老子/第二节　庄子/第三节　列子/第四节　墨子

第四章　其他　第一节　法家/第二节　兵家/第三节　古小说

第六编　文学全盛中期(上世文学史上之中)

第一章　南方文学　第一节　楚辞概论/第二节　离骚/第三节　其他

第二章　秦汉文学　第一节　秦之文学/第二节　两汉文学(概述)

第七编　文学全盛末期(上世文学史上之下)

第一章　史学文学——史记　第一节　史记之大旨/第二节　史记之特色/第三节　史记之文学(附司马迁自序)

第二章　西汉司马迁以前文学家代表并文　第一节　贾谊及其吊屈原赋/第二节　司马相如及其大人赋/第三节　董仲舒及其士不遇赋/第四节　淮南王刘安及其招隐士一首/第五节　邹阳及其狱中上梁孝王书/第六节　枚乘及其复说吴王、七发八首

第三章　西汉司马迁以后文学家代表并文　第一节　王褒及其僮约/第二节　刘向及其请雨华山赋、上战国策叙/第三节　扬雄及其太玄赋、博士箴、酒箴

第四章　东汉文学家代表并文　第一节　桓谭及其上世祖表/第二节　冯衍及其与妇弟任武达书/第三节　班固及其封燕然山铭/第四节　崔骃及其博徒论、酒箴/第五节　张衡及其周天大象赋、髑髅赋/第六节　马融及其樗蒲赋/第七节　蔡邕及其青衣赋、短人赋、陈太球丘碑、陈太球丘庙碑、篆势、隶势/第八节　孔融及其荐祢衡表、肉刑议/第九节　祢衡及其鹦鹉赋/第十节　王充及其无形篇选录/第十一节　戴文让及其失父零丁

第五章　两汉诗　第一节　西汉诗(选 7 人 34 首)/第二节　东汉诗(选 2 人 5 首)(上古终)

(第七、八、九册)

(中世文学史上之上——此题原位于第八册开端)

第八编　文学华离期上　(中世文学史中之上)

第一章　概述晋至宋元文学之弊

第二章　两晋六朝文学　第一节　因于前代之文体/第二节　特创及分裂之文体(每类均有绪论、结语)/第三节　魏晋文(共选 76 人 140 篇,每类均有绪论)/第四节　两晋诗赋(共选 18 人 84 首)附晋窈眇文

(第九至十三册)

第三章　南北朝文学　第一节　南北朝文学家代表(共选 55 人)/第二节　南北朝杂文(自宋至隋,选 80 人 187 篇)/第三节　南北朝诗赋(自宋至隋,选 44 人 365 首)/第四节　魏晋南北朝小说(选 5 种 54 则)

(第十三至十九册)

第九编　文学华离期中(中世文学史中之中)

第一章　唐代文学　第一节　唐初盛文学家代表(共选66人)/第二节　唐中晚期文学家代表(共选87人,含方外5人)/第三节　(唐骈文(共选15人58篇)/第四节　唐散文(共选20人59篇)/第五节　唐诗(内含少数歌词,共选202人1 821首,其中“闺秀”17人35首、“方外”12人36首)/第六节　唐新文体(共选56人87篇)

第二章　五代文学　第一节　绪论/第二节　五代文(选2人2篇)/第三节　五代诗(共选41人,内含闺秀、方外;188首,内含歌词)/第四节　五代诗馀(共选24人146篇,含闺秀1人)

(第二十至二十二册)

第三章　两宋文学　第一节　两宋文学绪论/第二节　北宋文学家代表(共选53人)附北宋诗派之分/第三节　北宋散文(共选40人46篇)/第四节　南宋文学家代表(共选64人)/第五节　南宋散文(共选11人12篇)/第六节　两宋新文体(共选46篇)/第七节　两宋诗(共选200人364首,人有重复)/第八节　两宋诗馀家人名表(共选56人,含闺媛3人)

(第二十三册)

第十编　文学华离期下(中世文学史中之下)

第一章　辽、西夏、高丽文学　第一节　辽诗(选10人14篇)/第二节　西夏诗(选1人4篇)/第三节　高丽诗(选3人8篇)/第四节　辽诗馀(选2人2篇)/第五节　高丽诗馀(选1人9篇)

第二章　金代文学　第一节　金文学家代表(共选19人)/第二节　金文(选1人7篇)/第三节　金诗(共选49人208篇)/第四节　金诗馀(选12人17篇)

第三章　元代文学　第一节　元文学家代表人名(共选46人)/第二节　元文(选3人8篇)/第三节　元诗(共选81人103篇)/第四节　元诗馀(共选26人32篇)/第五节　金元曲(录金元乐府曲目,并选元曲作家187人,皆以四字评其人之势格)

(第二十四至三十册)

(中国文学史近世——此题原位于第二十四册开端)

第十一编　文学暧昧期(近世文学史)

第一章　绪论

第二章　明代文学(第一暧昧期)　第一节　绪论/第二节　明前期文学家代表上(共选37人)/第三节　明杂文(洪武至正德)(选11人22篇)/第四节　韵语(共选65人402首)/第五节　明前期文学家代表下(共选54人,含方外9人)/第六节　明杂文(共选42人103篇)/第七节　明次期诗录附诗馀(共选231人1 034首,含闺秀7人15首、妓5人7首)/第八节　明之新文学——曲、制艺、小说(节选曲本31部120折,散曲7人18首;制艺家152人,杂论32条;列述最流行之章回小说八类)

——下阙清代文学史(第二暧昧期)

重印建议

王永健《摩西评传》曾引钱仲联先生《梦苕庵诗话》记摩西同事金鹤冲所述云:“摩西性极懒,作字尤谲诡,类虫书鸟篆,人不能识。《文学史》一书当时逐日编纂,用为校中讲义,往往午后需用,而午前尚未编就,则口衔烟筒,起腹稿,口授金丈,代为笔录。录就后,略一过目，无误陋，则缮写员持去付印矣。”对照原书既丰厚博大、精彩纷呈又体制混乱、疏漏不少之状，上述说法是可信的。

关于摩西《文学史》的局限和不足，王永健先生在其著作中论之颇详，本文不赘。原书除漏标“编”、“章”、“节”目次以及存在少数史料判断错误外，还有如下问题：

（1）朝代或标或不标，因而导致混乱。例如第十二册“（齐）”下所列诸作，至“武帝围棋赋”已入梁矣。

（2）作者类别或标或不标，因而导致混乱。例如第十七册标曰“以下闺秀”，而至“寒山诗录七首”已入“方外”矣。

（3）文类或标或不标，因而导致混乱。例如第十七册标“试律诗”以下者，至少至“昭宗巫山一段云”，即非“律诗”而为“诗馀”矣。

（4）作品标法不一。前皆按“作者名 + 文题”格式，后则按在同一作者第一篇题下标名、其后则不标之格式。

（5）所选作品或有漏标作者名者。例如第廿四册明代“韵语”下列《清夜》至《……寄胡教授仲申》六题，均未标作者，亦未标“佚名”或“无名氏”。

（6）各朝或各类文体之前一般皆有引论（或径标曰“绪论”、“正义”），之后或有结语，然亦不尽统一。例如，唐代（十四、十五、十六册）即无此类引论；第二十册有大标题曰“两宋文学绪论”，第七册有同级标题曰“综述”，而其他同类引论并无此类标题。

（7）浏览中已发现不少文字、符号脱漏或讹误。例如第二册页一“项氏曰……”有上括号而不见下括号（其他册亦有类似情况）；第二册页廿七因折角而漏印数字；第五册页一误“中国文学史”为“中国文学使”；第六册“文学全盛末期”下之小标题“中学文学”，当为“史学文学”之误；第十六册某页“桃合”当为“姚合”之误；第廿八册某页“吴易”当为“吴昜”之误，等等。

鉴于原书存在上述问题，出版整理本有很多困难。从文献性考虑，不如梓行影印本，前面应有一篇较详细的“出版说明”和一份落实到人名、文题的详细目录。正文若能添加校注最好，但须功力深厚、态度认真、作风严谨之专家，方能胜此重任。

原载《鲁迅研究月刊》2005 年第 12 期

中国昆虫学的奠基人之一胡经甫

黄增章

胡经甫,原名胡宗权,笔名胡烈,广东三水人。其父胡松圃因不满于旧式家庭,在香港皇仁书院毕业后便“闯荡江湖”,到外地谋生,先后在厦门、上海、苏州等地任教。1896 年,胡经甫出生于上海,次年其父任苏州省立高等学堂英文总教习,全家迁到苏州,胡经甫便在苏州长大。

粤港为我国最早接触西方文化的地区,得风气之先,而香港皇仁书院的英文水平又相当高,加上出身于旧式家庭,从小受到传统文化的教育,胡松圃有较深的中英文功底,且有一定的自然科学知识。这一家庭背景使胡经甫受益匪浅,他与其他 5 兄弟从小就不必上私塾,而是在家里父亲直接训读,在其 5 至 15 岁时,不仅学习了传统的必修课四书五经和诸子百家文选、唐诗宋词以及史记通鉴一类的功课,且学习了地理、数学等自然科学课程,英文方面更是念完了全套的英文读本,能通读原版的莎士比亚的诗作等,能做到中英文互译,家庭的英文环境使兄弟们从小就能流利地会话,这在当时内地的家庭中是难以做到的,这也为胡经甫的学业和事业的进取和发展打下了坚实的基础。

15 岁那年,胡经甫以同等学力考入东吴大学附中三年级,上美籍老师祈天锡(N. Gist Gee)的生物学课时,使胡经甫对生物学产生了浓厚兴趣,两年后升入大学,他便选择了生物专业。在大学期间,胡经甫的学习成绩突出,第四年便被任命为学生助教,使之能与祈天锡经常在一起上课,采集标本和共同研究,对于他的知识和技能的提高大有助益。1917 年,胡经甫大学毕业,顺利地获得理学学士学位,并留校读研究生兼任助教。1919 年春,通过了清华大学公费留美考试,因尚未完成硕士论文,申请推迟一年出国。“五四”期间,东吴大学学生发动罢课和游行示威活动,以响应北京学生的爱国行动,但受到校方的压制。嗣后,该校学生召开校友、学生、家长联席会议,一致决议在该校负责人未引咎辞职之前,学生决不复课。会上,胡经甫以学生会会员、助教、研究生三重身份,被推举为学生会总代表,与校方谈判。当时他正值研究生毕业之际,弄不好可能会失去硕士学位和丢掉饭碗,但他不计较个人得失,据理力争,终于迫使校方接受学生会的要求。是年夏,研究生毕业,获硕士学位,秋,任上海圣约翰大学生物系讲师,讲授普通动物学和普通植物学。

1920 年秋,胡经甫以公费赴美国康奈尔大学学习,专攻昆虫学,仅用了 20 个月的时间便修完了博士生的全部课程,顺利地通过论文答辩,取得哲学博士学位。他的博士论文是“襀翅目(叉襀属)之形态解剖及生活史研究”,1923 年在美国出版。此文对该属的一个代表虫种的形态解剖非常详细,绘图精美,内部解剖则对神经、消化、循环、呼吸等 9 个系统都作了精细的显示,生活史方面则是在自然条件下对这种水生昆虫的生态进行了全年的完整观察和记录,显示出作者敏锐的观察能力、精湛的实验技术和出色的绘图本领,这在当时与国际先进水平相比毫不逊色,故受到同行的广泛好评。

1922 年,胡经甫回国,任南京东南大学动物学教授,时年 26 岁。次年,祈天锡辞职回美国,胡经甫受邀回母校,在生物系主讲普通生物学、普通动物学、无脊椎动物学和生物标本制作法等课程,并指导研究生进行专题研究,还兼江苏昆虫局技师、上海光华大学动物学教授。同年,创办东吴生物材料处(后来扩充为江苏师范学院生物材料供应处),他和生物系教师带领3个技术人员制作各种动植物标本,供应国内各大中学校生物科学教学之用,由于标本种类丰富,制作精美,不仅在国内受到欢迎,而且销往海外。1924年夏,清华大学举办中学生物教员补习班,胡受邀为主讲人之一,次年夏,参与发起组织"北京博物学会",为首届会员。同年,应燕京大学之聘,任该校生物系教授(后兼系主任),又兼清华学校讲师,从此定居北京。在南京的这段时间里,胡经甫发表了一批科学论文,其中与祈天锡合著的《中国淡水海绵之研究》就达14篇。

是年,胡经甫与著名生物学家秉志共同发起组织中国科学社上海分社,以研究生物学为主,因两人在生物学界享有盛名,故有"南秉北胡"之誉。胡经甫有杰出的教学才能,他所编的讲义,如在燕京编的《无脊椎动物学》、《无脊椎动物实验指导》,取材新颖,内容简明扼要,是当时国内的优秀教材,课堂讲解条理清晰,重点突出,生动且富于吸引力,在近30年的从教生涯中,培养了大批人才,其中许多人成为国内外知名的专家。

中国幅员辽阔,物种繁富,而关于昆虫的记载过于分散,在此之前,国内尚无人用现代科学的方法对昆虫进行系统研究。而国外的不少科学家曾到我国内地采集了大量的动植物标本,发表过为数不少的论著,且他们所采集的模式标本都运到国外,保存于各国的标本馆和博物馆中,以上诸原因,给中国的学者在教学科研上带来诸多不便。胡经甫从青年时代起,就立志要将有关中国昆虫的文献记载收集齐全,编一部昆虫名录,记录每一虫种的文献出处、异名、分类地位和地区分布等,为教学和研究提供最基本的查考依据。从1929年开始,他将教学之余的所有时间倾注在这项工作上,查阅了浩瀚的资料,编制了无数的卡片,广征博引,详细核实,至1933年完成初稿。是年应康奈尔大学的邀请,赴美任该校昆虫系客座教授1年,接着,他赴英、法、比、德、瑞士、意大利等国,遍访有关的学者,参观博物馆,核对有关中国昆虫的标本和记载。1934年回国后,根据所得的资料,将《中国昆虫名录》初稿重新修订,并于是年开始陆续出书,至1941年才全部出齐这6卷本的巨著。在这12年间,胡经甫迭遭不幸,先是其子死于猩红热,紧接着1940年,他事业上的助手、爱妻老黛西不幸去世,他曾一度感到万念皆灰,但为了科学事业,他强忍悲痛,坚持完成这部巨著的编著和校订工作。《中国昆虫名录》是我国昆虫科学的奠基之作,全书分6卷,4 286页,25目,392科,4 968属,共20 069种。

胡经甫在昆虫分类研究方面的另一权威性著作是《中国襀翅目昆虫志》,此书于1938年出版,它总结了我国在该领域的研究成果,描述了该目昆虫139种,分属于5科,4亚科,32属和3个亚属,共有插图629幅。

胡经甫从20年代起,便被选为美国寄生虫学会中国分会会员,美国科学促进会会员,中国微生物病理学会会员,中华教育文化基金会科学委员,福建协和大学博物学会顾问。30年代被选为中华海产生物学会会员和会长,中国动物学会会员和会长,北京博物学会会长,1935年被聘为中央研究院第一届评议会评议员,并一直担任《北京博物杂志》总编辑和《岭南科学杂志》编辑。

1941年,胡经甫应美国明尼苏达大学之聘,作为客座教授赴美,不料途中太平洋战争爆发,被阻于菲律宾马尼拉达4年之久,正当其处于山穷水尽之际,幸亏得到一位华侨解囊相助,考入菲律宾大学医学院二年级,4 年中学完了医学课程。太平洋战争结束时,他正在郊外的一家医院当实习医生,在友人的多方帮助下,1945 年夏终于回到重庆,随后补足了实习期,由湘雅医学院发给毕业证书,从而兼有生物学家和医生的双重身份。1946 年回到北平,继续在燕京大学任教,同时任燕京和清华大学校医。是年续弦龙乘云。1948 年,被北平研究院聘为学术会议会员。

1950 年,胡经甫辞去燕京大学教授的职务,自己开业行医。但是,中国科学院仍聘请他为专门委员,随后又聘请他为科学名词编审委员会委员,同时,中国动物学会、中国昆虫学会、中国微生物学会又相继选他为会员。1952 年,他受邀参加对美国在朝鲜战场上使用细菌武器的调查工作,同年冬在全国卫生会议上获得爱国卫生运动模范的奖励。这一系列的事使胡经甫的思想有了很大转变,感到国家仍旧重视他的才能,终于改变初衷,重新回到生物科学研究的领域来,1953 年接受军事医学科学院的聘请,任寄生虫学系昆虫室一级教授、一级研究员,参加国防科研工作,并参加军事医学高级师资人才和研究生的培训。次年,中国科学院聘请他为中国动物图谱编辑委员会委员,1955 年,被推选为中国科学院生物学地学部学部委员。还被推选为政协上海市第一届委员会委员。胡经甫在解放前已出版的专著和论文近 90 篇,以后也撰写了不少论著,但多属内部资料。晚年任《中国重要医学动物鉴定手册》副主编,并负责撰写四章(关于白蛉、蠓、蚋、虻的鉴定)。由于他在研究方面作出了突出的贡献,1964 年荣立三等功。“文化大革命”期间,胡经甫受审查和批判,身心受到严重的创伤,1972 年因心脏病发作去世,1978 年获平反,科学界为他举行了追悼大会。

参考文献:

[1]《中国现代生物学家传》,第 86—96 页,湖南科学技术出版社,1986 年。
[2]《传记文学》(台北),1993 年第 62 卷第 5 期,第 150 页。
[3]《中国现代科学家传记》(6),第 502—508 页,科学出版社,1994 年。

原载《广东史志》1999 年第 2 期

孔祥熙与东吴大学体育馆

杨　莉

东吴桥下，钟楼东侧，绿荫环抱着一座非常显眼的用烧坏的废砖垒成的建筑物，这就是始建于1935年、完工于1937年的东吴大学体育馆。走近这座特殊的建筑物时，人们不禁会为它那特殊的造型设计、特殊的建筑用料赞叹不已，更会从那至今仍保留在建筑物上的"体育馆"碎石而了解到一段不平凡的历史……

从1935年4月东吴大学体育馆的动工开始到1937年东吴大学体育馆建设完成，一个中国近代体育史上的风云人物走进了东吴大学的校史名录。他就是国民党时期的"四大家族"之一、财政部长、旧中国政坛上赫赫有名的孔祥熙。就是这位孔祥熙先生，与东吴大学体育馆结下过一段不解之缘。

孔祥熙生于1880年，山西太谷人，相传乃圣贤孔子第七十五代裔孙。他10岁进华美公学，15岁入潞河学院，这两所教会学校课程效仿外国学校，提倡德、智、体三育兼顾，尤其是体育活动，有打球、赛跑、跳高、翻杠等，学生无不感到新颖，大都喜欢参加，孔祥熙也不例外。他在美国留学期间，耳濡目染学校体育教育，身体力行课外体育活动，全盘接受近代教育思想，对欧美体育有了较深刻的认识。[1] 这些思想都为他日后创办铭贤学校以及推动中国近代体育尤其是中国近代学校体育的发展奠定了理论基础。当然，也为他后来与东吴大学体育馆结下的一段情缘创造了条件。

20世纪30年代的旧中国正处于内忧外患、水深火热之中，人民深受其害。有识之士纷纷发出这样的感叹："强国必先强种。"国民也渐渐意识到惟有强健的体魄方能有所作为。于是，全社会掀起了一场强身健体的热潮，学校作为教育部门自然首当其冲！

民国二十四年（1935年）4月，东吴大学《老少年》刊物发出了《东吴大学新建体育馆募捐启》，向全社会募集资金："穷以强国必先强种；健身而后健行……教育当局已三令五申，以体育为重。学校方面……仰体功令，俯顺环境，不能不舍其旧而新是谋矣！估计所需二万五千元，多方敷甚巨……庶几集腋成裘，大宇以启；众擎克举，早观作新。"[2]

从中我们可以看出，国民党政府也开始注重起体育了，虽说对体育意义的认识仅存于强身之用，但以学校为育人基地的教育界的认识则可谓有先见之明了！开展一次为体育馆募捐的活动之意义，亦如东吴大学教务长潘慎明先生所云："欲求一个学校的发展与进步，扩充物质方面一切设备，果然要紧，但是尤为重要的，是在设法力谋与学校有密切关系的各分子——在校同学与教职员及散处各地的同学会校友——精神的团结……我们可以看到各地同学会校友及在校同人与同学，怎样的为母校各别奔走尽力，一种团结一致努力爱校的精神已开始在各方面充分的表现，这种精神其价值远过于募捐的金钱目标万倍，敢信在募捐运动结束新体育馆举行落成礼时，也就是吾校精神建设基础确定举行奠基礼的时候。"[3]

孔祥熙作为这次声势浩大的东吴大学体育馆筹募活动的发起人之一，其社会声望及权势的影响力是不可估量的。追其原因，一方面，孔祥熙素有的对体育之喜好，促成了东吴大学乐得请这位红极一时的政界要人为自己摇旗呐喊；另一方面，孔祥熙似乎更愿意做这种既得名又不失利的募捐发起活动，当然，作为旧中国的一位国际奥委会的委员，或许他也想到了自己应尽的一份体育责任吧。总之，不管其动机如何，结果则是双方一拍即合，水到渠成。于是，就有了今天我们看到的东吴大学体育馆和孔祥熙先生为东吴大学体育馆的亲笔题词。

经历了大半个世纪的风云变幻，东吴大学体育馆顶住了战争炮火的轰袭，经历了“文化革命”的洗礼，一路矫健地向我们走来……

今天，当我们漫步校园走近东吴大学体育馆时，映入眼帘的首先是三个黑色大字“体育馆”，字体凝重端正，表现出恭敬之意，落款为“孔祥熙敬题”。一代代东吴大学的莘莘学子，正是从这里获取对体育的认识和掌握强健体魄的方法，用他们的知识去奉献社会，把他们的爱校精神衍生到爱国爱每一个人上来。

想来，东吴大学体育馆建立的初始意义也正是如此吧。只不过作为一种优秀的文化遗传密码，相信它将会在我们——当代大学生的身上一代一代地向下延续！

注释：

[1] 袁合：《孔祥熙与体育》，《体育文史》，1999.4。

[2]《东吴大学兴建体育馆募捐启》，《老少年》中华民国二十四年六月刊。

[3] 潘慎明：《物质建设中的精神建设》，《老少年》中华民国二十四年十月刊。

原载《体育文化导刊》2002年第2期

雷洁琼的社会工作思想与实践

王思斌

20世纪对于中国来说是一个重要的百年。在从封闭走向开放、从封建社会走向现代社会的过程中，那些具有良知的知识分子将自己的才智贡献于社会，并在学术和社会实践中为推进社会的进步和人民的福祉作出不懈的努力。雷洁琼是我国著名的社会学家和社会工作学者，也是著名的社会活动家。在过去的一个世纪中，她以强烈的爱国和利民之心，在教学和学术上辛劳耕耘，在社会实践中勤勉努力。本文拟对雷洁琼教授在社会工作领域的学术和实践作一初步梳理和分析，目的是张扬她对社会工作学科建设的贡献，促进我国社会工作专业的健康发展。应该说明的是，要对雷洁琼教授的学术思想和实践进行较为全面的梳理和深入的分析并不容易。几年前，作为她的学生本人曾尝试对先生进行深入访谈，并且也与我的研究生草拟文稿对其学术思想进行初步分析。但是雷先生怀常人之心，繁忙的工作使她难以顾及学术访谈，面对那篇草稿她也只是微微点头。这样，要完成上述学术任务就有了资料上的某些缺憾。鉴于这种情况，本文主要以雷洁琼教授公开发表的著述为基础，对其社会工作的学术思想和实践做初步的梳理及分析，至于她在社会学方面的成就将另文阐述。本文将要说明的是雷洁琼教授的社会工作观，她从事社会工作学术和实践的理论基础，以及她从事社会工作实践的方法及原则，并期望进一步说明雷洁琼社会工作思想与实践对发展当下我国社会工作的意义。

一、应用社会学的理论基础与现实关怀

1．解决社会问题追求社会进步的志向对其职业取向的影响

从社会化的理论角度来看，一个人的社会观、职业观受其青少年时期所受教育及其所处现实社会状况的影响极大。当然，个人在这一过程中的能动性对其实际选择也具有不可忽视的作用。雷洁琼的青少年时期是在中国社会发生剧烈变化的背景下度过的，五四运动的影响，关心国家命运及社会底层民众命运的父辈的言行及其鼓励都使雷洁琼较早地树立起了社会责任感和对劳动人民的感情[6]10,18。雷洁琼最初是抱着“读书救国”的思想远渡重洋赴美的，这也是许多有志之士负笈远行的初衷。但是，雷洁琼在读大学时没有遵照其父亲的期望选择学美术、医学和法律，也放弃了在一段时间内攻读的化学和远东问题，最后选定了社会学[6]18,22—25，在她看来社会学可是寻求医治中国问题的良方，探索救国救民的途径。正是这种自觉的选择激励她刻苦求学，并在以后的职业生涯中将自己所学专业同社会抱负结合起来。在后来70多年的漫长岁月里，她将专业知识同社会实践密切地结合起来，并形成了其独特的学术与实践之路。

2．应用社会学的理论基础

从雷洁琼的学术文论中或许并不能一眼就看出她在社会工作方面的思想，然而如果认真研读我们会发现，她的社会工作思想和实践是在其称之为“应用社会学”的概念和框架之

下展开的。雷洁琼1931年从美国南加利福尼亚大学社会学系获得硕士学位之后不久，燕京大学社会学系系主任许仕廉去美国聘请应用社会学专业的教师，雷洁琼欣然受聘。在中国早期的大学中并没有以"社会工作"命名的专业。在作为中国社会工作教育发源地的燕京大学，社会工作专业是以"社会服务"来命名的。该系1925年改称"社会学与社会服务学系"，1930年该系系主任许仕廉提出了"在社会服务工作方面培养高等社会服务专门人才，培训社会服务机构的在职人员，特别注重社会调查，使学生明了中国现时社会情况，掌握搜集科学材料的方法"的办学方针[4]11。从开设的课程来看，该系的社会服务专业实际上是以社会学为理论基础的社会工作专业，许多老一辈社会学家称其为应用社会学。

雷洁琼也是在这种意义上理解应用社会学的。在雷洁琼看来，社会学包括理论社会学和应用社会学，应用社会学包括社会问题的研究和社会工作，而社会工作又有广义和狭义之分：广义的社会工作指社会政策和社会福利事业，狭义的社会工作则指社会救济和社会服务[2]429。按照这种理解，雷洁琼将社会学理论作为社会工作的理论基础，将社会调查作为认识和分析社会问题的工具，并通过设施和其他形式的社会服务去帮助困难群体解决问题，这就是她的"学以致用"。

这样，作为社会工作理论基础的应用社会学主要就是关于社会问题的理论，或者说关于社会问题的看法决定了社会工作的取向和方法。雷洁琼对社会问题的基本看法是社会失调理论。她认为，社会问题就是有些社会现象影响到人们共同生活的协调或对社会进步发生障碍，在社会发展中个人不适应社会发展，或社会发展中各部门不协调，都会成为问题[2]433。这就是说，社会问题是由于社会各部分之间关系不协调或个人与社会的关系不协调造成的，这些不协调就是社会失调。

社会失调并不是一个系统的社会学理论，而是关于社会现象的某种界定。在社会学发展史上，社会失调理论是同早期的社会有机论、功能理论和社会病理学联系在一起的。虽然这些理论在对于社会的解释上有不同，但是它们有一个共同点，就是认为社会应该是一个内部有复杂结构但彼此之间又相互协调的系统。相互协调应该是社会系统的理想状态，而关系失调则是社会系统发生了问题，这就是社会问题。在美国社会学中，早期的芝加哥学派也注重调适的概念。雷洁琼学习社会学是在20世纪20年代，这正是社会学的整体论在美国占统治地位的时期，这样，她受到上述理论的深刻影响就是理所当然的，进而用社会失调来解释社会问题也就成为必然。雷洁琼的硕士学位论文《对生长于美国的华人的一项研究》就用社会失调去概括生长于美国的华人所遇到的问题，并力图从社会调适的角度去解决问题[1]。她认为，一个社会是一个整体，各方面是要协调的，一方面进步了，别的方面追不上去，就出现了失调现象，就成为问题[2]434。

雷洁琼并不是简单地用社会失调来解释社会问题，因为仅仅停留于此无助于实际问题的解决，这样，何种原因导致社会失调就是必须要回答的问题。雷洁琼对于这一问题的回答是以社会调查资料为基础的。虽然她认为在有些情况下由于个人不能适应社会发展而可能导致问题的产生，但是在总体上她更倾向于用制度失调解释问题，即具体的社会制度上的缺陷导致社会问题的产生。这可以称为制度失调论或制度缺陷论。这种观点和视角在她对社会问题的解释和解决中有清楚的显现。

二、作为应用社会学实践的社会工作

1. 应用社会学是解决社会问题的科学和实践

应用社会学是一个广阔的领域。雷洁琼认为应用社会学就是用社会学的原则、原理来了解社会,发现社会问题,分析社会问题,并提出解决社会问题的方案[2]429。她把应用社会学置于十分重要的地位,在阐述理论社会学与应用社会学的关系时,她指出理论社会学同应用社会学不能截然分开,因为理论是从实际中来的,要经过实践检验才能成理论,当然应用也必须在社会学理论的指导下进行[2]429—430。她认为,社会学要为研究社会问题、解决社会问题提供理论指导。反之,通过社会调查研究,分析和解决问题又能丰富和发展理论[2]306。

雷洁琼认为应用社会学包括社会问题研究和社会工作,这里的社会问题研究不是指纯粹学理的研究,而是以解决问题为导向的研究,不只是对社会问题的研究,而是为了解决问题而进行的研究。她认为,应用社会学不但是一项科学活动,也是一种实践。作为科学活动,应用社会学通过社会调查而发现理论和检验理论,作为实践活动则是要解决具体问题。前者即她所说的社会问题研究,这里实行的是科学原则,即用社会学的方法科学地、客观地认识问题,后者是她说的社会工作,是要实际地解决社会问题。

2. 社会工作属于应用社会学

社会学与社会工作的关系在过去的一个世纪里逐渐发生了变化。在20世纪初,即使在美国社会工作也与社会学有着极其密切的联系,社会工作课程(项目)或直接依附于社会学,或脱胎于社会学,社会工作在一个不短的时期内专业化步伐较慢[7]4—6。正如芝加哥大学那样,社会学与社会问题的研究和解决是密切地联系在一起的;至于社会工作的专业化和学科的相对独立则主要是20世纪后半期的事。

在我国,社会工作与社会学的关系受到20世纪上半叶学科发展的经验及具体国情的影响。20世纪20年代燕京大学社会学与社会服务学系的建立比较清楚地表明了二者之间的关系,即依托社会学发展社会工作专业课程[4]11。正是基于这种学科设计许仕廉去美国聘请应用社会学专业的教师,雷洁琼也是在这种理解下应聘的。实际上,所谓社会服务即社会工作,在社会工作尚未专业化的情况下,人们倾向于把它理解为应用社会学,而这种理解又得到许多学者的认同。这种认同不但受学科渊源方面的影响,也与当时中国社会问题的性质及学者们关于解决社会问题途径的认识有关。许多学者认为20世纪中国的社会问题是结构性或制度性问题,必须通过科学研究,并在理论的指导下去解决。这自然就使整个过程带有了明显的社会学的色彩,从而研究社会问题和实际上去解决社会问题就构成了应用社会学。正如雷洁琼所说,社会工作就是运用社会学的理论和方法从事社会福利事业,解决社会的具体问题[2]310。雷洁琼对社会工作与应用社会学关系的认识,是同燕京大学社会学与社会服务学系的经验,以及对中国社会问题特点的认识相一致的,当然这也与她所接受的社会学训练和强烈的救国救民的追求有关。实际上,雷洁琼一直是在应用社会学的框架之下来从事社会工作或社会服务的。当然,从现在的观点来看,她所从事的更多的是宏观层面的社会工作。

下面,我们将转向雷洁琼在几个主要社会工作领域的学术研究和实践。

三、儿童福利及其保障

儿童问题并不是雷洁琼的专攻,但从其硕士学位论文起她就开始关心儿童少年问题。如果说《对生长于美国的华人的一项研究》主要关心青少年的文化与社会认同的话,回国后她则主要关注困难及特殊儿童的福利服务问题。她曾讲授"儿童福利问题"课程,带领学生到香山慈幼院等儿童福利机构实习,对发展我国的儿童福利事业作出了自己的努力。

在西方国家儿童福利是社会福利的重要组成部分,但是在我国儿童福利却主要被视为家庭的责任而被漠视。雷洁琼早在1935年就对儿童福利问题进行了较为深入的研究,并提出国家要大力发展儿童福利。她指出,儿童福利是指儿童的需要能满足,体格智慧情绪有机会充分发展[2]15,并把儿童福利问题分为正常儿童问题和特殊儿童问题。正常儿童福利问题就是辅导他们使其有机会充分发展其体格、智能和情绪,成为健全的公民;特殊儿童福利则是对他们进行救济,使他们与正常儿童有同等机会发展个性,适应社会,不致陷入歧途[2]16。在这里,雷洁琼是站在现代社会的高度来看待儿童福利的。她还介绍了欧美发达国家关于儿童权的法律规定,即儿童有生存权、健康权、教育权、娱乐权和家庭权,以及这些国家在保障儿童福利方面的政策、设施及社会服务。她逐一将我国的儿童福利状况同欧美发达国家相对比,指出无论在文化观念方面,还是在制度设计方面,我国的儿童福利都处于十分落后的状态,因此必须努力研究儿童福利问题的解决和儿童福利的保障与设施,以推进儿童福利保障[2]17—21。在介绍欧美国家儿童福利的发展状况时,雷洁琼特别强调了国家和社会所负有的责任,指出儿童福利不只包括对特殊儿童的保护,而且包括儿童的发展,清楚地阐述了现代儿童福利观。

雷洁琼认为,我国儿童权利和福利得不到有效保障,主要是文化与社会制度安排上存在诸多问题。她指出,儿童被视为父母的私有财产,家族主义高于一切,儿童的权利和地位得不到社会的承认,以及在家庭无力教养儿童知识时,社会(政府)也不施以援手,这就导致儿童问题的日趋严重。她根据抗战时期的大量资料指出儿童在生存权、养育权、教育权等方面存在的问题,呼吁社会保护儿童权益,使每一个儿童都有充分自由发展的机会,使他们的身心都能正常地发展[2]177—183。抗日战争时期我国的儿童问题十分严重,1947年美国善后救济总署拨专款聘任雷洁琼教授主持开设儿童福利专业课程[4]15,足见她在我国儿童福利界的重要地位。雷洁琼不但主持该项课程,而且代表燕京大学社会学系联合其他相关学系开办了儿童福利站,对儿童进行福利服务。中华人民共和国成立之后,雷洁琼以《婚姻法》的颁布为契机,大力呼吁要废除旧制度,保护儿童合法权益[2]234—238。

可以发现,在儿童权益和福利问题上,雷洁琼一直是站在现代文明的高度分析问题的。她强调儿童的天赋权利,强调家庭和国家(社会)的责任,强调要从培养现代公民的角度看待儿童问题,强调困难儿童的救助与儿童身心的健康发展。在对问题成因的分析上,她坚持从落后的文化制度和社会福利设施缺失的角度看问题,在儿童福利方面既注重困难儿童的救助,也注重他们的全面发展,这些都反映了儿童福利和社会工作的现代理念。

四、妇女社会工作

在雷洁琼的学术研究中,婚姻家庭问题是处于首位的,与此相联的还有妇女问题,而后者也同时成为其社会工作实践的重要领域。在《雷洁琼文集》中,婚姻家庭及妇女问题占据了较大篇幅,其内容涉及中国家庭问题的基本理论研究、婚姻家庭问题研究、妇女权益问题研究等。特别是雷洁琼曾经在抗日战争时期从事了长达近4年的妇女干部培训,帮助妇女发展,以实现抗日救亡之目的,这实际上与妇女社会工作有直接的关系。以下将主要围绕着妇女干部培训来分析雷洁琼的社会工作思想及方法。

1. 妇女是制度性的弱势群体

女性是人类社会的重要组成部分,从婚姻家庭、儿童养育的角度看问题,更显出妇女地位之重要。雷洁琼作为一个受过现代教育的知识女性,对中国妇女的地位十分关注,并从理论上对妇女问题进行了深入分析。

雷洁琼认为,在世界范围内妇女问题的凸显是由工业革命推动的。妇女问题反映在政治、经济和社会地位等方面男女不平等,这些问题又具体表现在妇女参政问题、法律问题、教育问题、职业问题、劳动问题及母性保护问题,等等[2]81。与这种观点相适应,雷洁琼认同并强调了妇女解放的思想,这也成为其主持妇女干部培训班的指导思想。

在雷洁琼看来,中国妇女地位的低下是由其生活的社会环境决定的。她分析了女性一生的生活过程,指出封建主义的家庭制度(以父权、夫权为核心的家庭主义)束缚了女性,而且长期以来女性也不得不认同这种制度而被迫处于从属地位。这样,女性政治、经济和社会地位的低下就由两种因素促成:一是社会对女性地位的贬低和对其权利的漠视;二是妇女自身缺乏争取平等权利的意识。这种认识既是雷洁琼从历史社会分析中得出的,也是她通过发动农村妇女运动所遇到的困难体会到的。她看到,虽然抗战的客观环境给农村妇女表现自己的力量提供了机会,但她们又远没有广泛动员起来。主要原因是:农村妇女主观上没有自觉意识,没有自发的要求,而这又与封建社会的意识观念对她们的束缚有关。在封建的农村社会,家庭高于一切,妇女既无国家观念,个人地位也不被尊重,而日本帝国主义的侵略致使农村经济破产又加剧了农村妇女的不利地位[2]130—132。实际上,在雷洁琼看来,妇女的不利地位是由封建制度及与之相应的封建意识造成的,在中国封建社会中女性是制度性的弱势群体。雷洁琼正是以这种认识为基础开展妇女干部培训工作的。

2. 开展妇女干部培训的指导思想与方法

1937—1941年,雷洁琼在江西省以妇女生活改进会、省妇女指导处为依托,开展了创造性的农村妇女组训工作,目的是将妇女组织起来,发动妇女支援抗战。这一活动在总体上属于20年代以来由知识分子发动的乡村建设运动,但该项活动又有自身特点。在直接指导和从事农村妇女组训的过程中,雷洁琼总结出一套工作方法,其中也反映出她从事这项活动的指导思想。

在《江西怎样组训农村妇女》一文中,雷洁琼总结了组训工作的步骤和方法。首先是借助当时的行政系统选拔干部,并通过小组讨论、座谈会等方式灌输抗战常识,讨论工作方法。接下来是将这些妇女干部编组,建立组织。然后是通过推行活动来加强组织。在这一过程中,作为实施组训者雷洁琼格外注意工作方法:由上而下的编组方式是在短时间内将妇女联合起来的必要形式,要使妇女组织真正活动起来,就要根据各人的兴趣、生活环境和文化程度,鼓励和领导她们参加战时服务的各种团体活动,通过共同学习、共同工作、共同娱乐,逐渐养成一致的意志与行动,形成组织。在动员妇女群众的过程中注重为她们解决日常生活中的困难,以使她们发生好感,再进一步开展工作,并通过活动教育妇女。在活动中采取民主的工作方法,给参加者以发表意见的机会,通过民主讨论学习工作经验,增强她们的主体意识[2]39—44。

可以发现,这种组训方法与社会工作中通行的小组工作方法有较大相似性,它注意工作的渐进性,考虑到参加者的需要和实际困难,注意培养组员的主动精神,通过活动将参与者逐渐带入组织等。在组训活动中也有一定的社区组织的方法,而这些方法又是以与当地农村的经济和社会背景相适应为条件的。正如雷洁琼所坦诚指出的那样,江西妇女干部的组训工作取得了一些成绩,但是也存在一些障碍,包括文化和制度上的障碍。另外,在妇女组训工作中不应偏于政府意志,而应对参与者的自身利益给予同等关注[2]56。这些教训也是现代社会工作原则所强调的。

江西妇女干部组训的原本目的是组织农村妇女支援前线抗战,在实施活动中,雷洁琼及其同事将妇女发展与解放加了进来,这既符合妇女工作的实际,也显示了组织者的妇女观。在雷洁琼看来,妇女是制度性的弱势群体,要使妇女积极地参与社会活动,必须在制度上解放她们,必须尊重和保障她们的合法权利。她指出,妇女有八项基本权利,即生存权、教育权、职业权、婚姻自主权、母性保护权、政治权、休息娱乐权、年老和失去劳动能力被抚恤权[2]172。而要真正使妇女工作取得成效,就必须进行社会改革,包括纠正歧视妇女的错误观念,革除束缚妇女的不良礼俗,增加妇女参与社会活动的机会[2]146。在制度上,也惟有实现男女平等,实行政治民主、经济民主、教育社会化,建立公共保健制度和社会保险制度,妇女才会真正得到解放[2]174—175。雷洁琼长时期致力于妇女解放事业,她所从事的妇女社会工作也将妇女的解放置于核心地位,可以称为解放取向的妇女社会工作。

五、民政工作是社会工作

1."民政工作是有中国特色的社会工作"的论断

在我国社会工作被作为应用社会学的组成部分,当社会学学科于1952年被错误地取消之后,社会工作教学也就中断了。1979年社会学得以恢复重建,雷洁琼首先提出在重建社会学时要注意发展社会工作教育,培养社会工作者。她认为,随着社会的发展,为社会服务的福利机构也将逐步增加,并不断改善和提高组织管理水平,这就需要有专业知识的社会工作者。她指出社会工作成为一种专业,必须经过专业培训[2]310—311。对于发展中国的社会工作,雷洁琼首先是从发展社会福利事业的角度着眼的,她认为社会工作者要有创建、组织和管理社会福利事业和解决具体问题的知识和能力。这与我国传统上将社会工作视为是从事社会福利事业的见解是一致的,也符合我国社会福利事业发展的实际。也正是因此,雷洁琼特别关心民政工作。

雷洁琼在1983年就指出"民政工作是社会工作"[2]430,之后又发展为"民政工作是具有中国特色的社会工作"的著名观点[11]序。她曾经指出,根据当时民政工作的十项任务,民政工作是解决一部分或者是一定范围以内的社会问题,它从事救济工作和福利事业,民政工作的很多内容属于社会工作范围。所以关于"民政工作是具有中国特色的社会工作"这一观点,它的概念使用范围是清楚的。她还指出,民政工作是社会工作的一个部分[2]431,这与民政工作是部分地或在一定范围内解决社会问题的观点是一致的。雷洁琼的上述观点在一般意义上比较准确地指出了民政工作与社会工作的关系。关于"民政工作是具有中国特色的社会工作"这一概括,袁华音在其《民政工作与社会工作趋合论》一文中有更详细的分析[10]。

雷洁琼的“民政工作是社会工作”的观点与她关于社会工作的理解直接有关。她认为社会工作有广义和狭义之分,所谓广义的社会工作是指制定和实施社会政策,举办社会福利事业、从事福利机构的管理,而社会救济则属于狭义的社会工作。在我国,这些都基本上属于民政工作,所以民政工作是社会工作。20 世纪 80 年代初,我国的社会工作教育尚未起步,大学里既没有社会工作系也没有社会工作专业,社会工作既未职业化也未专业化,社会福利体制的主体仍然是由政府部门(主要是民政部门)兴办社会福利事业,所以,从工作性质上来看,民政部门兴办社会福利事业、进行社会救济就是在进行社会福利保障工作,这确实是有中国特色的社会工作。

2. 民政工作经验对社会工作发展的意义

1979 年 12 月雷洁琼任北京市副市长,分管民政、民族和宗教工作。在任期间她多次到北京市的社会福利工厂和其他社会福利机构考察,在解决具体问题的过程中也深化了对民政工作与社会工作关系的认识。她认为民政工作是社会工作(或作为社会工作的民政工作——本文作者注),它的目的是增进人民福利和促进社会团结,贯彻执行宪法所规定的人民的基本权利和义务,改善社会关系、促进社会发展[2]445。在这里,我们看到了与主要强调行政管理所不同的对于民政工作的另一种理解。

既然民政工作是社会工作的一个组成部分,那么,总结民政工作的经验就对发展社会工作学科具有重要意义。雷洁琼指出了对总结中华人民共和国在救灾、社会改造、优抚、双退安置、收容安置、社会福利等方面经验的重要性[2]443—445(在从社会工作的角度总结具体经验方面,卢谋华、袁华音和王青山等人做了卓有成效的工作,在此不论——本文作者注)。由于民政工作具有明显的行政特征,所以雷洁琼特别重视对政策制定和执行经验的总结。她指出,每一项民政工作都有它的政策和措施,政策是否正确,政策是怎样贯彻的,采取了哪些措施,措施是否解决问题,政策是否符合社会的实际情况和社会的需要,都要进行总结[2]443。这里明显地阐明了社会政策研究和评估的思路。应该说明的是,在社会政策评估方面,雷洁琼指出对作为服务对象的人的关注。她指出,民政工作中救济福利机构和行政部门都有如何管理和做人的工作,不论福利资源的分配还是改造人的工作,都要认真调查分析,科学地分类处理,对不同类型的人采用不同的方法。这里体现的是社会工作的关心服务对象和个别化原则。她认为,上述研究和对民政干部培训经验的总结,对我国社会工作专业的发展会很有帮助[2]444。反过来,用社会工作的理论和方法来充实、丰富、改进和提高民政工作也有利于民政工作的改革和民政工作现代化。

六、发展社会保障制度促进社会进步

1. 社会保障制度建设的地位和必要性

雷洁琼长期关注儿童、妇女、老人的权益保护。改革开放以来中国社会快速转型,引发众多社会问题,政府也将建立社会保障制度作为重要任务,在这种背景下,社会保障制度的改革也进一步引起了雷洁琼的关注。雷洁琼是从基本人权和社会进步的角度去看待社会福利和社会保障制度建设的,这是她长期的价值追求,而其社会福利与社会保障观点的理论基础则是社会协调论。

社会协调是关于社会各组成部分之间关系的范畴,它指的是有相互联系的部分之间关系平衡的状态。雷洁琼认为,社会是一个有机的整体,各部门互相联系,彼此制约,社会各组成部分之间存在着不可分割的联系[2]620—622。用这种观点看待我国20世纪70年代末开始的改革,她认为,经济体制改革应该与政治体制改革及其他方面的改革发展相协调,从社会学的角度看问题,这场改革实际上是社会改革[2]623—624。她认为,整个社会发展是否协调主要看经济与社会发展是否协调[2]740,如果忽视了社会整体发展的协调性,就会滋生社会问题[2]750。她很关注经济体制改革及社会变迁所引发的群众生活方面的问题[2]563—564,600—611[3]序,雷洁琼认为必须建立和完善社会保障制度[2]610,850,并把它作为社会发展的重要内容。受长期对弱势群体基本权利问题看法的影响,在具体问题上,雷洁琼更加关注儿童、老人、残疾人等群体的保障,并把社会保障看作社会发展、社会进步的表现[4]8—9。

2. 建立符合中国国情的社会保障制度

雷洁琼关于我国社会保障制度改革与建设的观点较为集中地反映在《中国社会保障体系的建构》一书中,该书是她主持的国家教委"八五"重点课题"中国社会保障体系的建构"的成果。

在社会福利方面雷洁琼是富于理想的,比如她关于儿童福利、妇女基本权利的思想和社会协调的思想。但是在对我国社会保障制度建设的具体看法上,她又是比较务实和从实际出发的。受社会协调思想的影响,她提出要"建设符合我国国情的社会保障制度"。她认为,在建立社会保障制度问题上要认识到我国处于社会主义初级阶段和城乡差距这个基本国情,在这种不发达特征的制约下,当前我国应该选择普遍的、基本的、有差别的社会保障制度,即社会保障制度应覆盖全体国民,向保障对象提供能保障其基本生活的保障并城乡有别。她同时指出,社会保障不但包括金钱和物质的提供,也包括社会服务的提供[3]4—6。这种观点与她从事社会服务的经验有关。在社会保障的实施机制上,她特别注重发挥社区和邻里的作用,这里反映了她对中国国情的深刻认识。当然,关于建立社会保障制度要从国情出发,要建立形式多样、标准有别的社会保障制度和发扬互助互济优良传统的问题,雷洁琼早在改革开放初期研究老龄问题时就已提出[2]610,这也表明了她的社会保障思想的一贯性。

3. 社会福利事业的发展与社会立法

雷洁琼在阐述发展社会保障和社会福利事业时,一个重要特点是诉诸立法和寻找法律依据。她在介绍和分析儿童福利问题时就强调指出欧美国家的法律规定,借以说明儿童福利的重要地位。在分析中国妇女发展中存在的问题时,她也是将法律规定作为蓝本,以说明问题的严重性。在强调发展老人社会福利事业时,她同样以宪法规定为根据,从而说明发展社会福利事业的合法性。由此可以看出,在论述弱势群体的权益保护时,雷洁琼特别注重社会立法,以说明现代国家的福利责任。

建立社会保障制度和发展社会福利事业是政府的责任,也是政府追求社会进步的表现。从宪法规定到社会福利制度,从社会政策规定到政策的贯彻和落实,反映了国家对社会保障、社会福利的承诺以及实现的程度和存在的问题,将政策规定同实际情况相比较,最能揭示应予解决但又未能解决的问题。雷洁琼从这一角度入手分析问题,有利于对这些涉及弱势群体基本权益的法规、制度实施状况的认识,在行政实践中也在一定程度上推动了这些问题的解决和社会福利事业的发展。

七、社会工作教育实践与促进学科发展

1. 社会工作专业教学

雷洁琼一直以教师自居。1931年她进入燕京大学社会学与社会服务学系讲授“社会学入门”、“社会服务概论”、“贫穷与救济”、“家庭问题”、“儿童福利问题”及“社会服务实习”。1941年她进入东吴大学讲授“社会学概论”、“社会福利事业”、“家庭问题”等。1946年她重返燕京大学开设“社会解组”、“社会建设与法令”、“家庭关系”、“妇女儿童与社会”、“个案工作”及“社会服务与实习”等课程。可以说,雷洁琼是我国最早讲授社会工作专业课程的学者之一。在教学过程中,她不但大量参考国外社会福利、社会政策研究的最新成果,而且密切联系中国实际。同时她还带领学生走出课堂,到育婴堂、贫民窟、施粥场甚至妓院去调查、访问和参观,不但让学生了解中国底层社会,增强学生进行社会调查的能力,而且增强学生对劳苦大众的感情。她的理论联系实际教学方法取得了很好的效果,得到同行和学生的赞扬[6]27—28。40年代之后她的教学内容更加丰富,她不但鼓励学生刻苦学习,而且努力增强他们的社会责任感,做到既教书又育人。这种作风也体现在20世纪80年代她在北京大学社会学系的教学和带研究生的过程中。

2. 促进社会工作学科建设

雷洁琼很关心社会工作的学科建设,社会学学科恢复初期她就呼吁发展社会工作专业。1979年在《有关社会学的几点意见》中,她指出随着社会的发展需要有专业知识的社会工作者,呼吁注意培训社会工作者。这是改革开放以后恢复和发展社会工作教育的第一个呼声[2]311。之后她又呼吁在大学里设社会工作系或社会工作专业[2]443。1980年雷洁琼曾经在社会学讲习班上讲授“社会工作”,以培养师资。1985年在国家教育委员会于广州召开的全国高校系统社会学专业发展工作会议上,她指出社会学恢复重建已6年,但社会工作作为一门学科还没有真正恢复,并希望教育部有前瞻性地发展社会工作专业[8]。直至1987年国家教育委员会决定在高等院校试办社会工作与管理专业,雷洁琼为社会工作专业在中国的恢复和重建作出了极其重要的、无以替代的贡献。至于社会工作学科的发展方向,雷洁琼一直认为应该既要吸收国外的优秀成果,又要认真总结本国的经验[9],她鼓励总结民政工作的经验并希望上升为理论[2]443。对于既介绍国外优秀成果又总结本国经验而写成的教科书,她给予充分肯定[11]序,[9]序。此外她还鼓励社会工作专业学生要走进社会,了解社会。这些都反映了雷洁琼关于社会工作学科建设的科学思想。

八、结　　语

虽然在其职业生涯中雷洁琼并未始终从事教育工作,但是毫无疑问,她是一位真诚的教师和学者,是我国著名的社会学家和社会工作学者。她有丰富的社会工作学术思想和实践,并对我国社会工作专业的恢复和重建发挥了十分重要的作用。

雷洁琼的社会工作学术思想可以做如下概括:社会工作既是学术的,又是实践的;作为应用社会学的组成部分,社会工作是以解决社会问题为取向的;社会问题是由于社会失调造成的,这既包括社会各部分之间关系的失调,也包括个人不能适应社会变迁,但总体上说社会问题及其对困难群体的伤害是由社会制度造成的;现代国家有责任为困难群体解决其生存和发展问题,保障他们的权利,在这方面需要制定科学的社会政策;社会工作者应该有

为社会服务的精神，平等地对待服务对象，并发展他们的能力；国家为困难群体解决问题的主要手段是建立社会保障制度、发展社会福利事业，这种制度应该是政府、社会和家庭合力支持的；社会保障制度的建立有利于社会协调发展，有利于改善人民的生活和社会进步。以上又可以进一步概括为社会问题产生的社会失调论，问题解决的国家—社会责任观，问题解决手段的制度建设—个人发展论，社会工作过程的平等参与论和社会保障功能的社会进步观。

本文是对雷洁琼社会工作学术思想和实践的初步概括，由于资料和本人理解方面的原因，上述概括可能不甚准确，欢迎同行讨论指正。如果通过研讨这一问题对我国社会工作学科的发展有所推进，那正是笔者探讨这一问题希望达到的目的。但是无论如何，雷洁琼在中国社会工作学术和实践方面的地位是显赫的，她的社会工作学术思想和实践对我们当今发展社会工作仍具有重要的指导和参考意义。

参考文献

[1] 雷洁琼. 对生长于美国的华人的一项研究. 北京：开明出版社，1999 年.

[2] 雷洁琼. 雷洁琼文集（上、下）. 北京：开明出版社，1994 年.

[3] 雷洁琼. 转型中的城市基层社区组织. 北京：北京大学出版社，2001 年.

[4] 雷洁琼、水世铮. 燕京大学社会服务三十年. ∥亚太社会工作教育协会、北京大学社会学系. 现状挑战前景. 北京：北京大学出版社，1991 年.

[5] 雷洁琼、王思斌. 中国社会保障体系的建构. 太原：山西人民出版社，1999 年.

[6] 苏平. 雷洁琼. 沈阳：辽宁人民出版社，1995 年.

[7] 孙立亚. 社会工作导论. 北京：中国财政经济出版社，1999 年.

[8] 王青山. 雷洁琼与中国社会工作（打印稿），2003 年.

[9] 王思斌. 社会工作概论. 北京：高等教育出版社，1999 年.

[10] 袁华音. 民政工作与社会工作趋合论. 社会学研究，1993 年第 4 期.

[11] 袁华音、王青山. 社会工作概论. 济南：黄河出版社，1990 年.

原载《社会工作》2000 年第 9 期

爱国教育家刘湛恩博士

刘良模

著名的爱国教育家刘湛恩博士，是沪江大学第一任中国校长。我在他的亲切教导下，在沪江大学度过了四年的岁月，刘湛恩校长的音容笑貌，我至今还记忆犹新。这位受师生爱戴的校长，竟于1938年4月7日遭日本特务暗杀。今年是刘湛恩先生殉难45周年。

刘湛恩是一位虔诚的基督教徒，一向以教育救国为宗旨，31岁时就出任沪江大学校长，还办夜大学、特别师范班、附属中学和沪东公社，倡导职业教育、业务教育，为国家培养人才。他怎么会遭暗杀的？为什么敌伪一定要把他置之死地才甘心？在此，我们要从刘湛恩的生平作一考察。

刘湛恩生于1895年，老家在湖北阳新县的山区农村，世代务农，家境穷苦。五岁时，父亲贫病交迫而死；族人为侵占几亩薄田，竟逼遗孀改嫁，其母只得带领湛恩和尚在襁褓中的女儿明珍弃家出走，沿途乞讨，逃往一百里外的汉阳。路上蒙一游方和尚施舍给他们一碗饭，上面有些炒黄豆芽，小小的湛恩引为美味，到中年时还忘不了那么香的饭菜。刘母在汉阳当佣工，又下功夫学文化和护理技术，几年后当上护士，先后把子女送去上学。

饱受生活煎熬的湛恩，知道读书来之不易。他刻苦学习，加上天资聪明，从汉阳小学到九江同文书院，又被保送到苏州东吴大学，始终品学兼优，名列前茅，享受免费待遇。刘湛恩19岁时毕业于东吴大学医预科，获得奖学金留学美国。当时他鉴于祖国积弱，要使国家富强，必须从发展国民教育、普遍提高国人科学文化水平入手，于是改变初衷，放弃学医，专攻教育，进芝加哥大学教育系学习。

其时奖学金仅能维持学费等开支，其他日常生活费用就需要自行筹划了。和旁的清寒留学生一样，刘湛恩也挤出课余时间当临时工，打字、洗衣、洗碗、教书、擦皮鞋、修枝刈草……什么零活都干，好在他从小在艰苦环境中习惯于劳动，毫不以为苦。这样，他解决了学习和生活开支的经济来源，还学会了讲广东话，结交了不少华侨朋友，并深入美国社会，为日后向华侨进行爱国宣传和向欧美人士进行国际宣传提供一些有利条件。

1919年，九国会议在华盛顿举行，商讨第一次世界大战后巴黎和会所遗留的问题，竟将德国非法强占我胶东半岛的权益转到日本手中，实质上它是一次列强分赃会议。会议将结束时，美国威尔逊总统向公众发表演说，居然大肆宣扬华府会议“成就”及美国政府的“公正立场”。一位中国学生高声质问：“关于我们的山东省是怎样搞的？”全场哗然。美国特工人员当场将他拘押，后经全美留学生和华侨联名抗议，才恢复自由。这位挺身而出、呼吁维护我国主权的爱国留学生就是刘湛恩。

刘湛恩先后获得芝加哥大学教育硕士、哥伦比亚大学哲学博士等学位，于1922年2月以优异成绩学成返国，在南京东南大学任教授。翌年，到上海任中华基督青年会全国协会教育干事，并在大学兼任教授。

1925年五卅惨案发生，全国人民强烈抗议帝国主义的暴行。6月3日，上海教会大学圣约翰大学师生集会，升半旗以志哀悼，美籍校长卜舫济竟悍然扯毁中国国旗。这一行径激怒了全校中国师生，他们愤而退出约大，创办光华大学。刘湛恩虽为基督教青年会领导成员之一，但不顾教会方面部分人士的阻挠，本着爱国热忱毅然担任新生的光华大学校董和义务教授。

随着北伐胜利和革命浪潮的激荡，一些教会大学不得不改革体制，改聘中国学者担任校长。刘湛恩乃于1927年2月接受沪江大学校董会的聘请，出任沪江大学校长，接替原任美籍校长魏馥兰的职务。当时，刘湛恩年仅31岁，是我国近代最年轻的大学校长。

刘湛恩任沪江大学校长后，致力革新校务，并倡导沪江精神，强调师生团结、民主、进步、学术自由。他曾说：沪江的精神是积极的、前进的、建设的、牺牲的。他对同学从不疾言厉色，而是和蔼可亲、循循善诱。学生们说：刘校长是我们的导师，也是我们的朋友。许多沪江校友众口一词地称颂刘校长的办学精神。

刘校长早岁有半工半读的亲身体验，因而对家境贫困、勤奋好学的学生十分爱护，设置奖学金、助学金，还让他们有一面读书、一面做工的机会，经常关心他们的学习和生活，甚至毕业后为他们介绍工作。"刘校长是负责到底的好校长。"我当时就是受到校长悉心培植的一个半工半读的学生。

1932年，刘湛恩采纳了留美学者朱博泉的建议，在圆明园路创办了城中区商学院，请朱博泉为院长，延聘杨端六、杨汝梅、杨荫溥、李权时、郭步陶、陆梅僧、汪英宾、黄天鹏、马崇淦等学者任教，除本科外，并设立专修科与普通科，利用晚上业余时间上课为在职职工，家境清寒好学的青年提供了接受高等教育的机会。这也是我国办得较早的有一定成绩的一所新型夜大学。

此外，沪东公社是刘湛恩举办职业教育和文化补习学校的实验园地，予沪江大学附近工厂区的职工以学习文化的方便。沪江大学附属中学也是办得较有成绩的。

刘湛恩还兼任中华职业教育社职业指导所所长、上海市参议员、工部局教育处委员、青年会全国协会董事、商务印书馆董事等职，热心社会公益。

刘湛恩是一位虔诚的基督教教徒，更是一位坚定不移的爱国者。"九一八"以后，中华民族到了存亡续绝的关键时刻，刘校长在各种场合，大声疾呼救亡图存。在出国考察及参加国际会议期间，他遍历欧美、菲律宾、南洋群岛等地，向国际友人，海外侨胞揭露日寇侵华暴行，争取国际人士的同情，呼吁侨胞团结一致，支持祖国抗日斗争。

1935年"一二九"运动发生后，12月12日，上海文化界马相伯、沈钧儒、周建人、陶行知、邹韬奋、章乃器、刘湛恩、郑振铎等283人联合发表《上海文化界救国运动宣言》，指出：国难日亟，"尽量的组织民众，一心一德的拿铁和血与敌人作殊死战，是中国民族的惟一出路"；要求政府"即日出兵讨伐冀东及东北的伪组织"；"用全国的兵力、财力反抗敌人的侵略"；"坚持领土、主权的完整"；"严惩一切卖国贼并抄没其财产"；"要求人民结社、集会、言论、出版之自由"等。同月14日，上海各大学校长李登辉、刘湛恩、何炳松等十余人，向上海市吴铁城市长陈述爱国运动的意见，要求保持行政统一、领土完整、言论自由、外交公开。

同年12月17日，上海基督教著名人士刘湛恩、李登辉、吴耀宗、沈体兰、刘良模等二十八人，就当时"华北特殊化"问题及"一二九"学生运动，联名发表对时局宣言，呼吁团结起来，共纾国难，挽救危亡。

1937年，日军继卢沟桥事变后，又挑起"八一三"事变，全面抗战爆发。刘湛恩被推为上海各界人民救亡协会理事、上海各大学抗日联合会负责人、中国基督教难民救济委员会主席，支援前线，救济难民，安抚流亡学生，不遗余力。他还是太平洋国际学会及国际俱乐部的发起人之一，广泛联系各国人士，积极开展国际宣传工作。

上海文化界救亡协会通过刘湛恩校长，在沪江大学城中区商学院举办社会科学讲习所，以提高学员政治觉悟为宗旨，培养了不少革命人才。

战火弥漫的杨树浦不能上课了。沪江大学、沪江附中、沪东公社也都迁到圆明园路，2 300名学生挤在一幢大楼里轮流上课。刘氏一家搬到静安寺路安乐坊八十一号。

1937 年 11 月，我军撤离上海，上海租界成为"孤岛"，救亡协会不少负责人纷纷去内地，落在刘湛恩肩上的担子更重了。

当时，梁鸿志、温宗尧等汉奸准备在南京拼凑"维新政府"粉墨登场，内定伪行政院长的温宗尧妄图拉刘落水担任"教育部长"，遭刘严词拒绝，并规劝温不要到南京去当傀儡。

随之而来的是连续不断的威胁和恫吓。先是在刘寓附近经常有形迹可疑的人出没，刘家多次接到来历不明的恫吓电话。有一晚，突然从墙外扔进一枚手榴弹在天井中爆炸。又有一次，刘家收到一篮水果，经警方化验水果内含有剧毒。

鬼蜮横行，危机四伏。刘夫人王立明热心儿童保育、难民救济，一向赞助刘湛恩先生的爱国行为。这时，她也为刘湛恩的处境担心，亲友们也劝他早日离沪。刘先生对夫人说："留沪的救亡协会负责人所剩无几，我生平教导学生要为祖国献身，那就应当以身作则，怎能临难苟避呢？如果你能带领三个孩子离开这里，我就没有后顾之忧了。"可是，刘王立明尚未成行，敌伪已对刘下毒手了。

1938 年 4 月 7 日晨，刘湛恩和妹妹梁刘明珍及次子刘光华，从安乐坊出来，准备在静安寺路大华路口的车站搭公共汽车到圆明园路去。车来了，明珍和光华刚上车，突然窜出三名暴徒，向刘湛恩拔抢射击，达姆弹从后背射入，从胸膛穿出，刘湛恩先生壮烈牺牲了，时为上午 8 时 35 分。

12 岁的刘光华，奋不顾身地从车上跳下，猛追暴徒。两名凶手逸去，一名凶手在西捕、华捕及行人追捕下，在大都会花园舞厅门前就擒。据凶手曾寿庚供认，系受日军特务机关控制的汉奸帮会组织黄道会所指使。

刘湛恩的殉难，震惊了中外人士。知友邹韬奋、陶行知都写了悼念文章。4 月 8 日的《文汇报》用几乎整版的篇幅，详尽报道刘湛恩遇狙牺牲的消息，还刊载了刘湛恩的遗像和惨案发生地点的地图。这家报纸的本报特写指出："刘博士的死，惊震了整个孤岛上的人们。的确，他不仅是教育界的损失，而且是中国的一个损失。但是他死的仅是他的一个躯壳，他的精神还是永留人间。不愿做奴隶、具有灵魂的人们，你们见了不必骇怕，你们身后还有四万万五千万的中国人民，你们还得坚定你们的意志，站定你们的脚跟，光明即将来临，灿烂的阳光将普照着大地。"

英文《大美晚报》也发表了社论《悼念刘湛恩博士》，盛赞刘一生"光明磊落"，是一位"处处为国家利益着想"的中国人，又说："每个善良的中国人应昂然踏着刘氏的血迹前进，帮助救济这块遭入蹂躏的土地。"

当时上海一家反映日本官方态度的日文报纸透露："刘湛恩为抗日思想渊薮、沪江大学校长兼文化救亡会会长；事变前，为抗日文化中心分子，在学生界、文化界及上层阶级有势力，为活动抗日思想之宣传者。国军退出上海后，暗中努力抗日运动之抬头，尤其事先看到华中维新政权成立,妄企于该政权内部加以扰乱。”这一反面文章供认了敌伪妄图通过暗杀刘氏,扑灭孤岛抗日斗争的熊熊烈火。

4月9日下午,刘湛恩遗体大殓,上海市各团体同挽“为国牺牲”。知名人士颜惠庆、李登辉、张寿镛,家属王立明、刘光升、刘光华、刘光坤和各界人民三千人执绋,这是对日寇暴行一次声势浩大的抗议示威。刘氏安葬于虹桥公墓。当时格于环境,仅按基督教仪式于墓前立一木十字架以资识别。

刘湛恩和其他抗日烈士的牺牲,更激发了当时上海人民的抗日斗志,上海人民反侵略的正义斗争一天也没有停止过。伟大的中国共产党领导全国人民建立了新中国,刘湛恩先生生前的爱国宏愿终于实现了。

(1983年5月31日于上海,病中。本文执笔时,承任嘉尧、刘光华同志协助。)

原载《社会科学》1983年第8期

高山安可仰　徒此揖清苦

——缅怀江苏师范学院原党委书记、院长刘烈人

朱子南

战斗的一生，辉煌的业绩

刘烈人同志于1957年9月末来江苏师范学院（苏州大学前身之一）任党委书记，后又兼任院长，至1975年奉调去南京，在我校共18年，这是他参加革命后所在时间最长的一个单位。刘烈人同志于1982年11月7日在江苏省政协副主席任上去世，终年72岁。在中共江苏省委为他所作的悼词中，对他作了高度评价，指出刘烈人同志“对党忠诚，对同志真挚，秉性耿直，作风正派，学习认真，工作积极，生活俭朴，从不计较个人名利，全心全意为党和人民的事业奋斗不息”。悼词中还说：“不论是在战火纷飞的艰苦岁月里，或者在十年内乱中受残酷迫害时，以及在和严重疾病的斗争中，都始终充满革命的乐观主义精神。”悼词中对刘烈人同志的一生作了确切的总结，那是“革命的一生，战斗的一生。他参加革命47年来，一贯忠于党，忠于人民”，是为伟大的社会进步事业“贡献毕生的精力”的。

刘烈人同志已去世24年，他没有学习过“三个代表”的理论，也没有参加过“先进性教育”，当时还没有这些活动呢，但在他生前，他的所言所行如果用“三个代表”与“先进性标准”来衡量，却无不可以作为今天广大共产党员与干部的楷模。今天我们缅怀刘烈人同志，是表达哀思，也为宣扬这勤恳工作、不避艰辛、一心为公、不谋私利的光辉形象，以示范于后来者。

在艰苦卓绝的革命斗争中

刘烈人同志出生于四川省安岳县的一个城市贫民家庭。在青少年时期，满怀救国的志向，走出夔门，来到了上海，在立达学园学习期间，接触了马克思主义。1931年，日本军国主义悍然占领了我国东北，又向华东地区发动了新的侵略。在严重的民族危机面前，北平学生六千余人于1935年12月9日在中国共产党的领导下举行游行示威，遭到了国民党政府的镇压，史称“一二九”运动。12月10日，北平各校学生宣布总罢课。16日，一万余学生和市民再次举行示威游行。消息传至全国，上海、杭州、南京、广州、天津、武汉、长沙等大中城市的学生纷纷响应，相继罢课，并上街示威游行，要求政府停止内战，一致抗日。刘烈人当时在上海暨南大学求学，出于社会责任感与一心报国的满腔热血积极投入到了抗日救亡的洪流中。面对租界当局与国民党政府的刺刀、马蹄、水龙，在中共地下组织的领导下，各参加示威活动的学校成立了纠察队以维护秩序，保护游行群众不受伤害。这是处于游行示威第一线的工作，要承担起可能更为严重的伤害与牺牲。刘烈人不畏强权，在中共地下组织的推荐下，出任了暨南大学总纠察队的总队长。他组织同学中的纠察队员，建立起一支为追求目标的实现不惜牺牲自己的队伍。刘烈人作为总队长，团结、指挥着这一群热血青年，

在“一二九”运动中初次展现了自己的才华与不屈的斗争精神。

刘烈人在“一二九”运动中正式参加了革命，又经过“一二九”运动的考验，在 1936 年 2 月被批准参加了中国共产主义青年团，同年 7 月被批准参加了中国共产党。

1936 年 9 月，刘烈人奉党组织的指令，前往抗日救亡的前哨阵地北平，以学生身份作掩护，出任中国大学中共支部宣教委员。在严重的白色恐怖环境中，刘烈人组织群众，宣传群众，坚持救亡活动，使中国大学的学生运动搞得有声有色，有相当一部分学生在七七抗战全面爆发后走上了从军抗日的道路。1937 年，他由党组织派到国民政府第七战区战地长官司令部政治部战地服务团工作，为军队的民运工作作出了贡献。

在抗日战争初期，他先是在陈丕显任总队长的东南地区中华民族解放先锋队总队部任训练部长，也在这里，与陈丕显同志结下了深厚的战友情谊。之后，历任江西省中华民族解放先锋队队长、江西省遂川县委书记、江南区党委青年部长、安徽广德郎溪中心县县委书记、中共东南局政治交通部部长等职。刘烈人为发动民众抗日，开辟与发展敌后根据地，出生入死，不畏艰苦，辗转各地，进行了艰苦卓绝的斗争。

在抗战的中后期至解放战争时期，刘烈人奔波大江南北，又北上山东，历任澄西、宝应、长兴、宜溧、淮北等县的县委书记，太湖、高邮等县的工委书记，并任 18 旅政治部民运部长（旅长为江渭清）、苏皖四行署专员，胶东西海军分区政治部副主任、西海地委组织部部长等职。他积极组织和领导民众进行了反清剿斗争，为开辟和坚持苏南太湖地区、宜溧山区、苏北高宝地区和山东胶东西海地区的武装斗争，作出了重要贡献。在这严重的武装斗争中，他极重战友情谊，与刘飞、吴咏湖等同志结下了生死之交。在敌人围困的险境中，为抢救负伤的谭启龙同志，他不顾自身安危，毅然背负谭启龙脱险。

1949 年解放南京与苏南后，刘烈人出任中共镇江地委副书记、专署专员，不久，升任地委书记。他在地委书记任上，所上报的工作报告、工作总结，均由他自己执笔，而不依赖秘书。他所写的报告得到了中共江苏省委领导人的欣赏，因而把刘烈人调任为江苏省政府秘书长，之后，又任省委政法部长，直至 1957 年 9 月调至我校工作。

在江苏师院，开始了他人生新的历程

1. 5 年：学会正确领导学校工作

为加强对高校的领导，中共江苏省委于 1957 年 9 月 4 日任命刘烈人为江苏师范学院党委书记，之后，又被任命兼院长。刘烈人同志到职后，并没有下马伊始就“指手划脚”，而是考虑到过去长期从事的是军政工作，缺乏管理高校的经验，虽说他曾经在大学从事与领导过学生运动，但究竟与教育工作有差距，因此，在他来到江苏师院不久，就订下了计划，要多多学习，调查研究，摸索高校教育工作的管理规律，以使自己在 5 年内学会正确领导学校工作。他也计划学习教育学、心理学、逻辑学，5 年内粗通，并努力钻研中国现代史和中国革命史，争取在 3 年内达到讲师水平。

2. 大兴土木，改善办学条件

刘烈人到校后，发现教师的居住条件较差，就考虑到了建造教工宿舍的问题。但是，这一计划没有获得省教育厅的批准，教育厅的宋厅长还批评了刘烈人的“小洋房思想”。刘烈人服从教育厅的决定，但内心并不同意，认为“我们是学校，教师备课要安静，就是要小洋房，大宿舍就不行”。在刘烈人的坚持下，1960 年还是建成了一幢教工宿舍。而刘烈人自己在十梓街的住房并不宽敞，他的卧室兼作书房与会客室，两个女儿住一间房，独生子则只能住一狭小的房间了，一间客堂是兼作饭厅与作杂事之用的。后来刘烈人调任南京化工学院党委书记兼院长后，他立即在取得党委常委同意后建造起了教工宿舍，这教工宿舍在1978年建成，一律装好了纱门纱窗，他说，教师晚上要备课，这可以挡住一些蚊子。室内，有一间是铺地板的，这在当时很少见。他说，这间可以用做卧室，用木质地板可以防潮气；年轻教师的孩子还小，在地板上玩玩也可以。

其时，江苏师院的办学规模已扩大，原有的教室、实验室、学生宿舍、学生食堂，均需建造，而不能再把校区主要局限在原东吴大学、景海女师的范围内，因而在以刘烈人为书记的党委会的决策下，于1957年12月开始建造了物理教学大楼（1958年7月竣工），1960年初又建造了一幢物理实验大楼；同年，建造了一幢学生食堂，不久又建造了2幢学生宿舍。这些建筑物的落成，使江苏师院校区的北部具有了相当的规模。自此，江苏师院的校区稳定了二十余年，满足了当时已发展了的办学的需求。

3. 改善了教师生活，自己则作了检查

在1992年7月出版的《苏州大学校史》上有一记载：在60年代初的经济困难时期，“党委书记刘烈人等积极设法，多方联系采购，对教职员工特别是老教师和骨干教师优先供应了一些副食品”。那是我亲眼见到的一幕：1961年岁末，我第一次跨进江苏师院的大门，沿着老东吴的校门往南，是被称为“民主楼”与“老宿舍”呈丁字形的两排楼房。在“老宿舍”的栏杆上一排排挂着一串串胡萝卜，那是居住在这里的青年教师准备风干了以备充作粮食之用的。在因“大跃进”而带来的大饥荒已蔓延全国的时候，这史称三年困难时期的1959年—1961年，1961年正是民生处于极端困难的一年，这胡萝卜是可以顶抵一些粮食的。事后我得知，是刘烈人以他在苏中地区工作多年的关系，从那里求援得来的，全校教职员工每人分得20斤。

刘烈人还从苏中地区求援来了一批猪头猪爪。因数量不多而只能用以改善一下教师的生活，每个助教分得猪爪4个，每个讲师分得猪头半个，每个教授分得猪头1个。从教师来说，是感谢刘烈人为他们提供的这些食品的。但是，可能很多人不了解，在1964年2月举行的党委扩大会议上，刘烈人是为此作了检查的。他检查了由他写信为“学校开后门”这一事实，检查了“刘烈人的信比组织作用还大，削弱了大家的组织观念”这可能有的后果。得益的是教职员工，承担“开后门”责任并作检查的则是刘烈人了。

还有一个鲥鱼的故事。在三年困难时期，有人送了刘烈人两条鲥鱼。他没有独自享用，而是让他的妻子沈洪辉切成了几段，给几位教授送去了一段。历史系的柴德赓教授分得了一段，也没有独自享用，而是让家人烹制以后，请来了系里的青年教师一起品尝，段本洛就是其中的一位。这一故事也就由段本洛教授在时隔三十余年之后有所感而传之于人，又经所传之人撰文诉之于众了。

4. 选择后备干部，尊重民主人士

1963年前，各系党总支只有一位书记主持工作，1963年秋，在刘烈人任书记的党委，为每系配备了一名副书记，这是培养干部的重大举措。在所任命的各系副书记中，“文革”后有的担任了组织部长、人事处长，有的担任了教务处长，有的担任了系总支书记，说明当时所选得人。在1963年及以后的两年中，也还确定了一些后备干部的培养人选。这些人中，有的在新时期担任了校党委副书记，有的担任了副校长。

对统战工作，刘烈人也是相当重视的。当时，在院党委的推荐下，一些有影响的民主党派与无党派民主人士出任了人大代表或政协委员。如物理系的朱正元被选为全国人大代表，政教系的陈志安、化学系的程有庆被选为江苏省人大代表，中文系的刘开荣、历史系的柴德赓、物理系的许国樑出任省政协委员。在 1958 年，刘开荣由南京师院中文系调来江苏师院任中文系副主任时，系党总支书记的作风比较粗暴，动辄训人，对刘开荣也不例外。刘烈人则不同，不论到中文系了解情况、检查工作，或是路遇，对刘开荣总是先打招呼，先行问候，谈笑间十分亲切，体现了一位党员领导干部对民主党派成员的尊重。

5. 坚持在腥风黑雨中

1966 年 5 月，中共中央下发五一六通知，6 月，史无前例的“文化大革命”这场浩劫迅速波及全国，自此开始了长达 10 年的动乱。7 月 5 日，刘烈人被挂上“神秘人物”的黑牌子揪斗。此后，刘烈人还是做了一些力所能及的工作，如深入食堂，尽量做好伙食工作，改善伙食以及供应各地来串连的“红卫兵”。但不久，即由造反派“夺权”，被“靠边站”了。正如中共江苏省委在他的悼词中所写的，受到了“残酷迫害”。1968 年夏，中文系的一造反派教师在学生食堂导演了一出惨无人性的闹剧，以他所指导的“战地黄花”宣传队在演出中如林彪、四人帮所叫嚣的，要将“走资派踏上一只脚，使他永世不得翻身”。竟然押上了刘烈人，并将他一脚踢倒，又踩上了一脚。此一情景，在时过近四十年之后，仍为当时在场目睹的教师愤恨。而刘烈人则在“文革”的黑风恶浪中坚持到了 1975 年的复出。

至今还怀念着

1975 年，刘烈人尽管仍考虑留在江苏师院工作，但在造反派的阻挠下，还是由江苏省委调往南京，并在不久后任命为南京化工学院的党委书记兼院长。之后，又担任了江苏省政协副主席一职。

刘烈人同志去世的消息传到苏州，江苏师院的一些同志曾提出开一客车去南京向刘烈人的遗体告别，但当时的某一校领导说他正拟去南京开会，由他代表出席悼念仪式即可，因之未能成行，未能再见刘烈人一面，这为一些老同志留下了遗憾。但是，至今还有不少老同志提起“文革”前的院领导，还是刘、杨（巩）并称，还是怀念着刘烈人，这也是对刘烈人在江苏师院这一时期工作的最好评价。

原载《苏大校友》2006 年第 2 期

吕凤子:“人生制作即艺术制作”

孙宁华

吕凤子(1886—1959),名浚,号凤痴,别署凤先生,江苏丹阳人,我国现代著名画家、书法家、美术教育家。他在融会贯通中国传统文化之本源儒、释、道基础上而形成的深厚学养、深邃独特的教育思想、高深严密的中国画理论、杂糅真草隶篆四体而百炼钢成绕指柔的“凤体书法”,融东西绘画艺术之长而独具“风神超胜骨力毕现”风骨的中国画,奠定了他在中国美术史、书法史上作为一代宗师的地位。他三次创办正则学校,两次捐献全部财产,其人品一如其艺品,高风亮节深为后人敬仰。

简历:

1912—1937 年,在家乡丹阳捐产创办“正则女校”,开设蚕桑、刺绣、绘画劳作课,在绘画的基础上创造了“乱针绣”,又名“正则绣”,为我国的刺绣事业作出了具有里程碑意义的贡献。

1927—1935 年,任国立中央大学艺术系主任兼国画组首席教授。

1940 年,任国立艺术专科学校校长。

1942 年,在重庆创办正则艺专,并在抗战胜利后全部捐献给国家。

1946 年,回到丹阳第三次创办正则学校并于解放后全部捐献给新中国。不久便担任国立社会教育学院及以后的苏南文化教育学院教授。

1951—1959 年,在江苏师范学院(苏州大学前身)任图画制图系教授、系主任,江苏省人大代表、全国美协江苏分会主席。

1959 年,因病在苏州逝世。

一代宗师:画品绝俗骨力奇

凤先生幼年生活优越,其父曾捐款支持孙中山革命。凤先生 15 岁考中秀才,人称“江南才子”。1906 年考入我国最早设立美术专业的高等院校两江优级师范图画手工科,成为该校第一届学生。1909 年毕业时因成绩优秀成为校长李瑞清大师的得意门生、“入室弟子”,并留校任教。

1927 年,国民政府定都南京,设立大学院代替教育部,蔡元培先生任大学院总长,聘凤先生为大学院的研究员。凤先生是我国惟一荣获大学院研究员称号的中国画家。同年,第四中山大学改名为中央大学,凤先生受聘为中央大学教育学院艺术教育系主任兼教授。

凤先生在 1937 年前创作的题材最多的是仕女画和山水画。其仕女造型健康丰满,雍容大方,脸上不着色,只以淡赭轻点嘴唇,与明清以来浓妆艳抹、衣饰华丽的仕女画相比,给人以气质高尚、耳目一新的感觉。当时,直系军阀孙传芳托人以千元求购凤先生的一幅仕女画,先生断然拒绝,认为“画非图私利”! 所以他一生从未为自己卖过一幅画。

凤先生的山水画都是在写实的基础上创作的。1929 年,他率领中央大学艺术系学生赴庐山写生，他本人也创作了《庐山云》等数十幅画作。《庐山云》创造性地以云雾为近景人画，一反以往中国山水画多以云雾为中远景的传统，并糅合水彩画的技法，把中国水墨画特有的“墨趣”表现得淋漓尽致。

《庐山云》还引出了一桩我国美术史上的佳话。当时，凤先生将此画挂在中央大学休息室里供师生观摩。与他同在中央大学艺术系任教的徐悲鸿先生非常欣赏，建议送世界博览会展出。但凤先生自觉尚有不足，因此不愿参加画展。悲鸿先生认为凤先生的艺术成就不应埋没，于是竟乘无人之际将画取走，寄往巴黎，代吕凤子报名参展。《庐山云》在巴黎展出后，经十个国家的大画家一致投票评定为中国画一等奖。事后徐悲鸿将画作和奖章一并送还凤先生时才真相大白，遂成就一段“门生为老师当伯乐”的佳话。

抗战以来，凤先生逐渐看清了重庆国民党政府的反动本质，在思想感情和画风上都有了显著变化：由画仕女改为画罗汉，用笔作武器，自觉地投入到抗日救亡的洪流中。

在佛典故事中，罗汉的使命是救苦救难，普渡众生。凤先生认为执政者都应该是人间的罗汉，要为人民排忧解难，否则就不配享受人民的俸禄和拥戴。画罗汉古已有之，但借“美和善的化身”罗汉的形象来阐述自己的政治观点，这是吕凤子先生的首创。1942 年，他创作了《四阿罗汉》这幅不朽巨作，借四罗汉的对话表现了当时人民大众挣扎在水深火热之中的痛苦生活，控诉了重庆政府消极抗日、积极反共，倒行逆施至天怒人怨的罪恶，并表明了“拯救中国人民的希望，不在重庆”的主旨。这幅画构思巧妙，技法简练而气势夺人，具有很强的艺术感染力。值得一提的是：这样一幅内容敏感的画作却在当局所在地重庆第三届美展获一等奖，而且是此次美展惟一的一个一等奖，并且还是我国举办美展以来第一次评出的一等奖（一、二届美展未评奖），这不能不归结于凤先生绘画和斗争艺术的高超。《四阿罗汉》的成功使凤先生登上了国画大师的宝座，从此他的罗汉画就被公认为画坛一绝。

凤先生画风高古，其人品也一如其艺品，生性淡泊，不计名利。他旅居美国的后人在一次宴会上偶遇著名画家张大千。张大千在获知他是吕凤子后人后说：“他（指吕凤子）的才华真高，但是他的生性却很淡泊，简直可以说已到不食人间烟火的地步。要是他稍微重视名利一点，他的名气就会大得不得了了！”

桃李芬芳：悉心指点徐悲鸿

凤先生一生倾情于美术教育事业，桃李芬芳，其中不乏成就佼佼者。一代巨匠徐悲鸿就曾经在西画和国画上亲受其指点。

1912 年，17 岁的徐悲鸿只身闯荡上海滩，想学西画却找不到门路。这一年，凤先生在上海创办了中国最早的一所美术专科学校神州美学院。经友人介绍，徐结识了凤先生。吕凤子免费授艺，教他学素描。1927 年，徐悲鸿赴巴黎留学 8 年回国后，吕凤子爱才如玉，推荐他到国立中央大学艺术系任教授。那时的中大艺术系分中国画和西洋画两个组，国画组由吕凤子及其大弟子张书旗和汪采白、陈之佛、蒋兆和授课，西画组由徐悲鸿、潘玉良执教。西洋组不少学生都选修吕凤子的课程，这也激发了徐悲鸿向吕凤子求学国画的念头。

吕凤子当时画名甚高，徐悲鸿拜师心切，谦恭地对吕凤子说：“以前您教过我素描，现在我再向您学中国画。”吕凤子执意不肯称师。徐悲鸿转弯子说：“那就做个亦师亦友的同道吧！”吕凤子欣然应允。以后每逢散课，吕凤子就向徐悲鸿讲授中国画之精髓与技法，有时还挥毫泼墨作示范。徐悲鸿国画技艺大进，他笔下的奔马、人物、翎毛、花卉，都受到吕凤子用笔的影响。

吕凤子和徐悲鸿两人才智超群但性格迥异,某些艺术见解亦不尽相同。一些好事者曾向吕凤子挑拨是非,但吕凤子却答以"艺术教育场所应该成为人间爱的源泉,不应成为酝酿人间怨毒之场所",此话令挑唆者面红耳赤。两位大家,师生情谊绵延了数十年。建国后,徐悲鸿任中央美术学院院长、中国美术家协会会长,诚邀吕凤子北上任教。吕凤子致函婉谢:"我的根在江南,目前在江苏师范学院任教,不能北上了。"

布衣校长:三次办学建"正则"

凤先生一生与办学、教育结下了不解之缘。

正则女校是凤先生于1912年在家乡丹阳捐产创办的,校名取自屈原的化名"正则"。学校开设蚕桑、刺绣、绘画劳作科,蚕桑以科学制种为主,为丹阳和江浙一带的养蚕事业服务。

到正则女校来求学的学生有很多都是来自底层的贫困家庭,不少人都交不起学费,为此,学校就对一些品学兼优的贫困学生予以免费。学校经费不足除争取社会赞助外,主要靠先生筹集。吕凤子在中央大学教书期间,月工资高达600元,除每月留100元作家用外,余500元均给学校支配。由于学校的办学方针、课程设置都从实际出发、符合社会需要,所以到1937年已发展到除女职外,还有小学、中学、师范等科,并男女兼收,在校人数近千人,校舍300余间,成了江浙一带有影响的私立学校。

1938年,上海沦陷,正则女校被迫停办。先生偕学校的永久教师和家属一行20余人经高淳一路颠沛流离,横遭兵匪洗劫,抵达重庆璧山。不久,吕凤子再次萌生办学之念,遂收容流亡青年创办正则蜀校。由于途中遭劫,在几乎不名一文的状况下创办学校决非易事。特别是在筹备创建正则艺专时,为了得到教育部的支持,他接受教育部的聘书担任国立艺专校长。由于身兼两校的筹建、巩固与发展,凤先生劳累过度,在去成都筹集创建经费,举办画展时晕倒街头,回璧山后也经常头昏并大吐血,最后不得不住进歌乐山中央医院。成都画展是凤先生一生惟一的一次标价画展,最高画价是600元,这惟一的破例恰恰显示了凤先生建校创业的艰难和决心。

1941年,美国参加反法西斯战争后,吕凤子先生应政府要求作"罗斯福像",代表国家作为祝贺罗斯福第三次连任总统的贺礼,先生这幅画是用中国画特有的笔墨趣味来画的,再加上其深厚的功力,画像神形兼备,栩栩如生。罗斯福收到后极为赞赏,除来函致谢外,还附上2 000美元,先生就将此款全部用于正则蜀校购地扩建。

凤先生生活节俭,平时总是粗茶淡饭,布衣布鞋,被学生尊称为"布衣校长"。正则学校的一批终身教师也因长期耳濡目染校长的良言嘉行而把自己的一生都毫无保留地献给了教育事业。在创建正则蜀校时,他们不拿一分钱工资,只需一日三餐便全身心投入工作。陶吟然老师终身未嫁,把父母给她的嫁妆全部捐献给了学校。她过世以后,又把仅剩的800元积蓄捐献给了学校。凤先生客居璧山九年,在社会各界的帮助下,依靠手中一枝笔,使正则蜀校从无到有,从小到大,专业和学制发展到包括初中、中级、专科,校舍有223间。

难能可贵的是,抗战胜利后,先生将校舍全部粉刷一新,捐赠地方继续办学,自己心安理得地携带着儿孙,"一枝秃笔,两袖清风"回到家乡。

凤先生回到丹阳后,再一次萌发了办学的信念,并且得到了众多志同道合者的支持和学生们的赞同,所以,第三次在原址复校发展很快,到 1948 年,正则学校规模已有小学、中学、职业学校、艺专四个部分,全校师生共约 1 300 余人,校舍 300 多间,并建有艺专用的“乡爱楼”,设备比较齐全。令人敬佩的是,解放后,凤先生根据国家院系调整的精神,主动将正则学校的全部资产交给政府,家中没留下任何一件用品。他的小女儿喜爱音乐,和父亲商量:“留下一架钢琴吧!”凤先生却说:“不! 一切都归公,放在学校里,可以让更多的学生用啊!”

中西合璧:师生同创乱针绣

刺绣是我国传统的民间工艺,以“苏绣”和“湘绣”最负盛名,享誉海内外。到了 20 世纪 20 年代初,刺绣工艺发生了深刻的变革,在丹阳出现了一种新的绣种乱针绣。乱针绣的发源地源于吕凤子最早在丹阳创办的正则女校。

为了让丹阳女子学会生存的技能,吕凤子在女校开设了刺绣科,除教授传统的绣法外,还在绘画的基础上创造了“乱针绣”。

作为画坛的一代宗师,吕凤子先生在艺术王国里从未停止过探索。他思考着能否以针代笔,创造出更新更美的艺术制作,于是他把西洋画的绘画理论和素描方法同中国民族传统的刺绣工艺相结合,创造了乱针绣。吕凤子先生一面亲自操作,一面指导他的学生杨守玉进行实践,不断地研究和总结,经几年努力,终于获得成功,绣出了《凤先生像》等几幅作品。凤先生提议把此绣以“杨绣”命名。杨守玉坚持不受,遂用正则女校的校名将其命名为“正则绣”。

乱针绣问世以来,深受社会各界人士的关注和青睐。我国曾作为礼品赠送给友好国家和国际友人。陈立夫先生曾亲笔题词,高度评价吕凤子先生的这一历史功绩,称赞其是富有创造力的美术家。著名艺术大师刘海粟在给郭沫若先生的信中写道:“正则绣系用乱针法,以针代笔,以色丝为丹青,使绘画与绣工融为一体,自成品格……”建国后,《人民日报》海外版、《中国文化报》、《中华英才》画刊、中央人民广播电台及省市报刊杂志、电台、电视台都纷纷作了有关报道。

苏绣大师任慧娴 1931 年在正则女校学习苏绣后完善了杨守玉虚实乱针绣技法,创立了双面异色异样绣的技法。为了让苏绣艺术后继有人,她致力于改变苏绣传统的“母教女,嫂教姑”的传授形式,于上世纪 50 年代参与创办苏州刺绣研究所,今天该研究所已经成为集苏绣发展之大成的艺术花园。

乱针绣法是对我国几千年传统绣法的一大突破,是将西洋油画和我国刺绣艺术融为一体的“洋为中用”的创举,它是将油画中国化的最成功典范,为我国的刺绣从工艺品发展成为艺术品作出了不可磨灭的贡献。

支持革命:丹心一片照千古

吕凤子虽然不是共产党员,但是他对党有着深厚的感情。在正则蜀校,吕凤子不顾国民党当局的疑忌,以最高薪金聘用因在贵州遭到迫害而赴蜀避难的著名共产党人王若飞的舅舅黄齐生来校执教。他原先和黄齐生素昧平生,经其学生谢孝思的介绍,朝夕接触,倾谈肺腑,顿成莫逆。在黄的影响下,吕凤子对共产党的感情和对延安的了解越来越深。在黄齐生第二次应邀去延安时,吕凤子亲笔画了一幅题名为《寿者相》的罗汉像托黄老转赠毛泽东。毛泽东收到赠画后称赞不已，在听了黄老对吕凤子为人及其办学情况的介绍后更是频频点头称赞他“矢志办学，精神可嘉！”并托黄老写信向凤先生致谢。1946年，黄齐生代表延安人民到重庆慰问“校场口事件”中被殴打的郭沫若、李公朴等人时，毛泽东又让黄老替他回赠给凤先生一条黄色毛毯，此毯至今还保留在凤先生的女儿身边。

解放前夕，吕凤子通过和地下党员的接触，进一步了解了革命形势和党的政策，默认党的秘密外围组织解放社在正则学校的活动，接受解放社负责人张绍祖和社员徐德谦进正则学校任教，为他们进行地下活动提供合法身份。临解放时，一些国民党上层人物以及凤先生的挚友张大千也曾劝他携带全家老小去台湾，凤先生不为所动，坚决留下来迎接解放。丹阳解放后，他积极支持人民政府对教育部门的接管工作，并于1952年将自己倾数十年心血创办的私立正则学校献给国家，改为公立苏南丹阳艺术师范学校。不久，他又将丹阳3.4亩宅基地赠给丹阳艺师，自己只留亩余宅基地和4间住房。

1959年6月6日是凤先生的74岁生日，身患肺癌两年卧床不起的他在生日那天强撑病体，在妻子的帮扶下靠坐在床上画了两幅画，其中一幅是《老松图》，画上题词“老凤今年七十四，一身是病不肯死。新国建立才十年，似已过了一百世，还待一阅千世事”，表达了他对生命的眷恋，对新中国无限的热爱。

1959年12月，凤先生在苏州病逝。身后只给其一身相伴的妻子留下200元钱。他逝世后的一切遗物，包括书画、印章、日记本等，都按照他的遗愿全部无偿赠送苏州博物馆。1989年12月是凤先生逝世30周年，正则艺专在台湾的校友发起组织吕凤子学术研究会台湾分会，出版了《吕凤子先生逝世卅周年纪念画册》，该画册由陈立夫先生题写封面并撰写序言。文中对凤先生在绘画、书法、国画理论、捐产兴学、致力教育方面的贡献推崇备至。苏州市也拟于2006年在市博物馆专门建一个吕凤子艺术展馆，以纪念这位画坛巨匠。随着时间的推移和历史的积淀，吕凤子的艺术价值和高洁品格将越来越为后人所认识。

“人生制作即艺术制作”是凤先生的一句名言，他认为“画非图私利”，要求他自己的艺术制作“应该是爱、美、力的结合和真、美、善的统一”。他也正是以这种品格完成了他光照千古的人生制作。

原载《苏大校友》2004年第2期

马寅初的求学经过

马大成

马寅初，名元善，字尹初，后更字寅初，善字辈排行第五，1882年6月24日（清光绪八年五月初九）出生于陶、朱理学盛行，手工业、商业发达的绍兴府嵊县的东部小镇浦口镇。

马寅初祖籍绍兴小皋埠，家族多以读书、酿酒和行医为业。其父马棣生，名庆长，擅长酿酒。同治年间迁届嵊州市浦口镇创立"马树记"酒坊。后兼营茧行，营业颇盛。

马寅初8岁时，其父送他到当地学行俱佳的俞桂轩书塾。俞桂轩，名佩柯，字一枝，号桂轩，是七品文林郎陈光佑之门生，工柳体，识渊博，是个国学生。马寅初13岁时其父又送他到绍兴学堂读书。学堂自然知识的启蒙，维新思潮的影响，坚定了幼年马寅初读书求真知的欲望。那时，实业家、"中国汽车之父"支秉渊先生的父亲，前清秀才，近代数学家支宝楠先生（字雯甫），执教于绍兴学堂，从小喜欢数学的马寅初要求前往投考，但他的父亲要他学英语，以便将来做洋务生意，扩大家业。于是在1898年，马寅初17岁时，在严父的安排下，随湖州张江声到上海虹口昆山路的教会学校"中西书院"攻读英语。

对于马寅初就读中学有很多种说法：有说是中西书院，有说是博习书院，有说是英华书院，也有毕业于东吴大学文学院的记录，众说纷纭。本人根据考证，认为中西书院最为确切。

19世纪60年代，西学东渐，基督教新教监理会决定在中国创办英华教育集团，在美国注册了"英华书院"。60年代末，监理会林乐知在苏州创办博习书院，1881年夏在上海法租界复创立中西书院。1895年因"义和拳"运动，博习书院移至上海法租界，招收学生百人。1899年并入中西书院。1900年东吴大学创立，校董事会推选孙乐文为第一任校长。1911年中西书院并入东吴大学，为东吴大学第二中学，派兰金综理校务。回国后马寅初曾受聘为东吴大学教授，1929年东吴大学授予马寅初"东吴大学'二五'纪念名誉博士"殊荣。

中西书院是一所贵族子弟学校，招收初级和中高级学生，初级二年，中级四年，高级二年。学校以英语为主要内容，毕业后多在海关、邮政、电报、商界和政界从事。学校章程规定：学生"每逢礼拜日放学，诸生中愿进堂听讲圣经固属有益，总以各随自便，毋稍勉强也"。该校追求纯洁、质朴和自由，学校里只有知识的传授，只有科学的研究，只有真理的讨论，没有禁止看的书报，没有不许讲的学问，没有强迫读的圣经。自由讲学，自由研究。英国思想家密尔说过："在广泛思想钳制的环境里，过去出现过，将来也可能出现个别伟大的思想家。但是，在这样的环境里，过去没有出现过，将来也绝对不会出现一个智力上积极进取的民族。"该校培养了吴经甫、吴经熊、谈家桢、顾维钧、马寅初等一大批杰出英才。一些军政要员、商界巨子皆纷纷把其子送入该校读书，如蒋介石之子蒋纬国即是其中之一。马寅初在这样一所学校里，这样的教育环境里读了六年书（按嵊县人的说法是七年），打下了坚实的英语基础。中西书院的六年对马寅初世界观的形成起着重要的作用。

虽然马寅初在上海法租界"中西书院"这样一所没有暴力的威胁、没有政治宣传的环境中读了六年书，但是在那样的时代，以马寅初的话讲："就是和尚、尼姑亦不能置身事外。"何况像马寅初这样从小就立志报国的血气青年呢？道光二十二年（1842 年）《南京条约》后，中国的门户大开。外国的制造品进入我国市场，我国的手工业崩溃，全盘经济组织被破坏。19 世纪末，我国形成一种由官方引导的自上而下的"实业救国"的思潮。1904 年，马寅初受"实业救国"思想的影响，早把其父要他学好英语继承父业的嘱托抛到九霄云外，毅然报考当时我国最高学府北洋大学，并以优异成绩被北洋大学录取。

对马寅初入学北洋大学和出国的年份，以往文字多有谬误。故对他的求学和出国经过有必要作一叙述。

北洋大学创建于清绪二十一年（1895 年），初名天津北洋西学堂，是我国最早培养工程技术人才的一所大学。清光绪皇帝曾颁诏，"在北洋大学毕业即具有高深的学问……享进士出生"。清光绪二十六年（1900 年）因"义和拳"运动，北洋大学校务中止，二十八年（1902 年）"义和拳"运动失败，袁世凯督直于西沽武库旧址重建，正式招收正科新生，二十九年（1903 年）四月一日重新开课。该校规定正科四年，当升入第二班（三年级）时，得习专门课程，其专门课程为法律、采矿、土木、机械四门。1904 年，马寅初以优异成绩考入北洋大学后，选读采矿专业。在马寅初升入第二班时，北洋大学总办丁惟鲁和教务提调美国人丁家立不和相互攻讦，诉之于北洋大学督办袁世凯。袁为两全计，调任丁家立为留美学生监督，款由海关梁敦彦（当年的留美幼童）筹措。光绪三十二年（1906 年）复校后的第一届学生未待毕业即全班送出，有刘瑞恒、赵天麟、王宠惠等 34 人。次年（1907 年）又有第二届学生冯熙运、马寅初 12 人以优秀生被选送美国留学。1907 年，北洋大学第一、二批赴美学生出洋后，丁家立亦于翌年辞去留美学生监督一职。后北洋大学又有第三、四两届学生共九人出洋留学，内赴日者六人，赴比者二人，赴英者一人。此后，学生出国留学北洋大学只给予证明，不再有任何经济上的补助。19 世纪初清政府对酒业征以重税，马家一批运往上海的黄酒又于途中遇洪水翻船，损失惨重。已是家道中落的马寅初，因为师长之间的矛盾才意外地获得官费出国留学的机会，从而也改变了马寅初一生的命运。1907 年秋天，尚未毕业的 26 岁的马寅初告别父母、妻儿随丁家立到大洋彼岸，从此开始了他长达九个年头（实为八年）的异国他乡的求学生涯。

马寅初到美国后，先就读于耶鲁大学。耶鲁大学位于纽约与波斯顿之间的纽黑文市中心，有全美最大的图书馆，是美国第一所有资格授予博士学位的大学，有"常青藤大学"、"美国学院之母"之称。耶鲁大学注重培养学生的领导才能，支持各种学生社团和竞赛，特别是演讲和辩论。学校特别强调自由的学术空气，这种"自由教育"的原则使耶鲁能够包容各种思想流派，保持勃勃生机。耶鲁秉承教授治校，这一特色对美国高等教育产生了巨大的影响。马寅初回国后，受聘北京大学教授，1917 年 2 月 16 日马寅初致信新校长蔡元培建议设立"教授评议会"，实行教授治校。耶鲁的教师还经常融入校园生活，他们常会出现在住宿学院的餐厅里，与学生一起就餐聊天，密切师生关系。马寅初留学回国后还经常同耶鲁保持通信往来。这也是马寅初一贯的作风，即使政务再忙，马寅初也会抽出时间去学校食堂、学生宿舍了解学生的景况，关心学生的身体，解决学生的困难。

进入耶鲁后，马寅初觉得"实业救国"之路行不通，繁华的纽约都市风貌和发达的工商业让马寅初感到，要改变中国得从改变国家经济管理方面着手。他认为"经济学富有内容和生命"。遂改选经济学为主课，自然科学为副课。1910 年，马寅初获得耶鲁大学学士学位后，考入美国哥伦比亚大学，攻读财政、金融。

哥伦比亚大学是一所私立的文、理、工、医等多科性综合大学，创立于1750年，由英国国王批准建立，原名为“国王学院”，是一所培养政治、经济高级专门人才的大学。该校拥有16个学院，每年开设5 500余门专门课程，是美国最早的研究生院中心之一。1911年，马寅初以《Public Revenues in China》为题获得哥伦比亚大学经济学硕士学位。此时，国内爆发“辛亥革命”。1912年北洋政府公费中断，许多同学都纷纷回国。在耶鲁时与马寅初同住“467Fayer weather”房间的好友王正廷（曾任民国时外交总长）曾力劝马寅初回国。说，“国内爆发革命，正是我辈回国效力的好时机。”马寅初认为，“了解美国的财政经济管理来整理中国混乱情形，比做官要有一点贡献”，决意要修完学业回国。于是去餐厅、码头从事繁杂劳动，半工半读坚持学业（哥伦比亚大学实行半年学制，学年自9月至次年5月）。顽强的意志和旺盛的求知欲感动了深爱他的导师美国著名财经专家萨里格曼教授，并获得了他的资助，还安排丛刊负担出版马寅初的博士论文80%的费用。

马寅初的博士论文题为《The Finances of City of New York》（《纽约市的财政》）。当时美国纽约市的财政改革非常成功，得到美国政府的推崇，纽约市的财政政策在美国大行其道。马寅初试图对纽约市财政收支情况的各个方面作一深入细致的研究，了解纽约市财政如何得以维持，如何使纽约财政从一种乱境进入治境的道理，希冀能为“共和国”上一堂有益的课以作借鉴。虽然因地而异，他知道由中国来效仿美国并非易事，但他认为在原理上是相同的。纽约市维持财政平衡，且信用地位没有丝毫受损的经过，将对中国财政当局有价值，还希望将它翻译成中文。这可是个浩大的工程。

1914年初，马寅初终于修完了他的博士论文《纽约市的财政》，并获得了专家委员会“杰出”的评价。同年，哥伦比亚大学政治学院出版了马寅初的《纽约市的财政》，并把这篇论文作为哥大一年级新生的教材，一直沿用到1968年。

1915年初，满怀报国热忱的马寅初回国后，即到国民政府财政部报到。然而政局的混乱、政府的腐财和次殖民地经济的现状，将马寅初强国富民的梦想碾得粉碎，于是马寅初转入银行界，研究和传播金融知识，整理混乱的金融制度。而耗费马寅初“许多光阴和脑力”的《纽约市的财政》一直没有翻译成中文，直到1979年《马寅初全集》出版时才第一次翻译成中文出版。

原载《苏大校友》2006年第2期

人间正道是沧桑

——记原苏州市副市长、江苏师范学院副院长潘慎明

沈　亮

清光绪十五年即(1889 年),潘慎明出生在苏州城东史家巷的一个大宅里。作为苏州的望门大族,他的出生,给整个潘氏家族带来的欢乐是显而易见的。

号称“人间天堂”的苏州,以“人文渊薮”而著称于史册。苏州潘氏一族是个名声显赫的门第,仅在清朝时期,就先后出过状元、探花,至于进士、举人则不计其数。这些人多半生在清朝中期,主要是在乾隆、嘉庆、道光、咸丰四代,但直到光绪年间,潘家仍有人在清廷担任要职。

潘慎明经历了清朝、北洋政府、国民党统治、八年抗战、新中国成立等中国近现代史上天翻地覆的变迁,从一个封建世族子弟到基督教徒,继而又成为民盟盟员,直到共产党员、人民政府副市长的脱胎换骨的新生。

潘慎明的一生,体现了一个爱国者寻寻觅觅的万里长梦,一个教育家坎坎坷坷的兴国之路,一个探索者从黑暗中不断追求走向光明的历程。

潘慎明几乎穷其毕生从事教育工作,在他当年服务的东吴大学也就是今天的苏州大学校园里,还保留着当年校训对联:“养天地正气,法古今完人”,是的,从历史的眼光看,尽管潘慎明还算不上是一个完人,但他的一生,确实是在不断地培育自己的正气,不断地改造、完善自己,攀登一个又一个人生高峰,潘慎明无愧于他生活的那个年代。

刷新旧我

潘慎明的父亲潘季儒,为清附贡生,光绪三十二年(1906 年)随大臣出洋考察,任政治部随员,历经日、美、德、俄、法、比、荷等国,回国后任东三省督署秘书,两湖总督端方的秘书等职务,民国时还曾担任过江苏银行经理。

潘慎明出身于这样一个封建大家庭,一方面,他所处的这个阶层对社会的崩溃极为惋惜,另一方面,也接受了西方资本主义思潮的影响,试图学习应用西方国家的模式来救国救亡,这从潘慎明的又一个名字润民中也可以看出,他的家庭对他是寄予厚望的。当然这只不过是资产阶级民主主义的幻梦,在帝国主义的军事、文化、经济侵略下,这个幻梦注定要破灭。

年轻的潘慎明在政治上是很幼稚的,甚至可以说是很无知的。1906 年 8 月,19 岁的潘慎明第一次走出家门,先后就读于武昌文华书院(华中大学前身)附中、金陵大学附中和金陵大学三座外地学校,从 1912 年到 1915 年,又在家乡东吴大学求学,毕业后留校任教。8 年中,辗转三地、四座学校,竟无一例外是由美国基督教圣公会的传教士们开设的“教会学校”。对于从小接受封建教育的潘慎明来说,基督教所宣扬的“平等、自由、博爱”非常新鲜和具有吸引力,因而他逐渐成为基督教的虔诚崇拜者。

东吴大学的美国传教士兰金非常喜欢这个思想单纯的信徒，一再动员潘慎明接受宗教洗礼，成为一个真正的基督教徒，而潘慎明也十分愿意受洗。多年以后，潘慎明回忆道："我所接受的封建教育和买办教育使我不求进步，极端保守，不了解革命、怕革命，终于成为了一个彻头彻尾的改良主义者。"不过，洗礼并没按他们预期的设想进行，潘慎明的父亲潘季儒知道这件事后，无法容忍家里有一个信"洋教"的儿子，尽管是他自己送儿子进的教会学校。为了劝阻儿子，父亲老泪纵横，甚至痛哭失声。

再三权衡之下，一向性情温和的潘慎明终于妥协了，他觉得，为了让在天堂的天父喜欢而举行洗礼，而最后结果使生活在地上的老父伤心，这既不合伦理，也不符基督本意，最终，他还是没有入教。

不过，潘慎明对基督还是深信不已，虽说不正式入教，但他还是以"慕道友"的身份，参加宗教礼拜活动。平时在工作之余，热心布道，经常在学校作宗教演讲。与传教士、美国人文乃史（东吴大学第三任校长）的关系更是十分密切，对其言听计从，受到校方的器重。

1919 年 5 月 4 日，震惊世界的五四运动在北京爆发。3 天以后，消息传到苏州，广大民众和青年学生群情振奋。东吴大学的师生在 5 月 8 日召开"国耻纪念会"，连夜派出代表联系其他教会学校在 9 日举行游行活动，散发传单，并致电北洋政府总统、国务院，坚决不签丧失国权之约。

当时身为化学系助教的潘慎明依然按时上班下班，温良恭顺，表现出一个教师有涵养有学问的气质，在师生中人缘倒也并不错，就是对政治关心不够。

1924 年 6 月，潘慎明获得"洛氏奖学金"，远渡重洋，前往美国芝加哥大学研究院深造，一年后获理科硕士学位。1925 年 7 月，潘慎明回到东吴大学，再次任教，并担任教务长。

1927 年，北伐战争节节胜利，革命形势迅速发展，北伐军迅速逼近苏州、上海和南京。而国民政府早在 1926 年 10 月就颁布了《私立学校规程》，规定教会学校属私立学校之列，要接受"教育行政机关之监督及指导"，"不得以外国人为校长"。又公布《私立学校董事会设立规程》，规定"外国人不得为校董，但有特别情形者，得酌量充任，惟本国人名额占多数，外国人不得为董事长"。东吴学生爱国热情高涨，掀起"收回教育权之运动"，认为教育乃"属于国家之主权"。迫于形势，校长文乃史"预感到事态发展对我们越来越不利"，便于 1927 年 3 月 1 日辞去了校长职务，从而结束了美国人主持东吴校政的历史。不久，东吴学生又发动"择师运动"，把"素来蛮横"与"教学效果欠佳"的四位美籍教师驱走。

潘慎明当时任文理学院教务长，因为平时为人正派，教学严谨，在学校中有一定的声望，故而在学校新的董事会还没有建立起来时，东吴师生推举潘慎明担任代理校长，主持校务，直到当年 12 月底，新任校长杨永清到任。

1931 年 8 月，潘慎明再次前往美国，还是在芝加哥大学攻读生物化学。

1932 年 1 月 25 日，继上一年在中国的东北三省制造了"九一八"事变后，野心勃勃的日本帝国主义得寸进尺，企图侵占上海，作为继续侵略的基地，发动了"淞沪战争"，上海闸北成为一片焦土，几十万人流离失所，这就是"一二八"事变。在国际上，日本利用媒体对中国进行恶毒污蔑，使《纽约时报》等知名通讯社也受其影响。为严正视听，使人们了解真相，潘慎明在芝加哥举行集会，宣传抗日。当年 4 月，潘慎明回到苏州，就应晏成中学（今市三中前身）的邀请，发表《美国人民对沪事之态度》的演讲，潘口才滔滔，慷慨激昂，爱国之情溢于言表，使师生深受感动。国际国内的时局大动荡，现实的严酷，使潘慎明身上的爱国主义、民主主义思想开始凸显。

潘慎明回国后继续在东吴大学任教授、理学院院长。

1937年"七七"事变后，抗日战争全面爆发，从此开始了长达8年的艰苦岁月。同年秋，苏州沦陷，日寇的铁蹄蹂躏江南大地。在无法继续上课的日子里，潘慎明为立言明志，在自己家里挂上文天祥《正气歌》自励，表达了他拳拳的爱国之心。他与同事们一起，将文理学院、法学院移至上海公共租界慕尔堂上课。1942年太平洋战争开始，日本军队攻占租界。潘慎明作为东吴大学教务长兼代理文学院院长，与沈青来教授等组织师生分批撤离上海，经江西、福建到达广东曲江复课，后又辗转至重庆。1944年至1946年，潘慎明到江西中正大学任工学院院长兼化学系教授。抗战胜利后，1946年东吴大学迁回苏州，潘慎明于是年8月回校继续任化学系教授。8年离乱，潘慎明在思想上已发生巨变，这位虔诚的基督徒已在时代变迁中接受新的思想内容，开始同情革命，支持进步学生的活动。

1946年到1949年，中国革命大踏步走向胜利，新中国的曙光在地平线出现。在地下党的领导下，苏州的工人、学生运动日益高涨，呈现出燎原之势。东吴大学作为当时苏州惟一的高等学校，同样成为革命与反革命交锋的一个无形战场。潘慎明当年虽然还不是一个革命者，但他认为："他们（指进步学生）可能是对的，虽然我还不明白他们是什么道理。"1948年，校方要对17名参与进步活动的学生进行处理，将其全部开除，潘慎明觉得"开除"这个词太伤害人，提出让他们自行退学，并为其中的学生仗义力争，受到师生的崇敬。

1949年新中国成立，人民政府求才若渴，61岁的潘慎明再次担任东吴大学副校长，院系调整后，又任江苏师范学院副院长。驻东吴大学的解放军代表宫维桢和工作组组长吴天石经常与潘慎明促膝谈心，宣传党的知识分子政策。共产党干部的廉洁奉公，作风踏实正派，尊重民主人士；解放军官兵严格执行三大纪律八项注意，遵守入城规定，这一切使潘慎明非常感动。中华民族振兴在望，一个爱国知识分子梦寐以求的救国理想，快要成为现实。

新中国的百废俱兴、欣欣向荣使潘慎明极为振奋，潘慎明的女儿和儿子分别参加了第三届世界青年和学生和平联欢节、治理淮河的工程建设，给他带来了他从前得不到的信息。

心灵之窗的开启，使一位封建士族子弟，一位有神论者，通过几十年的社会实践对照，反复对比，亲身验证，在花甲之年，终于决定抛弃宗教信仰，转而相信科学真理，跟随"只有社会主义才能救中国"的时代脚步。1953年，潘慎明参加了中国民主同盟。可以说，随着祖国大地的解放，潘慎明的思想也一起获得了彻底的解放。自此以后，潘慎明与党风雨同舟，同心同德，终其有生之年。

从土地改革、抗美援朝到三反五反、三大改造，潘慎明在历次政治运动中兢兢业业，亦步亦趋，努力跟随时代的脚步，这对于一个旧时代过来的人来说，确实是难能可贵的。

1956年7月1日，在中国共产党诞生35周年的纪念日子，潘慎明向党组织郑重地提交了入党申请书，此时的他，已是中国民主同盟中央委员会委员、江苏省委副主任兼组织部长、苏州分部主任，江苏省人民代表大会代表、苏州市人民代表大会代表、人民委员会委员、副市长、苏州市政协副主席。这位68岁的老人写道："我现在谨向敬爱的党提出我的入党申请，我将怀着万分兴奋的心情，在这个伟大的集体中开始我的新生……建国以来在党的直接领导下工作学习和改造，是值得自豪的一生中最大的幸福。"1959年，在喜庆新中国成立10周年时刻，71岁的潘慎明终于被批准入党，成为一名光荣的共产党员。凤凰涅槃，真正开始了他的新生活。

晚年的潘慎明坚信党的正确领导，他更加严格要求自己，自觉接受党的领导，增强党的纪律，执行党的政策。

在10年“文革”浩劫中，潘慎明和许多知识分子一样，没有逃脱厄运，一条条莫须有的罪名，一顶顶大得吓人的帽子，不断向他飞来。在造反派举办的“老东吴”学习班中，挨批判、斗争，非法审查，精神上、肉体上受尽侮辱和折磨，但他爱党爱国之心始终不渝，坚信党总有一天会拨乱反正。在年迈体衰、行动不便的情况下，还要家人搀扶着去参加整党学习。当时他的记忆力已严重衰退，有时竟达到连子女的名字也分不清的地步，但却念念不忘自己是个共产党员。在党组织遭到干扰，组织生活无法正常开展的那段日子，每到领工资，他就将应交的党费用纸包好，写上日期，存放在书桌抽屉里，盼望亲手交给党组织，累积长达数年，直到病重住院。1971年5月，潘慎明辞世，享年83岁。

粉碎“四人帮”以后的1978年7月15日，苏州各界人士为潘慎明举办了隆重的悼念会，党组织对潘慎明忠于党、忠于党的教育事业作出了高度的评价。

为人师表

潘慎明一生从事教育工作，历40余年，除抗战时期有两年在中正大学工作外，长期在东吴大学，为东吴元老之一。就是这样一位老教授，虽然桃李满门，却无著作等身。两度留美，但没有留下什么骄人的研究成果。平平凡凡，就像人们喜欢用蜡烛来形容教师那样，燃烧自己照亮他人，潘慎明就是这样一个人。

潘慎明的治学严谨其实从小养成，“从6岁到19岁，都是在家里请了先生教书读书，读的是四书五经之类，家里藏有经史理学书籍甚多，我也看了不少，我几乎全部接受了古老的封建思想和遗产，我的浓厚的伦理观念、极端的保守思想和唯心的宇宙观和人生观就在此时种下了根”。这是成为共产党员的潘慎明对青少年时代的反思。而良好的家教，严格的训练，也为他日后求学、执教打下了扎实的基础。

潘慎明先后上过三所教会学校。“文华书院”是私立武昌华中大学的前身，创立于1871年10月2日，是武汉西方传教士设立的最早的一所寄宿学校。金陵大学前身是美国基督教会于1888年在南京干河沿创办的汇文书院，是国内著名的教会大学。东吴大学为1901年3月，美国监理公会以苏州博习书院、上海中西书院、苏州宫巷书院等组成。如果不谈这些学校进行的殖民文化教育和宗教教育，仅从其科技内容和教育方法来说，确实在国内也是一流的。早期的潘慎明崇尚科学技术救国、文化教育救国，不能不说是他所受到的那些教育的结果。而他的两次留美，更是对其教育思想有很大的影响。

潘慎明第二次赴美，是在1931年。30年代初期的美国，正处于其20世纪国力巅峰发展的起步，欧陆法西斯种族主义的暗潮，驱走了许多欧洲的住民，也驱赶走许多一流的知识大儒，美国却接纳了他们。而这个年轻的国家那种朝气勃发的气氛，也令世界各国刮目相看。

潘慎明就读的芝加哥大学成立于1892年，是一所私立学校，70公顷的校园位于芝加哥以南11公里处风景秀丽的密执安湖畔，190座建筑散落于美丽校园内，绿树环绕的方形庭院傍靠着高达62米高的洛克菲勒纪念教堂，以及美国最大的学术图书馆之一约瑟夫·里根斯特图书馆。芝加哥大学不仅环境优美，而且更以“美国现代大学先驱”的历史地位而为人称道。从1892年正式招收第一批大学生起，该校便以其一系列非同寻常的创举给美国高等教育吹进了一股新鲜气息，在学制上率先实行一年四学期制度；在课程设置上，实行主辅修制；在行政管理上，实行按产业管理；在建校方针上，强调科研先于教学。这些做法在当时都具有相当的“超前意识”，为创办现代大学提供了一种崭新的模式。在大学里，教授以科学研究为主要任务，学生则在课堂学习并结合一些课外活动。

芝加哥大学的一些研究机构和实验室不仅闻名美国，也驰名世界。如建立世界第一个核子反应堆的费米研究所；研究领域主要为能源和工程、理论物理、生物和环境保护等学科的阿贡国家实验室；从事太空和高能天体物理学研究的天体物理实验室；从事化学和固体物理学研究、在低温实验和材料实验上拥有一流研究设备的弗兰克研究所；等等。

曾任芝加哥大学校长的马克斯・马森（Max Mason）认为：芝加哥大学“除了卓越，别无其他”。

潘慎明先后在该校获得理科硕士和生物化学硕士的学位，学到了当时先进的科学技术和理论，也向美国人展示了他的学问和才华。

回国后，潘慎明因为学有所长，而且文理兼通，在教学工作中更是得心应手。几十年间，他在有机化学、生物化学的教学中，不断吸纳国内外的科研成果，更新知识、提高教学质量，培养出许多英才。全国知名的化学家顾翼东教授就是他的得意门生，其他如张梦白教授、许嘉祥教授、浦家诚教授也都是他的高足。

抗战胜利前后，潘慎明担任江西中正大学校长。1946 年夏，应邀到庐山“暑期学术讲习会”演讲“原子构造和原子能”，这离第一颗原子弹在日本广岛爆炸还不到一年，在当时是一个非常领先的课题，引起了方方面面的关注。

潘慎明的治学精神是尊重科学，勤奋献身。他在从事科研中，孜孜不倦，锲而不舍；在从事教学中，循循善诱，诲人不倦。因此，无论在“老东吴”还是在整个教育界，潘慎明都有很高的威望。

守礼崇德

潘慎明出身世家，从小受到良好的教育，恪守传统道德，为人正直率直，很受同事和朋友们的敬重。解放前，潘慎明的社会活动不多，交往的圈子也不很大，了解他的人也不多。新中国成立后，潘慎明担任了政府和民主党派的领导工作，他良好的道德素养和工作作风受到了异口同声的赞誉。

潘慎明在工作中以身作则，事必躬亲。据知情者介绍，他在民盟、市政协及政府部门的发言，都是由他自己撰稿，从不要人代庖，但在事前总要先广泛征求别人的意见，做到集思广益。每次开会，也总是专心倾听别人发言，做好笔记，作出扼要中肯的小结，受到大家的好评。在 1956 年 6 月至 1957 年 7 月间，由他主持的民盟正副主委办公会议，每周一次，很少间断，而且总是在他家里召开。这种认真务实的工作作风对机关建设，起了很好的作用。

潘慎明坚持原则，严于律己，宽厚待人的美德，也使人很钦佩。他数十年如一日，始终恬淡相互，从不拉腔作架，学生、同事、下级去他家里谈事或作客，总是笑脸相迎，和蔼可亲。但对原则问题从不含糊，对下级的错误，该批评时就严肃批评，有时还作出解释，让人心服口服。接触他的人都说，潘慎明是一位心地善良，讲究原则，爱人以德，见解卓越的忠厚长者。

潘慎明廉洁奉公，勤俭节约，始终如一。他公私分明，从不用公家一纸一笔，有时因公出差，回到学校，车旅费也不向单位报销。作为国家干部，他是可以享受公费医疗的，但他经常自费购买一些常用的药品，为公家节约开支。外出开会，他也和其他同志一样的标准住宿，不要人家因年龄对他特殊照顾，而且自己照料起居，洗涤衣服。1959 年，潘慎明的父亲去世，潘慎明将其父的全部遗产，包括在苏州的全部房屋、红木家具和花木字画，都捐献给国家，自己分毫不留。当时有人劝他留下一部分作为纪念，被其谢绝了。他认为，这些遗产留给子女对他们并无好处，只能养成他们对长辈的依赖性，要留就该留下奋发图强、自力更生的精神财富。

潘慎明为人谦虚公正，平易近人，心胸坦荡。这是和他接触过的人的一致评价。1955 年，潘慎明当选为副市长后，民盟市委开会时为他热烈鼓掌，他说："这是党对我的信任和关怀，我一定不辜负全市人民的托付，一定尽力而为，做一个名副其实的副市长。"潘慎明身为苏州民盟主委，但对 1948 年地下民盟成立时的几位领导同志始终十分尊敬。在公开场合，潘慎明从来不愿意自己处在显著的位置。当时潘慎明既是政府官员，又是德高望重的教授，在干部中也往往是年龄最大的，能保持如此谦虚，确是令人感动。

潘慎明在家庭生活上也堪称楷模，他对长辈是孝而不顺，对子女则爱而不溺。夫妻之间，互爱互助，相敬如宾。他的老父是旧时代人物，解放时，已年近 90，潘慎明特地为他订了多种报纸杂志，让他也了解国内外大事，跟上新中国的步伐。潘慎明在治家和管教子女上也很严格，他自己空余时总是在书房中读书，作出榜样。潘慎明经常叮嘱子女，要做一个对社会有用的人，要学好科学，要有一技之长。子女们也非常敬畏他，也确实以他为榜样。解放后，潘慎明又经常对他们说，"要热爱祖国，要热爱共产党，不要讲空话，要干实事"。因此，潘慎明的 6 位子女中，有 5 人成了共产党员，他们在各自的工作岗位上都有所成就，这和潘慎明的言传身教是分不开的。

潘慎明一生所走过的道路，正是中国老一辈知识分子所经历的人生历程。党的统一战线政策和知识分子政策，为千千万万像他那样的知识分子提供了发挥其才华的舞台。潘慎明一生展现了一个正直的中国知识分子的人格风采。潘慎明逝世已经 30 多年了，而历史也已跨入了新的世纪。改革开放的春风，让神州大地真正创造出了人间奇迹，潘慎明等前辈求索、渴望并为之奋斗的理想境界正在一步步得到实现，潘慎明若是泉下有知，亦当展颜一笑吧！

原载《相知集——苏州市民主党派和工商联已故领导人传略》

记我国酒界泰斗秦含章老先生

傅金泉

秦含章同志今年98岁高龄，是我国老一辈著名的科学家和工程技术专家，也是我国食品科学技术和工业发酵与酿造技术的开拓者和学术带头人。他在食品科技领域奋斗了近70年，为我国的食品工业发展和人才培养作出重大贡献。他是酒界的泰斗，德高望重，久负盛誉，受到大家的尊重和爱戴。

科学家的成就和崇高品质是人类宝贵财富。我们宣传秦老先生的成就和品质，这对我们酒界特别是青年科技工作者，爱科学、学科学、攀登科技高峰，进一步促进我国酿酒工业现代化发展，具有十分重要意义。

秦老先生生于1908年2月，江苏无锡人。1931年，毕业于上海国立劳动大学农学院，同年获得中比庚款奖学金，出国到比利时、法国、德国留学。1935年夏，毕业于比利时国立圣布律高等农学院，获工学学士及农产工业工程师学位。以后，在比利时布鲁塞尔大学植物学院博士班进修生物学。1936年，又在德国柏林大学发酵学院专门进修啤酒工业，并曾进入当时最现代化的威尔孟哥本斯啤酒厂，担任实习工程师，学习和掌握全部啤酒技术。在柏林大学进修期间，曾专程去慕尼黑调查研究，体验生活。也曾去过莱茵河两岸德法两国著名葡萄酒基地参观学习。

1936年9月回国后，一直长期从事食品工业、发酵工业和酿酒工业方面的教学和科研工作。

1936年9月至1949年7月，先后在江苏省立教育学院农事教育系任副教授、教授，主讲有机化学及土壤肥料学；任复旦大学理学院垦植专修科教授兼农场技师，主讲农作物学，作物育种学，植物生理学，并试验无土栽培水稻技术成功；任四川省立教育学院教育系教授，主讲分析化学、农产加工学、农业微生物学等；任前国立中央大学农业化学系教授，主讲农业微生物学、发酵工业等课程；任南京大学农业化学系教授，主讲发酵微生物学；任江南大学教授兼农产制造系主任，主讲土壤学、农产制造学。

1949年新中国成立后，经薛暮桥同志介绍调到北京工作。

1950年，他奉命参与中央食品工业部的筹建，其后任中央人民政府食品工业部参事。

1951年，食品工业部合并轻工业部，秦老转入中央轻工业部，并任轻工业部参事。

他在任职期间，主管有关技术业务、注重调查，努力学习和引进国外先进技术，积极参与制订科学发展规划，重视培养青年科技人才、培训技术干部，发挥学术带头人的作用。

1953年，他被派出参加苏联援建的生产青霉素和葡萄糖针剂的华北药厂的筹备工作，负责整理技术资料，制订培训技术骨干计划，为发展我国早期抗生素工业打下良好基础。

1956年，他参加了毛主席、周总理、聂荣臻等老一辈领导人亲自主持的国家12年长远科技发展规划的编制工作，担任食品工业组的副组长，其中有关技术措施的设想在以后的实施过程中，对推动本行业的发展起到重大的促进作用。

1957—1962 年，担任国务院科学规划委员会轻工业组组员。

1958 年，他由食品工业部派出，参加国家科委组织的中国经济技术访问团赴法考察食品工业和发酵工业，所得成果编成《法国的食品工业》，详细介绍了当时法国食品工业概况和有关制糖、酒精、酿酒工业的技术特点，并提出若干对国内引进技术方面的具体建议，作为引进国外专业成套设备的参考。

1958 年前后，轻工业部曾改名为食品工业部，部长是李烛尘，组建了大学教科书编审委员会，他被聘任为主任委员，负责邀请有关专业专家编审专业课本，如酿酒工业、微生物学、生物化学、生物化学分析等 8 部，专供部属 15 所轻工业学院试用。

1960—1967 年，他调任第一轻工业部发酵工业科学研究所任所长。

1968—1978 年，他随研究所迁至江西分宜和宜春，从事科技情报工作。

1978—1984 年，他复任轻工业部食品发酵科学研究所所长。在他主持研究所工作期间，他始终贯彻“积资料、创条件，出人才，拿成果”的办所方针。创建了集科学研究、科技情报、食品检测、食品工业标准及工业微生物菌种保藏5 个中心合一的食品发酵科学综合研究基地，为我国食品发酵工业发展作出了重大贡献。

他坚持科学研究为生产服务，坚持理论联系实际，认真解决生产中的关键技术问题。因此在不同时期、不同课题开展中，经常下厂蹲点解决实际问题。例如与无锡酒厂、苏州酒厂、淀山湖酒厂合作的研究；黄酒发酵醪的压榨机试制；曲药改革的研究；蒸饭机、煎酒机、包装机等调查研究，以便逐步实现“大罐发酵，常年生产”、“机械化瓶装黄酒”、“黄啤结合”等。山西汾酒厂试点，解决了成品酒中发生白色沉淀和黑色沉淀物的“老大难”问题，并通过剖析几种名酒的芳香成分，查明了清香型白酒的主体香为乙酸乙酯，浓香型白酒的主体香为己酸乙酯，提高汾酒质量等关键问题。研究报告约 80 万字，该研究成果获全国科学大会重大成果奖，为我国白酒工业的研究打下了坚实的基础。

他虽年事已高，但还工作不止。他到各地参观访问，调查研究，了解国内外先进技术的发展动态，针对我国传统食品工业和发酵工业占绝对地位的现状，提出要积极发展和应用现代生物工程技术，开发我国资源，促进国民经济的持续发展；积极提倡并开展与人民身体健康的食品营养、防止食品污染的研究。

他热爱科研，热心指导研究生的论文写作和科学实验，1981 年后，轻工业部科学研究所在所内设立硕士研究生的培养点，他担任研究生的培养工作，一如往昔，诲人不倦，现在他的学生已成为本学科、本行业的领导和技术骨干，他被誉为发酵界的“老太师”。

他积极参与有关学术团体的社会活动，曾任全国科协委员，轻工学会发酵学会理事长、中国微生物学会常务理事、中国轻工协会常务理事、中国微生物菌种保藏管理委员会副主任委员。1984 年，他应全国科协之聘，担任工程院院士全国候选人评审委员会委员，负责评审有关轻工方面的院士候选人。

此外，他曾任中国食品工业协会顾问，中国食品科学技术学会副理事长，中国食协白酒专业协会名誉会长、国家科委中国技术市场管理促进中心专家委员会常务委员兼生物工程部主任。1990 年被国务院评为享受政府特殊津贴的人员。

他曾主持召开过全国酒曲微生物学术讨论会，全国黄酒生产工艺学术讨论会等。他时常参加和主持葡萄酒、黄酒、啤酒、白酒、露酒、补酒、药酒等的感官鉴评工作，曾由轻工业部聘任为特邀酒类评委。他积极参加酒类技术协作会活动，如全国黄酒技术协作会、国内和国际酒文化研讨会、黄酒工业发展研讨会、中国黄酒节等系列活动，推动了我国酿酒技术提高，促进我国酿酒工业的发展。受到酒行业同志的尊敬和爱戴。

秦老知识渊博、勤奋学习、著书立说，为我们留下宝贵财富，他为普及和提高酿酒科学知识和技术，促进酿酒工业持续发展作出杰出贡献，特别是在晚年右眼失明、左眼视力逐渐萎缩的情况下，借助于两个10倍放大镜，仍笔耕不辍，精神更可贵。

他曾参加我国《大百科全书》生物卷、轻工卷、烹饪卷的编纂工作，对于这一工作所作的重要贡献，国家新闻出版署颁布了荣誉证书和金质奖章一枚。

此外，他还出版了《酒精工厂的生产技术》上下册，《老姆酒酿造概要》、《现代酿酒工业概述》、《白酒酿造的科学技术》、《葡萄酒科学技术》、《葡萄酒分析化学》、《国产白酒的工艺技术和实际方法》、《新编酒经》和《酒文化小品集》等20余部著作。还参与编写了《中国大酒典》、《英汉辞海》、《英汉农业大词典》、《拉汉细菌学名称》和《英汉农产品加工科技辞汇》等。他还编写了许多内部资料，如《法国食品工业》、《名白酒的发展方向和发展方法》、《轻工业国内外生产技术水平和发展状况》等，为行业发展和国家决策等提供了科学依据。

秦老是热爱酒厂、热爱酒文化的人，他经常下厂调查研究，帮助解决难题，受到工厂的欢迎和尊敬。他在《酒文化小品集》前言中写道："从事科技的工作人员，除关心各地酒厂生产外，也要关心酒厂产品质量和文化发展，其心态不亚于骚人墨客。人民群众是历史创造的主人，歌颂人民群众的一切成就，包括酿酒工业战线的一切成就，正是毛主席《在延安文艺座谈会上的讲话》精神宗旨之一。"秦老就是本着这种思想，不怕辛苦和年高，有求必应地为酒厂和酒会作酒诗、酒词、酒歌、酒对和题辞等400余首，来赞美酒界劳动功绩，歌颂新社会的美好生活，从诗词的字字句句中充分体现出秦老一生对事业、对人民、对祖国、对党的无比热爱，体现了老一代科技专家的高尚品质。他不愧于一个中国共产党党员(1982年入党)，他也是一个1950年参加九三学社的老社员，后曾任该社中央顾问委员会顾问和参议员。他曾被选为第三届、第五届、第六届全国人大代表。

在20世纪80年代，在双沟酒厂召开了由秦含章和朱宝镛教授主持的全国酒曲微生物学术讨论会，在会上为落实《中国酒曲集锦》的出版一事，我与秦老一面之交，得到他的热情支持，事后他即组织审编小组，成员有朱庆裴、肖德润、陈云萍、唐尔明、高寿清、高传刚、姚振威、熊子书，该书于1985年出版。方心芳作序说，《中国酒曲集锦》问世，可为我国酒曲系统研究的宝贵资料。以后他又写信给我，希望我再写一本《黄酒经》，事隔四五年，正巧化学工业出版社约我编写《黄酒生产技术》，秦老又为我书作序言。1998年秦老还题词，他的书法艺术水平也很高，我喜欢珍藏它。作为一个普通的技术工作者，能得到秦老的无私关怀，我是永远不会忘记的，感谢他的支持和帮助。祝愿秦老健康长寿、生活愉快，全家幸福。

参考文献

[1] 中国科学辞典编委会. 中国科学家辞典(现代第三分册，第一版)[M]. 济南：山东科技出版社，1984.

[2] 秦含章. 酒文化小品集(第一版)[M]. 北京：学苑出版社，1997.

原载《酿酒科技》2005年第10期

名山事业　国学光辉

——钱仲联大师的学术与创作成就

刘梦芙

继施蛰存先生归道山之后，钱仲联先生于2003年12月4日逝世，20世纪人文学科的大师级学者已凋零殆尽。钱先生享年96岁(1908—2003)，在文学创作、学术研究和教育工作诸方面，都取得重大成就。著名学者王元化称“钱先生是当今中国文化的弥足珍贵的国宝级人物”[1]133；复旦大学教授章培恒亦云：“现在被尊奉为大师的似已多起来了，而真正的大师却珍稀如凤毛麟角。钱仲联先生是其中的一位。”[1]134 诚哉斯言，在20世纪学术界，钱先生是足可与王国维、马一浮、陈寅恪、钱穆、钱钟书诸家相提并论的国学大师，是“百科全书”式的鸿儒。尤其是在诗学研究方面，其范围之广，难度之高，贡献之大，前无古人，后罕来者。

钱先生治学以文学为主，旁及经学、史学、子学、地理、玄学、佛学、哲学、经济、民俗、艺术等学科，淹贯闳通，著述多达60余种，已出版的书籍叠起来超过他的身高。最令人瞩目的成果是古典诗文集的笺注和校勘，有《鲍参军集补注》、《山谷诗任注补初稿》、《韩昌黎诗系年集释》、《李贺年谱会笺》、《剑南诗稿校注》、《后村词笺注》、《吴梅村诗补笺》、《沈曾植集校注》、《人境庐诗笺注》、《钱牧斋全集》(标校)、《海日楼札丛》与《题跋》(编校)、《陈石遗诗论合集》(编校)共十多种，就内容而言，跨越了南北朝、唐、宋、明、清到近代各个历史阶段。诸著无论是创注(陆游、沈曾植、黄遵宪诗注，刘克庄词注)，还是补注、集释、编校，无一不是功力精深之作，受到学术界的高度评价。其中如《剑南诗稿校注》共8册近280万字，注陆游诗9 200余首，王蘧常先生叹为“并世无人敢措手”；而沈曾植《海日楼诗》博涉经史百子、金石舆地、书画乐律、佛道二藏，其典奥艰深的程度远越历代诗家专集，钱先生悉为注出，著名学者张尔田称“硕夥纤屑，昭晰无隐”，比之于“施、顾之注苏，任、史之注黄”[2]。注黄遵宪《人境庐诗草》，是钱先生青年时代奠立学术地位的开山之作，钱钟书先生《谈艺录》誉为“精博可追冯氏父子之注玉溪、东坡”，并在《文学研究》发表专文，评《韩昌黎诗系年集释》，认为完全可以取代以前的一切韩诗旧注。王元化先生称钱先生的诗学名著“都是乾嘉朴学的新楷模，是二十世纪传统学术的绝唱”[1]132，章培恒先生说：“以一人之力，出色地完成如此众多的方面不同、难度互异而又极高的著作的笺注，不但为并世所无，而且是古今无双。”[1]135 2003年8月由上海古籍出版社印行的《钱牧斋全集》，共8册279万字，收入《初学集》、《有学集》、《投笔集》及《杂著》8种，是钱先生在生命的最后历程编校的一部巨著，所写校语多达两万多条，给诗文加上新式标点，使该书成为收录钱谦益诗文最完备的善本(钱先生原有《钱牧斋诗补注》手稿，“文革”中被抄家者劫去，至今下落不明)。笺注、校勘之外，钱先生还编有《鲍照年表》、《陆游年表》、《黄公度先生年谱》、《文廷式年谱》，或附于专集之后，或单独印行。总之，后人如果研究鲍照、韩愈、李贺、陆游、刘克庄、钱谦益、吴伟业、沈曾植、黄遵宪、文廷式、陈衍诸家诗文词，都离不开钱先生奠定的基础，“其成果将在中国笺注史上永远辉煌，显示出大师之为大师的一个方面”[1]136。

钱先生另一功德无量之举，是主编《清诗纪事》。历来认为诗至唐代已臻顶峰，唐以后诗则每况愈下，明七子即承严羽《沧浪诗话》之说，大谈“诗必盛唐”。近代学者如章太炎说唐以后诗“语不足诵”；王国维说“一代有一代之文学”，“唐之诗，……后世莫能继焉”；鲁迅说“一切好诗，到唐已经做完”；文廷式、梁启超同样认为清诗不足取。这些观点，在学术界影响甚大，现当代人著各种文学史，纷纷耳食，对清诗普遍评价不高。钱先生对清诗（包括近代诗）进行全面深入的研究，撰写大量论著，以精密的考证、充实的论据、全方位的比较和阐析，指出清诗的总体成就“超越元明，抗衡唐宋”，推翻了上述诸家的结论。20 世纪 80 年代初，在钱先生主持下的苏州大学明清诗文研究室全体人员通力合作，遍查全国各大中城市和高等院校图书馆，摘抄或复印清人及近人所著诗话、词话、笔记、稗史、尺牍、日记、碑传、年谱、档案、方志和诗文总别集等有关文献 1 200 余种，制作卡片 8 万余张，再进行整理、考订、编纂、补充，由钱先生一一细加审正，在 8 年时间内，完成并出版这一煌煌巨著，共 11 卷 1 000 多万字。《清诗纪事》与唐宋辽金元明诸朝诗纪事成龙配套，体例上吸取同类著作的优长而避免其不足，规模则远过之。重点突出清诗之纪述史事，反映现实，同时显示清代作家之众多、作品之宏富、流派之纷繁、诗论之精邃，极为有力地证实了有清一代诗歌创作的重大成就。此书问世后，在学术界激起强烈反响，钱钟书称为“体例精审，搜罗宏博，足使陈松山却步，遑论计、厉。……仲联先生自运，卓尔名家，月眼镜心，必兼文心史识之长”。“钱先生与诸君子之愿力学识，文史载笔，当大书而特书，举世学人受益无穷”[3]。周振甫、季镇淮、程千帆、王元化等学者亦纷纷赞誉。自 1990 年至 1998 年，《清诗纪事》连续 4 次获全国图书一等奖。

钱先生的诗歌理论，如上所述，重点在于阐述清诗，包括清词。19 岁时，即在《学衡》杂志发表《近代诗评》，以骈文体式，纵论清末民初各种诗派。1936 年完成专著《梦苕庵诗话》（齐鲁书社 1986 年出版，收入张寅彭主编《民国诗话丛编》，上海书店出版社 2002 年版），系统详论清代尤其是鸦片战争后晚清名家与作品，介绍与考订有关诗史价值之杰构，并论及民国诗人诗作，论述作家百余人，作品在千首以上。自 20 世纪 80 年代初至 1999 年，陆续出版《梦苕庵清代文学论集》（齐鲁书社）、《梦苕庵论集》（中华书局）、《当代学者自选文库 · 钱仲联卷》（安徽教育出版社），诸书大部分篇幅皆论述清代诗词。或以高屋建瓴之势宏观诗坛概貌，如《清诗简论》、《清代诗风与学风的关系》、《清诗三百首前言》、《清词三百首前言》、《近代诗坛鸟瞰》、《中国近代文学大系 · 诗词集导言》、《近代诗钞前言》；或从地域角度论作家群体，如《三百年来江苏的古典诗歌》、《三百年来浙江的古典诗歌》；或专论某一作家、某一流派，如《顾亭林的文学思想》、《论陈维崧的〈湖海楼词〉》、《袁枚新论》、《论近代诗四十家》、《人境庐诗草笺注前言》、《沈曾植诗学蠡测》、《张尔田评传》、《辛亥革命时期的进步文学家黄人》、《论“同光体”》；或阐释诗歌理论，如《清人诗文论十评》、《王船山诗论后案》、《境界说诠证》；或微观剖析作品，如《吴梅村清凉山赞佛诗笺》、《陈衍〈秋柳〉诗解辨正》，汪洋浩瀚，蔚为大观。语体论文之外，又有用传统诗学批评形式撰写的系列“诗坛点将录”，品评顺治、康熙、雍正、道光、咸丰、同治、光绪、宣统年间诗词名家数百人，与清人舒位的《乾嘉诗坛点将录》前后衔接，以见骚坛升降嬗变之迹，不啻一部生动简洁的清代诗歌发展史。除结成论集的专著，钱先生还有大量评说清诗清词的文字，诸如《清诗纪事》、《明清诗精选》、《清诗精华录》、《清诗三百首》、《清词三百首》、《清八大名家词集》、《近代诗钞》、

《近代文学大系·诗词集》、《近代诗举要》、《近代诗三百首》中针对每一作家作品的评论,为多位诗人所写评传,为各家别集所写文言序跋,在所编《中国文学大辞典》、《中国文学家大辞典·清代卷》中对诗人的论介,以及为各类诗词鉴赏词典所写的作品赏析,估计在百万言以上。近百年来,没有哪一位学者像钱先生这样,在清诗研究方面付出如许心力,称为一代开山巨手,当之无愧。

治清诗是钱先生的学术重点,而对其他朝代的诗歌、诗论和三千年诗歌艺术发展规律的探讨钱先生也同样卓有建树。《梦苕庵论集》、《当代学者自选文库·钱仲联卷》中如《皎然诗式简论》、《柳诗内诠》、《读昌谷诗札记》、《宋代诗话鸟瞰》、《万首论诗绝句前言》、《浣花诗坛点将录》、《鲍参军集注前言》、《韩昌黎诗系年集释前言》、《剑南诗稿校注前言》、《后村词笺注前言》、《宋诗三百首前言》、《佛教与中国古代文学的关系》、《古代山水诗和它的艺术论》、《谈诗歌中的联想》、《关于古代诗词的艺术鉴赏问题》、《唐宋词谭》(36 篇)诸文,以多种论述体式,展现了钱先生宏阔的视野、渊博的学识与精辟的见解。概而言之,钱先生在传统学术的基础上融化新知,创建了一个规模弘伟的诗学理论宝库,闪耀着民族文化的灿烂光辉。其诗论既独立成篇,圆赅邃密;又与专集笺注、作品选编紧密结合,互为观照,为广大学诗、研诗者树立了一座座导航艺海的灯塔。

钱先生在治高深之学的同时,还出其余绪,致力于古典诗歌的通俗普及工作。所编《近代文学大系·诗词集》(两大册)、《近代诗钞》(三大册)是集晚清诗词精品之大成的选本,对作家有评价而作品无笺释,可为专业研究者必备之书,但难以被一般读者所接受。因此钱先生陆续编出《宋诗选》、《宋诗三百首》、《明清诗精选》、《清诗三百首》、《清诗精华录》、《清词三百首》、《近代诗举要》、《近代诗三百首》等系列选本,从宋、清两代千万首诗歌中采撷佳作,"一以精严粹美为旨归"[4],辅之以精细说明的注释、深入浅出的赏析,诸书受到广大读者的欢迎。其中《清诗三百首》1984 年 3 月由岳麓书社印行,再版、三版乃至六版,仍然供不应求,1986 年 6 月该书荣获全国优秀畅销书奖。钱先生还亲自主编《中外爱情诗鉴赏词典》、《爱情词与散曲鉴赏词典》,并为十多种诗词曲赋鉴赏词典撰写了数以百计的篇目,其弘扬诗学、启迪后进之功,非仅在象牙塔中之治学者可及。

以上为钱先生诗学研究的各方面成就,而先生治学的特点是"以专带博,以博辅专",达到"圆赅"与"圆照"的境界。在沉沉夥颐的诗学著述外,钱先生编校《海日楼札丛》与《题跋》、《黄遵宪杂文钞》,编选《十三经精华》、《清文举要》,主编《中国文学大辞典》、《中国文学家大辞典·清代卷》、《历代论诗绝句》、《广清碑传集》、《历代别集序跋综录》,撰有多篇史学论文,各类编著无不体现其博大精深的学力。饶宗颐先生曾以"浑沦万象"四字概括钱先生的学术,决非过誉。

钱先生在 20 岁时就从事教育工作,历任上海大夏大学、无锡国学专修学校、南京中央大学、南京师范学院、江苏师范学院教授,1982 年后任苏州大学终身教授、博士生兼国内访问学者导师,教龄长达 76 年。在 2003 年冬季卧病之前,还坚守在岗位上,以 96 岁的高龄为研究生授课。而上文所述的学术研究和下文要论介的诗文创作只是钱先生的"副业",其毕生主要时间和精力都用于教学,栽培桃李满天下。这种鞠躬尽瘁、死而后已的献身精神,在老辈中亦不多见。

钱先生成就之卓绝,还体现在诗词与骈、散文创作方面,与其文学研究互为因果,相辅相成。而这方面的成就,似乎还未引起学术界充分的关注,故本文着重阐述之。

钱先生出身于旧时代士大夫家庭。祖父钱振伦为道光十八年(1838年)戊戌科二甲十七名进士,选翰林院庶吉士,散馆任编修,官至国子监司业,是晚清著名骈文家。祖母翁端恩,为清同治帝师、体仁阁大学士翁心存之女,工诗擅词。舅祖翁同龢,为同治、光绪两朝帝师,支持康、梁变法维新,是近代史上颇有影响的风云人物。父亲钱滮,光绪年间曾留学日本,母亲是常熟著名诗人沈汝瑾的从妹。叔父钱玄同、从兄钱稻孙、堂弟钱三强,皆为现当代名人。在浓郁的书香氛围中,钱先生"承庭训,缵家学、自髫龄即为诗"[5]。所著《梦苕庵诗》,从15岁时(1922年)开始存稿,24岁时(1931年)与王蘧常(瑗仲)合刻《江南二仲集》行世,获得当时著名诗人许承尧、张鸿、陈诗、陈衍、杨圻、金天羽的高度评价。陈衍采其诗入《石遗室诗话续编》,金天羽称为"才雄骨秀,独出冠时,老夫对此,隐同敌国"[5],并为1937年无锡国专排印本《梦苕庵诗》三卷作序,勉励钱先生开创诗国大业,"图王即不成,退亦足已称霸"。此后钱先生虽致力于学问,但作诗坚持不懈,中年又开始填词。至1994年,广东南社研究会编辑排印《梦苕庵诗词》,收诗七卷共1 427首,词一卷共58阕。而1994年至2003年这十年中,钱先生又创作了大量诗篇,未曾入集,有待搜辑。钱先生为诗终其一生,长达八十余年,就这一点而言,与他同辈的学者中,无人可及。

《梦苕庵诗》的早期作品以吟咏山水为主,风格清隽灵秀,"心情生活与山水背景相适应,诗作幽雅精致,艺术可算早熟"[3]9。1931年秋日寇侵占东北三省后,钱先生的诗风开始发生变化,在笺注晚清诗歌革新的代表、爱国诗人黄遵宪《人境庐诗草》的同时,写出大量愤慨国事的作品,悲壮激越。1937年"七七"事变发生,日军全面侵华,钱先生携眷随无锡国专西迁,"远走湘桂粤港 ,所为诗意境益恢"[5],记述抗日战事与万里流亡的旅途生活,兼写雄奇绚丽的山水风光,力作殊多,足以上继杜甫在安史之乱中所作系列名篇。尔后自40年代至70年代,诗中突出反映国共内战及"文革"期间的重大时事,寄托苍凉郁勃的忧世情怀,诗歌的思境与艺术,持续不断地达到高峰。拨乱反正后以至改革开放时期,诗人进入晚年,诗笔渐趋平淡,但骨力不衰,时有雄篇杰句。一部《梦苕庵诗》,气象恢宏,内涵深广,充分抒写20世纪中国知识人士饱经沧桑血火的苦难历程与心灵悲感,堪为一代诗史。

钱先生全面继承传统诗艺,广挹百家精华,"一法不舍,一法不取"[5],变化神明,宏开新境。一般诗人或学唐,或学宋,或上法汉魏六朝,于元明清三代诗缺乏深入的探索,甚至不屑一顾。钱先生则不然,"少年为诗,即力探柳子厚、陈简斋、姜白石、谢皋羽、阮石巢、厉樊榭诸家之奥"[5],青壮年时期除取法杜甫、韩愈、李贺、李商隐、陆游、元好问等唐宋金元诸大家外,对有清一代诗人如钱谦益、吴伟业、钱载、黎简、黄景仁、王昙、郑珍、龚自珍、姚燮、黄遵宪、丘逢甲,金天羽以及"同光体"魁杰沈曾植、陈三立、郑孝胥等人之诗皆汲其神理,为我所用,古近体长短篇无一不工,形成沉雄博大、瑰丽多彩的创作风格。钱钟书先生评《梦苕庵诗》"天海伟观,一集兼备"[3]47,谓兼有金天羽《天放楼诗》与沈曾植《海日楼诗》之特色,片言居要,精切不移。其次,钱先生渊博的学养既用于笺注前人诗,又服务于自家创作,诗中大量融化经史子集、释道二藏的事典,万象森罗,百灵奔赴,使诗之意境更趋含蓄沉厚,风格典雅高华,合诗人之诗与学人之诗二而一之。文廷式所言"照天腾渊之才,茹今涵古之思,磅礴八极之志,甄综百代之怀"[6],在钱先生诗中得以淋漓尽致的展现。笔者近20年来阅读的现当代名家诗集不下数百种,其中像钱先生这样集古今之大成者,寥寥数人而已。《梦苕庵诗》的总体成就,无论是与两千年来历代诗家作纵向比较,还是与同时的20世纪传统诗人作横向比较,堪居第一流大家之列。

钱先生的词作,同样迥非凡响。其《学述》云:“我不赞同晚清词坛的摹拟风气。我认为,时人高谈北宋欧、晏、美成,他们那种脂粉气的东西,与我格格不入。我反对墨守梦窗,也不学《花间》、五代,而喜爱苏辛一派,但爱的是雄骏气格,厌恶粗犷之作。我主张熔白石、稼轩于一炉,参以后村、辰翁、遗山,梦窗的词华也可吸取。”[3]46 钱先生的词学著述如《后村词笺注》、《清词三百首》、《近百年词坛点将录》以及评陈维崧《湖海楼词》等,皆明确揭示其宗尚所在,既推崇豪放词风,又兼容多种风格,纠正近代词坛过尊婉约乃至绮靡不振的偏向。《梦苕庵词》即其理论之最佳实践,夏承焘先生为之作《跋》:

“开卷诵桂林、阳朔诸篇,殆欲目空朱(彝尊)、厉(鹗);感时之什,如《感埃及近事》、《京口渡江》、《丙午元旦》等,亦使幼霞(王鹏运)、彊村(朱祖谋)缩手。写山水清嘉,如《苏堤步月》、《西湖初秋》诸阕,皆可颉颃《忆江南馆》(晚清陈澧词集名)。”

综观《梦苕庵词》,境界广邈,情味渊永,风骨遒上,笔力恣肆,有稼轩之沉郁、东坡之超旷,兼以湖海楼之“霸气”,又并非一味奔放,发露无余。虽取径苏、辛,但兼采白石、梦窗的艺术,间有清空绵丽之作,而婀娜中寓刚健,俊逸中见峭拔,仍以雄奇骏迈为主体风格。其瑰异杰特处,龚定庵、黄摩西、金天羽等近代名家的词风亦不无影响。青虹剑气,光烛龙渊,魄力才华,直摩文廷式《云起轩词》之垒,而作品的题材与意境焕然一新,则又是时代发展与社会变化的深刻影响。

《梦苕庵文存》收入用文言骈、散体撰写的各类序、跋百余篇,既是深蕴卓识的学术论文,又是艺术性极高的美文。骈文如《海日楼诗注自序》、《道藏源流考序》,散体如《全清词序》、《闲堂诗存序》、《固庵文录序》、《选堂诗词集序》等,评章学术,考镜源流,胜解澜翻,精义叠出。文风一如诗词之奄有众美:散体气格之雄骏奔放如韩昌黎,笔势之浑灏流转似苏东坡,而议论风发、藻采斋丽又若钱蒙叟。骈文更是用典浩博、属对精工,融六朝、唐、宋、清文名家之英华于一体,鳌掷鲸呿,云蒸霞蔚。与钱先生年辈上下的学人中,如沈轶刘、钱钟书、饶宗颐诸先生,作骈散文均称高手,但气象、笔力皆稍逊梦苕庵一筹,读者试取诸家文细较可知也。

我国三千年来的古典诗学,正是一个创作学的体系,学问从创作中来,升华为理论,又去指导创作,这与历代先哲强调知行合一的观念密切相关,用现代语来说就是实践出真知。古代的诗词理论家,从唐代的司空图、宋代的严羽、姜夔、张炎、周密到清代的钱谦益、王夫之、王士禛、沈德潜、袁枚、赵翼、纪昀、张惠言、周济、谭献、陈廷焯、况周颐等,无不能诗或擅词,且多为一代名手,故其鉴赏批评,颇多卓见,能切实有力地引导和促进当时的诗词创作,在不同的理论旗帜下,形成缤纷多彩的风格和流派。诗如此,文章也同样,从西晋陆机的《文赋》、南朝刘勰的《文心雕龙》到清代桐城派、阳湖派、湘乡派的文论,无一不与创作实践相结合。至现当代,老一辈学者仍然承续这一优良传统,年辈较长者如梁启超、章炳麟、冒广生、黄节、张尔田、王国维、陈匪石、刘师培、吴梅、马一浮、谢无量、黄侃、汪国垣、刘永济、汪东、陈寅恪,顾随等;年辈较晚者如俞平伯、王蘧常、夏承焘、唐圭璋、龙榆生、詹安泰、缪钺、施蛰存、吴世昌、苏渊雷、沈祖棻、钱钟书、程千帆、饶宗颐、罗彊烈等,无不既有精深的论著,又有华妙的词章,其中不少人往往先为诗人词家,再成学者。正是他们,构成了 20 世纪国学大师与文史专家的群体,同时也是百年来诗词创作的中坚,钱仲联先生为出类拔萃者之一。诗歌作为言志抒情的艺术,更能直接展示作者的心灵世界和审美情趣,与其论著互为映发,研究包括钱先生在内的前辈学人,探索其思想与学术,不能不重视其诗词作品。

诗词是文学中的文学，是语言高度凝炼的精华，其思想、情感、格调、神味，全靠词句、典故、对仗、平仄音韵等外在的形式来表现。如果研究者缺乏创作甘苦的体验，未得诗之三昧，其鉴赏批评必然难以切中肯綮，甚至不能区分作品的高下优劣，理论流于空谈谬说。时下各类书刊、鉴赏词典中的大量泡沫文章，多是不能作诗者笔下的产物。对当今学术界漠视诗词创作以及理论中出现的弊端，钱先生在《学述》中畅谈切身经历，并提出严肃的批评："我终身孜孜不倦地探究追求诗歌艺术的最高境界，作诗填词成为我生命活动的重要组成部分。在我看来，旧体诗词并不像有些人所认为的那样已经生机断绝，濒于熄灭，将被新体诗所替代。理由是自绩溪胡适之先生倡导新体诗以来，新体诗卓然可与古诗人所作争胜者未见。而新体诗人之前驱如俞平伯、沈尹默诸先生，寖假而辍不复为，转而从事旧体诗之写作矣，写之乃弥工，兹是证古诗之生机尚存，如人之老当益壮也。此外，诗歌创作不仅是抒情言志的得心应手的工具，而且是文学研究尤其是我一直从事的诗集笺注工作的必要基本工夫。……眼下有些人号称鉴赏诗、注释诗、研究诗而不通音律，不能为诗，甚至不辨平仄，致使其对诗歌的理解和阐说往往是雾里观花，隔靴搔痒，有时还会闹出常识性的笑话来。这样的教训是应该记取的。因此，我作诗填词，为骈、散文、终身不辍。"[3]58—59 由此可见，钱先生在学术上之所以成就超卓，始终不离文学创作，是重要的原因。饶宗颐先生说："一切之学必以文学植基，否则难以致宏深而通要眇。"[7] 这是确凿不移的真理，前辈学者的业绩，已有充分的验证。而建国后培养的中青年人文学者，失落了创作与理论相结合的传统，即使适应时代风气，在治学方法上有所更新，建构了不少所谓体系，总体成就却远远达不到大师的境界。

笺注、考证之学，到清代蔚为大宗，钱先生承接这一传统而发扬光大之，但与皓首穷经、重道轻文的学究们迥然异趣。钱钟书《谈艺录》第 178 页引《晚清籍诗汇・序》论清诗第二事曰："肴核坟典，粉泽苍凡，证经补史，诗道弥尊"，言"此又囿于汉学家见地，必考证尊于词章，而后能使词章体尊"。以下引王充《论衡・超奇》篇"儒生过俗人，通人胜儒生，文人喻通人，鸿儒超文人"之论，评曰"是则著书撰文之士，尊于经生学人多矣。"《管锥编》复言"词人一联足抵论士百数十言"（第 20 页）、"文人慧悟逾于学士穷研"（第 496 页）、"词人体察之精，盖先于学人多多许矣"（第 618 页），一再强调包括诗人在内的文人实胜于经生学士。仲联先生既具有渊博的学养，更以第一流大诗人的慧心卓识来论诗、选诗，故而目光如炬，洞察精微，在深识千年古典诗歌源流正变之时，开掘出历代作家作品中极为丰富的宝藏，《梦苕庵诗话》、《梦苕庵论集》及骈、散文序跋中许多结论，历久弥新，至今无人能够突破。又因为钱先生是诗人，注诗亦远胜于不能诗之学者，张尔田称其注沈曾植诗，"由诗人所隶之典，以曲会夫诗人之意，将叟所谓不可尽知者，亦且于是焉或遇之"[2]。冯振亦称其注黄遵宪诗，"抑自来能诗者未必注诗，注诗者不皆工诗。而仲联自造，掐擢肾胃，不懈而及于古，并世胜流固多称之矣。以诗人而注公度诗，吾知其必有当也。往者钱牧斋以诗鸣一代，其笺注杜诗，论者谓为多得少陵微旨。盖知人论世与以意逆志，非诗人注诗，莫能合二为一也"[8]。今人推崇钱先生笺注之学，多惊叹其知识之广、用力之勤，而不知有诗人之慧悟方能独得玄珠，所誉就未免失诸皮相了。

然而笔者更推重钱先生宏扬民族文化、坚持传统学术本位的独立人格与崇高精神。陈寅恪先生为王国维所作纪念碑铭文中云："先生之著述，或有时而不彰；先生之学说，或有时而可商。惟此独立之精神，自由之思想，历千万祀，与天壤而同久，共三光而永光。"又在《柳如是别传·缘起》中表明讴歌女主人公的宗旨:“夫三户亡秦之志,九章哀郢之辞,即发自当日之士大夫,犹应珍惜引申,以表彰我民族独立之精神,自由之思想。何况出于婉娈倚门之少女,绸缪鼓瑟之小妇,而又为当时迂腐者所深诋,后世轻薄者所厚诬之人哉!”试观陈先生所颂美者,一为抱西山薇蕨之志,为逊清殉节的遗老;一为三百年前秘密从事抗清复明活动,但出身于烟花里巷的女子,皆不为世俗所理解,却同样具有自由之思想、独立之精神。陈先生以绝大笔力,拨云雾而见日星,真乃深心卓识,迥越时流。盖自新文化运动以来,知识人士向往欧西文明,批判封建专制,宣扬民主与科学,护持传统者被斥为“顽固守旧”,乃致玉石无分,一同毁弃。“五四”先贤志在救国,其历史功绩固然不可抹煞,但矫枉过正,破坏有余而建树不足,接踵而来的军阀混战、工农革命、抗日战争等一系列大动乱又压倒了思想启蒙,九域分崩,万流横溃,遑论民族文化之复兴重建!1949 年后,以阶级斗争为纲,制造十年浩劫,知识精英被视为牛鬼蛇神,摧残殆尽,文坛学苑,一片荒芜。改革开放时期以经济建设为中心,文化学术被拜金风气所污染,复有净土难寻之叹。以上略述近百年时世之风云变幻,可见人文学者立身处境之艰辛困窘。在举国崇尚白话文与新诗、顶礼膜拜西学之时,钱先生不随流俗,甘于寂寞,坚持创作传统诗词与骈散文,学术上葆有鲜明的民族特色,笔者以为,此即陈寅恪先生所言独立精神之体现。若以西方自由民主、个性解放等价值观念来衡量,钱先生著作中似难有吻合处,且不免留有政治高压下的思想印记,但拂拭浮尘,即显美玉精金之实质。正是由于有包括钱先生在内的一批前辈学者、诗家的护卫、承传,祖国的传统文化才能在一次次劫难中延续生机,顽强发展,如同沙漠中辟出一块绿洲,使后世子孙的心灵有栖息之地。“天行健,君子以自强不息”;“为天地立心,为生民立命,为往圣继绝学,为万世开太平”,这种儒家的信念与抱负并未因沧桑易代而销沉光彩,即使到了全球化的 21 世纪,也必然有新一代知识精英接过前人的火炬,照亮中华文明繁荣发展的道路。

参考文献:

[1] 马亚中. 学海图南录——文学史家钱仲联[M]. 南京:南京大学出版社,2000.

[2] 钱仲联. 沈曾植集校注. 海日楼诗注序[M]. 北京:中华书局,2001.

[3] 钱仲联. 钱仲联学述[M]. 杭州:浙江人民出版社,1999:97—98.

[4] 钱仲联. 宋诗三百首·前言[M]. 杭州:浙江古籍出版社,1987:10.

[5] 钱学增. 梦苕庵诗词·后记[M]. 广州:广东南社研究会,1994.

[6] 陈乃乾. 清名家词第十卷. 文廷式·云起轩词序[M]. 上海:上海书店,1982.

[7] 饶宗颐. 固庵文录[M]. 沈阳:辽宁教育出版社,2000:279.

[8] 钱仲联. 人境庐诗草笺注·冯柱序[M]. 北京:中国青年出版社,2000.

原载《合肥学院学报》(社会科学版)2005 年第 22 卷第 1 期

钱仲联先生学术研究述略

涂小马

一

仲联师初名萼孙，字仲联，中年以后以字行。原籍浙江省吴兴县，自高神祖以上，世代务农。曾祖孚威，字港汰，始读书为诸生。祖父振伦，字楞仙，道光十八年(1838年)戊戌科二甲十七名进士，选翰林院庶吉士，散馆授编修。道光二十四年(1844年)出任四川乡试正考官，同年曾国藩以副考官偕行。回京后擢任国子监司业，以丁母忧去官归里。适其岳丈常熟翁心存自国子监祭酒、工部侍郎、户部尚书擢官至体仁阁大学士。为避免裙带之嫌，振伦终制后就不再进京任职，后半世一直以教书谋生，先后担任扬州梅花书院、淮阴崇实书院山长。振伦是晚清著名的骈文家，曾注《鲍参军诗》4卷、《樊南文集补编》12卷，又从《全唐文》中选录骈文编为《唐文节钞》10册。自著有《示朴斋骈体文》6卷、《示朴斋骈体文续》1卷、《示朴斋随笔》1卷。谭献《复堂日记》、张之洞《书目答问》都将他作为清人学唐骈文的典范而加以推许。仲联师的祖母翁端恩是清末两朝帝师翁同龢的姐姐，也擅长诗词，著有《簪花阁集》。端恩虽出身华胄，但自嫁钱家后，与夫君同甘共苦、同流寓在外，直到光绪五年(1879年)振伦客死苏北，生活无着，才不得已携子归居常熟。其弟同龢购县城内引线街老屋三进安置她。从此，钱家就寄籍常熟。仲联师就是在“露似珍珠月似弓”的清光绪三十四年(1908年)九月初三夜诞生于常熟的，因为长于常熟，故里吴兴虽隔太湖相望，而数十年间未尝一至，所以取“梦苕庵”(吴兴有“苕溪”)以为室名，寓饮水思源、落叶归根之意。而常熟又是仲联师生命和事业的发祥地，数十年人世沧桑，常熟虞山的影子和人文风光总在脑中闪现，所以又取“望虞阁”为室名，表明对第二故乡哺育之恩的永生难忘。

仲联师的父亲钱滮，字幼楞，光绪间曾随当时任留日学生监督的从兄钱恂赴日本留学，同行者从弟玄同，从侄稻孙、穟孙，以及周树人(鲁迅)等。后因体弱多病，中途辍学回国，家居养病。仲联师的母亲是著名诗人沈汝瑾的从妹。仲联师幼时常依母怀，听母亲柔声唱吴语山歌、吟诵唐诗、讲弹词故事，自8岁起，每日自就读的琴南初等小学放学回家后，即在父亲督责下学习、抄写祖父的各种著述遗稿，日抄两三页，寒暑不辍，持续数年。就在这看似枯燥乏味的读写过程中，古奥艰深的旧体诗文由不懂到渐懂，由略知一二到较为深入广泛地理解掌握，由动手模仿习作到写得较为像样……坚实的旧学底子就这样日复一日地积累加固起来。

1923年底，仲联师毕业于常熟县立师范。翌年春天，经其姑父俞钟銮介绍，以第一名优异成绩考入无锡国学专修学校。无锡国专所研习的“国学”并不局限于传统的经济或宋明理学，而是囊括经、史、子、集，涵盖文学、史学、哲学、地理、经济、艺术等中国文化诸多领域的学问。这与时任国专校长的唐文治先生的学术修养有关。唐先生少从太仓王祖畲学程朱之学，后从晚清汉学家定海黄以周攻考据，又得桐城吴汝纶真传，因而融通义理、考据、辞章。唐先生在师资选择方面也不拘一格，兼收并蓄，颇有蔡元培办北大的气派，经他以重金聘至国专任教授或作讲座的先后有陈衍、章太炎、顾实、钱基博、周谷城、周予同等人。仲联师在如此良好的环境下，如鱼得水，刻苦攻读，如饥似渴地吸收各种知识和学问。唐先生早年出自翁同龢门下，与翁氏有师生之谊，后又曾在翁家处馆，由于这样的关系，对仲联师督责愈严，曾选派仲联师和年级高于他的王蘧常、唐兰、吴其昌、毕寿颐等每周一次至苏州曹元弼家学习《仪礼》、《孝经》。1926 年冬，仲联师以第一名的成绩毕业，当时与首届学员王蘧常、二届学员蒋天枢齐名，号称“唐门三鼎甲”。

1927 年春，仲联师至上海谋生，两年后，与王蘧常先生（字瑗仲）合刊《江南二仲集》，并陆续和海上文坛名人谢王岑、张大千、潘飞声、陈诗、冒广生、夏敬观、李宣龚等缔交往来，经常参与他们的宴饮和诗会，视野得到了较大的开拓。“九一八”事变爆发，面临国家危亡的严酷现实，仲联师打破了过去个人的书斋天地，奋力跃出“同光体”和山水风光的狭窄圈子，参用虞山诗派和清末诗界革命的创作方法，写出了一批反映现实、感咏国事的诗篇。诸如《哀沈阳》、《哀长春》、《马将军歌》、《书愤》、《哀锦州》、《飞将军歌》、《李营长死事诗》、《胡烈士诗》、《虹口义屠诗》等。这些诗发表在《申报》副刊上，极大地鼓舞了人心和士气。黄炎培每从报刊上读到这些诗，拍案叫绝，剪报保存，并且常以传示友人，广为谕扬。不仅如此，还介绍仲联师结识了“诗界革命”的重要人物、吴江著名诗人金天翮（松岑）。金先生也对仲联师的诗作赞赏不已，将其选登在他所主编的《文艺捃华》上，称其“才雄骨秀，独出冠时，老夫对此，隐若敌国”。后来为仲联师诗集作序，谓“其骨秀，其气昌，其辞瑰伟而有芒”。并以在诗国“图王”、“称霸”相勉励。

“七七”事变发生，抗战军兴，仲联师又写了许多感咏时事战局的作品，如《初闻冀北消息》、《平津沦陷感赋四首》、《佟赵二将军殉国诗》、《大刀勇士诗和无恙》、《八百壮士诗》等。抗战期间。即使是那些描写桂林、阳朔佳丽山水的诗作，也难免时时流露忧患乱离的心声。如《榕树楼晚眺》：“榕树楼头倚夕阳，万鸦城郭入苍茫。湖烟白褪芙蓉色，秋气黄归薜荔墙。如此江山犹战伐，可无刀剑出肝肠。乱峰遮眼真多事，我已登临不望乡。”当抗战胜利，举国欢庆，人民盼望和平，而国民党当局冒天下之大不韪，悍然发动内战时，仲联师写下了《秋兴八首次少陵韵》以寄愤慨。中华人民共和国成立后，他又热情洋溢地写了许多歌颂党、歌颂社会主义的诗篇。1997 年 1 月，香港施学慨先生为主编《回归诗词百首》，专程来苏州向仲联师求序并征诗，当时身体不适、九十高龄的先生慨然于当晚就写成了《喜迎香港回归祖国》三十六韵的五言古风。

仲联师终身孜孜不倦地探究追求诗歌艺术的最高境界，作诗填词成为其生命活动的重要组成部分。在他看来，旧体诗词并不像有些人所认为的那样已经生机断绝，濒于熄灭，将被新体诗完全替代。因为自绩溪胡适之先生倡导新体诗以来，新体诗卓然可与古诗人所作争胜者未之见，而新体诗人之前驱俞平伯、沈尹默诸先生，写新诗不久又转而从事旧体诗写作，而且为之弥工、可见古诗之生机尚存，如人之老当益壮。此外，诗歌创作不仅是抒情言志得心应手的工具，而且是文史研究尤其是诗集笺注工作的必要基本功夫。仲联师深感于严羽在《沧浪诗话》中关于诗歌与读书关系的论述，平时谆谆教导我们：陈衍曾批评钟嵘不能为诗而妄评诗，因而语多谬悖，评次失当、陈柱也曾批评郑玄虽精通古礼而不能作诗，故笺三百首不能无失。这些批评不能不说是击中要害的。相反，“往者钱牧斋以诗鸣一代，其笺注杜诗，论者谓多得少陵微旨，盖知人论世以意逆志，非诗人注诗，莫能合而为一也”。同样“仲联自造，掐擢肾胃，不懈而及于古，并世胜流固多称之矣。以诗人而注公度诗，吾知其必有当也”。(以上均见冯振《人境庐诗草笺注序》)仲联师对中国文学古籍整理能作出特殊贡献，一方面由于海纳百川，博学多识；另一方面，正是因为他本人就是杰出的文学家。

二

青年时代的仲联师在学诗与治学、做诗人或是当学者的选择中，更倾向于前者。因而早年的学问研究都与诗歌艺术密切相关。就其本人初衷而言，治学动机在很大程度上是为了借鉴前人创作经验，直接服务于自己的创作实践。仲联师告诉我们，他的学术活动中的第一个里程碑式的著作《人境庐诗草笺注》就是基于两个原因择定的，一是因为一些私人关系，黄氏曾为翁同龢所赞誉，见《翁文恭公日记》。其随薛福成为驻英使馆参赞时，仲联师的伯父钱恂也在薛处，与黄氏为同僚，两家有世交渊源。另一方面是因为诗歌创作的需要。黄遵宪是晚清率先吹响古典诗歌改革运动号角的新派诗人的领袖人物，而《人境庐诗草》正是晚清诗歌革新的代表，爱国诗歌的典型。其诗以旧格律运新思想，诚不愧为诗界之哥伦布。仲联师选取他作笺注，不仅想由此探索诗家的用典奥秘，具体了解中国近代历史的发展过程，并欲借鉴黄诗，写出反映同样困难深重年头的作品来。笺注工作始于1931年，上海商务印书馆1936年出版。王蘧常为此书作序，称黄遵宪“丁有清末造，外患沓至，慨然有意于当世之务，而卒莫得用”，且终“以废弃故”，“所为诗忧深思远，其庶几有(屈)原之心焉。‘称叹仲联师’于此颠危沉浊之中，未尝不能随流捐泥以取富贵，乃独穷老荒江”，守黄遵宪诗“而好之，且为之笺注至数十万言，而尤详于国难”，志在以文字“激发国人”，救国“于未亡之先”。冯振序则称此书与钱谦益注杜诗“其所成就，异代而同符”，读之“可觇国运，察时变”，“足以激发末世之人心，为救亡之一助”。周作人、夏衍等都曾非常重视这一研究成果，日本人甚至将由《人境庐诗草笺注》开创的黄遵宪研究称为“黄学”。

仲联师以余事做学者，不想竟成了著名学者。就其学术成就而论，大致可以分为清前文学研究、清代文学研究、文学文献整理三个方面。

1. 清前文学研究

40年代后半叶至50年代前半叶的十余年间，仲联师息影乡间，先后任教于常熟县支塘中学、沙洲中学，讲授国文。课务闲暇，除搜集材料对初版本《人境庐诗草笺注》加以认真补充修订外，还推出了另两部重要专著——《鲍参军集注》和《韩昌黎诗系年集释》。

鲍照才秀人微，取湮当代，生前既没有受到客观公正的评价，身后更没有在中国诗歌史上得到应有的一席之地。最早为《鲍参军集》作笺注的是仲联师的祖父钱振伦，系从张溥《汉魏六朝百三名家集》中摘抄鲍照诗文，搜集汇录李善《文选》注、吴兆宜《玉台新咏》注、闻人倓《渔洋古诗选》注中有关内容，加以自己的研究心得而成。但因为没能见到后来的《四部丛刊》影抄宋本，无从据以作校刊。1921年冬，正在北京大学任教的黄节从钱家借去《鲍参军集注》书稿，抄录全编，并就诗注部分四卷加以增补，又间采前人论鲍诗诸说附于后，于1923年冬由北大排印问世。而文集部分二卷，则未作补注，也未刊行。仲联师的补注工作是在前两家的基础上进行的。首先是依据涵芬楼影印毛斧季校宋本、《文选》六臣注影宋本、《乐府诗集》影宋本、严可均《全宋文》以及《艺文类聚》、《初学记》、《太平御览》等古籍所引，将全集校刊一过，增加校语于注文之后。其次是就诗注部分黄节尚存罅漏处，加以补苴，对前人论鲍诗诸说之遗漏者予以增补。其文集部分，黄节未作补注，仲联师则在初注基础上作为补注。文集后增辑前人论鲍文诸说，一如诗注体例。最后别辑前人总论鲍照诗文之说，并新撰《鲍照年表》附于卷末。一部浸透三代学者心血，较为完善的《鲍参军集注》终于在 1958 年由上海古典文学出版社初版，并于 1980 年由上海古籍出版社重版。

与鲍照相比，韩愈在中国文学史乃至思想史上的地位要显赫和确定得多，千余年来，对《韩昌黎集》的笺释研究一直是一个热门课题，但仍不能无憾。就代表清人韩诗笺注最高成就的顾嗣立《昌黎先生诗集注》和方世举《从昌黎诗集编年辑注》而言，前者号为删补旧注、搜罗较丰，流传较广而影响较著，但颇少新意，且有删补不当之处；后者创为编年，增补诠释，附会史事、与旧注互有得失，但编年多误，且又未及从事版本校订。仲联师的《韩昌黎诗系年集释》仿照清人集解间诂一类的纂述方法，采集唐宋以迄民国 237 家论说，考辨增补，大量参以自己的新解，并对韩诗重新作系年编排。具体工作主要包括四个方面：一曰校，首列方崧卿《举正》、朱熹《考异》全文，次以祝充、魏怀中、廖莹中、王伯大四家影宋、元本为主，偶及明、清版本，下逮清人、近人考订，参比异同，择善而从；二曰笺，本着知人论世的宗旨，考索推求作品的时代背景、本事和涉及的有关人物等；三曰注，包括文字、典实、地理、名物等，凡使事之来源、缀文之诂训、奇辞奥旨，远溯其源，务期昭晰，无有所隐；四曰评，词章之科，不同于考据，贵在赏析精微，窥古人文心所在，故选辑诗话、笔记、日记、尺牍以及总集等书籍中对于有关作品的评论。另外还增补了一些注释，采摭范围迄于近代，包括章炳麟、黄侃、章士钊、陈寅恪、岑仲勉、陈延杰等人的研究成果，以及自己的心得。《集释》1957 年由上海古典文学出版社出版，著名学者钱钟书先生在《文学研究》1958 年第二期即发表长篇书评，称述“这许多分散甚至于埋藏在文集、选本、笔记、诗论等书里的资料，由钱仲联先生广博的搜掘、长久的积累、仔细的编排，还加上一些自己的心得，成为这部著作。从此我们研究韩诗，可以一编在手，省掉不少翻找和抄录的麻烦，比研究杜甫、李白、王维或李商隐的诗方便多了。因为还没有人对那些诗的清人注集做过钱先生那样大规模的补订”。1984 年 3 月，《笺释》由上海古籍出版社再版时，仲联师又依据新材料、新成果对全书作了不少改动增删，并加上了标点，重写了《前言》，以使适合于更广大的读者群。

1961 年秋，仲联师在上海参编《中国历代文论选》期间，中华书局上海编辑所约请他校注南宋诗人陆游的诗集——《剑南诗稿》。陆游是中国文学史上著名的高寿多产诗人，其存诗数量略等于唐宋诗坛大家李白、杜甫、白居易、苏轼、黄庭坚五家的总和，而《剑南诗稿》全集向来未有注本，为该书作注，是一项无所依傍的开创性工作，与整理前人注释的“集注”或增补前人注释的“补注”迥异。仲联师的《剑南诗稿校注》大致做了四个方面的工作。一是校勘。以汲古阁后印本为底，据北图藏宋刻《新刊剑南诗稿》残本及宋刻《放翁先生剑南诗稿》残本、《四部丛刊》影印明弘治本、宋人罗椅《涧谷精选陆放翁诗集前集》、宋人刘辰翁《须溪精选陆放翁诗集后集》，以及明人刘景寅从《瀛奎律髓》中抄辑而成的《别集》、影印本《永乐大典》，偶亦旁及其他，如地志、石刻等所载，以之校改底本中目录、诗题、字句等方面的讹误，存其原字于校记；诗题、字句不同者，择善而从，仍存其原题、原字于校记；出入不大，可两存者，加校语，不轻改；缺字或漫漶不清者，加以校补。对古今字、通假字不轻出校，而对两种宋刻残本与底本的异同情况，则虽细微，也作出校记，使读者得以借此略识宋本面目。二是辑佚。85 卷之外的陆游诗作，除收入毛晋所辑、毛扆续添的《放翁逸稿》，并对其中混入的非陆游作品，一一加以识别考辨而外，还增辑了《逸稿补遗》14 题 33 首和若干零句。三是题解，考释诗歌的写作时地、历史背景以及诗题中涉及的人物、山川，有话则长，无话则短。四是注释，包括诗中涉及的地名、人名、典故、僻词，以及持论之所自出，诗句之借鉴于前人处等。在题解和注释中，凡在《剑南诗稿》、《渭南文集》和《老学庵笔记》中有关材料可资参证者，尽量采取以陆证陆的方法，予以拈出。

《剑南诗稿校注》工作，历经四年完成。1965 年，仲联师将凝聚着无数心血的 278 万字的书稿交给中华书局上海编辑所，由于"文革"的干扰，直至 1985 年始由上海古籍出版社出版。1992 年，该书荣获国家新闻出版署颁发的全国古籍整理图书二等奖。

"文革"期间，仲联师仍孜孜矻矻，勤于著述，完成了《李贺年谱会笺》和《后村词笺注》两部著作。其中《李贺年谱会笺》在朱白清《李贺年谱》的基础上，广泛吸收古今学者的研究成果，略依张采田《玉溪生年谱会笺》之法，翔实而细致地考证了李贺的世系、家居、歌诗旨意和《李贺歌诗集》的版本源流，并对历来李贺研究中的失误、异说多有辨正。《后村词》是南宋著名爱国词人刘克庄的词集。其作品不仅以呼唤国家统一、关心民生疾苦的现实主义思想内容为政治基调，迥然自外于一时士大夫沉湎歌酒声色、散发绮罗香泽的词风，而且在表现艺术上自觉地继承并发展了辛弃疾"大声镗鞳，小声铿鍧，横绝六合，扫空万古"的豪放传统。杨慎评谓"壮语足以立懦"，毛晋评谓"雄力足以排奡"，从而达到了思想性和艺术性在较高水平上的统一，成为南宋辛派词人三刘（刘过、刘克庄、刘辰翁）之中成就最高的人。自宋代以来，《后村词》经多次编刻，有许多不同版本，却从未有人作笺注。因而仲联师《后村词笺注》具有填补空白的意义。传世《后村词》各种版本存词数量不同，编排次序也异。《笺注》采用朱孝臧编《彊村丛书》五卷本《后村长短句》为底本，全录朱孝臧所作校记，并参用汲古阁《宋六十家词》本《后村别调》、《四部丛刊》影印无锡孙氏小绿天藏赐砚堂旧抄本《后村先生大全集》以及陶氏涉园《影宋金元明本词》本《后村居士诗余》作校，增加校记。在编排方面，将可以明确考出写作年代的作品编年排列，计词 130 首，其余无法考出确切写作年代的作品，则仍按《彊村丛书》本原来的编排次序，并将《全宋词》所辑 6 首附后，共两卷，计词 134 首。这样，刘克庄存世作品迄今所见者已收罗无遗。笺注体例则略同《剑南诗歌校注》。

2. 清代文学研究

仲联师作为清代文学研究的权威学者，在该领域所取得的学术成就灿烂辉煌。大致说来，仲联师的清代文学研究可分为四个方面"清人诗集笺注、清人别集点校、清人诗歌选本、《清诗纪事》的编纂。

清人诗集的笺注除前述《入境庐诗草笺注》外，投入精力更多，笺注难度更大的是《海日楼诗集笺注》。《海日楼诗集》的作者沈曾植是仲联师的太老师，也是他最为佩服的近代学者之一，沈氏以学人为诗，融通经学、史学、玄学、佛学等学术思想入诗，尤其佛典，几乎触目皆是，仲联师注沈诗具备一些有利条件。一是沈氏生前与之有交往接触的人如夏敬观、李宣龚、冒广生等都寓居沪上，与仲联师为忘年之交，尤其沈氏晚年亲炙之门人王蘧常先生与仲联师过从甚密。二是上海公共图书馆和私人藏书极为丰富，查找资料方便。为了笺注沈诗，仲联师设法购得频伽精舍本《大藏经》一部，几乎翻遍，而且借此撰写并发表了《柳诗内诠》、《佛教与中国古代文学的关系》等重要论文。沈氏在四裔舆地研究领域，是用力最早而收获较丰的学者，沈诗中的史学典故很多，因而注出史典也是很大的难题，仲联师为此旁搜远绍，广泛阅读，取得了可观的成绩。例如，仅仅为注沈氏用的六朝史典，仲联师就一度致力于《晋书》、《宋书》、《北魏书》、《南史》、《北史》的研读，将重要的史料分门别类，作为笔记，进而融会贯通，形成自己的见解。于笺注沈诗之外，还写出了《读北魏书崔浩传书后》、《读宋书札记》等史学论文。沈诗的笺注工作持续了四五年，始完成初稿，并于1944年至1945年间部分连载于《学海月刊》上。后来，仲联师与沈曾植的嗣子慈护缔交，并于1947年七八月间，应慈护先生之邀，客于沈宅，整理沈曾植遗著，得读其笔记、文稿及大量手稿，详细掌握了沈曾植的交游酬唱、学术活动等背景材料，用以补充《笺注》初稿之不足。这期间，还整理编成了《海日楼札丛》8卷、《海日楼题跋》3卷，中华书局上海编辑所1962年出版。80年代，国务院古籍整理出版规划小组将《海日楼诗集笺注》列入出版规划，仲联师又在补订稿基础上再作修订。该书去年已出清样，可望今年见书。

仲联师在40岁左右完成的诗集笺注著作还有《吴梅村诗补笺》和《钱牧斋诗补笺》。钱、吴两家是齐名于明清之间的诗坛巨匠，他们的诗集中都有大量饱含沧桑之感的爱国诗篇。仲联师之前，吴梅村诗已有吴翌凤、靳荣藩、程穆衡三家笺注传世，三家都未见到宣统三年（1911年）由武进董氏诵芬室刊印的58卷本《梅村家藏稿》及所附《年谱》，将作品的写作年代和政治背景往往搞错。仲联师作补笺，既是补三家注所未备，又正其疏漏舛误。钱牧斋诗按写作时代编为《初学》、《有学》、《投笔》三集，旧有其族孙钱曾注。仲联师补笺，则参照南明史料，补钱曾囿于当时环境而"慎不敢出"者，旨在为钱牧斋抗清事迹发微探隐，有些内容还超出金鹤冲《钱牧斋先生年谱》及陈寅恪《柳如是别传》，间及释典、道籍与舆地，及钱曾注有缺误者。这两部著作与《海日楼诗集笺注》一样，完成以后一直保存在家中，"文革"中，所有的著作手稿均为抄家者劫走，所幸沈诗、吴诗录有副本，1984年《吴梅村诗补笺》与《李贺年谱会笺》一起，由中国社会科学出版社冠以《梦茹庵专著二种》的书名出版。至于《钱牧斋补笺》，由于未录副本，家中只残留一些零星底稿。

仲联师在清人别集点校方面的成绩主要是整理钱牧斋的诗文。1983年，仲联师受上海古籍出版社之托，历时十余年，花费大量心血，以宣统二年邃汉斋排印本为底本，参以各种刻本，对合计160卷的《牧斋初学集》和《牧斋有学集》作了悉心的标校整理，撰出校语两万多条。两书分别于1985年、1996年出版。

仲联师鉴于前人于诗歌方面重视唐诗，而轻忽宋诗，尤其是明清诗，因而在宋以后诗方面做了不少普及工作。主要著作有：1934年上海汉文正楷印书局出版的《清诗三百首》（后来，岳麓书社多次重印）、1936年无锡国学专修学校印行的《宋诗选》、浙江古籍出版杜1987年出版的《宋诗三百首》、齐鲁书社1987年出版的《清诗精华录》、上海教育出版社1989年出版的《近代诗举要》、浙江古籍出版社1990年出版的《近代诗三百首》、江苏古籍出版社1993出版的《近代诗钞》和1992年出版的《明清诗精选》。诗选之外，仲联师还注意文、词的选编，主要著作有：安徽教育出版社1989年出版的《清文举要》、岳麓书社1992年出版的《清词三百首》和《清八大名家词集》、上海书店1991年出版的《中国近代文学大系·诗词集》。以上各种中，尤以《近代诗钞》为要，可与陈衍的同名书双峰并峙。

四次荣获国家级一等奖的《清诗纪事》更是仲联师对学术界的卓越贡献。关于清代诗歌的专门纪事之书，行世的仅有邓之诚《清诗纪事初编》一书，该书详于清初，所录仅顺治、康熙两朝，且偏于诗人经历考订，所录之诗，虽亦有事，但往往空泛而不具体，笼统而无特定背景，与张应昌《国朝诗铎》一类选本基本无别。仲联师另编《清诗纪事》，设定的工作目标或学术意义在于：从中国文学发展史的高度出发，全面总结清代诗学的经验成就，通过检阅清诗的独特成就来确立其在中国文学史上的恰当地位。再者，《清诗纪事》除以纪历史社会为主以外，又极重视对作家的评论资料的甄录，可以为清诗研究者提供许多重要文献。这部22巨册、由江苏古籍出版社1989年最后出齐的著述一经问世，即被学术界公认为近年来古籍整理研究工作的硕果，周振甫、王元化先生撰文高度赞扬，钱钟书先生来函称赞此书"体例精审，搜罗弘博，足使陈松山却步，遑论计、厉"，"宏编巨著，如千尺浮图，费时无多，竟能合尖。钱先生与诸君子愿力学识，文史载笔，当大书而特书。举世学人，受益无穷"。

3. 文学文献整理

仲联师先后应聘参加过多种大型辞书的编纂工作。1962年秋，在上海参与《辞海》古典文学部分的审稿和修订工作；1979年起，以编委身份编纂《汉语大词典》；1984年，任《中国大百科全书》中国文学卷编委、副主任；1984年12月，任《中国文学家大辞典》清代卷主编（该书中华书局1996年出版）；不久，即受上海辞书出版社之请，领衔主编《中国文学大辞典》（1997年出版）。仲联师先后主编或参与编撰的文学工具书达20余种。

清代钱仪吉始收清人碑传为《碑传集》，续为增补者有缪荃孙《续碑传集》、闵尔昌《碑传集补》、汪兆镛《碑传集三编》。仲联师在以上四家之外，广事搜辑，主编成《广清碑传集》（苏州大学出版社1999年出版），共收1 100余人，碑传1 200余篇，210余万字。鉴于保存在别集序跋中的文学理论资料异常丰富，且往往为人所忽视，仲联师又于1998年主编完成了《历代别集序跋综录》，该书将由江苏教育出版社出版。

仲联师虽已93岁高龄，但思维敏捷，治学不辍。今年始，笔者协助整理《钱仲联文集》（25卷，河北教育出版社即出），仲联师仍对以前出版的著作有不少修订补充。我们衷心祝愿他老人家身体健康，为学术界作出更大贡献。

原载《古籍整理研究学刊》2000年第5期

旷世奇才大宗师

——记无锡国专名师饶宗颐

雷 铎

大宗师的小素描

从事文字写作与研究30余年来，我写过不算少的名人评介，但从来没有一个人像饶宗颐先生这样令我觉得难以下笔，我深感如同对着大地上的一座高山、一片大海、天空的一阵雄风、一片云霞即所谓高山仰止，对着极高的山，你看不到它的峰尖；对着大海，你望不到它的边际；对着天空的雄风与云霞，你猜不准其边际之所在。虽然我已经写过好几篇有关饶宗颐教授的文章，在饶教授面前聆听教诲，书信讨教和长途电话往来也有10余次了，但感受如同面对云里的龙，见其首而不见其尾。

饶公通晓6国语言，著作数千万言，研究领域涉及几十个领域之中的极尖端学术论题，学术贡献多得惊人，成就太大，因此饶公的头衔也多得吓人。海内外学者把他和钱钟书并列所谓“南饶北钱”是也。

面对这样一个大宗师，我应该从何说起呢？

几年前，我写过一段半文言的评论，算是一个提要：

“饶公宗颐，潮州人氏，幼承家学，卓有所成，年未弱冠，已有著述问世；而立之际，随上海辞书大家王云五氏，研学术于香江，复游学于欧亚，搜求海内外难得之史料，结交国际上顶级的大师，研究世界上顶尖的学术难题，著作等身，声誉远播久矣；公今年逾八秩，文通六国，才高八斗，学富五车。其学术，遍及敦煌学、甲骨学、考古学、金石学、宗教学诸多学科，乃国际汉学界泰斗，丹青妙手；先生才通古今，学贯中西，因‘不可分类’而‘无家可归’，‘其博其专，不让古人’。公退居之后，抚宋明古琴，写擘窠大字，泼随意丹青，黄苗子氏，赞其‘落笔便高’，笔笔有书卷气。又因其才学过人，胸纳浩然气，笔起快哉风，山水花卉各有特创，尤以佛教人物白画与张大千氏同誉，公以正养气，以奇治学，奇正相生，研究学术而登象牙之塔，作书画则成一家面目，尺幅而藏大千，书画相成，合璧生辉，故有‘旷世奇才’之誉，堪称当代学苑宗师、艺林大匠焉。”

大学者的不凡经历与学术贡献

先生1917年6月生于广东潮州，字固庵，号选堂，幼承家教，聪颖博学，年方十六，续编其父饶锷《潮州艺文志》；其《楚辞地理考》，辟楚辞研究之新域，29岁时在上海出版而一举成名。此后便专攻文史，潜心学术。

先生后来成为海内外著名的经、史、考古和古文字学家，且工诗文，擅书画，涉猎的门类极广。先生笔耕一甲子，著述3 000万言，治学之领域，遍及10大门类：举凡敦煌学、甲骨学、考古学、金石学、史学、目录学、词学、楚辞学、宗教学及华侨史料等诸多学科，著述宏丰，仅其中《20世纪饶宗颐学术文集》即浩浩12卷，洋洋1 000多万字；专著60多种，各种论文400余篇。先生通晓英语、法语、日语、德语、印度语、伊拉克语等6国语言文字，其中古梵文、巴比伦古楔形文字，有的在其本国亦少有人精通，而饶先生以一个学方块字的中国人，却能通乎异国"天书"，非天才何能如是？

北京大学季羡林教授说：饶公之成就，得益于其能出入乎"地下实物与纸上遗文"、"异族故书与吾国旧籍"、"外来观念与固有材料"之间。公之熟谙经史子集自不待言，甲骨、简帛遗文堪称权威，亚洲诸宗教更是师心自悟。

先生治学半个世纪以来，足迹遍布五大洲，从事讲学、研究和文化交流，先生自谓"五洲历其四，九州历其七"，治学60年间，教授、研究员之类的头衔，即有几十个之多；其任教、受聘者，多是国际上的名牌学府与研究机构，除香港和大陆大学之外，先生先后在新加坡大学、印度班达伽东方研究所、法国科研中心、法国远东学院、美国耶鲁大学研究院、日本京都大学、九州大学从事讲学或研究，先后被香港大学授为荣誉文学博士和法国索邦高等研究院授为人文科学博士，并兼任中华人民共和国国务院古籍整理小组顾问、泰国华侨崇圣大学中华文化研究院院长诸职。

1962年，年方45岁的饶先生，荣获号称"西方汉学之诺贝尔奖"的法国法兰西学院"儒莲奖"；此后，荣誉接踵而至：荣受法国文化部文学艺术勋章、香港海外文学艺术家协会授予的中华文学艺术家金龙奖和国学大师荣衔；2000年中秋前夕，先生荣获港府授予的大紫荆勋章称号。

先生在敦煌学上骄人的贡献值得独书一笔：在"纪念敦煌藏经洞文物发现暨敦煌学百年"活动中，一项是由国家文物局和甘肃省人民政府颁授"敦煌文物保护研究特殊贡献奖"，先生与常书鸿、段文杰、邵逸夫、平山郁夫（日本）、季羡林、潘重规（台北）等6位功勋卓著的敦煌保护功臣和研究专家，以及中国敦煌研究院、美国盖蒂、东京国立文化研究所等3家卓越的研究机构一道，受勋而载誉，世界百年，故世者与健在者，获此殊荣区区7人而已，先生以"顺便研究"而能与常书鸿诸公比肩，岂能不令人折服乎？

法国汉学界领袖戴密微教授、日本东京大学东洋文化研究所所长池田温教授、印度古梵文著名学者白春晖先生都对饶先生推崇备至；港澳台、新马泰，对先生之成就，亦盛誉有加；国内外同行如是评价饶先生，曰："当今汉学界公认的权威"，曰："处理顶尖学术难题的国际著名汉学大家"；曰"当今集学术和艺术于一身的一代英才"；曰"当今汉学界导夫先路的学者"，曰"顶尖学者、旷世奇才"。

1996年8月，"饶宗颐学术研讨会"在潮州市举行，来自中国大陆和美国、法国、日本、荷兰、新加坡以及港、澳、台等地的80多位学者出席，"饶学"的确立，奠定了饶宗颐在国际的学术地位。

大宗师的治学"秘笈"

先生治学之道，风格多样，方法灵活，实难以一言以蔽之。但为了研究的方便，以我一己之见，可简单概括为4个字：曰游，曰顭，曰通，曰恒。

游者，一曰游击治学，游刃乎诸多学科之间，知识互参互见；二曰知识杂交，以渊博学识与过人才思，游刃于旁通之相异学科间；三曰广游历，读万卷书于斗室之内，国学为其根，西学为其叶；行万里路于寰宇之间，书卷为其基，考古为其筑。

颤者，敢入诸“象牙之塔”，擅破诸“马首”之题，研顶尖学问，医“疑难杂症”，于一流学府机构修习，与一流学者专家为友。

先生涉猎极为广泛，且多具开创性，其学术建树多矣哉，略举几个国内外首开风气之先的研究成果。先生先后著述了国内外第一部楚辞书目《楚辞书录》，国内外研究张天师热潮的奠基之作《老子想尔笺校注》；其治楚帛书、云梦日书、辑全明词，皆先人著鞭；始编录星马华文碑刻，开海外金石学之先河；其他著作如《殷代贞卜人物通考》，贞人卜事互为经纬而呈殷史概貌；《词集考》为明以前词书之总导引。

在敦煌学方面，更多独专之成果：除研究敦煌道教文献的开创之作《老子想尔笺校注》与填补了敦煌画研究中重视壁画、绢画而忽略遗书纸画的缺陷的一项空白的《敦煌白画》等外，尚有研究敦煌曲子词和敦煌乐谱的先驱之作的《敦煌曲》与《敦煌琵琶谱读记》；研究敦煌写卷书法最为完整系统的著作《敦煌书法丛刊》等。

先生于释道二藏如数家珍，以其对佛教经典和对道家藏书的熟识，解决了许多前人悬而未决的难题。例如敦煌遗书中有一个宋初人用“十一曜”推流年的批命本子《灵州大都督府白衣术士康遵课》。海内外众多学者都考据不出十一曜确指的星宿。饶先生根据道家文献之互参，确定了十一曜的内容。先生对道藏的熟悉程度，可见一斑。

又，唐德宗贞元年间在吐蕃曾发生过一场我国僧人摩河衍与婆罗门僧人莲花戒关于佛教教义之著名辩论的年代，学术界颇多争论，以往学者多是应用典籍中的文献，故众说纷纭。然而先生另辟思路，根据敦煌遗书所用唐朝纪元与吐蕃纪年的年号的终始，再参以其他文献，确定了争论年代应在792—794年。此说法虽始于法人戴密微，但作最后论定的，是饶宗颐先生。

其他如对于宋齐以降产生的经疏学与佛家经疏“同源”说的矫正，先生力排众议，一言而成定论，先生对中印文化交流史上的这桩公案的圆满解决，其得力处在于其通晓梵文，能够直接阅读梵文本婆罗门经典和佛教经典。

关于刘勰对《文心雕龙》“览华而食实，弃邪而采正”主张的历史贡献的评价，先生尝提出：“彦和之文学主张，处处以正为依归。”道出了刘勰功在“雕龙”而非“雕虫”的主要意义之所在；一般持论多说刘勰为儒家正统，饶先生则应用大量证据说明了刘勰颇多得益于佛教。

甚至在音律方面，先生亦有他自己的贡献，对谢灵运《十四音训叙》中有关四流音问题，学界有歧见的学术悬案，先生有很多独到的见解。

通者，专于若干主要领域，而后辐射到邻近的新领域，发乎史志及目录学，而及乎考古及文字学，复转乎史学及宗教。先生曾对后学的我慷慨授秘：“文字学是考古的基底功夫；目录学是我此生得益最多的学科，令你在茫茫学海中得以用最快的时间找到最需要的材料；其他学科，只是旁移“一点点而已。”

恒者，恒心、恒常、恒长也。先生数十年如一日，治学孜孜不倦，谓之恒心；恒常者，持之以恒，天天作“功课”，此恒常之一义也；又，以禅宗所说的“平常心”，第二度“见山是山”，反比以功利心态更易于获得“上帝的恩宠”；恒长者，擅养身与养心，养浩然气作逍遥游，使生命如同长明灯。先生自14岁起，学“因是子静坐法”，几十年从不间断，每日早起静坐，然后散步，晚间9时必宽衣就寝，保持健康之身心，令治学轻松自如。我曾经就国内学者将先生与清末两位大学者龚自珍和王国维并论而询问先生的看法，先生说：与上述二位比较，自不敢当;但我的好处是活得长命,龚自珍只活到 49 岁,王国维先生 50 岁,以他们 50 岁的成绩,和我 80 岁的成绩比较,是不够公平的;但龚自珍也的确“火气”大了一点,要不,可以更长命,成就更大,人的生命如同蜡烛,烧得红红旺旺的,却很快熄灭,倒不如用青青的火苗,更长久地燃烧,来得经济。

上述,是对话的大意而已,先生以其治学乃至生命保鲜如此重要的秘笈相授,听了真令人有如醍醐灌顶,毕生不敢忘其教诲也。

先生的学术贡献,令人如仰高山,如面大海,不知其所由来,不明其所由止。

宋人苏东坡说:“学如富贵在博收,仰取俯拾无遗筹。”先生的成功之道,正是如此,俯仰之间,全是学问。

大师及其书画艺术

下笔千言,我只概述了饶公此生成就双璧中的一半,即一个学术的饶宗颐;此外,尚有另外的一半:一个艺术的饶宗颐。关于先生的书画艺术成就,我的同宗前辈、当代著名画家黄苗子先生如是评论饶宗颐先生的书画:“一位史学、文学、佛学、敦煌学、美学著作等身的学者,而又是一位画家,这在过去,却是罕见。”

1994 年 9 月 7 日,《饶宗颐教授书画展》在北京中国书画研究院展览馆揭幕时,全国政协主席李瑞环亲临剪彩,北京各界知名人士 200 余人出席,中央电视台当晚新闻联播以显要排列予以报道;而在 1993 年香港的国际拍卖行上,饶公的书法已是字逾千金,画值数十万元,可谓“香港纸贵”矣。

1996 年 10 月,香港回归前不久,在香港举办的《饶宗颐八十(书画)回顾展》上,香港各界要人云集,其中最引人注目的,是占满香港大学展览馆椭圆形大厅整整一面墙壁的一幅一丈六尺的国画《百福是荷》,121 朵的荷花,以酣畅淋漓的笔墨,氤氲着 80 高龄作者的浩然大气和对香港回归的祝福。这幅一半完成于悉尼、一半完成于香港、却是装裱于广州从化(香港没有足够大的设备)的大画,实在是气势逼人,我在这幅当时国内外尺寸纪录最大的荷花国画面前站了足足一个钟头,感慨良多以致无言。

关于饶公的书画,绘画方面,擅山水画、写生及于域外山川,不拘一法,而有自己面目。行家的评价是:人物画,取法敦煌白画之白描画法,于李龙眠、赵沤波、仇十洲、陈老莲诸家之外,开一新路,影响颇大。其国画题材广涉山水、人物、花鸟,有传统流派的摹仿,有世界各国风光的写生,更有自成风格的创作;先生书法方面,植根于古文字,而行草则融入明末诸家豪纵韵趣,隶书兼采谷口、汀洲、冬心、完白之长,自成一格。真草隶篆皆得心应手。从大幅中堂、屏条、对联到仅方寸空间的小品,风格形式尽管多样,而沁人心扉的书卷气总洋溢于每件作品。

以我之见,先生之游艺,比诸治学,近其趣而异果,殊其途而同归。其游于艺也,发轫乎未冠之岁,而成就于知命之年。其沉潜久兮,其成就高兮,其题材广兮,其风格丰兮,其韵味隽永兮。

先前,画论家把中国画分为“画人画”和“文人画”,我以为,饶先生的独创,使中国画的风格又多了一种,姑命之为“学者画”,即诗人的才情更加上学者的宏博。

例如,现代画家画山,多源于写生,来龙去脉一一了了,讲究的是可看、可行、可居(此说其实始于明清间人);而先生则不然,他笔下的山,纹路像古木、如老石,类云纹……这山人世间有没有并不要紧,要紧的是能抒发画者心中的块垒,如同先生爱写擘窠大字是抒发胸中的块垒一样。所以,先生的画,不像今人的画而像是古人的画。一次,在长途电话上,我说到赖少其先生"八十五以后作品展"进入了一种"无法无天、天马行空"的自由大境界,饶先生说:"我也在追求这种境界可惜还达不到。"饶先生其实是自谦,至少,这段对话可以多少注释他的绘画的境界定位:画心中的山水,而不是复制现实中的山水,那山水,或许人间并没有,而是"此景应是天上有",给观赏者快意无限同时又无以名状的艺术遐想和精神感动。

先生在其《澄心论萃》书中,有一段"奇正论"极其精彩,先生后来对我说,"奇正"学说是他为人和为艺的基石:他并非"奇人",其实是"正以养气、奇以治学";同理,先生的字画乃至诗词,亦是"正以立意、奇以用笔",因此故,既面目鲜明,奇崛多姿,又正气凛凛,浩然有雄风。

原载《苏大校友》2000 年第 2 期

爱国报人史量才

彭年德

史量才(1880—1934),原名史家修,江宁县湖熟镇杨板桥村人。他幼读私塾,刻苦攻读,曾考中秀才。后因受戊戌变法思想影响,放弃科举求学的途径,学习日语及自然科学,于1901年考入杭州蚕学馆,毕业后致力于教育事业,任上海育才学堂理化教员,后又在兵工学堂、务本女学、南洋中学等校任教。1904年,他在上海创办女子蚕桑学堂,开我国女子科技教育之先河,时年仅24岁。此后他又陆续创办20余家企业,受到上海工商界和教育界的重视。

史量才在上海创业之后,开始广泛参加社会活动。他于1905年参加上海学界组织的宪政研究会,并与黄炎培等发起组织江苏学务总会;1907年又参加江浙两省绅商拒借外资保护路权的运动,积极为收回路权奔走,被推举为江苏铁路公司董事。在辛亥革命中,他参加了江苏省的独立运动;后又参加了在上海举行的南北议和会议。在与陈其美等革命党人取得联系后,于1912年被委任主持沪关清理处与松江盐务处。此外,他还参加不少实业建设活动:在南京发起全国农务联合会,被推为总干事;1910年积极参加在南京举办的“南洋劝业会”,并邀集农学专家审查研究;还曾与友人组织南汤山建业公司,集资购地百余亩造林、筑路、凿泉,为近代开发汤山之始。

早在1908年,史量才就曾经担任过上海《时报》的主笔,开始从事新闻事业。1912年,他与张季直等合作购进《申报》,被推为总经理。从此,他怀着新闻救国的理想,以办好《申报》作为终生事业,悉心经营,锐意改革。他大力罗致优秀人才,积极改进报纸业务,开辟国内外新闻网络,广开发行门路,增加广告收入,增添新式设备,革新印刷技术,并且不断培养职工,提高他们的文化素质和业务水平。经过三年的努力,《申报》由合资经营改为史量才独资经营,并在上海汉口路兴建起五层的申报大楼。他从美国购进的新式轮转印刷机,每小时能印报3万多份。报纸的销路也逐年上升,1912年日销7 000份,1917年日销增至2万份。资金雄厚了,史量才又向金融、实业方面扩展。1921年,他与人创办中南银行、兴办民生纱厂、扩大五洲药房、复兴中华书局等。他先后兴办和入股的企业达20多家,从而成为上海实业界、金融界的实力人物。

1929年,史量才又从美商手中购进《新闻报》的大部分股权。《申报》和《新闻报》在他经营下,成为当时全国发行量最大的两家报纸。特别是《申报》,至1932年日销量高达15万份。

1931年发生了“九一八”事变,史量才认识到只有坚决抗日才能救国。他以“人有人格,报有报格,国有国格”教育同仁,运用《申报》、《新闻报》竭力宣传抗日救国,针对形势及时发表“时评”。次年,“一二八”事变爆发,《申报》在第二天就发表时评,谴责日本侵略者并批评当局对日本妥协投降。史量才随即发起组织“上海市民地方维持会”,发动募捐救国,并率先捐出银圆20多万元供抗日急需。在他的带动下,上海各界先后捐款93万元。史量才还在《申报》上发出《敬告国民》、《国家的军队》等时评，号召全国军民踏着英勇抗日的十九路军的血迹收复已失国土；还陆续发表时评，呼吁维护国家主权，严正警告当局"若仍不能下最后之决心，以民族为依归，则政府自弃于人民，断不为人民所拥护，断无久存之可能"。义正辞严，铿锵有力。

1932年4月初，国民政府不顾全国人民的反对，竟与日本召开上海停战会议，签订了丧权辱国的《淞沪停战协定》，出卖中华民族的神圣主权。为此，史量才由主张抗日救国发展为反对内战，反对独裁统治，要求实行民主。5月28日，他在《申报》上发表《追悼沪战殉难将士》的时评，明确提出反对内战的政治主张。6月，蒋介石竟又对红军发动第四次"围剿"，并公然逮捕爱国人士。史量才及时发表多篇时评，坚决反对内战，引起蒋介石的恐慌。

同年12月，宋庆龄、蔡元培、杨杏佛、陶行知等在上海发起组织"中国民权保障同盟"，在中外记者招待会上，史量才以记者身份参加并即席发言，宣称他和《申报》坚决拥护"同盟"所提出的保障人权和保障言论、出版自由的主张，坚决反对非法捕人。他冲破国民党的新闻封锁，毅然在《申报》上独家刊登《中国民权保障同盟宣言》和各方面的函电，报道"同盟"援救被捕爱国者的情况；还以时评揭露国民政府言行不一、摧残人权的事实，把争取民权保障的正义呼声及时传遍全国。

蒋介石对史量才既恨又怕，曾企图以"上海临时参议会议长"等荣名高位拉拢，可史量才坚持正义不为所动；蒋介石又以禁止邮递、查禁稿件和特务恐吓手段相威胁，可史量才铮铮铁骨，不屈服于高压。蒋介石黔驴技穷，更赤裸裸地当面威胁说："我手下有几百万军队，激怒了他们是不好办的！"史量才正气凛然，针锋相对地答道："《申报》日销十几万份，读者总有几十万吧？我不敢得罪这几十万读者！"

蒋介石在对史量才进行拉、逼、吓未果之后，采取了最后手段：杀！他密令特务头子戴笠指派杀手伺机谋杀史量才。1934年10月6日，当史量才携家眷在杭州秋水山庄别墅度假后乘汽车返回上海途经海宁县翁家埠时，蒋介石指派的特务杀手突然拦路，将史量才等杀害。

史量才惨遭暗杀的噩耗传出，全国震惊，纷纷要求国民政府缉拿严惩凶犯。12月23日，上海81个公团在商会举行庄严隆重的追悼大会。次年5月9日，由铁路局备专车运灵柩厝于杭州秋水山庄。上海全市下半旗致哀。1936年春，史量才遗体安葬在杭州茅家埠大马山麓，由章太炎撰写墓志铭。在史量才殉难处兴建了占地三亩的纪念园林。1996年9月，上海市新闻学会和浙江海宁市人民政府在钱塘江畔的观潮公园内兴建"量才亭"。1997年8月，浙江省将史量才墓列为省级文物保护单位。2000年4月4日是史量才诞辰120周年纪念日，江宁县人民政府、县政协在史量才家乡湖熟镇龙都大街广场举行了隆重的纪念活动，首先为史量才的半身青铜像（像高1.5米，花岗岩底座高3米）揭幕；随后宣布由史量才生前资助兴办的东阳小学命名为"量才小学"，并在校内设"史量才生平事迹陈列室"；宣布史量才的故居列为江宁县重点文物保护单位。

原载《江苏地方志》2001年第1期

苏大10位校友亲历东京审判

孙宁华

9月9日晚上，苏州大光明影城3厅座无虚席，苏州大学教师在心潮起伏中领略了东京审判惊心动魄的殊死较量和中国法官与国家民族荣辱与共的非凡气节。

《东京审判》以发生在1946年远东国际军事法庭对28名日本战犯的艰难审判过程为背景，各国法官和检察官等法律人士上演了一场场法庭传奇，尤其是中国法官梅汝璈的据理力争才扭转了局面，以6票对5票的一票之差，用战犯的绞刑告慰了在战争中死难的中国人民。在历时两年半的漫长过程中，法庭共开庭817次，创下了国际刑事审判的记录。审判中，中国法官用自己的智慧、勇气和学识维护了祖国的尊严和人民的利益，赢得了世界的赞赏与尊重。

东京审判也记载了苏州大学值得骄傲的一段历史：由于审判采用的是英美法程序，中国赴远东法庭的法官、检察官、顾问、翻译等几乎都来自苏州大学前身东吴大学法学院，他们是：向哲浚（检察官）、倪征日奥（首席顾问）、桂裕（检察官顾问）、鄂森（检察官顾问）、裘劭恒（首任检察官秘书）、高文彬（翻译、检察官秘书）、方福枢（法官秘书）、杨寿林（法官秘书）、刘继盛（翻译）、郑鲁达（翻译）等，东吴大学法学院也因此更加著名。

当时的东吴大学法学院并不在苏州，而是在上海。自1915年建院，这里为中国培养了数百位学术精英，包括新中国首任海牙国际法院大法官倪征日奥、小说家金庸等。在20世纪初期，它被称为世界上最优秀的“比较法”学院之一。从20世纪30年代到90年代，国际法院一共有过6位中国籍法官，从顾维钧开始，一直到1997年的联合国前南国际刑事法庭法官李浩培，都是东吴法学院的毕业生。

近日，苏州大学校领导到彩香新村拜访了孙美成校友，85岁高龄的孙美成校友把先生杨寿林（曾任中国法官梅汝璈秘书）当年留下的100多张关于东京大审判内容的珍贵照片复印件捐赠给苏大档案馆，这些见证历史和他们早期共同生活的相片也进一步充实了学校的馆藏资料。

向哲浚：远东国际军事法庭检查官
典型功绩：组建精干队伍、搜集确凿证据

中国抗日战争胜利后，远东盟军总部在组建国际军事法庭过程中，要求中国政府派遣一位精通英语、有国际阅历和国际法知识的法官。中国政府决定选派东吴大学法律系教授向哲浚出任此职。但向哲浚考虑到从事起诉惩治战争罪犯的法官工作更需要经验和阅历，故推荐了清华大学毕业的师弟梅汝璈出任法官，自己则担任检察官一职。

1946年1月东京法庭筹备组建时，与美国等国拥有庞大的检察官阵容相比，中国方面的成员只有向哲浚及其助手裘劭恒两人。尤其令向哲浚感到压力大的是，他去东京时只带去了一份中国政府认定的11个人的战犯名单。

中国检察官手头没有证据，加上在极其恶劣的抗战环境中，很难从事证据收集工作，尤其是日本宣布投降后，战犯销毁了各种证据。而且，当时几乎所有的中国人都认为，在长达8年的抗战中，日本侵略者的罪行是不证自明的，只需对其处罚就行了。然而，在国际法庭上，光宣布某人是“天下皆知”的战争元凶，因而判其死刑是不行的，必须要有确凿的证据予以证明。

面对这种严峻的局面，向哲浚往来穿梭于日本和中国之间。在他的感召下，倪征燠、高文彬、周锡卿、吴学义、罗集谊以及张培基、刘继盛、郑鲁达、刘子健等法学专家和热血青年都加入了中国检察组。在向哲浚的带领下，他们冒着酷暑，在已被封闭的日本内阁和日本陆军省档案库中，日复一日挥汗如雨地寻找战犯们犯罪的蛛丝马迹，夜以继日地翻译、摘抄，整理资料证据。经过7个月的艰苦努力，终于收集到了足以证明各战犯犯罪的确凿证据。比如，向哲浚等从日本外务省密件中找出当时日本驻天津总领事向外务大臣“打小报告”的长电，电文中反对日本派驻中国的大特务土肥原贤二将溥仪放入木箱劫持到塘沽的计划。这一份长电，对证明土肥原挟持溥仪成立“伪满洲国”的罪行就起到了至关重要的作用。

东京审判期间，向哲浚运用娴熟的法律和外交手段，将当时东京法庭的首席检察官、美国检察官约瑟夫·季南请到了中国，陪同其对“卢沟桥事变”、“南京大屠杀”事件进行了实地调查。这次调查不仅使季南对日本侵略者在中国所犯下的罪行有了直接的感受，而且收集到了大量人证和物证，而这些证据对后来法庭审理上述两大事件以及相关战犯的定罪量刑起了巨大的作用。

向哲浚和美国检察官莫罗还先后出庭，指控以松井石根为首的日军使中国南京居民陷入极大的痛苦和暴力之中。松井石根却为自己辩护说，他们对中国的侵略是“兄弟之争”，他们在南京的军事行动是有组织有控制的。通过收集到的日军在南京犯下的大量暴行证据，向哲浚将松井石根的“无罪抗辩”痛击至全线崩溃。

最终，远东国际军事法庭判决书写道：发生在中国南京的大屠杀是日本军队有预谋、有组织、有计划的罪恶行动。松井石根是日本陆军的高级军官，他既有义务、也有权力控制自己的军队和保护南京的不幸市民。由于他玩忽职守，他必须对南京大屠杀承担责任。

1948年12月22日深夜，松井石根和其他六名日本战犯相继被执行绞刑。

1948年底，艰苦卓绝的东京审判结束后，向哲浚回绝了国民党政府让其去台湾出任“最高法院首席检察长”的任命，回到祖国大陆，先后在上海大夏大学、东吴大学担任法学教授。1952年院系调整之后，又先后在复旦大学法律系、上海社会科学院和上海财经学院工作。

1987年8月31日逝世，终年96岁。

倪征燠：远东国际军事法庭中国检察官首席顾问
典型功绩：舌战板垣征四郎、巧揭土肥原贤二

倪征燠祖籍江苏吴江，出生在黎里镇，受父亲倪迪民和母亲张兰芬的影响，他从小熟读《史记》，还阅读过《阅微草堂笔记》、《聊斋志异》、《今古奇观》、《儒林外史》、《包公案》、《彭公案》、《施公案》，等等。他还特别喜欢看戏，跟着母亲听昆曲，特别是那些清官翻案戏，如《十五贯》，《玉堂春》，《杨乃武与小白菜》，看了觉得松了口气，心里特别舒服，在紧张刺激之后，正义终于得到了伸张。

倪老以后选定从事司法,或许是命运的安排。

1923 年倪征 考入东吴大学法律系。在东吴大学读书的日子既艰辛忙碌又紧张刺激,东西方的法理传统和法律制度,在一代代中外大师的描述与分析中洋洋洒洒,铺展开来。但在快乐读书的背后是沉重的学习压力,一年级的 40 多个同学,到最后毕业的时候就只剩下了 13 人。年轻的倪征 在东吴大学一边读书一边勤工俭学,挣出自己的学费和生活费。1928 年,倪征 从东吴大学法学院毕业,1930 年获斯坦福大学法学博士学位,1946 年至 1948 年,倪征 博士任远东国际军事法庭中国检察官首席顾问,正值英年,羽扇纶巾,是参与审判日本甲级战犯的中国主力法官之一。

就在东京大审判进行到半年的时候,参加审判的中国代表团发现,他们正逐渐陷入困境:原以为战胜国对战败国的审判轻而易举,却没想到,由于中国方面准备得不够充分,提交的证据不足,而日本战犯又都配备了资深的美国辩护律师,对英美法诉讼程序了如指掌,他们看上去咄咄逼人,处处刁难中方,使审判受到重大影响,直接导致了对那些罪大恶极的日本战犯的罪行指控不利,有可能让他们逃脱公理与正义的制裁。

中方已经错过了至关重要的第一阶段审判,假如再错过第二阶段与第三阶段的审判,那么像土肥原贤二与板垣征四郎等甲级战犯也许就会逃脱法律对他们的严惩。危机时刻,远东国际军事法庭的中国检察官向哲浚急忙回国搬兵,点名要倪征 出任中国检察官的首席顾问。

1947 年 2 月,倪征 临危受命,离开上海前往东京。早在美国留学期间,他就如饥似渴地研习西方法律,掌握了深厚的法学知识;后来赴英、美进行司法考察时,又详细观摩学习了西方司法体系、审判程序和证据采集,对中外法律的比较研究有了更深刻的认识。正是这种特殊的经历和扎实的积累,使倪征 能在东京的审判席上一展身手。

对于中方来说,东京大审判最艰难的事情就是要拿出足够的证据,指控土肥原贤二、板垣征四郎的破坏和平罪,也就是要能证明他们有参与策划准备发动对华侵略战争的行为;而且由于错过了第一阶段的审判,必须在被告答辩过程中,由检察官通过对被告所提证人进行直接的提问,见缝插针地提出有利于中国方面的问题,进而确定被告的罪行。如果没有强有力的逻辑证据,远东国际军事法庭就无法对土肥原和板垣的罪行进行认定,从而无法给他们定罪。而在当时的特殊历史背景下,拿出证据,谈何容易!

9 月 16 日,被控犯有破坏和平罪、参加制定并执行对中国的分裂阴谋和侵略战争的土肥原开始个人辩护阶段。

在法庭上,土肥原显得十分紧张。他的第一个证人是他主持奉天特务机关时的新闻课长爱泽成。爱泽成说,土肥原无其他秘密活动。倪征 拿出《奉天特务机关报》等物证,证明土肥原在 1935 年曾想组织"华北五省自治"事件,爱泽成哑口无言。

另一证人是日本原驻天津总领事桑岛主计。1931 年秋,土肥原将溥仪装入箱内,用汽车运到塘沽,又用船载到大连。桑岛劝阻未果,向外务大臣拍了电报。但他作证却说这些都是流言。倪征 立刻向法庭出示电报,桑岛目瞪口呆。

但是,狡猾的土肥原一直不为自己辩护,检察方就没有机会提出具有针对性的证据。

日本陆军上将、参与策划和实施了"九一八"事变的板垣征四郎扬言要和中国检察方面大战三百回合。1947 年 10 月 9 日是极其精彩的一天。板垣提出了长达 48 页的书面证词,想说明"满洲国"是根据"民意"成立;七七事变后,他始终主张从中国撤军。倪征 根据日本御前会议文件、内阁会议文件、密电、动员令等重要材料盘问反驳，面对大量铁的事实，板垣无话可说。

倪征𣋉没忘记土肥原。他问板垣：当年扶植溥仪称帝、勾结关东军、阴谋华北自治、煽动内蒙古独立、唆使汉奸成立伪政权的，是不是就是土肥原？板垣不得不点头。

由倪征𣋉担纲的反诘盘问持续了10天，他的高超智慧、沉稳气度和辩论技巧征服了所有人，日本战犯的辩护防线被彻底摧毁。

倪征𣋉不辱使命，最终用他丰富的学识和高超的辩论技巧对侵华主要战犯提出了有力的控诉，维护了中华民族的利益和尊严。

东京审判结束了，日本战犯们的命运尘埃落定。如释重负的倪征𣋉回到祖国却发现自己正面临着命运的抉择。国民政府邀倪征𣋉出任全国最高检察长，倪征𣋉拒绝了。混乱的时局中，以他的名望，只要他愿意，他可以去台湾，可以去欧洲，可以去美国，但倪征𣋉哪里也没去，他选择回自己母校教书。

倪征𣋉应邀担任东吴大学法学院教授兼法律系主任。如今的苏州大学校史馆，还陈列着他当年毕业时的成绩单。

在倪征𣋉的家里，有一部老旧的打字机，这是一个伴随着他走过60年风云岁月的忠诚伙伴。这部打字机记录了许多重大事件，起草了远东军事法庭对日本战犯的判决书、新中国领海权宽度的法律文件和声明、世界上第一部联合国海洋法公约。倪征𣋉是这些法律文件起草和定稿小组的五位成员之一，这部公约直到今天仍是联合国范围内所制定的所有国际公约中，中文文本里在文字上表达最为精确的；同样是用这部打字机，倪征𣋉撰写了《国际法中的司法管辖问题》这部专著，这部书已经成为国际法领域内的经典著作。

昆曲是倪征𣋉一生中最大的爱好，年轻时昆曲老师送的手抄本昆曲曲谱他保留了70年。他一生没有离开过司法界，也一辈子没有离开过昆曲。爱听昆曲是受了母亲的影响，在他咿呀学语的时候，昆曲就成了他生活的一部分。

倪征𣋉一生光明磊落，对自己的许多善举从来不提。晚年他给学校、法学科研单位、昆曲研习社等陆续捐了许多钱，却多次婉言谢绝了宣传。

1984年，由中国政府推荐，经联合国大会和安理会分别投票选举，倪征𣋉教授当选为新中国第一位国际法院大法官，由此步入世界司法的最为神圣的殿堂，连续三届成为12位国际法院大法官之一。斯坦福大学也没有忘记他的学生倪征𣋉，在倪征𣋉毕业69年后的2000年，美国斯坦福大学法学院宣布，设立以中国著名法学家倪征𣋉的名字命名的“倪征𣋉国际和中国法律奖”。

2003年，倪征𣋉在北京逝世。

裘劭恒：远东国际法庭中国检察官首任秘书
典型功绩：说服末代皇帝出庭作证

裘劭恒于20世纪30年代，获得了东吴大学法学学士的学位。1946年，远东国际法庭组建时，作为中国检察官向哲浚的首任秘书，他肩负着搜寻证据的重任。在1946年3月到4月，向哲浚和裘劭恒频繁回国，前往过去的敌占区和遭受过侵略迫害的难民中寻找人证与物证。但由于战争期间中国方面没有注意搜集和保留证据，日本方面又严守军事秘密，投降后又销毁了大量犯罪证据，让中国检察官向哲浚的工作困难重重。但裘劭恒最终找到了南京大屠杀的幸存者尚德义、伍长德，目击者美籍医生罗伯特·威尔逊、约翰·梅奇牧师等关键人物。

1946 年 8 月，伪满洲国皇帝溥仪出现在法庭上，在东京引起了轰动。末代君王是国际检察局 3 个王牌证人之一，他整整出庭 8 天，创下了单人作证最长时间的记录。而这名关键人物是被裘劭恒说服出庭的。

溥仪头一次看到裘劭恒时，见他是中国人，怕得要命，以为中国人要把他当汉奸审判。裘劭恒告诉他说，去东京让他做证人，是去证明日本人是怎么利用你做傀儡侵略中国的。他开始还半信半疑，后来裘劭恒去监狱次数多了，连陪在旁边的法警也不怎么听他们谈话了，他才逐渐放松起来，最终接受了法庭的要求。

在日本工作半年之后，首任检察官秘书裘劭恒返回上海从事律师工作。1979 年最高人民法院审判“林江反革命集团”案，裘劭恒担任特别法庭顾问。他以娴熟的法律知识查阅了大量国际案例，提供法律咨询，使审判林彪、“四人帮”的工作做到有理有节，赢得外界赞许。20 世纪 80 年代初，中国民航一架飞机被劫持到南朝鲜，裘劭恒受有关方面邀请，从国际法角度用英文撰写了《严厉惩罚劫持中国民航客机的罪犯》一稿，由新华社向世界全文播发，义正辞严地谴责这是国际犯罪，劫机犯理应受到中国法律制裁。

高文彬：远东国际军事法庭翻译、检察官秘书
典型功绩：揪出逃于民间的南京大屠杀狂魔

1945 年 7 月东吴大学法学院毕业。

1946 年 5 月到 1948 年 7 月，任远东国际军事法庭翻译和检察官秘书。

根据国际法庭宪章，1946 年 2 月，法官团组成，澳大利亚人卫勃成为首席大法官。美国人约瑟夫·季南担任首席检察官兼盟军总部国际检察局局长，中国方面由梅汝璈出任法官，由向哲浚、倪征日奥带领检察官工作小组参与诉讼。这是中国第一次参与国际审判，审判形势非常复杂，大量的文件和证据材料需要整理翻译，但检察官小组人手却极为缺乏。这年 5 月，向哲浚利用回国述职的机会招募翻译和助理人员。东吴大学法学院毕业的上海青年高文彬在老师的引荐下，成为翻译和检察官秘书，亲身经历了这场历史性的审判。

从 1945 年 12 月中旬起，中国分别在南京、广州、台湾等地组建了军事法庭，审判日本乙级和丙级战犯。1946 年下半年的一天，已经担任检察官秘书的高文彬无意中发现了一篇早年的报道：在《日日新闻》正面的角上，有一块报道的是两个日本兵进行杀人比赛，一个杀了 105 人，一个杀了 106 人。这两个人，一个叫向井敏明，一个叫野田毅。高文彬就把这张带着照片的报纸，附上信，通过中国驻日军事代表团的飞机，送到南京军事法庭。

中国的国防部审判战犯军事法庭接到这个来自东京的举报后，立即向驻日盟军总部提出请求，通缉这两名战争罪犯。1947 年 8 月 20 日和 9 月 2 日，已经在家乡做起小买卖的野田毅、向井敏明分别被驻日盟军的国际宪兵逮捕归案。另一个当年在南京砍杀 300 多名无辜中国人的日本军官田中军吉也于 1947 年 5 月 18 日被盟军抓获并押送到中国。

1947 年 12 月 18 日，国防部审判战犯军事法庭将田中军吉与向井敏明、野田毅合并审判。三人被判处死刑。

1948 年 1 月 28 日 12 时，三人被押赴南京雨花台刑场，执行枪决。

1984 年，南京大屠杀遇难同胞纪念馆工作人员找到了高文彬，他参与东京大审判那段

辉煌的历史终于被写入史册。今天，老人的巨幅照片挂在纪念馆“东京审判”的栏目中，他是目前健在的惟一全程见证历史审判的人。

参与过东京审判的所有中国人，他们的分工虽各有不同，但都秉承着这样的态度：历史不容篡改，忘记它，就意味着背叛。

原载《苏大校友》2006 年第 2 期

访著名遗传学家谈家桢

陆 诒

前些日子,记者访问了国内外声誉卓著的遗传学家谈家桢教授。

加强中国与国际学术界的合作

谈教授现任中国遗传学会理事长、上海自然博物馆馆长。他从1961年开始,担任复旦大学遗传学研究所所长至今。他在1983年当选为美国加州理工学院杰出校友,1985年4月当选为美国国家科学院外籍院士。中国人获此殊荣者仅有三人,其余二人为考古学家夏鼐及数学家华罗庚,惜二人均已逝世。谈教授又是总部设于意大利的第三世界科学院院士及联合国遗传工程与生物技术发展中心科学顾问。最近,又当选为1988年将在加拿大召开的第十六届国际遗传学大会的名誉副会长。

近几年,谈教授多次出国访问、讲学和参加一系列国际学术会议,寻找一切机会为中青年学者铺路搭桥,联系出国深造机会,邀请多国学者来华讲学,引进图书资料和先进仪器,为加强中国与国际学术界的合作,作出了贡献。

现任复旦大学校长顾问

谈教授原籍浙江宁波,生于1909年。1930年于东吴大学毕业后,再进燕京大学获得生物学硕士学位。随后进美国加利福尼亚州立理工学院深造,在著名的摩尔根实验室从事研究工作两年,获生物学博士学位。回国后,他先后在浙江大学和复旦大学任教和任职,1961年至1981年担任复旦大学副校长达二十年,现仍任复旦大学校长顾问。

生物学领域发生了深刻革命

这位年逾古稀的老人同我接谈时,精神抖擞,红光满面,看来身体很健壮。他发音洪亮,思想敏锐,语言爽朗亲切,流露着豁达乐观的情绪。

他首先告诉记者,近三十年来,生物学领域已经发生了深刻的革命。经典生物学已进入到分子生物学,分子遗传学的成就推动了遗传工程的发展。20世纪70年代初建立的以基因工程为核心的生物工程技术体系,开辟了遗传学应用于实践及人类生活的新纪元。

对20世纪80年代时代特征应有清醒认识

他说:“我们对80年代的时代特征应有清醒的认识。微电脑与生物工程就是新的技术革命的两大支柱,我们正面临一个科学技术激烈竞争的新时代,科技知识大幅度增长,知识更新的速度极快,各种科学的学术论文每隔三四年就要翻一番。目前又是生命科学的全盛时代,美国国家科学院约一千四百位院士中有近半数从事于生命科学包括医学和农业的研究工作。对照我国生命科学研究现状,由于各种原因,与科技先进国家相比,还有相当大的差距。客观形势要求我们必须迎头赶上去!"

要作"横"的比较

谈家桢教授接着说:"人们不难拿现在的中国跟旧中国作'纵'的比较,觉得今非昔比,大有进步。这是众所周知的事实,但切不能因此自满,还应该把我们国家的今天来跟外国作'横'的比较,这样才能时时看到差距,激发我们向现代化进军的紧迫感。"

反封建的历史任务尚未完成

话题转到现代化问题,他显得有点激动。他说:"我们国家经历了几千年的封建社会,时间太久了,封建的旧习惯势力、旧文化、旧意识非常顽固,历次中国的社会大变革都未能彻底革掉封建意识的命。换句话说,反封建的历史任务尚未完成。这是妨碍我们走向现代化的一块绊脚石。幸而现在大家都认识到这一点,下决心锐意改革,大踏步向现代化进军,建设有中国特色的社会主义。"

智力投资尚嫌不足

"结合当前的改革,我们必须处理好人与物的关系。电脑是最新的科技产品,但它毕竟是人所创造发明的。因此,人的因素最重要,切不能见物不见人。教育是基础,这是一条颠扑不破的真理。只有提高人的政治素质和业务素质,才能使我们的科技工作搞上去,大大发展生产力。我们国家对教育事业的重视还是不够,特别是对中小学的基础教育往往忽视,用之于智力投资的经费尚嫌不足。另一方面,许多机构编制庞大,冗员众多,办事不讲效率,浪费惊人。我希望今后要精简机构,讲求工作效率。在科技体制改革中,充分注意培养人才,处理好眼前利益和长远发展的关系,采取有效的措施,促进我国科学研究工作的持续发展。

去年,谈家桢教授在从事科学研究和教学工作的同时,还穿梭似地在国内外进行学术交流,几乎有三分之一的时间在海外奔波。他告诉记者,今年仍有出国任务。他热情、勤奋、坚韧不拔,真是一位可敬的科学家。

原载《人民日报》(海外版)1986 年 8 月 14 日第 2 版

中国语言学家评介：唐兰

王绍新

唐兰(1901.1.9—1979.1.11)，当代著名文字学家、金石学家，同时也是著名的历史学家。号立厂(音 ān，又作立庵、立盦)，浙江嘉兴秀水人。1918 年始习医学，1920 年弃医就学于江苏无锡国学专修馆，直至 1923 年。1924 年在无锡任中学国文教员。1925—1931 年在天津做家庭教师，其间曾主编《商报》文学旬刊及《将来月刊》。1931 年 5 月任辽宁教育厅编辑、东北大学讲师。九一八事变后在北京大学、燕京大学讲《尚书》，1932 年起在北京大学、清华大学、北京师范大学、辅仁大学、中国大学任讲师，讲授《诗经》、《尚书》、《三礼》及古文字学。1936 年任故宫博物院专门委员。1939 年在昆明任西南联大副教授，1940 年任教授及文科研究所导师。1946 年任北京大学教授，1947 年代理北大中文系主任。1951 年至逝世前，先后担任故宫博物院设计员、研究员、学术委员会主任、陈列部主任，美术史部主任、副院长等职。唐兰于 1952 年任中国历史学会候补理事，1954 年任中国科学院历史研究所学术委员，1961 年任北京历史学会理事。他曾任北京市第二、三届政协委员，第五届全国政协委员。1956 年曾赴芬兰、瑞典访问，1978 年随中国出土文物展览团访问香港，与当地文化界进行了学术交流。

唐兰从事教学和科学研究五十余年，涉及的学术领域十分广阔，写成多种专著及一百六七十篇论文。在语言学范围内，他对中国文字学理论、古文字研究和考释以及青铜器断代等方面有很深造诣，作出了重大贡献。他长期致力于文字改革，热心普及文字学知识，并在汉语音韵训诂研究、文献资料的整理、校勘方面，做了许多有益的工作。

早在无锡求学时期，唐兰就对文字学发生了浓厚的兴趣。他"发愤治小学"，精研《说文》、《尔雅》等典籍，并得到前辈学者唐文治、王国维等人的指教，为后来的研究工作打下了坚实基础。他有关文字学的理论观点，比较集中地反映在《古文字学导论》(北京大学讲义，1935 年北京大学出版组印行)和《中国文字学》(1949 年，上海开明书店)两部专著之中。他主张文字学应该独立于传统的音韵、训诂之学，成为一门以文字形体为研究对象的科学，并为此作出重大贡献。这两部书中的主要理论可以概括为四个方面：创立自己的一整套古文字研究方法；中国文字的起源；汉字的构成；汉字的发展演变。

他在《古文字学导论》一书中，提出"为文字学而研究古文字"。作者吸收了前人的成果和经验，总结出考释古文字的四种方法：对照法、推勘法、偏旁的分析、历史的考证。他指出，以不同时代、不同字体的文字相互比较的对照法和参照文义、辞例、叶韵关系来释字的推勘法是可行的、必要的，前人曾用它们正确地辨识出一批古文字。但如果局限于这些方法，有时仍不免陷于主观臆测，所以作者着重阐述了后两种方法。清代学者孙诒让曾用偏旁分析法来考评古文字，但由于所见材料有限，成果不大。唐兰系统地发展了这个方法，强调客观地认清偏旁，既经释定不能因主观成见任意改读，这样就可以认出由同一偏旁构成的一组字，他称之为字族。如他释出了甲骨文中的"斤"字，也就认识了"斫"、"斧"、"新"、

“釿”等二十多个从“斤”的字。唐兰认为,单个地识字犹如手工劳动,用偏旁分析好比机器生产,用这种方法整理甲骨文能使可识之字比一般的估计增加一倍。他还进一步提出了历史考证法,以发展的观点追溯文字的演变历史,探求其发展乃至讹误的规律性。他分别从历史考证法与偏旁分析法纵横两个角度进行研究,互相补充参证,从而确立了一套完整的古文字研究方法。

关于中国文字的起源问题,唐兰认为,所谓仓颉作书及文字源于八卦或结绳的传说都是不可靠的,最初的文字绝非出于一人之手,而是千万人的创造。他推许《易·系辞》的说法:“上古结绳而治,后世圣人易之以书契。”就是说,曾有过结绳记事的时代,但那与文字无关,后来才有了文字,即“书契”。“书”由图画发展而来,“契”由记号发展而来;绝大多数文字起源于图画。他在《古文字学导论》中指出甲骨文里已有许多形声字,它们大致产生在三千至四千年前,他称之为近古期;并推测此前经历了一个远古期,最早的象形文字可能至少已有一万年以上的历史。解放以后考古新发现日益增多,唐兰对文字起源问题的观点也有所发展。1972 年,他见到了大汶口陶器文字,后来发表了《从大汶口文化的陶器文字看我国最早文化的年代》(1977 年)等一系列论文,提出了他对我国文字起源问题的较新主张:大汶口陶器文字已有约六七千年的历史,是我国目前见到的民族文字的最早远祖,与商周文字一脉相承,是少昊国家内广泛通用的文字。这样,他将我国可考文明史的上限提前了两千年。

在汉字构成的问题上,唐兰反对“六书说”的传统观念,提倡“三书说”。他认为,许慎《说文解字序》对指事、象形、形声、会意、转注、假借等六书的界说过于简单粗疏,难于为文字明确分类,虽然在文字学的领域中支配了一千八百多年,后人的解释却聚讼纷纭,莫衷一是。他在《古文字学导论》中建立了“三书说”,在《中国文字学》中又对“三书说”做了进一步论述。他认为象形文字必须是单体字,在文字创始时它们只代表含义具体而又单一的名词,如“人”、“首”、“耳”、“目”、“马”、“兕”、“日”、“月”、“斤”、“井”等。象意文字代表语言中意义复杂抽象的词或表现人、物之间关系或动作形态的词。它也是图画文字,但不“象”事物的全形,而只注重其要点。如“间”,只在门中画一个口,“见”(見)只突出人的一只眼睛(目)等。象意字包括旧时所谓合体象形字、会意字、指事字。唐兰所说的形声字,所指与旧说无大差别。他认为形声字是原有的图画文字经过孳乳、转注、终于缅益而发展来的。他还提出了象意文字的声化问题,即在象意文字极盛时,发生了注音的倾向。如某些以四声别义的词,在字形上往往用加偏旁的方法区别,“食”与“饮”,“鱼”与“魰”、“渔”,“子”与“字”即其例,这样就使一部分字具有了声旁的性质。这也是形声字构成的重要途径。这一观点,在学术界引起了很大反响。在“三书说”的基础上,唐兰创立了汉字的“自然分类法”,抛弃了权威的《说文》部首分类,改以单体象形字统领“部”,“部”下分“科”、“系”:由单体象形字分化出来的单体象意字隶属于“部”,复体象意字隶属于“科”,由象形、象意孳乳的形声字隶属于“系”;这样把从每个原始象形字孳乳出来的文字组成一个系统。然后将所有的“部”分为人形或人身、自然界、人类意识或工具及文化三大类,统辖一切汉字。

对于汉字的发展演变,《中国文字学》一书做了系统的论述。作者详细介绍了殷周六国的古文字以及秦汉以来的篆、隶、楷、草、行书以至俗字、简体字的源流与特点,提出了创造新文字的设想。

在古文字研究领域中,唐兰不仅总结出一套科学的方法论,而且在具体考释甲骨金文的工作中也取得了突出的成就。

在甲骨文研究方面，唐兰著有《殷虚文字记》(1934 年，北京大学油印本，未正式出版)、《天壤阁甲骨文存》(1939 年，辅仁大学丛书)、《殷虚文字综述》(未发表，待整理)等专书及《获白兕考》(1932 年)、《关于"尾右甲"卜辞》(1935 年)、《甲骨文编序》(1934 年)等论文多篇。被称为"建设性的著述"(陈梦家语)的《殷虚文字记》以及《天壤阁甲骨文存》都是运用作者所总结的方法考释甲骨的实例。后者篇幅不大，而在考释上确有不少精辟见解。魏建功说"斯编之作，精思结撰，草创入神，自异常构"。唐兰考释的"秋"、"麇"、"豑"、"兕"等字已被公认为不刊之论。据陈梦家《殷虚卜辞综述》说，由唐氏释定之字在一百左右。1976 年以后，他运用自己积累的丰富经验和资料对《甲骨文编》(孙海波原著，1965 年考古研究所重订本)进行厘定和考释，并用自然分类法分类，写出了《殷虚文字综述》的手稿。

唐兰在青铜器研究方面成果卓著。他早年所写《古乐器小记》(1933 年)就是青铜器名物考订方面的佳作。他考释青铜器铭文的论文尤多，如《赵孟庎壶跋》(1937 年)、《永盂铭文解释》(1972 年)、《珂尊铭文释》(1976 年)、《史䛗簋铭文考释》(1972 年)、《西周时代最早的一件铜器——利簋铭文解释》(1977 年)等，在字形的辨认、词语的考证、文义的解释上都有卓见。他的遗作《"蔑曆"新诂》(1979 年)对金文中这两个费解的字的形体、音训、历史详加考订，引证多种文献古籍，分析前人的不同意见，确认"蔑"读为伐，是夸美之义，"曆"读如历，义为出身经历。唐兰对青铜器铭文断代的贡献更为突出。他的《西周铜器断代中的"康宫"问题》(1962 年)、《周昭王时期的青铜器铭刻》(1979 年)等文及 1976 年开始编写的《西周青铜器铭文分代史征》(未完稿，待整理)提出了新的断代体系。他认为：铜器铭文中屡见的"康宫"一词，指康王之宫；"王姜"是昭王之后。这样凡有康宫、王姜字样的铜器就可定为康王以后之器。用这个标准衡量的结果是昭王时代的器物增多，比较符合成康盛世后经济文化的发展状况。这些观点，很受学术界重视。

唐兰对石鼓文进行过专门研究，他根据其中人称代词不用"朕"而用"避"、"余"、"我"等线索，推定它属于秦灵公时代。

1972 年以后，唐兰以七十多岁高龄，研究了《侯马盟书》，参加了马王堆汉墓出土帛书、竹简的研究整理，写出了《侯马出土晋国赵嘉之盟载书新释》(1972 年)等一系列重要论文，解决了不少古文字方面的问题。

唐兰长期致力于文字改革，切望中国文字现代化。他主张汉字改革采取民族形式。具体作法分两步：第一步用通俗简化代替繁体字；第二步改用新文字。他在《中国文字学》中曾设想一种"新形声字"来作为新文字，几十年来，他先后设计过七个方案，总的原则是：保存一部分笔划简单的原有汉字做为基本字，确定一定数量的比较简单的形符和做为拼音化成分的声符，组成新字代替原来繁复的字。他的最后一个方案可将总字数限于三千左右。一般文章中新字出现率不超过百分之五。

唐兰在音韵上也有深厚的功力。三四十年代曾撰写《反语起源考》(未发表，待整理)、《〈韵英〉考》(1948 年)、《论唐末以前的"轻重"和"清浊"》(1948 年)等论文。1948 年为《唐写本王仁昫刊谬补缺切韵》所作跋应该是他在音韵学方面的代表作。它论证王本《切韵》的年代及价值，说明《切韵》音系的性质非吴音秦音而是魏晋六朝时代的标准音，后经唐人刊正，是考六朝至唐宋间音变的枢纽。文中还考证了反语的起源，提出《声类》、《韵集》中的宫商角徵羽实为韵部而非声母的见解。此外他在《中国文字学》及《论古无复辅音凹来母古读如泥母》(1937 年)中强调汉语古无复辅音,并曾著《高本汉音韵学批判》一书,惜原稿已佚。《致陈寅恪书》(未发表,待整理)论及音韵等问题甚详,在讨论“音有楚夏”问题时辑录了丰富的资料,对研究历史方言很有参考价值。

唐兰十分关心古代文献的整理、发掘工作,早年曾为敦煌所出多种古籍残卷作跋,著有《〈刘宾客嘉话录〉的校辑与辨伪》(1965 年)等文。1972 年后,利用考古新发现,除参加《战国纵横家书》、《春秋事语》等书的集体编写、考释工作外,还写了《〈黄帝四经〉初探》(1974 年)等文,考证了古籍中前此未见的重要资料,有新的创获。

唐兰还精通书法篆刻艺术,又是诗人。

唐兰治学勤奋,勇于创新,对学术上的不同观点能开诚布公地进行探讨。1978 年,虽已年近八旬,仍提出《文字学规划初步设想》,其中计划本人重写或新著之书达十一种,表现出他对祖国科学事业的高度的热忱与责任感。他著述态度严谨,有些作品写成多年尚未发表,十年浩劫中散失的手稿有《中国文字学续编》、《六国铜器铭文研究》、《甲骨刻辞考释》、《卜辞类例》等五六十篇(部)近二百万字。目前,遗存的文稿正在陆续整理。

原载《语言教学与研究》1981 年第 1 期

第一等人品　第一等业绩

——一代宗师唐文治传略

金其桢

在无锡太湖风景区碧波荡漾的五里湖畔，宝界桥南墩琴山之麓，矗立着一座占地十亩许的绿瓦红墙、飞檐翘角、精巧玲珑的宫殿式建筑，这就是一代宗师唐文治先生的弟子们为表达对恩师的敬仰和感激之情，在他 70 华诞时，自发地集资为他建造的别墅式书院"茹经堂"。如今，无锡市人民政府在院里设立了"唐文治先生纪念馆"。每每看到这一座庄重典雅的建筑，人们心中便会油然升起对唐文治先生的缅怀之情。

唐文治，字颖侯，号蔚芝，晚号茹经，原籍江苏太仓，后定居于无锡。他生于 1865 年（清同治四年十月十六日），病逝于 1954 年 4 月 9 日，终年 89 岁。在 89 个春秋的漫长一生中，唐文治在 41 岁前曾从政 14 年，官至农工商部左侍郎署理尚书，他忧国忧民，正气凛然，励精图治，政绩卓著。42 岁后，唐文治脱离宦海，弃官从教，担任著名的上海实业学堂（原南洋大学、今上海交通大学前身）监督（校长）和无锡国学专修学校校长等职，前后从事教育事业长达 47 年之久。他呕心沥血，孜孜不倦，乐育英才，竭诚奉献，为我国近代高等教育和国学教育、为弘扬中华民族文化作出了不可磨灭的贡献。

唐文治先生离开我们迄今已有 42 年了，然而，历史不会淡忘这位德高望重、学识渊博、桃李满天下的一代宗师，他那令人感佩的人生轨迹已深深地铭刻于史册。

励精图治　赤心报国

唐文治自光绪十八年（1892 年）春考中进士，步入仕途，至光绪三十三年（1907 年）42 岁时脱离宦海，前后共 14 年。先后历任户部江西主事、云南司帮主稿、云南司正主稿、和会司员外郎，庶务司郎中、商部右丞、左丞、左侍郎、农工商部署理尚书等职。不论是在户部、总理衙门、外务部还是在商部任职，唐文治都兢兢业业，励精图治，赤心报国，并表现出非凡的见识和出类拔萃的才干。

唐文治 17 岁时赴省试考中举人，27 岁时考中进士。1894 年中日甲午战争时，他还仅仅是小小的户部主事。但是，他看到由于朝政腐败，导致中国海陆军大败，国家十分危殆，他感到痛心疾首，不顾自己位卑职低，冒着得罪朝廷权贵的风险，毅然上奏万言封事《请挽大局以维国运折》，强烈要求革新政治，说："为政不行，必变而更代之，方今中国之积弱，非一朝一夕之故，苟非举宿昔之弊，一切扫除而更张之，则力不足以固邦而御外患。"尽管他知道自己的老师王先谦就是因为参劾慈禧太后的心腹李莲英而被罢职的，但他毫不畏惧，慷慨陈辞，针砭时弊，抨击权奸，诤言直谏，矛头直指北洋大臣李鸿章和太监李莲英，尖锐地指出："在外之大臣，且有尾大不掉，至于欺君误国者矣……在内之宦官，且有勾结无赖，至于弄权窃柄者矣。"吁请光绪帝"望能毅然独断，破除常格，改易新政"，并严惩不力战的将领，对他们"予以不测之罚"。唐文治在万言封事中所列的八条改革意见与后来康梁变法的主张是不谋而合的,但它要比康有为的“公车上书”早了半年。当时翁同龢正入掌军机处,看了唐文治的万言奏折,非常赞赏,曾亲手抄录了数条,在北京师友中传阅,引起不少人的共鸣。然而,腐败软弱的清政府并未采纳唐文治的意见,唐文治只得痛惜地叹道:“惜两行痛泪,无补时艰也。”

第二年,清政府派李鸿章赴日本马关议和,日本胁迫李鸿章签订丧权辱国的《马关条约》。当时各省举人正聚集在北京参加会试。举人康有为等发动“公车上书”,唐文治又为江苏会试举人拟写了《呈都察院请代奏拒签辱国条约》的奏章呈交都察院,积极支持康有为的爱国行动。唐文治虽未直接参与戊戌变法运动,但他积极拥护、支持维新变法,站在变法派的一边。翁同龢是光绪帝的师傅,他辅佐光绪帝励精图治,向光绪密荐康有为,锐意变法,是维新派的主持者和谋划者,被以慈禧太后为代表的顽固派恨之入骨。但唐文治则对他极为崇敬,与他保持着密切的关系,毅然接受翁同龢的邀聘,为翁同龢课读他的两个曾孙。戊戌变法中,慈禧太后为了孤立光绪皇帝,废除戊戌变法,在发动政变前,将翁同龢革职,发回原籍。在翁同龢离京临行时,朝中大臣无一人敢公开为他送别,惟有唐文治冒着极大风险,只身来到正阳门车站为翁同龢送行,与他依依惜别。戊戌变法失败后,谭嗣同等被害,光绪帝被幽禁,唐文治痛心疾首,在当时极为严酷的形势下,置自己的生死安危于不顾,又毅然上了《谨殚诚以维国脉折》,并附上了《请停止搜刮之政》片,大义凛然,直言诤谏。

唐文治在户部供职时,当时任户部尚书的翁同龢就称赞他“人品端方,趋公勤慎”,在总理衙门供职时,他经常“值夜班恒至天明。司务厅有条约柜,发而读之,又以暇时学习俄文,灯下每取中俄文条约对校”。由于他工作业绩显著,才干卓著,33岁时被传补为总理各国事务衙门章京。

光绪二十七年(1901年)冬,总理衙门改为外务部,唐文治任外务部榷算司主事,管理通商、关税等事务。当时,《辛丑条约》刚刚签订,清政府整顿关税,决定凡洋货进口,实行值百抽五。葡萄牙殖民政府对此非常不满,它认为自己在前一年的庚子赔款中没有捞到好处,现在却要蒙受值百抽五的“损失”,太吃亏。因此1902年3月,葡萄牙政府便借口“修订”10年前签订的中葡旧约之机,无理要求将澳门附近的大孤、小孤岛划入租借范围,归葡萄牙管辖,其来照气势汹汹,口气强硬坚决。外务部诸官对此都颇感棘手,一时计无所出。既有强烈的爱国之心又具出众才识的唐文治这时奋起力主坚决拒绝,说:“按照中国舆图,大孤、小孤向来不属澳门管辖。而且10年前的中葡条约已明确划清界限。如果澳门和大孤岛、小孤岛有从属关系的话,为什么10年前无争议?现在情况与10年前并无变化,因此理应遵守旧约,不能更改。至于关税问题,值百抽五,各国一律,与分界毫无关系,不得因此有所额外的要求。”外务部右丞瑞良(鼎臣)闻之大喜,便立即让唐文治拟稿复电葡萄牙政府;坚决拒绝了葡萄牙的无理要求。葡萄牙政府自知理屈,只得作罢,从而使中国领土主权得到了维护。

由于唐文治显示出了出色的外交才能,清廷对他颇为赏识,于1901年初秋派他随户部侍郎那桐出使日本,1902年5月又派他随固山贝子御国将军载振出访英、法、比、美、日等国,历时半年,行程8万里。唐文治不仅出访回来后写出了《东瀛日记》和12卷《英轺日记》,生动、详实地介绍了所考察诸国的政治、经济、文化、教育等诸方面情况,为长期闭关锁国、对西方世界知之甚少的清廷和国人打开了一扇了解世界的窗户,而且在出使访问中不辱使命,有胆有识,维护了国家的尊严。

1902年5月,英国爱德华在伦敦举行加冕礼,清廷派固山贝子御国将军载振为专使赴英国道贺,唐文治以三等参赞衔随同前往。到英国伦敦递呈国书后,唐文治就跟随载振考察各处学校,又参观了伦敦大藏书楼。陪同参观的法国籍翻译微席叶以讽刺、挑衅的口吻说:"中国素称文明之国,今先生来访,见欧洲识字人多乎,抑中国识字人多乎?"对于帝国主义分子蔑视侮辱中国的这种别有用心的提问,唐文治义正辞严迎头回击,说:"欧洲识字人固多,然中国识字人贵在躬行实践。譬如仁义礼智,必有此四者方可谓识仁义礼智四字。奸邪恶逆,必绝此四者方可谓识奸邪恶逆四字。我国此等识字人固少,谅欧洲亦不多耳。"那个法国翻译本来想侮辱耻笑一番中国人,岂知在唐文治这儿找了个自讨没趣,反受其辱,只得悻悻而去。

光绪二十九年(1903年)秋,清廷议设商部,唐文治上疏提出自己的看法,指出:"近世之言理财者,莫不以振兴商务为急,而不知商之本在工,工之本又在于农。何者?盖商必有其为商之品物,无工则无商也,工必有其为工之质料,无农则无以为工也。故欲求商务之兴盛,在先求工业之精进,欲求工业之精进,在先求农事之振兴。"他的精辟见解备受大家赞赏,再加他政绩卓著,因而旋即被擢为商部右丞,不三月,又升任左丞,继而又升任左侍郎。唐文治长期在户部和外务部任职,对商务并不谙熟,且他到商部任职时,正当商部成立伊始,尚无经验可资借鉴,但他并不畏首畏尾,而是大刀阔斧地积极进行筹划。他首先宣布了以保护商民,开通商智,厚结商力,体恤商艰,培植国家元气,减轻负担,不苛扰,不干涉为主要内容的商政宗旨。继而,他又拟定了《商勋》和《商律》。"商勋"定为五等,用以奖励发展实业,规定凡对工农业生产、机械,技术有创造发明的或在其他方面对国家对社会有显著贡献的都授予商勋,以资鼓励,"商律"共定131条,规定了设立公司、推举公司董事等各项条例。中国历朝以来均无专门的商法,"商律"首开了中国商法之先河,这是唐文治对中国商业事业发展所作出的一个具有重大意义的历史性贡献。

与此同时,唐文治还大力加强了商部的自身建设,他亲自拟定在商部分设保惠、平均、通艺、会计四司和司务厅,作为日常的办事机构。保惠司专司商务局、所、学堂,招商一切保护事宜:平均司专司开垦、农务、蚕桑、山利、水利、树艺、畜牧一切生殖之事,通艺司专司工艺、机器制造、铁路、街道、行轮、设电、开采矿务、聘请矿务师、招工等事项,会计司专司税务银行、货币、各业赛会、禁令、会审词讼、考取律师、校正度量衡等事宜;司务厅专司收发文件、缮译电报等事宜。为了使商务部各职能机构日常办事有所依据和遵循,唐文治又拟定了《商部章程》和《商部办事权限》。

唐文治在制定商部规章制度、法律条例的基础上,又进而采取了一系列发展商务的重大举措。为了发展实业,他先后设立了农工路矿公司、勘矿总公司、劝工场。为了培养商业经济人才,他设立了高等商业学堂。为了通商情,保商利,加强联络,提高商务信义,更好地考察外情,剔除内弊,使商政逐渐得以进步,唐文治还奏请在北京、上海两处设立总商会,并拟再在汉口等处逐步加以推广。由于在此以前,我国还没有商会此类组织,因此慈禧太后便召见唐文治问以利弊。他胸有成竹,口若悬河,对答如流。他的口才,使满朝文武一时为之震惊。在唐文治的倡导和支持下,在他任职期间,各地商务总会发展到46所,维护了工商业者的利益,促进了工商业的发展。同时,唐文治又派员到江苏、浙江进行考察,对两地的商务情况进行详细调查,以更好地发展江浙的商务并进而指导全国。京师工艺局原由顺天府尹陈玉苍开办,分纺织、瓷器、玻璃、木工等科,但由于条件所限,不太完备。唐文治看到京师工艺局能吸收很多劳动力就业,对发展商务颇有作用,于是就将京师工艺局收归商部管理。

我国的东北地区蕴藏着丰富的资源，日本帝国主义早就垂涎三尺，妄图伺机将魔爪伸进来。具有政治头脑的唐文治敏锐地觉察到了这一点。为了通商实边，巩固边境，既使东北三省不被日本帝国主义所控制，又使北京有可靠的后方，因此，他对发展边疆地区的实业十分关心。他认为，自东北诸省迤西直至西藏，“以汽车、矿业两公司为根本，以他种商业为后盾，如此，则北京一区如背之有椅，可以高枕无忧”。为此，他于 1905 年派员到东三省进行实地考察调查，随后向朝廷递呈了《请饬东三省速举要政折》，提出了整饬、经营东三省的 10 项建议。诸如经营营口，疏治辽河，采挖抚顺煤矿，设置大连海关，收回辽东法权，等等，并对各项都分析了利害，提出了相应的办法。但是，昏聩腐败的清政府坚持屈辱退让的卖国政策，对唐文治所提出的计划不予采纳，唐文治只得仰天长叹，无以施展抱负。1931 年“九一八”事变，东北沦丧，唐文治每当言及此事，总是叹息愤恨不已。

为了改进和发展我国的农业，唐文治还奏请在北京西直门外三贝子废园（今北京动物园）改设农事试验场，购买美国棉籽、印度茶苗等各种外国农产品良种进行试种，以改良中国的农作物品种。然而，在唐文治于 1906 年底从商部离任后，腐败的清政府又将三贝子花园改成了万牲园。此外，唐文治还曾计划要设立商业模范银行，但也因清廷的腐朽昏庸而未被采纳实施。

铁路是国家的交通命脉，但清廷历来依靠借外债来修建铁路。帝国主义乘机疯狂抢夺中国主要铁路干线的修筑权和借款权，划分各自的势力范围，实施其对中国的经济和军事侵略。商部成立后，铁路划归商部管辖。为了维护国家主权，唐文治极力反对借外债修筑铁路，积极推行商办铁路政策，极力主张利用华商侨商的财力，自力更生兴建铁路。然而，当商部在奏请设立各省铁路议员时，遭到了权势熏天的直隶总督、北洋大臣袁世凯的极力反对。唐文治不避权贵，上书《与直督袁氏争议路务折》，申明理由，针锋相对地与之力争，终究使袁世凯无以为难。同朝官员为之失色，唐文治对此毫无惧色，大义凛然地说：“事上治下，当明大体，非与袁争权也。”其公而忘私、赤心报国的斗争精神，在当时满朝官员中是极为少见的。在他的积极筹划和支持下，商办铁路在他任职期间曾一度在各地兴建。但是，在 1906 年底，唐文治离职回籍守母丧后，继任者认为铁路无利可图，便将兴建铁路事宜移交邮传部管理。邮传部接管后，非但不支持中国人自己商办铁路，而且还阿谀奉迎帝国主义的侵略意图，竟然将各地的商办铁路一律收归“国有”，准备以“国有”的名义，把全国铁路主权拍卖给帝国主义，从而引发了大规模的保路风潮，成为爆发辛亥革命的“导火线”。

唐文治的官宦生活虽然前后仅 14 年，但是其所表现出来的识见和才干是出类拔萃的，他励精图治的一片报国之心也是极为令人感佩的。

呕心沥血　为国育才

由于深深感到改革政治、强国富民的愿望难以实现，再加上任职期间曾两次出访美、英、法、日、比等国，目睹资本主义国家由于教育发达而开启民智，发展实业，促进了国力强盛的事实，因而唐文治萌生了“教育救国”的念头，在 1906 年底回原籍服母丧后，就脱离了宦海，决心“立教救世”。他认为：“夫自古有不世之功，而特患有不至之志，亦无难成之事，而特患无任事之人”，“人才者，国家之命根；学堂者，人才之命根”，“兴学为救国之要务”，“振兴实业，兴学育才，实为当务之急”，把希望寄托在培养后一代上，将自己的后半生奉献给了教育事业,从1907年直至1954年病逝前,唐文治先后创办了多所不同类型的学校,并担任这些学校的校长,一直辛勤地耕耘在教育园地。他曾相继担任上海实业学堂(交通大学前身)监督(校长)14年,无锡国专校长30年(包括国专上海分校),同时兼任私立无锡中学校长10年和多年太仓州立中学校长。在长期的教育工作实践中,他不仅作出了令人瞩目的办学业绩,而且还形成了一整套卓有成效的教育方法和富有真知灼见的教育思想,成为享有盛誉的著名教育家。

1907年8月,唐文治就任上海实业学堂监督(校长)。当时上海实业学堂规模很小,学生仅300人,其中还包括小学部的近百名学生。由于前任监督长期不到校视事,该校校务废弛,濒于瘫痪。唐文治到任后,锐意改革,力加整顿。他制定了"造就专门人才,学以致用,振兴中国实业"的办学方针,提出"要以尚实为宗旨,使人人趋重实学",主张"高起点,厚基础,勤奋务实,博学专精",倡导"爱国、俭朴,勤奋、求实"的学风,并为学校配制了校旗、校歌。校旗上绣着一只狮子和一个地球,狮子雄姿英发,脚踩地球,双目炯炯,傲视远方,它象征中华睡狮已醒,激励学生为中华在世界的崛起而发奋学习。

在教学上,为了适应时代的需要,唐文治努力学习借鉴西方先进国家的办学经验,先后向美国各大学索取章程98份之多,同时,还积极延聘外籍教师来校任教。据统计,在唐文治任职的14年中,上海实业学堂聘请的外籍教师占全校教师的半数。1908年,唐文治把原来设置的普通工程科改为铁路科,又增设了机电科,延请詹天佑来共同拟定铁路科课程内容和教学计划,并聘任美国专家海腾·谢尔屯为电机专科科长,首开中国高等学校设置铁路、机电系科之先河。随后,唐文治又陆续在学校增设了商船驾驶科、路电管理科,系科设置从工科走向工管结合,并增开了工业经济和工厂管理等课程,这在我国近代教育史上是一个创举,从而,为上海实业学堂建成多科性大学奠定了基础。1911年10月,唐文治宣布上海实业学堂改名为南洋大学。是年,机电科第一届学生毕业,在唐文治的建议和安排下,8名毕业生赴美国奇异电气公司实习。该校的铁路科以后又改为土木科,学生毕业后赴美国桥梁公司实习。在唐文治的主持下,此后,上海实业学堂选派毕业生赴外国留学成为定章。

在教学方法上,唐文治十分重视理论与实际相结合,他要求学生既"研科学之理",同时又"精机械之术"。为了达到这一培养目标,唐文治一接任上海实业学堂监督,就着手筹设实习工厂,1907年设立了金工厂,以后逐年添置设备,不断完善,扩充成为机械厂,同时又另设了电机试验厂、木工厂、无线电试验室等。唐文治将实验、实习列为重要的教学环节,把实验、实习从边讲边练列为单独开设课程。实习分校内实习和校外实习两种。校内实习从翻砂、金工、电机、无线电收发报、平地测量都要做,校外实习到大工厂如钢铁厂、兵工厂、电力公司、电话局等参观学习,到野外进行筑路、造桥的实地测量和设计。力求把学生培养成为既能动脑,又能动手,既有科学理论知识,又有实际技能的人才。

在努力借鉴西方办学经验,学习西方科学技术知识的同时,唐文治主张"中西并重,体用互济",十分重视国学,注意保存国粹,弘扬祖国文化。他接任上海高等实业学堂监督的第二年,就设立了国文科,每星期日上午在礼堂开设国文课,由他亲自讲授,14年如一日,从不间断。为了让学生学好国学,从优秀的中国传统文化中吸取营养,唐文治亲自为学生编了39卷国学教材,并亲自主持一年一度的国文研究大会(作文比赛),还定期举办演讲比赛,在唐文治的倡导和大力推行下,上海高等实业学堂的学生都"文理相通",受到国内外人士的称道。

为了使学生德、智、体三育并进而不偏废，在要求学生刻苦学习科学技术知识的同时，唐文治十分重视学生的道德品质教育。他教育学生说："道德基础也，科学屋宇垣墉也，若基础未筑，则屋宇垣墉不能久固。"他把"着重注意道德，以全校蔚成高尚人格"，列入"校章"第一章，还制定了"勤、俭、敬、信"四字校训作为砥砺学生品德的准则。同时，唐文治还在学校开设了修身课，对学生进行道德品质教育。而且，每天晚上，他都带领教师亲临教室、自修室巡视，督促学生养成良好的风尚。

唐文治对体育也非常重视，把提倡体育作为办学主张的重要组成部分。他认为"体育可达保身、保国、保民族之目的"，主张"各种有益之体育运动均须鼓励"。在学校里，他亲自主管体育，成立了足球、篮球、棒球、技击、游泳等运动队，还把武术列入正课，使学习武术的学生越来越多，武术水平"可与沪上驰名之精武体育会及体育学校相颉颃。"他还规定学生每天要晨操，并且开展级际比赛，每年举行全校运动会。唐文治对各运动队都很关心，从改善伙食到赛前集中训练都要过问。凡在本校举行的校际比赛，他总要亲临现场观赛。他对足球运动尤为关心，当时，他双目已近失明，但每逢校际足球比赛，他总是在看台上坐镇，由一位陪同人员向他解说球场上争逐情况，他听到好球就亲自带头鼓掌，使全体球员和全校师生受到极大的鼓励。起初，学校足球队在与圣约翰、东吴、金陵、沪江、之江六大学的足球联赛中，成绩不佳，唐文治闻之痛哭流涕，谆谆劝勉球员发奋苦练。结果第二年，战胜了老对手圣约翰大学足球队和东吴大学足球队。在唐文治的精心领导管理下，当时上海实业学堂被社会舆论称誉为"东南表率"和"中学(国学)好、科学好、体育好"的"三好"学校。

与此同时，唐文治还运用自己的社会影响，千方百计地为学校募集资金。为了建设一个规模、馆藏和设备都能与近代理工科技大学相适应的图书馆，唐文治自己首先捐出一千银元。随即他又奔走呼号一个多月，向社会筹集到五万多银元。1920 年图书馆终于建成，至今已为交大服务了 70 多年。在他的努力下，学校兴建了学生宿舍、教职员宿舍等大批校舍，规模不断扩大，为日后发展成为我国最著名的理工科大学之一奠定了基础。

1920 年，55 岁的唐文治因目疾日重，于是辞去上海实业学堂监督之职，回无锡前西溪寓所休养，并定居于无锡。当年 12 月，施肇曾(字省之)捐资创办无锡国学专修馆，聘请唐文治任馆长，唐文治虽有病在身，但热爱家乡、奉献教育之情依然炽烈，且"君家讲学，平生之志"，便慨然允诺出任馆长。1921 年，无锡国专在无锡、上海、南京三地招收第一期学生，一时慕唐文治之名而来报考者多达千人，经严格挑选，仅正式录取 24 名，另有 8 名为备取生。从 1920 年创办至解放后 1950 年并入苏南文化教育学院语文系，唐文治主持无锡国专凡 30 年，共培养了文史哲领域的各种人才一千七八百人，真可谓无锡国专门下，人才辈出，其中有不少在学术上卓有成就，成为我国文史哲领域的杰出专家。诸如：著名的古文字专家唐兰，被推为一代巨擘的考古学专家吴其昌，经学、段字说文专家毕寿颐，两汉书专家蒋庭曜，楚辞专家蒋天枢，历史学家魏建猷、唐诗专家马茂元，诗文评述、古籍整理专家周振甫，近代史、经济史专家汤志钧，被誉为"江南二仲"的诸子、群经专家王蘧常和诗词骈文、清诗专家钱仲联，红学专家冯其庸等，都是"唐门弟子"。唐文治和"无锡国专"真可谓桃李芬芳满天下，为继承和传布中国文化作出了卓著的贡献。1931 年 11 月，"国际联盟"教育科的唐克·培根到无锡国专参观后深为感叹地称赞说："我们来到中国，看过很多学校，读的是洋装书，用的是洋笔，充满洋气。这里才看到线装书和毛笔杆……希望这所继承中国文化的学校能够发扬光大。"几十年后，1983 年，我国国家教委的领导在论及解放前所办的学校时；也曾对无锡国学专修学校给予较高的评价，认为其办学经验值得借鉴。

无锡国专之所以能取得这样卓著的成绩，这在很大程度上要归功于唐文治30年呕心沥血的辛苦经营和办学有方。在30年办学实践中，唐文治形成了一整套颇有特色的教育思想和教育方法。

唐文治在办无锡国专中，十分明确地提出并始终如一地把弘扬中国优秀文化、发扬民族精神、经世致用、救国救民作为办学宗旨。唐文治曾谆谆告诫无锡国专的学生："吾人为学，救世而已矣"，"吾国情势危殆，百姓困苦已极，此时为学，当以正人心，救民命为惟一主旨"，"救吾国，救吾民，是区区平日之志愿也"。他明确宣布，无锡国专"以救正人心，复兴中国文化，发扬民族精神为本"，"研究本国历代文化，明体达用，发扬光大，期于世界文化有所贡献"，并将这一办学宗旨全面贯穿于办学的实践中。他亲自为无锡国专撰写了校歌校词："五百载，名世生，道统继续在遗经。乾坤开阔，学说何纷纭。惟我中国，教化最文明，上自黄帝迄孔孟，先知先觉觉斯民。大道行，三代英，我辈责任讵敢轻。勉哉！勉哉！俭以养德，静以养心，建功立业，博古通今。为生民之命，为万世太平。"唐文治用这样的办学宗旨来指导办学，因此，他既要求学生扎实苦学，又反对学生关门死读书，赞成学生关心国家，关心社会。1932年日本帝国主义发动"一二八"事变，中国的民族危机进一步加深。面对国家存亡的危急时刻，唐文治明确提出"明耻教战，振兴中国"的主张，力主"有文事者，必有武备"，在无锡国专对学生加强军事训练，定期举行实弹演习，并开设了民族文选课，讲授岳飞、文天祥等人的爱国诗文，还在礼堂里增挂上了"世界龙战，我惧沦亡，卧薪尝胆，每饭不忘"的横匾，积极对学生进行抵御外侮的教育。

唐文治十分注意把品德教育和传授学问紧密结合起来。他曾形象地比喻说："人之学问，犹墙屋也，礼、义、道德，犹基址也。"他认为："若有学问而无行，则不成大器。""若求学而不修道德，虽博学多能何益？"明确地提出："盖常人之所谓学问，分学问品行二者也。吾之所谓学问，合品行学问为一者也。"在无锡国学专修学校学规中，他谆谆教育学生："苏东坡云：'办天下大事，立天下之大节者也'，诸生勉之！"他认为"文如其人"，人的思想品质在他的文章中必然会流露出来，人的精神境界的高低，人的精神状态的好坏，和其所作文字之深浅密切相关，所以他非常重视人品与文品的关系，深刻地指出："凡人之血气心知，不能不寄之于言，言不能掩其行，而文辞者语言之精华，即其言以考其文，即其文以考其行，百不失一二。"为此他强调："凡讲经者，必须令学生一一反诸于身，验诸于心，养成高尚人格，庶几可造就其德性才能，俾脑经清晰，气质温良，学道爱人，方有实用。"正是在这样的思想指导下，无锡国专培养出了大批既有扎实的国学功底，又有良好的道德素养的人才，受到社会的广泛好评。

唐文治办学十分重视师资，一贯提倡尊师重教，他认为："惟天下有师而后可以言学"，"匡直振德皆师教也"，"学生之成就，系于教师之学养"，"有其师，必有其弟子"，培养人才，端赖名师。因此，他以宽大的胸怀，摒弃门户之见，实行开明办学，广泛延聘持各种不同见解的海内各门派名师来校讲学，使不同的学术流派和风格荟萃于一校；一时名家云集，从而大大开阔了学生的眼界，拓宽了学生的知识面，活跃了学校的学术气氛，提高了学校的教学质量，诸如，他既请力主保存"国粹"的钱穆来讲经、史、子、集，又请提倡新文化运动的田汉、洪深来讲新戏剧运动等。先后应唐文治之聘来国专任教和讲学的文、史、哲、艺术等各方面的学者达105人，其中学林名师不下数十人，如：金松岑、钱基博、顾实、郭绍虞、张世禄、夏承焘、王佩琤、童润之、胡曲园、朱东润、鲍鼎、蔡尚思、周谷城、周予同、吕思勉、章太炎，等等。其中经学家周予同，不仅与唐文治所师承的桐城派观点不同，且新旧也大相径庭；章太炎是反对宋儒高谈理性的，与唐文治所专治的宋明理学相悖，但唐文治都竭诚相聘。为了请名师来校讲学授课，唐文治还经常不惜代价，重金礼聘。如清末民初的侯官陈衍（石遗）素负盛名，他讲授《通鉴》，不仅能烂熟地背出原文，而且连胡三省的注都能背诵如流，且分析得井井有条；他主讲诗学，能以深湛渊博的知识，阐发诗词的真义，使学生得益匪浅；他所著《石遗室诗话》、《近代诗抄》、《诗话》、《元诗记事》等鸿篇巨著，不仅国内享有盛誉，且远播扶桑，为日本著名文学家神田喜一郎等极力推崇。他家居苏州，唐文治特以每课时大洋二十元（约合大米300斤）的昂贵讲课酬金，每周把他从苏州请来讲授一次。正是因为有大批名师的教授和点拨，所以无锡国专造就了大批出类拔萃的文史哲人才。

唐文治在教学上贯彻厚植基础、博览专精的教学原则和强调自学、注重启发式的教学方法。无锡国专的课程设置，不同于一般大学的中文系，除必修西洋文学史、教育学、逻辑学等西欧现代的社会科学课程外，主要是古代书院必读的"四书"、"五经"等儒家经典。教学内容注重读原著，很少用节本或选本。唐文治要求学生必须贯通经、史、子、集中某一原著，熟读精思，作为治学的基础。国专教师讲课，一般不逐句串讲，特别是唐文治授课，完全采用讲学方式，阐述"微言大义"，其余时间，让学生在学懂课堂讲授内容的基础上，按照自己的爱好和特长进行自学。唐文治十分重视发挥图书馆的作用，以培养学生的自学能力。国专兴建了图书馆大楼，收藏了古旧书籍20余万卷，近5万册，不加限制地直接让学生开架检阅，在教学中唐文治特别强调学生要有重点地熟读，要求每一个学生至少能背诵长篇古文五六百篇。他自己还亲自开设读文法一课。他谆谆告诫学生："古文不熟读朗诵，不能领会。韩愈所谓含英咀华，始克发其精微，动与古合。读文要凝神炼气，抗坠抑扬。黄钟大吕，如协宫商。疾则如长江大河，奔腾澎湃。徐则若峰回路转，曲折迂旋。若发抒情之文，更如怨如慕，如泣如诉。余读文有十六字诀：神中有情，情中有神，神寓于气，气行于神。领悟及此，自得妙蕴。其要处不外一'顿'字诀。"在他的倡导和严格要求下，无锡国专校园，从早到晚总是一片琅琅读书声，成为一大特色。

唐文治十分重视身教，他认为言教不如身教，教师的模范作用是非常重要的，他意味深长地指出："今日中国正患多议论之人，少实行之士，学者与言行合一之旨，不可重哉！"他特别强调"在上者之以身作则"，自己本人更是处处注意言行合一身教重于言教。他在无锡国专鞠躬尽瘁，呕心沥血，在办学中事事以身作则，率先垂范。国专招收新生，他都要一个一个亲自口试以定去取。尽管他年事已高，双目失明，且患摄护腺炎，但他30年如一日，靠着别人的搀扶而到校视事，并坚持在助手的帮助下，亲自登台讲课。每次讲课前一二日，他必在寓所认真备课，由秘书读经、读文，读有关注解，他仔细聆听，思考，作准备。讲课前，先由助教点名，唐文治总是毕恭毕敬地肃立着，以表示对学生的尊重。有一次，大雨滂沱，唐文治乘三轮车赶到学校，尽管衣履尽湿，他照常上课。唐文治立下规定，国专每月两次评选优秀作文，分两等发奖，以此鼓励学生。每次作文，唐文治都精心批改，有眉批，有总批，批多于改。每次作文后，唐文治都要用两小时来总结这一次写作中谁优谁差。学生对唐文治以病残之躯兢兢业业一丝不苟地认真工作，诲人不倦，无不肃然起敬。早期几届，唐文治亲自教授全部经学课程，晚年由于年迈体衰，改为专开读文法一课，每周开一节读文法课，直到84岁高龄，不论风雨晦晴，孜孜不倦，从不中辍。唐文治要求教师关心、爱护学生，他自己率先作出表率。他对学生既严又亲，丝毫没有架子，非常尊重、爱护学生，学生有事到校长室去，只要叫一声“唐老夫子”，他总是微笑地站起来招呼，谦和地接待。对学生他从不直呼其名，而总是称“某世兄”、“某老弟”。平时，他还经常到教室、宿舍里去与学生交谈，与学生同桌用膳，了解学生的学习和生活情况，对学生关怀备至。在教导学生时，他总是开诚相见，亲切慈祥，宛如家人，以真性真情感动学生，使学生如沐春风，乐于接受他的教诲，师生关系犹如水乳交融。

唐文治在先后主持上海实业学堂及无锡国专40余年的同时，还曾襄助筹建办理多所各类学校。早在1904年他在商部任职时，就曾奏准筹建京师高等实业学堂。1906年在他署理农工部尚书时，曾在北京西城设立绣工科，请苏州刺绣家沈寿夫妇来主持办学，“以兴女工，并通西北各省之风气”。1909年，他家乡太仓州立中学成立，他应邀兼任太仓中学监督，每月一次从上海赴太仓讲学，从不中辍。唐文治还捐资补助了太仓艺徒学校，又负责筹建了吴淞的商船专科学校(该校后移交给海军提督萨镇冰主办)。为支持无锡地方中等教育事业的发展，唐文治还长期兼任无锡中学校长，对湖南的明德学校他也积极支持和帮助过。此外，在1912年，唐文治还发起组织了通俗教育会，以推广民众教育，1908年至1913年他还曾被推选担任江苏教育总会会长。

唐文治在教育园地呕心沥血辛勤地耕耘了47年，为我国近代教育事业的发展作出了不可磨灭的贡献，历史将永远铭记他的功绩。

风骨铮铮　献身正义

唐文治先生生活的年代正是帝国主义列强特别是日本帝国主义疯狂侵略中国，企图瓜分中国，中国社会向殖民地、半殖民地不断陷落的年代。面对中华民族的深重灾难和帝国主义侵略者的淫威，唐文治教育学生说：“人才是国家的命脉，而气节是人才的命脉。”在他所主持的无锡国专的礼堂上，悬挂了一副对联，其上联谓：“富贵不能淫，贫贱不能移，威武不能屈，是之为大丈夫。”在学校的饭厅中，他高悬起明代杨继盛(椒山)的联语：“铁肩担道义，辣手著文章。”在另一副对联的下联中他写道：“世界须凭气骨撑。”在《〈孟子〉气节学题解》中，他对“气节”作了这样的解释：“人生有骨乃能立身天地之间。气节者，气骨也，无骨何以有节?”这些铮铮豪言，正是唐文治追求光明，献身正义，风骨铮铮一生的生动写照和体现，他是这样说的，一生也正是这样躬行实践的。

1882年，帝国主义为了进行文化侵略，派了一个名叫吴虹玉的耶稣教牧师从上海到太仓来传教，购买了一个姓宋的人的房屋，建成教堂，马上要搬进去。这时太仓著名理学家王紫翔便同太仓的数十名士绅、学生一起到县衙进行阻止，唐文治当时虽年仅17岁，但也勇敢地参加了这场“御外侮”的斗争，结果把吴虹玉赶出了县境。

唐文治对慈禧太后为代表的清廷腐败统治深为不满，真诚地同情革命，支持革命。1902年，唐文治随载振出访英、法、比、美、日等国。到东京时，适逢桐城吴挚甫亦在日考察学务，查办中国留日学生参加革命运动之事。唐文治得知后，就对吴挚甫进行劝说，结果，吴挚甫以和平的方式处理了这件事，使那些参加革命运动的中国留日学生幸免于难。辛亥革命前，湖南的明德学校是有名的鼓吹革命的学校，著名的革命家黄兴曾在该校任教员。由于黄兴在学校时积极进行反清宣传，开展革命活动，清政府指名要逮捕他，学校亦几乎被迫停办。在这个紧急关头，唐文治运用自己的地位和影响给黄兴以帮助和庇护，终于使黄兴渡过了难关，免遭清政府的迫害。

辛亥革命前夕，上海实业学堂学生革命情绪高涨，1910 年就组织起了同学会。身为朝廷任命的学堂监督的唐文治，不但不加以阻止和迫害学生，反而还积极予以支持，并且在武昌起义爆发后，自己先剪了辫子，还劝学生们一律剪辫，支持学生组织了义勇军，把学校改名为南洋大学，废除清政府的旧历，改用阳历放年假，让全校职员、学生一律着制服，表明与清廷脱离关系，又让学生组织南洋学会，出版刊物，积极宣传革命。1911 年 11 月，武昌革命爆发，唐文治积极赞成共和，毅然与伍廷芳等人一起联合通电清摄政王，要求清帝宣统逊位，并且还在校内发动师生捐助军饷，支援起义军。五四运动时，北洋军阀大肆镇压爱国学生，唐文治对此义愤填膺，连续三次通电北洋军阀政府大总统徐世昌和国务院，强调指出“爱国无罪”，要求保护、释放北京的被捕学生。

为了实现吞并霸占中国的野心，日本帝国主义于 1931 年发动了“九一八”事变，继而又得寸进尺企图侵占上海，作为继续侵略中国的基地，于 1932 年发动了“一二八”事变，面对日本军国主义日益暴露的“司马昭之心”，唐文治毅然加入了马相伯、沈钧儒、史量才、黄炎培等人发起的“国难救济会”，并支持无锡国专的学生赴南京请愿，要求国民党政府出兵收复东北。同时，唐文治又怀着一腔激情写了《新六国论》和《国鉴》，针砭国是，痛陈利害，印刷后分送社会各界，藉以警醒人心，唤起民众，反抗侵略。1935 年“一二九”运动时，唐文治也积极支持学生参加抗御外侮的爱国斗争。

1937 年“七七”事变抗日战争爆发后，日寇大举进攻无锡。为了不做亡国奴，唐文治不顾已逾古稀之年和双目失明病残之躯，毅然率领国专学生跋涉数千里，历尽艰难，迁移到长沙，1938 年 2 月又应广西省政府主席王旭初之请迁至桂林，后因水土不服于同年 6 月回沪养病。1939 年 2 月，经教育部批准，无锡国专上海分校成立，由唐文治主持校务。1941 年 12 月太平洋战争爆发后，日本侵略军占领上海“租界”，将魔爪也伸进文化教育领域。为了避免向敌伪登记，唐文治便将无锡国专上海分校改为私塾，沿用原国学专修馆的名义。尽管当时学校财政十分艰难，但唐文治千方百计节省开支，拒不接受伪教育部的经费。为了利用唐文治的威望来笼络人心，敌伪当局对唐文治威胁利诱，要他出任由原上海实业学校改办的交通大学伪董事长，胁迫他签字。当时，唐文治没有固定收入，经济很困难，生活穷困潦倒，但是他既不畏惧日伪当局的威胁，也不为丰厚的报酬所动，大义凛然地严词回绝说：“行年七八十，此字可以不签矣！”毅然拂袖不顾，断然拒绝出任伪职。在无锡国专的一些学生风闻此事后很为唐文治担心，去信上海询问。唐文治接到他们的信后立即复书告诉他们：“确有人来诱说，余已婉言拒绝之。余虽贫困，岂求升斗之水，以效涸辙之鲋乎？望汝等持吾书以告无锡诸生。”唐文治先生贫贱不能移，威武不能屈的高风亮节深受大家的钦佩，夏承焘教授把唐先生比作古希腊不屈于恺撒淫威的老人，特作《南乡子·倚老吟》赞曰：

> 龙血战玄黄，初见江楼鬓已苍，模索能知人几许，仓皇，别语匆匆未敢忘。
> 晚节挺风霜，食粥生涯歌慨慷，惊倒胡儿三两语，光芒！合向坟头篆数行。

唐文治不仅自己坚持民族气节，不为威逼利诱所动，而且对自己的学生和同事也都要求他们坚持民族气节。王蘧常既是唐文治的学生，也是唐文治的助手，当时也颇有声望，敌伪当局就威逼利诱他去伪交大任职。王蘧常宁可举家食粥，也坚不应聘，断然予以拒绝，而跟随唐文治专任国专教务长，并作《节妇吟》自勉。唐文治对此大为赞赏，常常称赞说：“瑗仲已成王寡妇了。”陈柱尊研究诸子百家，著述甚富，然而他经不住威逼利诱，辞去国专的教职，投奔了汪伪。唐文治知道后就口授秘书写信给陈柱尊，促他回来，但杳无回信。后来听说陈柱尊悔不当初，长歌当哭，泣下沾襟。唐文治悲其处境，慨然长叹：“斯人也，有才而无德，惜哉！”

当时，唐文治是声名卓著的国学泰斗，敌伪政府的达官贵人为博取风雅之名，纷纷慕名重金索求其文章，唐文治一概断然予以拒绝，说：“虽一字，何可得哉！”太仓沦陷后，一些乡绅至沪邀其回去担任“地方自治会”名誉会长，他又断然拒绝说：“吾衰病若此，只欠一死，何能随诸公俯仰耶？”他效法勾践雪耻报仇之举，在沪上闭门谢客，奋笔著成《勾践志》一书，用作生徒教材，教育学生。

抗日战争胜利后，国民党反动派不顾全国人民的坚决反对，疯狂发动内战，竭力镇压爱国的进步学生运动。1948 年 5 月 4 口，上海学生在上海交大民主广场举行盛大的营火晚会，高举“反对美国扶植日本军国主义”的旗帜游行示威。国民党反动政府出动军警疯狂进行镇压，逮捕了许多进步学生。对国民党反动派的法西斯暴行，唐文治义愤填膺，毅然在上海发起请愿，并由他领衔与张元济、陈叔通等10 位知名人士一起发表致上海市市长吴国桢、警备司令宣铁吾的公开信，表示强烈抗议，严斥反动当局镇压学生爱国运动，支持学生的正义行动，要求立即释放被捕学生。在信中，他强烈谴责国民党反动政府的黑暗统治，义正辞严地说：“学生亦人民也，人民犯罪，有法庭在，不出于此而法外任意处置，是政府先已违法，何以临民！”同时，他在信中又极其尖锐地揭穿了国民党反动当局所谓的“将逮捕之学生送往中共地区”的无耻谎言，义正辞严地指出：“中共区域已入战争状态，不知派何人以何种交通工具送往，外间纷纷传说，以前失踪之人，实已置之死地。送往中共区域，不过一种掩饰之词，文治等固未敢轻信。然‘办法’离奇变幻，纲纪荡然，则万口皆同。”

在当时白色恐怖的上海，唐文治除积极保护进步学生外，对共产党的地下工作者也尽力掩护。无锡国专分校校友秦和鸣，一面就读于国专，一面又在上海大夏大学学习，大夏毕业后留校工作。他很早就参加了中国共产党，在大夏上学时即从事地下工作。由于客观形势险恶，他在大夏不能立足，就通过唐文治的秘书请唐文治介绍他到中学去任教。唐文治一口答应，随即命秘书代笔，致函上海圣芳济中学，介绍秦和鸣前去任教。过了一段时间，秦和鸣在圣芳济中学又引人注目，要求唐文治为他介绍一所门馆，唐文治不避风险答应再帮他推荐，后因秦和鸣赴常州而未去。

唐文治在保护进步学生和共产党地下工作者的同时，对自己的亲属参加进步运动也积极予以支持，他的长媳俞庆棠毕业于美国哥伦比亚大学，是我国社会教育界的知名人士，她积极参加民主运动，反对国民党的反动统治，唐文治对此从不加以阻挠。

1948 年国民党反动政府灭亡前夕，政治日益腐败，物价飞涨，人民备受煎熬，生活在水深火热之中。唐文治忧心如焚，经常切中时弊，写文章大声疾呼，但是投寄报社，报社拒不发表。唐文治深感国民党反动政府已无可挽救，常常直言不讳地说：“国民党日薄西山，气息奄奄，赶快去吧！长夜漫漫何时旦！中国共产党顺乎天而应于人，中流砥柱，挽既倒之狂澜，赶快来吧！”1949 年上海解放，唐文治喜形于色，额手称庆，说：“万民出水火而登衽席，可以重见天日矣！”

解放后，无锡国专更名为中国文学院，唐文治任院长。1950 年初，无锡国专上海分校结束，学生转来无锡，同年 5 月，因经费支绌，中国文学院并入苏南文教学院，唐文治在沪遥领教授之职，当时中国文学院的教授、讲师对并入苏南文教学院意见不一致，唐文治闻讯后对秘书说："今天都在共产党的领导下，应服从命令，随潮流办事，岂能再有门户之见！"并派秘书赴无锡深入调查中国文学院的具体情况。唐文治接受苏南文教学院教授之职后，虽已耄耋之年，年迈体衰，但他曾屡拟赴校任教，虽均因病未果，但他献身正义事业，愿为新中国教育贡献最后一点余热的赤诚之心，是感人至深的。

清廉仁爱　品格高尚

唐文治 16 岁时，著名理学家、太仓王紫阳（祖番）曾谆谆教导他："文章一道，人品学问皆在其中……汝学作文，先从立品始，不患不为天下第一等人，亦不患不为天下第一等文。"唐文治一生恪守恩师的教诲，不论为官，还是育人，立世处事，都严以束身，极其注重自己的道德品行修养。他曾一再告诫学生："人格不立，何以立国，欲求强国，先修人品"，"欲成第一等学问、事业、人才，必先砥砺第一等品行"，"第一等人才，必须有第一等品德"，殷切希望学生"勉力为圣贤，为豪杰，其次亦当为乡党自好之士"，要"先天下之忧而忧，后天下之乐而乐"，而他自己一生则正是这样身体力行的。

唐文治一生不论是身居高官还是就任名望、地位较高的大学校长，都十分清廉，一尘不染。他曾告诫他人说："人各有所癖好，但千万不可使人知；否则，人必投其所好，逐渐被人诱而陷于不义之地。"他还尖锐地指出："近时操守不讲，贿赂公行，搜刮民财，贪黩无厌，生民固苦颠连，皆由官吏之不廉也。""欲救今日之中国，必以兴廉为首务。"他在一副对联的上句中这样写道："人生惟有廉节重。"这既是他对时弊的抨击，对他人的劝勉，也是他对自己的自律。1900 年，唐文治的父亲 60 寿辰。当时唐文治任户部主事兼总理各国事务衙门译官，一下属百般逢迎，送去的寿幛竟用无数金叶片做成一个大"寿"字，金光耀眼，富丽堂皇。唐文治就把送礼人唤至面前，当众教训，声色俱厉，震惊四座。在商部任职时，他制定了《商部办事权限》等规章制度，规定商部官吏不得自营商业，以图私利，严禁贪污纳贿，他自己率先以身作则，廉洁奉公，从不受馈，1903 年 8 月，唐文治任商部右丞，亲自拟定商部章程，主张分设四司，招考司员 48 名，作各司协理，有人持贿前来求职，他严词予以拒绝。又有一次，某藩司之子持某尚书所写的求情函前来，并赠唐文治二百金，希望能在商部求得一个帮主稿之职。唐文治见了求情信和贿金勃然大怒，立即将信和钱掷还给这个人，并当众宣布，今后倘有纳贿求差的，一定要予以严参。广东商人张弼士到北京请求建办三水至佛山的铁路，并申请在山东开办葡萄酒公司。唐文治为他写呈奏折得到朝廷的批准，张弼士非常感谢唐文治，在临离京前赠送给唐文治二千金作为谢忱，以表心意。唐文治再三严辞相拒，致使张弼士怏怏不悦地离开了。广东商人张煜南申请办潮汕铁路，福建商人林尔嘉申请办福州银行，都来向唐文治馈赠巨金，唐文治一律严词拒收。

辛亥革命期间，上海不少公立学校因经费困难而停办。唐文治当时任上海实业学堂校长，学校也面临严重的经费困难。他团结全校师生艰苦奋斗，坚持上课。当时全校职员每年减薪两个月，他严以律己，带头减薪一半。同时他四出奔走，向各方求援，使学生渡过了难关，未停一天课。1913 年经费情况有所好转，教职工的薪水恢复正常。交通部来文指示校长的薪水按原薪发给，但唐文治却坚持只拿半薪，说："方今国家财力艰窘，规定本校校长薪水仍按半数支给。"1920 年 5 月高阳毁家兴学，创办私立无锡中学，他的义举使唐文治深为感动，尽管唐文治当时双目几近失明，刚辞去上海实业学堂监督（校长）之职，在无锡寓所休养,但他还是欣然接受了高阳的聘请出任无锡中学校长,并亲自为无锡中学制定章程,具呈县、省。唐文治任无锡中学校长,全然是尽义务,后来他受聘为无锡国专校长后,依然以病残之躯不辞辛劳地兼任无锡中学校长,经常到校处理校务,还隔周到校讲课,十年如一日,分文不取。他的精神使无锡中学全体师生和社会各界深受感动。

唐文治反贪倡廉,直至晚年仍始终不移。他欣慕无锡山明水秀,有定居无锡之意。此事为其知心朋友实业家周舜卿所知,便主动将无锡荷花荡前西溪一块地送给他。但他坚辞不受,只愿买下这块地,说:“我一向为官清廉,决不能受人厚馈”,屡次持款给周舜卿,周舜卿又屡次璧还。直到周舜卿去世后,唐文治方向周舜卿的长子周肇甫表明心迹,以三千元代价买下了这块地,筑“行索堂”,定居于无锡。

唐文治常说:“朴实为英雄的本色”,“如果贪图享受,挥霍乱费,就会丧失操守,失其气节”,以至“气骨无存”。正是基于这样的理念,他一生生活十分节俭。他在商部任职时,那时京城朝廷风气奢侈,惟独他去奢从俭,提倡着青布衣衫,一时间人们纷纷仿而效之,以至前门大街上布店里的青布购买一空。他对别人说:“我一领青衫,永远服之无斁。”在任无锡国专校长时,他依然总是身穿青灰色布长袍,脚穿布袜、布鞋,从未穿过华贵的衣服,夏天则穿夏布,从不穿绸着绢。有人向他馈赠绫罗,他怒形于色,将馈赠者拒之门外。唐文治在饮食方面也非常俭约,任无锡国专校长时,平时吃的只是豆腐菜羹,从未见过他家杀鸡宰鹅,下午点心,不是芋头,就是山芋。有时有人馈送一些鱼肉糕点给他,他舍不得全部吃掉,总要留下一部分用以款待宾客,还一再嘱咐馈赠者不要再送,以节省钱财,还告诉馈送者:“我家素来清贫,幼时家中买了一只蟹,全家人分而食之,小孩子只吃一只蟹脚尝尝而已。”在抗战期间寓居上海时,他的生活更是俭朴。当时,他任国专上海分校校长,寓居于上海南阳路,仅朝东卧室一间,不仅光线很差,而且一室三铺,住着他和夫人及保姆,每日都是粗茶淡饭,早晨吃粥时吃一个鸡蛋是惟一营养。然而对这样的艰苦生活唐文治却说:“知足长乐,较之颜回箪瓢陋巷,我优越多了。一个人学问事业应向高标准看,生活环境应向低标准看。”1937 年秋天,淞沪之战我方失利,无锡城岌岌可危,11 月,学校决定雇舟撤退到湖南长沙。学生去帮助唐文治办理撤退事宜,看到唐文治所带的行李,只有普通的日常衣服用品,绝无贵重东西,行李箱仅是一般的铝皮箱子,唐文治随身携带的仅一张 500 元存折。唐文治对学生说:“天下兴亡,匹夫有责,要见义勇为,为国善士。”亲眼目睹、亲耳聆听的学生,无不为他的高尚品格所感动。

唐文治曾告诉学生:“我一生俭约,所积蓄的钱大多是用来救灾恤贫的。”事实正是这样。唐文治一生非常关心人民群众的疾苦,对社会公益事业十分热心。当时,各派系军阀混战,再加上水旱、飓风灾害时有发生,老百姓生活苦不堪言。对此,唐文治倾力相助。尽管他眼疾严重乃至双目失明,但自 48 岁起到 77 岁的 30 年间,他为赈灾先后十余次奔走于太仓、常熟、昆山、无锡、崇明乃至长沙、北方等地,运用自己的声望和影响,向社会和慈善机关募捐,全部分给灾区和灾民。1912 年 4 月,唐文治坐船回太仓。他向摇船的常熟船民询问常熟灾情。船民告诉他:“近来乡民大多数只能吃豆粞。有一家三口饿得奄奄一息,乡邻为他们借米烧粥,等粥烧好,三人都已饿死。”唐文治听后,不禁热泪滚滚而下。他回沪后,立即捐米 1 000 石,募洋钱 1 000 元,分给太仓、常熟、昆山和无锡四处灾区。后来,他还把为父亲庆寿用的 2 000 元也散放太仓赈灾,由于前有余款,仅用掉 800 元,他就用剩下的 1 200 元作为基金,设立了太仓敬节会,周恤贫苦百姓,每年有 24 人可每人获得 10 元资助。1919

年，太仓又大水成灾，唐文治就以太仓旅沪同乡会会长的名义募集棉衣和赈款，给灾难中的太仓人民发放赈洋20 000元，并另筹开疏河道以工代赈之举，救济了大批灾民。同时，他还通过向荣德生、唐星海、吴昆生、王禹卿等民族资本家募捐，在太仓办了施粥厂，使当地鳏寡孤独无所靠者免于饥馁。1924年，军阀齐卢交战，士兵骚扰淫掠，百姓遭殃。唐文治就派员与无锡普仁慈善会联系，设兵灾善后会，至太仓浏河等地放赈，他自己还将一个孤儿领回家中抚养。当时，许多难民因无家可归，无处蔽身，只得住在猪舍里，生活十分困难。唐文治就商请原南洋大学庶务长陆勤之垫洋3 000元，给难民们搭草棚权且住宿。1931年，苏北各县洪水泛滥，无锡设立水灾筹赈会，唐文治被推选为理事长，他带头捐放1 200元和棉衣2 000件，还撰写了《救水灾议》和《研究水利议》两篇文章，吁请国家和社会各界关心、救济灾民。1932年"一二八"事变发生后，唐文治又设法雇大船6艘，接运难民，并在崇明岛等6处设立收容所，将募集得到的78 000元悉数放赈。1941年上海租界被日伪占领，再加安徽等省水灾，上海闸北区难民麇集，贫病交迫者甚多。唐文治就节衣缩食，将卖文所得让秘书送去充作慈善事业经费发放给难民。唐文治的秘书被他的义举和仁爱之心所深深感动，曾赋七绝一首赞曰："一堂孝友乐天伦，明德门中积善身。胞与情殷同已溺，鬻文泽及到穷民。"

唐文治清廉拒贿、为社会恪尽义务、同情关怀贫弱、热心社会公益等种种美德，不仅为当时社会各界所敬仰，也为后世之人树立了一个值得效学的榜样。

唐文治先生的一生是赤诚爱国爱民的一生，他的高风亮节，他的奉献精神，他的渊博学识，他的出色才干，他的高尚品德，无一不是后世之人的楷模。正因为这样，所以不论在他生前还是死后，都广泛地受到人们由衷的敬仰。上海交通大学在抗日战争胜利后，先后兴建了"文治堂"和"新文治堂"，还在上海虹桥路创办了文治中学，以表达对唐文治先生的敬仰和纪念之情。在唐文治70寿辰时，他的弟子们，又自发地集资为他在无锡兴建"茹经堂"，以表达对他的敬仰和纪念。上海解放后，陈毅同志还亲切地接见唐文治先生，尊称他为"上海十老"之一。唐文治先生曾兼任10年校长的无锡三中(原私立无锡中学)，不仅将一幢四层教学大楼定名为文治楼，还在1990年纪念建校70周年时，在历届校友的大力支持下，建立了校史馆，为唐文治先生立了半身塑像，并在每年新生入学时就组织学生前去瞻仰。唐文治先生的不朽业绩和高尚精神将永垂青史，永远留在后人的心中。

在太湖之滨的"茹经堂"门头背面，有一块朱世溱书写的"师表人伦"匾额；在"茹经堂"中厅"唐文治先生纪念馆"内有朱东润教授书写的篆书匾额"人伦师表"，还有刘海粟大师的"山高水长"题额。这三块匾额的崇高评价表达了后人对唐文治先生的由衷敬仰之情，纵观唐文治先生的一生，他确实是受之无愧的。

原载《名人传记》1996年第5期

唐文治与无锡国学专修学校

——纪念唐文治先生诞生一百四十周年

胡子远

无锡国学专修学校(以下简称“无锡国专”或“国专”)办学30年,虽规模不大,却培养出了很多文史哲诸方面的人才,有的还是国内外著名的专家、学者。国家教委在论及解放前所办学校时,对于无锡国专,曾给予较高评价,认为其办学经验值得借鉴(详见1983年原国家教委副主任彭珮云等同志的讲话)。

无锡国专创办于民国九年(1920年)十二月,定名“无锡国学专修馆”。民国十六年(1927年)改为“私立无锡国学专修学校”。1949年4月,无锡解放,改名为“中国文学院”。1950年秋,与苏南文教学院合并。1952年,全国院系调整,文教学院并入江苏师范学院,1982年,江苏师范学院改办为苏州大学。

一

无锡国专取得的一些成绩,是和校长唐文治总理全校,数十年辛苦经营分不开的。唐文治(1865—1954)字颖侯,号蔚芝,别号茹经。江苏太仓人,后定居无锡。唐文治出身于书香门第,从小就发奋读书。他16岁入州学,18岁中举人,28岁中进士,可谓英年得志。他的一生,可分为两个阶段。

第一阶段,从28岁中进士至42岁署理农工商部尚书。这14年在仕途上可说是相当顺利的。

第二阶段,在42岁以后,他去官执教,尽瘁于教育事业。唐文治从政时,曾随载振出使西方各国,考察政治,倾向革新。曾提出《请挽大局以维国运析》(一称“万言书”)。但为守旧派所不容,排挤出政界。就在唐文治署理农工商部尚书时,适丁母忧。服阕后,未再复职。他深感改革政治、富民强国的愿望难以实现,于是把希望寄托在培养后一代上,乃全神贯注于教育事业,创办了多种类型的学校。其主要业绩,则在于任交通大学监督13年,以及办无锡国专30年。唐文治将交通大学从一所专科学校办成一流的工科大学,厥功至巨。交通大学为其建“文治堂”,并范铸其铜像,以纪其业绩。

1920年,唐文治先生55岁,因目疾加重,终至失明,乃辞去上海工业学堂监督(校长)职务,回无锡寓所休养。时杭州施省之(名肇曾)捐资,于民国九年(1920年)十二月,创办无锡国学专修馆,聘唐文治为校长。校舍租惠山脚下“锡商山货公司”的两幢楼房。民国十年(1921年),无锡人孙鹤卿(名圻),在无锡城内前清训导署旧址,重建尊经阁,县公署函请无锡国专迁入。陆勤之又筹款建宿舍楼房。学校初具规模。民国十七年(1228年),国民政府大学院特派柳诒徵、薛光锜到无锡国专检查,认为“办理完善”,乃于当年九月二十日批准立案。后奉教育部令,改名为“私立无锡国学专修学校”,参照当时国立大学文学系规章办理,实行学分制,修业期为3年。并成立校董会,由钱基博任教育股董事长;唐滋镇任经济股董事长。确定办学宗旨为“研究本国历代文化,明体达用,发扬光大,期于世界文化有所贡献”

(《无锡国学专修学校组织大纲》)。无锡国专招生严格,如第一次招生,报名者近千人,仅录取正额 24 名,附额(备取)6 名。

民国二十年(1931 年),当时"国际联盟"教育科的唐克尔·培根,到无锡国专参观后说:"我们来到中国,看过很多学校,读的是洋装书,用的是洋装笔,充满洋气。这里才看到线装书和毛笔杆……希望这所继承中国文化的学校,能够发扬光大。"(《茹经先生自订年谱》)可见当时的无锡国专办得很有特色。

二

唐文治办学,有不同一般的特点。

其一是崇尚气节。

唐文治先生是一贯重视气节的。他说:"人生有骨,乃能立身天地之间。气节者,气骨也,无骨何以有节?"(《茹经堂文集·孟子气节学题辞》)在锡校礼堂上,悬挂一副对联,其上联谓"富贵不能淫,贫贱不能移,威武不能屈,是之为大丈夫"。在饭厅中,高悬明代杨继盛(椒山)的联语:"铁肩担道义,辣手著文章。"从学校环境布置来看,走进国专校门,气象严整,令人有正气浩然之感。"九一八"、"一二八"以后,日本军国主义并吞中国的司马昭之心日益暴露。唐文治力主"有文事者,必有武备"。于是对学生加强军事训练,并作抵御外侮的宣传。他还加入马相伯、沈钧儒、史量才、黄炎培等发起的"国难救济会",并支持无锡国专学生赴南京请愿,要求国民党政府出兵收复东北。

唐文治先生不仅重言教,而且重身教。抗日战争爆发后,他以古稀之年、有疾之身,亲率国专师生员工,举校内迁。1937 年 11 月,无锡国专先迁长沙,后迁湘乡。1938 年 2 月,再迁桂林。后唐文治由于年高体弱,水土不服,请假回沪治疗。桂林无锡国专,由教务主任冯振(振心)代理校长职务。1938 年春,应"沦陷区"旧有学生之请,呈准教育部,在上海设立分校。为避免向日寇登记,对外名曰"补习部"。

太平洋战争后,日寇占领"租界",魔掌亦伸向文化教育。敌伪对唐文治先生威胁利诱,要他出任伪交通大学董事长,胁迫唐先生签字。时唐先生没有固定收入,经济很困难。但是,他却大义凛然,从容答道:"行年七八十,此字可以不签矣!"拂袖不顾。夏承焘教授把唐先生比作古希腊不屈于恺撒淫威的老人,曾作《南乡子·倚老吟》词赞之。

其二是开明办学,不拘一格降人才。

唐文治认为,要培养出人才,就必须要有高明的老师。他深信:"有其师,必有其弟子",有了"名师",才能出"高徒"。所以,国专广为聘请可能请到的不同流派的专家、学者,到无锡国专兼课、开讲座。这个情况,在无锡的 17 年,以及上课时期,尤为突出。

无锡国专在无锡时,重金礼聘了素负盛名的陈衍(石遗)主讲《通鉴》、《宋诗》、《音韵学》等课程。他讲《通鉴》不仅能背出原文,而且连胡三省的注都能背诵如流。他的著作《石遗室诗话》、《元诗记事》等,远播扶桑,为日本著名文学家神田喜一郎等极力推崇。陈衍先生家住苏州,每星期五来无锡讲课,星期一返苏州。每课时薪金为银币 20 元(合白米 300 余斤)。这样高昂的讲课费超过全国任何一个名教授。还有很多学林名人,如金松岑、李详(审言,文选专家)、孙德谦、钱基博、顾实(惕生)、陈柱、陈鼎忠、朱文熊(叔子,著有《〈庄子〉新义》)等,都在无锡国专教过课,或开讲座。当时称为朴学大师的章太炎,亦时到无锡国专讲学。

1939 年办无锡国专上海分校时,正值大片国土沦陷,惟上海情况特殊,其"租界"区,为日寇凶焰所不及,当时称为“孤岛”。岛上,各界人士云集,几乎集中了南方的名教授。于是无锡国专得以聘请了不同流派的专家、学者来校兼课,如周予同(群经概论)、周谷城(中国通史)、钱萼孙(诗学研究)、夏承焘(词学研究)、胡士莹(词学研究)、朱东润(历代文选)、王佩琤(曲学研究)、郝昺衡(中国文学史)、胡曲园(逻辑学)、张世禄(音韵学)、鲍鼎(甲骨、金文研究)、唐庆诒(英语、中西文艺批评)。另外,还有赵泉澄、蔡尚思、葛绥成、蒋祖怡、吴丕绩、许国璋、金德建等学有专长的专家学者。王蘧常任教务长,兼任史地科负责人,并教夏、商、周三代史。还请吕思勉、郭绍虞等教授,开文史方面的专题讲座。

由于不同流派、不同风格的名师荟萃一校,所以学术空气浓厚,学生得益匪浅。这种好学风,绝非搞派系之争的学校所能望其项背。“党同伐异”的现象,在解放前是很普遍的,甚至连留学生也分留欧、留美、留日之别,互相倾轧排挤,其他概可想见。然无锡国专独以学术为重,打破门户之见,故受时人所重,誉之为“无锡国专的蔡元培时期”。

其三是书院式教育方法。

在教学上,继承、吸收旧书院的教学方式;在管理上,沿袭书院的家长制。总之,它不同于一般的大学。它所设置的课程,基本上是书院必读的“四书”、“五经”等儒家经典,还有《老子》、《庄子》等子书,《史记》、《汉书》等史书,以及《说文》、《文选》、《文心雕龙》、《古文辞类纂》、《唐诗别裁》、《十八家诗钞》等书。虽然后来也增设了西洋文学史、逻辑学、教育学等西欧现代的社会科学知识,并规定作为必修课,但毕竟还是以攻读古籍为主。所读的课本,均为整部线装书,很少用选本、节本。教师讲课,一般并不逐句串讲,特别是唐文治先生授课,完全采用讲学方式,阐述“微言大义”。但要求学生有重点地熟读、背诵一些书。唐先生在国专教导学生读书的方法,可归结为十六字诀:“熟读精审,循序渐进,虚心涵咏,切己体察。”他积极引导学生由博至专;要求低年级学生加强基本功学习,高年级分科,学生可以根据自己的爱好和特长选择专业,因材施教,各展所长。唐先生还重视发挥图书馆的作用,培养学生的自学能力。他一方面大力搜罗经、史、子、集各种图书,充实图书馆;另一方面,兴建图书馆大楼,开辟大阅览室,积极创造条件,方便学生自学。学生在课余时间,通过图书管理员,可以直接到书架中检阅图书,不加限制。国专图书馆藏书很多,古旧书籍20余万卷,近50万册,其中颇多宋元善本。

至于书院式的家长制管理方法,造成了两方面的结果:一是管教过严,限制了学生的活动;另一方面,关心爱护学生,视学生为子弟,特别是上海时期,掩护了进步学生,使其免遭迫害。

唐文治办无锡国专,由于具有上述特点,造就了不少人才。有的成为闻名中外的学者、专家。如唐兰(其古文字研究论著,为世界各国普遍译印)、吴其昌(考古学)、王蘧常(诸子、群经研究)、钱仲联(萼孙)(诗词、骈文研究)等。王蘧常所撰《严几道年谱》和诗集《抗兵集》,为学林转相称引;其书法章草,日本艺林推为当今独步。再如毕寿颐邃于经学、段氏说文,有《度帆楼文集》,识者誉为乾嘉学者,允无多让。另外两汉书专家蒋庭曜(石渠)、楚辞专家蒋天枢,《星预诗钞》作者朱星预、史学家魏建猷等等,均为早期校友,其学术造诣,都很深湛。20世纪40年代以来,同样不拘一格降人才,培养出不少著名专家、学者,在学术界任研究员、教授、编审、特级教师者,更难以计数。

唐文治先生主持无锡国专凡30年,毕业学生约一千七八百人,培养出了文史哲领域的各种人才。唐先生对我国教育事业的贡献是巨大的。

三、

唐文治办学能获得这样的成就，是由于他从小刻苦治学，从而打下了坚实基础。他擅长经学，人称为经学大师。他治经学，先从宋学入手。16 岁时，从王紫翔学习性理学，笃守宋儒朱熹的学说。21 岁入江阴南菁书院，受业于黄元同、王先谦二先生门下，学训诂之学。又“奉高密为矜式”，非常崇拜郑康成的汉学。后来服官京师，阅历世变，识见渐广，真正体验到“经学即理学，理学即经学”的真谛，因而并不标帜汉宋学之名。他认为：“吾人为学，救世而已矣”；“孔子不称春秋学，孟子不称战国学，则郑君岂得限以汉学，朱子岂得范以宋学哉！”（《古人论文大义》，1911 年版）

唐文治在治经、讲学方面，力主躬行实践。他说：“凡讲经者，必须令学生——反诸身，验诸心，养成高尚人格，庶几可造就就其德性才能，俾脑经清晰，气质温良，学道爱人，方有实用。”（《人格》一卷，1927 年版）至于攻治经学从何入手，他认为宜就性之所近，专治一经，精通之后，再治他经。要循序渐进，不可好高骛远。像《大戴礼记》、《国语》二书，也要好好钻研。唐文治所著《十三经提纲》、《周易消息大义》、《尚书大义》、《礼记大义》、《中庸大义》等书，都可作为治经的入门书籍。此外还应博览群书，如《十三经注疏》、《古经解汇函》、《通志堂经解》、《七经精义》、《清经解正续编》等都应分门参考。并要求不尚新奇，不务隐僻。这样，才能学有实用，蔚成通才。

唐文治先生是这样教人的，而他自己也正是这样做的。他 8 岁就开始学习《孟子》，后来又潜心攻治《孟子大全》等书，因而对孟子学说造诣很深。及游历欧美各国，认识到“读经贵乎闳通”，要具有一定的世界知识。他认为当时的世界是一个大“战国”，杀机四伏，只有用孟子的学说，来“正人心，救民命”，才能挽回世运。中年以后，他著《孟子大义》一书，阐述孟子的微言大义。后来在学校迁桂林时，又辑有《孟子分类学》。他一生服膺孟子学说，以“正人心，救民命”为办学、讲学、著书立说的宗旨，极力提倡精神文明，以匡正世道人心。他曾说：“时局愈棼，无可言者，惟矢志讲学，于正人心，救民命两端，兢兢焉。以之自勉，兼以勖同志，弗敢失坠，随时著为文章，议论虽略有不同，而宗旨则始终不变也。”（《孟子大义》）到 50 岁以后，又努力攻读《易经》。从最近在无锡发现的唐先生私人藏书来看，他读过的各种《易经》著作的数量，多得惊人。各书都盖有“五十学易”印章，用五色笔圈点，并有不少眉批。其晚年所作《周易消息大义》，即是其力作，值得学习。

唐文治对古代文论也颇有研究，辑有《古人论文大义》一书。他的文论观点，基本上是继承桐城文派的。他所著的《国文大义》，就是阐述桐城派的文学理论，结合具体作品研究的一部完整、系统的文论著作。唐文治非常重视道德修养对文章的作用，所以在他的理论体系中，十分强调养气的功夫。养气之说，始于孟子。孟子所说的“气”，是指人的精神状态，即所谓“浩然之气”。这种浩然之气，是指道德修养达到“配义与道”、“至大至刚”的境界而言。唐韩愈把此说运用到文章的写作上，创“气盛”说。认为如能达到这种“气”的境界，发为言辞文章，就大小咸宜，无施不可的了。后来桐城刘海峰祖述韩愈之说，倡言“文章最要气盛”（刘人槐《论文偶记》），他认为，要达到这种“气盛”的地步，必须从古人文章的音节入手，即所谓“因声以求气”。（《国文大义 · 论文之气》）这是桐城派代代相传的理论。唐文治的“养气”说，一方面师承桐城的“因声求气”，十分重视朗读古人文章的方法，从古人文章的抑扬顿挫、抗坠曲折的声调、音节中探求文气；另方面，又绍述孟子，认为养气应从人的根本入手,即从人的气质入手。只有具备了正直的人品,才能达到这种“气盛”的境界。他说:“故凡学作文,先从养气始,养气先从正直始。孔子云:将叛者其辞惭,中心疑者其辞技。孟子云:诐淫邪遁,知其蔽陷离穷。若此者,为其辞之不直也,即为其气不直也,而要由其性情与品行之不直也。”(《茹经堂文集·孟子气节学题辞》)言为心声,人的思想品质必然会从文章中流露出来,“文如其人”。所以唐文治非常重视人品与文品的关系,特别强调“修辞立其诚”,“不诚无物”。他解释“诚”字说:“吾国人谓之诚,西国人即谓之精神。”又说:“惟其诚意有深浅,故文字亦有深浅。”(《茹经堂论文》,1993 版)他把人的精神状态作为衡量文字深浅的标准,并进一步指出:“凡人之血气心知,不能不寄之于言,言不能掩其行,而文辞者语言之精华,即其言以考其文,即其文以考其行,百不失一二。”(《读经条议》)

唐文治师承姚鼐文章阴阳刚柔之说,把古文风格分成阳刚美、阴柔美两大类,并作进一步的发挥。他说:“凡人之性情气质,毗于阳者,阴亦寓焉;毗于阴者,阳亦寓焉。天地之间,阴阳之气,常相胜而相争。惟明于消息之故,于其偏而调剂之,且因其偏而善之。善验古人文之神与气,亦若是而已。”(《读书管见序》)于是著《国文阴阳刚柔大义》八卷,选《周易》、《尚书》、《诗经》、《论语》、《孟子》、《国策》、《庄子》以及贾谊、董仲舒、司马迁、扬子云、班孟坚、韩愈等文章,分注阴阳各名于其下。此书陈衍称为“盖论文之精而无弊者矣”(《唐茹经先生全书·总序》)。

唐文治先生所重视的“读文法”,也是师承桐城派的。他早年出使日本,在东京与桐城派巨子吴挚甫相遇,促膝论文,甚为欢洽。吴告以读文之法:“不求之于心,而求之于气;不听之以气,而听之以神。大抵盘空处,如雷霆之旋太虚;顿挫处,如钟声之扬余韵;精神团结处,则高以侈;叙事繁密处,则抑以敛。而其要者,纯如绎如,其音翱翔于虚无之表,则言外意无不传。《乐记》师乙所谓上如抗,下如坠,曲如折,止如槁木,累累乎如贯珠,皆其精理也。如此则通乎神矣。”(《国文大义·论文之根源》)于是唐文治悉心研究,精益求精,深得读文三昧。唐天赋好,嗓门宏亮,音色极佳,尤其读文之声调,能随着文章的感情、意境、节奏的不同而变化,抑扬顿挫,韵味隽永,极感染人。人争效法,称为“唐调”。

唐文治先生早岁从政,在其任宦十余年间,每当关键时刻,都是坚定地站在爱国人士一边的。在外务部,他坚决拒绝葡萄牙殖民者的无理要求;同时,力主铁路商办;在辛亥革命时,劝清帝退位,赞成共和。在办教育期间,日本侵华时,反对日本侵略;“一二九”运动时,支持学生爱国、抵抗外侮;1948 年 5 月 4 日,上海学生在交大民主广场举行盛大营火晚会,高举“反对美国扶植日本军国主义”的旗帜,国民党政府镇压学生运动,逮捕进步学生,唐文治和张元济等发表《致吴市长公开信》表示强烈抗议,支持学生正义行动……凡此种种,莫不表现其爱国之心。但其主要业绩却在于办教育事业。

唐文治先生从事教育事业垂半个世纪,特别是主持无锡国专的 30 年,他继承了中国教育的优良传统,并加以发展。概括起来,有这样几点:严肃认真,一丝不苟的治学态度;不拘门户之见,博采众长,循序渐进,因材施教的教育方法;反对人云亦云,勇于探索的创新精神;加上富贵不能淫、贫贱不能移、威武不能屈的气节。故而培养出了不少在学术上卓有成就的人才。有些同志,还参加了革命,为我国的革命和建设事业作出了贡献。唐先生的这些治学、办学经验,对于我们今天办好文科大学,更好地为两个文明建设服务,颇有可资借鉴之处。

原载《苏州大学学报》(哲学社会科学版)2005 年第 2 期

中国图书馆事业的先驱汪长炳先生事略

许培基

汪长炳(1904—1988),字文焕,湖北汉川人,著名的图书馆学家,杰出的图书馆学教育家,中国现代图书馆事业的先驱。

汪先生青少年时,聪颖过人,学习优良。1926 年在武昌文华大学图书馆科毕业,因成绩优秀被北京图书馆聘为参考部主任,初出学校即显露了出众的才能,曾应当时国立中央图书馆馆长蒋复璁之请参与中央图书馆制定的"四十大类"分类表草案的审定工作。由于他在北京图书馆工作成绩卓著,于 1932 年秋被选派作为交换馆员至美国纽约哥伦比亚大学图书馆工作、学习。1934 年获硕士学位后转职华盛顿美国国会图书馆工作。1935 年代表中华图书馆协会参加在西班牙马德里举行的国际图书馆协会联合会(IFLA)第二次年会,会后去英、法、比、瑞等国考察图书馆事业。1936 年回国任武昌文华大学教授兼教务主任。1937 年抗日战争爆发后随文华大学西迁四川重庆。1941 年教育部于四川璧山创建国立社会教育学院(苏州大学前身之一),设图书博物馆学系,先生受聘担任系主任,自此开始直到 1949 年,一直主持系的教学和院图书馆工作达十年之久。

抗战中期,时局艰危,财政困难,物资匮乏,汪先生所主持的新建起来的图博系,是当时国内惟一的四年制大学本科培养高级人才的图书馆学系,无先例可循,只能白手起家,艰辛创业。先生在课程设置方面,可谓呕心沥血。他根据理论与实践并重的原则,参照国外做法,设置了 27 门必修课,23 门选修课,其名目和内容至今仍为一些大学的图书馆学系所沿用。他还凭借自己的声望聘请著名的学者专家如郭沫若、顾颉刚、李家骆、严大郁、徐家麟等来系讲课、任教,并努力收集国内外重要书刊资料三万余册,供全院师生阅读参考。在他担任系主任的十年中培养了二百多名学生,为新中国图书馆事业储备了一批中高级专业人才,大多已成为新中国图书馆事业的骨干。

抗日战争胜利后社教学院迁到苏州继续办学,至苏州解放前夕,时局动荡,在迁校反迁校斗争中,他坚定支持进步力量,反对迁校,迎接解放。

新中国成立后,全国大学院系调整,社教学院迁到无锡,同江苏教育学院合并成立苏南文教学院,图博系分别合并到北大、武大。汪先生是文化界有声望的高级知识分子,受到政府的重视和礼遇。苏州市人民政府挽留其在苏州任苏州图书馆副馆长主持馆务。1955 年,江苏省政府文化局调任他为南京图书馆副馆长、馆长,直至退休,达 18 年之久(不算名誉馆长五年及"文革"十年)。在这 18 年中,他审时度势,运筹谋划,将自己的办馆思想同党的工作要求有机地融合在一起,推动了南京图书馆稳定持续的发展,是南京图书馆百年历史中的一个重要阶段,被称之为"南图的汪长炳时代"。有人总结这一阶段的办馆特点是:基础工作扎实,规章制度严明,工作紧张有序,文化生活丰富,加班不计报酬,义务劳动争先,注重学术交流,师傅带徒成风,大力访购珍籍,保护文化遗产,发挥馆藏优势,加强科研服务,编制联合目录,实行馆际互借。他在南图的建树,取得的成绩和工作经验,对全国图书馆工作都有重大影响。

1956年初,周恩来总理在全国知识分子大会上发出向科学进军的号召。汪先生积极响应,雄心勃勃地制订了《南图十二年远景规划》上报文化部,同时在省政协会议上作《图书馆如何为科学研究服务》的专题发言。1957年5月在文化部举办的全国省、市图书馆长进修班上主讲《三大系统图书馆的协作工作》,同年9月国务院据此制订公布了《全国图书协调方案》,推动了全国图书馆工作的协作协调、文献资源共享。

1956年12月,在汪先生的推动下,举办了有全国11个省市的63个图书馆的专家学者参加的全国第一届图书馆学科学讨论会,汪先生在会上宣读了他的《怎样编写中国图书馆事业史》的学术论文。

1957年,他作为文化部图书馆代表团的一员同左恭(北京图书馆副馆长)、杜定友(广东中山图书馆馆长)、胡耀辉(文化部图书馆事业管理局长)一起赴苏联、民主德国考察访问历时四个月,回国后撰写了考察报告。

1958年,在汪先生领导下,成立南京中心图书馆委员会,推动了馆际协作、资源共享。

1966年开始的十年内乱中,整个图书馆事业陷入了深重的灾难。汪先生也遭受冲击摧残,昔日身材高大挺拔、风度翩翩的学者,变成弯腰曲背,容颜衰、两鬓霜的垂暮老人。此情此景,使远道前来探望恩师的学生们,伤心怵目,潸然泪下。

1978年汪先生复职,虽年老体衰,但思想敏捷,工作活力不减当年,仍为图书馆事业奋斗不息。同年受国家文物局委托,筹备在南京举行《中国古籍善本书总目》编辑工作会议,为全国古籍善本书普查、编目奠定了基础。又参与成立中国图书馆学会的筹备工作。同时筹建江苏省图书馆学会。1979年秋全国及省学会相继成立,汪先生当选为全国学会副理事长,省学会理事长,为开展全国及江苏省图书馆学研究作出了不可磨灭的贡献。

1983年10月江苏省图书馆学会及南京图书馆为汪先生80寿辰和从事图书馆工作60周年举行庆祝茶话会,表彰他对图书馆事业的巨大贡献,受到国内外图书馆及学生们的崇敬。

此后汪先生退居二线,任南京图书馆名誉馆长,仍十分关心图书馆工作。

1988年1月11日汪先生因病医治无效,在南京逝世,享年84岁。

原载《苏大校友》2006年第2期

王蘧常传略

黄清宁　柳巩阳

《晋阳学刊》向王蘧常教授征求自传，但王先生年已过耄，且多病，一时不能自己动笔，不得已，叫我们代写。现在分目写在下面：

一、籍贯和先德

王先生是浙江省嘉兴县人。五世祖原籍安徽休宁，避明时乱，迁于嘉兴，定居于东门外角里街，营布业，立庄号王泰丰，渐渐推广到安徽，于屯溪立分庄，为转运中心，历世惨淡经营。到曾祖名寿号补楼的时候，可说是全盛时代了。但补楼公还是克勤克俭，未尝暇逸，并兼治儒业，善易经，喜说未来，常教导子孙说，盛极必衰，如能保持家风，可以立于不败之地。勇于为善，清道光三十年江浙大水，受灾者至十余万人，补楼公立捐数千金拯之。身后不久，果遭乱，家道中落。到他父亲名甲荣号部畇的时候，竟至贫无立锥之地，但部畇公不坠家风，刻苦学习，终能自立，有声于时。

二、生年和名字

王先生于1900年6月生于天津的三太爷庙街，时他父亲正佐清北洋大臣直隶总督裕禄为幕僚，闻报，方看史记仲尼弟子列传孔子所严事，于卫蘧伯玉云云，伯玉名瑗，遂以蘧为名，常则辈行也；以瑗为字，行二，故曰瑗仲。

先生生18天，八国联军陷天津，裕禄自杀，时幕僚星散，先生父不忍离去，视其草草殡殓而后行，已不能从容避难了。这时已杀人盈野，白日无人影，只得夜行，先生母顾老夫人抱先生穿尸丛而过，仅乃得生。他有一块图章刻“忧患余生”四字，这是实在的。

三、师承和学历

先生自己说：3岁，吾母教以方字，并辨四声。5岁后从伯父步青公读四书和毛诗，7岁后，及礼记、尚书、左传等。读毛诗为学习作诗之始。14岁，进嘉兴第一高等小学校，得吴子文、张慕周等先生的教导，始知文史之学。15岁，躐等入浙江第二中学校，从郑斐谌先生学古文，喜言顾亭林炎武之学，为后日研究顾学之始。从祝靖远先生学历史，祝先生精马骕绎史，能默诵板书，为后日研究古史之始。从陆颂襄先生学说文解字，为多识古文字之始。18岁，拜前母族父沈寐叟曾植先生于门下，为通知书学、诗学之始。明年考入无锡国学馆，得到唐文治先生门墙，于是为遍研群经及宋元理学之始。其后以父命，由张元济年丈之介，得拜梁启超年丈于沪上，畅论子史之学，实为研究先秦诸子之始。诸先生中，尤以唐先生追随最久，受教最严，期望最深者也。犹忆当时经文必以能背诵为度，常面试，有的同学，偶一差错，则续试不已，必无误乃已。考核尤重月试，不限经、史、子，亦重文学，评试卷，有眉评，有总评，如庖丁解牛，无不中肯，听者忘倦。又喜奖假，令人鼓舞。王先生云：“使我为学，稍有根柢,多唐先生之教也。”

四、工作与著作

王先生从事教育工作,自1924年开始,至今已将近六十年了,未尝迁业,实是少有的,兹略述如下:

初为私立无锡中学教师;继为无锡国学专门学院讲师;私立上海光华大学附属中学教师;私立上海大夏大学预科讲师;私立复旦大学中国文学系讲师;大夏大学国学系教授;迁沪无锡国学专修学校教务长;迁沪私立之江文理学院历史系教授;国立交通大学中文科教授(解放后,任主任教授);国立暨南大学文学院中文系教授;无锡中国文学院副院长;复旦大学中文系教授,后调哲学系教授。

王先生的著作,是多方面的,兹将已出版未出版分列于下:

一、已出版的有:

1. 礼经大义(吴县曹元弼先生教授　王先生等记述)。2. 诸子学派要诠。3. 先秦诸子书答问。4. 荀子新传。5. 严几道年谱。6. 沈寐叟先生年谱初稿。(商务印书馆东方杂志二十六卷十五十六两号)7. 沈寐叟年谱。8. 增补嘉兴府志经籍志。9. 商书世纪本纪。10. 商书典坟志。11. 明两庐诗。12. 抗兵集。13. 国耻诗话。14. 明两庐题跋劫余录。15. 王蘧常章草艺术。16. 国学讲演稿(包括诗经孟子朱子文集等)。17. 无锡国学馆月试文选。

以上两种皆少作。

二、已付印即将出版的有:

1. 顾亭林诗集汇注。2. 顾亭林诗谱。

三、已付书局未出版的有:

1. 梁启超诗文选注。2. 陈化成年谱。3. 求阙斋主论学杂钞。

四、成稿未付印的有:

1. 朱子著述考。2. 顾亭林著述考。3. 求阙斋主著述考。4. 钱侃石年谱。(原稿已毁,上海图书馆及嘉兴钱氏有传抄本)5. 学林补辑。6. 朱子全集校释。7. 钱侃石年谱。

五、成稿被毁在补纂中的有:

秦史。

五、有一颗炽热的爱国心

王先生出生后,即遭八国联军之乱,全家一无所携,夜行昼伏,先生母怀先生,十步九僵,历杨柳青、胜芳,始至沧州,全家形色非人,竭蹶得一舟,方能南下。至家乡,父母都病,母尤笃,几死。先生稍长,母夫人时时为先生言之,联军杀人如草菅,尸盈野塞河;家业全毁,即一碗一箸而无之。先生虽幼,往往为面赤气涌,以此仇视帝国主义,有不共戴天之痛矣。

先生年七八岁,父为广西梧州关监督。有一天,英国领事某来见,先生知其为英国人,英国为联军之一,大恨之,伯父授课小楼,正对客厅,居高临下,先生欲以弹弓射之,弓已张,伯父见而夺去,并告其父亲,父亲大怒说:如伤其身,将引起外交事件,汝不得活!后知此人在读康熙字典并四书,伯父说:此人在文化上,已归顺我国了啊。先生气始略消。

先生十四五岁时，日本军国主义横行，迫我订二十一条等，先生大恨，作《跨海东征记》以寄慨，仿章回体，嫌旧小说庸俗，时参以孙子兵法，扫穴擒渠，聊以快意。虽纸上谈兵，不伦不类，然也可见先生少时之义愤啊。

九一八事变，日寇侵我辽沈，食肉者乃持不抵抗主义，王先生尤为义愤填膺。他在《国耻诗话》中说：

今年倭寇猖狂，肆毒于我辽东数千里之地，河山变色，城郭为墟。国中养兵数百万，惟以自煎，不闻加遗一矢，实亘古未有之奇耻大辱也。

他在这时作了不少文章，登在报纸，鼓励士气，如：甲午死难将士题名记、李世鸿传、孙钰传、宁陵赵君传、旅顺义丐传、二简传、倭不足畏论、记马忠武公玉崑大同江之役。（以上见民国二十年十二月至二十一年八月《申报》）

倭不足畏论和宁陵赵君传论，斥不抵抗主义尤为愤切，倭不足畏论云：

倭寇深入，已十有一月于兹矣。谋国者，徒怵于其往日之枭悍，终不敢言战。不曰旬日足以尽吾国，即曰曾不能一日守，一唱百和，牢不可破。即有一二忠勇之士，激于义愤而奋起，虽若深喜之，实则深嫉之也，始终首施于和战。今倭已侵热河，窥平津矣，政府虽有合力御务之言，我惧其或仍怵其枭悍而因循坐误也。爰征往事而正告之曰：欵言不听，奸乃不生，黑白乃明，在所欲用耳，何事不成，倭又奚足畏也。甲午之役，马忠武玉崑以千数百之疲卒，当倭万有余之顽众，其势悬绝，而马军终贯围而出，斩获过当；而叶志超仁川之战，亦以羸卒二千，突围归平壤。倭固善战乎？我固不能战乎？此其一。平壤之战，吾军以万五千人輅强寇，而可战者实只八千，且将怯卒惰，地广力分，号令复不统一，倭以五倍之众攻之，宜若不能须臾守矣，然犹激战五日，仅乃克之，倭固善攻乎？此其二。俄之败也，俄实自败，非倭之能胜也。未战故已百孔千创，且孤军远斗，师劳力竭，识者早决其无胜理，然倭犹屡淖于险，伤亡至数十万人，乃木大酋至愧欲自裁，参谋长儿玉源太郎，亦惶急日祷于东方，可以知其力殚而智索矣，此其三。然此犹前日事也，或以为不可语于今日。然民国十七年济南之役，吾军城守者仅五百人，倭倍攻而终不获逞，其后吾军以奉命撤防，溃围出，倭出不意，几大败，其国大阪朝日新闻报，暴其狼狈情状，参谋长黑田周六见之大惭愤，斥其不爱国（据龚君德柏言），亦可见其外强中干矣，此其四。至松沪之战，倭几倾国之半，以当我一隅，竟四易其渠帅，此尤彰彰在人耳目，有必言者矣。倭为征兵制，卒伍率中产，且又习于逸乐，别家室，则牵裾而涕泣，祝平安，则乞灵于神祇，已非复昔日祈战死之雄风，故能胜而不能败，败即相率逃亡，东北及淞沪之战，皆可证而知者也，此其五。且倭自胜俄以后，未遇大敌，中将以下，徒以纸上之兵，未尝习于战阵，且中于暮气，流于淫佚，或玩物丧志，贪黩好货，剽掠成性，东北所过，庐舍为虚，师出以律，倭固有律乎？此其六。征诸昔则如彼，征诸今又如此，夫不能战，不能攻，而又不能出之以律，徒恃其利器骄气，以图一逞，败征已见，此奚足畏乎？玄驹之有长也，魁其坏穴。而赤蚍、飞蟹之窥其门者，必部其族以噬杀之，终远于垤，无相于离，则众蠢者，必有以护之也。今窥门者迫矣，不能为玄驹之噬敌，而欲众之护于坏穴，其可得乎！呜呼！可以人而不如玄驹乎？况又不足畏者乎？（见民国二十一年八月二十六日申报）

宁陵赵君传论曰：

夫当国家危难之际，慷慨赴敌，惟义所适而已。固不必计器械之利，强弱之殊，成败之数。惟知义，故赵君隻弓，可歼强寇，不知义，则百万甲兵，曾不足以守寸土，世之较强弱器械而计成败者，皆握龊忘义庸懦夫也。安有握龊忘义庸懦夫而可谋国也？而世惟握龊忘义庸懦夫之与谋，此赵君之所以死也。悲夫！悲夫！今又何时乎？亦有闻赵君之风而自为谋者乎？（见民国二十年十二月十八日申报）

民国二十一年一月二十八日夜半，倭突袭我上海闸北吴淞等地，我十九路军奋起御之，一月间，凡三覆其主力军，所谓“一二八”之役也。先生又奋笔传其殉国将士和其他，如：

滕将军传、台山李营长传、金德海传、六十亡名烈士传、胡阿毛烈士传、美利坚肖德上尉传。

肖德名劳勃脱，为我杀敌而死。王先生据美国盖尔公司盖尔君言及时事新报夕刊、大陆报、泰晤士报等，为作传，以愧我国之言不抵抗者。其论曰：

我闻方事为殷，上尉语所亲曰：我中立国亲也，固无所袒于其间，第人类见非人类之残杀，我安能忍！我安能忍！我为正谊人道计，不容与两立矣，纵死亦心所甘，我何憾！然未死，慎勿声，死则报我父母耳。呜呼！上尉今竟以正谊人道死，上尉可无憾矣？然今之非人类之残杀，犹日肆而无已，上尉其终能无憾乎？上尉以异国人而不忍我国人蒙非人类之残杀，扶义而起，终至投死而无愧，以视同践国之土，同食国之毛，独熟视其国之人，宰割呼号而无睹，或竟远走高飞而以自保者，则上尉之死，有似乎不智，上尉其果能无憾乎？呜呼！（见民国二十一年四月七日申报，四月二十一日庸报）

其后国共合作，全国抗战，先生虽异常艰窘，然时时有喜色。及闻日寇投降之讯，先生欣喜如狂，师母描述当时情况说：初闻讯，入门即大叫说：特大喜讯！鬼子投降了！既而忽泪下满襟，高吟“剑外忽传收蓟北，初闻涕泪满衣裳”两句说：我现在才感到老杜的真性情，从肺腑中流出，每字都是实情实理。诗的下面说“须纵酒”，能许我纵一下吗？竟尽酒两瓶，遂大醉。盖此特大喜讯激发其郁抑已久的爱国心，所以快活得不能自主吧！这年是酉年，我受寇降在酉月，酉属鸡，王先生请人画一幅雄鸡称立图，题诗于上说：

独立苍茫何所之（古鸡鸣曲有何所之云云），雄冠佩剑拟神姿，长鸣风雨天终晓，莫忘（仄声）闻声起舞时。

虽喜极，犹安不忘危也。

六、要攀登前人未走之路

王先生18岁，拜于沈曾植先生门下，请治学之法，沈先生说：前人已走滥的路，万不可再走，必须攀登前人未至或少至之境。如写字，唐宋诸贤之迹，学者已陈陈相因，若再因之，如何出人头地，不如学汉魏碑；草书如十七帖，亦还因久矣，不如学稽叔夜绝交书；其实二王书亦相因久矣，不如学章草。其时王先生喜看林纾所译外国小说，因与之通讯，问作古文之法，林先生函授韩柳文研究法，及畏庐文集等，后又以其文集草稿见赐，要可见如何改进处。其游天台，过嘉兴，又枉顾。此事，沈先生知之，因曰：八家文皆已读滥，即梧城，亦如此，不如于诸子中，别辟门径，林先生之左孟庄骚录，如扩而大之，倒是一条路子。此一席话，王先生深受其影响，其后纂秦史，学章草，作文作诗……多渊源于此。后与同学唐兰言之，唐亦大有所感。时王先生方纂商史世纪、王纪、坟典志、人表等。唐作说文解字唐注，编搜甲骨文，青铜器文等实之，欲祧氏注。一日，挟以示乡老金甸丞先生蓉镜，金先生大喜曰：足以踢翻烟雨楼矣，祢正平踢翻鹦鹉洲，何足道哉！其后又为先生父言之，其为老辈称赏如此。

秦史者，先生初欲作三代史，先生父谓体太大才太薄，恐其举鼎绝膑，命改作秦史，以为明二千年政策所由，补十七史断代之阙，亦史家盛事业！又谓秦君臣，以祖龙、商鞅、李斯三人受冤为最深，你能为他们平反吗？出题试作传论，今秦史稿本，即取作一纪两传的论赞，记于下面：始皇帝本纪论云：

始皇帝散纵而成一统，立制以仪百王，虽享国日浅，而后之称皇称帝者，皆阳斥而阴祖之，莫能外也。其善者，犹肖子肖孙，其不善者，则不肖子若孙也，则谓其未尝亡可也。明李贽称为千古一帝，诚哉其为千古一帝也。或谓设秦皇长世，扶苏嗣之，虽四三皇，六五帝，曾不足比隆也。此犹浅之乎测之也。

商君公孙鞅传论云：

刘向之言曰：夫商君极身无二虑，尽公不顾私，使民内急耕织之业，以富国，外垂战伐之赏，以劝戎士，内不私贵宠，外不偏疏远，是以令行而禁止，法出而奸息。故虽书云：无偏无党，诗云：周道如砥，其直如矢，司马法之励戎士，周后稷之劝农业，无以易此，此所以并诸侯也。故孙卿曰：四世有胜非幸也，数也(据裴骃史记集解引刘向新序，今新序无此文，盖后之憎商君者删之)。唯谓其弃交魏之明信，倍公子卬之旧德，然兵家不曰兵不厌诈乎？又谓其刻刑深诛，临渭论囚，水色尽赤，然献公前，比数世乱，且新故之争酷已，不严何以立政？儒家不亦曰治乱国，用重典乎？奈何独厚责于君？

丞相李斯传论云：

秦君臣枉屈久矣，而丞相斯为尤甚，几为众恶之归，至近世而犹未免。而域外人乃有湔祓而推崇之者，如美利坚鲍寞元谓秦之一统，始皇为之体而李斯而为之魂，有李斯，然后有中国之统一。能见其大，亦异已！唯其溺于富贵势利而不能自拔，卒陷大戮，为可伤也！不然，足与周召争烈矣。

王先生曾以此三篇试作课文，请教于沈寐叟先生，沈先生拍手大笑说：不可一世的祖龙，沉冤二千年，乃等待你这个孩子替他平反昭雪，真是不可思议啊！此书若成，可说是攀登古人足迹未及之境。但是“靡不有初，鲜克有终”。你要勉励啊！此稿两次被劫，最后毁于十年动乱中，王先生年已垂老，本已灰心，但一想到他父亲和沈先生的勉励，又补写起来，他说：撑起两根老骨头，誓必全成之。

王先生之学汉碑、魏碑和章草，都由沈先生之教导。王先生 17 岁时，患虐疾，犹苦学十七帖，所以对草书最有感情，及闻沈先生学章草，非常高兴。他有笔记记沈先生谈章草一段话：

今晨至姚家埭，晋谒沈寐师，请章草之法。师曰：章草始于汉黄门令史游急就章，汉史言史游工散隶，汝家右军云：“夫书先须引八分，章草入隶字中，发人意气。”则章草必须从隶出，方为章草，故又名隶草，师问曾学隶否？对曰：曾学乙瑛。曰：乙瑛不易学，不如张迁、衡方，凝重与急就近。后人不能深知此意，以唐宋人楷法入章法，安能窥章草之源乎？赵松雪徒壮其波发以为古，画全是唐宋人法；宋仲温差胜，然多兴佻，不能凝重；祝之明以善草名世，然所作章草多杜撰。汝能知所取法乎？余敬识不能忘。

王先生学章草前苦学魏碑，及作章草，沈先生笑曰：此北魏人之章草耳，虽略胜于唐宋人章草，仍不能窥其源也，于是寝馈于汉隶者多年。王先生言后于封尤山、孔宙、夏承、尹宙等所谓峻爽疏宕高浑丰美者，亦遍习之，以博其势。后又进习小篆古籀，以极其变。曾以篆文书日记者六年，已不能就正于沈先生为可憾也。近又广及于汉简、汉帛、汉陶，窃欲一汇于章草，或可塞沈先生之望乎。

王先生为学，欲攀登古人足迹未经之境，仅举二例，以见其余。

同时人最不喜王先生之书者，为其内兄沈保儒，王先生尝有文记此事，沈君亦不喜他的治学方法，尝有信与其弟炳儒云：

> 瑗仲为人，非不平易，然为学，每舍正路而勿由。如：古经说故在也，在独搜汉十四博士元遗说；小篆故在也，而独喜摹古籀；许君书故在也，而独辑补吕忱字林之遗文；晋唐行草故在也，而独肄章草；皇象、索靖之章草故在也，而独猎奇于汉简、汉帛与汉陶，自诩为拓展其领域。甚矣！其索隐行怪也。

沈君的话，虽为不满之词，然反可见王先生之为学，欲攀登夐绝之境，不愿稍落常蹊啊。

七、他是如何刻苦钻研的

王先生父部畇公少年时，家中落，竟至无立锥之地。公年谱有云“十四岁时，绝粮数日，未尝干人，至以菽乳充饥；十七岁时，家困乏甚，父命习贾，母持不可而泣，公亦泣，公文与期三年，必入泮。公立应曰诺。日后益奋于学，至忘寝馈，夏夜苦蚊，以足纳瓮中，非斗转不息”。后来虽取科名，但未大得志，就台湾巡抚邵友濂幕府，又就北洋大臣裕禄幕府，历练既久，能马上属文，就地写折，有赵翼之风。他老人家之刻苦，大大影响于王先生之治学。兹分述王先生之刻苦钻研的大概：

一、幼年　先生自言：读经文，略长，非七八遍，不能背诵，如尚书三盘五诰，则非十遍外不可。人言我为神意，此溢美之辞，不可信以为真也。不过我能强记于一时，但不能持以久远，自知其缺点，遂时时温习之，往往于梦中背诵，母夫人怜而噢咻之，始已。

五经既毕，部畇公教以史记菁华录，往往提一句，使背诵其下文，以是此书能成诵者，十之八九；又使阅纲鉴易知录，书眉有摘句，遂就摘句使述其事，不必举全文也。部畇公善饮，饮时往往以试先生，答无误，则浮一大白。

稍长，就自动泛览，很多不可解，则书于待解录中，此为作札记之始，得解，即记于其下。然不可解者尚多，有一天，听说沈寐叟回乡，叟虽为外家长辈，且又素所向往，然以年幼，不敢见，乃于待解录中择最难解者十余条上书问之，先生父日往谈，欲于父口中得其答案，故名阿龙，变其字体，俱为父知也。父果言今日寐叟得一书，自称兰成射策之年，则一十六岁孩子也，出题考我，颇不寻常，实亦寻常，惟“裔然”一条，疑有错，当是“奝然”之误。奝然，日本僧名，宋时，以郑玄注孝经来献者也。先生闻之大喜，盖原文为“有奝然未献之书”，其误必矣。自此益钦其博学，益知作札记之益。

二、少年　入中学，苦课多，尤不娴于数学与英文，虽人一己十，人十己百，犹不能济事，仅能及格而已，天分之限如此。

及入国学馆，始觉如鱼得水，无往而不自得了。然犹自厉，宿舍与唐兰、毕寿颐、吴其昌三同学同室，清晨未起，竞背易经与说文部首。后与唐兰竞背汉书，用苏东坡之法，出一句，背下文，以错误多少，判胜负。每月月试后，作一月学习总结，写入无忘录中，取论语“月无忘其所能”意，效顾亭林取“日知其所无”，作日知录也。

其后唐先生讲致用之学，自讲政治学大义外，又广及先秦诸子，引司马谈之言曰：阴阳儒墨、名、法、道德，皆务为治者也。故言政治，诸子之言，不能外也。言政治，尤重在捍卫国家，兵家言虽不在九流，尤不能外也。时国家外患频仍，故唐先生之教，警切如此！又言政治，不能不明历代之政制，则三通尚焉。然诸子与三通卷帙浩繁，则可选读，多少各以其资禀为程，不相强也。王先生与毕、唐、吴诸君，所选独多，虑贪多不实，必须具札记，分门别类，提要钩玄，一年中竟得十余册，于是札记之用益广矣。

三、壮年　王先生23岁，以唐先生之命，执教无锡中学毕业班，前任教师为唐先生同年太史公江老先生，学生多年长于王先生，自称翰林弟子，窃笑王先生年稚，说雏发未燥，见备课密书于课本，又说密如牛毛。王先生不免生气，于是强记课文和注文。明日，仅携粉笔两三支，可滔滔不绝讲两三小时，不久学生便信服了。由此训练，一直到现在近六十年，还是如此。

王先生壮岁，颇致力于史，四史外，喜阅晋书与新唐书。及识忘年交吕君思勉，知其曾三复二十四史，为之倾倒，曾而请其法，吕君曰：全阅不过一次，其他则省去南北朝断代史，而读南北史，唐与五代，亦可省复而取一，四史原为常读，则所剩不过其半，三复之亦非难事。遂循其法，读之，虽事集课多，不废，常至夜半，偶旷辍，必补，即病，亦于病榻上补之，不一年而毕。王先生48岁患严重心脏病，心悸特甚，突闻窗户撞击声，竟至通身汗下，邻人知之，也为之止剁肉，然犹枕畔置书本，师母泪下曰：病若此，奈何犹不忘书？先生喘息曰：昔黄霸在死狱，犹从夏侯胜受尚书，曰朝闻道，夕死可矣，况我非不治之症乎？

四、老年　王先生少时，即推崇顾亭林炎武之学，晚年尤喜其诗，爱国家爱民族之心，灼然纸上，大半涉及晚明南明时事，以为真诗史。于是初注其佚诗十三首，都是指斥清贵，当时非常忌讳，把它删去，成为佚诗的。所以从来没有人注过，先生初着手，即搜集史料，其后又汇注其全诗集，搜罗尤多，至数十种。以这诠释诗句，比较确切了。然亦有句意隐讳，百思不得者；亦有所言时事，史料无征者；亦有旧注误诠，不符诗旨者，往往一两句，至苦思数日。亦有所诠，似是而非者，每经数次更改。所亲每劝其何自苦及此，先生曰：我注其诗，当为其负责，不得一字一典放过也。凡戡正旧注数百条，补注旧缺数百条，删削旧注数万言。全稿既杀青，又续有补苴或改正，密书于别本，遭乱遗失，不可复得，为可恨也。

王先生旧纂秦史，大半毁于动乱中，今复打起精神，陆续补写。

八、尽瘁办学不辜师命

无锡国学专修学校，为王先生母校。1936年，抗战军兴，无锡沦陷，唐文治先生年已76，又双目失明，率领师生，含辛茹苦，转道至长沙，湘乡、桂林，所至不废传诵，1938年冬，又徙广西省北流县山围村。次年二月，唐先生以水土不服，年迈多病，返沪治疗，鉴于江浙学生纷请复课，遂允其所请，敦请王先生为教务长。以下根据中华书局成立七十周年纪念刊“无锡国专杂忆”一文而加以补充。杂忆说：

> 无锡国专为三年制专科，沪校自第二年起，分设文学、哲学、史地三组。直至解放后，与桂校合并，改名“无锡中国文学院”，唐先生为院长，王先生任副院长。

杂忆又说：

> 四十年代，唐先生已届耄耋，实际上的校务，是由王先生一人仔肩。而对经费支绌，困难丛集，始终是殚精竭思地考虑如何办好学校。先后延请了许多热心教育，而又是卓然成家的学者，如周予同任经学通论，周谷城任中西通史，蔡尚思任中国思想史，钱萼孙任诗学研究，胡士莹任词学研究，王佩琤任曲学研究和版本目录学，唐庆诒任中西文学批评，郝昺衡任中国文学史，胡曲园任中西哲学史和逻辑学，徐震任三礼研究，鲍鼎任说文选讲和甲金文研究，张世禄任音韵学，朱大可任基本文选，童书年任古史研究，黄云眉任明史研究，以及陆颂襄、赵泉澄、陈懋恒、王绍唐、葛绥成、许国璋、金德建等，在学术上均有成就。为了开拓学生的学习园地，王先生又举办课外讲座，除唐先生讲授传统的古文读法外，还请了吕思勉、丁福保、陈柱、夏瞿禅等诸先生作文史方面的专题讲座，一时听者如归，座无虚席。

我们要了解王先生一人仔肩，对经费支绌，困难丛集始终是殚精竭思地考虑如何办好学校的详细情形，请问于王先生，先生说：

> 说来话长，当敌伪魔爪伸入当时所谓租界后，形势更见恶化。即将校名改为国学馆，沿用私塾形式，以避免敌伪压迫登记；经费尤为奇绌，每到一学期终了前一二月，不独教职员工薪水无着，甚至无以为炊，不得不求助于有力者，或定期贷款，或书籍抵押，亦有自愿捐助者。当此时，外虑敌伪之干扰，内愁经费之拮据，又不忍上渎唐先生，竭蹶时，筹画突破难关，常至三四夜不寐。加于家中母病子幼，艰于得食，公私交困，往往神色非人，胜利后，虽稍转好，而大病作矣。

又闻同学言：王先生聘请师资，非常注意，以为学生的质量，系于教师的水平，培育人材，端赖名师，故所聘请，皆为一时名流，有聘而不至者，虽登门造访，至再至三不厌。延揽之广，不名一格，人谓有蔡元培先生之风。

又言抗战胜利后，唐先生和王先生皆同情学生运动。在白色恐怖时期，爱护学生，无微不至，不独本校学生，闻交通大学等学生大量被捕，与张元济诸老联名致函国民党当局，谓学生为民族元气所在，促其释放，以为载舟覆舟，殷鉴不远，其言之痛切如此。

杂忆又说：

> 唐文治、王蘧常两先生指导学习，提倡的是厚植根基，“由博反约”，即扎扎实实打基础，博览专精拓津途。相反，决不趋时髦，不尚空谈，不抄捷径，不怕异议。无锡国专在当时是属于文科大专性质的学校，但在全国范围内看，却是有些不同于众之处，所以前时国际联合会教育科的唐克尔·培根到吾国考察教育情况，考察无锡国专后说：“我们来中国，看过很多学校，读的是洋装书，用的是洋笔，充满洋气。这里才看到纯粹的中国化的学校，才看见线装书和毛笔杆，希望这所继承中国文化的学校，能够发扬光大。”以吾国文化之悠久，幅员之广大，人口之众多，有这么一所少数人啃古书，从事研讨传承“绝学”的学校，也是无可厚非的。何况它对学生厚植基础，因材施教等措施，也是多少年来，从实践中获得证明，行之有效的治学途径啊！
>
> 国专在沪复校后，王先生更善谋远虑，除因袭唐先生教育方针外，还增添了一些课程，不受当时教育部颁布设置的束缚，订出一套设置方案，除必须通读一些经史子集的

重要原著外，还要求学生掌握文字、训诂、声韵、版本、目录，校雠学的知识和技能，为将来能独立研究，探讨学术积聚基本条件。

这些要求学生的若干措施，在培养文史领域方面人才来看，至今是否还有借鉴的意义，值得深思。

这篇第五第六两段，是记王先生之德行；六七两段，是记王先生的学术大概。王先生的学行可记者尚多，不能遍及，举此或可例其余吧。

原载《晋阳学刊》1982 年第 6 期

风雨八十载

——魏建猷先生传略

周育民

一、童年和求学

魏建猷,曾用名守谟,于1909年1月20日出生在安徽巢湖畔的槐林镇小魏村的一个耕读之家。幼而聪慧,祖父喜爱备加,教以识字念书,常能过目不忘。6岁进私塾,13岁在无为县念了两年小学,于1924年6月到由唐文治任名誉校长的无锡中学就学。在这所优秀的中学里,有两位年轻的语文教师对魏建猷产生了很大的影响,一位是侯堮,号云圻;一位是王瑗仲,号蘧常。侯云圻后来把魏建猷引到了北京这个更为广阔的天地,而王蘧常则成了魏建猷的终身师友。在无锡中学,魏建猷虽只读了一年,但由于两位老师的提携,专业的方向从此确定。1925年江浙战争爆发,学校停学,魏建猷不得不告别老师,休学回家。在家乡叶芝岑先生的学塾,他进一步夯实了"小学"和文言文功底。1927年夏,王蘧常先生受聘到无锡国专任教,通知魏建猷前来报考。在无锡国专,魏建猷经过了长达四年的学习,受到了严格而系统的国学教育,为其后来一生的学术事业打下了坚实基础。魏建猷后来回忆,他喜欢历史,在无锡国专读得最多的还是历史书籍。

二、在燕京大学图书馆

1931年7月,魏建猷由无锡国专毕业,经时任燕京大学国文讲师的侯云圻介绍,到了北平燕京大学图书馆中日文编考部任助理员,搞中日文编目工作。因为工作的需要,魏建猷刻苦地学习日文,钻研业务,在《燕京大学图书馆报》上发表了有关图书版本、考订和评价论文多篇。作为图书版本学的题跋,题材短小,文字精练,但要概括图书的版本、作者、内容、价值等多方面的问题,写作不易。如燕京大学图书馆藏的批点本《礼记敬业》一书,有凌义渠蓝笔庚申年校、袁了凡黄笔壬寅年校,向被视为珍本,但魏建猷根据《京山县志》作者杨鼎熙为天启辛酉举人的记载,指出《四库总目提要》记为"崇祯庚午举人"之误;又根据凌、袁二人的生卒年和该书的出版年代,断定此书的蓝、黄笔批校均为伪托。再如,馆藏明刻本《唐人十三家诗集》,经魏建猷考订,此书为宋本《唐百家诗》的零木翻刻,由书商自行定名,而清人江标所刻所谓"影宋本"的《唐人五十家集》中,有九家系翻刻《唐人十三家诗集》的残本。又如,馆藏《墨香书屋丛书》十一种稿本不署著者,经魏建猷考订,系清宗室奕赓于道光年间所撰,是清代的重要史料。[1]这些题跋比较充分地反映了魏建猷在版本目录学方面的造诣。

时在燕京大学任教的顾颉刚、郭绍虞先生经常到图书馆查阅资料,魏建猷也时常向他们请教,并相互切磋,他与顾颉刚的友谊,一直保持终身。吴晗在1931年秋也曾在燕京大学图书馆中日文编考部工作了将近半年时间,魏建猷与他经常相聚在一起。这一时期的魏建猷,由于交友和兴趣的关系,在专业上日益倾向于历史学,尤其对清代历史产生了浓厚兴趣。他的《跋黄育楩〈破邪详辩〉》是国内发表的第一篇肯定黄育楩《破邪详辩》史料价值的专论。

黄育楩曾在道光年间在河北巨鹿等县担任知县,在当地搜缴了大量民间教门的经卷。为了肃清这些民间教派教义在当地民众的影响,黄育楩将这些经卷中的一些重要观点摘录下来,逐条批判,汇编成册。这些经卷由于清政府大量禁毁,已很难看到,但"从这部书里我们可以窥见这二十部经典的内容大要"[2],"此等宝贵史料,得藉黄氏之书而传,未始非不幸中之大幸。其有补于中国社会史、宗教史者,实非浅鲜!"[3]他还专门撰写了对这部书的研究论文。对于有关清代秘密结社的史料,他也开始着手搜集,他之后来成为中国秘密社会史的专家,起步于斯。

1933年2月,魏建猷完成了《清雍正朝试行井田制的考察》[4]这篇论文,也表明了他对于清史的兴趣。清初入关八旗在近京一带实行圈地,以解决旗民生计问题。但由于旗民不事生产,游手好闲,生活日益困难,变卖典当田房、拖欠钱粮日益普遍。至雍正朝为解决这一问题,便在直隶原圈地区域内试行了井田制度,分配井田耕作的仅限于最贫穷的旗民、治罪革退的旗籍官兵。井田的经界则尽可能"以周围八分为私田,中间百[亩]为公田,共力同养公田"。授田之法亦仿周代制度,每户百亩。在试行井田地区,设立管理、劝教、骁骑校、领催、乡长等官员、执事,并由政府拨款为无业旗民建房,发给口粮种子及农具等费。但井田制仅试行了十一年即告失败,不得不改为屯田,其关键原因还在于养尊处优的旗民奢侈懒惰成风,"不能力穑"。这篇论文还运用历史唯物主义观点,对当时史学界关于中国存不存在过"井田制"争论作了回应。当时郭沫若、胡适等人根据《孟子》、《礼记》中所记井田制度太不近事实而断定古代未曾有过井田制度的存在,魏引用了《诗经》"雨我公田,遂及我私"等史料,指出了郭、胡二氏的武断之处。在日本留学期间,魏建猷曾两次拜访郭沫若先生,估计对这个问题有所讨论。

三、留学日本与学术方向的转变

1933年9月,魏建猷东渡日本,初在日本东京东亚学校补习日语,后入中央大学经济科学习。学习和生活费用除了积蓄之外,靠翻译日文资料以补贴。据魏建猷回忆,当时他翻译的学术译文大都能够寄回国内刊出,如山口察常的《孔子的思想》、武义内雄《宋学之由来及其特殊性》、后藤末雄《西洋人观察之中国》、(中国国家成立过程之一考察)、青山定男《中国历史地理研究之变迁》等等,撰有《儒学与日本武士道之关系》、《八卦教残余经典述略》等,但有关日本政情动态的文稿除少量在汉口《武汉日报》、南宁《民国日报》上发表外,其他如《日本政局透视》等一类大都被日方扣留,以后不仅对魏建猷的所有译稿加以扣留,甚至派人跟踪、直接盘问。

1936年6月,魏建猷离开日本回国,到无锡拜访了唐文治先生。受唐先生聘请,于8月开始在无锡国专任教,担任史学概论、通史、日文等课程。教学之外,魏建猷笔耕不辍,在《论学》上发表了《朱舜水思想概述》、《记明末东渡流亡之二志士》、《关于朱舜水先生二三事》等。同时,魏建猷开始计划撰写《甲午战争史稿》,现存文稿仅有作为第三章的《朝鲜问题与甲午战争》一篇。谈朱舜水及明末流亡日本的志士,既反映了在日本留学期间魏建猷的心态,而撰写《甲午战争史稿》,则反映了在民族危机日益严重的情况下他所从事的学术研究方向的重要转变。他一生的中国近代史的研究方向就是由这项研究开始确立的。

四、流离与回归

抗日战争爆发后,无锡国专因战事无法开学,魏建猷失去教职,带着新婚的妻子吴佛因前往长沙,开始了长达四年的流离生涯。在长沙,他从事抗敌宣传工作,与当时担任中共驻湘代表的历史学家吕振羽往来较多。宣传抗日比较积极的《全民日报》在桂系停止资助经费之后,经费困难,编辑人员相继离开,只有一位共产党人独立支持,呼吁文化界支援,吕振羽、翦伯赞便义务担任了《全民日报》副刊的编辑,魏建猷则承担撰写专论和社论。他与共产党人的往来很快为国民党特务所注意。1938 年夏间,战事日益逼近长沙,魏建猷肺病复发,又加妻子怀孕,为免不测,夫妇长途跋涉,经宜昌、万县、重庆,1938 年 10 月至成都。魏建猷在迁到成都的光华大学图书馆先后任管理员、主任。主持齐鲁大学国学研究所的顾颉刚聘魏建猷为兼职的私人秘书,协助他编制中国历代人口分布区域图。他一度还担任过西昌《宁远报》社经理。

1942 年夏,经顾颉刚介绍,魏建猷到重庆中央大学国文系担任讲师,与王仲荦、朱东润、罗根泽、魏兴南、吴组缃、卫仲璠、管雄等人在柏溪分校任教。魏建猷于每周 9 课时之外,抓紧时间进行学术研究。即使在十年动乱的“交代”中,魏建猷还流露出对那段时光的怀念:“在柏溪分校,我住在第五宿舍,王仲荦、吴组缃、陈行素、蒋礼鸿等住在第四宿舍,我和王、吴等有时在王的房间里,有时在吴的房间里,用菜油炉子烧茶,一同吃茶谈天。王、吴爱谈《红楼梦》,我对此不很熟悉。有时大家一同去田野散步。”顾颉刚还聘魏建猷兼任《文史杂志》编辑,编辑部就设在柏溪,直到 1944 年 4 月编辑部迁至北碚,交通不便,魏建猷才离职。1946 年,中央大学准备“还都”,大量裁员,魏建猷失去了教职。中央大学的四年,是魏建猷潜心专研中国近代史的时期,在他的学术道路上非常重要。他的《中国近代货币史》、《第二次鸦片战争史》也就是在这一时期着手研究和撰写的。魏建猷后来回忆说,他当时对近代史、经济史有兴趣,并且帮助《文史杂志》出了中国近代史专号、中国经济史专号。

五、主编《东南日报·文史副刊》

1946 年 6 月,魏建猷举家坐船顺江东下,来到上海。他在无锡国专沪校、京沪中学担任历史课程,同时担任了《东南日报·文史副刊》的责任编辑。

《东南日报》的前身是《杭州民国日报》,于 1928 年创刊,1934 年改名,1937 年 11 月迁往金华,1942 年迁福建南平,抗战胜利以后,除出杭州版外,1946 年 6 月又出上海版。上海《东南日报》是一份大型日报,每期 8 至 10 个版面。在上海复刊的第二个月,7 月 4 日,由魏建猷负责的副刊《文史》便创刊了。《文史》系周刊,原为整版,后改为三分之二版,初定每周三版,以后改周四版、周日版等。到 1949 年 4 月初停刊,共出了 132 期,除最后几期由方诗铭代为编辑外,余均由魏建猷组稿编辑。创办《文史》副刊,目的是为了倡导文史研究的风气,振兴文史教育。[5]

在主编《文史》副刊期间,魏建猷在《东南日报》及其《文史》副刊上也发表了不少历史文章:《明清两代的田价与米价》、《中国新式海军的起源》、《记咸丰庚申英法联军入京两段史料》、《曾国藩创建湘军所受之挫折》、《林则徐与中国近代革新运动》、《辛亥革命的历史体验》、《清咸丰朝的纸币》、《太平天国的货币制度》、《清代治河官吏之豪奢》、《清季外国银圆的流入》、《清季流通的外国银圆》、《清季外国银圆流入的原因及其影响》、《太平天国战争后的币制改革问题》、《圆明园的幸运与厄运》、《第二次鸦片战争中天津官绅的态度》、《从口赋的起源论管子的成书年代》、《清季之改铸铜元》、《消代处理旧钱伪钱和外国钱的对策》等等。这些文章几乎完全集中于中国近代史，而又以中国近代货币史、第二次鸦片战争史的文章居多，魏建猷在重庆中央大学四年的潜心研究开始逐渐进入了收获期，奠定了他作为中国近代史专家的学术地位。

通过《文史》副刊，魏建猷迅速地与上海及国内的学术界建立了广泛的联系。经常在副刊上发表文章和联系的作者有顾颉刚、吕思勉、方诗铭、王毓瑚、童书业、杨宽、罗根泽、罗尔纲、朱东润、刘子兴、姚薇元、顾廷龙、向培良、宋炎、刘永潜、丁山、王宜昌、吴静安、王蘧常、郭绍虞、陈乃乾、苏子涵、承名世、黄永年、钱基博、洪焕椿等。1947 年 9 月，由上海暨南大学历史系主任丁山介绍，魏建猷被该校聘为副教授（次年停聘），担任中国通史、中国近代史和史学名著选读三门课；同时，由光华大学历史系主任吕思勉介绍，聘为该校兼职教授，担任中国通史（近世史部分）和亚洲诸国史课程；郭绍虞还介绍他到同济大学担任了一部分国文课程。他热爱教师这个岗位，编报只是他为了求生的副业，但不得不在几所大学兼课，却是由于物价飞涨之下生活的重压。

与《东南日报》订约时，原定除主编《文史》副刊外，还须撰写有关教育文化和日本问题方面的社论。在他执笔的为数不多的几篇社论中，可以看出他对时局的态度。如《端学风》[6]一文，开宗明义指出学风关乎国运，然后尖锐地批评了战后教育界存在的钻营奔竞、营私舞弊、党同伐异、阴谋险诈的不良风气，最后笔锋一转，指出教育界的不良风气，“自系受政治上的不良影响”[7]，曲折地把国民党的政治腐败讲得清清楚楚，也交代了国民党的“国运”。当时有些人提出仿行清朝养廉银制度来防止官员的腐败，魏建猷在《中央日报·文史周刊》上发表了《论清代的养廉金制度》一文，以历史学家的身份分析了清代养廉制度推行的原因和经过，认为仅靠养廉银制度来防止官员的腐败是远远不够的，合理地调整政府机构，禁止卖官鬻爵、供应上司和官员的生活奢侈，培养良好的社会风气，都是需要清政府解决的问题。而问题的关键在于政府“是否有决心消灭此等现象？倘使仍旧承袭清代那种官僚主义的作风，则其结果如何是不难断言的”[8]。在讲台上，他更是从历史和现实的特殊角度批评时局和揭露国民党的腐败，对青年学生产生了很大的影响。

1948 年夏，长期在战乱中与魏建猷一起颠沛流离的妻子患伤寒症去世了。沉重的工作压力之外，平添了丧妻之痛和照料年幼子女的重担。直到第二年，由王蘧常主婚、顾颉刚证婚，续娶了肖善芗之后，生活才稳定下来。但不久他又患肾结核、冠心病等疾病。从 1948 年到 1954 年的近五年时间，由于生活和疾病的困扰、工作的频繁调动，魏建猷无法进行他所钟爱的学术研究。

六、任教上海师范大学

1954 午 7 月，上海师范大学的前身上海师范专科学校建校，魏建猷在历史科任副教授。从建校之初开始，到魏建猷去世，他在这所大学整整工作了 34 年。

就该校历史学科的变化而言，在上海师范专科学校时期设历史科，第一师院时期设历史系及专修科，均由历史学家程应镠任主任。1956 年，程应镠介绍魏建猷加入民盟。1957 年程应镠被错划为“右派”之后，由魏建猷、张家驹任主任、副主任。程应镠治魏晋南北朝史，张家驹治宋史，三人领域各有不同，但相互敬重，志同道合，处得十分融洽。

从 1954 年 7 月到 1964 年，魏建猷在师院获得了他一生中前所未有的“安居乐业”的十年。除教学、行政工作外，在科研方面，他主要进行了两项工作。一是出版了《中国近代货币史》和《第二次鸦片战争史》，把以前的研究成果作一小结，二是开辟了会党史研究的新领域。

1955 年，他的两本学术著作几乎同时出版了。《第二次鸦片战争》共 8.7 万字，是国内第一本关于第二次鸦片战争史的学术专著。它用马克思主义的史学观点，完整、系统地论述了第二次鸦片战争的起因、经过及其影响。这本书刊行至今已近半个世纪，但其对这一重大历史事件把握的全面性、基本史实和基本观点的准确性仍为学术界所称道。中国大陆有关中国近代史教材在涉及第二次鸦片战争史的内容方面，基本上采用了魏建猷这本书的观点和框架。

《中国近代货币史》共 16 万字。在魏建猷《中国近代货币史》问世之前，重要著作中国的有张家骧的《中华币制史》，西文有耿爱德的《中国货币论》，但两书均详于近代各类货币的沿革和概况，而于货币与经济、政治之间的互相关系则有不足，而魏著则略于前者而详于后者，由此而显出了货币史家之货币史与历史学家之货币史的分野，魏著的学术价值即在于斯。

对于会党史的研究，魏建猷早已留意，此前除留意搜集资料、做好卡片之外，没有展开研究。五十年代以后，农民战争史研究十分热闹，魏建猷则独辟蹊径地进行了会党史的专题研究。清代以来，下层民间结会树党之风盛行，出现了像天地会、哥老会、青帮这样势力庞大、影响社会政治、经济生活方方面面的会党组织。弄清楚这些会党的起源、性质及其在历史上的活动，可以大大丰富中国近现代史的内容，而且是一个相对独立的研究新领域。在这一时期，他发表的有关论文有《试论“天地会”的性质》、《龙华会和龙华会章程》、《辛亥革命前夜的浙江会党活动》、《共进会的成立及其特点》等等，成为知名的中国会党史专家。

1965 年 11 月姚文元发表《评新编历史剧〈海瑞罢官〉》，对吴晗的《海瑞罢官》进行了莫须有的政治批评。学术界一度曾根据当时中央文化革命小组负责人彭真的意见，就《海瑞罢官》问题开展学术讨论。魏建猷发表《海瑞一生果真是“处处事事为百姓设想”吗?》，肯定了吴晗对于海瑞与贪官污吏进行坚决斗争的史实，但不同意吴晗对于海瑞“处处事事为百姓设想、为民谋利”的评价。文章同时指出了姚文中存在的四个“硬伤”，暴露了姚文元的“文史功底”。这种严肃的学术批评文章，后来成为他“转移斗争大方向”的直接“罪证”。在史无前例的十年动乱中，魏建猷不仅身心受到折磨，他花了大量心血搜集的有关会党史的资料也全部被毁。

1970 年，根据周恩来的指示，国家开始组织历史学家重新整理标点《二十四史》。根据这个指示，1971 年春天，上海师范学院成立了二十四史标点小组，魏建猷调到该组参加工作。据当时的负责人裴汝诚回忆：“1971 年春至 1978 年重回历史系主持系务工作之前，先生在二十四史标点组工作，参与整理了《宋史》纪、志、表、传各一部分。《食货志》的标点工作，是与刘秉彝先生共同完成的，受到同行专家的好评。此外，先生还校点了《续资治通鉴长编》一部分，合作注释了《商君书》、《尉缭子》、《国语》、《荀子》等典籍。先生是著名的中国近代史专家，但国学造诣深厚，对于版本目录学、诸子百家，多有涉猎，所以在人们遇到标点、校勘方面的‘疑难杂症’之际，往往多借助先生之力解决。至于标点组内确定选题和校点体例等项工作时，先生更是以极高的责任心、谨严的治学态度，认真推敲，一丝不苟，多所贡献。”参加标点小组工作的还有程应镠、张家驹、马伯煌等先生。

1978 年 1 月魏建猷回到上海师院任历史系主任，程应镠任第一副主任。魏建猷也于是年晋升为教授。1984 年上海师院改名为上海师范大学，历史系主任由吴成平担任，魏建猷为名誉系主任。1985 年，魏建猷光荣地加入了中国共产党。

在回到系主任岗位之后，魏建猷立即规划了全系的教学和科研工作，恢复了他在 1962 年提出的注重培养学生的基本知识、基础理沦和基本技能的做法，增加历史文选课、写作课，将本科生的基础课学习时间逐渐压缩到两年内，增加选修课的种类。他鼓励教师和学生搞科研，与程应镠分别创建了中国近代史研究室和宋史研究室，建立了中国古代史、中国近现代史两个硕士点。上海师范大学历史系的教学、科研和梯队建设进入了一个前所未有繁荣时期。

行政工作之外，他仍笔耕不辍。1981 午，他与妻子肖善芗合作标点的刘基《郁离子》由上海古籍出版社出版。1982 年，由陈旭麓、方诗铭、魏建猷牵头组织编写的《中国近代史词典》由上海辞书出版社出版。他还是《辞海·中国近代史分册》主编之一。在这一年，魏建猷开始招收中国近现代史专业硕士生，入其门下者先后有邵雍、周育民。他还制订了两个庞大的研究计划。

一是深入研究第二次鸦片战争史，为此，他于 1979 年专门设立了中国近代史研究室，参加该项研究工作的有夏笠、季平子、胡世芸、徐先麟等人，并组织人员搜集、翻译大量国内外出版的史料。按照魏建猷的工作计划，这项研究分三个阶段，一是编出史料长编和大事年表，二是写出专题论文，最后撰写《第二次鸦片战争史》。此项工作人事变动很多，基本上是由魏建猷指导，主要由夏笠、胡世芸等同志具体编写，由夏笠撰写书稿。1998 年 3 月，在魏建猷逝世 10 年以后，夏笠也留下了《第二次鸦片战争史》的遗稿逝世了。

二是研究中国会党史。会党为社会下层组织，文献史料本来不多，搜集十分困难，数十年苦寻而来的资料被“付之一炬”，劫后余生的魏建猷只能重砌炉灶。他先后发表的有关中国会党史的论文有《在拜上帝会与天地会关系问题的背后》《从〈常胜军案略〉看太平军在余姚的斗争》、《兴中会时期孙中山和会党的关系》、《论李文炳》、《辛亥革命时期会党运动的新发展》、《黄德美与闽南小刀会起义》、《要重视“会党”史研究》、《上海小刀会起义文献的新发现》、《试论社团改进会》、《辛亥革命时期的哥老会首领徐怀礼》等。经上海史学会研究决定，由魏建猷发起于 1984 年 10 月在上海师范大学举行了全国性的“会党的性质、作用学术讨论会”，在会上，与会学者一致赞成成立中国会党史研究会，推魏建猷为会长。会前，魏建猷进行了大量的筹备工作，主编了《中国会党史论著汇要》；会后，又主编了会议的论文集《会党史研究》。1986 年魏建猷主持申报的上海市哲学社会科学规划项目《会党史研究》，最终成果为学生周育民、邵雍合著的《中国帮会史》；这一年，由魏建猷牵头，上海师大历史系与第一历史档案馆联合编辑了《福建·上海小刀会档案史料汇编》，两书均于 1993 年出版。他还开始着手筹备第二次中国会党史学术讨论会。

1986 年以后，魏建猷的健康已越来越坏，心脏病频繁发作，多次急救送医院，不久又得胃癌，医院只能采取保守治疗。1988 年 1 月 19 日魏建猷先生在中山医院去世。噩耗传出，学界震悼。与魏建猷相交六十多年的师友、已九十高龄的王蘧常先生悲痛地挥动长毫，写下了巨幅挽联：“少小相从肝胆相照孰料愁城伤傲骨；书未尽刊才未尽展吾为宗国惜斯人！”

注释：

［1］魏建猷不久发现金梁在《瓜圃丛刊叙录》中录有观成《重订东华录跋》、突赓《重订东华录序》各一篇，证实了他先前的论断。见《〈墨香书屋丛著十一种稿本跋〉补记》，载《燕京大学图书馆报》第40期。

［2］魏建猷：《八卦教残余经典述略》，刊《逸经》1936年第10期，1936年2月间写于日本东京。

［3］魏建猷：《跋黄育楩〈破邪详辩〉》，载《燕京大学图书馆报》第44期。

［4］刊《史学年报》第一卷第五期（1936年8月）。

［5］《东南日报》1946年7月4日。

［6］《东南日报》1947年4月3日。

［7］《东南日报》1947年4月3日。

［8］《中央日报》1947年2月4日。

原载《历史教学问题》2004年第4期

超越东西方：法学家吴经熊*

王 健

闪现在我脑海中的念头，是心灵与经验相碰撞而生出的小火花。它们不召而来，又婉拒邀请。

法律是理想与现实的契合点，就仿佛莲花，它的根深深地植入泥土，而花苞和花瓣向天空伸展。法律是一种把物质利益的摩擦转化成理想物之光的艺术。

——吴经熊

1929 年 12 月 28 日，黄浦江畔寒风袭人，东吴法学院的全体学生齐集码头，立雪情深，去思依依。东吴大学校董会董事长江长川先生与法学院的教师职员等，一起登上了停靠在岸边的克里夫兰总统号邮轮，与一位法学家热烈地握手送别。邮轮届时起航，只见鞭炮声里，微波荡漾，汽笛一鸣，这位法学家满怀眷恋之情，扬巾分袂。此行是由于哈佛大学和西北大学频电敦促，他以谊不可却，并想藉此弘扬本国文化，而前往这两校掌教讲学。他是我国受聘哈佛任教的第一人，又是继剑桥大学霍兹沃思教授和国际法院波特曼法官之后，担任西北大学罗森泰（Julius Rosenthal）讲座教授的第三人。独享此种无上殊荣的这位法学家当时年仅 30 岁，他就是吴经熊博士。

吴经熊，字德生，英文名为 John C. H. Wu，1899 年 3 月 28 日出生于浙江鄞县一位开钱庄的商人之家，早年父母双亡。6 岁时起，他开始接受中国传统式的启蒙教育，阅读“四书”、“五经”一类的书。9 岁时开始学习英文，以后又接触到一些近代的自然知识。1916 年吴经熊考入上海沪江大学（Shanghai Baptist College）学习理科。不久就在同学与好友徐志摩的相约下，转入天津的北洋大学（Pei-Yang University at Tientsin）的法律预科，但他只在北洋大学读了一个学期便又返回上海，并在 1917 年秋进了刚创办 2 年的东吴大学法科（Law Department of Soochow University）。吴经熊在东吴读书期间，学业相当优秀。同时在笃信基督的教务长兰金（Charles Rankin）——他是东吴法科的创办人——的感召下，他对《圣经》发生了兴趣，而且接受了卫理公会教堂的洗礼。1920 年吴经熊作为东吴法科的第三届学生毕业，获法学士学位（LL. B.）。

1921 年，吴经熊赴美国密西根大学法学院深造。由于有出国前的预科和 3 年完整的美国式的法律训练的准备，加之他的学业成绩出色，一年之后，便越过硕士而获得了法学博士

---

* 吴经熊是本世纪以来一位较为罕见的学贯中西的法学家。他思想广博，法学洪深，志行高远，被认为是社会法学派在中国的代表性人物。可是，在中国的法学史册上，他的名字久已湮灭；即使法界学人，对其思想与行迹，大多也难能详细一二。本文大概介绍吴经熊生平、著述及其主要法律思想，并想以此让我们重新认识一下这位“多年不见”的法学家。透过他的思想经历，可以使我们从一个侧面感受到，在中国近代法律变迁中，东西法文化交流与冲突的复杂和深刻。

本文所依据的材料，主要有（1）田默迪：《法律哲学东西之间——吴经熊早期法律哲学的比较性分析》；（2）吴经熊：《法学论丛》（英文）；（3）吴经熊《法律哲学研究》；（4）吴经熊，黄公觉：《中国制宪史》；（5）《中华民国史档案资料汇编》第三辑；（6）《中华民国当代名人录》（二）等。正文中不再一一注明出处，谨致谢意。

学位。这一年,他在《密西根法律评论》上发表了他的第一篇法学论文,这是一篇关于中国古代法律材料的译述性论文,题目是《中国古代法典与其他中国法律及法律思想资料辑录》(Readings from Ancient Chinese Codes and Other Sources of Chinese law and Legal Ideas)。在这篇文章里,他以积极的态度描述了中国古代的法律图景,并试图以丰富发达而且具有深刻反思的中国传统法律向世界证明,"中国的法律思想足以接受近代的社会学法学。希望列强放弃把治外法权和领事裁判权施加于这个最早论及自由与正义的国家之上"。文章发表后,吴经熊即致信在美国法界享有盛名的联邦最高法院霍姆斯(Oliver W. Holmes)法官,并很快就得到了这位大法官的积极而认真的反应。霍姆斯感到这是一个不同寻常的可造之才。就这样,在一位当时已有80高龄的大法官和一位年仅22岁的中国年轻学子之间,开始了一段充满热忱与智识的书信往来。在后来大约10年的时间里,吴经熊一共收到了霍姆斯法官的近70封书信,而这在他本人看来,"是一生当中最有意义的一件事"。

由于有卡内基世界和平基金会所提供的国际法研究项目资助这样一个机会,1921年,吴经熊来到法国巴黎大学,开始研究国际公法。不久,他就用法文写出了《国际法方法》(La Methode du droit des gens),《成文国际法》(Le Droit des gens positif)和《论自然法》(Droit Naturel)三篇论文。在这些论文中,吴经熊研究了西方历史上自然法思想的渊源和流变,并用他自己的语言表达了西方传统的自然法观点,例如,他认为自然法是生命的动力,是使事物得以发生和再生的主因;它具有绝对性、不变性、永恒性和创造性的特征。以此,他把理智和人性作为国际法存在的根源,把自然法精神视为国际法背后的推动力量。

1922年吴经熊又前往德国柏林大学,投师于新康德主义法学的创始人施塔姆勒(R. Stammler)门下继续从事哲学和法理学研究。在那里,他详细地分析和比较了施塔姆勒与霍姆斯两人在法学思想与法学方法论上的差异,并通过1923年3月《密西根法律评论》上发表的论文《霍姆斯法官的法律哲学》(The Juristic Philosophy of Justice Holmes)和依据此文稍加修改并以德文发表的《法律哲学中的认识问题》(Das Erkenntnisproblem in der Rechtsphilosophie, 1924),努力对霍姆斯与施塔姆勒的"知觉与概念、转变的和已形成的、内容与形式、利益学说与正义理论、经验与理性"这两种成分加以协调。这篇德文论文的发表,引起了施塔姆勒和德国另一位法学家欧根(Eucken)好意的反应。施塔姆勒针对此文写了一篇《关于法哲学的问题和方法》(The Question and Method of Justice Philosophy),同样发表在《密西根法律评论》上。他认为,吴经熊在这篇论文中所讨论的问题,抓住了法哲学方法问题的根本,并表明了他与吴经熊一致的看法。欧根教授则给吴经熊的信中说:"你对那些思想领域有着如此广博的认识和独立的思考方式,以致于令我乐于深入到你的思路当中。我感到尤其值得注意的是,一方面,你与康德的思维方式保持着紧密的联系;而另一方面,又努力经由康德更加向前迈进,因此,所有重要的概念都被赋予了某些异乎寻常的含意。"

1923年秋,吴经熊得到了哈佛大学法学院的一个法律研究项目,重返美国。当时,哈佛法学院的院长庞德教授在美国法学界的影响正盛,而他所竭力倡导的社会学法学思想很快就吸引住了思维敏锐的吴经熊,并促使他开始关注法律发展的社会心理因素。在1924年《伊利诺大学法律评论》上发表的《论庞德的法哲学》(The Juristic Philosophy of Roscoe Pound)这篇文章中,吴经熊坦率地表露出了他对庞德法律思想积极支持的态度。他把庞德着意关注的法律的社会功能问题,即"重点从以法律条文本身为中心,转移到社会对法律条文效果的要求"这一思想,比作是在法律思想领域中的一场"哥白尼式的革命"。而他在评价庞德的社会利益说时又说:“作为立法的理论依据,以及作为司法判决的准则,我不知道还有哪个理论能像社会利益学说同样的精致、广博和可靠。”这一称赞,丝毫不逊色于帕特森(E. Patterson)对庞德是说所作的评价——帕特森推崇说:庞德的社会利益学说,“至少可以像门捷列夫的化学元素表所起的作用那样”。

1924年春天,博览群书,游学足迹遍及欧美著名学园的吴经熊回到了祖国,开始将他多年历练而成的才智回报给这个与自己血脉相连的家园。他担任了母校东吴大学法科的教授,兼任上海公共租界工部局法律顾问。1927年1月1日,他被任命为上海特区法院法官。在收到聘任书的当天,他即写信给霍姆斯说:“我会有很多的机会在法院表现创造力,我将设法使中国的法律霍姆斯化。”同年,东吴大学法科改名为东吴大学法学院(Law School of Soochow University),吴经熊作为东吴法学院最优秀的毕业生担任了法学院的院长(principal),这是鉴于南京政府“收回教育权”的要求,即包括私立在内的大学应由华人担任校长而新设的一个职位,直到1938年。1928年春,他成为南京政府立法院的立法委员。几个月后,他又被任命为司法院法官。1929年当他30岁时,又被任命为上海特区法院院长。

1928年,吴经熊的第一部法学著作《法学论丛》(Juristic Essays and Studies)出版了。这部书是他的学生出于他开始从事法律实务,作为对他前一时期法律生涯相对总结的里程碑,由丘汉平和端木恺协助编辑而成的,它包括3篇法文、1篇德文和16篇英文的论文和短论,它们按照不同的类别被分作四个部分:“建设性论文”、“批判性论文”、“中国法研究”和“与作者观点的商榷”。

在《法律的三度论》(The Three Dimension of Law)这篇值得注意的精短的论文中,他阐述了他的基本法律观点。他认为,在任何时间和空间中,都不存在作为一个抽象物的法律。在实际生活中,只有具体、特定的法律(Laws),而无法律自身(Law)。每一个别特定的法律都有特定的时间度、空间度和与之相关的事实度。由此他得出两点结论:(1)法律学是一门归纳的科学;(2)所有的法律均与事实相关,而且不能产生于事实发生之前。吴经熊显然将他的法律思想建立在法律的现实性这个基础之上,实际上是以自己的方式表达了霍姆斯的法哲学思想。从这种实证主义的法律观点出发,吴经熊在《法理学范围重新界定》(The Province of Jurisprudence Redetermined)一文中进一步认为,不仅要分析法律的概念,而且还要分析法律活生生的过程,即要澄清司法判决的方法和先决条件。为此,他把他的研究看作是分析实证主义法学的继续和延伸。在《法学一元论》(On Some of the Juridical Monism)中,他反对任何把法律生活看作某种单一因素的现象或结果的尝试,并反驳了17、18世纪以来流行的自然法学派和历史法学派的观点。在《心理学法学的问题与方法》(Problem and Method of Psychological Jurisprudence)中,他力图克服分析法学派对法律的逻辑解释的局限,主张应主要从人的本性方面来解释法律。

从这些分析当中大体可以看出,吴经熊的法律思想非常强调科学性、方法论、逻辑与心理学问题。尽管如此,他的思想上的开放性并没有使他陷于片面。他曾这样来描述他这种空灵的法学研究:

> 作为一个受过古典精神熏陶的人,我怎样从事法律研究,大概是可笑的。我承认我对法律女神的激情似乎过于离谱的浪漫。我只能以永恒的眼光来审视法律问题。除开法学大师,我还求助于老子、莎士比亚、斯宾诺沙、歌德、惠特曼、威廉·詹姆士等人,以及其他许多的外行人,如孔子、康德和杜威。不知什么原因,我在法律和音乐这

如此不同的东西之间竟发现了许多的相似之处,这一定与我分析能力的欠缺有关才对!对于生命奥迹的意识,像幽灵一样不断伴随着我,即使在判决一个很不重要的案子时,亦是如此。我的小宇宙沐浴在充满了宇宙感的柔光之中。

《法学论丛》这部著作的问世,一时引为巨观。美国西北大学法学教授魏格摩(H. Wigmore)似乎从这位哲学家和法官的身上,看到了理想主义与现实主义完美的结合。他在《伊利诺大学法律评论》上评价到:“作者作为一位法律哲学家,目前是首屈一指的。”

1930 年夏,吴经熊自美国讲学回国之后,就在上海开办了一个律师事务所。和他在法律学术方面所取得的成就和荣誉一样,他的法律业务为他带来了颇为可观的经济收益。不过,这一时期,他的人生观似乎变得有些消沉。对算命和占卜入了迷。这可能与当时国内局势的混乱和个人家庭生活的不幸有关(他和他的妻子李友悌是自幼被父母做主并且在他 17 岁结婚时才第一次见面的,而她一字不识)。

1933 年吴经熊受命参加南京政府立法院会议,任立法院宪法草案起草委员会副委员长,同时被指定为初稿起草人之一。于是,吴经熊在任委员长的孙科博士的直接领导下,与张知本、傅秉常、焦易堂、陈肇英、马寅初、吴尚鹰等人一同参加了草宪工作。是年,吴经熊在上海以一个月的时间写成了一部《中华民国宪法草案初稿试拟稿》,共 5 编 214 条,于 6 月上旬署名在报刊上发表,以求公开批评。这就是世人所称的“吴稿”。草案中的部分设想被吸收进了最终的《中华民国宪法》之中。宪草制定工作结束后,他与黄公觉合著了一部《中国制宪史》(1937 年)。此外,他还主编了《中华民国六法理由判解汇解》,并勘校了《六法全书》,均在 1937 出版。

与他自 1921 年用英文发表他的第一篇法学论作相比,只是在十年多后,吴经熊才发表了他的第一部中文法学作品,这就是 1933 年由他任社长的上海法学编译社出版的《法律哲学研究》。这部书汇集了吴经熊的《中国旧法制底哲学的基础》、《新民法和民族主义》、《三民主义和法律》、《唐以前法律思想底发展》、《法律之多元论》、《斯丹木拉之法律哲学及其批评者》、《新民法侵权行为责任的两种方式》和《六十年来西洋法学的花花絮絮》八篇论文,其中多数已在法学期刊上发表。从表面上看,这些似乎都是主题各不甚相关的单篇专论,但实际上,在吴经熊无比广阔的法学思维空间当中,它们各个之间仍然保持着一种精神上的内在联系。

吴经熊认为,中国的旧法制何以民刑不分,法治主义和权利观念何以不见发达,婚姻大事何以不能由自己做主,为什么立春之后立秋之前不能执行死刑,凡此问题都需要在法律之外寻找答案,而其最根本的就是哲学观念。他指出,中国的传统法制是以这样三种哲学观念为背景的:

第一,天人交感的宇宙观。这是一种拟人化的宇宙观,即以人事解释自然界,再以人事化的自然界作人间的模范。其结果是,空间的高低,本来不过是一种自然现象,但是在贵族思想家心目中,也就是尊卑贵贱的蓝本,居上位的人们背着天地的招牌来稳固他们的地位;一般民众也渐渐地被他们催眠了。

第二,道德化的法律思想。他说,在中国向来认为“道德是法律的目的,法律是道德的工具”;道德与法律,一如事物之阴阳,凡百物不属于阳即属于阴;人类一切行为“出于礼而入于刑”。吴称此为“道德一元论的法律观”。他在 1932 年发表的另一篇论文《中国历史上的法治与人治之争》(The Struggle Between Government of Laws and Government of Men in the

History of China)中评价道：以道德和其他非法律观念逐渐浸润到一种现有稳定的法律体系当中是很有益的，但对中国法律而言，已到了一种绝顶过分的程度，这引起一种毒化和梦游的状况。“儒家最终的胜利，把法学送进了坟墓，使之变为木乃伊达二千年之久，直到19世纪末期，西方的影响才开始把中国的法律精神从儒家传统的强制外衣下解脱出来。”对于道德与法律的关系，吴经熊认为，法律是促进文化之工具，而道德不过是组成文化之一分子，是法律所应承认并予以保障的诸多利益中的一种；而当这些利益相冲突时，法律应当“两害相权取其轻”。

第三，息事宁人的诉讼观。由于世界上没有两人的思想是一样的，因此争讼是避免不了的自然现象。他说，我们固然用不着奖励争讼，但是将争讼的本身当作不道德的勾当，那是一桩非常危险的事情，其流弊不一而足。然而，吴经熊对中国传统法律的批判并不是没有保留的，尽管他相信，“法学的昌盛，法治精神的发达，都是以争讼为基础的”。但他还是认为，以和平为理想，节制、不走极端和不高兴争讼的“中和之道”，是中华民族千万不可湮没的最好的特性，而这一点已经和男女平等，承认习惯与判例为法律渊源这两个特征一并体现在了自1929年起颁布的民法典中。

在吴经熊的观察视域中，19世纪后期以来是一个重要而不寻常的时代。在西方，不仅出现了十几位一流的法学大师和无数的二流法学家，还出现了德国、瑞士和俄国三部最先进民法典；在中国，传统法律在西方法学的影响下发生了重大变革，而对于这种变革的方向，吴经熊是持肯定态度的。虽然把中国和德国、瑞士、日本的民法典逐一对照，95%都有来历，但他认为，在法律上重要的不在于原创性，而是一条法规是否合乎民族性。他说：“很幸运地，西方最新的法律思想以及立法趋向，和中国原有的民族感情相合得天衣无缝。”不仅如此，西方有好几个不同的法律制度，而对其作适当的选择，这本身就是一种创造性的工作。他还对中国在这种汇通时代应发挥的作用寄予希望，“中国法学家也能很快有在法学上普遍被承认的贡献，这门学问的中心为什么将来不能在中国呢?”

透过对东西方法律传统以及其现代发展变革的观察与权衡，吴经熊提出了一个跨越东西方的法律发展的更高的目标，这就是：人生的价值和意义是什么？法律如何尽可能地促进并充实人生的价值，并随时随地提高人生的意义？

为了追寻他心目中的这个关于人类共同的终极目标，吴经熊在继续不断地进行着探索。1935年，他与华懋生共同编辑了一部《法学文选》，分上、下两册，其中汇集了包括他本人的一篇《关于现今法学的几个观察》在内的当时较有影响的40篇论文。一年后，吴经熊又出版了他的第二部英文论著《法律之艺术》(The Art of Law and other Essays Judicial and Literary)，其中包括《法律的艺术》、《手段与目的之间的比例》、《法律在平衡利益中的作用》、《新旧中国的法律制度》、《中国的治外法权问题》、《法律概念的现实分析》、《霍姆斯法官的权利论》、《霍姆斯法官的精神世界》等论文以及审判札记，读书随笔等文章。1938年，吴经熊又与M. C. Liang合编了一部英文著作《法理学与法哲学文选》(Essays in Jurisprudence and Legal Philosophy)，其中选辑了庞德、霍姆斯、卡多佐、弗兰克、库克、施塔姆勒、维诺格拉多夫、坎托、卡林斯、布赖斯、波洛克、哈伯、考文以及自己的7篇论文。

以后他发表的法学研究论著重要的还有：《正义之源泉》(Fountain of Justice：A Study in the Natural Law，1955)，《自然法：一个比较研究》(Natural Law：A Comparative Study，1955)，《作为一种文化研究的法理学》(Jurisprudence as a Cultural Study，1956)，《孟子的人生观与

自然法》(Mencius's Philosophy of Human Nature and Natural Law,1957),《中国哲学中的自然法与民主》(Natural Law and Democracy in China Philosophy,1957),《中国法律哲学史略》(Chinese Legal Philosophy:A Brief Historical Survey,1958)、《法理学判例与资料》(Cases and Materials on Jurisprudence,1958)、《自然法与基督文明》(The Natural Law and Christian Civilization,1962)、《自然法哲学之比较研究》(The Philosophy of Natural Law:A Comparative Study,1975)等等。

1937年吴经熊皈依天主教以后,他的职业生涯和精神发展似乎有了一个新的变化。一方面,他的法学著述愈来愈趋向于托马斯主义,把自然法看成是沟通永恒的神法与实在法之间的桥梁;另一方面,他的天性中本来就萌动着的文学、诗歌和宗教成分也在日益明显地增加着。他的大量有关于这方面的作品,后来被汇集起来,或被译成中文出版,主要有《圣咏译义》(1946)、《新经全集》(1949)、英译《老子道德经》(1961)、《哲学与文化》(1979)、《内心悦乐的源泉》(1981)、《唐诗四季》(1981)等等。

1949年起,吴经熊成为夏威夷大学中国哲学与文学的资深客座教授。1951年到1966年之间,他又先后担任了美国新泽西西东大学的法学教授和亚洲学术教授。晚年,吴经熊回到了台湾,并定居在那里。在他生活的最后20年里,他担任了中国文化学院哲学教授;1974年起又担任了该学院哲学所的博士班主任。1986年2月6日,吴经熊——这个有着伟大心智的生命结束了。

自从1902年以"务期中外通行"为目标开始正式改革传统的中国法律以来,这就似乎在向人们昭示:在这个极不寻常的世纪里,要为当时成长起来的一代人提供一个跨越东西方的法律活动舞台。而作为一个系统接受了西方式法律训练的法学家,吴经熊在他所涉足的各个职业领域里都表现得相当出色。而且在正处于巨变当中的新型法律体系的创建过程中积极发挥着他的职业专长。他既是一位著名的法学教授,又是一位重要的立法者;他不仅成功地从事了他的律师业务,而且作为法官,还被誉为"大法官宝座上的所罗门王"。他对西方法律传统和人文、社会科学背景的了解细致入微,并以相当敏锐的目光注视着这些领域中所有重要的进展。他是一个属于原创型的法律著述家,以自己超然的风格,站在世界的高度广泛进行着各种对话,通过法律这个推动人类文明的工具,努力在东西方两大文明之间架设桥梁;而他所追求的目标和方向,就是超越东西方。所有这些,都足以表明:他是20世纪中国最具有代表性的法学家之一。

原载《比较法研究》1998年第2期

回忆吴天石的办学思想和领导艺术

李鹤皋　汪为郁

吴天石同志是苏州大学前身——江苏师范学院的筹建人。他在我校工作不到两年,但他那可贵的精神、品质、作风和才情,却深深地教育和熏陶着我们,给我们留下了不可磨灭的印象。本文通过对天石同志办学思想和领导艺术的回忆,纪念他被林彪、“四人帮”迫害致死二十周年,缅怀他忠诚人民教育事业的战斗一生,并借以推动当前的教学改革。

从教学改革入手　提高教学质量

江苏师范学院于1952年10月建院以后,天石同志根据党在新民主主义时期的教育方针和师范学院的性质与任务,在继续加强师生员工政治思想教育的同时,大力抓教学改革,要求全院各项工作都要为教学改革这个中心服务。他为提高教育与教学质量、培养合格中学师资作了不懈的努力。

当时教学改革的目的要求是,结合中国实际学习苏联的社会主义办学经验和科学成果,进一步清除旧大学遗留下来的半殖民地半封建的教育思想与教学观点,端正教学态度,改革教学内容与方法,以不断提高教育与教学质量,为我国社会主义革命与建设事业培养合格的人才。

学校开课不久,天石同志去上海华东军政委员会参加教育部召开的综合性大学与师范学院教学座谈会,回院后立即传达贯彻重要文件和会议精神,认真组织学习,联系实际,提出问题,分析问题,解决问题。反对照本宣科、敷衍应付、固步自封。这是天石同志领导作风的突出之处。他带头检查了院领导工作的缺点,并指出本院教学上存在脱离师院性质与任务的盲目性、保守思想以及各部门的不团结的现象,是教学改革顺利进行的严重障碍。他动员各系、科、班领导及教师认真进行一次教学检查,肯定和发扬成绩,找出教育思想和教学观点、教学态度等方面存在的缺点和问题,调动群众的积极性来研究解决的办法;他要求各行政部门领导和职员,围绕为教学改革服务这个中心来检查和改进工作。历时三周的学习与检查,取得了显著的成效。教师们普遍提高了认识,找到了各自在教学上存在的缺点与问题,端正了教学观点与教学态度,加强了团结。同时明确了教学改革的中心环节是,组织起来,依靠集体力量,调动教学的积极性,并沟通教与学,密切师生之间的关系。各行政部门和职员也开始认识到学校中没有脱离教学中心的行政工作,今后要提高工作效率,端正服务态度和改进工作方法,从组织领导、思想教育和物质供应上来保证教学改革的顺利进行。许多教师和职员反映说:现在才深刻地体会到教学改革是思想改造的继续和深入。在这次教学检查刚告胜利结束时,天石同志立即趁热打铁,抓了调整行政机构、加强各行政部门和系科班的领导、整理和建立教学组织以及学生课代表制度、大力培养助教等一系列学校建设的基础工作。他从实际出发,亲自制订了一个既积极而又切实可行的方案,以巩固这次学习华东会议精神和开展教学大检查的胜利成果,为进一步深入进行教学改革、提高教学质量打下了良好的基础。这个方案就是1952年12月22日他在全院教职员工大会上所做的题为《加强行政领导,整理教学组织,保证教学改革胜利进行》的报告(见江苏师范学院院刊《教学生活》第二期)。天石同志的这个报告,就是他以后主持江苏师院工作一年多的办学纲领。他身体力行地带领全院师生员工去努力实践这个纲领,建立了新的教学秩序,积极而又稳步地提高了教育与教学质量。天石同志为我院教学改革的逐步深入、教育与教学质量的不断提高,倾注了他的全部心血。

为了抓好教学改革,天石同志非常重视宣传报道工作,借以加强马克思列宁主义和毛泽东思想的宣传,贯彻执行高等师范院校的方针任务,推动教学改革,因此,建院之后他便决定和着手筹备出版院刊《教学生活》。当时没有机器和技工,他马上派人到无锡去接收苏南日报社的部分印刷工人和设备,在校内办起了印刷厂,没有专职编辑,就把编辑任务交给政治辅导处宣教科兼搞。经过一个多月的紧张筹备,第一期《教学生活》便与读者见面了。他对院刊十分关心,不仅亲自撰写社论和一些稿件,并负责审选和修改一些重要来稿,而且差不多每期的清样他都要过目。为了及时出版,他往往兴致勃勃地和具体工作人员一起工作到深夜,等到看过了清样,他才怀着完成了任务后的喜悦去安心休息。从院刊创办到他调省的一年多时间,总共出了20期,约50余万字,每期都有明确的中心和指导性文章,有力地推动了教学改革工作。

为使全院以教改为中心的各项工作能有条不紊并卓有成效地进行,天石同志十分重视工作的计划性,他常说,“没有计划,工作就不能动手”。因此,当学期开始前,他首先经过党委研究提出一个全院总的工作计划(或要点),经院务委员会讨论修正通过,付诸实施。教务、政治和总务三处据以制订的工作计划也要向院务委员会报告。各系科班、教研组、教学小组以及各行政部门均根据院、处和系科班的计划作出自己的计划,报上级组织审查。他要求计划一经订出之后,就要立即动员和组织全院师生员工坚决保证全部计划的贯彻实施。他曾在1953年春季开学之初,写过一篇题为《为贯彻本学期全部计划而奋斗》的社论,登在院刊上(见《教学生活》第六期),提出保证贯彻实施计划的四条措施:一要发动大家深入讨论,使人人都能掌握计划;二要各部门集中群众意见,订出实施计划的具体方案;三要及时布置工作,定期检查计划执行情况;四要及时总结经验,做到“打一仗,进一步”。这篇社论不仅当时适用,今天看来也切中我们的时弊,很有现实意义。在天石同志主持我院工作期间,院、处和一部分系、组每学期的计划、检查、总结都登在《教学生活》上,以相互交流,共同监督。他还挑选出各系科和教研组或教学小组总结出来的好的教学经验汇印成册,发下去相互交流学习,取长补短。在建院后的第一学期就铅印了一本教学工作总结选辑,1953年又铅印了厚厚一册各系科教学工作总结和各科教学的专题总结。这对当时的教学改革和行政工作起了很大的推动作用,促进了教育和教学质量的提高。这些计划和总结大多是在天石同志的直接指导督促下完成的,并经过他的仔细审阅和修改。

上述天石同志的这种认真贯彻执行重要文件和会议精神、联系实际解决问题、办事雷厉风行、以身作则的领导作风,高度的责任心和工作高效率,以及重视工作的计划性与认真检查、善于总结的领导方法,都是非常值得我们今天做领导工作的同志们学习的。

突出师范性　培养合格师资

天石同志在抓教学改革的过程中,十分重视师范学院的教育和教学工作必须突出师范性,这从他的许多言行中都反映出来。他在建院初期向全院教职员传达和动员学习华东高校教学座谈会时,就充分阐明了高等师范学院的方针任务和培养目标是:根据新民主主义的教育方针,以理论与实际相一致的方法,培养具有马列主义和毛泽东思想的基础、高级文化科学水平和较高的专门知识与技能、全心全意为人民教育事业服务的中学师资。当时有些教师对此缺乏认识,有的教师在教学工作上存在盲目性,偏离了培养合格中学教师的目标。通过教学检查,基本上统一了大家对师范学院的性质、任务和培养目标的认识。1953年10月他参加了中央教育部召开的全国首次高等师范教育会议,回来后向全院教职员传达时,热情地宣传了高师教育在国家建设和教育事业中的重要地位与作用,以及今后发展的可喜形势。他指出:我们国家已开始了大规模的经济建设,急需培养大批建设人才,要培养建设人才就必须办好中学,为下一代青少年打好文化科学基础,而中学师资的培养是我们高等师范学院的责任,我们培养的学生质量如何,将直接影响到国家建设和下一代的文化科学水平;今后随着国家建设需要越来越多的建设人才,这就给我们高师院校提出了发展的任务。大家听取和学习了他的报告,进一步端正了教育思想,加强了为中学基础教育服务的教学观点,从而大大提高了培养人民教师的光荣感和责任感。为了贯彻落实这次会议的精神,在他主持的第三十九次院行政会议上还讨论通过了一个《贯彻全国高师会议决议的决定》,并不遗余力地付诸实施。天石同志还一向主张教师要培养师德、树立师表。他早年毕业于无锡国专,后曾去山东聊城师范、济南乡村师范、文登乡村师范和江苏南通中学等校执教多年,是知名的进步国文教员;他不仅文才出众,业务水平很高,而且具有革命思想,品格高尚,许多青少年学生在他的教诲和影响下走上了革命的道路,因此他自己就是一位师德师表的楷模。他常说,教师是人类灵魂的工程师,担负着培养有高尚道德品质的社会主义与共产主义建设者的光荣任务;而教师自身的世界观、行为、道德都深刻地影响着学生,在青年一代的品格培养上,教师起着潜移默化的作用。此外,天石同志为了在教育和教学工作中突出师范性,以保证培养合格的中学师资,还采取了许多具体措施,下面列举主要几点:

① 他号召并组织教师学习教育学,以端正教育思想,改进教学方法。前不久我校召开了一次小型座谈会,回忆和漫谈天石同志的办学思想,会上86岁高龄的原化学系主任程有庆教授深怀感情地说:"院系调整前我一直在综合大学读书和教书,从未学过教育学。调到本院后,吴主任要求大家学习教育学,我认真地学了,在以后的教学中确实有用,感到学好教育学对当好一名教师是十分必要的,吴主任当时要求我们学教育学是完全合理的。"

② 他强调师范学院要加强公共教育学课程的教学与研究,在建院初即成立了教育学教学研究指导小组(这是我校最早成立的两个教研组之一),以发挥集体研究的作用来提高教育学课程的教学质量。

③ 他要求各科教学都要面向中学,教师要了解中学的教学实际。为此,当时我院曾附设过两所实验中学和一所实验小学,作为各系科师生进行教学研究以及见习与实习的基地。

④ 他主张从中学选调优秀教师到师院任教。当时他说,这不仅是为了解决目前我院缺少教师的困难,更重要的是因为中学里有些业务水平高、教学经验丰富的教师适合于高师教学的需要,他们熟悉中学实际,其教学的观点、态度、内容、方法能较自然地符合培养合格中学教师的目标。事实证明他的这种主张是正确的。他曾向上级争取来一些中学教师。

后来他主持省教育厅工作期间,又陆续选调给我院不少优秀中学教师。他们30多年来在我校的教学工作中发挥了重要的作用,其中不少人成绩卓著,成为教学科研骨干以至学科带头人。

⑤ 他重视对学生的专业思想教育。在建院开学第二天召开首次党团员大会上,天石同志作报告,当讲到同学中存在的一些混乱思想时,就着重针对有些同学认为读师范学院没有前途的错误思想进行了教育。他经常要求政工干部和教师们注意对学生进行热爱人民教师工作的思想教育,还规定在新生入学时划出一段时间集中进行专业思想的教育,并立为制度。

⑥ 他十分重视当时为了国家急需大批初中教师而设立的两年制专修科,特别是一年制速成班的教学。他知道在这样短的教学时间内要培养出合格的初中教师是很不容易的,按老一套的教学思想、内容和方法去教是很难完成这个任务的。于是他亲自去抓,成立了班教学委员会。为了保证教学质量,他根据自己长期办干部教育的经验,对班的教育提出三个原则:第一,要根据学生毕业后到初中去"做什么学什么,用什么教什么"进行教学;第二,课程要集中,有重点地开设;第三,教材要少而精,反对"大而无当","华而不实"。他要求速成班的学生不仅要掌握应有的系统知识,还要能把这些知识应用到今后的实际教学工作中去,成为一名合格的初中教师。由于他的重视和亲自加强领导,速成班的毕业生达到了预期的要求。

上述天石同志关于突出师范性的主张与措施,对培养合格中学师资起了重要作用。当前党和国家一再强调并采取种种措施来加强师范教育,我们师范专业教学工作应该进一步重视教育和教学工作中的师范性。天石同志当年突出师范性的办学主张和一些措施,今天仍然值得我们重视和研究,根据当前和今后的新情况、新任务去努力实践,并能有所发展和创新。

依靠教师办学　培养干部上讲台

天石同志一向认为办好学校主要依靠教师。他常说:"教师是学校工作的主力。"建院初期,教师来自四面八方,思想情况和教学观点、态度等多有不同,天石同志能正确贯彻党的知识分子政策,从政治思想、学习、工作、生活等各方面对知识分子关心爱护,体贴照顾。他要求教师加强政治理论学习与业务学习,并提倡把两者结合起来,通过钻研业务来学习马列主义的思想、观点、方法,以不断提高政治水平和业务水平。他明确提出教师的主要工作是教好课、指导好实验,为此,一定要给教师以充分的备课时间和业务进修时间。鉴于曾出现教师参加会议活动过多,占用了备课时间,影响了教学工作的情况,他就下决心精简会议,减少层次。当时有部分教师居住校外,他们白天来校上课,晚上到校辅导,学校都用仅有的一辆客车接送,以减少他们走路的时间和疲劳。天石同志白天常下课堂听教师讲课,听后大多作出中肯的评价,肯定成绩,给予鼓励表扬,指出不足,提出改进的意见。他在晚上和节假日也常到教师家去登门访问,促膝谈心,成为不少老教师的知心朋友。他对学术上造诣深的和教学科研成绩大的教授,更是礼遇有加,经常登门问寒问暖,共同探讨问题。他待人热情诚恳,教师们都愿意向他吐露心里话。天石同志不仅尊重和依靠老教师,还注意培养中年教师,更十分重视青年教师的成长,亲自出席全体助教会议作重要讲话,对青年教师的进修提出了明确的目标和严格的要求,推动他们人人制订进修计划,并认真按计划进修。1953 年全院仅有助教 40 名左右,先后送到兄弟院校去进修的就有 17 名之多,这是下了很大决心的。在校的青年教师则在老教师指导下,一边工作,一边进修,并把系统的政治理论学习和专门的业务学习结合起来。因此青年教师进步都很快,到 1953 年先后开课的助教就达到 23 人,解决了当时教学任务多而教师不足的严重困难。

天石同志非常尊重知识,爱惜人才,注意化消极因素为积极因素,敢于任用一些具有真才实学但由于某种原因而未能展其所长的知识分子来为人民教育事业服务。

天石同志对干部知人善任,在使用上既大胆放手,又严格要求,并引导干部在实践中锻炼思想,积累经验,增长才干。他特别注意培养干部从外行变为内行,要求政工干部至少要钻研并掌握好一门课程,能上讲台教课。当时政治辅导处的处、科级干部差不多都去兼上公共政治课,其余同志则跟班听课和参加辅导工作,并要求他们作出在一定时间内达到开课水平的计划。

优良作风　民主办校

天石同志作风民主,平易近人。建院初,他立即组织成立院务委员会,学校的重大工作均向院务委员会报告和交付讨论决定。院委会成员有广泛的代表性,除各处、各系科班的负责人外,还有一般教师和学生的代表。他在任的三个学期共召开了十四次院委会,开会时让大家充分发表意见,深入展开讨论;学校经费收支也向大家公开,充分表现了他民主办校的精神。他平时密切联系群众,热情关心同志,经常深入到基层,虚心听取和采纳意见。他为了便于经常接触教师和指导政治理论课的教学工作,主动把自己编在马列主义教研组教师的政治学习小组里。作为一院之长而同教师在一个小组里共同学习,这是少见的。他对群众来信来访十分重视,总是及时而认真地答复、解决。他不仅关心教师和干部,就是伙食房、印刷厂、操场、学生宿舍等处,他也经常下去,很随和地跟职员、工人和同学们接触谈心。因此大家心情舒畅,积极性很高,全校出现了一个生气勃勃、热气腾腾、紧张团结、秩序井然的新局面。这样,天石同志就在全校师生员工中自然地树立了很高的领导威信。直到今天,我校当年在他领导下的许多师生员工仍然深深地怀念他。

原载《苏州大学学报》(哲学社会科学版)1986 年第 4 期

吴于廑先生治学追忆

陈　勇

吴于廑(1913—1993 年),原名吴保安,祖籍安徽休宁,少年时代成长于大运河畔的江苏宝应。1935 年毕业于苏州东吴大学。1939—1941 年入南开大学经济研究所研习经济史。1941 年秋考取清华大学第五届留美公费生,入哈佛大学文理研究院,1944 年和 1946 年分获文学硕士及哲学博士学位。1947 年应周鲠生校长邀请,回国任武汉大学历史系教授,解放后先后兼任系主任、副教务长、副校长等职。

吴于廑先生为新中国世界史学科建设作出了突出贡献,合作主持了两批全国性世界史大学教材的编纂(4 卷本《世界通史》,周一良、吴于廑主编,人民出版社 1962 年初版;6 卷本《世界史》,吴于廑、齐世荣主编,高等教育出版社 1992—1994 年版),开创 15、16 世纪世界历史研究(主编《十五十六世纪东西方历史初学集》共三编,武汉大学出版社 1985、1990 年版,湖南出版社 1993 年版),主要论著集结于《吴于廑学术论著自选集》(首都师范大学出版社 1995 年版)。在中国史学界,其倡导的整体世界史观,被誉为"世界历史新理论在我国兴起"[1]。所撰《中国大百科全书·外国历史卷》卷前专文《世界历史》,以及 4 篇专论世界史整体进程的系列论文(《世界历史上的游牧世界与农耕世界》、《世界历史上的农本与重商》、《历史上农耕世界对工业世界的孕育》、《亚欧大陆传统农耕世界不同国家在新兴工业世界冲击下的反应》),是对整体世界史观的系统阐述以及运用新史观对人类历史的宏观勾勒。诚如齐世荣先生所言,1978 年以来中国学者对世界史体系的深入探讨,以吴于廑先生的成就"最为突出"[2]。

吴于廑先生的世界史研究有多方面建树,按学术类别有通史编纂、世界史资料汇编、世界上古中古史研究、15、16 世纪东西方历史综合比较、西方史学研究及史学名著编译、中西文化比较等等。其才、学、识为学界广泛称道。成就的取得源自长期的潜心求索所积淀的深厚学术底蕴。早在青年时代,其留学哈佛的同窗好友、后来驰誉海峡两岸与新旧大陆的著名美籍华人学者杨联昇,就曾以一首归国诗送吴于廑先生:"思能通贯学能副,舌有风雷笔有神,同辈贤豪虽不少,如君才调恐无伦。"[3] 笔者不拟就业师的学术作全面评价,仅以受业中印象深刻的若干方面作些追忆。

治学三阶梯

60 年代初,我入风景秀丽的武汉大学读历史学本科,在一次师生迎春会上,教授们纷纷吟诗赋词,时为系主任的吴于廑先生书赠 4 个大字勉励同学:"由博返约",意为青年学子应打下宽厚的学术基础,以便将来于某一领域作出专门性成果。10 余年后的 1978 年,本人有幸重返珞珈山母校,直接跟随吴师读研究生。先生对我等"文革"后首批 4 名弟子谈治学,又进一步提出人生治学之"三阶梯":宽—窄—宽。据先生解,人在青年时代求学应博览群书,学历史不仅要认真阅读专业方面的"看家书",如基本的历史典籍,而且应当涉猎与此相关的其他学科的知识,如与经济史相关的经济学名著,与思想文化史相关的中西哲学,避免学识单一、视野窄狭。这就是三阶梯中的第一个"宽"。中年时代治学者已有一定的基础学养,可集中精力选择某一专题探讨,以期深入下去,在前人基础上做出自己的成绩,形成自己的学术主攻方向和治学特色。最好能在某专门领域中发现一系列连锁性研究课题,使专门研究富有生命力。应力避中年治学仍方向不明,"打一枪换一个地方",浅尝辄止,事事无成。此谓之"窄",即向专深方向发展。至相对老年阶段,由于基础扎实,专门研究业已取得拓进,治学者便可重新放宽视界,在专精基础上转向综合,于较大学域内提升研究界面,获取更新的成果。此谓之第二个"宽"。

吴师在随后讲西方史学的课程中,又以近代西方客观主义史学创立人兰克(Leopold von Ranke,1795—1886 年)为例加以说明。兰克青年时代在莱比锡大学先后学习语言学、神学和史学,毕业后任中学古典文学教师,进一步钻研西方古典时代希罗多德、修昔底德、李维、塔西陀等人的名著,为日后研究打下了较好的语言文字和史料基础。29 岁时发表处女作《拉丁与日耳曼各族史》,附录《近代历史学者批判》提出"如实记述"的客观主义史学原则,在西方史学界引起强烈反响。渐入中年后以 16 至 18 世纪西欧政治史为主题,以各国档案库原始史料为依据,撰写了一系列包括德、法、英等西欧国家的国别史以及突出上层政治人物的教皇史。晚年编纂 7 卷本《世界史》,虽仍以西欧为中心,但毕竟超越国别史界限,体现其综合趋向。

"宽—窄—宽"的治学三阶梯说并非一个呆板和僵硬的治学格式,而是反映治史者应当重视的成才之路:学步时要奠定厚实的基础;研究问题切忌大而空泛,应科学选择自己的学术主攻方向;综合应当在专深的基础上进行。这些从学术发展史总结出来的经验之谈,对有志向抱负的青年学人无疑起着引路指向的启蒙作用。历史研究需要多方面的知识素养和较长的周期,史学家往往不易在青年人中大量涌现。治史者应尊重学科自身的发展规律和特点,作长期求索钻研的思想准备。治学三阶梯说为人们学习史学乃至整个人文学提供了闪光的学术智慧和门径。从吴师习史的众多研究生弟子,多年后仍体会到这种教诲的可贵。

学术转弯与学科发展

吴于廑先生讲究师德,也十分尊敬自己的老师,更善于从老师的谈话中吸取治学的营养。吴师生前多次与弟子谈及自己被南开大学经济所免试录取为研究生的经历。先生所撰《自传》中对此有更详实的记载:"1938 年冬,在经历了抗日战争初期一段流离失所的生活之后,我到达了昆明。当时昆明已经设立了包括北大、清华、南开三大学在内的西南联合大学。陈序经先生任西南联大法商学院院长兼南开大学经济研究所研究主任。……陈先生同我谈话约一小时,问了我好些问题,其中有的涉及东西方对知识的看法。谈话将要结束了,他说:'南开经济研究所正在恢复,计划招收几名研究生。你来吧,不用考试了。'……在他同我仅仅作了一次谈话就决定收我作研究生,这对我确实是出乎望外。"[4]其实,这种不拘一格的录取方法,正反映了这位具有很高办学才能的学者之慧眼所在。陈序经(1903—1967 年)毕业于复旦大学,赴美留学时获伊利诺大学哲学博士,后又赴德国柏林大学深造,31 岁即受聘为南开大学教授并主持南开经济研究所,35 岁已任西南联大法商学院院长。"免试"其实不"免",只是变换为更讲实效的"面试"。陈序经先生的眼力很准,他此次“破例”录取的学生，两年多以后与毕业于武汉大学经济系的张培刚一起，成为清华大学第五届公费留美学生（总数17人）中仅有的两位文科学子。

吴师从陈序经先生谈话中尤为受益的是另一种学术上的“潜影响”。尽管陈先生已决定收他为研究生，青年吴于廑仍感犹疑，原因很简单：大学学历史出身的人能否改读经济类研究生？陈序经先生对此问题的答复也很简单：“在学术道路上，不怕转弯，多转几个弯，自有好处。”一番话语拨开了学子心中的疑云。在南开学习期间，吴于廑先生不但首先从经济史入手试行“转弯”，而且进一步认真阅读亚当·斯密、大卫·李嘉图、马歇尔、张伯伦等西方经济学大家的原著，也读经济地理方面的书籍。进入哈佛后，又在治经济史的同时兼治西方政治思想史和法制史。经历诸次学术转弯，吴师渐渐萌发对东西方文明作比较综合的构想，并在南开和哈佛的研究生论文中进行了专题探讨，其中南开论文引起吴景超等前辈学者的注意和推奖。70年代后期起，作历史比较研究的想法又在他的脑海中再度活跃起来，并最终形成从全局考察和研究世界历史的整体史观，使海内外学人为之瞩目。

联系前述杨联昇先生赠吴师由哈佛学成归国的诗句“思能通贯学能副”，自然会想到学术转弯与学科发展之间的内在联系。吴师晚年对学术转弯的益处有深刻的总结：“所谓转弯，就是多踏进一些相关的学科领域。这样做的好处，在于能够开阔视野，不以一隅自限。学术上转弯，看来有不同发展的可能。一种是转弯后不再回头，一种是转了弯又踏上原路。不论是前者还是后者，都有利于祛除狭隘之弊。学历史的人，……应当力避狭隘，因此不妨转转弯。”[5]以开放的心态治学，善于从相邻学科中吸收于本学科有益的成分，是推动学科发展的重要途径。这也就是当今国际学术界盛行的“学科交叉”（interdisciplinary approach）。某种学术的突破性进展，往往出现于学科的交叉点上。美国芝加哥大学教授罗伯特·福格尔和华盛顿大学教授道格拉斯·诺斯之所以荣膺1993年度诺贝尔经济学奖，就因为他们把经济学、社会学、统计学和历史学结合起来研究经济问题，为经济史研究的新发展作出了开创性贡献。诺斯与罗伯特·托马斯合著的《西方世界的兴起》一书，早已为我国读书界所熟知，其中对近代早期英、法、荷兰、西班牙四国的历史比较，就吸取了人口学、制度经济学的理论和方法。以陈序经、吴于廑先生的话语来说，也就是运用“学术转弯”的方法。

直至晚年，吴于廑先生一直保持着这种开放的治学心态，从不固步自封。先生病故后，弟子们清理他所借图书，其中一本为借阅不久的英文《气候史》。法国年鉴派史学近年开辟气候史、体质史、心态史等新史域，为原有经济社会史范围的扩展，这种新的史学动向受到吴师的及时关注。我们无从得知吴师对这本气候史的具体看法，但从他生前与学生的谈话中可以大致领略，人类社会与环境自然的关系是历史研究不应忽略的层面，气候变迁也是治史者应适当具备的知识成分，对这方面情况的了解或许也可称作学术转弯，同样便于扩大视野。

关注和推行学术转弯的人多了，便会出现相应的交流园地。值得一提的是吴师生前为系资料室选订的一份史学刊物《跨学科历史杂志》（Journal of Interdisciplinary History），由美国麻省理工学院于1970年创办。与办刊历史悠久的《英国历史评论》等史学刊物相比，这份刊物还显得那么年轻，而且出自一所理工大学之手。然而事实证明创办者颇有人文眼光，《跨学科历史杂志》现已成为国际上主要的史学刊物之一，吸引了包括剑桥、牛津、耶鲁、普林斯顿等一流大学的诸多著名学者前来投稿，具有很高的学术质量和鲜明的创新特色。武汉大学世界史专业研究生的论文撰写，已从这份杂志的成果中受益，包括资料的引用和学科交叉思想的熏陶。

治史与治史学史

谈起“史学史”,不少学生对此感到陌生,连一些历史专业的学生也是如此。实际上,史学史就是历史学学科的发展史和学术发展史。1978 年从吴师攻读 15、16 世纪世界史硕士研究生,他所开设的第一门课就是近现代西方史学,从人文主义史学一直讲到现代西方的形态学派。开始我也不甚理解,为什么导师不针对专业和研究方向直接先谈历史本身?以后渐渐明白,治史者必须兼治史学史,这既是吴师本人的治学特点,也是每一位习史者应当观照的两个相互关联的方面。

吴师在一次学术讨论会上提出:“任何一个时代的历史学,包括治学方法、学术观点、历史思想以及由此完成的著述,其自身就是历史的产物。”之所以如此,盖出于以下两项原因:其一,任何史家在治史过程中总离不开自己所处时代的影响。他们选择的课题、研究的侧重点和所得出的结论,总是或轻或重的带有时代的烙印。代表某一历史时期主要发展方向的史学流派,其著述和观点往往就是为了回答时代提出的问题。其二,任何史家也总离不开史学学科发展状态的影响。“任何一个历史学家,不论他们成就或大或小,都是历史学这门学科发展链条上一个或大或小的环节。关于这一点,不一定每个从事历史学习或研究的人都很清醒地意识到。但是不论怎样,他总不得不受这门学科已有发展的影响,他的先行者的影响。”[6] 吴师强调指出, 要认识治史与治史学史的关系,必须看到这第二种影响。

近年来自己也指导研究生,对治史与治史学史之间的关系便有了更为深刻的体会。任何学科都有自己的学科和学术发展史,如哲学有哲学史,文学有文学史,自然科学诸学科有数学史、物理学史、化学史、天文学史,等等。同样,历史学也有自身产生、发展和演变的历史。学习任何学科的人都应当知晓本学科的学术渊源与沿革。治史者不可能毫无学科上的历史依凭,也就是前人的学术遗产。史料、历史编纂方面的承继关系自不必说。没有《史记》,就不会有《汉书》。即便在史学思想、学术观点方面,治史者也不可能脱离这种依凭。后学之人当然不会一概墨守成规,完全袭承师法。但他们总不可能摆脱史学发展水平的总体制约。如果他们赞同前人的体系和观点,那么其所从事的研究就是在此基础上的延伸和扩大。如果他们对已有的学术成果持不同意见,那么其后续工作就是批判或扬弃,乃至另辟蹊径、别开生面。即使是后种情况,后学者的研究仍需以前人的基础为前提,以前人的观点为自己思考的起点和参照点,而不能凭空展开自己的研究,一切从零开始。不仅如此,后人在历史研究中的发展和创新,其所能达到的程度,亦不能脱离史学学科已有的基础和条件。总之,治史者必须关注学科的发展状况及其对史学研究的制约作用,清醒地认识自身在整个史学发展长河中所处的地位和阶段,既善于在前人基础上创新,又贵有历史的自知之明。

吴于廑先生对自己弟子的培养既宽容又严格。通过西方史学的讲授,他使学生看到长期受西方影响的世界史学科确实需要开拓和发展,尤其是摆脱西欧中心论和堆砌国别史的不良影响,有许多研究课题等待人们去探索,使后学之人看到自己拥有的学术活动空间和发展前景。另一方面,他又以历史唯物主义的态度实事求是地肯定西方近现代史学业已取得的积极成果,指出一个多世纪以来西方史学在专门研究上的多方面积累,已经为世界历史的比较、综合研究准备了可以认真着手的条件。他要求学生认真研读西方史学名著,密切关注西方史学的新成果，在厘清学术前史的情况下搜集资料、策划选题，明确论文写作可以达到的深度和广度，防止枝蔓旁生，大而无当，使学生感受到哪怕在一个具体问题的论述中要取得成绩，也要付出艰辛的劳动。他充分肯定兰克开办讨论班（“习明那尔”）的培养方法，在研究生论文的具体选题方面发扬学术民主，尊重作者本人的意愿，不以导师的研究兴趣作取舍。曾与笔者先后同期攻读硕、博士学位的一位学友，在吴师着力探讨的社会经济史范围以外选择了宗教改革思想的课题，亦受到积极鼓励。凭借宽容的学术氛围和导师渊博学识的播化，其论文水准不仅获得外来专家的一致好评，而且拓宽了所在研究集体的学术层面。

跟随吴师在治史的同时兼治史学史，诸弟子的学术视野为之大开，学术思路也变得活跃起来。西方史学过去经历了哪些流变，形成了哪些史学传统，有哪些史学遗产值得借鉴？这些问题经常出现在学子的脑海里和彼此的讨论中。带着这些问题再去阅读西方学者的史著，对历史的观察就比以往深入和全面得多。事实表明，兼治史学史不仅促进了研究生论文的写作，而且作为一种基础学养，也为他们以后的治学研究提供了后劲。由于接触了风格各异、流彩纷呈的历史题材、史学思想、编纂方法、写作技巧，也利于学子博采众长，逐步形成自己的治学特点。[7]

“眼高手低”新解

“眼高手低”作为既定的成语，本意是指一个人的眼光高而能力低。此语颇具贬义。吴于廑先生在论世界史学科建设时却借此文字赋予新解，谓“眼在远处，手在近处，视野要开阔，研究要具体，这是从事历史学任何一个分支学科研究者能够取得成绩的必由之路。”[8]

对于这个问题，吴师的思考可谓由来已久。西方史学经兰克强调“如实记述”原则后，收集考订汇编史料在西欧各国蔚成风气。19世纪下半叶起各类国别史、专门史研究成果的大量涌现，是兰克客观主义史学影响下的产物，也标志着史学在西方成为一门独立学科。专门研究将史学发展引向注重历史的局部和细节，虽取得无可否认的成绩，却易于使史家的眼光偏于窄狭。当时只有少数人为之忧虑，如英年早逝、著有《英国文化史》巨篇的博克尔（Henry Thomas Buckle，1821—1862年）就曾说过：“人类史最不幸的特点是，各部分虽已片断地备采无遗，但却未能将其集合成整体而确定彼此之关联。”及至本世纪中叶，形态学派大师阿诺德·汤因比（Arnold J. Toynbeo，1889—1975年）更进一步指出，绝大部分西方的历史学家都在向研究细节的历史这一方加权，他们明于观木，而暗于观林，因而有必要把森林带回到人们视力的焦点。汤因比的这番议论，是在回顾自己为什么要写作考察人类历史的巨著《历史研究》时所说。[9]正因为如此，吴师高度评价了汤因比为西方史学发展所作的“再定向”。

然而，汤因比所称的“细节的历史”和“整体的历史”，即历史的局部和历史的全局，其两者间的关系在具体的史学研究中毕竟是一个不容易处理好的问题，对于初涉史林的人来说尤其如此。吴师对“眼高手低”所作的新解，为人们寻求两者的平衡提供了宝贵的思路。或者说，它本身就是一种辩证的史学方法论。

吴师十分强调治史者眼界要高远，特别是世界史，应当把研究重心置于关系人类社会发展的全局问题。他有一个颇为形象的说法，世界史要勾画的是“长卷的江山万里图”。在1982年应云南省社会科学院之邀所作的学术报告中，又借滇池西山的石刻旧联改作新联，认为研究世界史要“置身须向极高处，放眼通观大世间”，对广大世界的历史加以通观，进行全局的考察。但是吴师又指出，通观必须以对一个一个关键问题进行具体深入的研究为前提，不但自己要研究，还要熟悉别人专门研究的成果和著述，尽管他们不一定是从较为宽阔的广度来进行考察的。没有这个前提，通观就会流于模糊，就不会是一种比较透彻的、在大小轻重之间能够取舍得当的通观。这实际上就是吴师所说的“手低”。

吴师曾对研究生多次谈及“眼高手低”问题。他认为，研究生作论文，题目不宜过大，但眼界却不能偏窄。他借用兰克的一席话作诠释。兰克说，真正的历史学家必须具备两种品质：其一是必须乐于进入其本身具有意义的具体事物，其二是必须注意事物有普遍意义的一面。吴师认为，兰克所说的第一种品质在今天可以理解为治史者应具有“钉子”精神、能对具体课题进行深入钻研。第二种品质则要求人们不局限于就事论事，而能在比较宽广的背景下审视局部，看到局部与全局的内在联系，以全局在胸的姿态从事专题研究。受先生教诲，从事15、16世纪世界史专业学习的弟子们，多能注意从这一时期世界历史重大转折的全局出发去选择课题，在所确定的专题中又注意辛勤搜集史料，反复推敲学术思路和写作大纲，确定论文的重点和难点，努力在历史研究中作出具有创新意义的成果。赋予新解的“眼高手低”，不仅是一种史学研究方法，也是一种学风建设规范，其包含的学术内涵是丰富而又深刻的，这是一位在世界史学科终身耕耘的著名史家留诸后世的治学格言。

注释：

[1] 陈洪进：《世界历史新理论在我国兴起》，《读书》1992年第2期。

[2] 齐世荣：《我国世界史学科的发展历史及前景》，《历史研究》1994年第1期。

[3] 引自周一良：《毕竟是书生》，北京：十月文艺出版社，1998年版，第185页。

[4]《吴于廑学术论著自选集》，北京：首都师范大学出版社，1995年版，第570—571页。

[5]《吴于廑学术论著自选集》，北京：首都师范大学出版社，1995年版，第570—571页。

[6] 吴于廑：《世界史学科前景杂说》，《内蒙古大学学报》哲社版1985年第4期。

[7] 吴师博士生弟子在论文基础上所出专著有：李平晔《宗教改革与西方近代社会思潮》，今日中国出版社1992年版；刘景华《城市转型与英国的勃兴》，中国纺织出版社1994年版；姚凯《日本封建社会自治城市研究》，成都科技大学出版社1993年版；陈勇《商品经济与荷兰近代化》，武汉大学出版社1990年版。

[8] 吴于廑：《世界历史上的游牧世界与农耕世界》，《云南社会科学》1983年第1期。

[9] M. F. Montagued. , Toynbee and History, Porter Sargent Publisher, Boston, 1956, P. 10.

原载《史学理论研究》2000年第3期

“读书自觉进行”

——许国璋早年英语学习轨迹

顾卫星

许国璋1915年冬出生于浙江海宁，1927年考入美国南长老会（The American Presbyterian Church Mis-sion，South）在嘉兴创办的秀州中学，1930年考入美国监理会（The American Methodist Episcopal Church，South）创办于苏州的东吴大学第一附属中学。良好的英语学习氛围，名师的循循善诱，自觉、自律的学习态度使许国璋在小学期间养成了“读书自觉进行”[9]189的自学习惯，为其一生从教、问学奠定了坚实基础。

一

许国璋就读秀州中学时，英语在该校是仅次于国文的主课。科学课程虽用汉语教材，但数学、理化、世界史地及选修诸课，专门词语却用英语。学校重视英语演讲比赛、背诵比赛、写作投稿等课外活动。学校的运动会、球赛等体育活动，也悉用英语。[9]190秀州中学注重教学的职业性和课程的选修性，学校“教师有办教育的理想，是这一中学的特点”[9]190。英语老师对学生“不逼不催”，以培养学习自觉性，对学习不足“也不甚责”，以激发学生积极向上。心理学老师教导他，学好英语就能更好、更多地看外国书籍。通过英语获取知识是真正的“学问之道”。这些都促使许国璋渐悟“读书自觉进行，总有收获”的道理。

1900年，美国监理会在苏州创办东吴大学，培养“于汉文所得各种学问可由英文达出，于英文所得各种学问可由汉文达出”[4]的“学贯中西”的通才。1930年许国璋入东吴附中时，东吴大学已建立了完整的初、中、高三级教学体系。在这一体系中，“英语是一门必修课程，在整个教学内容中具有至高无上的地位”。[3]93大学部“除了极少数几门课程，其余不但都用英文教本，而且不论是外籍教师或是本国教师，一律都用英文讲解，学生的作业和考试，一律得用英文答卷”。附中课程除中国语文、历史、地理等外，其余都用英语课本[11]108，用英语教学，以便使“学生能在最短的时间内获得应用英语的能力”[5]36，“将英语用作学习其他知识的工具”[7]26。

东吴附中高中部有非常高的英语入学要求：能用英语学习大代数、解析几何、生物、化学、外国地理、升学算学、升学化学和升学物理等必修课程[4]。许国璋从秀州中学初中毕业时没有参加东吴附中高一年级的入学考试。这是因为秀州中学初中和东吴附中初中在课程设置和英语教学程度上均有差距。在课程没置上，秀州中学初中主要开设国文、外国语、历史、地理等文科课程，真正的理科课程只有“算学”，而东吴附中初中除开设上述文科课程外，还开设“几何”、“物理”等对秀州中学来说是高一年级的课程[4]；在英语教学程度上，秀州中学初中虽然开设英语课程，但其他课程使用汉浯教学，只是专门科学词汇用英语，而东吴附中初中不但开设英语课程，而且除了中国学术政治等少数课程外，其余都用英语课本，用英语教学。根据东吴大学对秀州中学等特别约定学校“具有附中初中二、三年级相当程度者可以参加插班考试"的规定[4]，许国璋1930年从秀州中学初中毕业后，以优异成绩通过了东吴附中初三年级的插班考试。

二

良师导引，是许国璋早年开始自学读书、步入英文的关键。东吴附中的吴献书就是这样一位良师。吴献书是最早在东吴附中教书的大学毕业生，是东吴大学"开辟时代之人才"[4]。许国璋考入东吴附中初三年级，"有幸在班上随吴献书先生学英语，一年后升入高中，1932和1933两年内又幸遇吴师，总计在东吴附中四年，三度受教于吴献书师"。身为大学教授，"年近花甲"的吴献书除在大学和夜校授课外，还在中学担任英语语言、写作、文学和翻译多门课程的教学，"每周上课10多节，"但从"无倦容"[10]13。吴献书"教我们中学英文，却跟教大学课程一样认真负责"[11]109。

吴献书的教学具有鲜明的特色。遵循吴献书的方法读书，"毕业后升入大学，看英语原著绝少困难，此可谓教学者之上策矣"。在语言教学上，吴献书"朗读课文，发音却那么准确，诠释词义，讲解又那么清晰"[11]109。吴献书还著有《英文文法作文合编》、《英语正误详解》、《英语正误练习册》等教科书；他教写作时，不求用词准确，但求"行文之确切与遒劲"[4]，学生的作文"改的不多而批语极详，学子尤为得益"；吴献书教翻译颇有良法，既注重翻译理论的阐释，又注重翻译实践的应用，更注重启发式教学。他的翻译教学"对我的影响是巨大的、明显的，而且也是'立竿见影'的。不到一年，我的翻译习作就在杂志上发表了"。[11]109吴献书教文学时，使用商务印书馆出版的自编《英美文学入门》为参考教材，参照大学教学模式，开设专栏，进行专题教学，如"选读名家散文作缜密之研究"，"择小说一种诵读并讨论"，研究名著"修辞学中各种比喻法之应用"，探讨诗歌"词藻及韵律之读法"[4]，等等，"从不细析文化，亦不多讲时代背景。讲文章，懂其能懂者，会之于心，略其东方学生一时不及懂者，这是学英语最快最可靠的途径"。[10]14

吴献书"用启人的智慧，教育哲学的原理，引导学生生动活泼地学习，学得那样轻松愉快，而又那样成功"[10]512。吴献书独特的教学思想是"多看多读"，"视急于求成为教学之愚妄"。他反对在学生英语基础尚不坚实时僵硬地模仿，急于求成，更反对"今日教一句，明日即希望学生活用"的做法，因为"学生接触语言尚不过一言半语，难怪造出之句形似英文而实为中文也"[10]13。吴献书认为英语学习应在"多看多读"中逐渐掌握，许国璋对此记忆犹新。吴献书在教初三年级英语形容词从句与分词短语两个语法大项时，前后不超过半小时，只用了大约五六个例句，最后还不忘提醒："这类句子你们现在还出不来，不要硬去模仿，日后见多了，自然会做"。[9]192他还特别重视文学作品的朗读，而且是整段文章、整篇文章的朗读，因为"朗读好坏，可知理解之深浅"[10]13。

吴献书"多看多读"、"重朗读"的教学思想对许国璋英语学习甚至人生道路产生了重要影响，以至于50多年后许国璋在一次报告会上语重心长地说："一个人学业的成功，还是离不开老师的指点的。我中学时曾经遇上一位非常好的老师。他姓吴叫献书。我那时才十几岁，他已是五十多岁的人了。他的教育经验在什么地方？今天，我愿意无保留将它传给同志们。"[10]513为了纪念吴献书，许国璋在苏州大学（东吴大学）建校90周年之际特撰写纪念专稿《老东吴回忆——饮水知源　敢忘所自》："就学问论，钱钟书老师指引最多，吴师之教导，亦为关键。余少年受教于吴献书师，壮年问学于钱钟书师，钱师导我，乃入哲学，吴师教我,始识英文,可谓幸矣。”[10]14

三

背书是秀州中学记录平时成绩的重要依据,平时成绩占学期成绩的六分之五[8]13。正是通过背书,许国璋发现了自己英语学习的潜力,而且还初步认识到读书应在“不逼不催”的前提下“自觉进行”的道理,从此养成了一个好习惯——“爱背英语”[10]510。

1931 年,许国璋升入东吴附中高一,时值“九一八”事变,学校被迫提前放假,翌年春季开学又逢日军进攻上海,被迫延期。在家 4 个多月,许国璋阅读了《红楼梦考证》、《尝试集》、《短篇小说》等新文化书籍。这些书籍不但激发了许国璋对文学的兴趣,而且还使许国璋养成了“读书要有耐性,要看下去,直到看出味道”[9]191的习惯。有了读书的耐性,许国璋便开始“自己念书,完全自己念”《莎氏乐府本事》(Tales From Shakespeare)等名著。对于许国璋来说,该书生词多,有时一页多达二三十个,阅读难度非常大。开始时,许国璋借助字典,“每页注的生字密密麻麻”[10]511,不但阅读速度慢,而且读完了几十页后仍感到“似懂非懂”。于是,许国璋不查字典,只看注释,却“能粗知其意”。由于注释在文末,查阅不便,许国璋干脆“舍注而读”。等读到《罗密欧与朱丽叶》、《哈姆雷特》、《奥赛罗》等最后 3 个悲剧时,许国璋“不查书,也不读注”,更“不顾生词而观句子全局”,对于无法读懂之段“亦不停留,读可懂之段”,寻找故事线索,发现描写佳句。全书读完,许国璋再将整本书重读一遍。四个月的读书,许国璋获得了读书的乐趣,掌握了“读书良法”,决定了此后读书的道路[9]191。

高二时,学校开设了一门阅读选修课程,教材采用上海刊行的英文版《中国评论周报》,每周 1 册,大 16 开,32 页,其难度即使对于“今(指 80 年代)之大学生恐也难胜任”。由于开学报到晚,未能选修该课程,许国璋自费订阅该周报,挑战自我,按照吴献书英语学习“多看多读”之读书良法,持之以恒,坚持不懈地自学。随着阅读的不断深入,对于这份“颇感其难”、“难以理解”的读物,许国璋逐渐“能解渐多,兴味亦增”,对于选修该课程的其他同学提出的问题,也能回答解决。经过一个学期的自学,这份具有挑战性的读物对于许国璋来说“困难似已不大”。[10]13—14这次自学给了许国璋成功感,并鼓励着他向“更大的成功进军”[9]512。

高三时,学校开设英美文学课程,由吴献书教学,每星期 3 课时,要求完成 1 篇名著的阅读。对于短篇文学作品,学生只要按照吴献书“重整段朗读”,注重“欣赏文章内容”的阅读方法,3 课时完成 1 篇短篇名著的阅读“亦不甚苦”。但选入英美文学课程最后一篇的是《慨撒大将》本事,作者 Quiller-Couch 把《慨撒大将》历史剧写成纪事本末长篇,长 30 页,12 000字,阅读难度较大。许国璋不顾“时在冬季,室内坐着脚冻”,一边“走动取暖”,一边“取长篇朗读,第一遍约五小时,以后稍快,最终亦不少于三小时,三四遍以后,易懂之段即时读时背,这可以说是我的文学入门”。[9]191

四

许国璋养成“读书自觉进行”自学习惯的过程也是其逐渐收获的过程。首先是能在“不逼不催”的前提下自觉读书,并“能解渐多”。随着读书的深入,许国璋读书“兴味亦增”,尝到了自学的乐趣和成功感。“班上同学偶有难句不得解,问我,我也有解通的,问愈多,解通也多”;许国璋“读书自觉进行”,坚持不懈地自学,“最得益的,还是养成了自学英语的习惯”[9]191,这一习惯使其终生受益。

许国璋“读书自觉进行”使其取得了十分优异的学习成绩。1934 年高中毕业之际许国璋参加英语大考,要求“重述愷撒本事”,两小时内交卷。许国璋“奋笔疾书,思路甚快”,而且“答得很详细,句子也比较顺。句法也有变化,只觉得无心造句,句子自成”。[9]192 又由于许国璋英语基础扎实,用英语学习科学也得心应手。高中时期. 许国璋各学科成绩突飞猛进,已列年级前茅。毕业考试不但各学科成绩均在 80 分以上,且总成绩已居年级之冠。

许国璋“读书自觉进行”也为其进入大学深造奠定了坚实的英语基础。许国璋东吴附中毕业后,放弃直升东吴大学,且免缴全年 100 元学费的待遇[4],以优异的成绩转考入上海交通大学,主修管理学。许国璋的英语才华在上海交通大学得到了充分的展示。1936 年 5 月,以许国璋为主辩的上海交通大学辩论队,经过层层淘汰,最终获得华东六大学英语辩论赛冠军。[2]422 1936 年 9 月,许国璋又以优异的成绩转考入清华大学西方语文系二年级。

五

“多看多读”、“朗读而能背诵”是许国璋自觉进行英语学习的座右铭。许国璋这一英语学习思想深刻地体现在他 20 世纪 60 年代主编的 4 册《英语》教科书中。《英语》自出版后曾多次修订、再版,通行全国 30 多年,受惠者不计其数,直接影响了中国几代人的英语学习、教学和研究。

在编写体例上,“语法”和“语音”是《英语》的两大最基本教学内容,分别占 20% -25% 的篇幅,对于“语法”和“语音”学习,《英语》不要求学生在短期内掌握,而是将它们系统地编写在 1 -4 册中,引导学生在 2 年的不断练习、逐步使用中活用,反对“今日教一句,明日即希望学生活用”的做法,体现了许国璋“多看多读”、“不要怕多学,但怕学后就用”[10]513 的教学思想。

“朗读而能背诵”贯穿始终。第 1 册作为基础,朗读要求最为广泛,既有朗读语音、单词、词组、句子、对话和课文的操练,又有快读词组、短语和句子的要求。从第 2 册开始,每册的朗读重点分别集中于音节、单词、词组、句子等某一单项或相关项,循序渐进,由易渐难;英语学习不但要“多念多读,敢念敢读,还要敢于大声朗读,敢于背诵”[10]517。第 1 册重点虽为朗读,但至少有 8 个单元有“熟记单词”、“背诵课文”、“背诵诗歌”等要求,占总单元数的三分之一。第 2 册要背诵的中外诗歌或谚语 6 篇,占总单元数的三分之一强。第 3 和第 4 册则几乎每课都要求背诵课文相关段落或诗歌和谚语。

以“阅读”提高学习兴趣和英语文化素养。在第 1 册的后半部分,当学生的英语有了一定的基础后,除正常的课文外,《英语》及时补充了“九篇外国寓言和故事作为阅读材料”,以“增加学生对英语的感性知识,丰富学习内容,提高学习兴趣”。(许国璋《英语》[第 1 册])第 2 册各单元更有补充阅读,但这些补充阅读没有任何练习要求,以进一步提高学习兴趣,同时培养欣赏能力。在 17 篇补充阅读材料中,只有 1 篇(The Sunand the Wind)为幽默欣赏,其他 16 篇均为外国名著节选、希腊神话故事、外国小说名篇、优美童话故事、发明家传记等文章作品,以期通过神妙的文学故事把读者吸引到英语学习中来。第 2 册到第 4 册共有 52 篇课文,涉及外国名著、小说节选、希腊神话、民间故事、名人佚事、作家传记、世界新闻等就有 40 篇左右,约占总篇数的 80%。这些英语文化阅读材料的筛选体现了许国璋反对“重日常操练,轻文化素质"[9]190的实用主义倾向。

许国璋先生毕生致力于我国的外语教育事业,并"为之作出了无可替代的贡献"[6]61,他的英语教育思想内涵丰富,涉及学习、教学、研究、应用以及人才培养等诸多方面,是其毕生英语教学实践和科学研究的理论结晶,是我国英语教育的宝贵财富。他"多看多读","朗读而能背诵,"努力培养自学习惯的座右铭也是外语学习者,特别是外语基础阶段学习者的座右铭,因为"在年轻的时候养成习惯的学习者,会在以后几十年中让这一习惯发挥越来越大的作用"[10]161。

本文的史料收集得到苏州大学档案馆、嘉兴秀州中学校友会的协助,在此深表谢意。

参考文献

[1] 顾卫星. 晚清传教士关于教会学校英语教学的争论[J]. 解放军外国语学院学报,2002(1):18—22.

[2] 霍有光,顾利民. 南洋公学——交通大学(1896—1949)年谱[M]. 西安:陕四人民出版社,2002.

[3] 李良佑,张日昇,刘犁(编). 中国英语教学史[C]. 上海:上海外语教育出版社,1988.

[4] 苏州大学档案. 长久保存卷[Z]. 苏州.

[5] 王国平. 博习天赐庄——东吴大学[M]. 石家庄:河北教育出版社,2003.

[6] 王克非. 研评国外语言理论,探讨中国语言问题——《许国璋文集》札记之一[J]. 外语教学与研究,1999(4):61—66.

[7] 文乃史. 东吴大学[M]. 珠海:珠海出版社,1999.

[8]《秀州钟》第13期[G). 嘉兴:秀州(嘉兴)中学,1934.

[9] 许国璋. 回忆学生时代[A]. //李良佑等编. 外语教育往事谈——教授们的回忆[C]. 上海:上海外语教育出版社,1988: 188—198.

[10] 许国璋. 许国璋文集2[M]. 北京:商务印书馆,1999.

[11] 朱雯. 思往事,惜流芳[A]. //李良佑等编. 外语教育往事谈——教授们的回忆[C]. 上海:上海外语教育出版社,1988: 106—134.

原载《外语教学与研究》2007年第39卷第4期

我国“民众教育之母”——俞庆棠

乔　梁

“吃野草下去，流鲜血出来，点滴都付与人民，人民群众之保姆；把任务完成，置生命不顾，死生全为了教育，教育工作之典型。”——1949 年 12 月 15 日中央人民政府政务院教育委员会追悼俞庆棠的挽联。

投身革命

俞庆棠(1897—1949)，字凤岐，江苏太仓人。她的童年和少年时代是在黑暗和动荡中度过的。义和团、辛亥革命等反封建反侵略的民族民主革命运动，在俞庆棠幼小的心灵中留下了深刻的影响。她成长于一个进步的家庭，父亲是前清太仓州秀才，文才极好，且通外文，曾留任上海电报学堂监督 30 余年，培养了不少我国早期电报人才。母亲文才亦佳，熟悉中国古典文学，对子女从小注意培养，是慈母，又是一位“启蒙老师”。她大哥俞凤宾，是沪上名医，辛亥革命时，曾组织救护队支援革命。二哥俞颂华，是我国现代名记者，1920 年，与瞿秋白等最早赴苏联采访，介绍十月革命情况。1936 年，西安事变后，他去陕北延安采访，与毛泽东、朱德、周恩来等中央领导会面，发表过不少倾向革命的文章和报道。

俞庆棠从小聪颖好学，读书奋发，以优异成绩毕业于上海某女校，后又求学于中西女塾、圣玛利亚女校，曾参加全沪学生演讲竞赛，得第 3 名。辛亥革命时，她才 15 岁，便参加了上海女界赞协会，声援革命。五四运动爆发后，全国风雷激荡，俞庆棠勇敢地加入运动行列，她担任圣玛利亚女校学生会主席，在上海学联领导下，团结同学，参加游行演讲，演剧募捐，开办贫民夜校，每晚到夜校教课。这期间，她还被推为上海学联代表，出席全国学生联合会。

1919 年 8 月，22 岁的俞庆棠怀着从研究教育入手，以唤起民众觉醒的愿望，到美国哥伦比亚大学研读，并担任该大学中国学生会会长。留学期间，她在翻译教育论著的同时，还撰写了《毋忘山东问题》一文，传播爱国思想。学成归国后，她立即开始了倡导民众教育的生涯。“九一八”事变后日本军国主义侵华野心毕露，俞庆棠积极参加了文化界抗日救国会。1935 年“一二九”运动中，上海学生赴南京请愿团被阻在无锡，她率部分学生携带食品去火车站和医院慰问，并写了一封给请愿团的公开信，发表在邹韬奋主编的《大众生活》第九期上，热情洋溢地赞扬学生的爱国精神，谴责宪兵强押学生回沪的反动勾当，在当时产生了强烈的社会反响。

她主持编辑了《民众抗日救国读本》，作为各地民校进行抗战教育的教材。她指导教育学院师生摄制了电影《五十六年痛史》到各地巡回放映。她还为《申报》主编《农村生活纵谈》，报道农村政治腐败、人民的困苦情况，以唤起国人重视。

1936 年 10 月，杰出的革命文学家鲁迅先生逝世，虽然当局严禁举行追悼会，俞庆棠仍针锋相对地写了挽联：“不做空头文学家，死者是用了铁笔铁肩挑起民族的担子；要作真心革命者，活人应拿出赤心赤血赶走压迫中华的敌人。”

矢志教育

民族的重危，人民的疾苦，使俞庆棠看到了教育的重要。她常说：“教育可给予人们新的生命和新的力量，是最好的东西，最美的东西，应给予最大多数的人民。”从此，她便矢志于民众教育事业。

俞庆棠的民众教育思想与孙中山先生唤起民众的思想是一致的。孙中山先生的遗嘱中有“唤起民众”句，我们办的是“民众教育”，要唤起民众，使他们从愚昧与文盲中解脱出来，重新认识自己，认识中国。她还深刻地指出：“我国百分之八十的民众居于乡村，民众教育事业应趋重于乡村。”

早在美国留学期间，俞庆棠就认为美国著名教育家杜威的“教育即生活，学校即社会”的口号有片面性，应把它颠倒过来，变成“生活即教育，社会即学校”。1927 年，她被聘担任第四中山大学（后改为中央大学）教授兼扩充教育处处长，负责规划江苏全省的社会教育事业，开始了她的民众教育的实践。此后，她历任中央大学区扩充教育处处长、江苏省教育厅社会教育科科长、江苏省立教育学院研究实验部主任等职，直至 1937 年抗战爆发，她坚守在社会教育岗位上整整十年。为了培养民众教育师资，1928 年，俞庆棠在苏州筹建了“江苏大学区民众教育学校”，自兼校长。后迁至无锡，改称“中央大学区区立民众教育院”。1930 年改称“江苏省立教育学院”。这所教育学院的目标是培养江苏各县民众及农事教育的服务人才，它对全省 61 个县都设有公费生保送名额。此外，还招收十多个省籍的学生，在全省、全国影响深远。江苏省立教育学院所办的“实验区”在全国引起了巨大反响。全国经她筹划和指导的民众教育机关有百余处。后来为数不少的学员参加了抗日战争和解放战争。

抗日战争爆发后，俞庆棠偕同教育学院的师生迁校桂林。后又只身到汉口，参加难童保育及妇女救济工作。1938 年 3 月，她应邀参加庐山妇女谈话会。邓颖超同志会见了她。会后，她担任了妇女指导委员会生产事业组组长，到重庆开展妇女生产工作，提出“前线兄弟流血杀敌，后方姐妹流汗做工”的口号。

1938 年下半年，俞庆棠以教育家身份，参加了国民党政府召开的全国教育会议。会议期间，国民党要员陈立夫自任介绍人，派专人请她填表加入国民党，被她断然拒绝。后来她在东吴大学、沪江大学任教，生活十分困难，经常靠变卖无锡老家的东西度日，国民党当局曾派人给她送黄金，她拒不接受。

抗日战争胜利后俞庆棠怀着创办民众教育的满腔热情，出任上海市教育局社会教育处处长。她一面在短期内恢复了上海原有的图书馆、博物馆和民众教育馆等社会教育事业，一面创办了 140 余所民众学校，特别是创办了一所有 1 500 多个学生的实验民众学校（即今上海市静安区业余大学），并亲任校长。在该校师生中，有的是共产党员和革命青年，她利用推广民众教育的机会，积极进行革命活动，使这所学校成为培养革命干部和进行革命活动的重要据点。这所学校上午设幼儿班，下午设妇少班，晚上设成人班，还增设了小先生教授的儿童识字班，学生名额扩大了四倍。该校的课本与教材大都是自己编印的，即结合生活实际和生产实际，又使学生在政治上受到启蒙教育，文字生动，运用了大量的谚语、成语，琅琅上口，好念易记。如《大家读》的课本写道：“读书识字，识字读书，读了书、识了字，不做亮眼瞎子。”“男人、女人、大人、小人，人人都平等。”“不自由，不如死；争自由，不怕死。”深入浅出,意义深长。

实验民众学校的民主气氛和进步活动,引起了国民党当局的惊恐,竟然在上海市参议会上提出撤销实验民众学校的决议,俞庆棠挺身而出,坚决反对,说:“庆棠以身殉职,在所不惜。”她在地下党组织的影响和帮助下,组成数千人的护校队伍,到市参议会请愿。与此同时,她还奔走呼吁上海文化界名人撰写文章,发表谈话,揭露撤校阴谋。经过斗争,实验民众学校终于得以保存。

迎接曙光

从 1947 年起,俞庆棠兼任联合国教科文组织中国委员会委员,1948 年又兼任联合国远东基本教育会议中国代表团顾问委员。随着解放战争的节节胜利,国民党当局对俞庆棠坚守岗位,组织民众学习民主与文化,深感不安,派员尾随监视,然而当局又慑于她的声誉和社会地位,不敢轻举妄动。1948 年夏,联合国教科文组织聘请俞庆棠赴美考察战地难童及成人补习教育,国民党当局乘机施加压力,逼迫她出国。是年 10 月 1 日,她从上海出国,临上飞机时深情地向送行者说:“我什么都舍得,就是舍不得实验民校的学生。”

当解放战争胜利的捷报传到太平洋彼岸的美国时,俞庆棠和进步的中国留学生兴奋不已,共庆胜利。

1949 年 5 月,俞庆棠接到祖国电召:“外婆祝寿,欢迎你回来参加。”(指召开政协会议和举行开国大典)她激动得彻夜不眠,不顾一切艰辛,独自一人回国,被推选为教育界代表,参加中国人民政治协商会议第一届全体会议和开国大典。

政协会议后,周恩来总理接见了俞庆棠,并任命她为中央人民政府教育部社会教育司司长。这位一生矢志民众教育的著名女教育家,没有辜负党和政府的信任和期待,很快主持和草拟了 1950 年全国社会教育规划,准备开展全国规模的社会教育事业,但终因劳累成疾,不幸于 1949 年 12 月 4 日逝世,年仅 52 岁。

英名流芳

俞庆棠逝世后,周恩来总理亲自到教育部向她的遗体告别。12 月 15 日,在教育部礼堂举行追悼会,郭沫若、黄炎培、沈雁冰、邓颖超、胡愈之、茅以升、许广平、雷洁琼等参加了追悼会。政务院文化教育委员会给她送了挽联,给俞庆棠以崇高的荣誉。俞庆棠的逝世,对刚刚开始的新中国文教建设工作是一大损失。《人民日报》、《新中国妇女》、《文汇报》、《解放日报》等报刊杂志,纷纷发表悼念文章。上海、苏州、无锡以及美国哥伦比亚大学等地,分别举行了追悼活动,寄托哀思。

俞庆棠在家里是个贤妻良母,公公唐文治是著名国学大师、交通大学第一任校长,丈夫唐庆诒是知名学者,先后双目失明,家里又有五个孩子要照料,她作为长媳、妻子和母亲,生活上和精神上的负担很重,但她从无怨言,而是对公公、丈夫更加体贴、爱护,对子女慈爱加教育。五个子女从小受母亲“一切为人民”的强烈熏陶,在党的培养教育下,他们在解放前都参加了中国共产党。

俞庆棠是中国现代史上民众教育的创始人,是一位杰出的民众教育理论家和实践家。在业余教育蓬勃发展的今天,我们纪念这位著名的女教育家,总结并发展她的教育思想和实践,具有重大的现实意义。去年,全国政协主席邓颖超同志亲笔题辞:“纪念人民教育家俞庆棠先生。”上海在原实验民众学校(今静安区业余工业大学)草坪上树立了俞庆棠塑像。无锡在茹经堂唐文治先生纪念馆内,专门辟出一室,作为俞庆棠事迹陈列室和纪念室。苏州于今年5月召开了“成年教育讨论会”,结合今天形势,研究俞庆棠的教育思想。江苏太仓故里也正在筹建俞庆棠纪念室。

俞庆棠先生拥护中国共产党,热爱祖国,对社会教育事业鞠躬尽瘁,对劳动人民无限热爱。她崇高的献身精神,将永远留在人民心中。

(此文承俞庆棠先生的长女唐孝纯教授提供资料,特此志谢!)

原载《教育评论》1986年第5期

一生不忘三件事：祖国、母校、青年

——记东吴大学首任华人校长杨永清博士

汪为郁

杨永清字惠庆，原籍浙江镇海，1891 年 6 月生于江苏无锡。

杨永清之父杨维翰，曾在苏州博习医院习西医，并短期留院工作，旋回无锡行医。后因笃信基督教，乃弃医而为传教士。杨维翰奔走布道，永清之母主持家政，教养子女。杨永清有弟妹五人，其妹锡珍长期从事教育工作，曾任上海中西女校校长，并自办锡珍女子中学。

杨永清于 1902 年由锡到苏，入东吴求学，为 1909 年东吴大学第三届毕业生，获文学士学位。毕业后曾任清心中学、东吴附中教师。后考入清华大学深造。1914 年由清华大学选送美国威斯康星大学和华盛顿大学任研究员，1918 年获法学学士学位，1919 年又获文学硕士学位。

杨永清留美期间，曾主编《中国学生月刊》，并于 1917 年任中国学生会会长。1919—1922 年，在英国任中国驻英公使馆随员秘书，同时担任国际联盟第一届大会中国代表团秘书、华盛顿太平洋裁军会议中国代表团秘书。1922—1927 年，在北京外交部任秘书和条约司等职，起草取消不平等条约的照会，深得当时外交部长顾维钧的信任，是顾的得力助手。1922 年，东吴大学第二任校长葛赉恩辞职，校董会推文乃史继任，接着又推杨永清为副校长，后因杨向外交部辞职未准而作罢。1927 年初，文乃史辞职，校董会暂委潘慎明为代理校长。是夏，校董会认为将东吴大学移归华人主持的时机已臻成熟，遂决意推选杨永清为东吴大学校长。杨永清于 1927 年 10 月 28 日莅苏，12 月 3 日举行校长就职典礼。在全国 13 所教会大学中，以岭南、东吴两校最早推选本国人执掌校务，体现了我国当年收回教育主权之第一步。

杨校长就任以后，励精图治，把原有英文校训“UNTO A FULL GROWN MAN”（为社会造就完美人格）改为中文校训“养天地正气，法古今完人”，并正式兼收女生，延聘著名教授充实师资，增添设备，提高教学质量，兴建校舍，扩充场馆，建造了男女生宿舍、体育馆、游泳池等。东吴原有校董会，主要由美国人士组成，后逐步改为以本国人为主，董事长亦改由本国人担任，学校各行政部门的负责人和院长、系主任则由本国教授担任，并于 1929 年 8 月向当时南京国民政府注册立案。1930 年 4 月，杨永清赴美接受美国佛罗里达南方大学授予的荣誉法学博士学位。这一时期，东吴大学取得了较大发展，成为我国东南著名的高等学府之一。

1935 年起，杨校长应美国檀香山夏威夷大学和埃默里、杜克、鲍登等大学之聘，任客座教授，介绍中国文化。他的讲稿后来汇集成册，题为《学道爱人》（英文版），在美国出版。

1937 年“七七事变”，抗日战争开始。杨永清带领东吴大学文理学院及附中师生内迁，分别在浙江湖州和南浔继续上课。不久，战火威胁杭嘉湖一带，东吴被迫解散，部分师生转移到皖南黟县，部分往长沙，杨永清和部分师生则折回上海。其时，东吴大学法学院已从虹口昆山路迁至租界内慕尔堂补课。杨永清等到上海后,文理学院亦借慕尔堂复课。杨电召在长沙的徐景韩教务长和在黟县的附中主任孙蕴璞以及两地师生回上海。于是,东吴文、理、法三院及附中分别在慕尔堂和慈淑大楼复课。

1941 年 2 月,杨永清奉校董会之命,赴美向监理公会述职。是年冬,太平洋战争爆发,杨校长滞留美国。他除了为教会工作之外,还在几所大学讲课,并主持中国新闻处的宣传工作,奔走美国各地,宣传我国抗战的艰苦形势,争取援助。抗战胜利后,杨永清代表中国赴英,参加联合国的筹备事宜,1945 年—1946 年间,先后在旧金山和伦敦联合国国际秘书处任职。在美期间,杨永清与英国前任首相丘吉尔同受巴德温大学荣誉人文学博士学位。

1947 年 2 月,杨永清回国。东吴师生在上海集会欢迎。杨在会上说:“永清身在外洋,心在祖国。永清有三件一直不能忘怀的事:祖国、母校东吴和青年。”当时,东吴的校舍和设备遭到严重破坏,杨校长往来于苏沪宁之间,与有关方面联络重建东吴。5 月间,杨永清曾被蒋介石召见,询问抗战期间在美宣传、讲学的情况以及国际情势和美国国情等。同年 8 月,杨又赴美,出席联合国经济社会委员会会议,并向教会方面报告东吴复校经过,同时洽商东吴大学参加联合大学等问题,年底返国。

1948 年 12 月起,杨永清因身体多病,多次向校董会提出辞职未获允准。1951 年 3 月和 7 月,杨再次申请辞职,校董会仍未同意。1952 年,全国高等学校院系调整,东吴大学文理学院和江南大学数理系、苏南文教学院合并,筹建江苏师范学院。杨永清调往上海,不久告老退休。

1956 年 3 月,杨永清因高血压和心脏病去世,终年 65 岁。

原载《苏大校友》2004 年第 2 期

缅先贤博才　扬东吴法学

——“杨兆龙先生百年诞辰纪念暨学术思想研讨会”综述

庞　凌

今年是我国现代著名法学家杨兆龙先生的百年诞辰。2004 年 11 月 27、28 日，由苏州大学王健法学院和杨兆龙先生家乡江苏省金坛市人民政府联合主办的“杨兆龙先生百年诞辰纪念暨学术思想研讨会”在苏州大学召开。北京大学、南京大学、中南财经政法大学、华东政法学院、西北政法学院、台湾交通大学等20 个单位派员参加了会议，法学界知名学者施觉怀、林国雄、贺卫方、范忠信、王健教授及杨兆龙先生之子杨定亚、婿陆锦碧等亲属、生前好友、学生、东吴校友会代表等60 余人出席了会议。与会代表追思杨先生坎坷又光辉的一生，研讨了杨先生的法学思想。在深切缅怀学贯中西、博古通今的一代法学大师的同时，会议认为我们必须冷静和理性地反思：如何防止杨先生的悲剧重演，使法界英才真正成为国家之珍、社稷之宝；我们必须认真思考和总结如何进一步挖掘和弘扬东吴法学传统，为国家法治建设培养更多优秀法律人才。为全面反映本次会议的内容，现将与会代表的发言及论文所及主要内容等综述如下：

一、杨兆龙先生的为人与治学

杨兆龙，字一飞，是我国现代史上学贯中西的著名法学家，民主法治事业的先驱。1904年杨兆龙出生于江苏金坛县东岗村。1922 年至 1927 年先后毕业于北平燕京大学哲学系和东吴大学法学院。1928 年起，先后受聘为上海法政大学教授、东吴法学院教授和上海持志大学教授。同时兼任上海公共租界临时法院及租界上诉法院推事，专办华洋诉讼。1930年，任上海及江苏高等法院、镇江地方法院的执行律师。1933 年受聘为立法院宪法起草委员会专员，草拟《中华民国宪法草案》初稿。1934 年被美国哈佛大学法学院院长庞德破格录取为博士研究生，攻读英美法。1935 年，获得美国哈佛大学 S. J. D 法学博士学位。同年赴德国柏林大学法学院进行博士后深造，研究大陆法。杨兆龙通晓英、法、德，意、西、俄、波兰、捷克等多国外语，同时对世界两大法系英美法及大陆法均有精深的研究和造诣。

学成归国后，杨兆龙受聘为司法行政部法制专员，提出“司法实为中外立国之本”的思想，致力于改革中国的司法制度；后又受聘国防最高委员会(后改称资源委员会)专员，其起草《军事征用法及其实施细则》、《国家总动员法》等法律，成为政府动员和领导民众抗日的重要法律文献。此后杨兆龙先后受聘为西北联大法商学院院长兼教授，教育部参事，教育部法律教育委员会秘书长、中央大学、浙江大学、东吴法学院、朝阳法学院教授，积极推动法学教育改革。1944 年杨兆龙发表《论宪政之道》，传播宪政思想。1945 年 4 月，杨兆龙出任司法部刑事司司长，处理日本战犯及法制重建等重大事务。他负责成立了“战犯罪证调查室”并兼任主任，草拟的《战争罪犯审判条例》成为我国审判日本战犯的法律依据。由于杨兆龙的卓越才华，他在国内当选为比较法学会会长、刑法学会会长；在国外当选国际比较法学会理事、国际行政法学会理事。1948 年，被设在荷兰的海牙国际法学院评为世界五十位杰出的法学家之一。

解放以后，杨兆龙留在了大陆。出于推动中国民主与法治的善良愿望兼之当时政府的鼓励，1956 年杨兆龙发表了《法律的阶级性和继承性》、《法律界党与非党之间》、《社会主义建设中的立法问题》、《我国重要法典何以迟迟还不颁布?》、《刑事法律科学中无罪推定与有罪推定问题》、《社会主义立法问题》等系列论文，提出了尊重法律人才，重视法律科学，法律可以继承、及时立法、无罪推定等真知灼见。在随后的反右斗争中，杨兆龙因此遭到错误批判，被划为“右派”，限定居住强迫劳动。1963 年 9 月以现行反革命罪被捕。1971 年 6 月，以历史反革命及叛国投敌罪被判处无期徒刑。直至 1975 年 12 月特赦出狱。1979 年 4 月 1 日患脑溢血抢救无效含冤逝世。

与会代表高度评价杨兆龙先生热爱国家，具有纯真的学术良心和高尚的道德人格。“养天地正气、法古今完人”这一东吴精神在杨先生的身上有着充分的体现。杨兆龙先生的亲属回忆了杨先生在抗战胜利前后在惩办汉奸和日本战犯以及 1949 年释放政治犯方面表现出的强烈爱国精神。东吴大学老校友以及曾师从杨先生的学生代表回忆了杨先生在教学和治学方面的严谨务实，认为这在今天仍然可以称得上是学者的楷模。

二、杨兆龙先生学术思想的总体评价

会议代表们认为，杨先生在学术上学贯中西，博古通今，他以比较法研究和英美法研究为特色，谙熟世界两大法系的异同。杨先生的学术思想充满着远见卓识，杨先生当年提出的许多观点、主张和建议，不仅在当时是引领法学潮流的振聋发聩之声，是切中时弊的金玉良言，而且在今天仍具有强烈的时代意义，仍是我们追求的理想和奋斗的目标。

关于杨兆龙先生的法学思想的总体特点，有学者将其归纳为：(1) 法学思想的核心是：人权神圣。保护人民的权利，实现人民的权利，是他法学思想的根基。(2) 强调以法治国，他用法律这个工具为国为民服务。(3) 在先生的法学思想里有一套从立法、司法到法律教育的完整体系，以实现其法治理念。

有学者认为杨兆龙对法治的理解、杨先生以自己的智慧与血肉之躯同人治的抗争精神是我们应当永远记取的。学者们将杨先生的法治思想总结如下：(1) 淡化法的阶级性；(2) 强调法的继承性；(3) 弘扬法治反对人治；(4) 敦促政府积极立法。

有学者就杨先生的学术思想的内容及贡献指出，当年，杨先生借鉴外国法学教育，指出了中国法学教育的弱点及其补救方略；当年，杨先生在比较中外司法制度的基础上，指出“司法实为中外立国之本”，提出了中国司法改革的目标和方法；当年，杨先生提出要实行宪政，宪政不等于宪法，宪法有“死”、“活’之分；当年，杨先生设想以哈佛大学和柏林大学的法学院为楷模，把东吴大学法学院办成东方一流的法学院；当年，杨先生提出法律有继承性，反对割断法律发展的错误做法；当年，杨先生提出要正确看待和处理法律界的党与非党的关系，这些主张和观点今天读起来依然是何等的亲切和富有启迪！

关于杨先生法学思想的学术地位和影响，学者们指出，杨先生是一位熟谙英美、大陆两大法系精华及沿革、源流、博闻广记、学贯中西，在国内外享有极高声誉的全球杰出法学家之一，他的法学思想贯穿着“人民的利益是最高的法律”这一主线，其对于近现代法制史上第二振兴期(20 世纪 30、40 年代)及第三振兴期(20 世纪 80、90 年代)的法学发展进程都留下了不可磨灭的功绩。

有学者认为在1949年以后，特别在1956年至1957年杨兆龙在当时环境已经相当困难的时候，发表了《法律的阶级性和继承性》等一系列旨在推动中国法治建设的文章，可谓是虎口拔牙的勇气和魄力。在《关于社会主义立法的若干问题——致董必武院长的一封信》中，列举了12项问题，阐述了期望民法、刑法、民诉法、刑诉法的及早完成颁布，提出全国检察院及法院因无法律依据及人员法律素质较低，造成一批错捕、错判、错执行问题亟待解决，这些切中时弊的见解，令人佩服，这对于后来中国法律的发展也不无积极影响。

关于杨兆龙法学思想与方法，有学者指出他站在全球法治文明的高度对法治发展作出了重要贡献，其法学思想非常丰富、法学方法非常独特。他从法的内涵、法的性质、法与宪政及法治、法与权利等方面对法进行新的解读，拓宽了人们对法的理解，他的法学思想体现了他对普适性的法律价值的关注。他认为法律应体现对平等、人权、民主与法治、程序正义价值的关注，并提出了他的新见解，他在法学研究与实践中坚持法学的多元方法，通过多视角理解法律。其法学方法包括：全球化视野、语境化立场以及比较研究方法、实证分析方法，价值分析方法等具体研究方法，这些思想和方法体现了一代伟大法学家的广阔视野，对中国今天的法治建设仍然有着重大的理论和现实意义。

关于杨先生的学术特色，有学者指出，作为世界级法学家之一，杨先生在学术上以比较法研究和英美法研究为特色。他通晓英、法、德、意、西、俄、波兰、捷克等八国外语，谙熟世界两大法系的异同。这一学术特色对于他成为世界法学家起到了至关重要的作用，而这一特色正是东吴法学教育的传统和精神所在。

学者们指出杨先生是有国际影响的法学大师，今天我们纪念杨先生对当代中国的法学和法治建设意义重大。我们必须思考如何在当下培养出杨兆龙式的法学大师。从杨先生发展过程来看，法学大师是天赋加责任、良知和勤奋培养出来的，作为东吴后人我们学习景仰杨先生，更要努力、勤奋。同时要改造我们的环境，全社会要重视法律人才，尊重法律制度，提高法律意识；要培养法学大师，最重要的是创立宽松的学术氛围，保障学术自由、思想自由，没有自由是不可能有大师的。

三、杨兆龙先生的民主宪政思想

不论是在内忧外患的上世纪的30、40年代，还是在极左思潮笼罩下的1950年代，杨兆龙先生始终致力于推进中国的民主法治事业，是献身于我国民主和法治的先驱之一。杨先生以对西方两大法系民主法治的精深了解和对中国本土环境的谙熟，提出了有关民主宪政的许多金玉良言。

有学者将杨兆龙的宪政思想进行了梳理，概括为如下数端：(1) 宪政的涵义及与宪法的区别思想；杨先生认为，宪政不是宪法，宪政是实际政治受宪法抽象原则支配的结果，或宪法的抽象原则在实际政治上的具体化，是在实际政治上已经发生作用的宪法；宪法仅是书本上的宪法，前者是活宪法，后者是死宪法。(2) 宪政的重心不是制宪，而是宪法生命素的培养。杨先生指出，重法的风气是宪法生命素，所谓重法就是真心诚意地奉行法律，信仰法律而见之于实际行动的一种风气。(3) 法治与宪政的关系。杨先生认为两者的目的都是为国家和社会建立秩序，而其所赖以建立秩序的方法都是法律。实行宪政首先应该实行法治，宪政是一种改良的，即具有民主精神或较富于民主精神的法治，所以宪政比法治更重要。(4) 实施宪政的条件。杨先生认为宪政与法治一样都要靠大家知法、重法;推行宪政的知法不仅是对于法律的知识,还必须有远大的眼光与高深广博的法律知识,并对政治、经济、社会等学科的理论与实践有深刻研究从而能认识时代的精神及社会的动向;重法要在政府及社会方面特别要有一批领导以身作则,引起一般人的重视与信仰,而在生活行动中造成合乎宪法精神的习惯。

还有学者指出,杨先生的宪政法治思想不仅在当时意义重大,而且对我国目前的法治和宪政建设也不无裨益。杨先生的宪政法治思想是其真诚良知下的通达思维的产物,反映了杨先生作为法学大家的宏大视野、广博学识和权变智慧。

四、杨兆龙先生法学教育思想与中国当代法学教育

法治国家的建设离不开高素质的法律人才,良好的法律教育是培养高素质法律人才,建设法治国家的重要保障。因此,杨兆龙先生对法学教育非常关注。1934 年他在《中国法律教育的弱点及其补救之方略》一文中针对当时中国法学教育的状况,指出法学教育的弱点及其解决建议。强调法学教育要有适当的办学宗旨和计划,要严格管理,提出了法学教授的基本素质要求;在法学课程设置方面,应注重包括理论法学、法律伦理、比较法学以及其他法律补助科目在内的全面设置,并应强化法律技能的训练;要选拔优秀学生学习法学等。这些思想对我国当代法学教育仍极具借鉴和启发意义。

有学者在回忆杨兆龙先生的法学教育思想时,指出杨先生注重法律伦理问题,他认为一个人的人格或道德若是不好,那么他的学问愈高,愈会损害社会,学法律的人若是没有人格和道德,那么他的法律愈精,愈会玩弄法律,作奸犯科。杨先生要求法律学校的师生要有较宽的知识面,除法律之外,对哲学、外语、心理学、伦理学、政治学、社会学、经济学等都要有所了解;法学教育的课程设置应适应社会发展的需求,对法律的理解要深入,要注重理论法学和法律方法的教育。

杨先生认为法律教育的宗旨是以严格的方法培养具有健全人格、富有创造精神,善于适应时代需要的法律人才。有学者就此指出这需要各方的共同努力,作为法学教育者应当对照杨先生当年提出的法学教授的要求,即对教授法学有浓厚兴趣、具有健全人格,对法律理论与实际有相当研究、专任而所任课程不多等,严格要求自己,热爱教育、关心学生,提高素养。该学者进而指出现在我们的法学教师太多关心自己,缺乏对学生的爱心,学生的很多人格、伦理方面的问题实际是教师自身问题的反映和体现,现行的教育评价机制过多地把重心放在教师的科研上,没有真正把学生作为主体对待,这些都亟待改善。

杨兆龙教育思想对当代法学教育有很多的启示和重要的指导意义。有学者将其归纳为:(1) 法学教育应注重法律道德的培养;(2) 法律教育应为学生提供完备的知识结构;(3) 注重学理探讨和方法训练,反对法条解释式教育;(4) 法律实践能力的训练是法学教育的重要内容;(5) 法学教育应注重外语能力的训练;(6) 图书馆的建设是法学教育中不可或缺的环节。

还有学者指出当年杨先生对法学教育的研究,其思想和智慧,在今天看来仍令人仰慕。杨先生的很多见解有独特性,如较早提出"法律非人人所学之物,智力较差的人不宜学法律"等。

此外,还有学者分别作了《从杨兆龙的无罪推定思想论其学术命运》及《刑法中因果关

系定位的思考——拜读杨兆龙先生〈刑法科学中因果关系的几个问题〉有感》的专题学术报告,探讨了杨兆龙先生的刑事法制思想。

五、会议的特点和主要成果

综观本次会议,主要有以下特点:(1) 在会议方式上,将纪念会与研讨会结合,重点探讨了杨先生的法学思想及其在20世纪法学界的影响和地位;(2) 在研讨形式上,将对杨先生著作思想的解读与引申并重。会议对杨先生的法理、刑法、法学教育、宪政民主等思想进行了解读,同时按照学者们的理解就其理论价值和现实意义进行了发挥和引申;(3) 在研讨内容上,主题研究与专题研究结合。既有从宏观整体上研讨了杨先生的思想、学术地位、对当代法治建设的意义等,也有专题深入研究杨先生的宪政、法学教育、无罪推定等思想理论的。

本次会议内容丰富充实,并取得了以下数方面的成果和共识:(1) 解读了尘封的历史,留下了法学英才杨兆龙先生真实而丰满的形象。会议通过杨先生的亲友、学生的回忆和陈述,使我们对杨先生的生平,人品、遭受的挫折等有了更全面、真实的了解和认识;(2) 反思了杨兆龙思想形成的时代背景,探讨了时代、环境对人们法学思想的影响,对培养法学大师的影响,以及法律人应承担的社会责任等;(3) 挖掘研究了杨先生的丰富的学术思想;(4) 会议将进一步推动学界对中国近代法学史,法律先贤思想的专题纵深研究,系统挖掘整理民国时期的法学遗产。人们普遍认为,必须进一步继承和弘扬东吴法学传统,为我国法治建设培养更多高素质法律人才。

与会学者及杨先生家属高度评价本次会议的意义。作为杨兆龙先生母校东吴大学法学院的后身苏州大学王健法学院举办这次会议,缅怀这样一位东吴法学先贤、法界英才的学术和功绩,不仅将激励和鞭策东吴后生继承和弘扬东吴法学精神,更为重要的是挖掘出很多已经或正在被淡忘的史实,这些思想和史料着实是我们向着民主和法治前行道上弥足珍贵的财富。先人的思想和成就是我们学习的楷模,先人的时代悲剧,将唤醒我们正确对待历史,总结教训,防止类似悲剧的重演。

原载《华东政法学院学报》2005 年第 1 期

张梦白与蒋纬国：相隔五岁的师生缘

——访苏州大学资深教授张梦白

凌 君

听说苏州大学资深教授张梦白曾是蒋纬国将军的老师，笔者对他颇感兴趣，便请苏大毕业的友人代为联系采访，张梦白教授欣然允诺。笔者担心高龄的张老出门不便，询问是否需去他家拜访，友人却告之大可不必担心，别看张梦白先生今年91岁，仍担任着东吴大学（苏州大学前身）校友会的会长，就是你不来采访，他每天也会准时到校园里的校友会办公室来，殷殷垂询具体事务，与海内外的众多校友保持着密切联系。

一天上午，在苏州大学的“学知楼”里，张梦白教授高兴地接受了笔者的采访。老人穿着立领的春秋装，个头不高，略显清瘦，但腰板挺直，神气悠然，走路根本不用拐杖。更令人羡佩的是，他的思路十分清晰而敏捷，用江南口音说起东吴大学的百年历史如数家珍，不愧是苏大的“活词典”。他在东吴讲耘上执教半个多世纪，可谓桃李满天下，蒋纬国将军就是他的学生。

有人会问：张梦白怎么会与蒋纬国有师生之缘？

先同窗，后师生

张梦白教授生于1910年，原籍江苏常州。16岁那年，张梦白高中毕业，升入东吴大学的大学部。2年后，东吴大学的大学部和中学部录取了200多名新生，蒋纬国（当时学名蒋建镐）即在其中，就读东吴附中初一年级。

蒋纬国刚进东吴大学附中时，张梦白已经在读大学三年级。一个中学生，一个大学生，开始互不相识。有一个周末，张梦白到电影院看电影，碰到了一个姓梅的同级同学，那个同学带着蒋纬国一起来，把蒋纬国介绍给张梦白。稚气未脱的蒋纬国彬彬有礼，给张梦白留下了很好的印象。介绍张梦白时，梅同学特别说起，张梦白还是校足球队的右边锋呢，蒋纬国一听肃然起敬，对这位高年级的大哥哥十分佩服。

不管怎么说，在东吴大学的校园里，大学部与中学部的学生都算是同窗。1930年，张梦白大学毕业，获文学学士学位，结束了和蒋纬国的两年同窗关系。他时年20岁，虽有满腹知识和本科文凭，到社会上找“饭碗”仍不容易，留校任教也不可能。正巧，东吴附中一位历史教员讲课不得要领，学生意见一大堆，校方只得在一年聘用期满后解聘。一位大学部的历史教授推荐张梦白“补缺”，学校考察后正式聘任他出任东吴附中主任教员。

此时蒋纬国升入初三，历史课教师正是张梦白。张梦白担任初三和高二的历史课程，另加一门高一的试点性选课。“初出茅庐，我站在正规学校的讲台上，难免有些紧张。我教的三个年级的学生，有不少像蒋纬国这样，曾和我同过学，从两年、三年到四年的都有。他们看过我在运动场上奔跑，也看过我参加毕业典礼；年龄来说，初三的多半只比我小五六岁，高二的有些只差一两岁。不过，我有信心，一定要打响第一炮。”

老师眼中的蒋公子

在张梦白教授的印象里，蒋纬国是个调皮而不出格的学生。10 多岁的男孩，正是好动好玩的时候，在教学大楼底层教室上课，休息的铃声响了，蒋纬国会从窗户跳出跳进。但正式上课，蒋纬国还是认真的。张梦白教授回忆说："蒋纬国念高三那年，世界史的课程又是我担任的。后来，蒋纬国升入东吴大学，第一年学理科，主修的是物理，第二年忽然转到文科。估计蒋纬国是想把基础打得扎实些，知识面学得广一些。世界通史是文学院的必修课，而我又正好调入东吴大学任教，所以又一次教他，前后 3 次都是连续两学期的课程。这样，蒋纬国在东吴从初一念到大四的 8 年中，我和他有 6 年的师生关系。蒋纬国一生中，在东吴读书最长，所以把东吴叫做惟一的母校。"

提起蒋纬国的学业，张梦白教授坦言：属于中等，既不拔尖，也不落后。东吴规定的及格分数为 65 分，不及格而满 50 分可补考，50 分以下必须重修。蒋纬国的多数课程在 70 至 80 分之间，过关不成问题。蒋纬国对课外活动的兴趣极为广泛，极有水准，如果打分，当在 90 分以上。无论体操、游泳、拳击和吹军号、演话剧等，他都是积极分子，有时也喜欢骑马、划船。他最喜爱的是体操项目。学生叠罗汉表演，他总是骄傲地站在最顶端，双杠和吊环的动作相当漂亮，是他的"拿手好戏"。

也许是年龄相近的缘故，蒋纬国和老师张梦白结下很深的感情，是球场的队友，亲近的朋友，在一起无话不谈。1936 年秋，蒋纬国结束东吴学业，经上海启程赴德国学习军事。此后两个人天各一方 10 年之久。蒋纬国从德国学军事回国后，成为国民党军队中的少壮军官，不时往返于重庆和西安之间。而张梦白仍守着他的讲台，宁可清贫也不改初衷。

抗战胜利后，国民党政府还都南京。1946 年，蒋纬国回到了南京，任职于徐州的装甲兵部队，常到上海和苏州来。到东吴母校探望校友和师长，是蒋纬国记挂在心头的事情。那时东吴在苏州复校，已迁上海的文理学院高年级继续留沪，法学院也在上海复课。张梦白每星期往返于上海与苏州两地授课。东吴校友会也恢复了活动，集会有时在上海，有时在苏州，蒋纬国接到通知，有空就会赶来参加。有的校友并没有与蒋纬国同时在东吴求学，张梦白便给他们做介绍。校友相聚，畅叙友情，蒋纬国乐在其中。

苏州东吴校址被日军侵占有 4 年多，校园遭到严重的破坏。东吴校友会发起"复校捐款"，兼任校友会总干事的张梦白具体负责。听了张梦白的一番诚恳之言，校友们热烈响应，纷纷慷慨解囊。张梦白把蒋纬国当成劝募的重点。性格豪爽的蒋纬国不甘落后，很给老师面子，募捐了"法币"2 000 多万元。

1948 年夏，张梦白通过考试赴美国留学深造，入纽约哥伦比亚大学研究院历史系。一年后，获文学硕士学位。而此时，蒋纬国早已随父亲蒋介石去了台湾，师生之情阻隔在海峡两岸。

50 年后的弟子礼

1984 年秋，张梦白教授应邀前往美国康奈尔大学讲学。此间，他留意询问蒋纬国在台湾的消息，可惜是间接的，所知十分有限。1990 年 11 月，在台湾的东吴老校友俞国尧回苏州家乡探望，与张梦白相会在苏州大学。俞国尧是蒋纬国的至交，也是张梦白的好友。张梦白跟俞家的两代人都熟悉，重新相逢自然十分亲切。交谈中，俞国尧讲述了蒋纬国的近况。张梦白教授托他给蒋纬国带去苏州特产香木片的小挂历,还带去了老友的问候。

俞国尧返回台湾后,把母校和校友的情况转告蒋纬国。听说张梦白教授身体健朗,仍主持苏州大学的校友会,蒋纬国非常欣慰。他很快就给张梦白来信致谢,语气十分恭敬,像过去那样执弟子礼。他还附寄了一份《概历》,向老师详述了个人走过的足迹:自母校读物理学系,再加修政治、经济、历史、社会等课程后,于1936年奉父命赴德学军事,先入伍,再进军官学校;后又受美军有关战斗、战术、战略和技术教育等多方面的训练。1940年回国后长期在军队中服役;抵台之后负责三军战略教育等各种训练。公余之暇,整理经验,从事著述,或应邀至大专院校讲学,担任硕士、博士、博士论文指导。他以三星上将军衔于64岁时退役,70岁时除役,转任文职。

知道老师记挂,蒋纬国也坦陈了家庭的变迁:“先室石静宜于1953年4月因心脏病在台北逝世,此予我在心情与生活上莫大创伤与无比冲击!”;“经过一段不短的岁月,于1957年与广东梅县而母为德籍之丘如雪小姐结婚”,1962年得子,取名孝刚。“孝刚在台读完小学即赴美就学,中学毕业后又转往英国,1985年毕业于剑桥大学法律系。嗣后复在美国获法学硕士学位,并取得在纽约市执行律师事务的资格。”

对于自己的后代,蒋纬国提到,1987年,儿子孝刚与原籍北京后久居美国的商业管理硕士王倚惠结婚。“刚儿自上学以至负笈国外,皆能自励奋勉,未曾增添祖父母和为父母者额外之操心。倚惠端庄淑慧,知书达理,深具中国妇女传统美德,与刚儿诚为天成佳偶。”蒋纬国对儿子婚事充满喜悦,满意程度由此可知。1992年孝刚喜获一女,蒋纬国当了祖父,他又记述道:“纬国大半年华驰骋疆场,及七十七之龄伊始为人之祖,亦可慰耳!”

张梦白教授在给蒋纬国复信时,寄去了自己在校园里的留影。蒋纬国看到魂牵梦萦的母校,看到他难以忘怀的老师后,给张梦白回信称:“得睹老师奕奕神采,精神矍铄,快慰奚如。亘数十年,吾师热忱于传道,授业,解惑,诲人不倦。恒诚不渝之精神,令人感佩服!”

同时,蒋纬国寄来本人照片两张,一张是他的西服便装照,上面亲笔题写上下款:“梦白吾师赐存”,“受业蒋建镐敬赠”;另一张是他的军中戎装照,穿着三星空军上将装,是其除役时驾机重返蓝天的纪念照。1986年蒋纬国70岁卸离军职前,曾驾驶螺旋翼直升机,在极不正常的梅雨季节气候,顺利完成紧急迫降,足见“身心平衡,健康如壮年”。工作虽繁忙,“每晚睡眠只四五小时,体力仍然支持”。

1991年3月,苏州大学举行东吴大学建校90周年纪念活动。奈何两岸一苇难航,咫尺天涯,蒋纬国在台湾无法亲自回来参加,但非常重视母校的生日,连续发来贺电表示心意。一次是他与其他在台校友共同署名的,热情地向母校致敬。另一次他用学名“蒋建镐”的个人名义,连当年他在东吴求学时的学号也注明,向母校生日表示祝贺,一颗赤子之心诚恳感人。

未完成的心愿

1993年3月,张梦白教授应台北东吴大学校长章孝慈的邀请,前往台湾参加庆典活动和综合大楼落成典礼。终于踏上宝岛,与许多在台的校友重逢,蒋纬国自然列在他最想见的人之列。张梦白抵台后,台北东吴大学校友会陆润康会长设宴,为张教授接风洗尘,蒋纬国应邀作陪。张梦白步入宴会厅,与许多来宾一一握手。这时,蒋纬国赶到了,一见面就大步向前,喊着老师的尊称,与张梦白热情拥抱。老师与学生的手紧紧相握,阔别45年的百感交集尽在其中!

两天之后,蒋纬国又与几位老校友一起,专门宴请张梦白。他们畅谈了在学校的风趣往事,交流了彼此分离后的思念之情。蒋纬国把他写的著作、文章和笔记本、台钟、特制领带等纪念品,赠张梦白留念。和张梦白相聚,他口口声声"老师",说起往事眉飞色舞,依稀可见当年的调皮模样,仿佛返老还童 ,无拘无束,十分开心。

张梦白希望蒋纬国能返回故土,返回母校,蒋纬国点点头说:"一定的,一定的。"张梦白返回苏州后,他与蒋纬国音讯不断,彼此牵挂。有关蒋纬国的消息,他格外地关注。他在报上看到,1995 年 8 月 15 日,在纪念抗战胜利 50 周年之际,蒋纬国将军在接待来访的祖国大陆记者时,表达了对于故乡的思念之情,坚定地表示自己是中国人,晚年的最大心愿是能够在方便的时候返回大陆看看。

张梦白期盼着能在苏州母校接待蒋纬国。1996 年,蒋纬国委托赴大陆旅游观光的夫人丘如雪携儿子蒋孝刚,特意绕道苏州探望母校。张梦白陪同蒋纬国夫人参观了校园。蒋纬国夫人转告张梦白,蒋纬国一心想回大陆,看看老房子,看看念过书的地方。

张梦白觉得,蒋纬国虽然年事已高,但身体不错,应该是能够等到回母校这一天的。不料,蒋纬国夫人走后不久,张梦白接到台湾的俞国尧校友来信,告之蒋纬国上厕所时突然昏倒,急送荣军总医院抢救,开始是当高血压治的,经体检发现患有血管瘤。海峡阻隔,无法探望,张梦白教授和大陆校友只能写信问候,祈盼蒋纬国凭借自己抵抗力,也凭借现代医疗技术,早日战胜病魔。

1997 年,蒋纬国将军病逝于台北,安葬于台北郊区的公墓。他生前曾为父亲蒋介石和长兄蒋经国归葬故里做过力所能及的努力,可惜未能成功。临终前,他嘱托儿子,将来时机成熟时,把他的墓地迁往浙江奉化老家。他的最大的遗憾,是老死在台湾,没有能够实现返乡的愿望,也没有实践与老师张梦白的约定,再走进校园、看一眼母校!

2000 年 3 月,东吴大学百年校庆。在舒缓的音乐声里,站在队列最前面的张梦白教授想起了蒋纬国。记得蒋纬国对他说过,他在东吴大学念了 8 年书,东吴是他惟一的真正母校,张梦白是他永远的老师。蒋纬国理应站在这个行列中的,却先走了一步。值得告慰的是,正如"薪火相传"的意境所揭示的,两岸的同胞情同手足,像海峡之浪无法分割那样,"此情绵绵无绝期"!

原载《两岸关系》2003 年第 9 期

春蚕到死丝方尽

——忆蚕丝专家郑辟疆先生

黄孟弟

郑辟疆先生是我国著名的蚕丝专家，前中国蚕学会名誉理事长，苏州蚕桑专科学校校长兼苏州丝绸工学院院长。他要是还健在的话，已经有一百岁了。

动乱昏暗的“文化大革命”期间，这位被日本蚕业专家誉为“蚕业界的圣人”，在林彪、江青反革命集团反动路线的迫害下，于 1969 年 11 月 27 日含冤而死，终年 89 岁。整理他手稿时，发现了他在临终前写下的一首光照后人的遗诗：

生存到止境，好比灯油尽；油尽灯自灭，永别无需惜。遗体付火化，灰烬一扫光；寿丧是喜事，大家都欢欣。一生无贡献，未尽人民责；徒餐三百石，无以报农人。

让我们循着这首诗所展示的思想，去追溯往事吧。

惊动蚕学界的婚典

1950 年 3 月 12 日，座落在大运河两岸的苏南蚕丝专科学校内喜气洋洋。在西陵堂举行的三十九周年校庆晚会上，师生欢聚一堂，共庆蚕专喜获新生。

晚会进行到高潮时，突然，七十岁的郑辟疆老校长兴奋地向大家致词，他说：现在，冬尽春来，辟疆受解放之鼓舞，借今天校庆晚会，向诸位宣布，与费达生女士结婚，大家都是证婚人。顿时，使师生惊喜得无法形容，大家发言热烈祝贺。费达生先生的父母也到会赋诗添兴。到会同志每人发到一袋印有大红“囍”字的喜糖。这个一不备酒，二不铺张的结婚典礼，进行得是何等的简朴，又是如此的热闹。

带着喜讯的鸿雁传向祖国的四面八方，蚕业界、教育界的同人，听到郑、费二先生结为良侣的惊喜消息，纷纷来信、来电道贺：

“两先生平生为事业而奋斗，今仍为事业而结合，其意义乃与寻常之好合不同。”

“你俩的喜事，是蚕业界的喜事，你们的爱情是经过千锤百炼而成的，这纯洁的童贞的结合，更值得人们珍视和尊敬！”

黄炎培先生在北京得闻喜讯，也欣然挥毫作诗奉贺：

真是白头偕老，同宫茧是同心。

早三十年结合，今朝已近金婚。

为什么郑辟疆与费达生两位先生“良缘始缔’就赢得人们如此热烈的赞扬呢？为什么他俩要到老年才结婚呢？

杭州蚕学馆寡欲苦读

郑辟疆先生，江苏吴江县盛泽人，1880 年农历 11 月 28 日出生于一个清贫的儒医家庭。全家有 9 口人，生活艰难，还得靠母亲织绸贴补。

吴江盛泽地处杭嘉湖平原，蚕桑丝织事业十分发达，有“日出万丈绸”的夸张说法。郑辟疆先生自幼就爱上了蚕丝事业。

1898 年，郑辟疆先生离开了慈祥的父母和亲爱的弟妹，只身去杭州西湖蚕学馆应考。录取以后，按当时规定，先试学一个月，成绩优良者，可减免学膳费。在这一个月中，那些家底子厚些人家的子弟，常常忙里偷闲，进杭城逛大街，去西湖观景致。而郑辟疆先生独自在宿舍发愤苦读。开饭时，别人陆续去吃饭了，他却从枕头里倒出母亲给他的炒米，用开水泡上，就着萝卜干、咸菜津津有味地吃起来。同学们笑他“寒酸”，他总是用“我家吃食者多，生产者寡”，自己必须克勤克俭的话解释。听了这话，同学们都对他油然起敬起来。后来，郑先生果然以第一名的优异成绩，取得了全免学膳费的待遇。

郑先生求学的年代，正是清朝戊戌变法时期。改良运动的先驱者们怀着“以西方之学术，灌输于中国，使中国日趋于文明富强之境”的抱负，介绍了欧美日本资本主义的民主思想和先进的科学技术。从乡镇来到杭城的年轻的郑辟疆先生，受到这时代思潮的影响，眼界拓阔了，胸怀宽广了。他常常手不释卷，似饥如渴地学习新知识，并能举一反三，直到学懂弄通为止。学馆聘有日本教员，他又倍加努力地学习日文，这对他日后从事蚕桑事业，是一个很大的帮助。

1902 年，郑先生毕业，被学馆择优留校任教。不久，去日本考察。其时，日本的蚕丝事业十分发达，控制了国际市场。郑先生看到这一切，脑际常常萦绕着一个问题：我们中国养蚕丝织的历史最早，又地大物博，到处可以栽桑养蚕，只要我们也运用科学的方法，何愁不在世界市场上战胜日本。也就在此时，他立下了让我国蚕丝事业赶超日本，为国争光的宏誓大愿。

日本归来，郑辟疆先生受聘先后在山东青州蚕桑学堂、山东省立农业专科学校执教了 13 年。这期间，他以丰富的教学实践和扎实渊博的专业知识，参考了日本的有关理论，呕心沥血地花了五六年时间，编写了《桑树栽培》、《土壤肥料学》、《蚕体解剖》、《蚕体生理》、《蚕体病理》、《养蚕制丝法》等八种我国第一套蚕校专用教材。后经大学院审定，1916 年起，由商务印书馆陆续出了 10 版，奠定了我国蚕丝教学的理论基础。为了事业上的成功，为了实现自己的宏愿，郑先生成了一个禁欲主义者，过着清教徒般的生活，三十七八岁的人了，还无心结婚成家。

女子蚕业学校的惨淡经营

今日苏州蚕桑专科学校的前身，是 1911 年由进步办报人史量才先生创办的上海私立女子蚕业学校。民国元年改为江苏省立女子蚕业学校，并自沪迁至浒墅关镇。当时办校的目的是争取女权，给女子以职业教育。“女蚕”校歌的一些歌词，很好地表达了这一宗旨：“宁沪苏常，淮海徐扬，高圩壤地辟蚕桑。女红无害，农事无伤，实业教育此提倡。意法日本，继起竞争，挽回利权谁之任？勤朴则能，诚谨则成，英才会起成绩彰。阳山之阳，我校恢张，声名日蒸布四方。”

1918 年，郑辟疆先生应邀自鲁来浒，任“女蚕”校长，直至 1969 年逝世，长达半个世纪。他对蚕校的发展壮大，“诚谨勤朴”良好校风的形成，作出了不可磨灭的巨大贡献。到任的次年，爆发了伟大的五四运动。郑校长立即响应。他带领同学上街游行，亲自向群众揭露帝国主义对我国的掠夺罪状，振臂高呼口号。为了抵制日货，“女蚕”同学毅然拿下了发髻上的日制发夹，削了竹簪来替代。更为主要的是，学生的这股爱国热忱化作了勃兴我国蚕丝事业的强烈愿望，进而发愤苦读。有的同学把终身献给蚕桑事业，立誓不嫁。她们此举，不能不说是受了郑校长的影响。当初费达生先生，就是这样做的。

郑辟疆校长把自己的心血和力量全部倾注到了“女蚕”的发展上，每向前一步，都要用钱，而当时政府财政枯竭，下拨的经费微乎其微。向人捐助吧，有资力者往往不同情，同情者常常无资力。因此，要取得大宗资金，就只得向银行借贷，但必须有产权抵押。郑校长家境贫寒，哪来产业可抵呢？又无家无室，能否得到信用呢？他把自己的薪水积聚起来，向友人借了些钱，凑合着买上了学校旁边林姓家的四亩薄地，在上面盖了五六间房屋，作为不动产向银行作产权抵押，就这样取得了贷款，以后用学校蚕茧收益偿还。如此典进赎出，赎出典进，学校面貌也一年年改观。

在办学上，郑辟疆先生深知，要使“女蚕”同学日后能独立工作，必须改革教育，使理论与实际结合。他们把生产实习活动安排在教学计划之中，办起了缫丝车间，让师生定期参加实习。还把吴江震泽、吴县光福和学校附近的旺米山等处农村，作为科学栽桑、养蚕、育种的基地。

1923年秋，“女蚕”专门成立了推广部，遴选了本校优秀毕业生胡脉絮、费达生等4人在推广部工作，胡、费两位先生先后担任该部主任。设部的11年中，她们的足迹遍及苏南各地。在吴江、江阴，她们帮助蚕农培植桑秧，举办稚蚕共育技术训练班，帮助当地成立制丝合作社、蚕业合作社，抵制奸商盘剥。在无锡，她们指导永泰、民丰丝厂更新机械设备。在吴县，她们利用农闲时节，办起了农村妇女工读班。对于蚕校毕业同学经营的蚕种场，推广部更是给予经常的指导与悉心的帮助。如1927年春，推广部向蚕农推荐使用虎醪、葑溪、丹徒、友声等种场的蚕种就达44 000多张，促进了“土种革命”的迅速展开。

郑校长领导“女蚕”师生把教育与生产实践结合起来的创举，引起了日本人的关注。当时报纸上披露过这样一条消息，说中国有一批穿学生装的女子在农村指导蚕农，促进蚕丝业改良，势将为日本之劲敌。但是，日本侵华者，把女子蚕校和震泽、无锡玉祁等制丝所的校舍、实习工厂焚炸殆尽；把干茧机、缫丝机、柴油机、锅炉等设备掠劫一空；桑园被大肆砍伐。郑辟疆先生20年来历尽艰辛、惨淡经营的嘉业，就这样毁于兵燹之中。

事业的复兴及西陵堂纪事

1946年，蚕校自四川迁回浒墅关，面对的是劫后的一片破败景象。如第一次结茧不成又毫不气馁地继续昂首吐丝的春蚕一样，郑校长领导了师生百折不挠地重振旧业。他们制订了复兴计划。当时国民党反动政府正忙于打反共内战，哪里顾得上蚕桑教育的复兴呢？因此，计划的实现，全靠自力更生。他们首先抓住了自制丝实习工厂的恢复和扩大，添置了立缫车104台，开辟财源，以厂养校，其间费达生先生发挥了重要作用。抗战胜利后，她负责帮助组建苏州第一丝厂，使工厂早日恢复和扩大生产。由于工厂的大力支援，因而蚕校的复兴进程是快速而经济的。费达生先生早就成了郑辟疆先生事业上的战友和助手了。

1947年，郑校长任职将届30周年，为了表彰校长业绩，女子蚕校和它分设的蚕丝专业学校两校的校友会筹集巨资，建成礼堂一座。落成典礼上，众人一致提议将该礼堂以校长的字命名为“紫卿堂”。郑辟疆先生却坚决不允，他说服了大家，更名“西陵堂”。传说西陵女是我中华民族的祖先轩辕黄帝的妃子，教民育蚕的始祖。郑校长在亲自撰写的《西陵堂志》中这样写道:“命名紫卿堂,予以不敢当此,爰题为西陵堂。……实为4 000年前蚕政创举值得吾人纪念,愿吾蚕业同志咸能继西陵遗教而光大之。”他关心的不是个人名誉得失,而时刻想着祖国的蚕丝事业。

蚕桑丝绸事业的新生

绚丽多彩的丝绸,是我国悠久文明的标志,民族智慧的象征,“丝绸之路”就是古代连通亚欧的友谊之路。然而在近代,由于历届政府的腐败,蚕桑丝绸事业也落伍了。但是,我们勤劳、智慧、勇敢的中华民族,是仁人志士辈出的民族,因而是大有希望的民族。为了振兴蚕桑丝绸事业,郑辟疆先生在解放前苦斗了一生,而他那在国际蚕丝市场上战胜日本的宏愿始终不得实现。

1949年,共产党领导中国人民推翻了三座大山。从此,人民当家作主,生产力得到解放。在党和人民政府的领导下,蚕丝事业发展十分迅速,已是桃李满天下的蚕校毕业生,日益发挥着作用。

在数十年共同奋斗中,郑辟疆与费达生先生彼此建立了真挚、健康的爱情,他们感奋于新生活的到来,又为了报谢亲友、学生们的好意——他们常常敦促郑、费两先生结合,说:“人道是有情人终成眷属,你们为什么老成不了眷属呢?”所以,在解放后的第一个春天,他们便举行了结婚典礼。这一对白发苍苍的老人,一位是蚕桑权威,一位是制丝专家,他们的结合是为事业的结合。结婚当晚,郑校长对费先生说:“你还可以像以前一样,完全不必以家为念。家庭只是你的第二办公室罢了。”好一对一心以事业为先的夫妻啊!

从此,郑、费两先生更是倍加努力地工作,1960年,他们在研究、改进外国引进的缫丝机的基础上,与工程技术人员、工人一起试制成了D101型定纤自动缫丝机,在全国推广。晚年了,郑辟疆先生仍致力于学术研究,校释出版了《蚕桑辑要》、《豳风广义》、《广蚕桑说辑补》、《野蚕录》等书。国家和人民为了表彰郑先生的贡献,先后选他为第一届全国人民代表、全国政协第一届特邀代表、全国政协三届、四届委员、江苏省蚕学会理事长、中国蚕学会名誉理事长。

随着蚕桑事业的发展,苏南蚕丝专科学校在1958年分为苏州蚕桑专科学校和苏州丝绸专科学校。1960年,丝专改建为苏州丝绸工学院,面向全国招生,专业扩大到七个。郑辟疆先生兼任两校校长。喜看蚕丝事业的日益兴旺发达,对比新旧社会的两种遭遇,郑辟疆先生感慨万千地说:“共产党真是有办法。”表示了对党的信赖和要在党的领导下贡献余年所有的力量。

可以告慰郑辟疆先生在天之灵的是,我国目前蚕茧总产量已超过了日本,国际蚕丝绸市场上,我们已鳌头独占了,郑先生一生梦寐以求的愿望实现了!

“春蚕到死丝方尽。”我们纪念郑辟疆先生,就是要将我们民族的这种可贵精神发扬光大,去创造锦绣灿烂、无限美好的明天。

(本文写作过程中,承费达生同志提供很多珍贵资料)

原载《群众》1981年第3期

章太炎在东吴大学

吴 竞

辛亥革命准备时期,我国资产阶级民主革命宣传家、著名学者章太炎,曾在苏州东吴大学任教"将一载"。这一年,正处在1900年张园"国会"与1903年"苏报案"之间。因此,研究章太炎在东吴大学的活动,有助于了解他民主思想的发展与初期革命的实践。

一、怎样会到东吴任教的

1890年,23岁,年轻而有抱负的章太炎,慕经学大师俞樾之名,到杭州诂经精舍学习,从事国学之研究,文名由是渐显。1895年,日本强迫清政府订立《马关条约》,这是个"空前未有的亡国条约! 它使全中国为之震动"[1]。面对严重的民族危机,使每个有爱国心的中国人都感到耻辱,在思索中国向何处去,出路在哪里? 广大劳动人民是坚决反对帝国主义侵略、反对投降派的卖国勾当的,但正处在积聚力量,酝酿新的革命高潮过程中。在民族资本主义初步发展基础上壮大起来的中国民族资产阶级,形成了一种独立的阶级力量。它的中下层以孙中山为代表的革命民主派初步形成,创立兴中会,提出"振兴中华"的口号,但它与国内的联系还不广;它的上层以康有为为代表的改良派,发动著名的"公车上书",提出改良政治的要求。标志着民族资产阶级的两股新的力量登上政治舞台。由于维新思想在国内已有一定基础,联系面又较广,随着民族危机的日益深重,救亡图存,维新变法的政治运动逐渐高涨。1896年,年轻的章太炎再也不能安于平静的书斋生活了,他参加强学会,接受《时务报》的聘请,离开了诂经精舍。顽固派发动政变后,章太炎避祸东渡,在横滨结识我国伟大的革命先行者孙中山,"相与谈论排满方略,极为相得"[2],深受鼓舞。不久,他返回上海。

戊戌变法的失败,使章太炎从维新旧梦中觉醒过来。1900年7月,资产阶级登上政治舞台的初期活动家唐才常,邀请旅沪名流在上海张园召开"国会",章太炎也是应邀参加"国会"者之一。但他不满唐才常的"首鼠两端,自失名义"[3],气愤之余,"割辫与绝"[4]。从此,他走上了推翻清王朝的民主革命征途。不久,自立军事泄失败,遭湖广总督张之洞的血腥镇压。张还向清廷奏明:"除湖南、湖北两省随时密查严拿外,此外沿江沿海各省皆有分会,其往来于上海者尤多,应由各省自行查拿,务获惩办"。[5]尽管章太炎已"宣言脱社",仍在清政府的通缉之列。他只得由沪避居浙江家乡。1901年春,章太炎重返上海,适值美国基督教监理公会在苏州设立的东吴大学正式开学,校长美国传教士孙乐文打着"尊重中国文字,必尊重中国教习"的旗号,"厚币延聘海内名宿"[6]教授国学。章太炎遂应东吴大学之聘,约于同年5月来苏。

二、在东吴的日子里

有人说:章太炎在东吴大学,因"时期短促,无甚特殊之表示"[7]。其实并非如此。

章太炎到东吴任教的目的,不是为了"厚币",而是想借东吴系外国人办的教会学校,藉以避开清政府的迫害,从事反清革命,所以他在东吴。据与他同时担任国学教习的徐允修说:太炎"发(指辫子—引者)则早经剪去,尚留半尺许,披于两肩,甚特别焉"。又说:"观其平时举动,出门行路,无论雨淋日炙,行所无事,不肯张缴(伞),不知何意?"我们知道,自清兵入关建立清王朝后,颁布剃发令,规定凡清军所到之处,限10日之内,尽行剃发,违抗者处死。实行"留头不留发,留发不留头"的政策。当年,大江以南如苏州、江阴、松江等地人民,都展开激烈的反剃发斗争,遭到清兵残酷镇压。章太炎倾向革命后,在张园"国会"愤然剪去辫子,这是一个很有胆略的举动,当时有人就对他说;"君以一儒生,欲覆满州300年帝业,云何不量力至此,得非明室遗老魂魄冯身耶。"[8]章只好付之一笑。到东吴后,依然只"留半尺许"的头发,"披于两肩",要知在当时是极危险的事。而他却不管烈日炎炎,还是细雨绵绵,连一把遮盖的伞都不用,"出门行路","行所无事"处之泰然,安之若素。在那些做惯清朝"顺民"的人眼里,则感到"甚特别焉"。而走上革命道路的章太炎,为了振兴中华,不畏强暴,敢于藐视那反动卖国的清政府,不愿"剃发垂辫"再做它的"顺民"了,以自己的行动,宣示于众。所以他在东吴坚持剪辫,也就是坚持民主革命的立场。

在东吴,章太炎运用自己渊博的知识,抓住课堂教学这块阵地,在讲台上侃侃而谈,伸论民族大义,向青年学生灌输反清革命思想,据《革命逸史》记载,曾"收到良好的效果",还以《李自成胡林翼论》为题,叫学生写文章。我们知道,李自成是明末农民起义军的领袖,清王朝就是在镇压这支起义军的血泊之上建立起来的。章太炎早年就说过:"明亡于清,不如亡于李自成。"而胡林翼则为了维护帝国主义走狗清王朝的反动统治,参与镇压太平天国农民革命,被誉为"同治中兴"的功臣。章在《驳康有为论革命书》一文中说,胡林翼之所为,在于"博高爵耳",对于中国"政治之盛衰,宗稷之安危,未尝有所筹划焉"。论题以李自成、胡林翼并列,其爱谁恨谁则是显而易见的。目的在于借题发挥,激发青年学生的爱国、革命思想。为此,章太炎也受到顽固守旧派的攻击。

章太炎投身民主革命,也受到一些人的阻挠,他的恩师俞樾就是一个。章在诂经精舍就读7年,对老师俞樾是很敬重的。到东吴后不久,章特地登门拜访,探望师长。但对这件事有的文章说:"章太炎曾回'诂经精舍'看望老师俞樾"[9],这是误会。据徐澂《俞曲园先生年谱》光绪二十四年(1898年)记:"七十八岁,先生以年老辞诂经精舍讲席,继之者为黄漱兰(体芳)侍郎",可见俞樾回到苏州已三年,是位八十老翁了,住苏州马医科巷新第,筑曲园颐养天年。故此事当发生在苏州,而不是在杭城。俞樾对自己的弟子章太炎,也是很赏识的,但对他过去离开诂经精舍去参与维新变法,心中已"颇不怿";而现在又看到站在面前的章太炎,已经剪掉辫子,短发披肩,要反清革命,再也按捺不住心中的怒火,摆出一副封建卫道士的架势,大骂章太炎不忠不孝,而且学着孔子的腔调说:"小子鸣鼓而攻之可也。"章虽蒙受老师的严厉斥责,却不为所屈,当即反唇相讥,退而作《谢本师》一文,指出"何恩于虏,而悬悬蔽遮其恶"。"谢",即辞绝,"本师",指自己的老师俞樾。"谢本师"就是作者公开声明,与为清政府"蔽遮其恶"的恩师俞樾脱离师生关系。由剪辫子发展到《谢本师》,表明章太炎强烈的爱国主义精神和在民主革命的大道上坚定地迅跑。

1901年9月,章太炎在东吴大学又撰书《洴澼先生画像赞》。"洴澼子,系唐才常的笔名。此事还得从其原委说起。早在1897年春,章太炎的好友、元和(当时苏州分元和、吴县、长洲三县)祝心渊因事游湖南。时元和江标在湖南任学政,两人既是同乡,又都有志于维新，为莫逆之交。江标“博综雅艺，于金石图画，奇书僻字，罔弗深究”，因于三月绘《望岳图》赠祝，以尽至交乡谊。其弟子唐才常为《望岳图》题诗[9]以张之。戊戌政变后，慈禧太后废除新政。江标遭顽固派“以庇护新党劾之，罢职，归吴下，杜门课子，偶作诗画以自遣”[10]。1899 年 11 月在苏州病逝。第二年 8 月，唐才常遭湖广总督张之洞杀害。祝心渊哀痛至友江标及其弟子唐才常的相继谢世，因集两人手迹，编《望岳图江标唐才常二贤遗迹》以志纪念。年底，祝请好友章太炎先撰《书望岳图后》。查《章太炎年谱长编》著作系年未见本文篇目，故据章氏手稿录出、试加标点如下：

“衡山南控岭峤，北达江汉之间，地连杨粤，林麓桀瑰，厥产民献，独殊于四岳。余友元和祝心渊尝以事游湖南，舟溯其下未及上。友其友，元(和)江标建霞为作望岳图，建霞之弟子唐氏为诗张之。余闻上世尚封禅，士大夫多耀岱宗，汉唐宅西，则华山尤彰著。衡山僻南方，杜汉中叶，血祭之典东移于天柱。达宫显学，不蹑其壤，惟迁谪之士，乃往往过之，而奇材剑客亦滋多于是矣。明之衰，王而农起衡阳，导宣圣涯，儒侠蔚荟，挽近将帅，名为能敉大难者，又多出其间。贤桀既盛，则游观者亦殊于往昔。心渊之杜楚，往往见其异材，而未能登其山。信乎其有所望也。数年之间，朝事变，建霞连蹇死。唐氏蹈厉，欲有所就，卒以丧元。衡山之南北，重胥以死者不可胜数也。镇岳琦轶之气，始有所歙，终必有所宣。心渊缓游乎佗日，复溯其下，步上瞻眺，见大楚之山重秀而明，则望岳之志，庶几其有遂矣。庚子十一月，章炳麟书。”[11]

1901 年 9 月，也就是章太炎到东吴大学后四个月，祝再请章撰书《洴澼先生画像赞》。在《书后》尤其是在《画像赞》中，值得注意的是章太炎对唐才常的评价，开始有了改变。一年前他在张园“国会”上曾严厉批评唐“首鼠两端”，并“割辫与绝”。但后来唐在汉口死事的事实，不能不影响章太炎对唐的看法。所以在同年年底，章在《书后》里就说：“唐氏蹈厉，欲有所就，卒以丧元。”“所就”，应是指在反对腐败透顶的清政府方面有所成就。第二年再撰《洴澼先生画像赞》就有“岂不怀革”、“诡循建虏”之句，即说唐的渡口起事，实际上是反清革命。因而他对自立军的失败，唐才常的遇害，表示惋惜。在《画像赞》中发出“梦梦之天，荡荡之帝，弃我齐州，而眷胡裔”的愤懑呼声多；他谴责镇压自立军、杀害唐才常的刽子手张之洞为“鄂盗”，赞美“欲有所就”的唐才常为“明懿”。这一切，说明虽身处逆境的章太炎在东吴时期的资产阶级民主革命思想，正在继续向前发展。因此所爱所憎，态度十分鲜明。到 1913 年，章太炎在《稽勋意见书》里，就更明白地称唐才常“虽托名勤王，而志在革命”。但是，在辛亥革命后的第三年，即 1914 年 3 月，章把《洴澼先生画像赞》在《雅言》上以《唐绂丞画像赞》为题公开发表，除在文字上有所修润，句子有所删改外，而尤其值得注意的是他把手稿上的“鄂盗斯张”改成“黄鹤夜鸣”，把注中“之洞枭其首于文昌门”改为“枭首文门”。这一改，刽子手张之洞的姓名不见了，抹掉了《画像赞》中的部分锐利锋芒，失去了他在东吴大学时的那种发狂景象。为什么会隐去张之洞的姓名呢？正如 1912 年他自己在一份电报中所称：“张于革命党素无恶感”，还说：“于时(指 1907 年底——引者)假贷俱绝，惟南皮张孝达有一二日之游，后在东京关于文学教育诸事，亦尝遗书献替”[12]。向张之洞“告贷”去了。所以这一改，既反映章太炎与张之洞关系的蛛丝马迹，也反映在辛亥革命后，他脱离同盟会，与立宪派、旧官僚混同一起的政治风貌。

还有一事需附笔加以辨明的，就是章太炎在东吴大学时，有否主编过东吴的鼻祖刊物——《雁来红》。近人王謇于 1933 年初春，在东吴大学学报《东吴》创刊号的“卷头语”中说:“东吴大学之刊物,亦早已炳炳麟麟,焕乎有文矣。当大学之甫萌芽也,有特刊曰《雁来红》,其体裁只合年鉴、杂志为一治。主干为章太炎、黄摩西两先生。”又说:该刊“有图像、有文艺、有学术丛著,刻印精丽。……此东吴刊物之鼻祖也”。还说:“此刊之成,未知与远祖《雁来红》奚若,太炎师年高德劭犹健在,……有就正之机。独惜摩西,墓木已拱,不禁掷笔抚然矣。”那么,照《东吴》学报总编辑王謇所说,章太炎在东吴任教时,还主编过最早的刊物——《雁来红》。但据我考察,恐非事实,理由有二:一是《东吴六志》说“我校年刊出世,人咸知民国七年,西历一千九百十八年。实则前清光绪二十九年,西历一千九百又三年,已有《雁来红》特刊,虽无年刊名目,而内容多系年刊体例,有校长及甲、乙、丙、丁四级学生之影片,有论说、有记事、并有插画,或寓讥讽,或示劝勉,各有命意”。这段话既没有说《雁来红》是章太炎所主编,又对它的出刊时间写得很明确,是公元1903年。那么,从时间上说《雁来红》出刊时,章已被逼离开东吴大学将近一年了,似不可能由章太炎所主编。《东吴六志》成书于1926年8月,作者徐允修,江苏常熟人。1897年秋到博习书院教授国学。东吴大学建校时,徐“除担任教务外,凡校中一切典司文牍,监视工程,招收学生,结核分数,莫不以一身兼之”。因此,徐对东吴早期的校史,是身历其境,知之较详的。王謇是1914年东吴大学文科毕业生,后在东吴任教,时间上要稍晚一点。因此,徐所记比王謇的话,要符合事实和可信些。二是王謇在“卷头语”中又说:《雁来红》“至今校图书馆犹保存之”。解放后,1952年在东吴大学原址成立江苏师范学院(今改为苏州大学)。因此,我很希望在图书馆中能找到此刊,惜未如愿,一时疑窦莫释。后在苏州大学张梦白教授的帮助下,得阅此刊。我打开《雁来红》一看,首页上就印着“东吴大学堂杂志之一　1903”字样,证明《东吴六志》作者是言之有据的。再往后翻,有杂志“构成事务员”名单和照片,上写“总编次者奚若(伯绶),编次者周克家(文学馆),编次者徐生棠(医学馆)”。这就非常清楚地告诉我们:《雁来红》的主编,既非王所说的国学泰斗章太炎,也非东吴国学总教习、号称“百科全书”的黄摩西,而是东吴甲班优等生、“格致帮教”、“素为孙校长所钟爱”的奚伯绶。

三、怎样离开东吴大学的

章太炎是怎样离开东吴大学的呢?一是因“先生系革命巨子,久为当道所忌”[13]。又加在东吴“言论恣肆”,宣传反清革命,引起江苏地方当局的极大惶恐,视为“乱党”。二是“鄂盗”张之洞悉章太炎在苏州东吴掌教,即派沈某前往南京面谒两江总督刘坤一,“密告”章太炎。刘坤一密函驻节苏州的江苏巡抚恩寿。1902年初春,恩寿赴东吴大学面见校长孙乐文,谓“有乱党章某借该校煽惑学生作乱,要求许予逮捕”[14]。因适值寒假,章太炎已离苏回浙,幸未发生不测。东吴校长孙乐文却答应将章太炎解聘。章太炎在家获悉此事,“惧有变”,遂于1902年春,再次东渡日本,被逼离开东吴大学。但他身居海外心向祖国,在一件日本外套的两袖臂上各绣一个“汉”字。后来他的夫人汤国梨问他是何用意,章答:“我九次东渡,亡命日本,为了避开清政府的耳目,易于开展工作起见,常穿和服。但这并非我同化于异国习惯,所以我在外褂两衣袖上绣了个“汉”字。这个“汉”字,一则表示我是个中国人,二则表达我对祖国的怀念,时时不忘光复祖国的责任。”[15]“天下兴亡,匹夫有责。”章太炎继承中华民族爱国主义的光荣传统,肩负振兴中华的重任,为推翻帝国主义的走狗清王朝而勇往直前。

注释：

[1] 吴玉章：《辛亥革命》。

[2]《中华民国开国前革命史》上编。

[3][8]《太炎先生自定年谱》。

[4]《制言》第二十五期。

[5] 张之洞：《擒诛自立会匪头目分别查拏解散折》，光绪二十六年八月三十日。

[6][7][13] 徐允修：《东吴六志》。

[9] 唐才常《题望岳图诗》，湖南省哲学社会科学研究所编《唐才常集》卷二和《唐才常遗著目录草编》诗联，均未见及，现据唐亲笔手稿录出备查。

诗曰："大好湖山说虎邱，降心肯作楚南游；灵扃千载昌黎迹，诗境三山海国秋。尽有江花开五色，何须谢屐凿重幽；云峰无限相思处，转胜支筇最上头。"

[10]《江建霞京卿事实》。

[11]《望岳图江标唐才常二贤遗迹》章太炎手稿。

[12]《近代史研究》，1979 年第一期第 321 页。

[14]《中华民国开国前的革命史》，上编。

[15] 章导：《忆辛亥革命前后先父章太炎若干事》。

原载《中学历史》1984 年第 4 期

重教是楷模　尊师最知音

——写在赵朴初先生百年诞辰之际

余世磊

2007 年 11 月 5 日，是一代宗师赵朴初先生百年诞辰。赵朴初先生一生心系中国教育事业，关心教师的工作和生活，被誉为“尊师重教的楷模”、“人民教师的知音”。

开辟教育新途径

赵朴初 1907 年生于安徽省安庆市，1911 年回祖居地太湖县寺前镇接受启蒙教育，1920 年到上海求学。1926 年，赵朴初考入东吴大学读书，由于生病，被迫辍学，回到上海大舅关䌹之家养病。关䌹之早年曾任上海公共租界会审公廨会审官，后投身佛教事业，与他人共同发起成立了上海佛教居士林，全家都住在觉园里。赵朴初在关䌹之的带领下，成了一名佛教徒，在上海佛教会担任秘书，同时在中国佛教会兼办文书工作。

赵朴初早年当过教师。1931 年，他应同学沈体兰的邀请，到麦伦中学教了一个学期国文。赵朴初十分注重寓教于乐，如他在教授纪晓岚的《阅微草堂笔记》时，自己先讲一段笔记中的故事，让学生用简洁文字写出来，再和纪晓岚原文对照。这样的教法，使学生接受知识快，课堂气氛也相当活跃。后来，每逢赵朴初上课，学生们总是翘首以盼。

1937 年抗战爆发，赵朴初积极投身抗战事业，从事救助难民的工作，将大批难民秘密送往新四军驻地。1940 年后，难民工作进入尾声，关䌹之将净业难民收容所遗留的难童和国际救济会移交的难童共百余人组织到一起，成立了上海净业流浪儿童教养院，院址设在觉园内，关䌹之任院长，赵朴初任副院长。

这个教养院也是中国共产党的一个秘密据点。由于教养院规模不大，挂的是佛教慈善事业的牌子，因此不为敌人注意，有利于革命工作的开展。党通过赵朴初的关系，将遇到风险的地下党员、革命同志送到教养院来工作，实际上是隐蔽起来。

抗战胜利后，教养院迁至大场宝华寺，更名少年村，设立董事会，赵朴初任村长。经费主要靠赵朴初和董事们想法筹集，也得到过宋庆龄和她创办的中国福利会以及国际战灾儿童义养会的资助。这里房屋宽敞，后来还建立了农场、鱼池、畜牧场以及操场、球场等，成为流浪儿童幸福的家。

赵朴初为教养院和少年村的教育教学工作付出了大量的心血，开辟了一条教育新途径。由于教育对象主要是孤儿、流浪儿，教养院和少年村以帮助学生自立为宗旨，兼授文化知识和劳动技能。赵朴初提出：“我们的教育目的，在于怎样纠正孩子们过去的缺点，教他们怎样做人，读书识字都是其次的。其教育范围不应仅限于书本，仅限于教室之内，而是应当广及于生活的每一角落里，一言一行，无不是教育的题材；一进一出，无不是教育的机会。”

在赵朴初的主张下，教养院和少年村的老师们教育孩子们不骂人，不打架，有礼貌，有困难时互相帮助;心地和善,坦白诚实,不欺骗别人。在教育方法上,注重感化和说服,将做人的道理融化在课本里和日常生活中。由于教师中多数是共产党员,因此在教育中还贯注了革命思想。少年村十分强调过集体生活,让孩子们在集体中学习做人的道理,训练日常生活规律化,注意纠正过去流浪时期散漫自由的习惯。

后来,许多孩子走出少年村,还与赵朴初一直保持着紧密的联系。赵朴初经常给他们写信,教育他们:“我为人人,人人为我。”要求他们“永远为广大的劳苦大众谋利益”。

在少年村,赵朴初一直重视探索这种特殊教育的最好途径。他亲笔撰写了长达万言的《流浪儿童教养问题——净业教养院第一次报告》,总结教学经验。他还常常邀请从事少年犯罪研究的严景耀来教养院,研究孩子们的教养问题。严景耀对赵朴初的工作给予了极高的评价:“教养院已不是一个普通收容流浪儿童的机关,而是感化流浪儿童、培养未来新国民的实验室,同时,也是流浪儿童问题以及许多社会问题的研究室了。”

赵朴初说:“教养院是一座桥梁,把孩子们从黑暗的一头,带到光明的一头。”教养院和少年村前后共教养儿童 6 000 余名,他们都成了有用之材,活跃在社会各界,如原上海市委副书记杨堤、原上海美术出版社副社长王成根、原总参兵种部政委丁志洁、上海音乐学院教授施咏康等。

赵朴初心系孩子,对教师也是关心备至。那时教养院的老师只供食宿,没有工资。赵朴初社会事务多,但还是经常抽空去学校,事无巨细,亲自过问。他自己没有多少钱,每到学校,就请教师们喝皮蛋粥,使大家感到其乐融融。著名教育家段力佩曾在院里工作。他家人多,每当家里遇到困难时,赵朴初总是尽其所有,解囊相助,还介绍他到麦伦中学任教,使他家的生活水平逐步提高。赵朴初还送计淑人、程莲华等教师到东吴大学深造,为他们筹集学费。

深情赋写《金缕曲》

新中国成立后,赵朴初担任中国佛教协会副会长兼秘书长。他不仅重视佛教教育工作,创建了中国佛学院第一批佛教教育机构,而且也一直在关心中国普教工作。他还兼任中国民主促进会常务委员,后任副会长、名誉会长。这是一个以从事文教工作的知识分子为主的政治联盟。赵朴初忙中抽空,关心、参与民进的各项工作。在 1951 年举行的民进三届三中全会上,明确把中小学教师作为发展的主要对象。赵朴初热心参与了许多有关教师的座谈会和访问活动,为做好教育工作、改善教师待遇等提出了很多建议。

十年动乱期间,年届花甲的赵朴初也受到很大的冲击,家中贴满了大字报和各种漫画。后来还被关进了“牛棚”,从事搓煤球的劳动改造。目睹中国教育事业陷于一片混乱,教师们受到不公正待遇,赵朴初忧心如焚。

1976 年 10 月,云散天开,国家各项事业走上正轨。1978 年 4 月,国务院召开了一次与教育工作紧密相关的重要会议。赵朴初作为关心教育的人士,应邀参加会议。接到会议通知,赵朴初看到了中国教育的希望,他诗情澎湃,一挥而就,赋写了一首《金缕曲——敬献人民教师》,热情讴歌了人民教师无私奉献的伟大精神,寄语人民教师投身新时代的宏伟事业:

“不用天边觅。论英雄,教师队里,眼前便是。历尽艰难曾不悔,只是许身孺子。堪回首十年往事?! 无怨无尤吞折齿,捧丹心默向红旗祭。忠与爱,无伦比。

幼苗茁壮园丁喜。几人知，平时辛苦，晚眠早起?! 燥湿寒温荣与悴，都在心头眼底。费尽了千方百计。他日良材承大厦，赖今朝血汗番番滴。光和热，无穷际。”

那天的会议由王震主持。赵朴初到了会场，王震宣布开会，请大家发言。但出乎意料的是，会场上一片冷清，没有一个人发言。十年动乱结束不久，对于教育界来说，大家的心里都有着很多怨气、委屈和顾虑。为了使会议顺利进行下去，王震让赵林初先说几句。赵朴初畅谈了对当前中国教育事业的感受和建议，最后，他饱含着对人民教师的深情，将自己赋写的《金缕曲》朗诵了一遍。赵朴初讲完话，会场上一片寂静，很多人感动得流下了眼泪，甚至有人发出了抽泣声。大家打消了所有顾虑，踊跃发言，会场气氛顿时活跃了起来。

1985 年，全国人大常委会同意了国务院提出的设立教师节的决定。这年 9 月 10 日是第一个教师节，赵朴初找出 7 年前赋写的《金缕曲》，抄录多份，打算作为教师节的礼物，送给教师们。9 月 7 日，赵朴初去中国佛学院欢庆第一个教师节，他拿出散发着墨香的《金缕曲》条幅，逐字逐句讲给师生们听。他说：“我们要尊重知识，尊重人才，只有在培养人才上花大力气，才能够培养出爱国爱教的合格人才。”

为庆祝教师节，民进中央文化出版委员会和艺兴书画研究会在中国书画馆联合举办了“庆祝教师节书画义捐展”。赵朴初捐献了书法作品，还亲自去观看了展览，为这次活动助兴。

此后，赵朴初多次抄录这首《金缕曲》送给教育界的人士。这首《金缕曲》通过报刊，也很快不胫而走，受到全国教师的喜爱。大家都认为，这首词真正写出了教师的心声。许多人将这首词抄录下来，作为自己的座右铭；还有人也拿起笔来，和写了许多首《金缕曲》。这首词激励了千千万万的人民教师献身中国教育事业，并在工作岗位上创造佳绩。

平时，找赵朴初题字题词的人太多，赵朴初不得不让工作人员挡驾，但是有关教育事业的，赵朴初从不推辞。他为教育机构、教育书刊、教育活动的题名可谓不计其数。略举几例：1986 年，赵朴初为《教育与职业》杂志题诗，希望教师们认真对待教师这个职业：

“讲职业道德，认真是总则。认真自己，谦恭而严格；认真对待事，勤学而敬业；认真对待人，忠诚而尽力。认真要仁爱，利人心恳切；认真要智慧，精思出奇迹；认真要勇气，甘愿受磨折。认真可成才，认真可成德。能如此认真，可以兴百业，利民而爱国。”

1986 年，他为母校苏州大学(原东吴大学)85 周年大庆题写贺联：

“天下英才，声教不忘同学日；人中鸾凤，弦歌长忆少年时。”

1988 年，他为安徽大学题写校训：

“至诚至坚，博学笃行。”

慈心化雨润幼苗

赵朴初关心普教工作，尤其关注对下一代的培养工作。赵朴初夫妇没有生孩子，使得他俩更加喜爱儿童，不少亲朋故旧的孩子，经常聚集在赵朴初家，老少忘年而谈，百无禁忌，赵朴初的家成为孩子们的“快乐书院”。

1987 年 5 月，北京景山学校为了提高孩子们的古典文化素养，编选了 40 多首古诗词，托原中国佛教协会副秘书长倪强请赵朴初审查一下。想到赵朴初工作很忙，倪强一直不好开口。有一天下午，倪强到赵朴初家，向赵朴初汇报工作后，顺便提到这事，本想留下材料就走。想不到赵朴初很重视这件事，说：“这是件好事，培养人才就是要从小时候开始。景山小学办得不错，求我这点事我应该帮助。”他拿起材料就看了起来，一直看到吃晚饭时间，家人催了几次，他坚持看完，郑重地签上名，才开始吃晚饭。

赵朴初家住北京和平门南小栓胡同，离他家100米有座东栓小学，由于学校场地小，孩子们上体育课时常在胡同里乱跑，大喊大叫，影响赵朴初休息。工作人员出来阻止孩子，赵朴初听到了，对工作人员说：“不要限制他们，孩子们连个操场也没有，也不容易。”他还时常走出家门，叮嘱孩子们要注意安全，留神车辆。1991年9月30日，东栓小学重建竣工，赵朴初带着老伴前往祝贺。他在讲话中，首先朗诵了他的《金缕曲》，对教师们表示慰问。他说：“我对人民教师是最尊敬的，我对人民教师的辛苦是最了解的。希望孩子们长大成才后勿忘自己的启蒙老师，要用优异的成绩来回报老师。”赵朴初亲笔题写了校名，还抄录了爱因斯坦的“每天的提醒”和陶行知的“每天四问”，希望孩子们以此作为座右铭，刻苦学习，学有所成。

从孩子抓起，继承和弘扬祖国传统文化，是赵朴初一直关注的事。1995年3月，赵朴初与冰心、曹禺、启功、叶至善、夏衍、陈荒煤、吴冷西、张志公等9位文化教育界的老人在全国政协会议上发出“建立幼年古典学校”的紧急呼吁，引起国家领导人重视，1998年9月，催生了全国第一所以传统文化教育为特色的北京圣陶实验学校，同年举办“华夏文化纽带工程”。2001年1月，中国儿童经典导读中心与中国国家图书馆等多家单位发起“经典诵读工程”，开始在北京的学校中推广读经活动。2003年7月18日，由团中央中国青少年发展服务中心、中华文化经典诵读全国组委会选定的10所中华文化经典诵读示范学校在北京授牌。近年来，这些“激活中华传统，化成时代新风”的理念，得到了许多专家教授的大力支持，全国各地纷纷响应，开展了不同形式的古诗文诵读活动。

曾在中国佛教协会教务部工作过的妙华法师有一天收到一位苗族小学生的来信，信中说：“赵爷爷，我们知道您工作繁忙，不忍打扰您，但我们现在建起了苗族小学，非常想请您为我们题字……”当妙华法师将信交给赵朴初先生后，仅仅3天，就得到赵朴初的题字，其时，赵朴初已是90高龄了。他为少儿教育事业的题名题词也很多，如他为景山小学题写《中学生百科知识日读》，为日本佛教大学幼稚园成立10周年题写贺联：

“十载辛勤培育，满园灵秀苗奇；化雨慈云长护，他年千丈菩提。”

“拜石”精神放光彩

1990年，赵朴初回到阔别64年的故乡安徽省太湖县，看到故乡经济依然欠发达，心情十分沉重。他希望县里一要重视扶贫工作，迅速改变落后面貌；二要重视科教工作，培养建设家乡的人才。他拿出私人积蓄，在故乡寺前镇设立“拜石”奖学基金，每年用基金利息奖励在教育教学中做出突出成绩的师生。

“拜石”何意？赵朴初自己解释说：有两个意思——其一、北宋有“米芾拜石”的典故，大书法家米芾一日看到一块奇石，便说：“此石值得我拜”，立即整衣下拜，并呼石为“兄长”；其二、赵朴初母亲有个别号，就叫拜石，设立这个奖学基金，也有纪念母亲的意思。

1993年，为让故乡子弟进一步理会“拜石”所蕴含的深刻含义，赵朴初专门作了《拜石赞》一首，诗曰：

“不可夺，石之坚，天能补，海能填。不可侮，石之怪，叱能起，射无碍。其精神，其意态，俨若思，观自在。友乎师，石可拜。”

赵朴初运用“精卫填海”和“女娲补天”的典故，写出了石头百折不挠、造福苍生的精神，希望故乡子弟学习石之坚韧顽强的意志，树立补天填海的远大理想，将来为祖国建设贡献力量。

1997年，经赵朴初同意，这个奖向全县推开。赵朴初个人为“拜石”奖学基金捐资30多万元，至2007年秋，共有2 000多名师生获得这个奖项。“拜石”已成为一种精神，鼓励着故乡师生教学有成。

家乡“科教兴县”的工作，始终得到赵朴初的关注。他几次为拜石奖颁奖发来贺词：

“遥祝故乡文明进步，教育事业日新又新”；

“祝全县经济、教育事业日益振兴”。

太湖中学的每一幢楼房，都有赵朴初的题名。他为太湖中学搬迁题词：

“学问日新，德业日新”、“难学能学，难行能行。”

他为太湖中学90周年校庆撰写贺联：

“好学敏求九十载春风扬我邑；诲人不倦千百年化雨满神州。”

他为太湖师范题词：

“必须学而不厌，才能诲人不倦。”

在他生病住院期间，他还联系中国慈善总会资助102万元，为家乡兴建寺前中学教学楼；联系香港慈善机构资助30万元，兴建一所“福慧慈恩希望小学”。

赵朴初对人民教师和教育事业倾注的一片赤诚，在全体人民教师心中，树起了一座不朽的丰碑，也必将永载中国教育的史册。

原载《教育文汇》2007年第11期

我国著名语言文字学家
——周有光教授

林 冈

一、出身名门，学识渊博

周有光教授原名周耀平，1906 年 1 月 13 日出生于江苏省常州市，到 2006 年的 1 月 29 日（农历丙戌年正月初一）他已 102 岁，2007 年 2 月 18 日（农历丁亥年春节）他该是 103 岁了。周姓是当时常州的望族之一。他早年就读于上海圣约翰大学和光华大学攻读经济学专业。毕业后，于 1929 年上半年应聘于原江苏省立教育学院（苏大前身之一）任教，讲授英文，并兼任民众教育实验区指导。是年 5 月，院长高阳曾派黄巷实验区副总干事甘导伯、干事秦柳方、周有光等人前往北方参观调研。到达北平后，受到国立女子师范大学校长李蒸（云亭，于 1949 年来教育学院任教）的宴请。在河北定县参观时，受到陈益华的热情接待，陈是清华大学毕业生，南方人，后受聘来教院工作，主编《教育与民众》月刊。20 世纪 40 年代中期，周有光教授曾由新华银行派驻美国纽约和英国伦敦从事经济工作。建国后，他任上海复旦大学经济学教授。由于他对语言文字的研究是出于爱好，1950 年中国文字改革委员会成立，他被聘为委员，定居北京。早年他是学经济的，后因他对语言文字的研究造诣更深，副业比主业更令人刮目相看，遂奉命改行，专门从事语言文字方面的研究工作。先后著述《中国拼音文字研究》、《汉字改革概论》、《世界文字发展史》等多部著作。曾任全国政协教育组副组长。周有光教授学识渊博，在他已进入期颐之年，2005 年 4 月首都师范大学仍特聘他为客座教授，师大副校长王万良在授予仪式上说："周有光教授是一位百科全书式的大学者，在中国文字、世界文字、比较文字学、字母学、汉语字母、汉字与文化等领域皆有卓越的建树。出版了《世界文字发展史》、《比较文字学初谈》等 30 余本学术著作。"仪式结束后，周有光教授作了题为《汉字性质与文字类型》的报告，内容有四个方面：① 文字学的新发展。② 系统观与发展观。③ 历史分期与文字分类。④ 体式比较和六书比较。演讲结束，听众对这位百岁老人思路清晰、内容充实、旁征博引、学识渊博而惊叹不已。

二、幽默家庭，琴瑟和谐

周有光教授的夫人张允和也是名门之后，是民国教育家张冀牖的闺女，家居苏州九如巷。张家的姐妹兄弟有 10 人，姐妹有 4 人。叶圣陶先生讲过："张家的四个女儿谁娶到都会幸福一辈子。"既饱受诗书旧学的熏陶，又深得新学的精髓，她们个个秀外慧中，元和、允和、兆和及充和分别嫁给了顾传玠（著名昆曲家）、周有光（语言学家）、沈从文（作家）和 Hans. H. Frankal（汉名傅汉思，耶鲁大学教授、汉学家）。张允和也是出语诙谐极其风趣的女性。年轻时是引人注目的，1931 年第一期《中学生》杂志的封面就是她的玉照。一日，允和与朋友聊天，有朋友戏说：二小姐"犯规"，率先出阁，她冲着周有光说："可不是，不要脸，那么早就结婚。”周有光听了，哈哈大笑说：“张允和最聪明，可是她干的最蠢的事情就是嫁给了周有光。”周有光喜欢逗夫人取乐，常抖出几十年前的陈芝麻烂谷子调侃老太太，比如：当年初恋时，在大上海戏院花4元钱请张家二小姐听名流云集的西洋音乐会，二小组竟然酣然入睡，窘得他手足无措。张允和少不了反戈一击，说是对他“不怀好意”的一种考验。50年代初，张允和在上海一所中学教历史，发现历史教科书中破绽百出，遂写了两万字的长文，阐明己见，她的意见得到采纳，后来藉此改行，调到人民教育出版社担任历史学科的编辑。可她在“三反”、“五反”运动中吃了莫须有的亏，由出版社返回灶台任“家庭妇女”，一任就是50年。

他们家的访客奇多，每每有客造访，周有光与夫人都喜欢争着跟客人谈话，但夫人张允和体谅到丈夫有点耳背，不与他争。当有记者来访时，曾请教周先生高寿几何时，他回答：“我今年十×岁另×个月外加××天”。这回答既幽默、又真实，可就令人费解。张允和立即从旁作注，说：“他自己认为人活到80岁，已算尽数，后面从零开始计算。”这样记者总算听明白了。俗话说“聋者好打岔”，这就“岔”出一个令人笑掉牙的故事来。有一次他的新认领的“编外”孙女曾蔷小姐到周府来向两老请安，大家以说笑话取乐。这次，张允和争宠，要先说一个曹禺当年亲自向他俩讲的故事。曹禺的夫人郑秀有洁癖，曹禺有书癖，某年夏天，郑秀照例倒好洗浴水，叫曹禺洗澡，曹禺读书正在兴头上，“嗯嗯”应诺，可动嘴不动手，郑秀再次发话，有些惧内的曹禺挟着书到了洗澡间，隔壁的郑秀见半天没动静，又厉声施令，曹禺急中生智，一手择书，一手把澡盘里的水划得哗啦啦响……有演员之技的张允和边说边用手掌作划水状，惟妙惟肖，引起曾小姐咯咯地笑个不停。站在旁边的周有光见老伴逗乐了小孙女，有点不服气，他戴上助听器把小板凳挪到小孙女旁边说：“听我说一个比她更好玩的吧！”周有光刚说了两句，不禁引起孙女与张允和两人哈哈大笑不止，原来他说的正是张允和刚才所说的重复。

周有光自称患有“多语症”，殊不知言多有失，特别是在那人人都装聋作哑的日子里。“文革”期间，单位对联句，有人戏出上联：“伊凡彼得斯大林”，周有光不假思索脱口抢答下联：“秦皇汉武毛泽东”。由此他就被判为“现行反革命”，加之他的前科是“洋翰林”、“洋奴”、“反动学术权威”，数罪并罚，被罚到遥远的宁夏平罗劳动改造。他的挚友、诗人聂绀弩曾写了一首打油诗赠之，诗曰：“黄河之水天上倾，一口高悬四座惊。谁主谁宾茶两碗，蓦头蓦脑话三千。”

周有光的著作中除了关于文字方面的，也有关于语言知识的读物。张允和也是一个多才多艺、擅长旧诗词的女性。最使人感兴趣的是他和夫人张允和合著的散文集《多情人不老》(江苏文艺出版社1998年9月第一版)，书名取自张允和赠俞平伯夫人的诗句：“人得多情人不老，到老情更好”。所谓合著其实是各写各的。书的正反面互为封面，允和的文章横排，书页向左翻，有光的文章竖排，书页向右翻，他们所写的内容都是回忆人和事的散文，感情饱满、文采斐然。合著的书采取这种形式印刷，也是出版界难得一见的奇书。

张允和一生的乐天性格，热情似火，笑声朗朗，有40年的心脏病史，然于2002年8月14日带着笑声去了天国，享年92岁。

这是一对老幽默的家庭，他们长寿的秘诀也称是一绝：不迷信饮食（吃得好）延年，不崇尚运动健康，只信奉家庭睦爱生福，性格幽默增寿。

三、老有所为，夕阳绚丽

周有光教授今年已是103岁了。但他依然容光焕发，神采奕奕，腰不弯、背不驼，脚步稳，只是耳朵稍有点重听，不用助听器仍能与人自由交谈，没有一点老迈之态，衰惫之容，这真是奇迹。难怪他要说："上帝把我给忘了。"

有光老师至今仍勤于笔耕，不，用他自己的话说，是"指耕"，他每日都是用电脑写作。在近期颐之年，他撰写了一篇重要的学术论文《回顾资本主义》。周老师治学一贯严谨，重论证、重创新，著文不惮查实史实，反复修改。此文在第四稿后，犹征询秦柳方同志（亦曾在教育学院任教）意见，该文旨在回顾一下刚过去的300年资本主义时期，看看它的光明面和阴暗面，给它的背景画一幅最简单的素描图，尝试了解人类的历史处境。

文章第一部分《资本主义的发展活力》，论及资本主义的结构，其三要素为工业化、民主化和科学化。工业化主要特征是机械化电气化，工业革命始于英国纺织业发展到多种产业，动力革命经蒸汽机、电力机、内燃机三阶段而成为第二次工业革命。工业化由纺织业扩大到多种产业，动力革命发展了高速的交通运输，地球缩小为地球村。民主化是工业化的保障，民主化和工业化携手并进，是生产关系一定在适应生产力性质这一规律的实现。民主思想发展为民主制度，历史开始了人民时期。科学化是工业化和民主化的营养料和催化剂。玄学上升为科学是思维的飞跃。资本主义的学术成就是近代的百花齐放、百家争鸣、科学昌明、技术升华，创造了神话没有想象过的世界。发达的资本主义国家都是工业化和民主化同时并举的。

此文的第二部分《资本主义的内在矛盾》，指出资本主义有三大斗争，商品争销、劳资争利、列强争霸。文章最后指出资本主义的三个难题是周期恐慌、失业问题和环境破坏。

继这篇论文写成后，他几乎每年要出版一本著作。2005年出版《百岁新稿》，2006年出版《见闻随笔》。2007年2月18日正是农历丁亥年的正月初一，周有光老师又写下一篇《丁亥年的祝愿》，文章开头说："公历2007年2月18日、夏历丁亥年正月初一，炎黄子孙周有光敬焚天香三炷，忆往思来，默祷上苍，第一炷香祝愿丁亥年一个与时俱进的好年份。""从阶级斗争一抓就灵到问姓社姓资，是历史跃进的伟大的一步。""第二炷香，祝愿丁亥年是个和谐共处的好年份，和谐共处不仅是一国国内稳定的原则，也是世界的国际和平原则。""不要忘记第二次世界大战是在许多人认为二次大战不可能发生的麻痹中突然发生的，为了预防10年或20年后可能发生第三次世界大战，今天就要认真灭火于未燃。"这段话是多么及时的警钟啊！"第三炷香祝愿丁亥年是一个知识上升的好年份"，"生在信息时代，知识成为第一需要"，"信息化的财产是知识"，"中国现代化进程很艰难，迎头赶上，只有依靠教育，提高知识"。最后他呼吁"破除迷信，破除教条，革新教育，独立思考，使知识水平年年提高"。使人读来，文章越写越精彩，远见卓识，情溢于词，何等恳切，何等诚挚，这位百岁老人日夜所关心的依然是祖国的安全，民族的振兴，社会的进步，人民的幸福，世界的和谐啊！

夕阳无限好，晚霞红满天，广大校友无限崇敬周有光老师的才德超人、学识渊博，并衷心祝愿周有光老师青春长驻、福寿康宁。

原载《苏大校友》2007年第1期

愿作红烛照人寰

——记江苏师范学院物理系主任朱正元教授

张云朋　王强华

早就听说教育界有个"傻"老头。

从前，他曾有机会从事尖端科学的研究工作，摘取科学王冠上的明珠，名扬四海，但却把毕生精力献给了师范教育，几十年来默默无闻地在教育园地里辛勤耕耘。

现在，他已 79 岁高龄，本来可以遵照医嘱安心休养，舒适地度过自己的晚年，但他却日夜操劳，一心扑在教育上，即使在"四人帮"横行的岁月，条件十分恶劣，他一个人"孤军作战"，仍然坚持他的事业。

"傻"吗？一点也不。他是一个有思想，有抱负而又脚踏实地、埋头苦干的老人。

他就是江苏师范学院物理系主任朱正元教授。

一

朱正元出生在扬子江畔的一个手工业者家庭。他的童年是在贫穷中度过的，10 岁才上学校。他从小受到"教育救国"的影响，读了高等师范学校的数理化部。高师毕业后，当了 12 年的中学物理教师。接着通过考试，进入了美国加省理工学院研究物理学。经过 3 年多的刻苦勤奋学习，最后撰写了一篇光谱学的论文，以优等成绩获得了博士学位。他被学院留聘，协助一位美国物理学教授搞银离子杀菌的研究工作。

1939 年 9 月，抱着救国思想，朱正元回到了烽火连天、山河破碎的祖国。他应迁往贵州省遵义市的浙江大学校长竺可桢的聘请，担任浙大师范学院理化系教授，半年以后当了系主任，讲授大学的力学、电学、原子物理等课程，从此他同高师教育结下了不解之缘。他多么希望苦难的祖国有朝一日能够得到拯救，富强起来啊！

然而，单凭教育是救不了国的。朱正元同其他的"教育救国论"者一样，辛辛苦苦地从事了几十年教育，结果是："人生几回伤往事，山形依旧枕寒流。"

一唱雄鸡天下白，1949 年全国解放了。实践证明：只有共产党领导中国人民打败帝国主义和反动派才能救中国，只有社会主义才能救中国。

科学工作者是最相信事实的。新中国成立后，短短几年，全国就兴建了几十所师范院校，而北洋军阀、国民党统治了几十年，师范院校寥寥无几。这个鲜明的对比深深地触动了朱正元。不是"教育救国"，而是"国救教育"——新中国使奄奄一息的旧教育，变成为无产阶级政治服务、为提高全民族科学文化服务的事业，这样的崭新事业才有广阔的前途。朱正元的思想有了新的飞跃，那献身于师范教育的信念更加坚定了。有人曾为能搞科研的朱正元终生从事师范教育表示惋惜，而朱正元却为自己能当上一名"教师的教师"感到自豪。1952 年江苏师范学院成立，他担任了物理系主任。每当新的学期开始，他都要用自己的亲身经历向新来的学生宣传教育的重要和教师的光荣。科学家有发明创造、工程师造出新的机器，固然能够造福于人类，但是教师通过自己的辛勤劳动，却能使千千万万的人有可能成为科学家、工程师，就像闪闪发光的红烛，点燃了一支，照亮了一片，难道不是对人类的重大贡献吗？先进的技术、设备可以从发达的国家大量引进、购买，而人才却只能靠自己来造就。中等教育，它同小学教育一起，是整个教育事业的基础。培养不出优秀的中学毕业生，不但将影响大学教育质量的提高，而且不能为国家输送有文化的劳动者。

高等师范究竟应该面向哪里？有的同志认为，高师应向综合大学看齐，向高、深方面发展，朱正元不反对高师搞高、深的科学研究，但他反对不把教学看成是一项科研。他认为，教育是一门科学，教育理论、教学法是重要的科学研究，高师应该“眼睛向下”，面向中学。早在20世纪50年代初期，他就发起成立了中国物理学会苏州分会，把全市的中学物理教师组织起来，经常讨论中学物理教学中的问题，朱正元毫无保留地传授自己的教学经验。他不论因公、因私到外地去，总要找机会走访当地的中学，或者邀请江苏师范学院毕业而在当地中学教书的毕业生，了解他们在物理教学中的情况。他随身携带着一个小本本，随时记下他们的意见和问题，带回学校进行研究。

学生进入大学以后，学习习惯变化很大。低年级的基础理论课对学生将来的深造关系极大。朱正元多年来亲自担任低年级的物理课的教学。他执教50年，有着丰富的教学经验，对自己的教案可称滚瓜烂熟，但是，他每次讲课，都像第一次登上讲台那样，精心写好讲稿，常常备课到深夜。他特别重视对基础知识、基本理论的讲授，对重要的物理概念，总是不厌其烦，从正面、反面、侧面讲解论述，让学生真正弄懂。他讲课的风格细腻严谨，讲究教课艺术，重视演示实验。50年代初期，他教的一堂“驻波”的公开课，轰动了整个校园。“驻波”是一种重要的物理现象。当时一般都是用板书讲授，而朱正元却精心设计连续做了七个演示实验，把“驻波”的形成和它的特征，生动形象地再现在讲台上，使学生获得了清晰明了的概念。这一堂课给人的印象是如此之深刻，以至20多年过去了，不少当年听课的人至今记忆犹新。

历史上有各式各样的收藏家。有人喜欢搜集邮票，有人爱好收藏古画，朱正元的兴趣却放在物理课本上。在他的工作桌上，存放着苦心收集来的各地的中学物理课本和大学普通物理教材。普通的收藏家只是欣赏，朱正元却是进行研究。他对这些课本的优、缺点了解得很清楚。在调查研究的基础上，60年代初，朱正元为物理系的毕业班创设了一门《中学物理教材选论》课。这门课以高屋建瓴之势分析中学物理中的基本问题，对学生毕业后教好课很有实用价值。虽说是选修课，但来听课的学生达到了300多名。

二

朱正元教授物理有一个突出的特点，就是注重实验。他常说，物理，物理，即物说理，是它的重要特征，这就要多做演示实验和学生实验，许多物理概念，“千言万语说不清，一看实验就分明”。早在20年代，他在南京一所中学教物理，就重视实验，草创了这所中学的第一个实验室。解放以后，由于我国教育事业的迅猛发展，仪器设备供不应求，特别是近些年来“四人帮”肆意摧残实验室，使得各地许多中学，特别是农村中学的仪器设备严重不足。这种现象引起了热心教育事业的朱正元的关注。他认为，为了提高物理教学的质量，应该采取土洋并举的方针，既要积极发展正规仪器的生产，尽快实现教学手段现代化，同时也要从实际出发，大力提倡自制教具，以解决燃眉之急，培养广大师生勤俭办学的精神，树立爱科学、用科学的新风气。从70年代开始,他把很大的精力放在研制和改造中学物理的演示仪器和实验方法上。从事这种事业不是没有压力的。一方面是社会舆论上的压力,在有些人看来,像朱正元这样得过博士学位的堂堂教授,竟然去拨弄一些“坛坛罐罐”的“土”仪器,做一些普普通通的小实验,实在太“傻”了,甚至有损于自己的声誉;另一方面是自己思想上的压力,他自知年事已高,有多少诸如总结教学经验、理理出版讲义之类的事情,急待他去做啊!但是,当他每一思及几十万中学物理教师由于缺乏仪器做不出实验时的焦急神情,每一想到几千万中学生由于不接触实验而影响学习的严重后果,他就不顾一切,毅然放下手中整理书稿的笔,专心致志地研究实验仪器和方法的改进工作。

在江苏师范学院的物理楼里,有一间专门的演示实验室。那里除了从工厂里生产出来的正规仪器以外,还陈设着几十件自制的“土”仪器(包括代替仪器的日常用品)。一部分是仿制或改制成功的,它的特点是花钱少、取材方便、制作简单而效果并不差。向心力演示仪器是做力学实验时不可少的。一台正规的仪器价值九十几元,他们自制的“土”仪器仅花三五元。另一部分则是根据物理学的基本原理,别出心裁地创造出来的,如一只普通的塑料杯子,配上简单的道具,就能够做出物体的惯性,水的表面张力,大气压力,摩擦力,热的传导和辐射,声谱的共鸣,光的折射和反射,摩擦起电等力、热、声、光、电学方面的十多个演示实验;用一枚硬币和一张薄纸,就可以代替“牛顿管”(即羽毛铜片管)做自由落体的演示实验。这种实验不仅不花钱,而且突出了空气阻力的影响,效果很好。朱正元常说,对于物理教师来说,应是“巧妇能为无米之炊”,他用这句话来鼓励大家在没有现成仪器情况下,创造条件做好实验。实际上,在朱正元那里,“仪器”概念的外延扩大了,不仅工厂造的是仪器,凡是能用来表演物理现象、说明物理道理的用品,都神奇般地变成了仪器。这些仪器看起来虽然平凡,但是,谁能想到在构思和创制这些仪器的时候,朱正元和他的助手们在工作中倾注了多少汗水与心血。就拿他们创制的静电演示仪器来说,那是用马粪纸、泥巴、塑料筷子、包香烟的铝箔等做成的,今天看来它是多么寻常啊!可是,朱正元和助手们当年研制时,进行过大量的理论研究和实验,花了几年的时间,才为静电实验开辟了一条多快好省的途径。在1966年暑期北京举行的世界四大洲物理讨论会上,这一套独具匠心的仪器曾送去展览,受到了各国科学家的注意。一位智利科学家在用它成功地完成了十多个静电实验以后,连声赞扬了中国科学家的创造精神。

现在,这个演示实验室每周都要接待几批参观者。许多远道慕名而来的同志观看了这些“土”仪器和他们的演示实验以后,受到很大的启发。朱正元和助手们这种“坛坛罐罐当仪器、拼拼凑凑做实验”的勤俭做实验的方法,已经开始整理出书(出了力学部分),并且被北京教育电影制片厂拍摄成该厂第一部教学经验纪录片,即将在全国教育系统上映。这朵物理教学的鲜花,必将在全国中学里盛开,把教育园地装扮得更加瑰丽多姿。

三

生活的道路从来不像天安门前大街那样笔直平坦,而总是充满着曲折坎坷。在“文化大革命”中,“四人帮”大搞愚昧主义,视教育为寇仇。立志献身于党的教育事业的朱正元,这个20世纪的同龄人,在旧社会里生活过近半个世纪的高级知识分子,不可避免地遭到了打击和迫害。

朱正元在旧社会饱经风霜。他目睹那个吃人的社会种种黑暗现象,愤愤不平,特别是对在反动统治下的那一套结党营私、尔虞我诈的行径深恶痛绝，希望自己能像水中的荷花那样“出污泥而不染”；朱正元当了一辈子教师，特别在新社会，他对教学工作十分热爱。他办事认真，不论是备课、讲课和做实验，都是一丝不苟，表现了一位人民教师对学生高度负责的精神。他的这种愿望和行动曾经被院里的同志概括成“清清白白做人，认认真真教书”两句话。可是这两句话却被拿出来“示众”，成为批判的“靶子”了。有人指着他的鼻子大骂：“你出洋留学，难道是清清白白的吗?”“‘十七年’的学校是黑色大染缸，你当教师能够清清白白吗?”有人不分青红皂白地训斥：“你教了几十年的书，为谁认认真真，教出了多少工农兵?”他们硬把这两句话说成是“黑话”，是朱正元的“反动而又虚伪的哲学”，要把它“批倒、批臭”。

这样的“批判”使朱正元陷入沉思之中：难道经过考试出国读书，是犯了罪吗？难道在旧社会里不愿意与黑暗势力同流合污，是错的吗？难道在新社会里认真教书，也成了大逆不道吗？回忆起自己在半个世纪里走过的漫长路程，特别是在新中国成立后，在党的领导下，自己尽心尽力地为发展社会主义教育事业献出全副精力，竟然成了“罪状”，他百感交集，但又襟怀坦然。

无端地受到精神上的折磨和人格上的侮辱，这个老人都忍受下了，谣言之腿不长，任凭重复千百次，对他并无一分损。但是，在“四人帮”的淫威下，人心被搞乱，是非被颠倒，教室被关闭，实验室被砸烂，弄得教师教不成书，学生上不成学，却使这个老人心痛不已。今后要不要办学校？自己今后能不能教书？他无法作出回答。他经常在想，也同知心朋友说：“虽然不应讲‘学了数理化，走遍天下都不怕’，但是不学数理化，党和国家前途就可怕。”老人是多么希望眼前这种极不正常的局面很快改变啊！

忽然听说学校要“复课闹革命”了。朱正元如鱼得水，兴高采烈地回到了物理系。当时他已年近70，却像战士奔向战斗岗位那样，步履坚定地踏上了阔别多年的讲台，又一次把满腔热情倾注到课堂上。他像过去那样认真备课，讲课的效果不减当年，许多学生都喜欢听他上课。可是，朱正元哪里知道，自己如此辛勤教学，充当的竟然是“反面教员”的角色。短短的几十分钟的一堂课，帮派势力花了几倍、几十倍的时间来“消毒”。他们对朱正元讲的课，从内容到形式，组织全面批判，甚至对他讲课时的神态和仪表也百般进行挑剔。他们谩骂朱正元是“迂腐的老朽”、“资产阶级伪君子”，攻击他在课堂讲课是贩买“课堂中心”，甚至朱正元平素主张的物理教师应该具备“三术”（即较高的专业学术、熟练的实验技术、生动的讲课艺术），也被他们指责为“射向教育革命的三支大毒箭！”因为朱正元的课讲得清晰易懂，受到学生赞扬，有的人登门请教，他们又惊呼：“‘臭豆腐干’又有变‘香豆腐干’的危险！这不是一件小事，而是教育革命中活生生的两条路线的肉搏战。”

朱正元终于再一次被迫离开了讲台。但他并没有后退。嘴上不能讲，心里照样想。每天按时“点卯”过关以后，偏安室内一隅的朱正元，便展开思想的翅膀，翱翔在教育园地的上空。他仍然关注全国的中学和师范院校的物理教学。“四人帮”肆意摧残教育，把本来就不多的实验室和实验仪器糟踏得不成样子，而物理教学是离不开做实验的。怎么办呢？朱正元关于勤俭做实验的构思，就在这段时间得到了进一步的发展。

转眼到了1972年，江苏师范学院恢复招收新生了。朱正元利用这个机会主动提出要到学校外面走走，调查中学和大学的物理教学，特别是物理实验的现状。他走访了南京等地的一些学校。果然不出所料：仪器设备差，实验做不成功的有之；没有仪器，根本开不成实验、像教语文那样教物理的有之；本来有很好的仪器，被林彪、"四人帮"刮起的"打砸抢"妖风破坏殆尽的也有之。……这一切，怎么能不使关心物理教学、热爱教育事业的朱正元心急火燎呢？

从外地访问回来以后，朱正元和他的助手立即投入到紧张的改制实验仪器、改革实验方法的研究工作中，并且在短期内取得了丰硕的成果。尽管那柴扉紧闭久不开，毕竟是一支红杏出墙来，朱正元别具一格的物理演示实验方法很快就传到社会上去了。在上级教育部门的支持下，他从 1972 年下半年到 1973 年上半年，不顾年迈体弱，不辞辛苦劳累，辗转长江南北，在助手的密切配合下，连续做了 27 场报告和实验表演，宣传了他们勤俭做实验的方法，受到广大教师的热烈欢迎。但好景不长，1973 年 10 月 17 日，就在他们准备启程到苏北的徐、淮、盐地区去的前两天，突然接到了一个电话，通知他不要去，理由是天气转冷，为了照顾他的身体，并说待春暖花开时再邀请他去。朱正元心里明白，是政治气候发生了变化，一场暴风雨又要来临了。

果然如此。1974 年，"四人帮"不批林、假批孔的黑风也刮到了江苏师范学院。院里帮派势力大搞所谓"反回潮"，朱正元的 1972 年长江之行和他搞的物理演示实验，又成为这所学校搞"复辟"、"回潮"的典型。

江苏师范学院的物理实验演示室是朱正元搞演示实验的重要基地。围绕着这个演示室展开了一场激烈的斗争。"文化大革命"以前，朱正元担任物理系主任，建立了演示室。演示室在"文化大革命"中陷于瘫痪了。1973 年春，帮派势力迫于当时形势，把它恢复，现在他们就处心积虑要把它搞垮。他们表面上给朱正元派去助手，假惺惺地表示支持，但背地里却指使派去的人同朱正元"对着干"，"扭转演示的方向"。派去的同志过去对朱正元的工作并不具体了解，可一旦他们与朱正元共事一段时间以后，深深地为这个年逾古稀的老人的忠诚党的教育事业的思想所感动，同时又感到老人搞的这一套勤俭做实验的方法确实适合广大中学物理教师的需要，符合国家的利益。他们转变了立场，假助手成了真助手，"对着干"成了"合着干"。后来其中一位同志因病不起，在他弥留之际，握着朱正元的手，流着热泪断断续续地说："朱老，系里派我们来，不是帮你忙的，而是同你斗的。革命的良心使我们认识到你做得对。我支持你，希望你的工作能够取得更大的成就。"

疾风知劲草，烈火炼真金。朱正元在斗争中变得坚强起来了：

1974 年，校园里张贴出攻击他搞的演示实验是"与开门办学唱反调"的大字报，他毫不理睬。

有人对他进行诽谤中伤，他嗤之以鼻。

有人向他游说："批复辟、回潮，是对事不对人，你只要承认一下错误就行了。北京大学某教授搞了个'自我批评'，不是很好么！"他觉得可笑，他认为："一个人明知有错而不承认，是愚蠢；明知没有错而瞎承认，找个'帽子'头上戴，则是虚伪。"

还有人造舆论说他搞演示实验是为了追逐名利，他淡然一笑。晚上，明月如钩，他凝视满天星斗，不胜感叹地说："宇宙之大，个人之渺小，有什么可以沽名钓誉的呢！"实际上，多年来，不知有多少物理课本送请他审改，他像对待自己的文稿那样下功夫披阅修改，但从来没有想过要署上自己的名字。

帮派势力黔驴技穷，抽走了协助他进行物理演示实验的全部助手，他一个人照样干。好心的朋友劝说他："领导上都不支持你搞，你就不要找麻烦了，算了吧！"他回答说："那些人算什么领导呀！我不是为了某个领导而工作的，我是为党和人民而工作的。我今天做的事得不到他们承认，但总有一天要被人民承认的。”

他的老伴和至亲好友规劝他：“这么大年纪了，身体又不好，你何必那样认真，放弃那些吃力不讨好的实验吧！”他感谢亲人的关心，但不愿放下手中的工作。他告诉大家：“正是因为我的年纪大、身体差，我才要把时间抓紧。想起全国有几千万中学生要学好物理，有几十万教师要教好物理，怎么能忍心放弃我的工作呢！”

甘为春蚕吐丝尽，愿作红烛照人寰。朱正元就是这样一个甘愿作“春蚕”、“红烛”的“傻”老头。他辛勤教学50载，换来桃李满庭园。他教过的学生不仅遍及全国许多学校，而且国外也有。学生们经常给他写信，缅怀师生情谊，一位在世界各国讲学的美国大学教授曾经受业于朱正元，他每到一个国家，都要寄来几张当地的风景明信片。他在一封信中写道：“44年前，在老师循循善诱之下，学生对物理感到兴趣，而为以后之学习打下扎实的基础，真是受益终身，每念及此，对老师感激万分……”这些发自肺腑的话语，表达了学生们的共同心意。这是对朱正元的最高奖赏，使这个老人感到莫大的慰藉。

原载《光明日报》1979年2月13日第3版

三、教学科研

中国最早的研究生教育

王国平

东吴大学于1901年开办，1929年在中国政府注册。1952年院系调整，其主体部分与其他几所学校的若干院系在东吴大学原址组建为苏南师范学院，旋即改为江苏师范学院。东吴大学的这一段历史，可以划分为三个阶段，1901—1927为早期（校长先后为孙乐文、葛赉恩、文乃史），1927—1949为中期（校长为杨永清），1949—1952为后期（校长为杨永清）。

研究生教育是东吴大学半个世纪教育事业的重要组成部分。本文仅就20世纪20年代以前东吴大学早期的研究生教育作初步探讨，以就正于大家。

东吴大学1917年即有硕士研究生毕业

就笔者目前所能找到的史料，记载东吴大学早期研究生教育的最早的原始文献有三种，其一为1917年2月10日出版的东吴大学学报《东吴》所刊《纪事》。《纪事》载："硕士学位自本学期始，校务部议定给发硕士学位。刻下陈君调父、徐君景韩已择定理化科之专习。陈君专究钢铁及铜类合金。徐君研究水门汀之制造。异日当为我校理科之翘楚也。"[1]

其二为1917年东吴大学的年度报告。这份报告以校长葛赉恩的名义，呈交监理会年议会，刊载于1918年印行的美国监理会年度报告（Annual Report of the Board of Missions of the M. E. Church, South）[2]。报告中相关内容为：

"学生，包括法科学生，分类如下：文学院，75；法科，15；第一中学，341；总数，432（应为431——笔者注）

毕业典礼日，7月3日，毕业生如下：文学硕士，2；文学学士，5；理学硕士，6；中学，27；总数，13。合计40。"

原文为：On Graduation Day, July 3, the graduates were as follows: Master of Arts, 2; Bachelor of Arts, 5; Master of Science, 6; Middle School, 27; total, 13. Grand total, 40.

"本校创始于一千九百零一年，即民国纪元前十一年，历今十有七载。莘莘学子，蹑屩担簦，常有不远千里而来者。惟未得广厦万千以庇英俊，致每学期以额满见遗者常百什计为歉然耳。其中学级一曰大学，内分文科理科，中西学并重。西学各项课程悉照欧美大学定之。国学各项课程悉照中央教育部新颁学令定之。一曰中学，授以普通学科，亦中西并重。其课程类皆根据中央新颁学令而参酌之。大学、中学各以四年毕业。毕业中学科者给以证书，俾得升入大学联续肄业。毕业大学科者给以文凭。大学毕业后专习理科二年得给以硕士学位。近数年来以课程增高，各处来学之生学识略低，特于中学之下添设补习班以为预备，故能满十二岁之幼年学生亦准一体报考，此本校造就人才之微意也。至讲堂、课堂、藏书室、游艺处及宿舍、膳堂等均照欧美各大学式样特别建造。兹定于民国七年二月二十一号为学期开始。有志来学务必先行报名投考，以定去取。幸勿迟误。校长葛赉恩启。"[3]

第一份文献告诉我们,东吴大学从1917年春季学期开始毕业生颁发硕士学位。有两名理科研究生(陈调父[4]、徐景韩)将获得硕士学位。第二份文献告诉我们,1917年夏,东吴大学有8名研究生毕业,其中获文学硕士学位者2人,获理学硕士学位者6人。第三份文献告诉我们,东吴大学当时施行的学制是本科4年,研究生2年。

以其他文献史料作佐证,我们可以得到这样的认识:

第一,可以确定的是,东吴大学最早授予硕士学位的时间是1917年。佐证文献如:

《东吴》(季刊)(The '22 New Atlantis)中《东吴大学大事记》载:"……此间理科则重设大学院(1917),颁给硕士学位以期深造。"[5]同期中"Important Dates of Soochow University"载:"1917—The Master's Degree conferred upon graduate students the first time."[6]

文乃史著《东吴大学》称:"龚士博士指导的研究工作……是东吴大学的第一个硕士学位(1917)。"文乃史原书注明,"迄今为止能够确定的全中国第一个化学硕士"的评论出自窦维廉著《中国化学研究的开始》。[7]

第二,可以确定的是,东吴大学最早获得硕士学位者中包括分析化学专业毕业的徐景韩、陈调甫。佐证文献如:

陈歆文著《从制碱元老到油漆大王的陈调甫》,文称:陈调甫于"民国成立后,进入苏州东吴大学化学系学习,听着老师讲的理论,结合自己在家中小试所得的经验,更觉兴趣大增。1916年毕业,专门从事铜合金分析和纯碱的试制。1917年,获化学硕士学位"[8]。

第三,可以推断的是,东吴大学的研究生教育始于1915年或1916年。

按东吴大学当时施行的学制,研究生学制为2年,东吴大学的研究生教育应始于1915年。以化学硕士陈调甫的实际经历看,存在研究生一年毕业的可能性,这就是说,东吴大学的研究生教育也可能始于1916年。

第四,尚需考证的是,东吴大学1917年毕业的研究生获文学硕士学位者2人是谁?毕业于何专业?获理学硕士学位的其他4人是谁?毕业于何专业?这些问题的解决有待发掘更多相关文献史料以佐证确定。

东吴大学研究生教育启动的历史条件

20世纪20年代以前,东吴大学研究生教育涉及化学专业、生物学专业与文科。东吴大学能够在这些学科授予硕士学位,首应归功于这些学科的导师,特别是祁天锡(N. Gist Gee)与龚士(E. V. Jones)两位美籍教授。

就生物学而言,这一学科研究生教育的启动应归功于祁天锡教授及其所取得的丰硕的学科成就。

祁天锡于1876年出生于美国南卡罗莱纳州(South Carolina)的尤宁(Union),毕业于范德比尔特大学生物学专业,1901年东吴大学开办时到校任教,时年25岁。东吴大学开办伊始,祁天锡就开设了生物、物理、化学以及地质学课程。1904年,学校开设大学课程,理科各科仍只有祁天锡一人任教。由于祁天锡的专业是生物学,他在生物学课程上花费的精力最大。1907年,米切尔(W. A. Mitchell)由上海南洋公学来东吴大学,分担了物理和化学两门课程的教学,祁天锡得以集中精力于生物学的教学与研究。1912年,东吴大学设立生物学系,祁天锡被聘为主任。[9]1913年,祁天锡设置并教授生物学、动物学和植物学课程。

祁天锡的研究成果及学科建设成就主要集中在以下几方面:

其一,淡水生物研究。祁天锡发现华东地区有着大量丰富多样的动植物群体,苏州作为运河与江南河网交汇处,是淡水生物研究的理想地点。祁天锡“自1915年起,渐专力于淡水海绵动物之研究。1917至1936年间,发表论文计有45篇,散见于中、美、法、英等四国之著名刊物。世界各国之治斯学者,无不受其裨益,视为珍贵之作”。他的“这些阶段性地发表的研究成果,是中国淡水海绵状物研究的一流成果”[10]。此外,祁天锡在藻类研究方面也有相当的建树。

其二,农作物研究。长江中下游丰富的粮食作物也同样吸引了祁天锡的注意。对于苏州地区农作物的分类、生产及耕作,特别是中国品种丰富的豆类作物方面,祁天锡作了广泛深入的研究,并以此指导硕士研究生。他的学生施季言的毕业论文即为有关豆类的研究。此外,由于当时国内缺少完整、实用的植物名录,1913年,祁天锡编写了《江苏植物名录》,“发表《江苏植物名录》于西文杂志,名 The National Review, Shanghai,后经修改,附刊于《普通植物学读本》之末”[11]。

其三,鸟类研究。祁天锡在江阴的慕小姐(Lady Maffat)和沈文蔚(Andrew Aliso)二位牧师的协助下,共同编著出版了《华东鸟类指南》。

其四,实验室建设。至1913年,祁天锡在生物学领域已有14年的研究,“已建立起了当时中国最先进,最完善的生物实验室”[12]。1919年,戴荪(Joseph W. Dyson)来东吴大学任教,又继续拓展这一领域的研究工作,并与美国农业部及其他机构合作,使东吴大学的生物实验室得到了这些机构大量的先进设备援助。

此外,祁天锡“自1909年至1915年数年中,编有英文教科书数种,均由商务印书馆出版,如《益智读本》,《格致读本》(四卷),《生物学初恍》,《普通植物学教本》等数书。出版后,有再版多至30余次者,足见各书内容之精,效用之广矣。在1917年,尝为商务印书馆英文学生杂志编撰《自然与科学》(Nature and Science)之文章,学生争相传诵,风行一时。关于科学教育之著作,有《科学教授法之我见》(Some Thoughts on methods in Science Instruction)一文,初载于美国 School Science and Mathematics, Vol. 24, pp. 958—967, 1924。随后,译成中文,经伊文思书馆将中英文二稿,合刊单行本发行。文中所述各点,皆为先生教授科学20余年之经验谈,足为一般科学教师之轨范”[13]。

由于祁天锡在师资、建筑、仪器设备、材料和教材等方面的多年努力与积累,东吴大学生物学的学科建设水平有很大提高,并为进一步发展提升打好了基础。对于东吴大学走向研究生教育,祁天锡非常支持,他认为,“扩大东吴大学的这个计划是值得的,有益于这些人将来的工作”[14]。1917年,师从祁天锡的几个学生毕业并继续研究生教育。[15] 1919年,两个学生拿到了生物学硕士学位。

就化学而言,则应归功于龚士教授及其所取得的丰硕的学科成就。

龚士博士出生于美国密苏里州的 Bronough,于莫里什维尔学院(Morrisville College)获得文学学士学位。1909年获范德比尔特大学数学硕士学位,1912年获化学博士学位,1913年到东吴大学任教。龚士的到来加强了理科的教学研究力量。理科教学明析为两部分:生物学与物理学、化学。祁天锡教授生物学,龚士教授物理学和化学。

在物理和化学教学方面,龚士作出了巨大的贡献。当时,既没有规范的教科书,又没有标准的实验器材,龚士依靠自己对教育的热情、不畏艰难的毅力和渊博的学识,一步步将东吴大学理、化两科发展到全国一流的水平。1916年7月,他在给母校范德比尔特大学名誉校长柯克兰博士的信中,表述了自己在建设理、化两系方面所采取的步骤以及他对所从事的事业的热情:“首先,花费大量的时间和精神,在这种艰难的条件下,依靠当地所能利用的一切材料逐步建立起理化实验室;其次,通过引进有很高学术和教学水平的教师及引进实验教学方式,提高东吴大学初、中等理化的教学质量;最后,在高等理化方面,重点放在提高学术研究水平上。这样就形成了一套完善的发展思路,即从发展实验开始,依靠实验教学这种国外流行的新的教学方式,结合有素质的师资队伍保证和提高初、中级的理化教学,在高级阶段,则重点发展提高学术水平。”[16]与此同时,龚士还积极寻求外界如洛氏基金社(the Rockefeller Medical Board in China)以及他的母校范德比尔特大学的支持。正是他切合实际而又领先该领域一般水平的教学思想与实践,使得东吴大学理科迅速步入全国高校的前列。

除了物理与化学的本科教学,龚士还投入大量精力和时间开设了化学研究生的课程。在他的精心指导下,1917 年,两个学生拿到了化学硕士学位,“他们是迄今为止能够确定的全中国第一个化学硕士”[17]。

龚士于 1922 年离开东吴大学。在他任教的 9 年间(1913—1922),东吴大学理科特别是化学学科从起步到成熟,并迅速取得全国的领先地位,在学术界有很高的声誉。在东吴大学的 9 年时间也是龚士人生最快乐时光。他回忆说:我们夫妇“自 1913 年秋季学期开始都在东吴大学任教,在那儿我们度过了九年时间(1913—1922)。这是我们最愉快的日子”[18]。

在祁天锡和龚士的精心培养和指导下,东吴大学培养出了许多高水平的理科硕士。根据戴荪的不完全统计[19],在东吴大学早期,理科专业取得硕士学位学生有分析化学:徐景韩,陈调甫,徐作和潘履洁;生物学中植物学:施季言,王志稼,沈毓凤;昆虫学:胡经甫,陶心怡,季琮池,胡梦五;寄生虫学:吴光;脊椎动物学:郑思;细胞学:刘承剑。

这些东吴早期的硕士后来大都发展成为国内一流的专家学者,享有很高的声誉。其中,徐景韩一生贡献于东吴大学,是东吴大学主要教授之一,长期担任化学系主任一职,后担任东吴大学教务长。陈调甫从东吴大学获得硕士学位后到美国深造,回到中国后即在天津塘沽开设塘沽苏打厂,利用当地的海盐作为原料生产当时所紧缺的化学药品。抗战爆发后,天津陷落,他又在南京浦口开设了一个更好的工厂并扩展到生产其他产品,是当时著名的化工企业家。1919 年,祁天锡的两位研究生毕业,被授予硕士学位。一位是施季言,他的毕业论文就是有关豆类的研究。他不仅是东吴大学的第一个生物学研究生,也是全国第一个生物学硕士。他对当地的粮食作物作了系统集中的研究,并于 1919 年在美国的《美国水稻杂志》上发表了研究成果,在当时曾引起包括美国科学家,农业部专家在内的广泛关注。另一个硕士胡经甫先生,在昆虫学方面的研究对中国昆虫学也作出了杰出的贡献。胡经甫从东吴大学毕业后,到美国康奈尔大学留学,师从昆虫学家 James G. Needham,获得博士学位。1920 年起担任东吴大学生物系主任,1926 年转到燕京大学任生物系系主任。

曾在东吴大学任职多年的戴荪教授[20]曾这样评述:“中国基督教大学的高等教育值得注意的现象之一,在于它们很早就一直强调自然科学。这是诸多条件综合作用的结果。与其他东方国家不同,例如在日本,那里的基督教学校更多地从事人文学科及其在艺术和社会科学方面的相关应用,因此,可以理解为什么这些中国学校能占有前沿地位……这些自然科学系科一开始往往很简单,通常只有一个传教士任教,但随后就能在规模和专业水平上稳步发展。……令东吴大学十分满足的是,它为此作出了不可磨灭的贡献。”[21]戴荪的评述应该说比较客观和中肯。

东吴大学早期研究生教育在近代教育史上的地位

从政府颁布的教育法规看,中国的研究生教育起步于20世纪初。1901年,清政府实行“新政”,翌年拟定《钦定京师大学堂章程》,其中已有“大学院”的名称。1903年,清政府正式颁布《奏定学堂章程》,为避免与“大学堂”名称相混,“大学院”改为“通儒院”。“高等学堂、大学堂,意在讲求国政民事各种专门之学,为国家储养任用之人才。通儒院,意在研究专门精深之意蕴,俾能自悟新理,自创新法,为全国学业力求进步之方;并设立中国旧学专门为保存古学古书之地。”[22]“通儒院学员之研究学期,以5年为限,以能发明新理、著有成书、能制造新器、足资利用为毕业。”“通儒院学员至第5年之末,可呈出论著,由本分科大学监督交教员会议所审察;其审察合格者即作为毕业,报明总监督咨呈学务大臣会同奏明,将其论著之书籍图器进呈御览,请旨给以应得之奖励。”[23]

由此至20年代,中国政府又颁布了一系列与研究生教育相关的法规文件,这些文件及主要内容如下:

1912年10月,公布《大学令》,规定:“大学为研究学术之蕴奥,设大学院。”“大学院生入院之资格,为各科毕业生或经试验有同等学力者。”“大学院生在院研究,有新发明之学理或重要之著述,经大学评议会及该生所属某科之教授会认为合格者,得遵照学位令授以学位。”并同时规定私立大学不设大学院。[24]

1915年1月22日,颁布《特定教育纲要》,规定:“学位除国立大学毕业,应按照所习科学给予学士、硕士、技士各字样外,另行组织博士会,作为审授博士学位之机关,由部定博士会及审授学位章程暂行试办。”[25]

1917年,公布修正大学令,规定:“大学为研究学术之蕴奥,设大学院。”“大学院生入院之资格,为大学本科毕业生。”仍规定私立大学不设大学院。[26]

从高校的办学实际看,中国研究生教育的起步可能不早于1915年。

20世纪20年代以前,中国创办的国立省立大学主要有3所:1898年创办的京师大学堂,1902年创办的山西大学堂,1903年创办的北洋大学堂。

中国政府关于私立大学的法令始于1912年。1912年10月,教育部公布《大学令》规定“私人或私法人亦得设立大学”。1913年1月16日,教育部又公布了关于私立大学的专门法规《私立大学规程》。20世纪20年代以前,中国创办的私立大学主要有南开大学等8所。[27]按当时法令,这些私立大学是排除在研究生教育之外的。

教会大学是近代中国高等教育的一个特殊组成部分。20世纪20年代以前创办的教会大学有8所。1901年,东吴大学创办于苏州,在美国田纳西州注册。1906年,上海圣约翰大学创办于上海,在美国哥伦比亚特区注册。1908年,沪江大学创办于上海,1917年在美国弗吉尼亚州注册;1911年,金陵大学创办于南京,获美国纽约州认可;1915年,金陵女子大学创办于南京,获美国纽约州认可;1917年创办的齐鲁大学,1918年创办于福州的福建协和大学,向美国纽约州注册。此外,还有创办于1903年的震旦大学,1912年在罗马教廷立案登记。

20世纪20年代以前创办的上述大学中,除东吴大学外,有研究生教育相关记载的只有圣约翰大学、震旦大学、齐鲁大学、沪江大学。

据卜舫济《记圣约翰大学沿革》,"嗣大学程度逐渐提高,始议及学生学位问题。于1906年在美京立案,为圣约翰大学,设文理科、医科、神学科,得授予美国大学毕业同等之学位"[28]。卜舫济没有具体说明硕士或博士学位的授予。据徐以骅等著《圣约翰大学》,"在院系设置方面,1913年圣约翰开设大学院(即研究生院),开始时仅限于文科。1920年魏艮声、董志柔、赵以信三人首先获得文科硕士学位"[29]。据此,圣约翰大学的研究生教育始于1913年。另据《圣约翰大学西学科先后卒业生(1895—1911)姓名职务全录》,该校毕业生谭以礼为"本校1908年医学博士",刁信德为"本校1908年医学博士,笨西斐泥亚大学1913年卫生学博士",俞庆恩为"本校1908年医学博士,笨西斐泥亚大学1913年卫生学博士",周诒春为"本校1907年文科学士,美国耶律大学1909年文科学士,美国伟斯根辛大学1910年文科硕士,1911年前清朝考进士,1915年本校文学博士",吴任之为"英国鲜斐尔特大学1907年工科学士,1908年工科硕士,1916年本校理科博士"[30]。据此,圣约翰大学早于1908年即有研究生毕业。

据李纯康《上海的高等教育》,震旦大学于"1905年组织董事会,筹办复活,于8月(阴历七月)间继续授课。至1912年夏,举行第一次毕业,得硕士文凭者12人;同时,由马良代向教育部请求立案,奉电准暂予立案。翌年,教育部主办的中央学会成立,规定会员须有国立大学文凭,并有选举、被选举权,嗣咨送各省的中央学会选举人350名中,震旦第一次毕业的12名硕士,完全列入,是教育部已无形承认该校和国立大学有同等程度了"[31]。另据上海档案信息网载有《震旦大学》:"1908年开始震旦采用了一套强化课程,以法国的学士学位教程为楷模,提出一套包括三年制预科和三年制高级教程教学体制,预科讲授法语、英语、历史、哲学、地理、初等数学、物理及其他自然科学;完成了预科课程并考试合格后,可进入高级教程的学习,该教程分人文科学、法学、医学和理学四大类(后来震旦在此基础上形成文学院、理学院、医学院及法学院),完成高级教程后,震旦的学生可获得相当于法国硕士学位的证书。……1912年起震旦开始颁发硕士学位证书。"

据郭查理著《齐鲁大学》,齐鲁大学1917年秋季大学招生情况为:文理学院预科24人、文理科60人、医前期24人、师范科16人、特别生8人、研究生2人,合计134人。另外,神学院51人、医学院118人。全校总计303人。[32]

据葛祖兰《记上海三所教会大学》:"1917年冬,美国佛吉尼亚州的教育部授权沪江大学颁发学位,承认沪大毕业生获得的学士学位。从此凡读完大学课程而平均分数得3分的,均能获得文学士或理学士学位。凡要得硕士学位的,第一必须先获得学士学位,第二必须至少读完28个学分,且平均分数不得在2分以下,第三必须写一篇论文,5月1日以前送交教授会审定。"[33]

应该注意的是,获得学士学位授予权而于研究生教育语焉不详者则有金陵大学、福建协和大学、金陵女子大学等3所。

如美国纽约省(州)教育部长允纽约大学校承认金陵大学堂来文原稿称:"自承认之后,中国所设之金陵大学堂,得享泰西凡大学所应享之权利,如募捐捐助请求……等等事件。但学士凭单向由该堂发给,今改由纽约大学校校董检发,转致金陵大学堂监督,发给毕业学生。"[34]

再如王调馨《记福建协和大学创办经过》称:"本校是民国五年(1916)春季成立的……

二月即于福州旧青年会址（今美孚洋行）开始授课焉。开办伊始，规模简陋，各科实验室多借用英华书院。民国七年，美国纽约州大学院承认本校各科程度与该院直辖各大学相等，欣然颁其学士学位与本校毕业生。”[35]

又如吴贻芳《记金陵女大的四十年》称：“1919 年，设在美国纽约的金陵大学托事部内的金陵女子大学托事部，也获得了美国纽约州立大学对金陵女大学士学位的认可。在金陵女大获得学士学位的毕业生，可以直接进美国大学的研究院攻读硕士学位。”[36]

研读以上史料，关于东吴大学早期研究生教育在近代教育史上的地位，似可得到这样一些结论：

其一，20 世纪 20 年代以前，共有圣约翰大学、震旦大学、东吴大学、齐鲁大学、沪江大学等 5 所大学有研究生学位授予权的明确记载，曾经授予研究生硕士或博士学位的大学只有 3—4 所，其先后顺序为：圣约翰大学（1908）、震旦大学（1912）、东吴大学（1917）、齐鲁大学（1917 以后）。由于圣约翰大学、震旦大学均已不复存在。东吴大学（现苏州大学）则是中国现存大学中最早授予研究生学位的大学。

其二，鉴于此前圣约翰大学所授学位仅涉医学、文学、理科，且为博士学位，震旦大学所授硕士学位很可能为医学学科，则 1917 年获得化学硕士学位的东吴大学研究生确实可以视为：“迄今为止能够确定的全中国最早的化学硕士。”1919 年获得生物学硕士学位的东吴大学研究生也应该是“迄今为止能够确定的全中国最早的生物学硕士”。

完全可以这样说：祁天锡和龚士的工作“给东吴大学带来全国的声望，并形成了东吴大学的优良传统”[37]。祁天锡和龚士所开创的东吴大学早期的研究生教育是他们对东吴大学的最大贡献。东吴大学早期的研究生教育是中国高校研究生教育园地一朵早早绽放的奇葩。

注释

［1］《东吴》第三卷第一号，民国六年二月十号出版，第 55 页。

［2］Printed at the Publishing House, M. E. Church, South, Nashville, Tenn.

［3］葛赉恩：《东吴大学校说略》，《东吴季报》第一卷第三期，民国七年七月十日出版。

［4］即陈调甫。

［5］《东吴大学大事记》，《东吴季刊（The '22 New Atlantis）》，第 18 页。

［6］Important Dates of Soochow University，《东吴季刊（The '22 New Atlantis）》，第 18 页。

［7］文乃史：《东吴大学》，王国平等译，珠海出版社 1999 年版，第 46 页。原书注：“中国化学研究的开始”。窦维廉（W. H. Adoph），北平《自然史公报》，18（3），149（1950）。

［8］陈歆文：《从制碱元老到油漆大王的陈调甫》，《纯碱工业》2000 年 4 期。

［9］［10］［11］［13］王志稼：《悼祁天锡博士》，The Tung-Wu Magazine, Special Biology Number, Soochow University, June 1938.

［12］龚士致科克兰信函，1916 年 7 月 25 日，龚士文档，转引自 Xiaoguang Xu, A Southern Methodist Mission to China: Soochow Universityk, 1901—1939, p. 108.

［14］［15］William J. Haas, China Voyager: Gist Gee's Life in Science, M. E. Sharpe, An East Gate Book, Armok, New York. p. 120, p. 137.

［16］Earnest V. Jones to James H. Kirkland, July 25, 1916. E. V. Jones Papers, Special Collections, Jean and Alexander Heard Library, Vanderbuilt University, Nashville, Tennessee. 转引自 Xiaoguang Xu, A Southern Methodist Mission to China: Soochow University, 1901—1939, p. 106.

[17][19][21][37] 文乃史:《东吴大学》,王国平等译,珠海出版社1999年版,第46、48、44、45页。

[18] Earnest V. Jones to Frank Glliland, May 14, 1936. E. V. Jones Papers, Special Collections, Jean and Alexander Heard Library, Vanderbuilt University, Nashville, Tennessee. 转引自 Xiaoguang Xu, A Southern Methodist Mission to China: Soochow University, 1901—1939, p. 108.

[20] 戴荪于1919年至1946年间在东吴大学任职,曾任文学院副教务长、生物供应处主任。

[22]《奏定学堂章程·学务纲要》,参见朱有瓛主编《中国近代学制史资料》第二辑上册,华东师大出版社1990年版,第80页。

[23]《奏定学堂章程·大学堂附通儒院章程》,朱有瓛主编《中国近代学制史资料》第二辑上册,华东师大出版社1990年版,第820页。

[24] 潘懋元、刘海峰编:《中国近代教育史资料汇编·高等教育》,上海教育出版社1993年版,第365页。

[25][26] 璩鑫圭、唐良炎编:《中国近代教育史资料汇编·学制演变》,上海教育出版社1991年版,第757、816页。

[27] 参见霍益萍《近代中国的高等教育》,华东师范大学出版社1999年版,第109页。

[28][30][31][33][34][35][36] 朱有瓛、高时良主编:《中国近代学制史料》第四辑,华东师范大学出版社1993年版,第428、447、405、632、588、659、656页。

[29] 徐以骅、韩信昌:《海上梵王渡 圣约翰大学》,河北教育出版社2003年版,第21页。

[32] 郭查理:《齐鲁大学》,陶飞亚、鲁娜译,珠海出版社1999年版,第128页。

原载《江海学刊》2007年第1期

东吴之人文学术传统

钱仲联

国内外声名洋溢之上庠，无不具有源远流长之文化学术传统，域外如牛津、剑桥，禹域如北大、清华皆是也。苏州大学，今日矗立于东南之上庠也。其前身之大学非一，而东吴大学建校为最先。远在曼殊朝光绪辛丑前，即已建立，辛丑岁即正名为东吴大学堂，为余降生前八载，迄今约百年矣。苏大文学院今日之成就辉煌，后海先河，溯源自当上及东吴建校之初矣。

东吴建校，即聘我乡黄人摩西为文学总教习，犹今世之主任也。与摩西同时任教者，余杭章炳麟太炎、吴县吴梅瞿安、常熟金叔远鹤冲，俱当时学林巨子，各有不朽之著述传世。

黄人，原名振元，中岁改名人，慕韩、摩西其字，辛亥革命后，忧时发狂疾逝。吴梅称其于学无所不窥，凡经史、诗文、方技、音律、遁甲之属，辄能晓其大概，故其为文，操笔立就，不屑于绳尺，而光焰万丈，自不可遏云云。吴江金天羽撰《苏州五奇人传》，奉摩西为魁首焉。所著《中国文学史》，煌煌 30 巨册（常见之排印本为 29 册，苏大图书馆珍藏有后发现者 1 册），乃摩西在校为诸生讲授之讲义，随编随印，时间迫促，则同事金叔远助之勘对引书并助之书写，至宣统元年前后，大体完成，为我国巨型文学史著作之先驱。其书金叔远以为从文字文肇始，以至极盛时代、华离时代，无所不详。其中爱国精神之表著，特为炽烈，以为国有语言文字，此其国必不劣；吾国之文学精微浩瀚，外人骤难窥其底蕴，故不至如矿产路权遽加剥夺。如媚外而不知自爱，则不待人之灭我而我行将自灭也。书中又昌言言论思想之自由，漉糟粕而出精华，阐述文学与真、美、善之关系，发展变化与世运迁移之关系，宣扬小说与杂剧之重要意义与地位。同时之文学史，罕有见及此者，盖一书之意蕴，史学、哲学、美学胥寓焉。摩西又创办《小说林》，撰《小说小话》，为提倡通俗文学之实践。其自为诗词，有《石陶梨烟室诗》、《摩西词》，拓胡天游、龚自珍之异境而大之，鬼出电入，石破天惊，抉清末同光体及词苑王鹏运，郑文焯、朱祖谋、况周颐四大家之樊篱而破之，摩西自题其集云："安得美人都化月，山河留影无生灭。"盖自知者明焉。

章炳麟为清末汉学家古文学派大师，黄人与之共事，不徒服其博学，且同怀革命豪情。至于文学，章、黄所见，并不契合。章氏为清廷搜捕，摩西匿之于校外私人寓室，并护之乘火车赴沪避祸，交谊之笃，可以风世。章氏学术，世多论述，无待余之饶舌矣。

吴梅，籍本苏州，以曲学名高一世，与王国维氏齐驱。摩西与之交深，引入东吴讲席。吴氏所著《风洞山传奇》，虚构明末义士反清故事，寄寓反清复汉之怀，有足多者。

金叔远鹤冲，黄人同乡挚友，既助黄完成《中国文学史》，又编《钱牧斋先生年谱》，专为牧斋晚年反清志业，表微阐隐，盖亦托古以见志者。

由上可知，当时诸先生群集东吴讲舍，极一时之盛。合志同方，营道同术，盖有越于人文学术领域之外者矣。

在诸先生之后二三十年，长期任东吴中文系主任者为凌景埏先生。先生雅好度曲，尤精散曲，著《全清散曲》一书，开近世治散曲蔚然成风之先声。中国雅文学与通俗文学，合为一家，先生能之。东吴之人文学术传统至是开婺尾之花焉。

余生也晚，后于东吴之创建已八载，早期讲学诸贤，仅金先生叔远，在虞乡时，常奉手，因得备闻当日掌故。今则早中期诸先生俱已谢世，使余不胜惘惘之感矣。

原载《苏州大学学报》（哲学社会科学版）1999 年第 1 期

东吴大学法学院的历史贡献

谭金土

说明：这篇文章曾刊登在《老照片》和《检察日报》绿海副刊，在没有通知的情况下为陈远先生编入《逝去的大学》一书，改成现在的题目，似乎我是东吴大学法学院毕业生了。一年后，在网上搜索得知我的文章被录入集子，便设法与陈远先生取得联系，他答应给我寄书和稿费，只是后来我没有告之我的联系地址，他们便也心安理得地再也没有与我联系了。

如今这篇文章为各大网站广泛转载，只是原来刊登的大量照片没有转载。

回顾东吴大学法学院(1)

在法学教育史研究界，历来就有“北朝阳、南东吴”的说法。“北朝阳”是指北京的“朝阳大学”，它是民国元年（1912 年）由汪子健先生倡导、北京法学会同仁集资创办的国内第一所专门研究和教授法律的大学。“南东吴”则是指上海的东吴大学法学院。东吴大学法学院是由美国人创办的一所以研究英美法为主、兼及国内法的比较法学院。上海的东吴大学法学院是苏州东吴大学的一个分部。

苏州东吴大学是由美国基督教差会监理公会开办的教会大学，1900 年 11 月在美国田纳西州取得执照，核准开办“文学、医学和神学系，以及可能被认为适宜的其他系科”，校名为“东吴大学”（Soochow University 的中文名）。东吴大学建有 3 所预备学校：苏州的第一中学、上海的第二中学、湖州的第三中学。上海第二中学在 1914 年聘请了美国人兰金（C. W. Rankin）当校长。兰金先生是一名在上海租界开业的律师，他希望除了在中学工作外，还可以为东吴大学做些其他有益的事情。

时值辛亥革命取得胜利，清王朝被推翻不久，资产阶级民主革命的成果需要一系列法律规范来巩固，宪法要编写，各类法律条文要起草，新建的政府需要设立各级法院并配备法官、检察官，还要有大批的律师为社会各界提供法律服务。由于当时的中国法律人才奇缺，尽快培养中国的法律人才是当务之急。谁来担当培养这些人才的工作呢？兰金先生凭借他的职业敏感抓住了这个机遇，他想，他可以充分利用自己和在上海法律界的朋友们的法律知识，为新生的民国政府培养法律人才作出贡献。

当时，在上海有许多与领事法庭、特别是和英国最高法院以及美国在华法院有关系的律师和法官，更不要说中西结合的“会审公廨”的法官和律师了，在上海还有一些在国外获得法律学位的归国留学生。为什么不利用第二中学的教室办个夜校，聘请那些从法庭下班后的司法人员，为那些完成了白天学业后的学生们进行法律知识的培训呢？兰金先生为此征询了美国法庭的罗炳吉（Charles S. Lobingier）大法官的意见，罗炳吉热心地支持这个计划，并答应做兼职讲师。其他的一些律师也随之答应充当兼职讲师。其中，在 1922 年至 1949 年期间，美国在华法院首席检察官陆赉德（George Sellett）博士就曾长期在东吴大学法学院当兼职讲师。

1915年9月3日,“中华比较法律学院”(即东吴大学法学院)正式成立,兰金先生任教务长。一开始,学生人数不到10人,而讲师却有十多人。1918年6月,首批7名学生被授予法学士学位。1924年以前,东吴大学法学院一直利用位于上海昆山路20号的东吴大学附属第二中学的教室上课。1924年,东吴大学法学院搬到了昆山路11A号,从此,法学院才有了自己的教室、办公室、餐厅和宿舍。

兰金先生与东吴大学的合约1920年到期,此后由美国人刘伯穆(W. W. Blume)先生接任东吴大学法学院教务长。1927年4月,刘伯穆先生辞职,由吴经熊博士接替教务长的职位。

据刘伯穆后来回忆,法学院于1915年创立时,要求在新生资格审查期间,所有被录取的法学院学生必须是正规中学毕业后并在被认可的学院或大学里修满两年课程的学生。并且,所有申请者都要有运用英语的能力,审查期末还要求申请者具有运用官话(即北方话)的能力。

这种做法是效仿美国的法学院的经验,但不久,美国法学院的入学条件提高了。所以在1924年到1925年的学校招生布告中提出了新的要求:“所有计划进入法学院、特别是希望到国外继续研究深造的学生,都必须要在入学前完成文学士课程(或至少三年课程),这是参照于美国著名法学院目前的入学要求。”

一个准备就读法律的学生首先要在东吴大学文理学院修完3年课程,然后再到法学院专攻法律课程,他花6年时间才可以取得文学士和法学士双学位。这种捆绑式的法学教育是美国著名的法学院校采用的办学方式,这样做也大大提高了东吴大学法学院的教学质量。

东吴大学法学院办学之初,常规的法律课程是每天3小时,从周一到周五,每天下午4点30分到7点30分上课。将课程设在傍晚时分是为了便于兼职的法官和律师来上课。同时,学生也可以利用白天的时间来做一些兼职工作以资助自己。

招生布告中说:“办学的目标就是使他们完全掌握世界主要法律制度的基本原理。办学的重要目的是培养一代能为中国新的、更好的法律制度作出贡献的人才。”为了达到这一目的,民法、英美法、中国法三个系统的法律制度课程一并开设。在学习三个法律系统的基础课程的同时,学生可以作比较。对于学校的学习计划,哈佛大学的M. O. 哈德逊教授在学校的一次发言中说:“对国内法的教学建立在对英美法及民法进行比较的基础上,你们学校是我所知的惟一的真正名副其实的比较法学校。”

在1920年至1927年这段时间,只有与中国法有关的几门课程是用汉语教学的,而其他大多数课程都是用英语教学。广泛的英语训练使得学生以后能在英国和美国顺利完成他们的研究学业。

学校在1921年组织了一个实习法庭(模拟法庭),法庭在周六晚上开庭,由学生充当律师、陪审员和证人,从外面请来的律师、法官和本校的一些教师充当法官。轮流演示3套法律程序——中国法庭(用汉语)、混合法庭(中、英互译)以及英、美法庭(用英语)。

东吴大学法学院的教学方式也比较特别,开始是采用“教科书式”的教学方式。1923年以后,引进了美国法律院校普遍采用的“案例教学法”。大概因为英美法属案例法,熟悉大量的经典案例是培养成功的法官、检察官和律师的必备条件。同时,“案例教学法”一反条文式的、死记硬背的、枯燥乏味的教学方法,使法学教育显得生动活泼,乐于为学生接受。

1920年时法学院只有一位专职教师，即教务长，其他教师都是由当地的法官和律师兼职的。采用兼职教师的办法是由当时的历史条件决定的，兼职教师解决了当时师资紧缺的矛盾，但兼职人员业务上的压力常常使他们根本无暇来上课，不停地调课打乱了学校正常的教学计划。为此，建立专职教师队伍的工作成为学校的当务之急，早期在东吴大学法学院毕业后到国外深造回国的校友就成为首批人选。

1922年，一份以中英文两种文字印刷的法学刊物《法学杂志》以季刊的形式在东吴大学法学院出版。在创刊号的发刊词中，教务长刘伯穆先生这样写道："法学杂志的方针可以概括为以下三重含义：第一，将国外法律原理介绍到中国，并使外国了解中国的法律原理；第二，推进中外法律原理的比较研究；第三，在中国广泛传播这些法律原理知识，为中国法律改革作准备。"

回顾东吴大学法学院(2)

一位中国学者在1936年写道："中华比较法学院在它20年的历程中共有95位毕业生到国外大学去深造。近来一则报道表明有72名毕业生现在在学院和大学从事教学工作；40名在中学当行政管理人员和教师；1名毕业生成为一所公立法律学校的校长，3名成为私立法律学校的校长；有31名当了法官；41名在政府部门工作；有7名成为立法院编纂委员会成员；2名在教会工作。上海工部局中的9名律师中，有7名是比较法学院的毕业生。"

由于人们所熟知的原因，20世纪50年代初，教会大学绝迹于中国大陆。东吴大学的命运也是一样。教会大学在中国大陆绝迹已经50多年了，在我们讨论教会大学的种种弊端之时，也应该客观地分析这种新式高等教育对中国的贡献。教会大学曾经是中国新式高等教育的先驱。章开沅在《中国教会大学史研究丛书》的序言中说："中国教会大学诚然是与西方殖民主义相伴而来，并且其初始阶段又主要是为基督教的传播服务。但到20世纪20年代，在中国民族主义浪潮的猛烈冲击下，中国教会大学不能不作相应的调适，经过本土化、人间化、学术化的艰苦历程，逐渐成为中国高等教育的一个重要组成部分。"

曾在金陵大学任教的芳威廉博士(William B. Fenn)在《教会大学在变革的中国》一文中这样说："教会大学的贡献，是培养了一大批有良好训练且在社会各层面有很大影响的男性和女性，而这正是国家最需要他们的时候。""中国教会大学的重要贡献还在于增进国家之间的相互了解与友谊。通过学校提供的语言、知识、价值和外国教职员，引进了西方好的东西。同时，也通过他们，中国的知识被翻译和示范而介绍到西方。他们担任精神的和文化的使节，协助向东方解释西方，向西方解释东方，虽然受到帝国主义的牵连和外洋性格的妨碍，作为西方文化的介绍者，他们参与了中国文化、社会和政府的伟大革命。"

在我们回顾东吴大学法学院的历史的时候，觉得芳威廉博士的评价是妥当的。

原载《比较法研究》1996年第10卷第2期

社会学在东吴大学发展的历史追溯

林闽钢　田　蓉

社会学从西方传入中国有两条途径：一是依托早期在中国开办的教会大学的课程设置和教学活动，二是对早期西方社会学著作的翻译。作为苏州大学前身的东吴大学，是创办于1901年的教会大学，在办学上取得过显著的成绩，也是在中国最早开设社会学课程及开展研究的高等院校之一。此后，社会学随着东吴大学的兴衰经历了几个发展阶段。

一、社会学在东吴大学的发展初期（1932年以前）

东吴大学早在1917年之前就开始设立社会学课程。据现有文献记载的介绍：

... Many of the department have continued through from the first. Such as Bible, English, History, Political Science, Economics, Philosophy, Mathematics, Chinese, and Science. Many of these have enlarged, and other departments have been added. Courses in Economics were enlarged in 1911, with the coming of Dr. J. W. Cline; the courses in Political Science in 1913, with the coming of C. W. Rankin; the courses in Sociology in 1917, with the coming of T. C. Chao... German was added by Mrs. J. W. Cline in 1914[1]16.

东吴大学能在1917前开设社会学课程，与它作为一个教会大学有关。在东吴大学二十五周年纪念特刊《回溯》中，提到"Since the University had its immediate beginnings in a school that was opened in Soochow to meet the demands for Western learning the wume of study in the early years was putemed after he Airerican college comes and was mode up largely of Western subjects, taught in English"。在文乃史的《东吴大学》一书中也提到，"最初几年间，在东吴大学的美国教师或多或少自动地再现了他们在美国大学所学的文科课程和少许理科课程。他们中的任何一位都能够并在情况需要的时候视为当然地教授几门课程。"[2]107而这样一种情况与当时社会学在美国大学的发展是相对应的。从1889—1892年，共有18所大学正式开设社会学这门课。1892年，芝加哥大学办起了美国的第一个社会学系。到1910年，美国多数大学都开设了社会学课程[3]107，所以东吴大学开设社会学课程是美国大学课程设置在中国的延伸。

值得一提的是，在东吴大学建校之初，国学大师章炳麟节译了《斯宾塞尔文集》，1899年，他把《訄书》编辑成刊并在苏州付梓，其中社会学论文约占篇目的四分之一[4]。可见，这位后来在东吴大学任教的名家，不仅了解社会学，而且重视社会学，同时也在苏州为东吴大学创造了一定的社会学氛围。

据现有文献记载，最早在东吴大学教授社会学课程的中国人是赵紫宸先生。赵紫宸，浙江吴兴人，1906年东吴大学附中毕业，后继续在东吴大学学习，直到1910年毕业，又赴美国Vanderbilt大学深造，获道学士、文学硕士学位[5]42。1917年，他开始在东吴大学教授社会学，1922年成为学校的第一任教务长、教授会主席，直至1926年。1927年离开东吴大学去燕京大学宗教学院任院长之职。1926 年,在东吴大学校庆 25 周年纪念典礼上与马寅初等获荣誉博士称号[6]6。

1917 年,赵紫宸在东吴大学开设的社会学课程是东吴大学社会学史上最早可查的课程设置[7]24-25:社会学概要、社会管理法、社会经济学、社会进化学。

尽管东吴大学很早就开设了社会学课程,但东吴大学社会学系的明确设立时间,也暂无文献可考。据现有文献记载,最早出现"社会学系"是在 1926 年。在《回渊》中刊有"社会学系学程纲要"的具体内容[1]86。1926 年,东吴大学社会学系已有了系统的课程纲要,设置了 19 门课程,并规定了社会学主科副科的学生的应修课目。这标志着东吴大学社会学已步入正轨。而在当时的中国高等院校,1916 年,北京大学才真正开设了社会学课程,……继之,1921 年厦门大学设立历史社会学系,1922 年大厦大学、中央大学设立社会学系[8]100。可见,东吴大学设立社会学系也是走在当时高等院校前列的。

在东吴大学社会学早期的发展过程中,东吴大学师生对此学科的热忱,对社会的关注也日益唤出。早在 1906 年,东吴大学即发行了全国最早的高校学报《东吴月报》,该刊创刊号名为《学桴》,随后几度改名。学报反映了不同时期的学校概况和研究成果,所刊文章,可归结为十个方面:爱国思潮的兴起、中国语言文学的研究、近代教育思想之确立、家庭改革和妇女解放、苏南近代社会研究、苏南工业兴衰问题、农业破产问题、劳工问题、人口问题与国际关系问题。其中,涉及社会学面的内容占了大部分[9]15-16。1921 年 9 月,东吴大学社会科学部(The Social Science Club)成立。"本部定名叫做社会科学部,包括政治学、经济学、社会学这三种学问是我们所研究的理论之外并且实地调查国内政治经济社会种种状况。"[10]158同年,东吴学会(The Central Organization of Clubs)成立。"学会的组织设有社会学、哲学、教育学、宗教学、生物学、理化学、地质学、算学八部,各部有规定的简章,大学都是奋力的猛进,互相争胜。"[10]146

1927 年赵紫宸先生的离开,对东吴大学社会学系的师资造成了一定的影响。1924—1932 年间,先后又有 S. H. Lowrie(B. A. Rice Institute;M. A. Columbia University)、慎闻达(美国西北大学文学硕士;爱慕尔大学道学士;耶鲁大学研究员)、巴克蒙(美国韦斯莱因大学文学士)、钱长本(美国伦多府麦加女子大学文学士;纽约社会服务研究院研究员)、尤敦信(B. S. Soochow University;M. A. Ohio University)等加入社会学的教学,其中有几位是外系如英文、经济系兼职的教师。在课程设置上,1927 年期间主要开设社会学概论、近世都市理论、家庭论、社会心理学和农村社会学。1930 年后又增开了社会调查、社会组织、社会福利讲义课程。而在 1929 年,东吴大学法学院预科出现了潘光旦先生的名字,他主要教授心理学、社会学,现在来看,这在东吴大学社会学史上也是很有分量的一笔。

二、社会学在东吴大学的发展中期(1933—1942 年)

1933 年,东吴大学的社会学系建设步入一个新的阶段。Helen. Cled.(B. A. Randolph Macon Woman's College;B. D. ,M. A. ,Duke University)以及朱约翰(B. A. Soochow University;M. A. ,Ph. D. Vanderbilit University;Graduate Student,George Reabody College for Tealhs University of Chicago)[11]来到东吴大学社会学系。另斯密斯博士(耶鲁大学哲学博士,伯明翰大学宗教系主任)访问讲学。这一时期尤以朱约翰先生和前期到来的魏廉士先生倾注了很多心血于社会系的发展,主修社会学的学生人数也日增,自 1935—1937 年共有 9 人毕

业[12]10-11。学生的社会调查活动也在导师的指导下如火如荼地展开了。社会学系还系统开设了社会调查方法的课程,以指导学生的调查方法。

这种积极的关注社会、服务社会、改造社会的倾向,与当时中国二三十年代的乡村建设运动是遥相呼应的。而适时东吴大学的朱约翰先生正是一名乡村建设运动的响应者[13]83,魏廉士先生也指导学生展开对苏州周边地区的调查。在东吴大学期刊《老少年》中记载社会学会调查农村中提到"本校社会学会,为本校中新兴之学术团体,……该会有于中国农村问题之重要,故开第一次成立大会时,即议定调查苏州农村。……决定就葑门外大塘及杨枝塘二村着手。十一月四日为该会首次调查之日。……五十余人,分乘三船,向该两村出发。……因村民等亦极愿与该会合作,故问此行成绩甚佳。现尚拟继续调查南园一带云"[14]9。1936年的《老少年》中关于"暑期农村服务团补志"的记载:"本年六月,本校曾接得南京新生活运动促进总会来函嘱鼓动学生利用假期回各乡村作服务工作。……由社会学系教授朱约翰博士着手组织东吴大学暑期农村服务团。七月十五日,全体团员由朱约翰博士率领赴苏城东八里北里巷村,调查全村状况,绘制地图、开办小学。八月十三日返校。吴县日报连出工作报告专刊两天,'利溥农民'。"[14]16这些实地调查丰富了学生的阅历,启发了救国之思想,更激活了学生的精神。当时"社会学会在本校社会学系主任教授朱约翰博士指导之下,会务突飞猛进,会员之多,精神之佳,在各学会中所罕见"[14]8。但必须看到,朱约翰先生作为留美四年的博士,当时立志乡村建设的思想与行为,不可避免地受到美国乡村生活运动的影响,而且他与魏廉士先生一样,也是宗教信仰、社会理论与实际运用的结合者[15]83。魏廉士先生创办了全方位的"宗教活动计划",吸引了大批学生和教师[2]107。他强调宗教在生活中的实际作用。而此是否适用于中国的实际是受到质疑的。不可否认的是,这样的一些活动为社会学本土化进行了初步的尝试。

1937年,抗日战争全面爆发,战火蔓延到苏州,东吴大学师生为避战火的威胁,全面迁离苏州,其中部分迁往上海租界。东吴大学的社会学系也随至上海。上海有无数的机构提供许多田野工作机会,有名家讲课,同时上海本身作为一变迁的大都市也是研究的好环境。这一时期的东吴大学社会学系应时所需,在办学重点上转向社会工作事业人才的培养,课程体制日益健全,师资力量得到了充实,而生源也出现了前所未有的增加。社会学理论的价值现实地与当时中国社会结合了起来,投身于社会工作、社会福利事业,东吴大学社会学系在这一阶段成熟壮大了。

在1939年,《Soochow University Report of the President》中这样记载,东吴大学的战时重建包括"物质恢复和社会重建"两个方面,同时东吴大学还明确"调整各系课程,……社会系则仍维持原有宗旨,偏重于造就社会事业工作人员"[16]21。这种转变,是理论发展的需要,更是社会发展的必然。

在这一时期,在上海的四所基督教大学(之江大学、沪江大学、东吴大学、圣约翰大学)联合办学,互聘老师,允许学生在经双方教务长同意下跨校修课,使得战时的教育资源合理配置,得到最有效利用。而四校社会学系也积极会晤召开联合教授会议,扩大社会学系课程,删除重复设置课目,允许学生在任一院校修课。并且,邀请上海各社会工作团体负责人员,召开联席会议,讨论社会学系与本市各团体的合作事宜[17]3。东吴大学的社会学系借此时机发展自己,陆续添聘了高践四先生、高君哲女士(燕京大学社会学系学士,美国纽约大学硕士、纽约社会工作研究院毕业)、俞庆棠女士(美国哥伦比亚大学教育学硕士)、严景耀博士(燕京大学社会学系学士、美国芝加哥大学哲学博士)、雷洁琼女士(加利福尼亚大学社会学硕士,历任燕京大学社会学系教授及中正大学教授)、应成一先生(复旦大学社会学系主任、本校法学院院长)、谭明德先生(纽约大学法学博士)等在当时乃至现今都是很有影响力的学者,其时东吴大学社会学系的实力可窥一斑。有文献记载,"本校社会学系自添聘高践四先生担任四大学联合讲座教授农村社会学一课后,除本校学生踊跃选读外,沪江、约翰等校社会系之主科学生,亦无不争相选读,该课学生因之甚众。""社会学系合作运动一课,自开班后,有沪江大学三四年级学生九人,约翰大学学生二人,选修此课,并曾请下列各家来校演讲: Mr. Theodo Herman, Mrs. R. N. Anderson, Miss Mary Ellen Hawk, Mr. Alec Camplin,凌静山先生。"[18]3 无疑,上海这个国际性大都市给了东吴大学社会学系前所未有的发展机遇。

这一时期,东吴大学社会学系的教学比在苏州办学时更规范化、全面化。主要的标志是东吴大学文理学院社会学系要纲及社会学课程体系的确立。早在 1939 年的《要纲》里,就明确了社会学系的宗旨"供给学理的研究及实际的经验,俾学者于社会改良获得相当之预备而对于我国今日复兴事业能尽一份之贡献;按社会学之研究能使一般社会生活者获聆极丰富之教材,又可预备学者为未来之教师,惟本系之主要目的为造就社会事业工作人员,可于救济及建设两方面作专诚之服务"[18]1。并且制订了四个学年的研究计划,拟定社会学系主科必修课程共 19 门、159 学分。到 1941 年的《要纲》中,又增加了"分组"的规定,"本系根据部定课程标准,拟具中心学程,作选课向导,分成三组如下:(甲)社会学普通组、(乙)社会工作组;(丙)社会教育组。"并对学分分配作了新的规定,要求修满(甲)文学院共同必修学分 60 分,社会学系共同必修学分 44 分、社会学系分组必修学分 21—23 分和其他选修学分 11—19 分,共计 138—144 学分。

这一时期,东吴大学社会学系的学生数目成数倍增加,到 1914 年 10 月,学生人数达 84 人。这段迅猛发展期在 1942 年被打断。由于日本人接管了租界,东吴大学被暂停所有的公开活动。社会学系的学生首先打破这个局面,进行了课程重建活动。他们希望留存上海的教师能继续授课,采取一种非正式的形式,在家里聚会或租借教室上课。这个建议被教师采纳,秘密教学活动就这样开始了。后来其他系也陆续效仿,东吴大学在这样的基础上以一种分散的、小群体的形式复课至战后[19]3。

三、社会学在东吴大学发展的后期(1942—1951 年)

在 1942 年至 1945 年的三年半期间,东吴大学开始是秘密教学,其文理学院分布在五个不同地方,先用"普制班"为名,后与之江大学共用"华东大学"为校名授课。此后,为避战火。东吴大学部分南迁至广东曲江。1942—1945 年间东吴大学社会学系共毕业了 21 人。

至 1945 年 9 月,东吴大学的各学院和中学都重开学。10 月 1 日,所有院系的班级都已开课。其中社会学系招收了 9 名新生,1946 年春又招收 10 名学生,其间,社会学四个年级共计 48 人。当时,仍有钱长本教授社会学,雷洁琼开设社会学原理、社会问题、农村社会学、都市社会学、儿童福利问题、妇女问题的课程。1946 年度第一学期,东吴大学文理学院大部分学生迁回苏州校址上课。回苏州后,社会学系以惠寒小学为对象,举办义务教育,成绩甚佳[20]5。惠寒小学是在 1910 年由校基督教青年会筹办的一所义务教授贫困失学儿童的学校。基督教青年会选一成员为当年该校校长,再由他征集大学学生作教师,利用课余时间给这些儿童授课。抗战期间停办。战后重建,成为社会学系学生的社会工作重点。

这一时期,社会学系开设的课程已没有1938—1942年那么丰富,如1946年文学院的课程设置的社会学类共有九门课程,分别是:Social History of China,Social Problems,Social Psychology,Urban Sociology,Social Case Work,Field Work,Public Health,Problems of the Youth,Social Education,当时有6名教师授课。至1948年,社会学系作为当时文学院的5个主要系科之一,开设8门课,学生人数46人[21]17。1947—1949年间,社会系共毕业28人。1950年,社会学系在读学生有37人,教师4人,1951年秋,华东地区院系调整时东吴大学社会学系并入复旦大学。

四、结　语

东吴大学作为一所教会大学,它的社会学源起和发展是依托教会学校从西方传入的,这种形式是社会学进入中国的两个途径之一,一开始就带着宗教的色彩。当然,在社会学传入中国后的近半个世纪的社会变迁中,社会学理论付诸于改造中国现状的行动不乏有成效者,但教会学校的社会学理论终究难以实现它的本土化,更说不上改造中国社会。从东吴大学社会学系发展时期两次较典型的活动已说明了这一点。一次是1933—1937年的乡村建设活动,意图用宗教精神整合农村民众,重塑一种和谐的社会经济秩序,被历史证明了是理想化的远离农村问题的症结与本质的。另一次是1938—1942年期间的战时社会工作,在当时的中国,仅仅凭藉一种改良主义的宗教精神指导社会工作,也非拯救当时中国的有效途径。社会学要真正为社会服务,是需要从西方的理论中脱胎换骨的,只有实现了本土化后的社会学理论才是有效地了解和服务中国社会的理论,也只有在这种理论指导下的社会工作实践,才能奏效于中国社会。

参考文献:

[1]《回澜》(油印本,东吴大学二十五周年纪念特刊社编印,苏州大学档案馆资料).

[2] 文乃史.东吴大学[M].王国平,杨木武译.珠海:珠海出版社,1999.

[3] 王康著.社会学史[M].北京:人民出版社,1983.

[4] 林闽钢,李保军.章太炎与中国社会学[J].社会学研究,1999,(1).

[5]《东吴年刊》(1922年,油印本,苏州大学档案馆资料).

[6]《东吴大学文理学院历届毕业生数统计,毕业生名册》(1907年—1949年,油印本,苏州大学档案馆资料).

[7]《东吴大学实录》(1919年,油印本,苏州大学档案馆资料).

[8] 韩明谟.中国社会学史[M].天津:天津人民出版社,1987年.

[9] 张梦白.东吴大学历史文献简介,中国教会大学文献简介(油印本,苏州大学档案馆资料).1995.

[10]《东吴年刊》(1922年,油印本,苏州大学档案馆资料).

[11] Soochow University Bulleting Announcement of Courses College of and Sciences(1934年,油印本,苏州大学档案馆资料).

[12]《东吴大学文理学院历届毕业生数据统计毕业生名册》(1907年—1949年,油印本,苏州大学档案馆资料).

[13] The Tung Wu Magazine of Soochow University(1937年,油印本,苏州大学档案馆资料).

[14]《老少年》(1936年,油印本,苏州大学档案馆资料).

[15] The Tung Wu Magazine of Soochow University(1937年,油印本,苏州大学档案馆资料).

[16]《东吴大学报告书》(1939 年,油印本,苏州大学档案馆资料).

[17]《东吴通讯》(1939 年,油印本,苏州大学档案馆资料).

[18]《东吴大学文理学院社会学系要纲及社会学系课程》(1939 年,油印本,苏州大学档案馆资料).

[19] M. O. Williams, Memorandum Regarding the work of the Department of Sociology, Soochow University (1944,油印本,美国耶鲁大学神学院图书馆资料).

[20]《东吴校闻(曲江创刊号)》(1943 年,油印本,苏州大学档案馆资料).

[21]《东吴大学发展史:现状、计划、条例、校政会各组织名单》(英文,1941 年—1948 年,油印本,苏州大学档案馆资料).

原载《苏州大学学报》(哲学社会科学版)2001 年第 2 期

东吴大学英语教学历史研究

祁晓韵　顾卫星

东吴大学于1900年创办，是最早建立在我国的教会大学之一。在东吴大学建立和发展过程中，同属于美国监理会创办的博习书院、宫巷书院和上海中西书院先后于1899年、1901年和1911年直接或间接并入东吴大学。1913年，东吴大学组织校友会，对于所有并入东吴大学的各书院毕业生，他们的会员资格一律与东吴大学的毕业生平等[1]。根据这一精神，东吴大学英语教学应包括博习书院、宫巷书院，特别是中西书院的英语教学，它们是广义上的东吴大学英语教学的重要组成部分。

一、英语教学发展概要

1. 博习书院

1871年，美国监理会传教士曹子实（Charley Marshall）在苏州十全街开办了一所"日校"。1876年，潘慎文（Parker，A. P.）来苏州协助曹子实发展学校，同年"日校"更名为"存养书院"。1879年，存养书院迁往天赐庄，1884年更名为博习书院。因"学校的发展就是传教的主要任务"[1]9，博习书院开设地理、初等自然科学和数学等课程，不开设英语课程。在博习书院，"学生使用他们自己的语言，接受到相当于当时美国的初等和中等教育。同时运用种种影响以使他们懂得基督教信仰，希望他们能像他们的老师那样，今后能献身于基督教的实践和传教事业"[1]9-10。学生只能自学英语。1895年，韩德明（Hearn，T. A.）接任潘慎文任博习书院监院，学校规模逐渐扩大。基于"英语教学也是教会教育的一个重要部分，必须进行，以与教会的其他传教工作相联系"[2]16的思想认识，博习书院从此时开设英语课程，收取学习费用，以满足社会对英语人才的需要，并逐渐允许已经学完或即将学完规定中文课程的在校生免费学习英文，以缓解学生之间的矛盾。因为学英语要付费，"付费的学生瞧不起免费上学的孩子，反过来，免费生又妒忌他们能有学习英语的机会"[1]18。1899年，由于形势的发展，博习书院并入上海中西书院。

2. 中西书院

19世纪80年代，中国社会对学习英语和西学的认识发生了深刻的变化，人们再也不认为"外语只是对那些做生意和干外交的人才是重要的"[3]72，而是期盼通过学习英语和西学，以谋求新兴职业。中国政府大量创办新式学堂、派遣留学生的做法"启迪了林乐知（Allen，Y. j.）创办一所现代大学的理想，这所大学将聚集具有相当知识、对东西思想都有基本理解的教师，以培养广大的年轻学者参与未来的世界文化"[1]14-15。林乐知深知"中国目前需才孔殷"，决定在上海"英界洋泾浜造一大书院。名曰：中西书院。专为中国造就良材……渐习天文、地理、格致、理学、化学、重学、数学等"[4]491。1882年，中西书院创办，学制8年，学生至少需在书院学完2年初级课程和4年中级课程，如"情愿再学，又准在院2年。前后8年，庶可造就人才，以备他日大用"[4]493。中西书院贯彻"舍西法而专重中法不可,舍中法而专重西法亦不可"的"中西并重,毋稍偏枯(顾)"[4]497的办学方针,以培养"学贯中西"的通才。为此,学生"半天学习英文,半天学习中文"[5]15。但至于西学,学生们所关心的只是英语。他们渴望学到足够的英语知识,以便能在上海繁荣的贸易活动中和政府新兴行业中谋得一份好的职业。而一旦掌握了一定的英语和西学后,很少有学生愿意留下来继续学习。1886 年,中西书院进行改革,对中学和西学规定不同的学制要求,开设不同课程以满足不同需要,同时提高学习西学和英语的费用标准。1895 年,潘慎文调任中西书院监院,改革书院重英语、轻实学的做法,增设中国社会急需的专业,加快了学校的发展。1911 年,"中西书院的学生并入东吴大学的相应班级,两部分学生合二为一,组成东吴大学的文理学院"[1]15。

3. 宫巷书院

甲午战争的失败刺激着中国社会再次掀起学西方,学英语的高潮。"如果只能读些翻译过来的西书,那对了解西方就是一种极大的障碍。"[3]72在 1895 年的苏州,6 名年轻士子要求传教士孙乐文(Anderson,D. L.)教他们英语时说:"我们过去过于自负,不向别的国家学习……'对中国来说,没有别的路可走!'在我们看来,由于要学的东西很多,开始的最好办法是学习你们的语言,这样我们才能读你们的书。"孙乐文深信,"基督教会面临着一个前所未有的机遇,基督教幻想家梦寐以求的日子已经到来"[1]4。经过 6 个月的尝试,1896 年,宫巷书院建立,包括 6 名年轻士子在内的 25 人构成了书院的核心。学校开设汉语、数学、初等自然科学、地理、基督教教义、英语等课程。孙乐文家庭中的 3 个成员教学英语。学生需参加汉语早祷,读中英文对照的福音书。由于进行英语教学迎合了社会的需求,宫巷书院迅速发展,1898 年,注册学生达到 100 人,"1900 年'义和团运动'导致学校内部的停顿"[1]19,1901 年,迁入博习书院在天赐庄的校舍,成为东吴大学的组成部分。

4. 东吴大学

1896 年,在新教传教士大会第二届年会上,传教士关于教会学校是否开设英语课程,是否实施英语教学的争论已以正方的胜出而结束,原来不开设英语课程的教会学校逐渐开设英语课程或至少是英语选修课,原来开设英语课程的教会学校则进一步将英语作为教授数学和自然科学的媒介。因为在传教士们看来,"在中国,现代教育只能用现代语言,当然,对我们来说,就是英语"[1]24。到 19 世纪末,"几乎所有的教会男寄宿学校和许多日校都在教授英语,女校也在抓紧仿效"[6]59。而在 20 世纪初建立的中等和高等教会学校中,"英语是一门必修课程,在整个教学内容中具有至高无上的地位"[7]93。在教会学校大力开展英语教学的背景下,1899 年,美国监理会差会召开传教士大会,制订教会教育事业未来发展计划,决定在苏州建立一所大学,作为在苏州的教会学校的"领头羊"。1900 年,东吴大学校(Soochow University)在美国田纳西州取得执照,核准设立"文学、医学和神学系,以及可能被认为适宜的其他系科"[1]大事记,在博习书院的旧址上办学,以造就能"于汉文所得各种学问可由英文达出,于英文所得各种学问可由汉文达出"[8]1"学贯中西"的通才为宗旨,在强调中国语言文学学习的同时,将英语列入首选教学用语,规定学生在中学和大学预科阶段完成语言训练,进入正科直接用英语学习科学。经过半个世纪"相应的自我调整,经过本土化、人间化、学术化的艰苦里程"[1]总序,东吴大学发展成英语教学最完善最具影响的教会大学之一。

二、英语教学实践措施

为了在中国高等教育中占据一席之地，走在中国教育改革的前列，在教会大学创办后的相当一段时间内，教会大学都曾努力发挥自身的优势，强化英语和西学教育，因为转型时期的中国社会需要英语和西学。作为最早建立的教会大学之一，东吴大学理所当然地顺应历史潮流，采取多种措施强化英语和西学教育，不但成为与上海圣约翰大学（St. John's University）并驾齐驱、教学英语最完善的教会大学，而且在英语教学的某些方面，还引领整个教会英语教学的潮流。

1. 课程设置

东吴大学的英语课程设置呈现由基础到专业，由语言到科学循序渐进的特点。中西书院学制8年，前2年为初级阶段，开设“认字写字，浅解辞书，讲解浅书，练习文法，翻译字句，习学西语”等文法、句法、字汇、翻译、会话等语言基础课程；后4年为中级阶段，学校逐渐增设“数学启蒙，各国地图，翻译选编，查考文法，讲求格致，翻译书信，考究天文，勾股法则，三角代数，化学，重学，微积分，讲解性理，翻译诸书”等基础科学课程。至此，学生已初步掌握了能在新兴行业谋求职位的英语和科学知识。最后2年为高级阶段，学校开设“航海测量，万国公法，全体功用，翻书作文，富国策，天文测量，地学，金石类考”[4]493 等专业课程，以培养“他日大用”之专门人才。西学课程采用原版教材，用英语教学。从八年制课程中我们可以看出，英语教学贯穿始终，呈现由易渐难、由基础到专业的特点；科学教育占据重要地位，呈现由语言逐渐涉及人文社会和自然科学的趋势。

东吴大学从创办之时起，“英语教学就成为首要任务”，为所有专业之必修课，以帮助学生进入正科后“能够在‘西学’的分支学科使用英语教学”[2]36。进入正科，对于文科专业，英语一直是必修课程。1940年，经教育部批准，东吴大学还将英文设置为主系[9]50–63；对于自然科学，如“生理、理化、生计、政治、法律诸学，国文无善本”[8]184，“理学院方面各课程……课本及参考书仍以英文本为多”[10]1；在法科，“所用教本大都为美国大学法律系所用的原本（在早期法科图书馆中，几乎找不到一本中文的法律书，名为‘比较法律学院’，实际上所教的几乎全都是英美法）”[11]135。在教学用语上，“与其从事于翻译，不若从事于原文之为愈也”[8]184，直接使用英语教授除中国历史和学术政治以外的一切课程。使用原版教材和直接用英语教学既避免了翻译术语的不统一，又扩大了学生的知识范围，寓英语教学于科学教育之中，有助于培养“学贯中西”的通才。

2. 教学方法

东吴大学使用原版教材，用英语作为教学语言，对于考入东吴大学的学生，首先要求英文“须于阅读、讲述皆有功底”[12]19。即便如此，还是存在学生英语水平参差不齐的现象。为此，东吴大学努力强化英语基础训练。中西书院“从学生入学的第二年起，便实施英文的强化教育，这使得学生的英文水平远高于其他学校”[13]302。东吴大学也规定，“凡一年级学生英文程度低于入学考试不能及格者每周须读补充英文一小时”[14]56。在一年级课程中有专门为英语程度较低的学生设置的不含学分的“补充英文”，并大量补充课外阅读。在1905年举行的《中国教育会》第五届年会上，东吴大学推荐了学校使用的英语原版补充读物，如 Big People and Little People of Other Lands，Fifty Famous Stories，Great Americans for Little Americans，Lamb's Tales from Shakespear，Old Stories of the East 以及 Stories of American

Life and Advanture 等[15]77。同时,东吴大学还开办暑期学校,帮助学生"温习高中英文法,为高中毕业生或同等程度之学生欲投考大学之准备",或"为拟应大学英文入学试验或已有大学初步英文,自问学力不足者而设。内容注重文法、习语、字词句的分析及了解读法听解等项"[16]9。

为了教好英语,东吴大学"一直在努力改进英语教学方法,以使学生能在最短的时间内获得运用英语的能力"[2]36,"并使他们能够将英语用作学习其他知识的工具"[1]26。在中西书院,学校采用"抢第一"的教学方法,以激发学生学习英语的兴趣。据我国著名外交家顾维钧回忆,中西书院的教师"采用一种以竞争为基础的新教学方法。教室里除了每个学生各有一套桌椅外,教师的两侧各摆着两条长凳。这四条长凳是给选出来的12名拼音优秀生坐的。其他学生仍坐在原来的座位上。坐长凳的学生按年龄依次就坐。老师宣布要全班学生拼读的字,先让那些不坐长凳的学生拼读。如果在他们之中没人能够正确拼读出来,那么就让坐长凳的最年轻的男生来拼读。如果他拼错了,就由下一个学生拼读……整个拼读过程令人兴奋,比赛的气氛十分浓厚……一旦我占据了首位,我就决心尽最大努力保住它"[17]14-15。

如果中西书院采取的"抢第一"教学方法具有创新之意的话,那么,东吴大学引入的"古安系列"教学法(The Gouin Series)则引领了教会英语教学方法乃至整个中国英语教学的潮流。从1902年开始*,东吴大学要求英语教学"教授亦用新法,力去坊塾误人子弟之积病"[8]182。"英国语言,则教以戈因**之新法,成效大著……是年春,来学者甚众。"[8]184"古安系列"教学法要求教师"用学习的语言,说明相关系列的句子,然后依次把这些句子表演出来,通过体势使这些句子的意思变得明白,不得用任何其他语言的字词"。东吴大学预科的英语教师在教学过程中创造了大量这类"系列"句子,并将其编写成教材,成功地运用了"古安系列"教学法。当学生们"意识到自己在没有用任何汉字解释的情况下,竟然能说出英语并懂得了句子的意思时,都惊喜不已",教师们也"从学生的点头和脸上露出的理解的神情中深受鼓舞"[1]26。这样,东吴大学学生在预科阶段就完成了基础英语的训练,进入正科,便直接用英语学习"生理、理化、生计、政治、法律诸学"[8]82。"古安系列"教学法的成功实施打破了我国晚清以来长期盛行的"语法翻译"教学法(The Grammar-Translation Method)一统天下的局面,也使东吴大学在英语教学方面走在了教会学校的前列。"古安系列"教学法具有直接法(The Direct Method)的雏形,20世纪20年代被发展成"直接法",逐渐在我国中小学英语教学中推广。

3. 开设选修课程,建立学分制

东吴大学除采用教会学校普遍采用的教学措施,如通过频繁和种类繁多的考试促进英语学习外,还大量开设各种选修课程,以拓展学生的知识面,同时建立学分制,以此作为促进学生英语学习的杠杆。在东吴大学文学院、理学院和法学院,所有学科均以学分计算。学生除了学习自己的专业课程外,英文是他们的必修课。法学院要求学生在第一年必修英

---

* 1902年,英国人斯旺(Howard Swann)来到东吴大学,带来了"古安系列"教学法。斯旺曾和法国人维克多(Victor Betis)一起将"古安系列"翻译成英文,取名《语言教学艺术》(The Art of Teaching and Studying Languages),1902年在伦敦出版。

** Gouin 的英文发音为"戈因",法文发音为"古安"。"古安系列"教学法是由法国人弗郎索瓦·吉安(Francois Gouin)发明的"序列结构方法"(sequential structure)。

文;文学院、理学院则规定学生在1—2 年级必须修满英文14 个学分,占所有普通必修课总学分的三分之一。1—2 年级的英文必修课以英语基础训练为主,如"温习英文文法要点……务使文法及成语上之错误尽量去除"[18]61,"注重文法之基本原则与语句之组织"[12]54,同时"选读名家散文作缜密之研究"[19]29,以作条理清楚、文字切实之论文。为避免学生选课时无所适从,东吴大学开设的所有课程均分为主课和副课。"主课为一充分发展之学科,而副课亦须与主课有直接关系,使所学得臻融会贯通之境。"[19]10按照东吴大学学程纲要,凡选定英文为副课者除必修课,即1—2 年级英文外,还须修习其他专业化、知识化的英文课程,如杂志论文选读课程,使学生有机会接触各种英文刊物,熟悉并掌握语言运用之技巧;翻译课程,让学生涉猎中外著述家、译学家的翻译理论,尤其是科学名词及中文译名的翻译方法;文学类课程,更帮助学生欣赏沙翁名著、圣经文学、19 世纪英国文学、欧洲自由主义时期诗歌等,以扩大学生的英语阅读量,提高语言技能和文化素养。其他课程,诸如近代小说、近代戏剧、各体诗选、文学纵览等也在3—4 年级相继开设。学生可以根据学校学程纲要所要求的学分数,结合自己的兴趣爱好,选择其中若干门进行修习,但莎士比亚著作及近代英国文学(或19 世纪英国文学)则是所有英文副课生的必修课。

1940 年,东吴大学增设外国语文学系(英文)。外国语文学系要求学生在1—2 年级修完作为公共必修课的英文14 个学分。到了3 年级,外国语文学系为学生开设了种类更多、专业性更强、更具有系统性的英文课程,如英文散文选读及作文(英美文选、现代散文、高等作文)、分期英国文学研究(浪漫主义时代和维多利亚时代英国文学)、小说选读(短篇小说和英文小说)等。此外,其他专业课程,诸如英国文学史、世界文学名著、翻译、戏剧选读、英诗选读和英文学通论等,学生也必须于3 年级修完,并可以在系主任指导下选修12 个学分的英文传记、戏剧发展之研究、演辩学、美国文学、文艺复兴时代文学、文学批评课程。

4. 师资配备

师资建设是学校评估中非常重要的指标。曾任校长的孙乐文特别重视师资建设。他说:"我们必须做更多更好的工作,但这需要人和钱——特别是人。我们现在急需受过完全教育的人才以补充师资。这种真正的人才比学校设备更可贵。这种人才以很少的设备所取得的成就,要比那种徒有大量经费开支的庸才所能做得更多。"[2]34但在东吴大学开办初期,只有孙乐文、文乃史(Nance,W. B.)、祁天赐(Gee,N. Gist)等6 名教师。1903 年,东吴大学教师增至14 名,包括7 名美籍教师,其中教授英文的只有孙明甫(Anderson,R. S.)和文乃史。师资的缺乏使得"美籍教师不得不重温他们在美国大学所学的文科课程和理科课程,他们中的任何一位都能教授几门课程,并在情况需要的时候视为当然的任课讲授"[2]35。为了加强师资建设,东吴大学广揽人才,聘用许多外籍教师到校任教,他们中的大多数拥有硕士学位。据记载,1903 年后在东吴大学(包括附属中学)任教职员的外籍人士多达77 名[1]139-143,这还不包括在东吴大学主要担任科学课程教学的短期访问学者。白约瑟(Whiteside,Joseph)是最早进入东吴大学的外籍教师之一,也是东吴大学诞生的见证人。从他1899 年来中国到1929 年返回美国,在东吴大学任职近30 年,在教授英语和文学的同时,对后来东吴大学外国语文学系的建立起了重要作用。1929 年,费德乐(Whitlow,Rolfe)和罗心权(Lusinger,Angle)来到东吴大学,这两位来自于美国的优秀大学毕业生成了日后东吴大学英语教学的核心力量。同样来自美国的富德生(Ferguson,F. C.)曾在东吴大学任教长达11 年,亲自编写了东吴大学教材之一的《大学用戏剧读本》,其中收录了12 部一幕戏剧和2部长篇戏剧。这些外籍教师的加盟对东吴大学的发展,特别是英语教学的发展起了重要的作用。

华人教师也为东吴大学的英语教学作出了重要的贡献。他们之中也不乏著名之士。陈海澄便是其中之一,他是东吴大学开校之日实到的45位学生之一,在东吴大学获得文学学士学位后,成为"本校(东吴大学)开辟时代之人才"[20]4。比陈海澄晚一年毕业的吴献书同样是东吴大学的骨干英语教师。在教授方法上,吴献书强调多读多看,并视此为活用之根本,极其忌讳语言学习急于求成。深受他多年教导的我国英语大师许国璋称其为"近代中国英语界、教学界之大师"*。在教书的同时,吴献书一生著译甚勤。由他自行编写的《英国文学入门》教材成为东吴附中的英文专用课本;而其翻译的柏拉图著作《理想国》更让许国璋在离开东吴半个多世纪后,重新回读时仍"深感译意精到,远胜今日之白话译本"*。此外,同为东吴大学毕业生的缪廷辅也在东吴大学长期从事英语教学工作,并在英语语法和英汉互译方面颇有造诣。他曾对"英国发音、英语的历史发展及语法结构作综合的整个的——而不是片面的——语法研究,指出英语语法的特性,希望能减少或解决学习英语这一门外国语所遇到的困难"[21]78,出版著作《中学现代英文法》、《高级英语法》、《活的英语法》、《大学英语作文》、《现代科学英语教材》等,还多次参与主编英汉对照的刊物《名著选译》。圣约翰学子秦希廉**在燕京大学研究院取得了硕士学位,是东吴大学文学院为数不多的英文副教授之一。1948—1950年,秦希廉兼任英文系代主任,同时负责教授英国文学。曾在东吴大学担任英语教员的华人教师还有董庆藩、张云谷、云焕天、黄光谱、周珊凤、江美贞等,他们为东吴大学英语教学的发展贡献了聪明才智。

5. 英语人才培养

科学的教授方法、合理的课程设置以及雄厚的师资力量造就了东吴历史上无数良才贤能,他们中有许多凭借一流的英文水平而备受瞩目。在中西书院创办的10年内,就有200多位毕业生由于掌握英语和西学,被"政府的外事、海关、电报、铁路以及教育部门录用"[22]26。20世纪初,在中国政府举行的选拔出国留学生考试中,一名来自东吴大学的学生在全国3 000名应试者中脱颖而出,显示了东吴大学英语教学在当时教会学校中的优势。据1933年英文版《中国名人录》(Who's Who in China: Biographies of Chinese Leaders)记录,毕业于东吴大学和中西书院的名人达21人,占整个教会学校201位名人毕业生的10%[23]237-238。大量的能人志士走出东吴大学,有的成了教会大学英语教学的主力,更有不少因其出色的表现而蜚声海内外。顾维钧是值得东吴人乃至中国人骄傲的一位。作为一名卓越的外交家,顾维钧代表中国参加了巴黎和会。在当时的会议上,顾维钧出口成章,用一口流利的英语,痛斥帝国主义列强对中国的欺凌,表达了中国人捍卫领土主权的决心。当顾维钧因他的外交才能名扬天下时,也让人们领略了他那连英美人都赞叹的标准英语。从东吴大学走出的不仅有出色的外交家,更有像姚莘农这样的著名翻译家。姚莘农精通英文,成为当时以英文教学著称的圣约翰大学英文系的知名教授。在20世纪30年代,姚莘农曾把曹禺名著《雷雨》翻译成英文,该英译本受到来华访问的美国著名戏剧家亚历山大·迪安(Alexander Dean)的热情赞许。与此同时,姚莘农还协助美国人埃德加·斯诺(Edgar

* 引自许国璋《老东吴回忆——饮水思源 敢忘所思》。

** 苏州大学著名教授、语音学专家。

Snow)将鲁迅的十余部短篇小说翻译成英文,其中包括《呐喊》、《药》、《一件小事》、《孔乙己》、《祝福》、《风筝》、《离婚》、《论"他妈的"》等,这些作品被收录进了斯诺编译的《活的中国》(Living China)一书。姚莘农以他准确的辞藻、娴熟的表达,将中国的新文学介绍给了西方的读者。相比顾维钧和姚莘农,许国璋可能更让年轻人,尤其是英语爱好者所熟悉。作为我国杰出的语言学家和著名的英语教育家,许国璋的英语求学之路便是从东吴附中开始的。在中学4年中,许国璋师从东吴名师吴献书,刻苦钻研、学贯中西,为其以后的学术研究打下了扎实的语言功底。而如今,许国璋的名字俨然与"英语"成了同义词,家喻户晓。尤其是他主编的4册大学《英语》教科书,从20世纪60年代初开始,通行全国40多年而不衰,成为我国英文教材的典范。无论是顾维钧,还是姚莘农、许国璋,或是其他更多的东吴学子,他们都曾因其在英语方面的杰出贡献让东吴大学增色。

教会大学是中国近代教育的特殊群体,是西方文化侵略的载体,其在中国的存在反映了近代中国社会半殖民地半封建的性质;教会大学也曾是中国新式高等教育的先驱,它的建立促使中国开始重视高等教育;"教会大学还从根本上突破了中国传统教育的缺陷,在办学模式、教学内容、人才培养、适应社会等许多方面都为中国的高等教育提供了崭新的内容"[24]69。"对于在中国存在半个世纪以上的这一特殊教育群体,必须加以认真研究,包括其正面的与负面的社会效应及历史经验,否则就不可能对中国近代教育史乃至整个中国近代史获致全面的理解。"[1]总序

作为教会大学的先驱,东吴大学的英语教学引人注目,其正面和负面的社会影响值得我们作更深入的研究,其多样的教学实践也不乏合理成分,在某种程度上对当今英语教学实践和改革仍具有一定的借鉴意义。

参考文献:

[1] 文乃史.东吴大学[M].珠海:珠海出版社,1999.

[2] 王国平.博习天赐庄——东吴大学[M].石家庄:河北教育出版社,2003.

[3] 郭查理.齐鲁大学[M].珠海:珠海出版社,1999.

[4] 钱钟书.万国公报文选[G].北京:生活·读书·新知三联书店,1998.

[5] Minutes of the Eighth Session of the China Mission Annual Conference of the Methodist Episcopal Church, South[G].

[6] Graham, Gael. Gender, Culture and Christianity: American Protestant Missions in China, 1880 - 1930 [M]. New York: Peter Lang Publishing Inc. ,1995.

[7] 李良佑,张日昇,刘犁.中国英语教学史[M].上海:上海外语教育出版社,1988.

[8] 苏州大学档案(永久保存):第3卷[G].

[9] 苏州大学档案(永久保存):第43卷[G].

[10] 苏州大学档案(长久保存):第117卷[G].

[11] 陈学恂.中国近代教育史教学参考资料(下册)[G].北京:人民教育出版社,1987.

[12] 苏州大学档案(永久保存):第9卷[G].

[13] 黄新宪.基督教教育与中国社会变迁[M].福州:福建教育出版社,1996.

[14] 苏州大学档案(永久保存):第138卷[G].

[15] Records of the Fifth Triennial Meeting of the Education Association of China[G]. Shanghai: American Presbyterian Mission Press, 1906.

[16] 苏州大学档案(永久保存):第151卷[G].

[17] 顾维钧. 顾维钧回忆录：第 1 册[M]. 北京：中华书局,1983.

[18] 苏州大学档案(永久保存)：第 21 卷[G].

[19] 苏州大学档案(永久保存)：第 5 卷[G].

[20] 苏州大学档案(长久保存)：第 131 卷[G].

[21] 苏州大学档案(永久保存)：第 81 卷[G].

[22] Minutes of the Sixth Session of the China Mission Annual Conference of the Methodist Episcopal Church, South[G].

[23] 徐以骅. 教育与宗教：作为传教媒介的圣约翰大学[M]. 珠海：珠海出版社,1999.

[24] 王忠欣. 基督教与中国近现代教育[M]. 武汉：湖北教育出版社,2000.

原载《苏州大学学报》(哲学社会科学版)2006 年第 2 期

无锡国专的教学特点

钱仲联

国学专修馆，一所书院式的学校，说它是学校，是因为它按规定课程，天天上课，而不是书院那样的讲学。说它是书院式，是因为它设置的课程、讲课的方式，与大学中文系不完全一样。它的特点是：

（一）教书又教人，但培养人才，却又不拘一格。唐文治先生办国学专修馆，是提倡孔孟儒学的，但那些封建主义的毒素，大体上已经抛弃，而主要强调品德修养，所以校园中的对联，有“栽培树木如名节”的话，又有“铁肩担道义，辣手著文章”的联语。唐先生就是以此来要求他的学生的。唐先生是程朱陆王兼采的理学家，但很通脱，很开明，他并不要求学生都做道学先生。事实上，学生爱好理学的倒是少数，不少人爱好考据、词章，都得到他老人家赞许。唐老自己也和学生饮酒、吟诗，唱昆曲。

（二）教学方面重在教古籍原书，教学生掌握基本知识。即使编教本，选录大量原著，结合理论，不是那种通论式的东西。例如，唐先生自教四书，自编四书新读本，吸收前人研究成果，每节有自己的阐说文字，讲解时再重点加以发挥。朱叔子先生教理学是讲张履祥、陆陇其的专集，讲古文用《古文辞类纂》，讲诗用《唐宋诗醇》，讲诸子自编《庄子新义》。陈守玄先生讲文字学用段注《说文》，讲《诗经》自编讲义，厚厚盈尺，把清儒的解释，几乎全部编集在一起。这些都说明初期教原书的特点。到后期，通论式的新名称的课程增多，如文学史、国学概论一类东西，基本上采用他人编著的书。但不少课程，讲课还是采用原书，如我讲诸子概论，实际上是讲《天下》、《非十二子》、《史记自序》、《淮南子·要略》、《汉书·艺文志·诸子略》等原文。这样，学生学到的是基本知识，而不是空论。

（三）重在自学。国学专修馆，设置的课程种类不多，而且一天只上四教时课（上、下午各二教时）。学生在学好课堂讲授内容的基础上，各就自己的爱好，主动自学，有的也得到老师的指授。如我喜学诗，朱叔子先生就对我有所指点。像《资治通鉴》那类大部头书，是无法在课堂上教的。唐先生就把自己用五色圈点的一部书借给学生，叫他们在课外去过录下来。不过一年工夫，部分学生已把《资治通鉴》通读了。现在的教学，很少有这样教学生扎实地自学的。

（四）重在启发。老师讲原书，道德是逐字逐句地讲解，但不是翻译。学生一般在入学时文言文水平已很好，不必死讲。老师讲解，是讲解每字每句的作用以及布局的变化百出，当然更注重它的思想意义。并非老师讲解的句句都是精金美玉，但一堂课中，总有不少精辟的见解，在自学时是得不到的。得到老师的数语点破，举一反三，自学时大得其力，也能不断增加自己的创获，老师这种讲授，与那些教人死记硬背的死读书，大异其趣。但并非是不要人精熟古书，唐先生强调读文，自己示范地教学生读，阳刚阴柔不同风格之文，有不同的读法。通过长期诵读，书也熟了，作品的精神，也体会得更深。不须硬记，但不少名篇，几十年后还能背得出或能背出它的重要的章节。这才是真正的功夫，不至于什么都要靠查工具书,查索引过日子。

(五)重写作。专修馆特别重视写作(文言文),每两星期作文一次,当堂3小时交卷。一月中两次评分为第一等的发膏火费银币10元,两次评第二等的发5元(类似奖学金),以此作为鼓励。每次作文,老师都精心批改,有眉批,有总批,批多于改。一次作文,老师用两小时总结,总结这一次写作中为什么谁优谁差,特别对思想性的方面,非常重视。我在一次题为《原才》的写作中,提到了阮大铖的“才华”,老师在阮名旁加上一大抹,眉批“何足挂齿”四字。在见面时,严厉训斥了我。教书教人,在写作中也体现了。因为重视写作,学生的写作水平提高得快;因为有实践的经验,从而对古人的作品是怎样写作的,能深入去领会。写与学,相互促进。

(六)将在精而不在多。专修馆时期,教授只有朱、陈二先生,唐先生自己任课,再有老助教1人,一共4人,教72位学生。教书各有专长,唐先生善于疏通大义;朱先生分析细致,循循善诱,语多启发;陈先生本事主要显在讲义上,讲课随便;陆先生帮助唐先生教学生读古文。校内书声琅琅,与唐、陆的示范是分不开的。朱先生对学生在课外的请教以及学生把课外的笔记、诗文请他批改,从来不拒绝,一一细心看。这样的师生关系,值得学习。

总之,无锡国学专修馆的教学特点,是“务实”,不空谈。如教文学理论,唐先生自编的《古人论文大义》,选篇就比我们《中国历代文论选》中唐宋以后散文文论的选编多得多。而在《古人论文大义》一书中,对不同的文章风格、作法等,都结合具体选篇进行阐发,同我们现在的某些课程中,大量空对空的话,可以东搬西弄的话,充塞讲台的情况,也大相径庭。

原载《苏州大学》校刊1984年9月29日

补大百科全书中新闻教育的一个空白

——国立社会教育学院新闻系史料

穆家珩

国立社会教育学院新闻系筹建于抗日战争胜利前夕。1945 年 9 月,第一届学生在四川璧山入学,授课一年后东迁南京,建新址于栖霞山。因基建未竣,栖霞山仅设新生部。学院各系二年级以上学生皆在苏州拙政园临时校址学习。新闻系先后办五届,学生 169 人。1950 年高等教育院校调整时,社会教育学院与江苏教育学院等院校合并为苏南文化教育学院,以后又与东吴大学等院校合并为江苏师范学院,1982 年更名为苏州大学。新闻系除一、二两届学生完成学业外,以后三届学生在院系调整时先后分别转系转校,或提前参加工作。

办系主旨及课程设置

国立社会教育学院办新闻系主旨是:"为推行社会教育的新闻事业而培养新闻人才",着重于为各省区培养能采会编并懂报业管理的高级新闻通才。因此,新闻系课程的设置,"侧重新闻学高深专精之研究与实习",所设课程达 63 种。在教学中,"除新闻学专门学科外,并注意学生之基本训练,理论与实验并重",还特别强调:"新闻事业为一高尚而艰苦之职业,对于学生人格之修养与体魄之锻炼,尤加注意。"(引文均见 1948 年国立社会教育学院工作手册)

新闻系采用学分制。学生在四年修业期间必须修 132—148 学分。体育、普通音乐、讲演术及注音符号等四门为当然必修科,学分另计。四年在校学习期满,按教育部规定实习一年(新闻系改在四年级上学期半年实习)。应修课程与毕业论文及实习完毕,成绩及格,操行合格,始能毕业并授学士学位。课程分三类:第一类为各系科共同必修课,计 64 学分。第二类为专业必修课,合计 60 学分。第三类为选修课,计 25 门。选修课多安排在三、四年级。学生必须自选 4—12 门课,计 8—24 学分。实际上有些选修课属专业基础课性质,同学们选课多超过这一要求。除按教学计划规定的课程外,学院各系科经常邀请校内外名流专家举行专题讲座。新闻系学生多是这些讲座的积极听众。新闻系也常邀专家举行讲座。据社会教育学院校友回忆录《峥嵘岁月》有关资料,郭沫若、顾颉刚、董渭川、向培良、陈白尘、郑君里等先生都曾应邀开过讲座。新闻系曾聘黄齐生、施复亮、梁漱溟、王芸生、金仲华、费彝民、叶圣陶、周谷城、徐铸成、黄嘉音、舒新城等先生到校作专题报告或参加座谈会。

课 外 活 动

学院还强调:"为适应学生个性,提高研究兴趣,培养服务精神起见,特规定学生必须参加正课以外的教育活动。"课外活动分"德、知、体、能"四大类,在学院领导下有组织有计划进行。每个学生必须至少参加一项活动。各团体由学院专门委聘教师担任指导。

两位系主任

新闻系创办前期由俞颂华先生主持,先生逝世后由马荫良教授继任。两位都是忠于新闻事业卓有成就的名报人,也是热爱青年的新闻教育家。

俞颂华先生江苏太仓人,自1919年以来,一直努力宣传新思潮新文化,曾先后编辑过《解放与改造》、《东方杂志》、《新社会半月刊》、《申报月刊》、《申报周刊》,抗战时历任《光明日报》、《星洲日报》、《广西日报》、《大刚报》和《国讯》杂志总编辑。

先生有不畏困难艰险的从业精神。1920年10月,受上海《时事新报》与北京《晨报》委派,与北京俄文馆学生瞿秋白、李仲武以两报特派记者名义,赴苏俄采访,为中国第一批赴苏记者。1937年4月,先生又与孙恩霖以《申报》记者名义赴延安采访,与毛泽东、周恩来、朱德长谈,以后突破种种困难,发表了《从上海到西安和陕北》,介绍了边区许多真实情况。先生这些著名的采访活动都经历了无数艰险,显示了先生不凡的胆识,在中国新闻史上留下耀眼光辉。

先生在编辑《东方杂志》、《申报月刊》、《申报周刊》期间,与鲁迅、邹韬奋、茅盾、胡愈之、史量才、黄炎培等文化名流有很深的交往,为推动中国进步文化事业竭诚殚力。黄炎培称先生为"新闻界的释迦牟尼",石西民追忆在《申报》工作的文章中称赞他:"这位默默为中国进步文化工作作过贡献的老先生……在性格上、行事上有别于邹韬奋、章乃器等人的另一类正直知识分子。"

继任系主任是临危受命的马荫良先生,早期任《申报》总经理史量才秘书,协助史氏进行《申报》大改革。史氏被殂殉难,先生扶危奋斗。1937年委派俞孙采访延安,抗战时开创《申报》汉港两版,并借美商名义在上海租界复刊《申报》,宣传抗日,至1941年日军进入租界为止。1945年抗战胜利,先生因《申报》为国民党官方窃踞,被迫离沪至苏州接受社会教育学院聘请,教授《报业经营与管理》。1947年10月受俞颂华临终恳托,接任系主任。先生一本俞氏办系主旨,继续延聘名流授课,许杰、曹聚仁、方秋苇、载敦复、谢东平等先生皆来主讲专业课程。为设置专题研究课,又请叶圣陶、周谷城、陈望道、金仲华、王芸生、黄嘉音、赵超构、柳无垢等来作专题报告,招待费用多由荫良师负担,叶老等亦不取授课报酬。在荫良师主持下,新闻系扩大充实了资料室,并举办过一次颇具规模的报纸展览,还创办了实习报纸《新社会报》。

先生治学紧密联系实际,授课提倡研究学风。学生研究心得经系主任和教师指点后成文,被介绍到《报学杂志》和《前线日报·新闻战线》、《中国建设》上发表。这些文章具有不同程度的研究资料价值,有的被列为专栏,有的在杂志封面列入要目提示。先生极为关怀学生,曾力争在学运中受处分的同学复学。在1949年渡江战役前,先生在上海参与繁忙的迎接解放的工作,还抽出时间专门到苏州妥贴安排学生应变时安全事宜,使留校学生能适应即将到来的新形势。先生对学生志趣和治学能力颇多了解,解放前后向有关部门推荐了不少同学参加工作。

春风化雨忆良师

新闻系有专兼聘三种教师,多为大家名流,专职专业教师除两位系主任外,有葛思恩、许杰、载敦复、谢东平、方秋苇、曹聚仁等,兼任教师有甘导伯、吴奔星、张少微、张格伟、许幸之、程锡康、刘静渊、戴公亮、陶次如、王伟鼎、严欣淇、李稚甫、李凌飞等。聘任教师多为专题讲座，选修课教师有董渭川、陈仁炳、谷剑尘、向培良、赵越、刘雪庵等。

葛思恩先生教授《新闻学概论》，他毕业于重庆新闻学院，葛先生治学严谨一如其人，讲义板书恭恭正正。他英语水平较高，讲课时常夹杂英文人名地名术语，以至引用英文语句。葛先生一直兼任系办公室主任，住在校内作俞马二位的忠实代理人。1949 年以后参加华北革命大学政治研究院学习，最后在上海社会科学院《社会科学》杂志工作。1995 年初逝世。

教《采访学》的李凌飞先生是《大刚报》驻渝特派员，参加过湖南战区采访，受过俞颂华及羊枣同志的影响。他的讲课内容基本上参照邵飘萍的《实际应用新闻学》编写，间夹一些个人在湖南和重庆采访实例。先生仅兼课一年，1949 年后即脱离新闻工作。

国文教授李稚甫是扬州学派名儒李审言的公子，家学渊源，博大精深，不但对古今文史有很精辟的见解，而且有很锐敏的政治洞察力。他在校与谢孝思、陈仁炳、焦菊隐、朱彤、刘雪庵等教授过从甚密，也经常与同学纵论时局，对大家颇多启发。

稚甫先生一身正气，后因发起反对国民党组织的“反苏大游行”，并以在重庆为黄齐生、王若飞送行事，被教育部通令各国立大学不得延聘，随即风闻特务将要逮捕，乃携眷去贵州避乱。1949 年后曾担任广州某大学要职。

曹聚仁先生来校讲《编辑学》，当时只知道他与章太炎、鲁迅有过密切关系，曾在抗日战争初期报导上海四行仓库八百壮士孤军奋战而声震一时，此刻他正在《前线日报》工作，又为“星系报纸”发国内专稿。曹先生外貌朴实如乡下佬，没有蓄发，颧骨上有条很深的直疤痕，他对同学恳切，讲课不怎么引经据典，内容都很实在。

许杰先生是周予同向马先生推荐的。同学们知道他在报界很有名望，曾在南洋办过报，因同情和支持“五二〇学生运动”受到迫害。许先生中等身材着布长衫，说带浙江口音的普通话，缓慢而有条理。他主讲《新闻写作》、《新闻文艺》，暑假中专为三年级学生开“小灶”，冒暑在拙政园讲《鲁迅作品研究》。他说，读经典作品一是汲取大师们的精神力量，二是学习大师们如何处理素材，驾驭语言。他批改作业很认真仔细，课外还担任“文学研究会”的指导员，介绍“大众文艺”动向，笔者在最初读周扬编《马克思主义与文艺》、《李有才板话》，都是许先生提供的。有些同学写诗歌小说，他热情辅导并向上海报刊推荐刊用。1948 年新闻系举行晚会，许先生带头扭秧歌绕场一周，成为震撼拙政园的一条大新闻。1949 年后，许先生任华东师范大学中文系主任，还担任文联、民盟等社会职务。

名社评家方秋苇先生讲《评论》。先生是身材单薄的白面书生，架金边近视镜。他强调博学，推崇梁任公，一再叮嘱同学熟读《饮冰室文集》，笔端要带感情，既要学其长文气势磅礴，又要学其短文的有声有势。先生举例时，常背诵若干段句，然后细加评析，同学们很是爱听。

新闻系的教师在政治思想上、业务理论技术上，为人处事上，都对学生有很大影响，主要除课堂教学外，还在日常生活中多有接触，言教身教，实为春风化雨。

联系实际的学风

自建系以来，系领导和教师都强调学习必须联系实际，努力参加社会实践，鼓励学生在新闻界拜师交友，有机会就去接触社会，鼓励向报刊投稿。

系领导鼓励学生组织社团，先后办有《柳丝报》(News)、《苦茶》(杂文报)、《新时报》、

《栖霞新闻》、《笔剑》、《Luced》(英文油印刊物)、《新闻知识》(《大江南报》双周副刊)。这些报刊都在校内具有影响,很受师生欢迎。在文艺方面,不少学生是《社光剧社》和《社声合唱团》的骨干,后来又成立了“TNT合唱团”,与艺术系联合公演过《黄河大合唱》。

在文学研究方面,学生办有“文学研究会”。许杰先生任指导员,讲过“中国新文艺的道路”,谢东平教授讲“日本及亚洲的形势”。会员每月写一篇文章,彼此评论,对优秀者推荐报刊发表。

新闻系还举办过一次规模很大的报纸展览。共得报纸计1 650种。系里动员师生60人,筹备三个月,在十个教室中以400张课桌展览两天。前来参观的约6 000余人(见签名册)。据历史资料,我国此前报展十次,超过千份的仅1934年复旦大学新闻系办的《世界报纸展览会》(1 575份),1944年贵阳《中央日报》主办的“全国报纸杂志图片展览会”(1 640份)。而纯粹为中国报纸的展览,当以社会教育学院新闻系所办最为丰富。

《新社会报》是毕业班的实习报,1949年3月创刊,四开四版竖排周报。此时正值渡江战役前夕,京沪一片混乱,各系毕业班学生留校极少,新闻系1949级毕业生留校生仅13人。系主任马荫良先生参加上海民主人士筹备迎解放的工作,特抽空赶到苏州招集部分同学商定办实习报事宜,叮嘱大家坚持留校应变,以便解放后赴沪共为新社会新闻工作献力。

毕业班留校同学采取民主形式选举各岗位工作人员并制定了工作制度。报纸发行人为于盛典,总编何庚,一版国内外要闻及二版《新论坛》由张友聚、于盛典主持;三版《新文艺》由甘兰经、穆家珩负责;四版专载校内外学运消息,编辑为刘元树、陈庆模、叶文秀等;经理为贾斯材。虽有分工但不受职责限制,相互支援。报社通过学生会和私人关系在各学校特约一批通讯员,一面为报纸写稿,一面负责经销。

报纸发行对象以苏州中学生为主。版面基本安排:一版报名横排,所刊国内外要闻不用中央社稿,是根据我们秘密收录的新华社消息改写,或摘编《时代日报》、《时与文》、《世界知识》、《展望》上的文章。学运新闻,本校稿由学生会提供稿件或线索,外校消息由通讯员供稿。专栏刊头和插图多为艺术系杜重划同学制作。报纸每期印数500份,名义上托《大江南报》承印,但实际上经冯英子手下的编辑孙雪舟,在景德路一家小印刷厂秘密印刷,孙亲自排字拼版。在渡江战役前夕白色恐怖最严重的时候,同学们晚上到印刷厂分批将报纸运回学校,然后交各校通讯员销售。售完后再将纸张和印刷费直接交孙雪舟。

《新社会报》由于是以实习报名义出版,不受任何官方机构审查和限制,系里也无教师直接指导,参加工作的同学有四分之一是地下党团员,又得到校学生会的支持,于盛典等又有办《柳丝报》、《苦茶》杂文报和《新闻知识》的经验,所以从版面到内容比较切合当时学生界的需求,受到广大师生欢迎,许多读者来信,希望我们长期办下去。报纸对大家最关心的战争与和平、学校的迁与留等问题多发表指导性意见。1949年5月,因实习同学都已先后参加了新华社或地方报纸宣传部门工作,办完第11期即行结束。据甘兰经1985年回忆:“解放初期,我刚到新华社苏州支社报到,见桌上有一本《苏州概况》,一本《新社会报》合订本,这说明当时党对《新社会报》是颇重视的。”北京大学图书馆现有全份藏报。

原载《江汉大学学报》1996年第13卷第2期

中国话剧的摇篮之一

——忆苏州国立社教学院

王世德

读《四川戏剧》2004 年 3 期上《中国话剧的摇篮——江安国立剧专》往事如潮，涌上心头，不能自已。想起解放前，全国培养话剧人才的戏剧学校，除了抗战胜利后从江安迁回南京的余上沅领导的国立剧专，上海熊佛西领导的上海剧校外，鼎足而立的还有抗战胜利后从四川璧山迁来苏州的国立社会教育学院社会艺术教育系的戏剧组（相当于现在说的"戏剧专业"四年制大学本科）。以前，我因为自己所知有局限而没有写它。但，现在想，趁现在记忆力还可以，还是应该能写多少，就写多少，可填空白，供今后治中国戏剧教育史的人一些参考资料。

我是在 1947 年 17 岁时考入这个学校的。这个学校就在苏州著名的拙政园内，拙政园是全国乃至世界闻名的苏州园林的代表，可说是优美绝伦，我能考进这所大学，真像进了天堂。拙政园是学校的后花园，很多亭子是音乐组（专业）的钢琴房，有的楼阁是美术组（专业）的画室，有的厅堂（如远香堂）就是我们的教室。前面的办公楼与教室等，以前是忠王李秀成、李鸿章、汪伪省政府的办公处。我们戏剧组的教室外，就是文征明手植紫藤处，（现在可能划归忠王李秀成的故地）教室的前面是全校的大礼堂，也是我们戏剧组演出的地方。观众席坐的是长条板凳，高台上没有一只聚光灯，（虽然没有，但我们当时都会用英语叫它"Sport light"）演出时，用马粪纸围成半圆，把几个一千瓦光的灯泡射向台上，也一样演了很多戏。我至今看到一个普通的晚会都有几十只、几百只聚光灯，经常感慨今日幸福的后辈不知当年前辈的艰辛。

当时条件虽然简陋，但办学仍然认真，有很多名教授深孚众望。音乐组主任是著名的声乐家应尚能教授，还有刘雪庵，钱仁康等。美术组有谢孝思等。戏剧组主任是谷剑尘，教授有赵越、朱之倬，李朴园等，最出名的有董每戡。解放后，主任吴仞之是当时上海四大名导演之一（其余三个是费穆，黄佐临、顾仲彝）。他在此校一年后，即全家参军，后调上海纪录制片厂任厂长，调上海戏剧学院任院长。解放后聘为教授的，还有舞美专家孙浩然（后任上海戏剧学院副院长），胡馨庵（后是中国青年艺术剧院的名导演）。

当时我们学习的课程有：戏剧概论、表演理论、导演学、舞台美术、化妆、灯光、中外戏剧名著分析等。我们认真自学的有斯坦尼斯拉夫斯基的《演员自我修养》，郑君里当时出的新书《角色的诞生》，丹钦柯的《文艺、戏剧、生活》等。我们仔细钻研的有曹禺、契诃夫、易卜生、古希腊的名剧。

读书的同时，我们也重视排演实践。我们公演了王尔德的《少奶奶的扇子》、柯灵改编高尔基的《夜店》，陈白尘的《升官图》。我们还和兄弟系爱好戏剧和文艺的同学一起公演了文艺晚会等。我们曾边唱边舞，演出了《康定情歌》、《半个月亮爬上来》等民歌和民族舞蹈。

最难忘的是我们在解放前办过一次营火晚会（在学校的东花园的大操场上，现在拙政园的入门处），当时社教学院被称为苏州学生运动的"民主堡垒"，大中学各校学生自治会的学生云集我们学院。我当时编了个节目叫《茶馆小调》，在唱到"国事的意见，千万少发表。谈起了国事，容易发牢骚"，我就扮演一个特务，歪戴鸭舌帽，眼戴太阳镜，手拿棍子，吼道："不准唱！"不料全场轰动，群情激奋，要来打特务。幸好主席台上学生自治会的张英霖看出是我，就喊"这是演戏！"才平息下来。我们当时在地下党团的领导下，还抗议学校准备迁校去台湾，为筹粮义演，准备渡过困难时期。我们曾经节食，声援南京的四一学生运动。我们在紧张的动乱时，曾通宵在后花园值勤巡逻。临解放前，我在文艺晚会上还编演过一个象征剧：《关不住的春光》，演出冰窟魔鬼的溃灭。真是："恰同学少年，风华正茂"、"忆往昔，峥嵘岁月稠"。

解放后，我和同年级同课桌的程宗骏（地下党员）经组织动员，参加了苏州市委文工队，几个月后撤销文工队，他调市工会任文艺科长，我调苏州地委文工团，参加土改，前后三期，演出了《白毛女》、《血泪仇》等，也下厂做辅导工作，到苏纶纱厂、鸿生火柴厂教腰鼓歌舞等。后来，调苏州文联，辅导工农文艺创作，自己也出版了些剧本，又给文艺报、戏剧报作通讯员、评论员，发表了些戏剧评论。后调苏州市文化局艺术科，指导话剧、评弹、戏曲的编导演，在这里扎下了基础，为我后来80年代在上海文艺出版社出版专著《〈十五贯〉研究》等作了准备。因为1957年我考入北京大学作文艺理论副博士研究生，提升到美学高度研究戏剧和文艺，并以戏剧文艺作研究美学的基础，所以，能主编我国第一部《美学辞典》，并出了《文艺美学论集》、《审美学》等专著。前几年在北京广播学院出版社出版了40万字的专著《影视审美学》，在前几年中央戏剧学院学报《戏剧》、《四川戏剧》还发表了一万多字的戏剧美学论文。回首往事，我由衷地感谢社教学院培育了我。

社教学院培养了很多人才。比我高两年级的同学李钦是《剧本》月刊的副主编，丁亚（余模先）是成都市红旗剧场经理。我同年级的王风（太康）是江苏省话剧团（省人艺）的导演，张雅廉（张弓）是中央乐团的歌唱家，江平是上海市淮剧团的导演。比我低一年级的冯成保（柯岩）是全国著名的诗人，其代表作是《周总理，你在哪里》。方掬芬是全国著名的表演艺术家，是国家儿童艺术剧院院长，代表作有《报童》，其爱人王正是《报童》的编剧，曾任中国戏剧出版社社长兼总编辑，是中国戏剧文学学会会长，陈刚是中国戏剧家协会书记处书记。徐盈秋是江西省话剧团的台柱，积劳成疾，现已病故。

比我高一年级的顾笃璜，地下党员，一直在苏州市文化局领导苏昆艺术研究与演出，至今还是这方面的权威，杨如英现是上海市委离休干部，老年还编写史志。吴锡祺忠诚踏实，解放后是华东歌剧团的台柱，听说也遇不公正待遇而英年早逝。陈乃秀解放后到上海作协工作，其夫是与我同班的宋荣生（王业），他也遇不公正待遇，新时期后到昆山文化馆工作。

特别是我同班同学程宗骏，因莫须有的缘由，冤枉坐牢几十年。如今改正，却已蹉跎过了一生。但他仍在努力工作。如果没有挫折，很多老师和同学都会有更好的贡献。即使有了挫折，他们仍然对人类作出了真善美的贡献。我们仍然要感谢社教学院（即今苏州大学）戏剧专业对我们的培养。

原载《四川戏剧》2004年第5期

国立社会教育学院实施成人教育的研究实验

古 楳

一 导 言

本院设立的旨趣是："研究社会教育学术，训练社会教育人才。"而中国现阶段的社会教育，尤宜注重成人教育。不过，在中国实施成人教育，问题格外地多，究应如何解决，很难遽下断语。因此，本院对于实施成人教育，采取研究实验的途径，希望从研究实验中探求解决问题之有效的办法。这不但是研究社会教育学术应该如此，就是训练社会教育人才也应遵循这个途径，才能切合实际。根据这种观点，不妨把几年来对于实施成人教育的研究实验作一综合的叙述，以供各地的参考。

二 社会背景的调查研究

教育的实施，不能不顾及社会背景，成人教育更需要注意到这方面。本院过去设立实验区，实施成人教育，即先从事社会背景的调查研究，求得明了的事实，作为实施的依据。例如，抗战期中在璧山设立国民教育实验区，即由本院农村服务队举行"璧山 269 户农家教育程度经济状况之调查"，统计分析，发现 13 岁以上的成人文盲有 58%，而他们失学的原因为"工作繁重、经济困难、缺乏读书风气、处理家事、出外经商、出外从军、残废有病、脑力太差、缺乏学校、因丧亲而失却入学的机会、土匪的扰乱"。胜利复员，院址东迁，又在栖霞山设立社会教育实验区，也举行社会概况调查，内分人口、职业、教育、卫生、农产与经济等项。调查完毕，除绘制统计图表外，再用图画描写农民的生活状况，使他们从现实生活中明了改进的过程。

三 文盲的调查研究

中国过去教育不普及，以致成年失学民众很多。但是到底有多少文盲，文盲的标准如何，非详细地调查研究，无从知道。本院为切实研究起见，特由实验民众学校编造文盲测验量表，并在京沪线安亭镇国民教育实验区，按照保甲调查全保文盲的确数。现正进行中，容后当可得到个结果。将来更拟扩大范围，调查全国各地的文盲，作进一步的研究。

四 成人学习困难的调查研究

根据近年中外心理学家的研究实验，成人的学习能力往往比较儿童时期还要强。这对于成人教育的鼓励，实在很大。但是成人学习也未尝没有困难，尤其在中国社会，困难恐怕更多。本院为明了成人学习困难的原因和补救的方法何在，特请陈友端先生编制表格问卷，主持调查研究；抗战期间，曾在璧山开始工作，得到一部分材料，作为初步的统计。现在再扩大范围，拟于京苏沪杭各地收集更多的材料，希望得到准确可靠的结果。

五　字汇词汇的研究

目前中国实施成人教育，重要的还在读书识字。不过成人要识多少字，识什么字，都有待于研究。过去国内虽有不少研究字汇、词汇的人，并且也有把研究结果公布的，却不是完全无缺的。本院师生有鉴于此，都想作更进一步的研究。例如马祖武先生的汉字基本字研究、汉字改良研究、汉字排检研究、注音符号改良研究，已有一部分的结果。金轮海先生的国民基本字汇研究，也选定民众常用的382个字。而黄贵祥同学又作文盲字汇研究，依据常用、实用、需用三大标准，求得1 517个字。至于合字而成的词汇，马祖武先生也正在从事汉字基本词研究。

六　课程教材和课本的研究实验

中国成人教育的内容应当包含什么？除了读书识字以外，是否还要包含其他各种知识技能……？这在过去的民众学校规程虽有些规定，但不能完全使人十分满意。因此，本院各实验机关对于成人班的课程教材以及课本等，都想作进一步的研究实验，希望得到比较美满的成果。例如，实验民众学校对于民校教学内容研究、民校算术教材研究、民校音乐教材研究；实验补习学校对于继续教育国语教材研究、史地公民教材研究、算术教材研究、自然科教材研究；国民教育实验区对于民众卫生常识、国防常识的灌输，地方自治的协助，均极重视，同时并编辑民众常识手册；社会教育实验区对于建立乡村卫生制度、建设示范镇、组织示范乡农会，也认为是极重要的事业。至于课本的研究编辑，则有马祖武先生编的实验民众读本六册，甘导伯先生编的民众建国读本四册，金轮海先生编的国民课本一册，初稿均已先后完成，正在分别试用，将来修正，即可出版。此外本院电影片编摄委员会又着手编辑电影识字课本，正在积极进行。还有本院和民众读物社合作编辑的各种民众读物，也正在编印出版中，可以帮助成人教育的发展。

七　教学方法和教学工具的研究实验

假定成人教育的内容确定了，而教学方法和教学工具也要作一番深刻的研究实验，才能证实确切的效果。依据这种观点，本院各实验机关都分别进行这种工作。如在实验民众学校有汉字学习心理研究、成人错字心理研究、民校混合教材教学过程研究、民校混合教材教学法研究、民校珠算笔算混合教学研究、民校注音符号教学方法研究、民校训育实施研究；在实验补习学校有继续教育国语教学法研究、史地公民教学法研究、算术教学法研究、自然科教学法研究；在国民教育实验区有分组（个别的或团体的）教学法实验；在社会教育实验区有国语注音符号教学实验。至于数学工具，也正在努力设法制造。如实验民众学校制有识字教学应用图表、识字教学应用教具、识字游戏器具；国民教育实验区制有公共卫生常识图表、国防常识图表；电化教育专修科和电化教育学系摄制识字电影片、识字幻灯片、装设教育广播电台和收音机等，在教学时利用感觉，均有很大的帮助，现正设法加紧进行。

八　实施方式的研究实验

实施成人教育应采用什么方式才比较容易收效？这也是值得研究实验的课题。除普通一般采用班级教学,如初级成人班、高级成人班、妇女班、补习班、职业班外,本院实验民众学校复作扫除文盲教学方式的研究与实验,希望从各种方式中得到若干比较有效的方式来进行成人教育。同时在国民教育实验区对于成人班或妇女班毕业生,又采用成人自学团,施行继续教育。在社会教育实验区则组织各村读书会,施行巡回教育;敷设各村传习处,推行传习教育。此外教育电台管理委员会又着手开设空中学校,想在无限的空间利用广播来施行生活教育。凡此各种方式,因为施行的时间不久,目前尚难断定哪种优、哪种劣,或者有可能时,各种方式都并用。

九　招生留生的研究实验

成年失学民众固然须受基本教育,却是多数因为生活困难,我们设了学校也往往招不到他们来读书,这便是一般民众学校的招生问题。更有招到了学生,还不到完结,就中途而去,这便是一般民众学校的流生问题。本院实验民众学校利用保甲的协助和学生辗转的介绍(连环招生),对于招生问题便由此解决。实验补习学校招生,却用招生广告,张贴街衢,或在报上发布消息,以广宣传,复印发告民众书,劝导入学,这样也把招生问题解决了。在国民教育实验区,除利用乡镇保甲原有组织外,还就各个生活单位,如工厂里的工友、军队中的士兵、同业工会的茶房学徒等,加以组织,实行扫除文盲工作。至于解决流生问题,或提高学习兴趣,或减除就学困难,或改进教学方法,或奖励优良成绩,或举行家庭访问,或增加课外活动,视实际情形而定,都有相当的效果。

十　辅导和推广工作的研究实验

在目前中国情形之下,经费、设备、人员都感不足,实施成人教育要想普遍、迅速、有效,自必须设立适当的辅导制度,使它能够逐渐进展;同时也要设法推广,使它进展格外容易。本院实验民众学校对于这两方面,均已积极进行。如与吴县教育当局商定,凡在该校附近的国民学校均归该校辅导,协助扫除文盲的工作。具体的工作如供给教材,示范教学,教学指导,辅导会议,协助学校环境的布置,协助教师的进修等。最近又与地方团体协商,办理城区识字教育的实验,希望两年内扫除十万文盲。至于推广工作,也有图书阅览、学术讲演、科学表演、体育活动、音乐演奏、电影放映、艺术展览、家事指导、职业指导、团体组训、公民训练等。在国民教育实验区,辅导工作有教师研究班及教师讲习会、国民学校的层级辅导、乡镇国民教育研究会、巡回辅导、辅导会议、国民教育辅导刊物、学术讲座、各校基金委员会等。在电影播音方面,举行巡回放映,使民众观赏教育影片;设置收听站,使民众收听本电台的播音。这一切辅导和推广的工作,目前正在进行中,已有一部分表现成效的,将来继续努力,可能收到更圆满的效果。

十一　实施人员的研究实验

办理成人教育,无论采用什么方式,都要任用相当的人员。普通除聘用专任教师外,也有利用各种人员的。本院各实验机关办理成人教育,有一部分是专聘的人员,有一部分是本院的师生,其余复利用各方面的人员,如公务人员、知识分子、乡镇保甲长、地方民众、导生和各种专家等。我们认为在目前的中国,如不充分利用各种人员,成人教育很难推进。根据本院各方面短期的实验,也证明这是一个正确的认识,我们还要继续努力去做。

十二　国民教育制度的研究实验

依据法规，国民教育不仅是推行儿童教育，并且要办理失学民众补习教育。换句话说，国民学校是推行儿童成人合校制的机构，同时还要配合新县制，完成地方自治，奠定宪政的基础。所以国民学校不仅是教育的场所，甚至为地方政治的中心、经济的中心、自卫的中心。因此，国民学校的行政组织，便不能像从前的小学组织一般，必须从新建立一种新的机构，才能完成它的使命。本院为协助政府推行这种新制度，抗战期间特在璧山设立国民教育实验区，以实验这种新制度的效能。总计实验工作有：(1) 中心学校和保国民学校的行政组织，即乡(镇)长或保长兼校长和校长兼副乡(镇)长或副保长的比较实验；(2) 各部(小学部、民教部、教导部、研究辅导部、事务部)工作的比较实验；(3) 各种簿籍表格的研究实验。就短期内实验的结果看来，两种行政组织，各有利弊；但利弊相较，还是以校长兼副乡(镇)长或副保长的行政组织较善。例如，乡(镇)长兼校长虽然可以：① 发动民众力量筹建校舍，力量较大，② 政教容易合一，③ 失学民众补习教育较易推行，④ 筹措学校经费较易，⑤ 地方公共造产较易推进。但是：① 学校沦为附庸，② 人员滥用，教员品质日差，③ 校长视学校为私产，至移交时，各项设备常常令区丁搬走，④ 学校衙门化，校长官僚化，⑤ 不顾人民生计，滥施强迫教育，⑥ 校长对于教育缺少兴趣，却有莫大的害处。反过来看，校长兼副乡(镇)长，便可：① 以教育力量为中心，逐步完成地方自治，② 教育和地方政治、经济能作有机的配合，③ 以教育方法感化民众，容易得到民众的信仰，④ 校长对于教育的浓厚的兴趣，⑤ 事业能按照计划进行，⑥ 教员品质较优，⑦ 辅导工作可切实进行。不过也有几点困难，如① 校长对地方行政的力量薄弱，② 学校筹款困难，③ 公共造产不易进行。所以要推行国民教育，照实验的结果，还是以校长兼副乡(镇)长为妥善。

十三　民校毕业生的调查研究

成年失学民众受了几个月的教育，尤其是识字教育，经过相当的时期以后，究竟能保留着多少的成效，目前还没有切实的研究，不能回答这个问题。倘使他们所受的教育和生活脱节，毕业以后就完全遗忘掉，那不是白费大家的时间、精力和金钱吗？本院方辰先生和作者有鉴于此，特着手研究这个问题。现在编造调查表格和问卷，如识字测验、书法测验、填字测验、填词测验、阅读测验等，拟在京苏沪杭各地调查各民校毕业生的情形，希望将来统计分析以后，可以明了他们所受的教育究竟有多少价值。

十四　结　　语

本院在短少时期内研究实验成人教育的实施，大略有如上面所述的各点。我们认为实施成人教育，必须注意社会的背景、文盲的状况、成人学习的困难，以及所用的字汇、词汇、课程、教材和课本、教学方法和教学工具、实施的方式、招生留生的问题、辅导和推广的工作，实施的人员，推行的制度，乃至毕业生的情形。因此，便就本院人力物力财力所及的地方，分别作各种研究实验。其余如经费支配等，非本院所能控制，暂付缺如。在这短少时期内，虽然还不能作最后的结论，但就初步的结果看来，实施成人教育，朝着这个方向去努力进行，前途是有光明的。我们希望再假若干时日，得到一个更正确的报告，贡献给大家参考。

志谢：本文承国民教育实验区主任金轮海先生、社会教育实验区主任陈大白先生、实验民众学校兼实验补习学校主任马祖武先生、电化教育学系主任汪畏之先生供给材料，特此志谢。

三十六(年)、六(月)、二十(日)，作者记于研究部。

原载《中华教育界》复刊第1卷第8期

中国最早的电化教育专业创建始末

——前江苏省立教育学院与国立社会教育学院创办电教专业的历史与总结

徐红彩　潘中淑

一、问题的提出

1936 年,江苏省立教育学院设置两年制的“电影播音教育专修科”,这是我国高校设立的第一个专科层次的电化教育专业;1946 年,前国立社会教育学院设置四年制的“电化教育系”,这是我国最早的本科层次的电化教育专业。[1] 作为中国电化教育历史上的标志性事件,江苏省立教育学院及国立社会教育学院的电化教育专业创办史实并没有深为人知。在众多教育技术学专业教材中,虽然有多处提及江苏省立教育学院与国立社会教育学院在解放前就建立了中国最早的电化教育专业,但是详细论述的并不多。究其原因,主要是因为这两所学院在过去的七八十年中几经变迁,历史的痕迹被分解成一些碎片,史料的获取有一些难度。尽管如此,笔者克服史料搜集过程中的种种困难,以文献调研法、访谈法为主要研究方法,试图揭示出中国历史上最早的电化教育专业的创办过程。

二、江苏省立教育学院与国立社会教育学院的历史沿革

江苏省立教育学院是一所培养民众教育*师资的高等学校,是“国内历史最早而最悠久之民众教育专才培养与民众教育学术研究阐扬机关”[2]。其创始人是毕生致力于民众教育事业的俞庆棠先生。1921 年,俞先生担任中央大学扩充教育处处长时,大力推行民众教育。为了培养民众教育师资,她创办了民众教育学校,后改名为江苏省立教育学院。该院为民众教育的推广提供了一块重要阵地,它所倡导的民众教育与陶行知的生活教育、晏阳初的平民教育、梁漱溟的乡村教育,并列为中国近代四大教育思潮。[3] 抗日战争爆发后,由于没有经费来源,学院在 1941 年至 1945 年间停办。抗战胜利后,在童润之等人士的呼吁与努力下,学院于 1946 年在无锡原址复办。

国立社会教育学院于 1941 年 8 月正式成立,校址四川璧山。这是一所以社会教育为主要特色的学校,学院对我国的社会教育事业作出了卓越的贡献。院训为“人生以服务为目的,社会因教育而光明”。抗战胜利后,学院在 1946 年夏自四川迁至江苏,在南京栖霞山设新生部,并在苏州、南京两地招生。到 1947 年时,学院已设置了社会教育行政学、社会事业行政学、图书博物馆学、新闻学、电化教育学以及社会艺术教育学等六个学系及社会艺术教育、国语、电化教育三个专修科。

---

* 民众教育与社会教育都是民国时期爱国主义教育者推行的教育运动。有学者认为,民众教育与社会教育没有本质上的区别,两者都是以全民为对象的教育。本文亦认为,江苏省立教育学院的民众教育与国立社会教育学院的社会教育在本质上是一样的。故在文中未加区分。

国立社会教育学院在成立初期,就吸纳了大批江苏省立教育学院的教师与学生。戴公亮先生在《母院电化教育工作的回顾》[4]一文中写道:"1941 年秋,我院(指江苏省立教育学院)因经费无着,不得不暂时停办,将部分师生并入国立社会教育学院内。"1950 年 1 月,国立社会教育学院、江苏省立教育学院及中国文学院(即无锡国专)统一合并为苏南文化教育学院,后又改名江苏省师范学院(1952)、苏州大学(1982)。[5]由此也可以看出两个学院之间存在着相互交叉的历史发展轨迹。

三、早期电化教育专业的创建历程

1. 第一个电教专科专业的产生——江苏省立教育学院电化教育专业的创建经过

(1) 专业创办前的电化教育课程与实践

江苏省立教育学院在 1936 年创办了我国最早的电化教育专修科,但学院开始设置电化教育类的相关课程却远远早于 1936 年。在印刷于 1932 年 10 月的《江苏省立教育学院一览》[6]的课程表中,民众教育系和农事教育系的公共选修科中均含有 1 学分的"幻术"(即幻灯片技术)课程;必修科目学程表中,则有"影片之放映及管理"、"摄影之冲洗"、"无线电之收发"及"无线电机之制造与装设"等电化教育实践活动。此外,学院很早就开始开展电化教育实践活动。学院自 1929 年起就在无锡乡村和城市先后举办农民教育馆、民众医院及民众图书馆等民众教育实验区,并经常在这些实验区为当地民众放映教育电影。主要是 35 毫米和 16 毫米片型的无声电影片,如《盲童》、《灭蚊绳》、《马浪荡》和《水的循环》等。这些活动受到了当地民众的欢迎,到会民众常常多达五六百人。[7]

(2) 中国最早的电化教育专业创办经过

江苏省立教育学院在 1930 年前后经常为群众放映电影节目。在此过程中,一些观众反映影片的内容、编导的手法以及放映的方式方法都不能满足他们的需要。当时省立教育学院的院长高阳和教务主任陈礼江经过分析后认为,要彻底解决这个问题,必须培养专门的电影制作人才以及施教人才,才能满足广大民众的需要。1935 年秋,学院开始在民众教育系开设"电化教育"选修课。1936 年初,俞庆棠、甘豫源和戴公亮等开始筹办电化教育专修科,并于当年向前江苏省教育厅提出申请。省教育厅借口当时的"教育部"只有电影教育委员会和播音教育委员会,无"电化教育"这一名称,所以不同意使用"电化教育"作为专修科名称,因而改为"电影播音教育专修科",简称"电专科"。[8]虽然电专科没有正式使用"电化教育"这一名称,但从其教育目标、课程设置等专业特征来看,这是我国最早的电化教育专业。电专科从 1936 年秋开始招收 24 名高中毕业生,1937 年又招收了 25 名学生。抗战开始后,江苏省立教育学院西撤,1938 年初迁至广西桂林继续上课,并为广西教育厅代办电影放映工作人员训练班。1941 年暑假,学院因经费困难而停办,电专科人员转入初成立的国立社会教育学院,并筹建成立了国立社会教育学院的"电化教育专修科"。

(3) 专业课程设置

如前所述,抗战期间江苏省立教育学院曾暂停办学,电专科也随之中断。抗战胜利后,学院于 1946 年在无锡原址复校,1947 年恢复电化教育专修科,科主任为陈汀声。[9]在 1946 年修订的《本院续办电化教育专修科计划大纲》[10]中,清晰地记录着复办后的专修科名称为"电化教育专修科",分电影教育与电播教育两个组。电专科的课程内容覆盖面广,课程细目繁多(见表 1)。

表1 电化教育专修科开设的课程细目

普通必修	专门必修	分组必修与选修			
		电影教育组		电播教育组	
		必修	选修	必修	选修
家事(女生)、伦理学、社教概论、国文、英文、国语及演说、音乐、教育概论、声光电、高级物理学、应用电工学、社会学、教育心理学、现代中国文学、普通教学法、民众教育参观与实习、戏剧概论	戏剧理论与舞台实际、电影教育之理论与实施、电影编剧术及剧本译读、电影放映术及机械修理、电影播音之音乐与音响、电影教育之理论与实施、无线电收音机之装置与修理、无线电播音机之装置与管理、(个别)专题研究	电影摄影术及冲印技术、电影剧本写作、有声电影原理、有声教育电影、电影批评、电影实习、影片教学法、电影行政、世界电影经过史	电影化装术、电影置景术、电影表演术、电影导演术、卡通制作法、记录电影及电影编辑术	无线电学、电池学、播音剧本写作、播音教学法、世界广播经过史、真空管学、电播实习、电播行政	发动机、速记、电话学、电报学、短波无线史、电视学

(4) 专业师资与设备

江苏省立教育学院电专科的师资力量雄厚,在电专科任职的教师多为著名的电影教育家或电影艺术家。历年来在电专科任职的教师有很多,其中任教时间比较长的有:孙师毅,第一任电专科主任,兼任编剧、导演课程;戴公亮,任电影施教和摄影课;陈汀声,1947年任电专科主任,担任收音、扩音、广播等方面的课程;秦柳方(后成为我国著名的经济学家),负责指导学生实习、实验。此外,电专科还从上海等地聘请当时电影、广播领域的杰出人士担任专职或兼职教授。例如,司徒慧敏担任音响课,杨霁明担任摄影与洗印课,许幸之担任置景课,万古蟾担任动画课,时塘担任无线电收音机课,并邀请田汉和欧阳予倩到电专科讲学。

学院当时的教学设备条件也是不错的,基本能够满足教学和实习需要。电专科的教师授课时经常采用电影和幻灯作为教学工具。教师和学生在教学、实习与实施电教实验时使用的教学设备有75瓦广播电台两座,无线电收音机16种,影片摄制及放映器材两副。

(5) 江苏省立教育学院在电化教育领域创建的历史功绩

除创办了中国第一个电化教育专修科外,江苏省立教育学院在电化教育领域还作出了许多卓越的贡献。现简要列举如下:

① 创办了我国第一座教育广播电台。

20世纪30年代,无锡工商界人士将一座50瓦的无线电广播设备捐赠给江苏省立教育学院,以支持该院的民众教育活动。1932年6月,我国第一座教育电台——无锡民众教育广播电台在江苏省立教育学院宣告成立,设定呼号XCWS,周率1390千周,波长216公尺。电台成立初期,每日广播三次,内容以教育与学术讲座、专题讲话、新闻、歌曲、儿童节日及天气预报为主。解放前,无锡民众教育广播电台是我国第一座以教育内容为主要播音题材的广播电台,也是长江以南惟一的一座教育电台,宣传任务十分吃重。[11]

② 率先使用电化教育手段进行教育推广活动。

江苏省立教育学院的教师和学生在民众教育实践活动中较早地使用电影、广播、幻灯等电教手段,把民众教育延伸到社会的各个角落。如前所述,电专科的师生经常在课休时间使用广播电台举行教育播音,并在学院的实验区巡回放映教育电影。此外,学院还自行编导摄制了多部民众教育方面的珍贵影片，如《除旧布新》、《防空常识》、《乡国风光》及《五十六年痛史》等。其中，《五十六年痛史》一片曾被当时的教育部收购底片并翻印拷贝，供各地教育电影放映使用。[12]

③ 培养了一批早期的电化教育优秀人才。

自1936年起，江苏省立教育学院为中国培养了一大批早期的优秀电化教育人才。1936年秋招收高中毕业生史锦棠（即史行）、肖纪正、郑永福、张润、张治、叶运升等24人。1937年，又招收了孙良录、徐鳌由、唐沧淑、朱彤等25人。抗日战争爆发后，电专科曾一度停办。抗战胜利前，“该科学生虽未能如期完成所学，但多半从事电教工作。各地电教之推行，该科学生均有份焉”。[13]根据戴公亮先生的回忆，电专科的学生在“新中国的电化教育发展中发挥了一定的骨干作用，部分学生已任文艺界的领导干部、高等院校教授、工厂的工程师”。例如，1936年入学的史锦棠（即史行），毕业后逐渐成为我国著名的歌剧编导与戏剧家，先后创作歌剧《反抗的吼声》、《再上前线》、《刘胡兰》以及话剧《红旗歌》等。

2. 第一个本科电教专业——国立社会教育学院的电化教育专业概况

（1）简介

国立社会教育学院在1941年刚成立时就设有电化教育专修科，学制两年。1946年秋季起改办电化教育学系，系、科主任均由汪畏之担任，电影教育组主任由戴公亮先生担任，播音教育组主任由吴英剑先生担任。到1948年时，共有教授7人、副教授2人、讲师1人、技师2人，电教系一、二年级学生38人，专修科二年级学生22人。专修科毕业学生先后有4届，共64人，均服务于各地电教界[14]，1950年，国立社会教育学院的电化教育系与江苏省立教育学院的电化教育专修科合并组建了苏南文化教育学院的电化教育专修科，科主任陈汀声。1952年全国院系调整时，苏南文教学院的电化教育专修科与金陵大学的影音部和电化教育专修科等相关系科共同组建了北京电影学院。

（2）人才培养与课程设置

1946年，国立社会教育学院成立电化教育系，分为本科与专修科两个层次。这两个层次在人才培养目标上有明显的不同。其中，本科以培养高级电化教育专门人才为宗旨，并要求学生能研究高深的电化教育学术，其课程学理与实践问题并重；专科则侧重培养高级电化教育技术人员，两年毕业。因此，在课程设置上，“本科侧重理论与实践并重，专修科侧重技术，课程内容包括科学、艺术与教育三方面，期使学生均能制造、修理及使用科学工具，采用艺术方式，而达成教育之终极目的”。[15]表2是电化教育系（四年制本科）的课程细目。[16]

表2　国立社会教育学院电化教育学系课程细目

必修课程			选修课程
共同必修课程：化学、机械大意、微积分、电化教育、应用电学、电源、无线电学、电工学、声学、光电管、录音术、传声工程、内燃机、金工、机械画、毕业实习、毕业论文	播音教育组必修：无线电收讯工程、无线电发讯工程、电子管学、天线及地线、无线电机修理学、无线电测量仪器、无线电传影学、短波及超短波、播音术、播音台管理、播音教育实施法	电影教育组必修：照相化学、摄影学、冲洗学、光学、色彩学、电影器械学、电影器械修理学、幻灯片摄制法、电影放映术、有声电影学、编剧、导演、布景、电影教育实施法、剪接术	休闲教育、电影戏剧研究、化装术、教材收集与编辑、中国风俗史、素描、声响效果、电影欣赏

(3) 电教系的师资与设备条件

国立社会教育学院是培养成人教育的高级学府,加上江苏省立教育学院的并入,其电教系的师资设备条件在当时是比较好的。在师资方面,专任教授先后有洪深、戴公亮、陈汀声、焦菊隐、张俊祥、许辛之、郑君里、郑伯璋等。这些教授多为电影、广播界的精英人士。例如,洪深,电影戏剧理论家、剧作家、导演,编导了中国电影史上第一部有声电影《歌女红牡丹》;焦菊隐,著名导演,导演了《龙须沟》、《茶馆》、《智取威虎山》、《蔡文姬》、《武则天》等多部名剧。[17]

电教系的教学实验设备也是非常完备的,系内主要设备有:电影方面,16 毫米电影摄影机 2 架,8 毫米电影摄影机 1 架,照相机 10 架,16 毫米无声放映机 5 架,16 毫米有声放映机 2 架,幻灯机 2 架,直流发电机 5 架,电动机 4 架;播音方面,100 瓦发射机 1 座,扩大机 1 只,马达唱盘 1 只,言语放大机 1 只,交流收音机 4 架,直流收音机 1 架;实验室方面,系内设有电影制片室、冲洗室、剪辑室、无线电及金工实验室、电影放映室等多处实验场所。[18]

(4) 电化教育的推广实践

国立社会教育学院非常重视电化教育实践环节。在教育电影方面,电化教育系内设有教育电影片编摄委员会,专门从事电影摄制,1948 年前已完成初级识字教育片 400 英尺。此外,学生在实习过程中还摄制了名为《今日之苏州》的史地教学片。在播音教育方面则有实验广播电台,定期播送各种教育节目。在《国立社会教育学院电化教育推广大纲》[19]中,清楚地记载了当时学院推广电化教育的详细规定,如第二条:本院推广电化教育,分定期讲映、特约讲映及巡回施教三种;第三条:电化教育实施区域,以本院所在附近各县为范围,依次推广及其他地区;第四条:电化教育施教内容,以电影、播音及幻灯片三种教育活动为主,并得举行其他各种中心宣传;第五条:本院推广电化教育,得成立电化教育巡回施教队,办理电化教育巡回施教工作,其组织另订之;第六条:本院推广电化教育,依事实上之需要,得举办电化教育人员训练班或讲习会,并得设置电化教育咨询处,经常办理各地关于电化教育咨询事项。从这些规定中我们不仅能推断出当时学院对电化教育推广实践的重视程度,而且可以了解当时学院推行电化教育实践的方式、内容、区域和组织形式等具体细节。

3. 两院创办电化教育专业的共同特征

(1) 产生于教育实践,并服务于教育实践

如前所述,中国第一个电化教育专修科是在民众教育过程中产生的。民众教育家将电影、电播与幻灯视为教育的利器,并将其用于民众教育的实践活动中。在这个过程中,产生了对专门的电影、电播施教人才的需要,进而促生了电化教育专业。因而,电化教育专业产生于民众教育,同时又服务于民众教育。1940 年出版的《电化教育》[20]中曾提到,“电影教育之主旨,在用以推行社会教育,以提高社会文化水准,自抗战军举,发动民众,激励士气,电影教育所负之任务尤重”,可见电化教育(尤其是电影教育)对于开展教育实践活动的重要性。

(2) 以电影、广播与幻灯片为主要技术手段

在 20 世纪三四十年代,电影、广播以及幻灯都是中国当时比较前沿的媒体技术手段,这些媒体在大众传播中取得了非常好的效果,因此很快就被教育界人士应用到教育实践过程中。《国立社会教育学院电化教育推广大纲》的第四条规定:“电化教育施教内容,以电影、播音及幻灯片三种教育活动为主。”上文的论述也多次证实了这三种媒体是当时进行电化

教育实践的主要技术手段。

(3) 科学、艺术、教育并重的课程体系

在当时看来,"电化教育是以科学为工具,艺术为方式,教育为目的之教育"[21],因而电化教育的课程问题可从三方面考虑:第一是科学(技术),第二是艺术,第三是教育。科学类的课程多与电教技术相关,如物理学、电工学、无线电技术等;艺术类课程则包括与电教相关的工艺、艺术与方法类课程,如电影化装术、电影置景术、戏剧、音乐等;教育类的课程则有电化教育理论、教育概论、教育心理学等。这种分类体系符合当时的科技发展与专业需要,在今天看来仍然具有一定的科学合理性。

(4) 注重专业实践活动

两院均将电化教育实践作为专业建设与发展的重要环节。在江苏省立教育学院,本科第四学年、专修科第四学期全部用来实习。在电化教育系、科,教师和学生不仅负责民众教育广播电台的教育播音工作,还经常到电影教育巡回施教区放映、讲解教育电影。国立社会教育学院除了制定《电化教育推广大纲》以规范电化教育实践活动外,学院对于电化教育系今后的发展计划曾拟定过三条事项:为充实设备,拟逐年增购及仿制各项电教器材,并添设电影摄影场、实验工场及电化教育施教场;二为扩充学系,将本学系分为电影教育及播音教育两学系,以培养两方面之专门人才;三为加强研究实验工作及扩大施教范围,分期完成全国电化教育网。[22]学院将电化教育实施问题作为电化教育系未来的发展重点,可见其对实践活动的重视程度。

结 束 语

至今为止,中国第一个电化教育专科专业——江苏省立教育学院电影播音教育专修科已成立了70余年,而中国第一个电化教育本科专业——国立社会教育学院电化教育系也有61年的历史了。经过半个多世纪的历史沧桑,以"江苏省立教育学院"与"国立社会教育学院"命名的学院已不复存在,但是两院所创建的电化教育专业势必成为中国电化教育专业发展的历史起点。早期的电化教育工作人员不仅在电化教育实践中摸索创建了中国最早的电化教育专业,培养了一大批优秀电教人才,还将电影、电播作为唤醒民众、拯救中华民族的教育武器。他们为我国解放前的教育事业作出了巨大贡献。因为篇幅有限,笔者难以将电化教育专业创办者当年创造的辉煌与遭受的磨难一一再现,谨以此文纪念那些曾致力于中国早期电化教育事业并为之奋斗终身的前辈们。

参考文献

[1] 南国农. 中国教育技术学专业建设的发展道路[J]. 中国电化教育,2005(9):3－8.

[2] 童润之.《教育与民众》一百期与江苏省立教育学院十三年[J]. 教育与民众,1941(10):9－11.

[3] 杨增. 序言[A]//政协江苏省无锡市委员会文史资料研究委员会. 无锡文史资料第25辑[C]. 无锡:政协江苏省无锡市委员会文史资料研究委员会,1991:Ⅰ－Ⅱ.

[4][7][8][9] 戴公亮. 母院电化教育工作的回顾[A]//政协江苏省无锡市委员会文史资料研究委员会. 无锡文史资料第25辑[C]. 无锡:政协江苏省无锡市委员会文史资料研究委员会,1991:94～99.

[5] 黄旭朗. 江苏省立教育学院简介[A]//政协江苏省无锡市委员会文史资料研究委员会. 无锡文史资料第25辑[C]. 无锡:政协江苏省无锡市委员会文史资料研究委员会,1991:1－2.

[6] 江苏省立教育学院. 江苏省立教育学院一览[Z]. 江苏省立教育学院,民国二十一年(1932

年）:20－29.

［10］［12］［13］江苏省立教育学院.本院续办电化教育专修科计划大纲［Z］.江苏省立教育学院，民国三十五年（1946年）:33－39.

［11］陈汀声.首创民众教育广播电台史实［A］//政协江苏省无锡市委员会文史资料研究委员会.无锡文史资料第25辑［C］.无锡：政协江苏省无锡市委员会文史资料研究委员会，1991:119－123.

［14］［15］［16］［18］［19］［21］［22］国立社会教育学院.国立社会教育学院概况［Z］.国立社会教育学院，1948:9－39.

［17］戴公亮.江苏省立教育学院创办电化教育的史实［J］.电化教育研究，1986（2）：32－34.

［20］教育部社会教育司.电化教育［M］.教育部社会教育司，民国二十九年（1940年）:6－7.

原载《电化教育研究》2007年第11期

中国高等学校最早开设的电化教育课程与专业

潘中淑　顾京麟

江苏省立教育学院建于1928年，由著名教育家俞庆棠创办，院址在无锡社桥；国立社会教育学院1941年建于四川璧山，1946年东迁至苏州，借忠王府及拙政园为临时院址。这两所学院均于1950年并入苏南文化教育学院，成为江苏师范学院亦为苏州大学的前身院校之一。

江苏省立教育学院和国立社会教育学院在中国电化教育史上写下了辉煌的篇章，对中国电化教育的重要贡献为三个“最早”。

一、江苏省立教育学院1932年前开设的“无线电与教育”、“电影与教育”等课程是中国高校最早开设的电化教育课程

1928年，在孙中山“必须唤起民众”遗言的激励下，时任江苏大学区扩充教育处处长的教育家俞庆棠创办了以“培养全省民众教育与农事教育高级服务人才”为宗旨的江苏省立教育学院，这是我国第一所培养民众教育专业人才的高等学府。江苏省立教育学院的教学方式及其对民众教育的研究与实践，曾推动了一场轰轰烈烈影响全国的民众教育运动，是我国教育史上绽开的一朵绚丽的奇葩。

为了探讨推广民众教育的理论与实践，学院不仅借鉴西方先进的教育理论，更是重实践，励创新，建立了研究实验部（俞庆棠兼任研究实验部主任），并举办各种研究实验事业。学院还借鉴国外视听教育的发展所取得的成果和经验，高度重视运用幻灯、广播、电影进行教育实践。在各民众教育实验区，经常为当地民众放映教育电影，在学院大礼堂每星期六晚都有民众同乐会，除学生表演文艺节目外，还放映35毫米片型的无声电影片，每场都有五六百民众到会。

随着民众教育规模的不断扩展，社会需要更多的会使用幻灯、广播、电影开展宣传教育的人才。“为民众而教，为民众而学。民众需要什么就教什么，从事民众教育的人就学什么，教与学皆从民众的需要出发”是江苏省立教育学院的办学特点之一。因此，江苏省立教育学院开设了电化教育课程。

编印于民国二十一年（1932年）十月的《江苏省立教育学院一览》中，记载着该院开设的全部课程列表。当时设立的所有系科的“公共选修科目”中均列有“无线电与教育”和“电影与教育”两门科目。在所有系科的“普通选修科目”中都有“幻术”（“幻灯技术”的简称）科目。在工业类的11个“技能科目”中，列有“影片之放映及管理”、“摄影之冲洗”、“无线电之收发”、“无线电机之制造及装设”、“电气之使用及管理”等几门电化教育类课程。这些科目都是中国高校最早开设的电化教育课程。

二、江苏省立教育学院1936年设立的“电影与电播专修科”是中国高校最早设立的电化教育专科

在民众教育实验实习中采用电影教育，虽然受到工农大众的欢迎，但因为当时租来的影片大多是无声片和外国片，影响对中国工农群众的教育效果。俞庆棠认为，要彻底解决这个问题，必须培养电影制作人才，摄制适合工农需要的教育影片。1936年，江苏省立教育学院设立“电影与电播专修科”（简称“电专科”），学制两年，邀上海联华电影制片厂和电通影片公司编导孙师毅任科主任，我国第一个电化教育专业从此诞生。在筹办该专修科时，学院拟用“电化教育专修科”名称，但由于当时的江苏省教育厅不同意，以当时教育部只有电影教育委员会和播音教育委员会为由，遂改为“电影与电播专修科”。

尽管未能获准使用“电化教育”这一名称，但学院在教学活动中始终使用了“电化教育”一词。电影与电播专修科建立的第二年，学院成功举办了反映当时电专科成就的“电影摄制和照相成绩展”。当年金陵大学孙明经教授赴江苏省立教育学院进行考察，留下了几卷记录着该校当年教学情况的胶卷，胶卷端头贴有“1937”字样，完好地存放在一只铁盒里。2004年孙明经教授之子孙建三先生将这批珍贵的照片捐赠给苏州大学校史馆。

据1946年江苏省立教育学院编印的《本院续办电化教育专修科计划大纲》载：电专科成立后，“该科曾自行编导摄制‘除旧布新’、‘防空常识’、‘乡国之光’、‘五十六年痛史’及若干短片、幻灯片不下十余种之多，其中“五十六年痛史”乙片，曾由教育部价购底片，翻印拷贝，供各地教育电影放映之用”。

1937年抗战开始后，电专科师生赶制宣传抗日的幻灯片，并与有关单位联合摄制《保卫我的土地》、《热血忠魂》、《八百壮士》等影片，配合抗日宣传工作。

三、1946年国立社会教育学院设立的电化教育系是中国高校最早的电化教育本科专业

1941年8月，国立社会教育学院在四川璧山成立，学院以研究社会教育、培养社会教育专门人才为宗旨，校训为“人生以服务为目的，社会因教育而光明”。学院成立时即开设电化教育专修科，师资队伍中不少为原江苏教育学院电专科的教师，戴公亮任专修科主任。抗战胜利后，电化教育专修科随国立社会教育学院迁至苏州。

据《国立社会教育学院概况》记载：1946年学院将“电化教育专修科”改为4年制的“电化教育系”，设电影教育及播音教育两组，系主任由汪畏之担任。这是我国最早的本科层次的电教专业。

全国解放后，地处苏州与无锡的两个教育学院合并建立了苏南文教学院。1952年院系调整，苏南文教学院电化教育专修科与金陵大学的影音部和电化教育专修科等相关系科共同组建了后来的北京电影学院。

电化教育系的建立，从培养目标、课程设置、师资力量等各方面均比电化教育专修科有显著的提高。

培养目标：电化教育专修科以培养高级电化教育技术人员为宗旨，而电化教育系则以培养高级电化教育技术人才并研究高深电化教育学术为宗旨。

课程设置：与专修课相比，电教系的课程设置从广度与深度上均有相当提高，如开设了化学、微积分、声学、无线电传影学、色彩学、休闲教育、电影戏剧研究、电影欣赏、中国风俗史、素描等课程。

师资力量:电化教育系师资力量雄厚,专任教授先后有洪深(电影戏剧理论家、剧作家、导演,中国电影史上第一部有声电影《歌女红牡丹》的编导),焦菊隐(著名导演,《龙须沟》、《茶馆》、《智取威虎山》、《蔡文姬》、《武则天》等多部名剧的导演),张骏祥(著名导演、编剧,《白求恩大夫》、《翠岗红旗》、《燎原》等影片的导演),许幸之(著名影剧编导、画家,《风云儿女》、《海上风暴》等影片的导演),郑君里(电影导演,《乌鸦与麻雀》、《枯木逢春》、《林则徐》、《聂耳》等影片的导演,并与蔡楚生合导《一江春水向东流》),杨霁明(著名电影摄影师,拍摄《松花江上》、《汾水长流》、《杨乃武与小白菜》等影片),郑伯璋(电影技术专家,《保卫我们的土地》、《塞上风云》、《希望在人间》等影片的录音)等。在学院其他系科任教的名教授还有陈白尘、顾颉刚等,可见国立社会教育学院电化教育系在电影、电化教学方面的实力之强。

国立社会教育学院电化教育专修科和电化教育系的毕业生,许多成为新中国第一代电影和电教事业的开拓者。许多优秀的国产故事片、教育片都出自他们之手。例如,吴生汉(电影摄影家,摄制《暴风骤雨》、《红旗谱》、《骆驼祥子》等十多部影片);陈国梁(电影摄影家,摄制《南征北战》、《小花》、《神秘的大佛》等二十多部影片);张剑平(一级录音师,为《十月风云》、《挺进中原》、《梨园传奇》等多部影片录音);王光世(高级工程师,为中国电影作多项技术革新)等。他们对我国电影、电化教育事业作出了重要贡献。

原载《苏大校友》2007 年第 2 期

试析江苏省立教育学院的办学特色

张 蓉

江苏省立教育学院由我国现代著名人民教育家俞庆棠所创办，是中国现代第一所培养民众教育专业人才的高等院校。它成立于1928年3月，开办了17年（1941—1945年停办），1949年秋，改名为公立文化教育学院，1952年并入江苏师范学院（1982年改为苏州大学）。江苏省立教育学院（以下简称学院）是民国时期一所非常有特色的高等学府。它自成立后，一直高举民众教育旗帜，培养了大批民众教育专业人才，有力地推动了民众教育的发展，在中国二三十年代的民众教育思潮中占有重要地位。分析它的办学特色，对我们今天开展师范教育、职业教育等，有着积极的现实意义。

一、树立"为民众服务"的办学方向

20世纪20年代后期，时任江苏大学区扩充教育处处长的俞庆棠，深受孙中山先生"唤起民众"的思想影响，从而大力推行民众教育。她认为民众教育是改造旧教育以拯救中国的一剂良方。它是一种建筑在民众现实生活之上的，适应劳苦大众需要的教育，它以工人、农民及其子弟为主要对象（在教育对象的年龄上，则侧重于成人），以改造社会、复兴民族为最终目的。它的教育内容以社会生活为出发点，涉及识字扫盲教育、基本文化知识教育、农业教育、职业技能训练、公民道德教育、卫生知识教育、艺术陶冶、公共体育、电化教育和特殊教育等方面。它的实施方式有社会式和学校式，包括民众教育馆、民众图书馆，民众体育场、电影院、美术馆、公园、茶园、民众学校、盲哑学校、感化学校等。它的实施重心在乡村，尤其注重农村生计教育和农村女子教育。

在实施民众教育这一新兴事业的过程中，俞庆棠充分认识到了民众教育专业人才培养的重要性，于是创办了江苏省立教育学院。学院成立伊始，即明确提出，要以"养成江苏省各县民众教育及农事教育服务人才"[1]为任务，以贯彻理论联系实际，学做合一，走向社会，结合工农为办学方针。教学上，要求对学生的品德、知识和技能培养同等注重，养成学生服务民众的精神，使学生掌握各项民众教育课程，锻炼学生实施民众教育的能力。而且，俞庆棠等学院负责人很注重对全院师生宣传学院所负的独特使命是推动民众教育，以统一认识，促进办学目的的实现。这从院歌中便可见一斑，这首由高阳作词的院歌中唱道："……教育农事，力求专精；手脑并用，坐言起行。习劳耐苦，克俭克勤；进德修业，锻炼身心。服务社会，忠信笃敬；亲民新民，建设乡村。发扬吾华，民族精神……"[2]这首院歌将学院的办学方针具体化、形象化，明确了办学方向，鼓舞了一批又一批的学生投身于民众教育事业，去为民众服务。

学院破除了传统的"仕途"观念，立足现实，揭橥"为民众服务"的鲜明旗帜，培养民众教育专业人才，把神圣的教育权利推向社会，施之于长期被剥夺受教育机会的广大劳动人民。这在当时的高等教育领域，是非常特殊和有意义的，这正是学院的根本特色所在。

二、专业及课程设置适合社会需要，基础知识面广

学院成立后，设民众教育、农事教育两学系及民众教育、农事教育两专修科。1936年，增设电影、播音教育两专修科（简称电专科），农事教育专修科改为劳作师资专修科，停办民众教育专修科。学系四年毕业，专修科两年毕业。主要招收高中毕业或有同等程度的男女学生。

学院课程的设置以贯彻办学目的，注重民众生活中的实际问题为原则。开设的系科课程包括公共必修、分组必修、选修和实习四个部分。民众教育系分为社会教育行政、民众教育、图书馆等组；农事教育系分为农艺、园艺、畜牧兽医、农业经济等组；电专科分为电影与播音两组；劳作师资专科分农艺、工艺和家事三组，都是适应民众需要而设立的。公共必修课包括党义、国文、外语等基本学程，地方自治、乡村社会学等社会科学学程，教育史、民众教育、成人学习心理等教育学程。分组必修课程则各有特色，如农艺组学习农场设施、作物栽培、农业推广等，电影组学习电影编导、电影放映术、戏剧理论与舞台实际等。选修课则属于技能方面的，如音乐、图画、戏剧、演说、武术等。实习是课程中的重要项目，这在下面将论及。总之，课程内容广泛、实用，“几乎一般现代民众生活所需的各项知识技能都要学会掌握”[3]，这才能符合民众教育专业人才的标准。学院的课程设置针对民众教育的特殊性，理论联系实际，将社会实际生活纳入教育内容中，从而有利于对民众教育专业人才的培养。

三、重视学生的民众教育实习和参观

学院非常重视学生的参观实习，认为参观实习是贯彻学做合一、手脑并用原则，培养学生为劳苦群众服务的精神和独立工作能力的重要途径。为此，学院规定实习为必修科目，要计学分，本科实习一年，专修科实习半年。学院在校外设立了多处实验单位，校内设立了工场、农场、实验室等，作为学生平时参观实习和毕业实习的场所。还有一种特殊的毕业实习方式是，派出毕业生到一些县或工厂、农村去试办各种民众教育事业，独挡一面，如办民众学校、民众教育馆、组织农民成立生产合作社等。这种深入到社会底层艰苦环境中的实习，锻炼了学生吃苦耐劳的精神，同时增进了学生与工农劳苦大众的感情，使学生了解了民生疾苦，看清了社会现实。正如学院的学生所说的：“（实习中）由于长期和民众朝夕相处，深深体会到农民淳朴的感情，勤劳苦干的精神，……同时认识到内忧外患日益严重，深入基层，唤起民众，教育民众，共赴国难，刻不容缓！”[4]另外，学院教师在平时授课中，也注意结合现实，带领学生到一些大工厂、农村、工人及人力车夫集居的棚户区去参观。

总之，就是从这些实际的活动中，学院加强了对学生的专业思想教育，把学生的未来志愿，“引向到为民众教育去奋斗终身”[5]，并由此锻炼了学生的实际工作能力。

四、积极开展民众教育实验

俞庆棠十分注重民众教育实验。她认为，“任何学术，都根于实践”[6]。民众教育是中国新兴事业，前无师承，近无成法，必须通过实验来形成理论与设施。因此，她明确指出，学院建立的目的，除培养人才外，还要作为“全省民众教育、农事教育研究设计及实验之场所”[7]。在俞庆棠主持下，学院从1929年起，先后在无锡城乡设立了黄巷民众教育实验区、

江阴巷实验民众图书馆、南门实验民众教育馆、北夏普及民众教育实验区、惠北民众教育实验区、汉昌路实验民众学校等教学实验场所。这些实验场所成为学院的一大特色,正如马秋帆先生所说:"江苏教院之所以成为新型高等学府,就因为它培育了民教人才和创建了研究实验基地。"[8]当时,学院的实验区在全国引起了很大反响,社会各界人士纷纷前来参观、学习。到1935年止,全国共有民众教育实验区193处,"最著为定县试验区,邹平试验区,无锡黄巷实验区,北夏实验区等"[9]。后二者正是学院办的实验区。

各实验单位在学院领导下,设有组织机构及工作人员,各有侧重地、有计划地进行实验。主要开展文字、生计、家事、健康、自治自卫、社会交际、休闲等教育,具体活动有举办学校、读书会、流动教学班,建立乡村改进会、合作社,设立医疗所,改良风俗,组织救火队和音乐戏剧团等。通过实验所取得的成效也是显著的,不但增强了实验区民众爱国爱乡的意识,提高了他们的文化卫生水平,增加了农村经济效益,而且积累了许多有益的民众教育经验,提高了教学质量,促进了民众教育理论的科学化。例如,惠北民众教育实验区的王家宕乡村实验学校做六年小学四年完成的实验,结果证明缩短义务教育年限是可行的,之后,编辑了专门教材,由商务印书馆发行,对解决乡村义务教育实施的困难,起了一定促进作用。学院这种积极开展科学实验研究的做法是非常可取的。

五、特设研究实验部

学院的行政组织,除教务、总务部门以外,专门设立了研究实验部,下面又分设研究设计组、编辑出版组和实验推广组,统揽全院研究实验工作。主要负责人为俞庆棠。研究实验部具体主持了学生的民众教育实习,民众教育专题研究,编印民众教育专籍、民众读物和民众学校教材,出版期刊,创办民众教育研究实验基地等工作,大力开展民众教育的研究实验活动,以达到理论联系实际的目的,建立"民众教育学术"。1929年5月,研究实验部负责创办了《教育与民众》月刊,"以研究民众教育之学理与实施方法而求于学术上有所贡献为宗旨"[10],传播交流民众教育的理论及经验,报道国内外民众教育的动态,成为当时国内民众教育的权威刊物,影响非常大。研究实验部所编订的《民众读本》、《妇女读本》、《短期义务教学混合读本》、《民众抗日救国读本》等民众学校教材,畅销全国,被各地民众学校普遍采用。在研究实验部的倡导下,学院的教授们纷纷著书立说,先后写出了一系列民众教育专著,如孟宪承、陈礼江、甘豫源、秦柳方及俞庆棠等各自都写了《民众教育》一书,推动了民众教育理论的形成、发展。因此,学院这一特殊的教育行政部门,对促进民众教育的科学文化发展,有着重要作用。

六、面向社会,实行开门办学

俞庆棠提倡学校社会化,加强学校与社会之间的联系;要求民众教育对民众的整个生活予以指导。因此,在她的倡导下,学院实行开门办学,深入民众。一方面,学院创办的实验区不仅是学生实习、教师研究的场所,而且扩大了学校的概念,将教育对象由校内学生扩大到了广大的民众教育实验区的群众,学院师生在校外实验区开展教学、科研和推广三位一体的活动,有力地推动了民众教育的发展;另一方面,学院每年3月15日举行校庆,这一天,学院全天开放,任人参观,并举办各种民众教育活动,如民众运动会、农事展览会、歌咏比赛等,邀请附近群众参加。学院的学生总结道:"一年一度的校庆活动,是一年来本院工作的回顾及其成绩的检阅，是一次全院师生及毕业校友的友谊集会，是社会人士及广大工人、农民等与本院加深关系、增进感情的纽带，也是一次民众教育的宣传活动。”[11]

七、开创电化教育事业

学院很注重运用当时的先进科学技术来推动民众教育的发展。在实践过程中，俞庆棠等学院领导人认识到了电影、广播在民众教育中能发挥重大、独特的作用，因此在1932年，组织成立了我国第一座教育电台——无锡民众教育广播电台，由民众教育系和农事教育系的高年级学生，在教师指导下，负责节目制作和主持。每天定时向实验区民众播放文化卫生和农技方面的知识，及宣传抗日救亡。1936年，学院创办了全国第一个电影播音教育专修科（1952年院系调整，并入现北京电影学院），开我国电化教育事业的先河。抗战期间，俞庆棠指导电专科师生摄制了记录日本侵华历史的电影《五十六年痛史》，到各地巡回放映，增强了民众的民族意识。学院培养了我国现代最早的一批专门的电化教育人才，促进了我国电化教育事业的发展。

此外，学院在教学方法上，强调理论结合实际，注重培养学生的自学能力；在师资上，主张广延名师，用人惟才，先后聘到学院任教的几乎全是曾留学欧美或日本的学有专长的学者，如李蒸、孟宪承、雷沛鸿、傅葆琛、陈礼江、吴福桢等，学院一时之间人才荟萃，力量雄厚；在学术研究上，采取“兼收并蓄，学术自由”的方针，鼓励师生就民众教育问题，自由研究，自由争鸣，互相切磋，以求学术进步；并注重邀请国内外知名学者到校演讲，如梁漱溟、郃爽秋、黄炎培、江问渔、丹麦国际民众学院院长马列克（Peter Mauniche）等都曾来院讲学，从而加强了学院的学术氛围与对外交流。学院的农事教育系也很有特色，学生不仅学习农业知识，而且接受师范性训练，以便将来从事农业生产技术的推广工作。

学院坚持了近20年，是“国内历史最早而最悠久之民众教育专才培养与民众教育学术研究阐扬机关”[12]。它名义上是江苏省立，实际上已面向全国，慕名而来的学生除来自江苏省外，还来自其他十余省，“远如滇、黔、粤、桂、川、康、陕、甘学生，亦有负笈来游”[13]。学院先后培养了2 000名学生，他们大多数在毕业后，均回各地从事基层民众教育工作。同时，以学院为仿效，各地培养民众教育专业人才的机构及民众教育的研究实验机关也次第设立。从而使民众教育运动从江苏省迅速向全国推广，学院“遂蔚然成为国内民众教育运动之中心”[14]。

在特定历史背景下创办起来的江苏省立教育学院尽管有其自身的局限性，但它仍是民国时期一所独特的高等学校。学院在中国现代教育史上，尤其在民众教育思潮中写下重要一页。学院关于民众教育专业人才培养上的许多思想和实践是值得我们借鉴的。

注释：

[1][6][7] 茅仲英、唐孝纯编：《俞庆棠教育论著选》，人民教育出版社，1992年，第231页、12页、231页。

[2][3] 苏州大学，原江苏省立教育学院校友会编印：《艰苦的探寻——江苏省立教育学院校友回忆录》，第2页、第227页。

[4][11] 无锡市政协文史资料委员会编辑出版：《无锡文史资料》第25辑，第92页、第155—156页。

[5] 苏州大学，原江苏省立教育学院校友会编印：《人民教育家俞庆棠与江苏省立教育学院》，第27页。

[8] 转引自韦善美、程刚著:《雷沛鸿教育思想研究》,辽宁教育出版社,1994 年,第 60 页。
[9]《第二次中国教育年鉴》,商务印书馆,1948 年,第 1089 页。
[10]《教育与民众》,第一卷第二号,1929 年 6 月。
[12]《教育与民众》,第十卷第十期,1941 年 6 月。
[13][14] 梁漱溟:《高践四先生事略》,《艰苦的探寻》(续集),第 79 页。

原载《邢台职业技术学院学报》1999 年第 16 卷第 2 期

私立江南大学的办学特色

周　萍　金其桢

私立江南大学是我国近代著名的爱国实业家荣德生先生于1947年创办的一所综合性本科大学,它不仅是无锡历史上第一所正规的本科大学,而且在我国高等教育的发展史上也留下了可圈可点的一页。1948年,江南大学增设的面粉专修科是我国高校中最早开办的粮食加工专业,当时在世界上也比较先进;1949年,为了适应社会及荣氏企业内部管理的要求,江南大学又把经济系改办成工业管理系,成为全国最早设立此系的三个高校之一。至1952年院系调整时被撤并,私立江南大学办学虽然仅仅延续5年,但其许多系科后来均发展成为国内许多著名高校中富有特色的专业;培养的一批优秀人才活跃在全国各地甚至海外,其中不少人已成为某些学科领域的权威专家。本文拟探讨私立江南大学的办学特色和传统,以资借鉴。

一、实业家办实业教育

无锡地处苏南太湖之滨,人口稠密、物产丰富,素有重教尚文的优良传统,是一座具有深厚文化底蕴的工商业城市。以荣宗敬、荣德生兄弟为代表的荣氏集团就发源于此,后来发展成为旧中国最大、也是惟一有资格可以进入国际财团行列的民族资本实业集团。荣氏家族兴学育才,是随着荣家企业的发展同步进行的。荣德生先生对自己的办学成就,在1948年曾这样总结:"余历年办学,自小学、中学而至专修,皆持此宗旨:教育贵在实学,虚有其名,无裨实用,不如无学。"[1]他所创办的私立江南大学专业设置也都是面向生产建设的实际,并注重学生学以致用。荣先生轻工起家,轻工兴学,早期经营面粉厂,后又兴办纺织厂。在私立江南大学1949年春季开学典礼上,荣先生介绍了自己的发家史。他指出:工业和教育两方面的工作,自应相互配合,前者发展经济,使国家摆脱贫困;后者培养人才,使工业后继有人。有自己的民族工业,独立自主;有自己的专业人才,扬眉吐气,发展经济有望,振兴国家有望。[2]他以自己的亲身经历,语重心长地告诉全体师生,怎样才能实现实业救国和科教兴邦。他不仅有着很强的务实精神,而且深知提高生产力、发展科技与文化是振兴中华的核心,荣家独资创办江南大学,就是为了科技兴教、培养专业人才。

二、办学宗旨明确,理工文农管并重

《私立江南大学组织大纲》第二条明确指出:"本校以砥砺德行、发扬文化、研究高深学术、养成专门人才为宗旨。"[3]根据这个办学宗旨和指导思想,学校一开始便确定理工文农并重,主要为发展国家工农业培养专门技术人才,因此江南大学设立了"三院九系",即:文学院,下设中文系、外文系、史地系、经济系;理工学院,下设数理系、化工系、机电系;农学院,下设农艺系、农产制造系,都是四年制本科。1948年又增设三年制面粉专修科。荣先生认为,文科类学问是文化之本,尤其是中国文学(包括史学)有着极其深邃的内涵,体现了中国几千年文化的精髓，因此他坚决主张办文学院。[4]作为荣氏创办的第一所综合性本科大学，私立江南大学不仅注重理论研究，而且注重专业特色，因此首先设立了理工和农业两大学院，为工、农两大基本产业培养高级专门人才。1949年下半年改设的工业管理系，则为新中国培养了一批既懂技术又懂管理的人才。

三、尊师重教，名师云集

要办成一所高水平的大学，教师是关键。私立江南大学初创时，就不惜重金聘请了一批社会知名人士和著名专家学者来校主持校政或任教。如聘请辛亥革命元老、古文学家、书法家吴稚晖为首任校董事会董事长，荣德生自己任副董事长。聘请中国电机工程界的老前辈顾惟精任江大副校长兼理工学院院长，著名的国史学家钱穆任文学院院长，农学家韩雁门任农学院院长。教务长前有唐君毅，后为骆美轮；总务长是陆仁寿。教授阵容有：物理学家周同庆等，化学家张泽尧等，古典文学家朱东润等，食品工业专家朱宝镛，英语教授张云谷等，经济系改为工业管理系后更是专家集中，还聘请了数学家金圣一、樊映川任教，体育方面则有中国体坛老将陈陵等。[5]

四、注重理论与实践相结合

私立江南大学是一所有特色的大学，聘请的教师，大都是学识广博实践经验丰富的专家学者，讲课能够深入浅出，深受学生欢迎。同时荣氏集团又投入巨资，创建了一批理工实验室和试验工厂，如物理实验室、化学实验室、电子管实验室、机电实验室等。荣家所属沪、锡等地的几十家轻、重工业工厂，都一律无条件地作为江大师生的实习和教学场所，这对培养学生的专业才干起到了重要作用。例如，在纺织厂、面粉厂，还有当时刚刚成立的、全国机械行业设备最先进的开源机器工程公司，很多江大学生就参加了建设、设备安装和生产实习。农业方面江大设有生物实验、生化实验室和果园、菜园、农场、奶牛场等，大大提高了农业各系科的教学效果。学校为了加强学生的实践工作能力，还特别组织了许多理论联系实际的实践活动。早在解放前，文学院各系就组织学生到附近农村进行调查研究，了解农民生产、生活的情况；工业管理系曾对荣家所属申新、茂新、福新各工厂的基本情况进行统计和调查；化工系的学生还自己生产了一批化工产品，如“江南牙膏”；面粉专修科的学生在面粉厂实习时，除对生产工艺进行技术咨询外，还自己出版了《面粉通讯》，这是我国第一本面粉专业技术刊物，受到面粉厂和粮食公司的欢迎。

五、秉承优良传统，弘扬太湖文化

私立江南大学是发扬区域文化的典范。在私立江南大学第二学年开学、江大诞生一周年暨新校舍落成典礼上，荣一心先生对江南大学的办学目标和教育方针作了精辟的论述。首先，他认为大学对社会起着引领的作用，而无锡有着优良的传统，江南大学应在气节修养上领导江南。他说：“窃以为移风易俗，端赖教育，而大学学府，更居领导社会之地位。”“无锡自晚明东林以降，士节昭励，向冠江南，风披全国，至今遗风逸乡，犹未脱尽规范。吾校为无锡之最高学府，诸君宜如何砥砺人格，恢宏士气，秉承并光大此弥可珍贵之传统，由修身律己而推之移风易俗，俾我江南大学在气节之修养上，确能领导江南。……我江大为研究学术之机关，应有其独立之风格，纯粹精洁，坚定自持，不为外烁所浮沉。夫如是，然后在校得安心学问,毕业后可领导社会。如何养成此学术独立之风格与气节,为我校政委员会期望之首着。”[6]第二,荣一心先生认为江南大学面临太湖,而太湖三万六千顷,揽七十二峰之胜,包孕吴越。“此湖也,实为一胸襟阔大、满蓄活力之新生命象征。我校董会择地于此,至具深意。”“我江大同学,务须效此湖水,不择细流,满储活力。俾三年后,每一社会角落,均有江大同学在披风霜、斩荆棘,耕耘播种,邪许相应,伟大力量,将用之不竭。”[7]他把这种气魄的培养,列入学校的教育方针。最后,他认为“无锡尤为全国有数之工商巨埠”,在这种环境中,“我江大以努力建设为己任,自当一扫空谈之弊,登高自卑,行远自迩,求是求真,务冀切实……俾我江南大学得为社会尽其更高之贡献”。[8]可见荣氏父子创办江南大学不仅是务实,为本企业服务,而且有着更远大的志向,为弘扬太湖文化,为社会培养建设人才,以实现救国裕民的远大目标。

此外,私立江南大学设立了合理、精干的管理机构,以及一系列规章制度,如《江南大学校董会章程》、《江南大学校政委员会简则》、《江南大学教员服务规程》、《江南大学职员服务规程》、《江南大学教务规则》、《江南大学训导规则》、《江南大学导师制实施细则》、《学生课外作业竞赛办法》、《学生担任团体职务规则》、《清寒学生免费暂行办法》和《江南大学学生勤工俭学办法》等,这些制度的确立为学校教育质量的提高和优良校风的形成起到了积极的保障和促进作用。

随着我国经济的迅速发展、高等教育规模的扩大以及社会产业结构的调整,在教育中引入竞争机制是合适的,尤其是高等教育领域,市场应该多元化,应鼓励多种力量来办学。目前民办教育的迅速发展,尤其是在沿海经济发达地区民办教育新体制的创新也证明了这一点。私立江南大学所办的专业主要是为中国的工业和农业两大基本产业服务,与当时的经济发展密切相关,也与荣氏企业的发展有密切联系,可谓定位明确,颇具特色。

目前,我国民营经济在党的政策引导下,发展迅速,已是半壁河山。企业家应不应该有办学之志?如果立志或正在办学,那么,为什么办大学?办什么样的大学?培养什么人才?但愿私立江南大学的历史能为今人提供某些启迪。

(私立江南大学的老校友们在建校五十周年之际所撰回忆和纪念文章,为本文提供了很有价值的素材,本文作者在此特表深切谢意。)

注释:

[1][2][3][4][5][6][7][8] 上海大学、江南大学《乐农史料》整理研究小组选编:《荣德生与兴学育才》,上海古籍出版社,2003 年,第 7、751、597、828、715—716、716、717、717 页。

原载《高等工程教育研究》2004 年第 1 期

我院举行学术讨论会座谈《建立桑蚕丝绸的系统观点》

——费孝通教授应邀到会并发表讲话

余广彤整理

我院于10月20日下午召开学术讨论会，讨论费达生顾问的论文《建立桑蚕丝绸的系统观点》。参加会议的有我院领导、教师代表、苏州蚕桑专科学校代表、苏州市丝绸公司、多管局等单位代表以及蚕丝界退休的老专家等二十多人。全国政协副主席、著名社会学家费孝通教授应邀到会并发表了讲话。现将发言摘要整理如下：

曹鄂（党委书记）：费达生顾问关于《建立桑蚕丝绸的系统观点》的论文在今年3月9日《经济日报》上发表以后，在蚕桑丝绸界引起了很大反响。她运用系统工程的理论，结合我国桑蚕、丝绸事业的历史和现状，以及根据她六十年来从事蚕桑事业的丰富经验，提出了用系统观点指导蚕丝事业的问题。现在提出这个带有根本性的问题是非常必要和切合实际的。如果桑蚕丝绸各个环节上的从业人员，包括上级领导成员，指导经济工作的同志都能够建立这一系统观点，那么对我国桑蚕丝绸事业的发展将会起很大的推动作用。因此，这篇文章具有重要的指导意义。今天参加讨论会的同志，大家可以从理论和实践上来论证和发挥这篇论文的观点，使之更加完善，成为我们发展桑蚕丝绸事业更完整的指导思想，以推进改革，适应当前形势的要求，为振兴中华、实现祖国四化作出应有的贡献。这就是我们这次讨论会的宗旨。

费孝通（教授）：今年春节期间，我接姐姐到北京去避寒。我们姐弟在一起常谈起蚕桑发展与农村经济的关系这个问题。谈了之后，我对她讲帮你整理成一篇文章。因她八十以上，眼耳不灵了，我也已七十五，耳朵眼睛还可以，替她代笔。在写的过程中，我也是向她学习。她感到现在蚕丝业中各个环节之间缺乏密切合作，所以提出应当有个系统工程的看法。大家知道，蚕丝的发展在中国，孟子曾讲："五亩之宅，树之以桑，五十者可以衣帛矣。"这句话就表示从种桑树到穿衣服是一个系统。种桑树没有什么好看，是为了穿衣服。棉花是后来才有的，羊毛是北方民族放牧生产的，我们汉族一上来是麻、丝。丝复杂，高贵些。所以一开始蚕、丝生产活动是不分的，在一个家庭中搞，是家庭副业。这在我们江苏相当重要，到我三十年代来调查时，要占农民收入的近一半。随着经济的发展，从家庭手工业到作坊，有一部分就脱离了家庭副业。到三十年代有的家庭还缫丝，织绸到了盛泽。我记得小时穿的叫绵绸，就是自己做的丝，织的绸，穿上很舒服，很软，是丝绵下脚，现在绵绸看不到了。丝绵我们这代人都穿。经济发展必然要分工，这是好的，符合事物发展规律的。从家庭搬出来到作坊、工厂，但各个生产环节实质上的关系还存在。我们人的认识有时看不到，就产生了各部门之间的矛盾，各自独立，各顾各，甚至扯皮的事情不少。我做茧子的人不管你丝做的好不好，我加点水，叫它重一点，有利可图就行了，不搞第二步。我们正处在相当矛盾中间，还没有完全统一起来。我感到现在应当提出这个问题。现在社会主义经济发展里面，我们有条件，可以为了一个共同的目的。不像资本主义，各自经营，各自谋利，实际生产过程是栽桑、养蚕、缫丝、织绸、做衣服到穿，这是自然的过程。可是倒过来看，主要是为了穿衣服。那么织绸要为做衣服服务，缫丝要为织绸服务，养蚕要为缫丝服务，栽桑要为养蚕服务。这是商品经济的要求。就是现在说的要按贸、工、农来安排。现在我们吃亏很大，出口的坯绸多，做衣服人家不要，样子也不灵。我在日本看见布的门面这样宽。为什么？有的宽，有的窄，宽有宽用，窄有窄用，就是以最后的成品来决定自己的门面，幅度。打仗也是看要打到什么地方，看最后目的，需要做什么准备，一步步推出来的。所以我感到现在时候到了，应当提出重新认识蚕丝业的系统性、整体性。姐姐讲了很多，我把她的意思传达出来，是为她服务，也是为蚕丝界服务。我是外行，传达不准确的地方还有不少，希望听听各位专家的意见。我们抛出一种看法，作为研究的一个起点。如果我们大家认识到了，那就要落实到自己的工作中去，包括教育科研工作，在现代化过程中不能形成各个环节互相扯皮，互相钳制、互相矛盾的局面，要拔出来，为国家整个蚕丝事业发展服务。丝绸学院是这方面的最高学府，有责任从各方面探讨这个问题，从而提高、转变人们的认识。

到会同志一致表示赞同费顾问的观点，各抒己见，畅谈了自己的看法。

席德衡（副教授）：从当前丝绸现状来看，要建立系统观点，现在蚕丝业条块分割，各自为政，互相扯皮的事的确不少。如缫丝要靠原料好，过去农民出售蚕茧保管得很好，不晒太阳，通风凉爽，现在只要水分多，分量重。烘茧只图快，少耗煤，不顾烘茧质量，所以好茧缫不出好丝。目前农村实行责任制，养蚕分散，更难管理。现在生丝国外市场不景气，加之不善于经营，近两年来积压很多。卖不出去怎么办？既要外销，，也要内销。生丝出口占国家外汇收入的第二位，外销不畅势必减少外汇收入。只要工作做好外销也能打开局面。但外销过多亦不行，在国际市场上供过于求就会降价，应控制一个限度。公司一个时期不搞内销的方针也不行。什么时候外销为主，什么时候内销为主要看当时情况。其次要研制新材料，日本把丝用化学药品处理，膨松一下，像细绒线一样，织毛衣。

王之东（院长助理）：蚕丝业是否可提纵向要有系统观点，横向要加强开拓，这样这个行业就搞活了。

建立系统观点要采取必要的经济手段，运用经济杠杆，制定合理的经济政策。

席德衡：一是税收，丝厂税率高达15%；一是价格，茧价、丝价低。现在丝厂利润最低，有的连工资也发不出，别说奖金。绸厂稍好些，印染服装更好些。农民养蚕无多大好处。所以要研究茧丝绸这个系统内的合理比价，做到利润分配公平，各得其所共同提高。另外，值得指出的是丝绸工业技术落后的问题。解放初，制丝工业在很短的时间内由坐缫车改为立缫车。此后，停滞不前，可以说基本上卅年一贯制。直到今天，还是立缫车当家，自动车占的比例不到10%。而日本自50年代中期普及自动缫后，五年之内立缫全部被取代。为什么会造成这个局面呢？主要是有关领导部门对丝绸技术进步问题缺乏足够的认识，还认为立缫车有一定的长处，抱着落后设备不放！长此下去，劳动生产不能提高，劳动条件不改善，制丝工业无法生存。而丝绸工业创汇很多，可用的外汇却很少，设备得不到更新，这是落后的另一个原因。所以丝绸工业技术改造应该列入议事日程，希望有关领导部门认真考虑这个问题，使丝绸工业继续为国家创造更多的外汇，积累四化建设的资金。

周本立（丝绸系制丝教研室主任、副教授）：应对丝绸工业的税收和利益分配作适当调整。因为目前缫丝工业处境困难，如招收不到工人，学生也不愿读制丝专业，这主要是缫丝工业劳动强度大、技术改造投资少、工人工资低所造成。为了丝绸事业的发展，对缫丝工业必需有一定的保护措施。税收还应减低，从全系统平衡利益分配希能增加。同时要加快技术改造的步伐，增加投资，把这个行业扶上去。

关于领导体制问题，一些同志认为体制问题不解决，系统观点就可能落空。

目前中国丝绸公司成立，工贸结合，农业栽桑，养蚕未包括进来。有的省如江苏、四川等已解决，全国也应解决。

黄国松（工艺美术系副主任）：在系统工程中，一个具有反馈作用的有目的系统，即控制系统就是必不可少的，而且是系统工程的核心。没有它就像钟无钟摆，机器无控制系统一样不能启动和调节。而桑蚕丝绸事业的控制中央系统自然是由国家来担任。因此，关键是国家的领导和决策。仅有桑蚕丝绸各个环节从思想上树立系统观点，而国家没有参予并起到中央控制系统作用，系统工程是不可能建立的。

关于蚕丝教育、科研能否系统化问题。

吴友良（苏州蚕桑专科学校副校长）：谈谈个人看法。现在把桑蚕、丝绸两方面分开来是不符合蚕丝业这一产业部门发展特点的。我们两个学校过去是合在一起的，当时在郑辟疆校长领导下，在历史上对我国蚕丝业发展贡献很大。1956 年学习苏联一分为二，一个学校归农业，一个归纺工，各自都有发展，但也有不利方面，使蚕丝业受到影响。如收烘茧，两个校都可以管，又可以都不管，大量的又是蚕桑方面的事，两校合起来就好办。如果在今天发展的基础上再合起来，就像个丝绸大学，教育中心，将来对蚕丝业发展的贡献可更大些。这样的大学有特色，在国际上有竞争力，可在科技上立于不败之地。有利条件可从四个方面来讲：一是维护学校的历史，从建校开始学生就是既学蚕又学丝，在推广工作中从改良土种到改良土丝、制丝改革，逐渐健全起来的。二是从技术攻关上看，科研也要合起来搞。如蚕丝综合利用，将来可开专业。又如育种，现在育种场单纯考虑蚕层率厚、产量高，将来可根据你们织什么绸、做什么衣服培育什么样的蚕种。三是从世界蚕丝事业发展上看，我国蚕茧产量、生丝产量、生丝出口都占世界第一位，就是科学技术还落后。要与我们在世界丝绸业的地位相符，就要有教育科研中心。四是从国外经验来看，日本明治维新以后，经济振兴离不开蚕丝业发展，办了许多蚕丝学校，从没有把蚕、丝分开过。现在保持的信州等三所大学蚕、丝仍在一起，蚕、丝学位在一起，科研机关也合在一起。

席德衡：丝绸方面在华东地区苏杭近在咫尺有两所大学，而西南地区年产茧二百万担，却无大学，布局上应该合理调整。

王之东：应该考虑丝绸教育的特殊性。我们丝绸院校与其他工科大学有所不同，如航空工业不可能由乡镇办，而我们丝绸业有星罗棋布的乡镇企业，这些企业所需的技术人才靠国家分配得不到，所以学校招生除完成国家指令性计划外，要加强多层次委托培训，教育内容上也要纵向延伸，横向开拓，以扩大知识面，增加选修课，以适应系统观点的要求。丝绸教育经费亦应增加。

关于建立系统观点，各环节都得从全局出发，为整体着想，疏导思想，多做贡献。

黄国松：我赞成桑蚕丝绸、服装及其他最终产品为一条龙的观点，但龙头应是服装和其他最终产品。因为只有它才是与消费联系的最终环节，只有它才对其他各环节具有指导性意义。如流行服装不断变化，提出了对丝绸面料品种及丝织工艺、缫丝工艺的不同要求，以至影响蚕桑的生产和发展。在丝绸外贸中，由于我们不注意服装的信息和产品的开发研究，造成丝绸产品盲目生产，商品积压，创汇率太低的教训是值得研究和记取的。

俞镛源（染化系副主任）：在蚕丝这条龙中，丝绸印染后整理是一个薄弱环节，出口真丝印花绸不及国外花色鲜艳，即使白坯绸也不洁白、柔软。所以要促进本环节的技术改造，特别应加强印染后整理加工新工艺的探索与更新，争取尽快取得较显著的进展。

陈宪章：（蚕丝专家、原苏州化纤厂厂长）、**余述人：**（蚕丝专家、原四川绵阳丝厂厂长）：费顾问的文章不仅代表了苏州蚕丝工程技术人员的志愿，也代表了全国蚕丝界的愿望。中央领导对蚕丝业历来是重视的。我们从事蚕丝业的要多宣传，争取领导支持。

曹　鄂：今天会开得很好，大家对费老的文章都很赞同，并发表了许多补充意见。建立桑蚕丝绸的系统观点是加速蚕丝业发展的根本问题，涉及面广，不仅与桑蚕丝绸生产的每个环节和教育、科技等有关，还同体制改革、经济调节、税收政策等问题有联系，涉及工业、农业、商业、财贸等各个方面。今天的讨论会仅仅是开端，以后还要作进一步的研究和实践。

秦和鸣（副院长）：首先对费孝通教授亲临参加讨论表示感谢。费顾问的论文发表后，我院学报立即予以转载。今年3月我到南京参加中国丝绸公司董事会，会议对这篇文章评价很高，印发人手一册。董事长、总经理在讲话中都强调要大家好好学习 。说明这篇文章引起全国蚕丝界的重视。这篇文章也是我们从事蚕丝教育的指导思想。文章讲得很透彻，充满了辩证唯物主义的观点。蚕丝业一个个环节是有机联系的，哪个环节出了问题都影响全局。所以要立足于自己这个环节，看到整体，既依靠前一个环节，又为后一环节服务。我们对老师、学生要贯彻这个思想，使系统观点在头脑中扎根，即使目前还有障碍，也可减少阻力，自觉来注意这个问题。现在党中央提出要加强精神文明建设，非常正确。要建立系统观点，还要提高蚕丝战线工作人员的思想觉悟。因为每个人都处在局部，如果有本位主义、个人主义，就不可能做好工作。

费孝通：这个问题可从两方面着手，一是理论上继续探讨，要联系实际，说服力强些；二是当前有什么问题，包括教育，可加以扼要整理，向中央提出具体建议。要制造舆论，外面不知道，不知道就没力量。你们说要感动上帝，上帝是人民呀！大家看到这个问题是对的，那么现领导是开明的。就怕意见不集中，不经过讨论，不完善，没例子，说服力不强，那么说一阵就过去了。今天能开个头很好。这篇文章写的比较笼统一点，篇幅有限，大家可以补充、发挥。

费达生（院顾问）：一是要解决对系统性的认识，二是如何去做这些要继续研究。

注：因为时间关系到会的同志未能一一发言，其中部分同志为书面发言。

原载《苏州丝绸工学院学报》1985年第4期

苏医医学免疫学教学的现状分析

顾宗江

医学免疫学是医学的前沿学科，同时又是医学院校的一门重要基础课程。现在医学免疫学已从医学微生物中分离出来，成为独立的医学免疫学课程，并且先后出版了第一版和第二版医学免疫学统编教材。全国部分医学院也相应成立了免疫学教研室，医学免疫学在这些医学院校基础课程中所处的地位得到上升，教学得到加强。

一、调查资料

医学免疫学教材：采用龙振洲主编，人民卫生出版社出版的第二版医学免疫学统编教材

教学对象：1995、1996级临床医学系、儿科系、影像系、放射医学的本科生。其中临床医学系和儿科系的学生占到80%。

理论课教学：理论课的教学时数为22学时，教学内容主要为基础免疫学，教学方式采用教师课堂授课的方式并辅以教学投影薄膜。第二版医学免疫学统编教材上无思考题和复习题。

实验课教学：实验课的教学课时数为8学时。实验内容主要以一些传统的实验项目如凝集反应、补体结合试验等为主。实验课的教学方式主要采用实验课的带教老师讲解所要做的实验并进行示范操作后由学生进行实验操作，并根据实验结果写出实验报告。

二、讨　　论

1. 本科生的医学免疫学理论课的教学

随着免疫学的迅速发展，医学免疫的内容也发生了巨大的变化，医学免疫学已从医学微生物学教材中划出，1989年出版了第一版统编的医学免疫学教材，第一版教材内容丰富多彩，并将由病理生理学讲授的免疫病理部分从病理生理学教材中划出，并入这一版教材，第二版教材中反映出了当代免疫学研究的新结果、新进展。由于苏医的免疫学课时数依旧，远低于国家教委规定的最低54课时数，只能讲授基础免疫学。但即使是仅讲授基础免疫学，因要照顾新编入的内容以及课时数的缺乏，不能将基础免疫学讲深讲透，仅挑选每章中的一些重点节段讲解，使学生无法得到对整个基础免疫学全面的了解。对于免疫病理学，病理生理学已不再讲授，而我们对大部分免疫病理学部分又无法讲授。由于我们授课的对象大部分是临床医学系和儿科系的学生。这些5年制本科生的培养目标就是培养合格的临床医生。现在临床上已发现越来越多的疾病与机体的免疫系统功能异常有关，许多疾病机制是从免疫学的角度来解说的。因此，免疫学是所有基础学科中与临床学科关系最密切的一门，而免疫病理学在其中就起着一个关键性的桥梁作用。临床医学生不学免疫病理学，对他们来说，就是一大损失。因此，为了加强苏医本科生的医学免疫学的教学，惟一的

办法是将医学免疫学从微生物中独立出来,使它真正成为一门独立的学科,同时成立苏医的免疫学教研室,大幅度增加免疫学的课时数,在全面讲授基础免疫学的情况下,力争将免疫病理学也讲授好。

2. 本科生的医学免疫学实验课的教学

对于本科生医学实验课的教学,由于尚无免疫学教研室,同样也受到课时数的影响,仅8学时的实验课。近来有一份调查报告,报道了对33所高等医学院校(不包括苏医)开设医学免疫学实验课教学的情况调查,就实验课时数这一项来看,最多的为22学时,最少的为10学时,平均约14学时。但苏医的实验课时数连最少的都不如,严重制约了实验课的教学质量。其次从实验课的教学内容来看,大多是一些传统的实验项目,如凝集反应、沉淀反应、补体结合试验等,而反映现代免疫学的一些新的实验项目,如各种细胞因子的检测。T细胞亚群检测等没有开设。第三,从实验课的教学方式来看,还是属于被动式的,即学生像老师操纵的机器人似的,而老师像学生的拐杖。老师布置学生做什么实验,学生就被动地去完成,在实验过程中,几乎没有主动地思考。此外,更缺少综合性及设计性实验项目。第四,实验经费不足也严重影响实验课的教学质量。

为了改变苏医免疫实验课教学的落后状况,建议在成立免疫学教研组的基础上,增加实验课的课时数和实验经费,为提高实验课的教学质量提供一个基本保障。同时,也采取其他一些方法,如为了加强学生的综合性及设计性实验方式的可能,可以出参考题目,让学生利用已学到的免疫学知识,并利用课余时间查找资料,写出立论依据、实验所用材料、检测指标与检测方法,完成实验设计,在课堂交流后教师进行讲评,选取设计合理、条件允许的方案进行实验,写出较为完整的实验报告。对于条件不允许的实验方案,如有相应的免疫学实验教学录像,也可进行播放。

总之,采取切实的措施和步骤,加强苏医的医学免疫学的理论和实验教学,提高医学免疫学的整体教学水平。

参考文献

[1] 郑武飞主编. 医学免疫学(第一版). 人民卫生出版社出版.
[2] 龙振洲主编. 医学免疫学(第二版). 人民卫生出版社出版.
[3] 宋鸿儒等. 医学免疫学实验教学的调查. 中国高等医学教育,1997(2).

原载《苏州丝绸工学院学报》1999年第19卷第4期

第一篇由中国作者正式发表的研究中国淡水藻类的论文

——胡经甫的《藻类之研究》

毕列爵　刘国祥　胡征宇

自1840年起,中国沦为一个半殖民地半封建的国家。许多外国人来到中国,在一些科学文化领域开展调查研究。中国科学家对这种现象,深以为耻。经过几十年的努力奋斗,中国人已在这些领域取得了很多科研成果。中国的淡水藻类学也不例外。

但是,究竟第一个研究中国淡水藻类并且正式发表第一篇论文的中国人是谁?论文发表在哪个刊物上?由于获得原始文献的困难,一直未能弄清楚。中国藻类学界曾经认为钱崇树与Osterhout于1917年在美国《植物学公报》(Botanical Gazette)上发表的《钡、锶及铈对水绵的特殊作用》(Peculiar Effects of Barium, Strontium and Cerium on Spirogyra)一文,是中国藻类学第一篇由中国科学家发表的论文。此篇论文也同时被中国植物生理学界认为是由中国科学家正式发表的第一篇植物生理学论文[1]。前不久,我们非常惊喜地发现并怀疑:由毕祖高于1918年在武昌高等师范学校(现武汉大学的前身)编辑发行的《博物学会杂志》上发表的《武昌长湖之藻类》(分4次刊于1918—1921年的四卷上)是否就是我们所说的这样一篇论文[2]。但现在我们才知道,这第一篇论文,应该是胡烈(胡经甫,1896—1972)发表在上海博物学会编辑、上海文明书局出版发行的《博物学杂志》上的《藻类之研究》(第1卷,第3期,27-34页,附图6版,16幅)一文,时间是1916年。

文章开头类似"前言"的部分只有320字。但告诉了我们很多重要的历史事实。东吴大学是当年美国基督教会设立在苏州的一所大学。校中博物学专业有一位美籍教师祁天锡(N. Gist Gee,1876—1937);他在授课之余,还采集附近藻类标本。1915年祁天锡于回国休假之前,将这些标本的"研究成绩"交付给胡烈,嘱他送交《博物学会杂志》。仅从文字上看,我们还不能确认此项"研究成绩",是祁天锡自己已经研究鉴定过了,还是嘱胡烈去研究鉴定,并由胡烈写成论文发表。经过仔细研究,我们认为应属于后一种情况。理由如下:

(一)习惯上,一篇论文的署名人即是研究者或执笔人。此文只有胡烈一人署名,并无祁天锡。这是十分清楚的。不过,从文中又可见到,胡是祁的学生,这也是十分清楚的。祁在交付"研究成绩"之前,不排除他作为老师指导过胡,甚至祁在采集标本时,胡也曾参加过。但这并不影响胡烈既是此文的署名人,同时又是此项工作的研究人的身份。他应享有发表此文的荣誉,并对文章承担学术责任。

(二)祁天锡在苏州东吴大学任教期间,研究范围很广,包括各类动、植物,但主要的研究工作是江苏等省的经济植物。1914到1930年间,他发表过许多篇关于中国动植物的研究论文,淡水藻类(主要是硅藻)有2篇[3,4]。包括高等植物,甚至为数甚多的淡水水生动物在内,他所记的动植物名称,均是完整的学名。他在论文中还写有许多"讨论",表达他对某些问题的看法。我们认为,即以他所发表过的两篇有关硅藻论文而论,至今仍不失为2份足供我们参考,特别是硅藻地区分布的较好的文献资料。与之相对的是:胡烈此文所记的藻类,只是鉴定到属,只举出属名(有四份材料附有种加词[epithet],详见下文),这说明没有鉴定到每一个物种。若此项工作是祁天锡本人自己全面完成,甚或只限于一部分,必然不至于与其他论文之间,有如此悬殊的差别。

据此,我们认为,刊在《博物学杂志》(封三,图1)上的胡烈的《藻类之研究》(封三)一文,是我国目前所知由中国人发表的有关中国淡水藻类学的第一篇论文。此文的作者是中国人,研究的标本采自中国本土,发表的刊物也是在中国出版发行的。这篇论文既包括鉴定标本到属为止的分类学工作,也包括更多关于藻类的形态学工作。早期的藻类学家们,大都身兼这两个方面的专长,这是很普遍的现象,也是那个时代的特点。

关于胡烈,文中自称:"肄业于东吴大学,五载于兹"。按我国学制,普通综合性大学,如东吴大学,是四年制。他从事这一项藻类研究时,已是一位高年级学生,很有可能是他的学士学位论文。从文中我们又知道,他不久将要到"菲律宾大学专究森林"去,但事实上,他后来以胡经甫的名字发表过很多论文和专著,是我国的一位重要的动物学家,中国昆虫学的奠基人之一,又是一位医学家,并于1955年当选为中国科学院学部委员。但没有继续从事藻类学研究工作。

这篇论文的主要部分,用约3 000字记述了标本鉴定结果。共记了分属于蓝藻门(原文为蓝色藻门,Myxophyceae,Cyanophyceae)和绿藻门(原文为绿色藻门,Chlorophyceae)的共16个属的藻类。和一般分类学描述不尽相同的是:所记内容,大部分是这些属的形态结构、生殖方式,有时还有研究方法,而不是着重于分类学特征。自论文的题目来看:《藻类之研究》,这是名实相符的。这些描述,对于属来说,还是相当准确细致的。同时,几乎在每个属的最后,都用小体字列出细胞(或丝状体)的大小,例如在节子藻属(*Arthrospira*)后有"直径五至十五密克伦"(密克伦,micro之音译),足见作者是的确测量过细胞(或丝状体)的大小,只是未能全部鉴别到物种而已。另外,我们在论文中间或论文之后,均未发现附有文献。

这16个属是:念珠藻属(Nostoc),颤藻属(Oscillatoria),节子藻属,膜藻属(Calothrix),间生藻属(Oedogonium),玉藻属(Chaetophora),黏藻属(Myxonema)*,绿环藻属(Draparnaldia),刚毛藻属(Cladophora),无节藻属(Vaucheria),曲生藻属(Mougeotia),星藻属(Zygnema),水绵属(Spirogyra),肋球藻属(Pleurococcus),网藻属(Hydrodictyon)和四分子属(Tetraspora)。其中在属名后加括号而注有种加词的是Chaetophora elegans,Myxonema lubricum,Draparnaldia plumosa和Cladophorafracta。对这4个名称,虽记有种加词,但并没有详细的物种描述,即不是根据一本藻类分类学专著来一一将标本鉴定到种。其依据是一些形态学或系统学方面的教科书。很可惜,即使这些参考文献也没有列举。

论文后面是这16个属的附图。图非常可能全是作者自己绘制的,虽然文中没有注明。但此文最后有杂志编辑吴冰水心的附注:"冰按胡君之藻类图版,先付刷印。文中藻类汉名,皆由冰后来加入"一语,由此我们认为是胡烈自己所绘。其中的许多中文译名和现在仍然在沿用的名称一样,如念珠藻、颤藻、刚毛藻等。

这16幅图可以视为是此16个属的形态学附图。将图与描述文字相对照,加上图中的

---

* Myxonema Fries 1825一名,后经Kützing 1843和Hazen 1902研究后,已不再使用,其中大部分种类,改归毛枝藻属(Stigeoclonium Kützing)中。

注字,足以使读者对其形态学部分得到一个相当清楚的印象。但图绘得较粗,尤其是对各种细胞器缺少准确的表达,也没有涉及分类学特征,甚至还缺少放大倍数。所以,这些图主要是形态学方面的附图。

还有一个需要注意的事实是:胡烈于 1918 年在《东吴季报》上发表了一篇同样内容的文章,文章名也一样,大部分的形态描述也基本相同,只是所附的绘图稍有区别。《博物学杂志》上的绘图比较详细而清晰,而《东吴季报》上的文章附图只有先前发表的一部分。如关于鞘藻属(即文中的间生藻属),最先发表的有详细的动孢子释放、发育过程,后来的文中只有关于植物体结构图解。又如关于水绵属、双星藻属(文中的星藻属)的附图,先前的文中有详细的接合生殖过程,后来的文中没有。按照现在的观点,如此完全一样的内容出现在两个不同的刊物上,属一稿多投,是绝对不能容许的,但《博物学杂志》和《东吴季报》都不是很绝对的学术性刊物,带有很大的科学传播性质,胡烈在《东吴季报》上的文章末尾还另外有关于褐色藻门(Phaeophycaea)和红色藻门(Rhodophycaea)不产于淡水的叙述,显然后者的科普性质更浓。在当时中国自然科学知识非常贫乏的年代,这种情况是可以理解的。

由此,我们可以认为,这篇由胡烈所正式发表的《藻类之研究》一文,是我国第一篇由中国人研究中国标本的淡水藻类学论文,尤其是藻类形态学的论文,虽然此项工作仍是由一位外国人指导的。由于作者当年还是一名大学生,因此,虽然此文学术上在当年的藻类学研究上没有什么重大意义,但作者是认真研究了标本并撰写论文的,也获得了正常的符合实际的成果,这发生在 80 多年以前的旧中国,因此还是应该为我们所纪念的。

致谢:云南大学生物系的王若南女士发现胡烈一文的线索后,立即告之我们;上海图书馆科学技术情报研究所近代文献部的大力帮助,使我们得以完整地获得胡烈的这篇论文,谨致谢忱。

参考文献:

[1] 毕列爵,梁家骥. 中国藻类学史[A]. 中国植物学会. 中国植物学史[M]. 北京:科学出版社,1994. 310-311.

[2] 毕列爵,徐正榜,刘国祥. 我国早期的一篇淡水藻类分类学论文及其作者[J]. 武汉大学学报(自然科学版),2000,46(4):453-457.

[3] Gee N. Gist:A Beginning of the Study of the Flora and Faura of Soochow and Vicinity[J]. Journal of North China Branch of Boyal Asiatic Society, n,Ser,1919,50:170—184.

[4] Cee N. Gist:A List of Some Soochow and Ningpo Diatoms[J]. Lingnan Agricult Rev. ,1926,3:151-155.

[5] 中国科学技术协会. 中国科学技术专家传略·理学篇·生物学卷 1[Z]. 石家庄:河北教育出版社,1996.

原载《中国科技史料》2004 年第 25 卷第 1 期

苏州大学的昆曲教育

周 秦

苏州大学的主要前身是创建于清光绪二十六年(公元1900年)的东吴大学堂。早在建校之初的光绪三十一年(公元1905年),曲学大师吴梅(1884—1939)应聘来校任教,“指点宫商,携笛公然上课堂”(唐圭璋《减字木兰花·祝瞿师百年诞辰》),开昆曲作为一门学问并引入高等教育之始。他的昆腔传奇《风洞山》、《暖香楼》(后改名《湘真阁》)以及曲学论著《奢摩他室曲话》也都作于任教东吴期间。民国后,吴梅先后执教于南京、上海、北京、广州等地,将笛韵昆唱传遍南北上庠。当代知名学者卢前、任中敏、唐圭璋、钱南扬、赵景深、俞平伯、王起、浦江清等都出自其门下,现代中国戏曲学的基础由此得以奠定。

由于地处昆曲艺术的发源地和活动中心,东吴校友中爱好昆曲者甚多,其中不乏造诣精深的著名曲家。民国十年(公元1921年)8月,苏州地方贤达为帮助昆曲摆脱绝境,醵资创办昆剧传习所,培养新一代昆曲人才。由12人组成的董事会中,就有吴梅、徐镜清、徐印若3名东吴校友。民国十六年(公元1927年),吴梅亲选传习所学员顾传玠、朱传茗、施传镇、倪传钺等人教习排练《湘真阁》传奇,并公演于苏州青年会,蔚为一时菊坛盛事。民国二十年(公元1931年),著名昆伶顾传玠弃艺求学,进入东吴大学附中读书,成为唯一进入高校深造的传字辈艺人。

东吴校友中名曲家还有顾公可(1892—1940),他是俞粟庐门下高足弟子,与俞振飞、俞锡侯齐称“一龙二虎”,专工冠生家门,嗓音宽厚,擅唱《琵琶记》、《荆钗记》、《长生殿》、《金雀记》、《白罗衫》等,并能上台彩串。民国年间苏州谐集、褉集、道和诸大曲社的活动都少不了东吴校友的参与。其中寿长者如贝祖武、钱大赍、姚志曾等人还成为1952年成立的苏州昆剧研究会和1982年成立的苏州昆曲研习社的主要成员。除定期举行曲叙、同期活动外,他们还经常为苏昆青年演员授课拍曲,为培养昆剧表演人才作出了贡献。他们中的一些人直到上世纪90年代仍是昆曲活动的召集人或热心参与者。民国十七年(公元1928年),毕业于东吴大学法学院的中国首任国际大法官倪征 (1906—2003)是北京昆曲研习社的骨干成员。2001年秋,他还以96岁高龄先后亲临在扬州举办的江苏曲会和在苏州举办的虎丘曲会,登场高歌《长生殿·闻铃》【武陵花】。他动情地说:“昆曲是我生命中很重要的一个部分。”

作为一门综合艺术,舞台搬演固然是昆曲的最终实现形式,然而昆曲区别于其他戏曲种类的本质特质乃是建立在吴语基础上的新声昆山腔,它不朽的生命活力则来源于昆腔传奇的文学性和思想性。惟其如此,它才能成为一门学问,一个学科,也惟其如此,它的振兴发展不能光指望6个专业院团,而昆曲人才的培养也不应理解为只有培养几个演员。昆曲艺术工作者如若不具备关于中国古代文学、哲学、历史、艺术乃至五千年文化的广博知识,那么振兴昆曲将只是一句空话。昆曲事业需要文学家、艺术家、学者、教师等“文化人”齐心协力共同参与,才有可能摆脱困境,走向振兴。但是昆曲与生俱来的内在矛盾,即作为诗歌文学的高雅性和作为表演艺术的通俗性的背向发展，导致案头与场上、文学家与艺术家之间日益难以逾越的鸿沟。表现为戏曲教育的现状，一方面，科班出身的昆剧演员大多文化水准偏低，守成尚且勉强，更不用说振兴弘扬了；另一方面，高校培养的戏曲人才又普遍脱离舞场实际，一句也唱不来，甚至不爱看戏，他们的理论或研究自然难以对振兴昆曲产生比较实在的影响。这恐怕就是昆曲艺术迄今难以走出困境的症结所在。针对这一现实，1989年，苏州大学中文系在苏州昆剧传习所的协助下，开办了昆曲艺术本科班，尝试通过4年的综合教育，使学生既懂得吹、唱、演、导等舞台上的一套，又初具有填词作剧、打谱配乐、评论研究等方面的能力，尤其是具有汉语言文学和历史文化的扎实基础，将来择优发展，一专多能，成为有学问的表演、导演人员或熟悉舞场的编创、研究人员。

服务于培养昆曲通才的专业方向，苏州大学中文系对昆曲班的课程作了精心设置。在保证公共必修课和汉语言文学基础课的前提下，充实了中国戏曲史、戏曲作品选、戏曲理论、西方戏曲史、戏剧美学、艺术心理学、艺术文献学、诗律学、吴语等相关课程，特设了民族传统乐理、戏曲导演、舞台美术、昆腔格律、昆剧锣鼓、戏曲欣赏和表演艺术系列讲座等专业课程，聘请有关专家主讲。此外，每周还安排15课时左右的实践课，内容涵盖民族发声方法训练、形体训练、戏曲程式、昆曲唱念、昆剧乐队以及昆曲传统折子戏排演等。应聘担任昆曲班实践课程指导教师的先后有传字辈老艺人沈传芷、郑传鉴、姚传芗，老法师毛仲青，老堂名高慰伯，老曲家王守泰，老音乐家武俊达、孙从音、张志锐、萧翰芝，以及昆剧表演艺术家蔡正仁、张静娴、张继青、柳继雁等。更多的则是当时比较年轻、不那么出名而基本功扎实、于某一个脚色或某一出戏独得前辈名家真传的苏昆演员，如朱文元的副丑，杨晓勇的老外，徐玮、陈滨的生，陈蓓、徐雪梅的旦，毛伟志、王正来的唱念，石冰、朱振民的器乐等。昆曲班要求学生转益多师，博取众长，努力通过"做加法"深刻领会昆曲艺术的真谛，不断充实完善自己。

课堂教育以外，昆曲班还经常组织丰富多彩的社会活动，例如，观摩苏昆剧团传统折子戏星期专场，赴沪参加俞振飞从艺70周年纪念活动和纪念赵景深昆曲清唱会，赴杭州、南京、昆山等地考察昆曲存活状况，与苏州昆曲研习社以及来访的北京、天津、南京、扬州、杭州等地曲家举行同期曲会，与来自中国台湾和美国、日本等地的戏曲学者和昆曲爱好者进行交流等。1991年11月，昆曲班借苏州大学90周年校庆之机举行首次公演，受到数百名东吴老校友和昆曲界前辈的一致好评，中央电视台、上海电视台和江苏电视台都在新闻节目中加以报道。兹后，昆曲班学生排演了20多个传统折子戏，先后在苏、杭、沪、宁等地举行公演，引起巨大的社会反响。四年间，昆曲班接待前来视察访问的领导、学者、曲界同行以及海外友人不下数百人次，《艺术教育》、《中国戏剧》、《上海戏剧》、《艺术百家》、《人民日报》海外版、香港《大公报》、台湾《国文天地》、纽约《华人日报》等中外报刊纷纷对苏州大学昆曲班的教学活动加以报道和评论，称之为"继70年前昆剧传习所之后中国戏曲史上值得记载的又一新篇章"，"标志着昆曲艺术纳入高等教育的新纪元，是中国教育史上的一个创建"。由中国内地学者和台湾学者分别编纂的两部《昆曲大辞典》不约而同地将"苏州大学昆曲班"作为词条收入书中。

1993年夏，苏州大学的昆曲教育转型为面向普通学生的素质教育。作为一种成熟完美的综合性艺术，昆曲具有诸多构成因素，大致包括文学、音乐、舞蹈、表演、容妆、服饰、道具、布景等，它的遗产价值也就体现在极其广泛的文化领域中。加上昆曲活动的集体性和社会性特征，对于培养提升学生的文化艺术修养、团队合作精神乃至言谈举止、待人接物水平和处事交际能力，都具有十分重要的意义。

针对高校教学的特点，苏州大学的昆曲教育采用系列选修课的形式开展。即每年春天面向本科三下学生开设“诗词写作与吟唱”选修课，讲授诗词格律，教唱《九宫大成》、《碎金词谱》等古代曲籍中用昆腔谱写的唐宋词名篇，并向感兴趣的学生传授曲笛吹奏方法。课程重点在于剖析传统音乐与汉语语音的关系，实际上就是讲解昆曲腔格。考查方法是期中按近体诗律写两首七言绝句，期末按昆腔口法唱一首词，或者用曲笛吹奏一支曲牌。在此基础上，每年秋天面向本科四上学生开设“昆曲艺术”选修课，讲授昆腔发展史和曲律曲论，教唱昆腔南北曲名段，并且继续传授曲笛。课程重点在于帮助学生初步认识昆曲艺术的本质特征——声腔，从而建立正确的昆腔观。考查方法是期中将一段指定的工尺谱昆曲唱段翻译成简谱，期末脱谱清唱一支昆腔名曲。

与昆曲班一样，系列选修课学生也有丰富的课外活动，如观摩苏昆剧团演出，邀请苏昆演员座谈，同鹤园曲社、怡园琴社、沧浪诗社举行联谊，以及参加在苏州和周边地区举办的各项昆曲节会活动。1991 年初，当昆曲班开办一年半之际，苏州大学东吴曲社正式成立。作为苏州大学昆曲爱好者的业余社团，东吴曲社以推动昆曲抢救振兴、弘扬民族传统文化、提升师生文化素养、丰富校园精神生活为宗旨，开展教唱、观摩、讲座、研讨、对外交流及组织演唱等形式多样的昆曲活动。建社十多年来，暑往寒来，成员换了一茬又一茬，可是每到星期三下午，尊师轩的悠扬笛声总会按时响起。2000 年 4 月，首届中国昆剧艺术节在苏州举办，学生们不仅过足了戏瘾，还参与了在苏州大学举行的有中国内地、台湾地区以及日本、韩国学者参加的昆曲研讨会和有南北知名曲家参加的东吴曲叙，增长了学问，开阔了眼界。同年 10 月，中断两百余年的虎丘曲会重开，苏州大学东吴曲社 48 名师生率先登场，以一曲《琵琶记·赏秋》【念奴娇序】拉开了曲会序幕。2001 年 10 月在扬州举行的江苏曲会和 11 月在苏州举行的虎丘千人曲会，东吴曲社又以 50 人的庞大阵容演唱了《浣纱记·打围》《西厢记·长亭》中的名曲，受到曲界同行和海内外新闻媒体的瞩目。自此以后的每一届虎丘曲会，主办方总是安排苏州大学东吴曲社首先登台演唱。2004 年 12 月，东吴曲社应邀参加在南京举办的首届江苏戏曲票友大赛，一举摘下了昆曲十佳中的两席。

选修昆曲系列课程的本科学生，每期都在 60 人以上，最多时达到 150 余人，不得不分成两班授课。优雅的昆腔笛韵吸引了许多研究生、留学生、退休教师以及日、韩、美、澳等国的外籍教师进入课堂，还有复旦大学、中国美术学院等兄弟高校的学生每周专程从上海、杭州等地赶来苏州大学听课。2003 年以来，香港教育学院选择苏州大学为合作对象，每年秋天为该校三年级学生举办为期半年的文化课程，吹竹笛、唱昆曲成为最受香港学生喜爱的教学内容。2005 年开始，昆曲选修课又作为特色课程专门为留学苏大的日本、韩国学生开设，同样受到广泛欢迎。

多年实践证明，高等院校是进行昆曲活动的最佳场所。高校师生需要昆曲，因为昆曲是陶冶情操、提高文化素养的极好教材。而昆曲也需要高校师生，因为高校师生是高雅文化的天然知音，高校的教学资源可以为昆曲遗产的保护传承作出贡献。鉴于此，在苏州市政府的支持下，苏州大学中文系同江苏省苏昆剧团于 2000 年 5 月签订了校团合作协议。双方商定，苏州昆剧院定期到苏州大学演出，并选派业务骨干扶持东吴曲社活动；苏州大学中文系则向苏州昆剧院演职人员开放图书资料，并为剧院中青年演职人员提供继续教育和学历教育的方便。自协议签订以来,苏州昆剧院已到苏州大学献演数十场,包括梅花奖得主王芳在内的几乎所有骨干演员都参与了为高校师生的演出。苏州大学中文系则多次选派有关教师为剧院演职人员作戏曲理论讲座,研究生们则自发参与了苏州昆剧院对外公演的字幕校正和宣传材料制作等工作,还在苏州市政协文史委员会的支持下就昆曲遗产的生态环境和保护工作现状进行了深入细致的社会调查,为苏州地方立法保护昆曲遗产提供依据。

2001 年 5 月,中国昆曲经联合国教科文组织公布为首批人类口述与非物质遗产代表作,名副其实地成为全人类共同的文化瑰宝。12 月,苏州市人民政府与苏州大学共同筹建了中国昆曲研究中心。研究中心联络海内外热心昆曲事业的学者、艺术家和有关人士、整合昆曲研究力量和有关资源,在联合国教科文组织的资助下,通过两年的认真筹备,于 2003 年 12 月成功举办了首届中国昆曲国际学术研讨会,并将研究成果汇集成 65 万字的《中国昆曲论坛 2003》。兹后,国际学术研讨会和《中国昆曲论坛》成为中国昆曲研究中心每年一次的常规工作,至今已经三度举行,在海内外文化界和学术界产生重大影响。2005 年 8 月,中国昆曲研究中心经国家昆曲艺术抢救、保护和扶持领导小组确定升格为"国家昆曲遗产保护研究中心"并正式授牌。

近三年来,苏州大学的昆曲学者应"昆曲义工"白先勇先生之请,参与了青春版《牡丹亭》的排演工作,多次为苏州昆剧院青年演员等说戏拍曲,提高他们的唱念水平,从而为该剧在两岸三地的成功推出提供了切实的曲学保证。又同台湾大学曾永义教授合作,以台湾国光剧团为基地,排演新编昆剧《梁祝》,以台湾戏曲学院为基地,排演新编昆剧《孟姜女》,为昆曲艺术的保护传承进行了有益的探索,并获得重大成功。2004 年,以昆曲研究为特色方向的苏州大学戏剧戏曲学专业硕士点和戏剧影视文学专业博士点获准建立并招生。迄今已有三名来自台北的高校青年教师先后投奔苏州大学研习昆曲,并攻读博士学位。一个本、硕、博配套联动的昆曲教育体系已经初现雏形。进入 21 世纪以来,苏州大学的昆曲教育正在翻开崭新的一页。

(注: 此文为江苏省哲学社会科学"十五"规划一般项目　编号:04ZWB010)

原载《艺术教育》2007 年第 4 期

改革教学模式　提升教学层次*

——苏州大学百年历史上两次英语教学模式改革

顾卫星　朱全明

一

19 世纪中后期,欧洲掀起教育改革运动。学校教育“强调语言、数学和自然科学”[1]174。语言教学的重点从训练心智、阅读古典文献、提高人文素质转向培养实用交际能力,“强调口语教学的绝对重要性”[2]171。在这样的改革背景下,“可能是 19 世纪中后期语言教学领域最著名改革者”[3]5 的法国人古安(Francois Gouin)提出了语言教学的序列结构方法,即“古安系列”(Gouin Series)教学法。“古安系列”教学法的主要理论依据是“语言文本反映经历结构”[2]172。经历结构的最主要特征是序列性,即任何经历都可被分解成前后连贯的序列情节。“古安系列”教学法与培养语言交际能力的教学要求相匹配,所以一经问世就在欧洲推广,在美国被认为是“20 世纪初最著名的外语教学方法”[2]315。

19 世纪末的晚清社会急剧转型,人们逐渐摆脱科举思想的束缚,期盼通过学英语、通西学谋求新兴职业。为了学习英语,官办学校、教会学校,甚至英语培训班和英语夜校都成为社会士子向往的地方。具有英语教学优势的教会学校就是否实施英语教学经过长期争论①以正方胜出后普遍开设英语课程,“几乎所有的教会男寄宿学校和许多日校都教授英语,女校也积极仿效”[4]59。开设英语课程较早的教会学校逐渐将英语作为介绍西方生活方式、西方科学技术和西方文化的媒介,企图使“英语成为东方的语言,教授完全的科学知识只能用英语”[5]55。在教学方法上,教会学校沿用“语法翻译”教学法,开设“浅解辞句、练习文法、翻译句子、翻译选编、查考文法、翻译书信、翻译诸书、翻书作文”[6]493 等课程,通过死记硬背学习英语。那时候“我们认、读、写英文字像认、读、写汉文方块字一样,先生硬教,我们硬学。天天默写单词,天天背课文”[7]246-247。语言课程要背,科学课程也要背。在教会学校普遍教学英语的形势下,“惜无善教之法造就人才”[6]491,传教士面临的挑战是怎样改进教学方法,尽快地使那些进入教会学校“满怀渴望的莘莘学子熟练地掌握英语,并使他们能够将英语用作学习其他知识的工具”[8]26。

1900 年,东吴大学②创办,以培养能“于汉文所得各种学问可由英文达出,于英文所得各种学问可由汉文达出”[9]1、“学贯中西”的通才为宗旨,开设“生理理化生计政治法律诸学”[9]184,课程多为英文课本,采用“语法翻译”教学法。为了吸引学生,东吴大学曾考虑,“与其从事于翻译,不若从事于原文之为愈也”[9]184,试图以英语为教学媒介,以“去坊塾误

---

* 谨以此文献给苏州大学建校 105 周年。

① 参阅顾卫星:《晚清传教士关于教会学校英语教学的争论》,《解放军外国语学院学报》,2002 年第 1 期。

② 1900 年由美国监理会(American Methodist Episcopal Church,South)在苏州创办。1952 年院系调整时,江苏师范学院在原东吴大学的基础上建立。1982 年,经国务院批准,江苏师范学院更名为苏州大学。

人子弟之积病”[9]182。1902 年,斯旺(Howard Swan)①从英国来到东吴大学,带来了一种全新的英语教学方法——“古安系列”教学法。现苏州大学档案馆所存《东吴大学堂记》记载:“英国语言,则教以戈因②之新法,成效大著,近闻香港大学堂亦将改用此法。是年春,来学者甚众。”[9]184

“古安系列”教学法实施实物、表演和演示等直观教学,其最大的特点是教学的生动性、形象性、直观性和参与性。例如,“开门”在“古安系列”中被分解成“走”、“到”、“停”、“伸”、“转”、“拉”、“移”、“松”等 15 个前后连贯的序列细节[3]6。为培养学生用英语思考的良好习惯,教师在教学时“用学习的语言,说明相关系(序)列的句子,然后依次把这些句子表演出来,通过体势使这些句子的意思变得明白,不得使用任何其他语言”[8]26,坚持用“演示”(demonstrate)和“表演”(act)替代“翻译”(translate)和“解释”(explain)。学生用“眼观”和“耳听”获得知识信息和素材,即将看到的客观实物或动作演示与听到的英语表达相配对,并有意识地将知识信息储存于记忆之中,然后发挥“口练”的功能,直到储存于记忆中的知识信息变成自己的实用技能。首先,“古安系列”通过形象生动的“游戏运动”(game-like movements)教学,积极调动学生的学习热情。教师抑扬顿挫的声音、形象生动的动作和手势、形式多样的课堂教学实物,以及丰富多彩的图片、图表等直观教辅时刻吸引着学生的注意力,有助于“降低学习者的学习压力,营造学习者自信的精神状态,加速学习者的学习进程”[3]87。其次,在“古安系列”教学过程中,教师的角色不再是“权威的知者”,而是引导者、组织者和参与者,这有助于构建自然、随和、融洽的教学氛围,有助于学生形成平等、主动参与的求知感,而不是孤独、被动的学习恐惧,“真正将学生从‘严肃性’语言教学中解脱了出来”[10]46。再次,“古安系列”以口语教学为先导,注重培养学生的交际能力。在教学过程中,教师精心策划和营造各种教学环境,将课堂外的交际场景浓缩在课堂教学之中,使课堂变成“一个真正的社会背景”[10]45。通过营造教学环境,学生有一种学有所获、学有所用的成就感。“如果学生看到他们的课堂学习能满足实际交往的需要,他们的学习热情就能长期保持,学习就能逐步取得成功。”[10]7

东吴大学预科实施“古安系列”教学法,取得显著成果,“来学者甚众”,当学习者“意识到自己在没有用任何汉字解释的情况下,竟能说出英语并懂得了句子意思时,都惊喜不已”,教师也“从学生的点头和脸上露出的理解的神情中深受鼓舞”[8]26。东吴大学学生在预科阶段完成语言基础的学习,进入正科后直接用英语学习“生理理化生计政治法律诸学”。

“古安系列”教学法在东吴大学成功实践后被迅速推广到其他教会学校。1905 年,在上海举行的《中国基督教教育会》第 5 届年会上,广州岭南学院③的英文教授黄念美(O. D. Wannamaker)发表《教学一年级学生英语》一文④,全面介绍“古安系列”教学方法在岭南学院的实践情况。“迨行之半年、一年,读书识字愈多,文法句法愈熟,则进步更远,发音正确,

① 斯旺和法国人维克多(Victor Betis)合作,将古安 1880 年在巴黎出版的《语言教学艺术》(The Art of Language Teaching and Learning)一书译成英文,1892 年在伦敦出版。

② 即“古安系列”(Gouin Series)。Gouin 的英文发音为“戈因”,法文发音为“古安”。

③ 苏州大学档案馆所存《东吴大学堂记》所称之“香港大学堂”(疑为岭南学院),1900 年迁往香港,1904 年迁回广州。

④ 参阅 Records of the Fifth Triennial Meeting of the Educational Association of China. Shanghai: American Presbyterian Mission Press,1905,305 -319.

而且凡艺以多习而愈熟,居然会话流利,英语冲口而出。尤要者则习惯成自然,凡用英文则头脑中想象所及之意见及观念,必先以英文构成,即随口讲出,不须先行由中文思想翻译过来,然后以英文说出。此是大凡学习外国语之必要程序也。是故二三年后,成效大著。”[11]544“古安系列”教学法后由琼斯(Daniel Jones)和帕尔默(Harold Palmer)等人完善发展成“直接法”和“口语法”,于20世纪20年代在我国普通中小学英语教学中推广。“张士一教授是我国现代英语教学史上最早、且最有影响的介绍直接教学法的专家。早在1922年,他就在《新教育》杂志第1期、第2期上发表《我国中等学校英语教学的改良》一文,传播直接法。”[12]210

二

进入21世纪,世界科技进步日新月异,国际竞争日趋激烈,我国经济建设飞速发展,对外交往愈加频繁,教学改革成为高等教育的主题。作为高等教育的有机组成部分和标志性课程,大学英语教学“不仅仅是为了提高学生的英语水平,增强他们的英语应用能力,还应该注意帮助学生开阔视野,了解英语国家的文化、习俗,发展学生的个性,提高他们的文化品位,帮助他们选择恰当的价值观,成为真正有益于社会、有益于国家的人才”[13]3。新时期人才理念呼唤新教学模式。然而,大学英语教学曾长期把“语言知识的传授看成语言教学的目的和全部任务,无休止地打基础。或虽然承认英语教学是要培养学生英语应用能力,但实际上始终停留在传授语言知识的基础阶段”[14]32,忽略了语言的输出,即交际和应用等盘活语言知识的能力训练。传统大学英语教学模式已成为阻碍个性化英语人才培养的瓶颈。2003年3月,教育部正式启动《大学英语课程教学要求》项目。2004年1月,教育部正式印发《大学英语课程教学要求(试行)》的通知,从全国1 000多所高校中,挑选180所院校试点大学英语教学改革,以“提高教学质量、满足新时期国家和社会对人才培养的需要”为宗旨,以“英语语言知识与应用技能、学习策略和跨文化交际为主要内容,以外语教学理论为指导”,构建“集多种教学模式和教学手段为一体的教学体系”,实施“一般要求”、“较高要求”和“更高要求”分层次教学,努力培养“学生的英语综合应用能力,特别是听说能力,使他们在今后工作和社会交往中能用英语有效地进行口头和书面的信息交流,同时增强其自主学习能力,提高综合文化素养,以适应我国社会发展和国际交流的需要”[15]1。

在教育部大学英语教学改革试点实施前,基于学校扩大招生规模后带来的“学生入学英语水平参差不齐(高考英语分数之差可达50分之多)”等客观实际以及“使用同一个教学大纲,即一个教学目标、相同的课程设置、同样的教学模式,已严重影响英语教学效果”[16]27的认识,苏州大学于1999年9月首尝自主性大学英语教学改革实践,即在学生英语基础较好的法学院和商学院(财经学院)率先实行大学英语教学改革试点,将大约30%左右的优秀学生编入提高班,在教学进度、广度、深度、难度等方面体现层次差异,真正做到“因材施教”。经过3年的教学试点探索,从2002年开始,苏州大学大学英语教学改革扩大受试对象,拓展试点内涵,从“因材施教”延伸到培养学生应用能力,即为已完成或基本完成语言基础训练的学生及时开设“高级口语”、“翻译与写作”、“外报外刊”、“高级阅读”以及“高级视听”等应用性课程,由学生根据学习兴趣进行选择,以培养学生听、说、读、写、译、用等综合应用能力,特别是交际能力。经过近2年的努力,苏州大学应用能力教学已初显效果:“哑巴英语”现象大有改观,学生英语学习热情得以提高,不同学习需求得以满足,英语综合素质得以改善。仅2003—2004年上半年，苏州大学学生（主要是教改试点院系的学生）在省级、国家级演讲、综合能力、写作等英语竞赛中3人获特等奖、10人获一等奖、31人获二等奖、59人获三等奖。苏州大学自主实施的大学英语教学改革试点不但推动了学校其他教学改革的深入开展，而且为随后试点教育部大学英语教学改革积累了经验，打下了良好的基础。

2004年2月，教育部确定苏州大学为大学英语教学改革试点院校。苏州大学随即从2004年3月开始在法、商、数、物、化、计等6大学院的2003级学生中规划、试点大学英语教学改革。试点全面贯彻教育部大学英语教学改革精神，以"分层次教学"为主要改革内容，即分别将30%左右的学生归入"一般要求"和"更高要求"层次，其余40%左右的学生归入"较高要求"层次，因材施教，有的放矢，最大限度地满足不同学生的实际求知需求；以提高学生的英语综合应用能力，特别是交际能力为改革宗旨，开设"综合英语"等基础课程，"高级口语"、"翻译与写作"和"高级视听"等应用性课程以及"跨文化交际"、"学术研究"、"影视欣赏"等文化专业课程，体现"综合英语"类、"语言应用"类和"语言文化"类课程的有机结合，为学生掌握基础知识、习得应用技能、提高文化素养和获取专业知识架起平台；以计算机和多媒体网络的英语教学为攻关点，将计算机、多媒体、语言实验室、网络、视频广播等现代科学技术成果引入英语教学，组建立体、多层次教学和信息交流网络，体现当代大学英语教学的趣味性和实用性，培养学生自主性、个性化学习的能力；以构建集多种教学模式和教学手段于一体的多元化教学体系为具体措施，课堂教学和课外辅导相结合、课堂教学与自主学习相结合、教师讲授和师生互动相结合、基础知识训练和应用能力教学相结合、大班教学与小班面授相结合、一般知识传授与地方特色文化教学相结合、多种教学方法交叉结合等，体现大学英语教学模式的多样性、灵活性，活跃教学氛围，激发学习热情，提高教学效率。经过近1年的规划、设计和实践，苏州大学大学英语教学改革试点已取得阶段性成果，进入总结完善阶段，初步形成了具有苏州大学特色的教改模式，得到教育行政部门的初步认可。大学英语教学改革暨核心课程群建设获苏州大学2004年教学成果一等奖和江苏省省级教学成果二等奖，为全面、深入推广教育部大学英语教学改革收集了数据、积累了经验、提供了借鉴。

1902年，东吴大学在所有的教会学校中首先尝试"古安系列"教学法，这虽然具有很大的偶然性，而且"古安系列"也仅仅是一种具体的英语教学方法。然而，就是率先采用了这一新的教学方法，东吴大学凸显了英语教学特色，其英语教学，特别是口语教学走在了教会学校的前列，引领近代学校英语教学方法改革的潮流，不但愿来东吴大学学习者甚众，而且东吴大学也由于其特色英语教学成为20世纪初最著名的教会大学之一。1999年，苏州大学首尝自主性大学英语教学改革，2002年，改革渐趋深入，到2004年教育部试点大学英语教学改革时，苏州大学的大学英语教学改革已取得阶段性成果，进入更高层次的改革实践。苏州大学的大学英语教学改革已不是单纯英语教学方法的改革，而是整个英语教学模式的更新，更是英语教学理念的变革。和东吴大学引入"古安系列"教学法对其他学校英语教学方法的改革起着先导作用一样，当今苏州大学的大学英语教学改革也必将具有引领苏南、辐射江苏、影响全国的普遍意义。

参考文献:

[1] 卢茨. 中国教会大学史[M]. 杭州:浙江教育出版社,1987.

[2] A. P. R. Howatt. A History of Language Teaching[M]. Shanghai: Shanghai Foreign Language Education Press, 1999.

[3] Jack C. Richards and Theodore R. Rodgers. Approaches and Methods in Language Teaching[M]. Beijing: Foreign Language Teaching and Research Press; Cambridge: Cambridge University Press, 2000.

[4] Gael Graham. Gender, Culture and Christianity, American Protestant Missions in China, 1880—1930 [M]. New York: Peter Lang Publishing Inc. ,1995.

[5] Records of Triennial Meeting of the Educational Association of China[Z]. Shanghai: American Presbyterian Mission Press, 1893.

[6] 钱钟书. 万国公报文选[Z]. 北京:三联书店,1998.

[7] 钟叔河,朱纯. 过去的学校[M]. 长沙:湖南教育出版社,1982.

[8] 文乃史. 东吴大学[M]. 珠海:珠海出版社,1999.

[9] 苏州大学档案 · 永久保存:第3卷[Z].

[10] William Littlewood. Communicative Language Teaching[M]. Beijing: Foreign Language Teaching and Research Press; Beijing: People's Education Press; Cambridge: Cambridge University Press, 2000.

[11] 朱有瓛,高时良. 中国近代学制史料:第4辑[Z]. 上海:华东师范大学出版社,1993.

[12] 李良佑,张日昇,刘犁. 中国英语教学史[M]. 上海:上海外语教育出版社,1988.

[13] 刘润清,戴曼纯. 中国高校外语教学改革:现状与发展策略研究[M]. 北京:外语教学与研究出版社,2003.

[14] 蔡基刚. 外语能力培养与我国外语政策[J]. 外语与外语教学,2003(5).

[15] 教育部高等教育司. 大学英语课程教学要求 · 试行[Z]. 上海:上海外语教育出版社,2004.

[16] 庄智象. 全国高校"新理念"大学英语网络教学试点方案[Z]. 上海:上海外语教育出版社,2004.

原载《苏州大学学报》(哲学社会科学版)2005年第3期

四、学生运动

五四运动在苏州东吴大学

吴 竞

六十五年前，神州大地，爆发了一场轰轰烈烈的反帝反封建的五四运动。它的导火线是，1919 年 1 月巴黎和会，帝国主义列强蛮横拒绝中国代表的正当要求，对山东问题作出无理决定。对此，北洋军阀政府，居然准备在屈辱的“巴黎和约”上签字。消息传来，舆论大哗，中国人民的积愤，犹如火山一样迸发出来了。5 月 4 日，北京大学等 13 所学校 3 000 多学生，高举“外争国权，内惩国贼“的旗帜，云集天安门前，举行游行示威，遭到卖国的北洋政府的残酷镇压。于是，五四爱国运动迅速由北京扩大到全国各地。

一

苏州是一座历史悠久的古城，工商业发展较早较快，尤其是丝织业，很早就闻名全国；文化发达，学校林立，历来是学府所在地，苏州东吴大学就是我国有名的教会学校之一。苏州人民又具有光荣的革命传统。因此，消息传到苏州，古城立刻沸腾起来，高举爱国大旗，投身五四运动。毛泽东同志说“在中国的民主革命运动中，知识分子是首先觉悟的成分”[1]。全国如此，苏州亦然。5 月 6 日，三元坊省立第一师范学校小学部主事吴研因等，不顾北洋政府和教育厅镇压学生爱国活动的命令，首先奋起，毅然发表通电：“章宗祥该死，卖国贼该死，大学生举动全国赞成。倘卖国群小危害我大学生，全国学校应俱散学，全国学生应与俱死。”字里行间，充满着爱国激情和对卖国贼的切齿痛恨，以及对北京爱国学生的崇敬和支持。这是一道冲破黑暗势力、萦绕苏州城而又飞向远方的爱国电波。接着，《平江日报》发表评论，也热情声援北京学生的爱国斗争。与此同时，姑苏城东南角那红墙绿瓦与钟楼交相辉映的东吴大学校园里，群情激昂，慷慨陈词，再也无法安于那种宁静的书斋生活了。他们开始冲破以美国校长葛赉恩为首的校务部设置的重重阻力，在各班班会的基础上成立东吴大学学生会，规定“本会宗旨在贯彻爱国初衷，履行学生启导社会之天职”，走向社会，投身爱国运动。尤其是 1918 年秋入学的学生，他们来自各地中学，都是些朝气蓬勃的青年，是五四运动在东吴和苏州的骨干。所以《东吴年刊》1922 级记载说：“五四运动发生，在苏作急先锋者，皆吾级友也。”东吴学生会主席就是当时大三学生 1922 年获得硕士的王志稼。5 月 8 日，吴县教育会等致电江苏督军李纯暨省长齐耀林，要求转电政府，释放全体被捕学生。省立第一师范学校全体师生则写信给苏州总商会，呼吁提倡国货，抵制日货，与学界联合行动。苏州总商会负责人，态度游移，一时还未能够得到认真的贯彻。5 月 9 日，是四年前北洋军阀总头目袁世凯接受日本灭亡中国“二十一条”的日子。东吴大学等各校学生为了不忘国耻，挽救民族危机，清早，派代表齐集遂园开会，决定用全苏学生名义，致电北洋政府：“外交失败，宁撤专使，不签丧失国权之约”[2]，反映了广大苏州人民的坚决意志。下午，各校队伍，打着校旗，到体育场集中举行环城游行。学生们唱着爱国歌曲，呼着救国口号，手执白旗，上写：“还我青岛”、“讨卖国贼”等。学生吴国栋则血书“头可断，国不可亡"七个鲜红的大字,更令人望而起敬。沿途还散发以山东外交失败为内容的白话文传单,向群众作通俗的宣传。"5·9"环城游行,是苏州近代史上最早的一次有组织的群众性的反帝反封建运动。东吴学生会当天还单独上书北洋政府,要求释放北京被捕学生。

为了把知识分子的爱国热情持久地发展下去,把学生们进一步联合起来,5月10日,东吴大学、萃英中学、桃坞中学、晏成中学、英华中学、浸会中学、省立第一师范、第二工业、第二农业、医学专科、第二中学、女子师范,私立福音医学、中华体操以及景海、大同、英华等女校的代表集会共商,正式成立苏州学生联合会。代表推举第一师范学校沈炳奎为会长,何焕庭为副会长,东吴大学尤敦信为书记(类似秘书长)。学联是五四运动在苏州蓬勃兴起的产物,它的建立又推动五四运动在苏州和东吴大学进一步发展。学联在成立宣言中表示决心要为挽救民族危机、振兴中华而团结奋斗到底。

在学生运动的不断推动下,15日,苏州总商会召开特别会议,作出三点决议:(一)致电北洋政府和出席巴黎和会的中国代表,要求"将青岛完全由和会直接归还,一切密约悉与废弃"。"务乞坚持到底,非达目的勿令专使签字"。(二)劝导各界不用日货,提倡国货。(三)被日人收买的苏州振兴电灯公司,"应劝导各界停燃,为不用日货之创始"[3]。苏州学联"早经议决停燃日商电灯",各校已陆续停用。金阊市民公社的发电厂,特意改进灯光亮度,因此,用户纷纷剪去振兴(公司)灯线,已有十分之九将合同作废,另至新厂接线了。有的商店、栈房等宁愿改点煤油灯。但苏州反动地方当局,竭力袒护日人,竟设法让该公司保有全苏路灯的专利权;还用不准注册等卑劣手段,阻止爱国者合股创办新的电灯公司。由于学联倡导于前,商会赞成于后,一个劝用国货、抵制日货的群众性热潮,于5月中、下旬在苏州和东吴大学迅速形成。爱国学生组成讲演团,分头在热闹场所演讲。阊门外萃英学生在日人开设的商店前面,露天演讲,痛骂卖国贼,讲日本帝国主义对我种种之野心,以及将来亡国之惨痛。第二工业专科学校学生,自编自演亡国惨剧新戏一出,"将朝鲜灭国惨史",一一编入,借以惊醒国人。演出时,观众甚多,"莫不怒目动容"。东吴大学各科学生除积极宣传外,还带头不用日货,各人将自有之日本货物,一律毁尽,并对天立誓,今后不再购买日货。苏州的报社,拒登日人之广告。所有各街巷口之日人广告,一律被学生等拆除撕毁,并换贴劝用国货、抵制日货等种种印刷字样。观前萃成祥印刷所印发《泣告同胞书》数万张。《泣告》说:

"三岛日本,野心勃勃,夺我青岛,谋我山东。凡我同胞,大众一心,最好方法,不用日货。文明抵制,胜于战争,卖者勿进,用者勿购。各存好心,各自奋勇,朝鲜印度,前车可鉴。若不猛省,后悔何及,泣告同胞,幸勿漠视。"

抵制日货热潮蓬勃开展,有力地打击了国内外反动势力,推动中国民族工业的振兴。

北洋军阀政府拂逆人民的爱国意志,旬日(5月14至29日)之间,又两次颁布弹压学生运动的命令。群众掀起更大规模的爱国斗争,就在北洋政府颁布第二次弹压令之际,苏州学联在体育场开会,议决致电北洋政府,针锋相对地提出"限期答复京沪学界之要求"。5月26日,上海学生联合会因呼吁无效而决定罢课,发表宣言并通告全国,要求各地学联"采取一致行动"。早在5月25日晚上,苏州医专学生开紧急会议,主张最不得已之办法,全体罢课,有人当场断指血书"提倡罢课"四字,大家一致赞成,于26日起实行。医专在苏州一马当先,与上海学界同时罢课,被誉为"苏校学生罢课的第一声"。上海学联罢课的消息传来,给苏城正在酝酿的罢课起了很大的促进作用。27日,苏州学联假谢衙前晏成中学开紧急会议。东吴学生又冲破校务部“不罢课”的规定,赴会参加讨论罢课事宜。到会的16校代表一致决议,28日起中等以上学校一律罢课,并通过罢课宣言。29日,在体育场举行宣誓礼,参加者除学生外,自动前来参加的群众也从四面八方涌来,据当时《民国日报》报导,“是日到会者万人”。先由东吴大学乐队奏乐升国旗,次宣誓,读苏州学生联合会罢课宣言:

中华民国八年五月二十八日,江苏苏州学生联合会,谨宣告于国旗之下曰:“……北京学生,首倡义举,请讨国贼,政府果知觉悟,自宜即允所求,以从众望,以快众心。……岂知事与愿违。因此,本会为救亡图存计,为教育前途计,为保障共和计,为爱护留学生计,于五月二十八日全体罢课”。[4]

宣誓毕再次举行大规模的游行,从体育场出发,至察院场口,然后分路回校。所持标语旗,都插于玄妙观,俾供众览。玄妙观成了一片“惩办卖国贼”、“还我青岛”等旗帜的波浪怒涛,显示着苏州人民的办量,使反动派为之胆寒。这次宣誓游行,规模影响极大,参加人数之多,竟达万人(当时苏城居民号称“三十万”)。这是苏州人民反帝反封建革命史上一次盛况空前的大会。罢课后,东吴大学学生会制订《约法》十二条,规定:

“(一)集会时,由宿舍领班(类似组长)点名,无故缺席者处严罚。(二)停课期限暂定为一星期,惟至必要时,得由会中与校务部磋商解决,另订办法。(三)每日晨会及星期日礼拜,仍照常举行;晨会时,并得讨论停课后进行方法。(四)同学必须请假出校,须得总干事部之准假凭,方为有效。(五)上午八时至十一时,下午二时至四时,不得在运动场内行各种运动。(六)每日早操,仍照常举行。(七)各级演讲等团体,仍可照常服务,惟须由执行部各部之节制。(八)由著述部发布宣言书一种,声明此次停课之理由。(九)同学等如有违反约法,及不规则之举动等,由司法部宣布其名氏。如连犯三次,及不服司法部之判决者,由大会表决其应得之罚则。(十)出外宣讲等时,不得有过于激烈,或野蛮之举动。(十一)出外宣讲等时,须穿本校制服。(十二)校中例假,仍照常履行”。[5]

学生罢课举动,受到一切爱国者的热情支持。为了声援学生,5月30日,苏州教职员联合会成立了,并发表宣言说:“……今日学生之奋发,实吾国前途之莫大幸运。……同人伏处吴下,忝为人师,……爰于5月30月成立斯会。其惟一之主旨,在组成健全机关后援学生,以挽教育一线之生机。……”教职联的成立,给苏州学联的罢课斗争以有力的声援。不久,工人阶级登上政治舞台,五四运动跨入了新的阶段。

二

6月1日,北洋政府徐世昌以大总统名义下令,公然为卖国贼辩护,诬蔑爱国学生,镇压学生运动,激起北京学生的极大愤慨。3日,北京学生恢复街头演讲,遭到北洋政府的疯狂逮捕和野蛮囚禁。上海东吴大学法科学生张亮吉,“以主张坚强,在京被捕,慷慨入狱,毫无怨色”[6],对苏州东吴学生产生了强烈的反响。北京学联被迫发出通电,呼吁全国声援。5日,上海工人开始罢工,商人罢市,中国工人阶级作为独立的政治力量,第一次登上政治舞台,成为爱国学生的坚强后盾。“富有光荣斗争传统的苏州丝织工人首先起来罢工。接着,各厂响应。铁路、码头和部分内河航运工人也纷纷举行罢工或声援集会。”[7]7日下午,学联在体育场举行郭钦光等三烈士追悼会后,“即群赴商会,要求罢市”。女子师范的中华女学生救国团散发传单，责备总商会说："北京消息，骇人闻听，学生演讲，被捕受刑。政府越横，吾辈越恨。商界诸君，同是国民，袖手旁观，忍乎不忍！"严厉批评总商会的"袖手旁观"态度，要求商界罢市。商界中关心国事的爱国者，也到处散发传单，鼓吹罢市。总商会乃于当晚召开各业代表会议，"决(定)于8日下午三时一律罢市"。在工人罢工、学生沿街挨店宣传鼓动下，一些商店又冲破总商会的规定，提前罢市。8日上午八、九时，城内观前街、护龙街、临顿路、养育巷等处，均一致罢市。而阊门大街一带，于12时许亦全体罢市。至城外南濠、山塘及马路等处，则也于3时前一律罢市了。商店门首纷纷张贴着"不除国贼不开门，"或"罢市爱国"等标语，反映了商界和广大店员的一片爱国热忱。至此，苏州进入了"三罢"阶段。毛泽东同志说：五四运动"发展到六三运动时，就不但是知识分子，而且有广大的无产阶级、小资产阶级和资产阶级参加，成了全国范围的革命运动了"[8]。苏州的情况也完全是这样。

五四运动在东吴、在苏州汹涌澎湃，奔腾向前，并不是毫无阻拦的，而是不断冲破校方和反动当局的层层压力而迸发出来的。运动刚一兴起，东吴大学校务部就设置"不响应也不罢课"的阻力。学生们不断斗争，冲破阻力前进。全苏学生罢课后，苏州地方当局如苏常镇守使、苏常道尹、苏州警察厅等密谋策划，阴谋破坏。警察厅长崔凤舞主张"用绝对的严厉手段"。当时日本驻京公使污蔑五四运动是"华民暴动"，叫嚷"深恐酿成庚子惨祸"[9]，崔也学着洋主子的腔调叫喊："不思根本弭救，恐步庚子后尘。"[10]"庚子"者，1900年中国人民反帝爱国的义和团运动也。道尹王莘林主张"于和平中用严厉手段"。据说镇守使朱熙"则力持不可"，害怕激怒群众，愈难收拾。最后用加派岗警，监视学生，保护日商。罢工、罢市后，江苏督军、省长也发出所谓"严训"，说什么"限三日恢复原状，否则下特别戒严令"，摆出一副杀气腾腾的样子。实际上在爱国怒涛的冲击下，他们惴惴不安，妄图用釜底抽薪的办法，破坏"三罢"。特命江苏教育厅发出第881号"训令"，污蔑学生"逾越轨范"，"提前放假，……俾诸生各自回里"，阴谋用"提前放假"来破坏学生的爱国罢课，进而达到开市、复工，瓦解整个爱国运动的目的。东吴大学校务部早就与反动地方当局勾结在一起，此时立即逼令学生上课，否则，即日起提早暑假。学生们怒不可遏，认为断不能以一校上课而破坏苏州的联合罢课。不得已采取后者，决定由学生会发表宣言，然后离校。《宣言》说：

"青岛事起，全国激昂，京沪学生，痛国事之日非，惧危亡之无日，不得已而有罢课之举。""生等亦国民一分子，不独匹夫有责，义难袖手，且更不忍使京沪学子，独当其冲。因此自上月28日起，联合苏城各学校，一律宣告罢课，与京沪各校为一致之行动。""旬日以来，演讲调查，广告著述，努力进行，不辞劳瘁，当可告无罪于我学界诸君子。""不料校务部忽于今晨宣告，于星期六迫令上课，否则即于是日起提早暑假。""在生等则不独目的未达，万难中止。且既入苏城学界联合会矣，且宣言与京沪各校一致矣，断不可以一校上课，致影响及于全局，而为学界之罪魁祸首。为此于今晨全体决议，遵重校务部命令提早暑假，即于星期六一律出校。""惟罢课初衷，尚未能贯彻于万一，此后当在各地分头着手，……仍与苏城学校联合一致，使联合会不致解体。"

这份宣言，说明怀着忧国之心的东吴青年，在各种压力面前，坚持与全苏、全国青年学生一致行动，坚持罢课斗争，也就是坚持爱国主义的立场。他们虽被迫离校，非出己愿，是不得已而为之。所以爱国青年忿忿不平地说："解散期迫，同人咸不忍相离而去，大有三宿而后出昼之慨。”[11]东吴附中学生在离校前的傍晚，在网球场开了个校监“×××追悼会”，把扎的校监纸人，当场焚毁，并高呼“×××卖国贼”的口号。所以有人在记载东吴校史时说：“我校开办20余年，有两次风潮，……一系民国八年为五四爱国运动，学生与校监发生误会而起，……当时有宣言，有通告，外人多有能道之者。”[12]所谓“学生与校监发生误会而起”，这是表面现象，实际上校监是当时东吴校长葛赉恩的忠实走卒，完全秉承校务部的意志。我们从“有宣言、有通告，外人多有能道之者”来看，当年东吴青年爱国热情之高，斗争之尖锐，可见一斑。

苏城许多具有爱国心的校长，则拳拳以国事为念，在收到“提前放假”的“训令”后，宁愿辞职，也绝不愿去当破坏爱国运动的罪魁。省立医专校长蔡文森，就是这样的典型。他平时“恒兢兢以爱国为宗旨，训勉后生”。五四运动爆发后，他关心支持学生的爱国活动，当他接到“提前放假”的“训令”后，即向江苏省长提出辞呈说：“此次北京学生，愤慨国事，激而罢课。……本校学生为义愤所激，亦一致行动。”“揆诸心理，出于爱国热诚。”顷“奉教育厅令开……提前放假”。“该生等因请求各条，政府一无表示，不愿即行归里，现在一体在校，谨守秩序，以待解决。校长奉职无状，深自愧悚，甘引咎戾，……俯准辞职。”[13]这种爱国之心，报国之志，跃然纸上，令人起敬。列宁曾经说过：“爱国主义就是千百年来巩固起来的对自己祖国的一种最深厚的感情。”[14]因此，决非一小撮反动分子破坏得了的。6月9日，苏州小学校亦“一律停课”。10日上午9时起，横经苏州城北的沪宁铁路工人罢工了。早在上海罢工罢市后，苏州警察厅长在报告里说：“沪上各货不出，苏之各纱厂中人曾言，倘五日不来货，苏之工厂不停而停矣。”[15]在沪宁铁路罢工的前夜，江苏督军李纯和省长齐耀林在致北京政府大总统电里说：“沪宁路工人罢工，行将实现。深恐蔓延愈广，则收拾愈难。”[16]罢工后，路局在公函中说：“沪宁……贯接江汉，上海又通商要埠，忽而停工，中外各界，必蒙极大影响，关系殊非浅鲜。”[17]可见工人阶级的积极投入五四运动，使反动派一片惊慌，惶恐不安。说明工人阶级登上政治舞台，一开始便显示出主力军作用。

全国罢课、罢工、罢市的规模越来越大，愈演愈烈。北洋政府被迫将卖国贼曹汝霖、章宗祥、陆宗舆免职。16日，东吴大学尤敦信代表苏州学联赴沪参加全国学生联合会成立大会。未几，全国学联致电北洋政府，表示誓不承认“和约”签字。6月28日，在全国人民的强烈反对声中，中国代表拒绝在“巴黎和约”上签字。这是继罢免曹、陆、章三个卖国贼后，取得的又一胜利，显示了人民群众的伟大力量。

三

五四运动是一场彻底的不妥协的反帝反封建运动。东吴大学学生除与苏州和全国人民共同斗争，给帝国主义和封建军阀势力以沉重的打击外，在校内，东吴爱国学生终于把反动校监赶下了台，这在东吴校史上也是一件值得一提的事。因这位校监从1895年孙乐文在宫巷办中西书院起，至此已任校监有25年之久了。长期来，他先是孙乐文、后是葛赉恩的忠实走卒。如今把他赶下台，对东吴青年思想上也是一大解放。

五四运动为中国共产党的成立作了思想上和干部上的准备。五四运动是在十月革命的影响下和马列主义传入中国的情况下发生的。六三后，江苏督军、省长就叫嚷：“恐染过激主义。”[18]“当时称列宁领导的党为‘过激派’”[19]，称马克思列宁主义为“过激主义”。从反动派诚惶诚恐的叫嚣声中，恰好让我们看到苏州人民和全国人民一道热烈欢迎马列主义在中国的传播。1919年12月,东吴大学校刊上发表尤敦信的《德谟克拉西与遗传性》一文,宣扬新文化运动中的民主(当时称"德谟克拉西"先生)口号。文章说:"盖政体优劣,聚讼纷纭,几近2 000年,至20世纪初叶,而意见始渐臻于一致,则咸公认德谟克拉西为尽善尽美之制度是已。"把矛头直指封建专制政治和封建旧礼教、旧道德,有利于马克思、列宁主义的传播。1921年7月,伟大的中国共产党诞生了。9月,东吴大学校刊上又发表了《布尔萨维克[20]之研究》一文。作者在文章的一开头就说:"布尔萨维克主义,是很重要而且富有兴趣的问题。"接着介绍了布尔什维克的来历,文章说:"布尔萨维克,俄语为多数之意。1903年,社会民主党在瑞士(应是先在布鲁塞尔、后在伦敦。——引者)开会,讨论实行马克思主义之方法,列宁主张罢斥一切有产阶级,不与之调和,大多数赞同,如是该党分为二,大多数之党,即是布尔萨维克党。他们从先自家称为俄国的共产党,近来也用布尔萨维克之名的"。文章讲布尔什维克领导十月革命取得胜利时说:"布尔萨维克主义大露头角,是在1917年11月7日,革命成功,劳农政府成立之后。俄皇退位是在1917年3月,同时新政府(即资产阶级临时政府,下同——引者)成立,并得着各国的承认。但是这新政府,仍抱着俄皇的政策,主张继续战争。列宁举事,图谋根本解决法,反抗新政府的敷衍行为,11月成功,是布尔萨维克党专政之起点。"文章还说到列宁领导的苏维埃政府,是对俄国沙皇制度、农奴制等的"反动",实际上是说苏维埃政府是代表千百万劳动群众利益的政府。文章还对无产阶级的革命导师列宁评价说:"布尔萨维克的领袖人物,自当为列宁首屈一指。"又说:列宁"为一聪明过人的人,平生从事革命运动,饱尝放逐的滋味"。"志意坚决,勇果豪爽,无自私自利之心肠。对于革命,抱不屈服不调和的态度。""对于资本,为不共戴天之仇","他个人的生活,不曾有人讥刺"。"列宁在苏维埃议会之中,为一种驱遣各种事业的原动力;……布尔萨维克的计划,都是他一手造成的。"毛泽东同志曾经说过:"中国人找到马克思主义,是经过俄国人介绍的。在十月革命以前,中国人不但不知道列宁、斯大林,也不知道马克思、恩格斯。十月革命一声炮响,给我们送来了马克思列宁主义。"[21]上文在东吴校刊上发表,距十月革命还不满四年,在中国共产党成立后的两个月,"当时能读到的马克思列宁主义的著作是很少的"[22],作者在中国的先进的知识分子影响下,能对马列主义作出这样的研究,虽其中有的观点并不正确,但已是很不容易的。就目下所知,该文是东吴大学以及苏州的知识分子研究马克思、列宁主义最早的文章之一。1923年至1924年,经过党员同志的活动,先后在苏州宫巷、白蚬桥堍办起夜校和工人俱乐部,东吴个别学生还参加这个工人俱乐部的组建工作。1925年,中国共产党苏州独立支部在体育场南边的乐益女中建立了。自从有了中国共产党,中国革命的面目就焕然一新。苏州人民和全国人民一起,在中国共产党的英明领导下,献身于无产阶级革命的伟大事业,夺取一个又一个的光辉胜利。

今年是五四运动65周年,我们在纪念"五四"时,要继承和发扬五四青年那种"天下兴亡,匹夫有责"的爱国主义和革命传统,在中国共产党的英明领导下,为振兴中华、建设四化而努力拼搏。

注释:

[1][8][21]《毛泽东选集》(合订本)第523页,第660页,第1359—1360页。

[2][5][17]《五四爱国运动》第198页,第115—116页,第155页。

[3]《申报》1919年5月17日。

[4]《民国日报》1919 年 5 月 31 日。
[6][11]《东吴年刊》一九二二级。
[7]《苏州报》1982 年 6 月 17 日。
[9]《时事新报》1919 年 6 月 9 日、10 日。
[10][15][16][13]《五四运动档案资料》第 274 页,第 306—307 页。
[12] 徐允修:《东吴六志》。
[14] 转引自《解放日报》1983 年 7 月 16 日。
[18]《苏州蔡璜责苏督、省长书》1919 年 6 月 12 日。
[19]《纪念五四运动六十周年学术讨论会论文选》(一)第 29 页。
[20] 据联共(布)中央特设委员会编:《苏联共产党(布)历史简明教程》为"布尔什维克"。
[22] 胡绳:《从鸦片战争到五四运动》,下册,第 1194 页。

原载《苏州大学学报》(哲学社会科学版)1984 年第 2 期

五卅运动在东吴大学

吴 竞

1925 年的五卅运动,是中国共产党领导下的一次群众性的反帝爱国运动。在近代中国人民革命斗争史上有着深远的影响。当年,我国著名的教会学校东吴大学的爱国师生对帝国主义制造的五卅惨案,激起满腔怒火,积极投入运动,与全国人民一道,声援上海工人、学生的反帝爱国斗争,写下光辉的篇章。今年是五卅运动 65 周年,爰成此文,以志纪念。

一

五卅惨案发生后,中共中央召开紧急会议,决定发动群众团结一致向帝国主义反击。中共早期党员恽代英迅速从上海赶到苏州,与地下党员叶天底等取得联系,紧急磋商声援上海人民斗争的策略和方案。叶天底还"陪同恽代英等人到知名人士家中走访,发起成立'苏州各界联合会',领导全城声援上海工人斗争"[1]。1921 年考入苏州工专就读的秦邦宪,爱读进步书刊,切磋马列理论。当他听到"一条繁杂而华丽的南京路,……遍染了血色",想着"轩辕黄帝以来的 5 000 余年的国家,或将沦于真正的殖民地的地位","热血如沸"[2],作为"苏州学联领导人之一"[3],他不顾肺病缠身,表示"国之将亡,焉顾我身",以一位 18 岁青年的满腔爱国热情,积极投入运动,于 31 日下午,在北局青年会召开学联临时紧急会议,并请各校同学来会听讲。其时,下着蒙蒙细雨,冒雨前来参加的有东吴大学等 13 校学生数百余人,叶天底也赶来参加。会议由秦邦宪主持,先请上海学生会代表报告五卅惨案经过,会场上不断高呼:"打倒帝国主义"、"废除不平等条约"等口号,声震屋宇。嗣经众议即日罢课示威,誓作上海人民的后盾,还推定东吴大学、苏州工专等校代表,分头向未出席紧急会议的各校联系。

为了声援上海人民的"三罢",当日(31 日),东吴大学、东吴一中学生邀请上海学生会代表于晚餐时报告"目睹惨状",群情激愤。晚 8 时半,在钟楼礼堂召开大、中学各级级长联席会议,议决"举定对外代表四人,加入苏州学生联合会,取一致行动"[4]。接着纷纷发表通电、宣言。6 月 1 日,苏州东吴大学暨东吴一中全体学生致电上海学联及各报社,电文说:"中国不幸,夷虏横行,上海学生 5 月 30 号之举,本光明正大,乃竟遭工部局开枪惨杀,凡有血性,谁不发指,同人等闻讯之余,咸怀敌忾,经全体表决,一致力争,望各界同胞群起为上海学生后援,为我国国民雪耻。"同日,东吴一中还开全体学生大会,讨论声援办法,并选举产生委员 10 人,组成临时执行委员会,"所有援救沪案一切事务,概由委员会全权办理"。我国著名人士赵朴初,就是当年东吴一中临时执行委员会成员之一。大会还决定通电各处,电文云:"英捕惨杀同胞,凡有血气,谁不发指。"东吴法科,设于上海昆山路,处在"五卅"惨案的发生地。6 月 1 日,法科全体学生召开特别会议,决定响应罢课,并由学生会发表宣言如下:"五月卅日公共租界之惨案,学生无辜,死亡创伤者截至今日止,已逾百数,揆厥原因,系因学生游行演讲。……吾国国势危弱,国际间所忍受痛心切齿之压迫,已书不胜书,而旅沪外侨，更处处以残忍之手段，非法之条例，强迫吾人，……公园及其他娱乐场所，华人不能入内。……本会认为此次惨案系于国际上受重大耻辱，此而可忍，孰不可忍，因此全体同学开会议决自6月1日起，暂行停课。”以上东吴学生发表的通电、宣言，表现出对中华民族的深重灾难极为关心，对英、日帝国主义暴行的憎恨，对上海工人、学生的反帝爱国斗争深为钦佩，并誓为其后盾，昭示了他们欲“雪奇耻”的爱国精神。

二

为了宣传五卅惨案真相，唤起民众的觉醒，奋起援助上海工人、学生的反帝斗争，东吴文理科及法科学生在各级级会基础上联合起来，积极进行有组织的宣传、集会游行、抵制英、日货等活动。

东吴学生进行反帝爱国宣传，其主要方式有：(1) 请进来，作介绍。6月6日晚，再在钟楼礼堂举行演讲会，由学生代表赖彬主持，请中国孤星社委员长作《我对于沪案之观察并告公正外人》为题演讲，介绍五卅惨案经过及发表自己的意见，一直到9点半才散会，与会者共有四五百人。(2) 走出去，向群众宣讲。东吴文理科学生利用课余进行。法科学生由于地处上海租界，“宣传颇多不便”，许多学生自填志愿书，“每日至闸北演讲”，“以语言唤醒同胞”[5]。(3) 散发传单。每日由宣传部印发传单，至热闹街市、茶馆酒肆散发，“以文字唤醒同胞”。(4) 调查真相。五卅惨案发生后，东吴教授、一中主任史襄哉曾赴沪调查真相。6月5日，吴县基督教教育会开会，史在会上作沪案真相介绍，等等。

为了声援上海人民，组织群众性的集会游行，使五卅运动在苏州蓬勃展开，五卅惨案后，苏州第一次有组织的学生集会游行，是在东吴大学学生，苏州学生联合会会长蓝琢如主持下实行的。6月1日下午，学联在北局青年会开会，出席的有东吴大学等22校代表50多人，蓝琢如任主席。会议通过七项重要决议。决议之一是联合各团体组织各界联合会，作为领导苏州五卅反帝爱国运动的公开机关。决议之二是决定6月2日“各校学生游行演讲后，再与各界联络作第二次游行”。6月2日，东吴大学、东吴一中等“20余校，学生二三千人”[6]在体育场集合，然后出发示威游行，高呼“打倒英、日帝国主义”、“援助上海失业工人”等口号。东吴一中还组织演讲队30队，并由宣传部印制传单数十种，沿途分发，为苏州未有的盛况。此乃五卅运动中由学生参加的苏州第一次反帝爱国示威游行。秦邦宪在回忆中写道：“这天，旭日临空，熏人欲昏，……而我们男女学生都能走几十里路不稍懈怠，民气的激昂，青年的热血，中国的复兴，其赖于是！”7日，在学联推动下，举行各界联合大游行，以示苏州学生与各界联合一致行动。参加的学校有东吴大学、东吴一中等23校学生“三千数百余人”，还有苏州各团体参加者“约千余人”。游行队伍以“军乐前导，步伐整齐”，连亘数里，首尾竟历一小时，边走边呼“废除不平等条约”等口号。这是五卅运动中苏州首次各界联合举行反帝爱国大游行。25日，端午节，为全国总示威日。苏州学联、各界联合会决定响应，以示与全国一致行动，召集全城市民再次组织各界联合大游行[7]。参加者有东吴大学及各界2 000多人。30日，苏州各界联合会根据学生联合会提议，决定举行“沪、汉惨案死难诸先烈追悼大会”，礼毕游行[8]。各机关、团体，一律下半旗，各业商店门前悬挂白色小旗，上书“永矢不忘”、“万众一心”等字样。参加大会者每人臂缠黑纱，手执白旗，以志哀悼。礼毕整队出发游行，数千群众涌向街头，唱着“豺狼当道，害我中华，几阵枪声，一场惨杀，此仇不报，成什么国家”[9]的“五卅烈士纪念歌”，群情激昂。这四次群众性的集会游行，从学生起先锋桥梁作用，到各界联合大游行，最后发展到机关团体的参加,规模愈益扩大,人数越来越多,从而在苏州形成一股强大的反帝怒潮。东吴大学学生不但是这些集会游行的参加者,而且还起着组织作用。

随着五卅运动迅速开展,6 月中旬,苏州各界联合会第三次会议决定,号召抵制英、日仇货。东吴大学学生早在五四运动中,就有抵制日货的爱国史,如东吴大学开办之初,照明用的是煤油灯,1913 年下半年始装置电灯,由苏州振兴电灯公司供电。后振兴股份被日人收买。1919 年五四运动中,为抵制日货,东吴学生坚决拒用振兴公司电灯,宁可燃蜡烛照明。而今各界联合会号召抵制仇货,东吴大学学生也积极响应,事例颇多。例如:东吴理科四年级生邹硕,"恒以中国受列强之不平等条约所束缚,……非联合民众共同奋斗不可"[10]之志,"五卅案起,尤愤慨"[11],积极投身爱国运动。毕业后返粤,适值国民革命军举行第二次东征,"乃请缨为总指挥部翻译员",随军东征,转战千里,因患病,"同事等遂送邹君入日本医院治疗,惟君以该院为日人所立,心殊不惬,乃自行出院另觅中医诊治"[12]。这是他在"五卅"运动中抵制仇货思想的强烈反映,表现了中华儿女的高贵气节。邹硕不幸病逝汕头,消息传来,东吴学生极为悲痛,曾任苏州学联主席的蓝琢如赠送挽联云:"谁是奴才,毕业做外人走狗? 君真勇士,学成为革命先锋。"由此可见东吴大学学生爱国精神之一斑。

三

五卅惨案发生后,上海实行"三罢",随之而来的工人发生经济困难。为了声援上海工人坚持斗争,6 月 1 日,苏州学联召开会议,通过了"募捐救济上海工人"的决议。4 日,学联召开各校代表会议,到会的有东吴大学等 26 校百数十人,在蓝琢如主持下讨论募捐具体事项,决定 6 日为募捐日,各校学生须全日服务,正式通知各团体各机关,请予捐助。第二天在北局青年会当众剖竹筒,所得捐款,全数送沪。会上,还通过各校学生茹素一星期,积得鱼肉资悉送上海,抚恤死伤者的决议。5 日,学联又召集各学校团体代表约 200 人开会,在蓝琢如主持下通过各校赴外地募捐与演讲等决议。这样,一个为援助上海工人的募捐运动在苏州便异常迅速地展开了。东吴大学和东吴一中,先在校内募集特捐。上海东吴二中还"特登报向学生亲族捐款",一天便募得现金 200 余元。东吴一中学生在 3 日开会,自觉决定"茹素两星期,余款救济工人","吃素以代尝胆",并尽力认捐,"计是日所得达千余元之巨",先汇寄 300 元至上海总商会,分赈罢工工人。"此款为总商会收到全国捐款中之最先者"。至于校外的募捐,东吴学生也不遗余力。6 日,"为苏城学界大募捐之期",苏州大中专生,以三四人为一组,"共约 1 000 组左右",每组持学联所发竹筒,身佩校徽,手执小白旗和募捐传单。苏州乐益女中的传单是这样写的:"自上海 5 月 30 日之惨 剧发生后,死伤者累累,罢工者纷纷。死伤者因急宜抚恤,罢工者亦待救济,用特吁请爱国志士慷慨捐助,以救同胞,不胜切盼。"[13]沪宁铁路规定,凡上下行客车,学生可以随车募捐,不纳乘车车费。在这次募捐活动中,东吴大学学生大显神通,据记载他们不辞劳苦,追赶马车向乘客劝捐。所以"东吴同学的追马车,"就成为苏州大中专学生在募捐中的一件趣闻。据《申报》登载:这次募款得"总数为 7 780 元"[14]。"先将捐到洋六千元,交由东吴大学派"蓝琢如送上海总商会核收[15],并将上海总商会正式收据"登报披露,以昭征信"。15 日,蓝琢如又致函上海总商会说:"苏州捐款又有四五千元之多,乞示汇寄办法。"[16]据有人统计说自 6 月 6 日起至 20 日止,"捐款共有 17 300 余元"。捐款不计巨细,集腋成裘,聚有成数,随时汇沪。东吴文、理、法科和东吴一中、二中,在暑期间仍组织委员会留校,"对于募捐救济罢工工人等事,仍在积极进行”。此次募捐活动，收到良好的成效，不但在经济上有力地援助了上海工人的反帝斗争，而且在政治上扩大了五卅运动的影响。东吴大学学生在其中所作的贡献不可低估。

四

东吴大学法科，地处反帝斗争第一线，积极投身运动，主张“以法律的手续，……进行本案，俾早解决，藉雪奇耻”。为此，法科学生会设立了法律讨论委员会，由端木恺、王耀堂等14人组成，“担任调查检验等项工作”，“研究此次惨案之法律问题”。由东吴法科出席上海学联的代表孙祖基等，组成上海学联法律委员会，孙祖基任委员长，特聘东吴法科教授上海著名律师陈霆锐等为顾问。6月8、9两天，法科学生会在报上刊登启事说：“本会为研究五卅惨剧之法律问题起见，征求一切经过之事实及照片，各界人士如有赐教，请通讯或驾临昆山路11号接洽为盼”，积极开展工作。6月11日，学联法律委员会举行法律、新闻界茶话会，由委员长孙祖基等主持，征求对五卅惨案的意见。当时英、日帝国主义胡言乱语，说什么中国人“排外”，巡捕开枪是“自卫”。茶话会对此进行了驳斥：“此案的真相，纯由日人压迫工潮而起，学生单纯为援助惨杀工人，绝非排外”，“捕房之开枪，纯为激切之暴行，绝对非自卫”。并在会上，法律委员会宣布了工作计划：(1) 搜集死者之证据；(2) 调查惨案事实；(3) 调查死伤者详细情形；(4) 搜集“五卅”以来各界关于此案法律上之主张；(5) 征集法学家之意见；(6) 将全案汇呈政府交涉，并宣布国内外。以上(1)—(5)点均要求于最短时间内办妥。法科法律讨论委员会学生为弄清受伤、死亡情况，深入医院向受伤者调查，发现巡捕在各医院监视受伤者行动，蔑视人道，为世界各国所无。特致函出庭律师，请向会审公廨据理抗争，撤去各医院巡捕。还把调查资料编制《五卅惨案受伤调查表》、《五卅惨案死亡调查表》。由于做了大量调查取证工作，弄清了不少问题，如死亡人数，自5月30日至6月4日，6天内死亡28人之多，又如为弄清死伤情况，确定枪弹究从何方向打入的证据材料，法科学生赴有关医院调查，克服种种困难，搜集死伤者证人、证词、复验尸体等，终于得出“弹由背部射入”的结论。此后，他们把《五卅惨案受伤调查表》、《五卅惨案死亡调查表》提供给上海学联法律委员会，由法委会在当时日报上分数天刊载，昭告同胞。法律委员会经过半月奋战，各项工作计划要点次第办完，并在调查、检验、取证基础上完成了《五卅血案实录》一书的编辑工作。该书除有文字记录外，还有巡捕开枪时图片以及死伤照片等计有六七十种，并附有中外证人之手稿，终于在同年8月正式出版。由于该书“颇能将当时情形，流露纸上，使人触景生情，以垂纪念”[17]，故深受各界欢迎。东吴大学法科学生会法律讨论委员会并同上海学联法律委员会和爱国市民协同努力下，终于揭露了帝国主义在我国犯下的滔天罪行。同时，东吴法科学生会，还聘请本校教授及上海著名律师，组织义务律师委员会，为被捕之工人、学生辩护、获释。“此项成绩，固亦为沪上学生及司法界所素稔者也。”[18]

五

与五四运动相比，五卅运动在东吴大学有一个显著不同，就是不但有广大学生参加，还有部分教授积极投入。五卅惨案发生后，东吴大学教授、一中主任史襄哉曾赴沪调查真相，回苏后积极参加苏州各界联合会的活动，如建议以每年五月的第一周定为国耻星期，“以便唤起全国人士之注意”，并愿任编写国耻星期教材，供各学校应用。苏州各界联合会第10次会议，在史襄哉主持下，通过了“函催商会取缔英、日货办法”等决议。东吴法科教授陈霆锐，为"五卅事件，曾极力奔走，替被捕学生辩护。厥后对于收回会审公廨、取消领事裁判权之运动，倡导尤力"。[19]在五卅惨案一周年之际，陈又应邀来苏作报告说："至如五卅惨案，在光天化日之下，稠人之中，英人竟敢悍然开枪，果何故哉？曰持其有领事裁判权也"。"爱活生（工部局老闸捕房捕头——引者）知之甚悉，故杀华人如杀小狗，无所顾忌。设此事发生在英国国内，爱活生早已伏法，尚安得逍遥法外乎？"[20]因此，他强烈呼吁取消领事裁判权，并说"外人不我同意，尽可自动进行，宣告取消"。他的报告，博得"斗堂鼓掌"，也使那些在场旁听的"外人面红"[21]。又诸如全国总示威日，苏州各界举行集会游行，东吴大学生物学教授胡经甫在会上发表演说。在东吴文、理科及东吴一中学生参加的苏州五卅一周年纪念大会上，东吴大学教授陈旭轮发表演说。据《苏州明报》报导，"当演说时，惟陈旭轮先生所讲者，最为痛快"，"讲毕全场鼓掌。"这些教授投身五卅反帝爱国运动，既支持了学生的反帝斗争，又扩大了社会影响，对掀起反帝爱国热潮，增添了力量。

然而，东吴大学的外籍教士程度不同地替英帝国主义辩解。那个前任东吴校长现在上海教会工作的葛赉恩，在会审公廨为英国巡捕辩解，为其开脱罪责。他还给美国《大陆报》写信，胡说"我们应当向巡捕……表示感谢"，显现了一副帝国主义分子的嘴脸[22]。但是，他们的各种言行，未能遏止东吴大学广大师生的反帝爱国斗争，倒是成了一面镜子，看清了他们的真面目。

65 年前，东吴大学的爱国师生和全国人民一道，在中国共产党领导下，以强烈的忧患意识和历史责任感，积极投入反帝爱国的五卅运动，充分表现了中国人民顽强的反抗精神，作出了可贵的贡献。今年是五卅运动 65 周年纪念，我们要继承和发扬这种反帝爱国精神，在中国共产党的领导下，沿着社会主义道路，为振兴中华而开拓前进。

注释：

[1] 胡华主编：《中共党史人物传》，第 35 卷，第 99 页。
[2][6] 秦邦宪：《病榻琐记》，见《血泪潮》。
[3]《博古与苏州》，见《苏州大学学报》，1989 年 2、3 期合刊。
[4]《东吴一中乙丑级刊》。
[5][7][14]《申报》1925 年 6 月 5 日，18 日，9 日。
[8] 见《民国日报》报导。
[9]《苏州史话》第 265 页。
[10][12]《邹君至戚徐名淑君来信之一段》。
[11] 援庵：《邹君小传》。
[13]《新无锡》1925 年 6 月 5 日。
[15] 苏州总商会：《致上海总商会信》，1925 年 6 月 8 日。
[16] 上海总商会徐可升：《致苏州总商会函》。
[17]《民国日报》1925 年 8 月 14 日。
[18]《东吴年刊》。
[19][20][21]《新东吴》一卷三期。
[22] 参见《申报》1925 年 6 月 10 日和《中国教案史》第 723—724 页。

原载《苏州大学学报》（哲学社会科学版）1990 年第 2 期

回顾解放战争时期
苏州东吴大学学生运动

黄履中

一、1945 年秋—1946 年夏

1945 年 8 月，日本无条件投降，东吴大学在苏州复校。于 1945 年 10 月、1946 年 2 月分别招收文理学院新生共四个班级 150 多人。学生大都来自苏州和附近的常熟、常州、湖州等地。当时东吴是苏州惟一的大学，又是私立教会大学，学费较贵，学生大都出身上层家庭，饱受敌伪统治之苦，希望祖国独立强大，要求实现和平民主，也有少数同学受到新四军和进步思想影响。中共地下党员只有 2 名，顾孟琴和徐懋义，后顾戢于 1946 年 8 月入党。另一方面，不少学生存在正统思想，对国民党、美国抱有好感或幻想。三青团的力量较强，学生中有三青团的大队长骨干。

入学不久，就发生三青团发动的反苏大游行。他们提出当前最大的危险是破坏和平打内战，遭到了进步同学的反对，于是在班级、宿舍展开激烈的辩论。顾孟琴一方，三青团又是一方。他们声称反对游行是“共产党”、“斯大林的同志”，结果还是有部分同学参加了游行。这样一来，双方阵营显明了，进步同学成立了文学研究会、常熟同乡会、爱光团契，至后来 1947 年的今天社。

二、1946 年秋—1948 年夏

1946 年秋天，上海东吴大学文理学院二年级学生迁苏，同时招收一年级新生。学生人数增至 300 多人。上海学生中有不少经过“欢迎马歇尔”、“公祭一二一烈士”与“反内战大游行”的锻炼，其中有地下党员董为焜、诸葛淳、徐也鲁、钟信耀（陈古海）、周志秀、朱承烈（1947 年 1 月入党）。由于 1946 年春假上海同学曾来苏州访问，故而与顾孟琴、顾戢早已认识，新考入同学也有地下党员如黄厥明、唐崇侃、蒋学芳等。

另一方面，上海转来的同学中也有一些三青团员，原来附中、正阳中学就是力量较强的据点之一。以他们为主组织了一批人，以爱好体育之名也成立了组织。此外还有基督徒团契、新生社、附中联谊会等。

东吴学生运动主要是从组织社团逐步打开局面的。通过社团活动团结了一批进步和中间同学，从生活斗争提高到要求民主权利的政治斗争交叉进行。当时地下党领导的进步社团主要有三个。

（1）文学研究会最早成立于 1946 年上半年，是一批爱好文学的同学发起组织的。会员三四十人。会长季左英，骨干有王龙、唐崇侃、施承绪、沈立人、徐忠炳、吴文治等人。曾经范烟桥老师介绍到《苏州明报》办“葑菲”文学双周刊，有一定的影响。1947 年政治色彩日益明朗化，在学生自治会竞选中起了很大作用。

（2）旗帜鲜明的东吴新闻社。1946年秋，文学研究会中顾戢、季左英、王龙筹备出一份校园报纸，开始油印，八开二版，受到同学欢迎。至1947年上半年学生自治会竞选中由董为焜、黄履中、黄厥明、李济同等接办，发行量增加，油印已不能适应需要，酝酿改为铅印，经费采取招股办法。全校有97人认股，董为焜出资最多，为董事长。铅印场所由顾戢、汪家学接洽到苏州模范监狱印刷所，由关押在内的汉奸排字印刷，不仅价钱便宜还可负责校对。《东吴新闻》每期以2/3篇幅报道全国各地学生运动。训导长黄式金指责不该报道外地新闻，对立派学生污蔑经费来路不明。我们则发表社论《我们的声明》予以驳斥。应该说《东吴新闻》在学运中起了号角作用。

（3）团结同学最广、影响最大的S. B. Club。1947年2月地下党针对教会学校特点，吸取圣约翰大学做法，成立以文娱活动为主的团契。S. B. Club即兄弟姊妹团契，由地下党员诸葛淳、徐也鲁负责。会员主要是爱好文娱活动的进步和中间同学，有基督教徒，也有个别三青团员参加。下设歌咏、舞蹈、戏剧、文学、交谊等组。至1948年7月，会员发展到70多人，是进步社团中人数最多、影响最大、最为活跃的团体。歌咏组从“康定情歌”唱到“茶馆小调”；舞蹈组从“垦春泥”跳到“扭秧歌”；戏剧组从曹禺的“正在想”演到揭露反动统治的“查户口”，还组织同学到天平、灵岩旅游。1948年暑假，利用假期，到社会上办义务教育。

春雷第一声

1947年夏的“配米事件”而诱导成立学生自治会的斗争

1947年春天，国民党反动派发动全面内战，物价飞涨，国立大专公费生每天菜金只能买两根半油条，学生连饭都吃不饱。上海、北京、天津等地学生先行举行罢课和上街。苏州学生的反饥饿、反内战运动也很快开展起来，纷纷上街赴京请愿，遭到国民党军警宪特的残酷镇压，造成震惊全国的“五二〇”血案。就在这时，东吴大学学生在地下党的领导下，发生了要求配给平价米和争取成立学生自治会的斗争。

东吴学生伙食最初包给私人经办，由于物价飞涨，办得很糟，学生意见纷纷。改由学生自办，成立膳食委员会。开始主席是×××，1947年春进行改选，由路尔铭接手。正在这时，东吴分配到100担平价米，校方准备私分。路尔铭得知，把消息捅了出来。事关学生切身利益，一夜间校园内贴出标语漫画。党抓住时机开展了维权斗争，与学校交涉。学校怕事态扩大，被迫取消，把配给米分给学生膳食会。在此时机，党及时提出把争取学生生活福利转变为争取民主权利斗争，提出了建立学生自治会的要求，得到大多数同学的赞同和支持。校方规劝不成，监督不听，被迫答应。这样一场争夺学生自治会领导权的斗争在两派学生中展开了。

选举帷幕拉开后，进步同学以文学研究会名义提出了候选人名单，东吴新闻社全力支持，派记者采访出专号外，发表候选人的施政纲领。受反对势力影响和控制的一方则提出另外候选人名单，竞争非常激烈，民主气氛空前活跃。最后由全体同学直接投票选举，结果，路尔铭以249票当选为主席，刘庆曾、朱承烈为副主席。这样，苏州东吴大学战后第一届学生自治会正式成立了，广大同学受到一次实际的民主教育。

学生自治会成立于1948年春，与南京、上海大学的学生一样开展助学金运动和救饥救寒运动，以进一步揭露国民党的腐败和解决贫寒学生实际困难，在运动中涌现出一批热心为群众的积极分子，进一步壮大了进步势力。

对立面同学千方百计挑起事端以打击进步力量。他们对膳委会搞突然袭击，抢去账本，散布谣言、污蔑路尔铭贪污伙食费津贴《东吴新闻》，企图一箭双雕搞垮进步力量。他们召开大会要求路尔铭交代。面对打手围攻，董为焜挺身而出，遭到殴打。朱承烈奋起疾呼，指出膳委会是民主选举的，吃辛吃苦为同学谋福利反而受到打击，公理何在？全场震动。后由教务长徐景韩出面排解，请会计老师王涵清查账，查账期间，打手们草拟意见书要求校方开除路尔铭，威胁同学签名。从沪江刚转东吴的祝祖耀同学不畏强暴说“为同学谋福利是好事”，坚决不肯签名。查账结果，由王涵清老师以会计师身份公布账目，没有缺一分钱。绝大多数同学对膳食委员会投了信任票。以后这批人灰溜溜地不再在学校食堂吃饭了。

1948年五四晚会盛况空前

暑假中苏州城防指挥部下达黑名单，大批学生受迫害

1948年春天，国民党在战场上到处打败仗，蒋管区物价暴涨，民不聊生，疯狂镇压工人学生运动。美国除支持蒋政权打内战外，还扶助日本军国主义复活。蒋管区学生展开了反迫害斗争和反美扶日运动。东吴S. B. Club主办的歌咏、戏剧、旅游等活动发展到200多人。1947年秋进校的新生中，康少杰、何福源、王瑞莲、李亦发、沈剑涵、沈延富成为活动中的骨干。1948年的五四青年节，S. B. Club和东吴新闻社、经济科学研究会联合举办了“五四晚会”。这是一次进步力量的大联合，到会的有六百多同学，请了社教学院进步教授赵越作五四运动意义报告。会上演出了“茶馆小调”、“王大娘补缸”、“八根火柴”、“查户口”等，揭露国民党迫害人民的罪恶。晚会气氛热烈，进一步教育了广大同学，展示了进步力量的成长。

接着，全运会在上海举行，组织了200多名同学到沪参观。部分同学借住有“民主堡垒”之称的交通大学体育馆，与交大同学联系，学习他们组织发动同学参加学生运动的做法，使大家深受教育。

1948年暑假，苏州城防指挥部下达黑名单，要求校方处理17名“职业学生”，后又补充1名。他们是：路尔铭、董为焜、黄履中、王龙、季左英、徐懋义、陈育三、朱承烈、顾孟琴、冯培先、康少保、祝祖耀、施承绪、张耀银、徐也鲁、张横云、沈立人，后又补充张振民，共18人。地下党指示要通过本人、家长、亲友对校方进行合法斗争，要求复学。徐也鲁、祝祖耀、陈育三经亲友疏通说情，得以复学，但保证不得进行政治活动。还有一批学生受到严重警告处分。在新学年开学时，要求作出不参加政治活动保证后，才得入学。他们是陆熊垚、沈惟友、王瑞莲、周志秀、诸葛淳、许兆祥和管道一。这样使得走向高潮的东吴学生运动暂时受到了压抑。

三、1948年9月—1949年5月苏州解放

1948年秋，反动政府迫害了大批进步同学，一时政治空气比较压抑沉闷，但进步力量并未斩尽杀绝。是时，辽沈战役已打响，解放战争进入决战阶段。人民解放军取得节节胜利，国民党反动统治摇摇欲坠，他们更加疯狂镇压工人学生运动。中共上海市委学委及时调整东吴地下党组织。由上海撤退考入东吴中文系的陆亨俊担任支部书记，黄厥明、汪家学任支委。1949年2月又增补王瑞莲为支委，共有党员17人。工作上吸收过去“明社”做法，酝酿成立了党的外围组织“地下学联”，发展吸收了陶剑琴、胡思达(胡均)、黄绪德、陈育三、朱其明等20余人。

当时还有另一茅山系统伸入东吴，康少杰为支书，至1948年7月已发展党员5人。康被开除后，9月成立支部，何福源为支书，沈剑涵、章腾文为支委。他们积极参加S. B. Club活动，发展组织，选送积极分子去解放区。1949年3月何福源、章腾文奉命去丹阳农村从事游击活动。由沈延富（女）接任支部书记。两个支部工作活动密切配合，直到1949年4月苏州解放才公开合并。

S. B. Club在后期学运中重新活跃成为中坚力量

1948年秋，新学年一开始，S. B. Club便组织迎新会，新生联欢会，发起秋游，组织到天平、灵岩野餐，去黄天荡游湖划船，吸引了不少新老同学参加，空气又重新活跃起来。于是趁机吸收新会员，进行改选。沈惟友仍为会长，张崇高、王瑞莲为副会长。12月25日举行圣诞晚会。会上揭露抨击国民党迫害学生罪行。训导长黄式金把沈惟友叫去，说晚会不合法，要停下来。沈答：这是学生自由民主，难以停止。第二天黄又叫沈到办公室指着苏州城防指挥部信笺，说要抓人。后得知其他学校已抓人。沈就通过地下党关系进了解放区。

新学期开始，没有全校性组织，伙食办得一团糟。广大同学很不满意。一下子就轰走原来的负责人，由各桌桌长选举。诸汉文曾讲过"办好伙食要集思广益"，大家就选他为男生主席。女同学选热心为大家办事的陈育三为主席。这样一来，男女膳食会都掌握在进步同学手中，实际起了学生自治会的作用。

1949年2月开学时，辽沈、淮海、平津三大战役取得决定性的胜利，形势急转直下。在上级党布置下，东吴的两个地下支部印发了一大批油印信和传单，宣传和谈精神，八项条件寄给苏州各界社会知名人士和校内头面人物杨永清、黄式金、徐景韩、潘慎明等。徐佩芳父亲当时是吴县邮电局长，徐从他办公室拿出邮电地图，分散投寄以保安全。

声援南京四一血案

第二次成立学生自治会，进步同学取得绝对胜利

1949年4月1日，南京学生6 000多人上街示威游行，遭到血腥镇压。消息传来，苏州地下学联号召开展声援。东吴膳委会代表张崇高、钮颉英参加全市会议。一夜之间，在全校张贴声援"四一"传单、标语。何福源、何祚永等同学在学校大门口"养天地正气　法古今完人"校训上贴上"一个人倒下去，千万人站起来"的巨幅标语。第二天晚上，举行营火追悼会。这边含泪沉痛讲"四一"惨案经过，那边对立面的学生竟在教学大楼上吹奏"结婚进行曲"唱对台戏。这，更教育了广大同学。

4月4日中午，在食堂召开桌长会议，讨论声援"四一"行动。当场有同学提出成立学生自治会的建议，全场热烈鼓掌。校方开始百般阻挠，宣布提前举行期中考试，提早放假。学生则斗志高昂，围坐草坪，不成立学生会不回家。校方被迫答应。

鉴于上次教训，这次采取组阁竞选办法。我方提出诸汉文为学生会主席，秦于生为副主席，徐佩芳为秘书长。对方也组团，但拿不出像样名单。于是采取破坏办法，企图打诸汉文，抢票箱。结果请出教务长徐景韩监票。开票结果，诸汉文以429票对19票当选。欢呼的同学把诸汉文抛向空中，大家非常激动。民主进步力量得到广大同学的信任支持，以压倒多数票取得了胜利。

解放前夕的护校斗争

临近解放，国民党政府指示机关、工厂、学校组织"应变委员会"。校方杨永清、黄式金

拟将学校南迁。学生自治会参加应变委员会的诸汉文、张崇高、何祚永、徐佩芳、黄绪德，教师的代表周孝廉、徐荫祺等竭力反对迁校。结果迁校遭否决。为了保护学校安全，防止破坏盗窃，应变会决定成立护校纠察队，由学生自治会负责。张崇高为纠察队长，黄绪德为指导员，并与周围晏成、慧灵、景海、振华等成立校际联防以壮大声势。

1949 年 4 月 27 日苏州解放。东吴大学师生纷纷上街敲锣打鼓，迎接解放军进城。接着，在校内大草场举行军民联欢大会，高唱“我们的队伍来了”、“解放区的天是明朗的天”，一片热烈欢腾气氛。不少同学情绪高涨，纷纷要求参加解放军。有的被编入青年干部队，如管道一、徐忠炳、应启兆、朱其明等同学。有的被编入青年工作队，如徐佩芳、诸葛淳、王瑞莲、徐也鲁、胡思达、张崇高等同学。有的参加西南服务团，如陈育三、汪家学、金炎弘、缪鼎、李亦发、徐汉明、丁啸虎等同学随大军南下。不久，东北招聘团来苏州招聘技术人员，应聘而去的有徐忠炳、管道一、朱其明、应启兆、陈华德、吴元瑜、陈颖珠、陆慧珠。其中，吴元瑜和陈华德是鞍钢的第一位女高炉长。东吴学生运动中的积极分子以后大都入了党，成为社会主义建设的有用人才。

结 束 语

我们这些同学分赴各地时，正值共和国诞生前后。50 多年的风风雨雨，我们毕竟都挺过来了，且在不同的岗位上为祖国的社会主义事业贡献了自己的力量，无愧于青年时代的理想、信念和追求；即使是当时对立面的同学，历经几番沧桑，大多数亦为祖国欣欣向荣面貌而改变原来的观点，亦在不同岗位作出了贡献。现在都是两鬓斑白的老人了。回首当年，感慨万千。让我们继续发挥余热，为我们的子孙后代做出表率吧！

原载《东吴上海会讯》2005 年第 2 期

五、其　　他

东吴大学校训的由来及其演变

杨　铭　吴　竞

近来，我们从报刊上读到一些文章，谈及东吴大学校门背面的中文校训由谁所书问题。或称源出于中山先生手书对联，或说是武进唐驼书写的字迹。我们认为恐不确，为此而写了这篇小文，说说东吴大学校训的由来及演变，并谈谈我们的看法。

19 世纪 70 年代初起，美国监理公会在苏州曾先后办过博习书院、宫巷书院等教育机构，为东吴大学的创办准备了条件。直至 1901 年 3 月，监理公会将宫巷书院迁至天赐庄博习书院旧址，正式办起了一所名为东吴大学的教会大学。按监理公会的说法是"在苏州的教育工作进入了一个新纪元"。东吴大学建立后，有过两个校训，先是英文校训，将近 30 年后才有了为人说道的中文校训。

东吴建立前夕，由美国人组成的 7 人校董事会，推举传教士孙乐文（D. L. Anderson）为校长。孙虽在宫巷书院积累了 5 年办学经验，但对如何办好大学，胸中尚无成竹。他就与另一个传教士文乃史（W. B. Nance）一起，专程赴沪向圣约翰书院校长卜舫济（F. L. Hawks Pott）求教，期望卜"能对新建的学校提供一些令人满意的借鉴"。卜舫济，美国圣公会牧师，曾在哥伦比亚大学和高级神学院学习。圣约翰书院，1879 年由美国基督教圣公会设立于上海梵皇渡。1886 年卜舫济来沪，任圣约翰书院英文教师。两年后，他出任该院校长，同年，与华籍福建人、时任圣玛利亚女校校长的黄女士结婚。1892 年，卜舫济筹款在圣约翰书院添设大学部，3 年后有了首届大学毕业生 3 名，后正式更名为圣约翰大学。所以此时的卜舫济，已有办大学近 10 年的经验了。访问中，卜舫济介绍了"有关大学组织和教育政策方面"的内容，两人听得兴趣盎然，还不时频频点头。听毕，他们连夜返回苏州。当时苏沪之间的交通工具主要是坐船，但条件已有改善，在汽艇后面拖着一只大驳船，舱分一、二、三等，航程只要一个晚上了。孙乐文与文乃史躺在头等舱里，议论着白天访问卜舫济的心得。孙对文说："我们应该铭记的基本原则有三，其中之一是'我们的教育必须是基督教'的。使我们的学生有充分的机会去了解基督教信仰在整个生活中的要旨和意义。"所以东吴大学在开设的课程中，"圣道课程，占本校之最重部分"。还规定学生星期日要去教堂作礼拜等。稍后，他又从《圣经·新约》以弗所书第四章第十三节中引"Unto a Full Grown Man"（意为"为社会造就完美的人格"）作校训，"悬于校园大门口的上方"。这便是东吴英文校训的由来。以《圣经》中的话语作校训，对教会学校来讲是常有的。

光阴荏苒，岁月匆匆，眨眼间已到 1926 年，东吴大学已经创办 25 周年，文乃史也已成为东吴第三任美国人校长了。同年 12 月底，东吴大学举行创建 25 周年校庆。庆祝相当隆重，校友宾客汇集。校园里布置得"鲜丽无比，五光十色，华灯异彩"，"林堂（即钟楼）外面布满了电灯"，热烈地庆祝了两天。还编辑出版 25 周年校庆专辑《回渊》，"追求东吴大学各发展阶段的足迹"，留给后人一本东吴校史的资料。这是东吴建校以来的第一次校庆活动。

就在东吴校庆的前后几个月内，国共合作后开展了北伐战争，革命形势迅速发展，北伐军已相继占领湖北武汉三镇，还有江西、福建、浙江等省的省会，正在逼近苏州和苏州东面的上海、西边的南京了，工农运动高涨，上海工人进行总同盟罢工并发展到武装起义。且早在1926年10月，大学院颁布《私立学校规程》，规定教会学校属私立学校之列，要接受“教育行政机关之监督及指导”，“不得以外国人为校长”。又公布《私立学校董事会设立规程》，规定“外国人不得为校董；但有特别情形者，得酌量充任，惟本国人名额占多数；外国人不得为董事长”。东吴学生爱国热情高涨，掀起“收回教育权之运动”，“谋彻底收回教育权”，说此乃“属于国家之主权”。有鉴于此，逼于形势，在第一次校庆活动后未及3月，文乃史“预感到事态发展对我们越来越不利”，便于1927年3月1日辞去了校长职务。这样，结束了美国人掌东吴校政的历史，暂由东吴第八届毕业生潘慎明代理校务。不久，东吴学生又发动“择师运动”，把“素来蛮横”与“教学效果欠佳”的四位美籍教师驱走。

7月，东吴大学组成以第五届毕业生、神学士江长川为会长的董事会，并议决根据私立学校立案规程向第四中山大学（即中央大学）呈请注册立案，组成以沈体兰、潘慎明为首的注册委员会。8月底，董事会通过由东吴大学第三届毕业生、留美获法学士、文学硕士的杨永清为东吴校长。时杨任北京外交部条约司佥事与秘书等职。10月底，杨永清莅苏，受到全校师生的热烈欢迎。12月初，杨正式就职。杨永清是继广州岭南大学之后第二位由华人掌教会大学校政的人。正如东吴学生会所说：“十六年（1927年）春，本会曾本革命之精神，起而为收回教育权之运动，虽根本大计未获如愿以偿，然一切学校组织顿改旧观，而办理学校行政之西人，则尽行更易，更以吾校旧日毕业之同学。”

杨永清履任后，不能不对教会学校作相应的自我调适，走使东吴本土化、人间化、学术化的艰难历程。1928年，中央大学派专员来东吴调研。1929年春，杨先决定“自本年度起，东吴正式文凭，概用中文”。接着又增添中文校训，校政部通过决议说：“议决接受杨校长奉献本校之中文校训：‘养天地正气，法古今完人’。”这就是东吴中文校训的由来。杨校长“奉献”的中文校训是自撰的吗？不是的。据一位东吴校友对台北校友说：“当时学校向南京政府登记时，需要一个中文校训，所以找到了孙中山先生所写的‘养天地正气，法古今完人’两句当中文校训，说明东吴的创校理念与精神。”但台北校友后来说：“这两句话并非中山先生所说的，因为（台北）中正纪念堂所保存的中山先生墨宝原迹上还有一句‘介石吾弟撰句嘱书’字样。”原来在1923年1月，蒋介石把自撰的这两句话请孙中山先生挥毫书联，借中山先生在国人心目中的崇高地位来抬高吹捧自己。1927年4月12日，蒋在上海发动“四一二”事件后，逐步控制了党政军大权，其亲信即将他的这两句话奉为至宝，蒋控区内的党政军等机关团体如励志社、庐山军官训练团等，都把它作为“社训”或“团训”，表示对蒋的忠诚。杨校长就是从励志社搬来这两句话作东吴中文校训的。励志社的总干事就是东吴毕业生。

1929年8月，东吴接获训令：“本年七月呈准立案。”1945年8月，伟大的抗日战争胜利。12月初，东吴在苏州复校。次年，蒋去中山陵，见紫霞洞附近景色优美，认为是块风水宝地，想死后葬此，先建一亭为标志。亭成，蒋手书“正气亭”三字，还配以自撰的“养天地正气，法古今完人”的楹联。1948年，东吴大学重建校门，正面刻东吴校名，背面上端横刻“UNTO A FULLGROWN MAN”英文校训。门柱上则竖刻“养天地正气，法古今完人”的中文校训。

新中国诞生后及在抗美援朝形势下，东吴师生爱国热情进一步高涨，1951级学生首先起来将英文校训抹掉。在抹掉英文校训的地方刻上"全心全意为人民服务"字样,激励师生为站起来的中国人民服务。1952年8月,在东吴旧址成立江苏师范学院(今苏大前身),又将东吴校名与中文校训用水泥封掉。直至1998年,苏大又打开了封泥,恢复旧貌,作为文物保留。这就是今天我们在苏大校园内看到的原东吴校名与中文校训。

末了,让我们说说中文校训由谁所写的问题。我们认为它既非源出于孙中山先生手书对联字迹,也非武进唐驼所书字样。因为一是至今未见到中文校训由谁所写的东吴校史记录,故无过硬资料证明;二是东吴校友也没有上述说法的记述,可供参考与佐证;三是从书法笔迹上分析,其中"正"、"今"两字与中山墨宝手迹和唐驼字迹都有明显的差别,其他字迹也有差异,故无法证实上述说法。因此,我们认为要弄清楚校门背后中文校训由谁所书问题,还需要作进一步的探索。井蛙之见,尚祈教正。

原载《苏州杂志》2003年第3期

苏大校训及苏大英文名之我见

李　凯

偶访苏大万维网页(www. suda. edu. cn),一个似曾相识的校徽豁然呈现在我的电脑屏幕。我以为是昔日东吴大学的校徽,但仔细一看,校徽正中四个篆体的中文字正是“苏州大学”,相应的英文则是“Soochow University”。上半拱圆是中文的“养天地正气,法古今完人”,下半拱圆则是英文的“UNTO A FULL GROWN MAN”。既然中英文都写在校徽上,看来就是苏大的校训了。

第一次看到“养天地正气,法古今完人”这句话,是差不多20年前在江苏师范学院橱窗内所陈列的东吴校友会的一个会旗上,方知这就是东吴大学的校训。此句话,于我的印象十分深刻,以后便让我对东吴的历史有了兴趣。东吴大学自清光绪二十七年(1901年)三月在苏州天赐庄成立开学,采用的校训便是英文的“UNTO A FULL GROWN MAN”。何时引入中文,我倒不曾考证,但估计不会在华人执掌东吴以前。至少在1929年出版的《东吴年刊》上,校徽上尚无中文校训。

“Unto a full grown man”这句话,来自《圣经》的“以弗所书”第四章十三节(Eph. 4:13, R. V.),目前流行的版本(King James Version)上则是unto a perfect man,给full grown下了个更明了的解释。全文如下:Till we all come in the unity of the faith, and of the knowledge of the Son of God, unto a perfect man, unto the measure of the stature of the fulness of Christ。中文的意思大致是“直到我们众人在真道上同归于一,认识神的儿子,得以长大成人,满有基督长成的身量”。这句带有宗教色彩的话语,作为教会私立大学的校训是再适合不过了。现在出现在苏州大学的校徽上,就只好抛开宗教的阐述了。而其意义则是相当的深刻,大概这就是为何被苏州大学所采纳的原因吧。

再看中文的“养天地正气,法古今完人”,为查证这句话源于何处,我倒的确在图书馆里花了不少时间。结果发现,此乃蒋介石在20年代自撰的一句励己箴言。孙中山、蒋介石均有以此题写的墨宝留下来。七七事变,蒋介石在庐山的抗日动员大会上,发出了著名的“地不分南北,人无分老幼……抗战到底,以赢取最后的胜利”的时代强音,而大会主席台两侧所悬挂着的,正是“养天地正气,法古今完人”这十个大字。孙中山书赠于蒋介石的“养天地正气,法古今完人”,现藏于台湾中正纪念堂。现在台湾东吴大学所用的题词就是孙中山所手书。这句话本身,意义极为深刻,抛开政治的因素,作为目前苏大的校训也未尚不可。

其实,苏州大学本无专设校训校徽,学生所佩戴的徽章仅有“苏州大学”四字。1998年初苏大校长钱培德教授访问台湾东吴,对校徽校训印象深刻,归来后着手建设苏大校徽校训。似乎是将原东吴校徽中东吴两字换成苏州,其他未作更动。英文名称也原封不动,谓“Soochow University”。仓促成事,我看是有点混淆视听,也使我们有点无所适从。因为“Soochow University”所对应的是“东吴大学”,并不是“苏州大学”,一个学校的中英文名称,必须满足数学上“一一对应”的概念。苏州的英文是Suzhou而不再是Soochow,这是国家文字委员会早有明文规定的。现在这样一来，见到“Soochow University”，不知是指苏州大学还是东吴大学！这不仅仅是一个拼法问题，因为它不同于“Beijing University”和“Peking University”。无怪我曾在台湾的一个电子布告栏上见到有人询问“Soochow University”的中文名，有人答道是东吴大学，好在那人也知道苏州有 Soochow 和 Suzhou 的不同拼法，并继续称，苏州大学是东吴大学的前身。近来我更见到有些西人所著的文章，甚至将东吴大学由 Soochow University 转译为 Suzhou University，足见混淆。当然这是因为作者没有意识到“东吴”和“Soochow”之间的对应关系。其实我本人觉得，苏大既然采用了“苏州大学”这个名字，就没有必要再在名称上去迎合“Soochow”或“东吴”，这毕竟已成历史。无疑，这两个学校是有一种“同源”的关系，但“同源”并不是因为用了共同的英文校名。就算变成了“Soochow”或“东吴”，也只是海峡两岸两个同名的大学而已，如同目前两岸的“清华大学”。

东吴大学校史权威张梦白教授 1993 年曾撰文表示，“1952 年全国高等学校院系调整，在苏州东吴大学原址成立江苏师范学院。1982 年改为江苏省属重点综合性大学，更名苏州大学，英文名称与东吴大学（Soochow University）相同”。可实际上，1982 年后关于苏州大学的正式出版物，凡用英文之处，均是 Suzhou University，即便是张梦白教授本人的上述文章中，其英文摘要的作者地址也是 Suzhou University，不过英文摘要中的苏州大学，则是用了 Suzhou (Soochow) University。虽然苏州大学印发的信封上也曾用这样的字眼，但总觉得不伦不类。正式舍 Suzhou 而用 Soochow，是在 1998 年见于苏州大学万维网页（www. suda. edu. cn）上的苏大校徽及相应的文字介绍。后来苏大所印发的小册子，也就只用 Soochow University，看来它就是为苏州大学官方认可的英文名了。不过，混淆是存在的，好在中文没有这个问题。建议采用“Soochow University at Suzhou”和“Soochow University at Taibei”。

原东吴大门有“入德之门”之称，正面刻有中文“东吴大学”，背面则是英文的“UNTO A FULL GROWN MAN”，大门背面两侧便是校训“养天地正气，法古今完人”。所有的文字，在“文革”中被红卫兵用水泥封没，据说现在也终于重见天日。不过我在 1998 年春节回苏大参观，却不曾留意见到，门楼的正面，则恢复了“东吴大学”四字，倒是原来的风貌，来去匆匆，未及照相留念。不过，原先的东吴门楼上，校牌是由曾为光绪帝师傅，官至“户部尚书”和总理各国事务衙门大臣，后因支持康有为变法而遭慈禧太后开缺回籍，并定为“永不录用”的常熟状元翁同龢（1830—1904）所书。大门曾为日军所毁，目前所见，乃是根据旧照片所复原的了。

原载苏州大学北美校友会网站 http://www. sunaaa. com/

也谈东吴成立及校名问题

李　凯

近来对母校前身东吴大学的成立年代上出现了争议和讨论。但不外是1900年和1901年两种意见。

上期的"苏州大学海外校友会通讯",刊登苏大社会学院院长王国平关于"东吴大学在美国田纳西州的注册文件"文[1],证据确凿地指出,东吴大学是在1901年6月24日正式获得执照,而非以前所认为的1900年11月。同时也指出,东吴是以"在华之中央大学"在美国田纳西州注册的,1908年改为"Soochow University"。加上东吴大学是在1901年3月开学的事实,东吴的成立年代似乎是很明确了:1901年。可作佐证的便是东吴大学于1926年庆祝了东吴25周年,苏州大学也于1991年举办东吴大学建校90周年庆典。美国监理公会曾于1906年出版一本小册子,书名就叫《开设于1901年的东吴大学》(《Soochow University, Opened in 1901》),更可说明这一点[2]。曾任台湾东吴大学副董事长及法学院院长的陈霆锐博士在50年代初著有"私立东吴大学"一文,也清楚地说明东吴大学成立于1901年[3]。陈学训恂主编的《中国近代教育大事记》及其他编年史都将东吴的成立划在1901年。

东吴大学成立于1900年一说为目前的台湾东吴大学所接受,可见于60年代后东吴大学的各种出版物。这一说法很可能是以东吴大学第三任校长文乃史1956年著《东吴大学》一书中所称的东吴大学于1900年获得执照为根据的。据文乃史所述,"东吴大学于1900年获得的田纳西执照,核准董事会开设文学,医学和神学院,及可能被认为合适的其他学院","校名为东吴大学,英文名Soochow University。1901年3月开学"[4]。虽然现在"1900年取得执照"这一说法已经靠不住了,但东吴大学于1901年3月开学,则无疑问。而文乃史对东吴成立的年代,本来就是以1901年开始计算的。这可反映在1926年举办的东吴25周年庆典,其时,文乃史正执掌东吴。不过值得注意的是,文乃史在东吴25周年纪念特刊《回渊》的校长序言中说,庆典在1926年举行乃是因为"我们已经完成了25年实质性的工作"[5]。这就是说,在1901年3月开学前,一些工作早已经开始了,"实质性的工作"无非是指开学以后的工作。值得一提的是,1926年庆祝东吴25周年的同时,也是庆祝东吴前身存养书院成立50周年;宫巷书院成立30周年和上海中西书院并入东吴15周年。选择1926年是否有一个凑巧的意识在内,不得而知。支持东吴成立于1900年一说的,有Fenn所著的《基督教大学》一书[6]。当然,他对东吴获得执照的年代也是根据文乃史的《东吴大学》一书,即1900年。现在的问题是,既然执照是在1901年取得的,Fenn的结论还对不对?东吴在1900年成立一说是否成了无稽之谈?其实,以何时取得执照定学校成立年是不可靠的,例如,上海的圣约翰大学,成立比东吴要早近十年,但圣约翰是在1905年方从美国哥伦比亚特区获得执照[6]。

所幸的是,现在确实有一份比田纳西执照更早的文件,那就是在1900年12月生效的"东吴大学董事会宪章"(Constitution of the Board of Trustees for Soochow University)[7]。正是这份宪章,赋予东吴成立“文理,医学和神学”三院。也正是这份宪章,为学校订名为“Soochow University”。而东吴大学第一任校长孙乐文也正是在1900年12月的董事会议上根据宪章推举产生的。所以,说东吴大学成立于1900年也并不是空穴来风。这份宪章,目前收藏于美国卫理公会的“档案和历史委员会”,很可能已成为海内外惟一的一份。

而真正的执照,即1901年的“法人章程”,的确使用了“Central University in China”的校名,但这个校名在实际上并没有被正式使用过,这就是为什么到目前为止,还没有发现使用这一名字的其他文件。一个可能的解释就是美国差会和在中国的董事会没有协调好,宪章是由在中国的董事会成员所订,而执照是由美国差会在美国申请的。那时,中美毕竟遥隔万里,交通和通讯都不发达。另一个可能就是差会出于更高的远见而使用了一个与董事会提出的不一致的名字[8]。事实上,学校以“在华之中央大学”一名在美国田纳西州注册后,董事会曾三次向差会申请,要求将执照中的校名改为“Soochow University”。前两次均未能获差会同意,最后一次是在1907年2月,由校长孙乐文执笔,列举十大理由,再向差会陈情。[9]同年10月,以孙乐文等十一人的名义,正式向田纳西州申请更名,次年7月28日获准,正名成功。

至于王国平提到,文乃史好像不知道东吴是以“在华之中央大学”在美国田纳西州注册一说,本人并不以为然。文乃史是在1907年的更名申请文件上签字的11人之一,当知此事。他在《东吴大学》一书中没有提到“在华之中央大学”一事,很可能是他并没有真正见到东吴大学这一份原始的“法人章程”,至少他写《东吴大学》一书时手头并没有这份文件,否则就决不会将获准执照的时间弄错。最大的可能就是他把“董事会宪章”当成了“法人章程”,对于前者,身为首届董事的文乃史是非常熟悉的。因为他的《东吴大学》一书中关于“法人章程”的描述正是“董事会宪章”中的内容,即赋予东吴成立“文理、医学和神学”三院及可能被认为合适的其他学院,并为学校定名“Soochow University”。而1901年真正的“法人章程”中,则核准东吴可成立神学、文理、师范、法律、医学、药学和工程等7个学院。值得一提的是,1956年的文乃史毕竟已经是88岁高龄了。当然也有可能是他故意没有提“在华之中央大学”这一校名,因为根本就没有人使用过它。

至于“东吴大学堂”这一中文名字,东吴创始人首任董事长林乐知的文章中说得很清楚,乃是受了两江总督刘坤一在给美国驻上海总领事古纳一信中所提及“造就东吴人才”一词之启发,要不然就称为“苏州大学堂”了。至于有文章提到大学所以取名东吴,是因苏州在三国时期属孙权所治之东吴之地,而校长孙乐文与孙权同“姓”,故取此名,未免太牵强附会[10]。

说到这里,东吴成立是该算1900年还是1901年呢?不知这执照是否就像结婚证书?假如领了结婚证才算结婚的话,1901年就是东吴的成立年了,更何况以往的90多年都是这样认为的,现在又何必要更改呢!但由于这是关系到母校百年校庆问题,且海峡两岸同时庆祝,总得有个一致的说法。这一回,苏大退了一步,一改已往的1901年说而采用了台湾东吴的1900年说。现在两校的万维网页上的提法也一致起来了。[11,12]

东吴大学在“本校简史”中指出,“本校于清光绪二十六年(1900年)由基督教监理会(卫理公会之前身)创办,以苏州博习书院、宫巷书院及上海中西书院等三校先后合并而成,并假天赐庄博习书院原址为校址,设文、理二科,于次年3月正式开学。初名中央大学,稍后以苏州于古代别称“东吴”,因易今名。另取“苏州”之英语拼音定英文校名为“Soochow

University"[12]。这个简史,指出了"中央大学"一事,当是根据了东吴的"法人章程"。但说"稍后以苏州于古代别称"东吴",因易今名。另取苏州之英语拼音定英文校名"则与事实不符。董事会选定的学校名称是"Soochow University",取中文为"东吴大学",先后关系很明确。"Central University"是在半路上杀出来的,本来就没有相应的中文,何来易名东吴? 要说易名,也是由"Central"易为"Soochow"而已。

台湾的东吴百年校庆将于2000年3月16日正式拉开序幕,为期一年。东吴历史上的这一天,曾是所谓的"University Day",以纪念1911年去世的首任校长孙乐文博士[4]。

以上论点,算是为东吴成立于1900年一说提供一个依据,不一定能为人采纳。1993年美国田纳西中部州立大学的徐晓光以东吴为题撰写了博士论文,对东吴的历史沿革有详细的阐述,根据他的观点,东吴是在1901年建校的[13]。

注释:

[1] 王国平:《东吴大学在美国田纳西州的注册文件》,《苏州大学北美校友会通讯》,1999年第3期。

[2] Methodist Episcopal Church, South,《Soochow University, Opened in 1901》,Nashiville,Tenn. 1906.

[3] 陈霆锐:《私立东吴大学》,《中华民国大学志》, 台北. 1953年。

[4] W. B. Nance,《Soochow University》, United Board for Christian Colleges in China,New York, 1956.

[5] 东吴大学:《回渊》,东吴大学二十五周年纪念特刊,1926年。

[6] W. P. Fenn,《Christian Higher Education in Changing China 1880—1950》, 1976.

[7] "Constitution of the Board of Trusttees for the Soochow University", Soochow University File, The General Commission on Archives and History, The United Methodist Church, Madison, NJ, 1900.

[8] 林乐知:《监理会创立大学堂之历史》,《万国公报》,1907年4月,第19卷第3号。

[9] D. L. Anderson,"On change of charter name", Soochow University file, The General Commission on Archives and History, The United Methodist Church, Madison, NJ, 1907.

[10] 徐允修:《东吴六志》, 1926年。

[11] 苏州大学:"苏州大学概况", http://www. suda. edu. cn/yxsz/sdgkc. htm.

[12] 东吴大学:"东吴大学简史" http://www. scu. edu. tw/intro/history". htm.

[13] X. XU, "A Southern Methodist Mission to China: Soochow University 1901—1939", Doctor or Arts Dissertation, Middle Tennessee State University, 1993.

原载苏州大学北美校友会网站 http://www. sunaaa. com/

最早的中国大学学报

——东吴学报创刊号《学桴》解读

王国平　熊月之

1906年,东吴学报创刊号《学桴》诞生,成就了今日《苏州大学学报》创刊100周年的历史。自20世纪80年代以来,当学术界回顾中国大学学报发展史的时候,《学桴》已成为研究者的关注对象。本文拟在前人研究的基础上,对《学桴》以及与其相关的中国大学学报史再作探讨,并就正于大家。

一、最早的中国大学学报辨析

"大学学报是学报的一个分支,是一种由高等院校定期出版的学术性刊物,它是在中国近代的大学和学报逐渐兴起的基础上产生的。"[1]追溯中国大学学报的起源,是中国大学学报史研究的极有意义的课题。在这一方面,学术界已经做了大量工作。关于最早的大学学报,学术界主要有五种观点。

其一,北京大学的《北京大学月刊》是中国最早的大学学报。中国最早的大学学报出现于1919年。

提出这一观点的万泉在《辽宁大学学报》1981年第6期上发表了《我国大学学报考》一文,认为:"我国早期大学学报是在五四运动前后,特别是在五四运动后,随着中国新文化运动的兴起,陆续创办起来的。创刊最早有影响的是在五四时期新文化运动的中心——北京大学,《北京大学月刊》是北京大学出版的第一个学术刊物,也是全国大学出版最早的一个刊物,它创刊于五四前夕的1919年1月。"[2]

持同样观点的还有谢振中,他在《陕西情报工作》1983年第2期发表的《中国学报的产生、发展与现状》一文中说:"创刊最早、影响较大的是五四时期新文化运动的中心——北京大学的《北京大学月刊》,它始创于1919年1月。"[3]

其二,复旦大学的《复旦学报》是中国最早的大学学报。中国最早的大学学报出现于1917年。

李扬明在《华东师范大学学报》1983年第3期上发表的《中国大学学报史述略》,提出复旦大学的《复旦学报》是中国最早的大学学报。李文指出:"现据我们考查,上海复旦大学的《复旦》(季刊,1935年改半年刊,并易名《复旦学报》)的问世更早。在上海徐家汇藏书楼存有1918年1月出版的第五期《复旦》,据此,其创刊号当在1917年。"[1]

其三,东吴大学的《东吴月报》是中国最早的大学学报。中国最早的大学学报出现于1906年。

许周鹣在《苏州大学学报》1987年第3期上发表的《东吴大学学报沿革考札》提出:"《东吴学报》创刊于1906年6月;是全国创刊最早的高校学报。"[4]

持同样观点的还有宋应离,他在1988年出版的《中国大学学报简史》中说:"早在1906

年，苏州东吴大学创办的学术性刊物——《东吴月报》，可以说是目前国内能看到的最早的大学学报。”[5]32

持这一观点的还有孙义清、沈晓艳等。孙义清在《江西社会科学》2001 年第 1 期发表的《中国大学学报百年发展回顾》中说：“我国第一份大学学报是由创建于 1901 年的苏州东吴大学于 1906 年 6 月创办的《东吴月报》（创刊号名为《学桴》）。《学桴》发刊词中称其刊行目的为：‘表学堂之内容，与当代学界交换知识。’这里已约略透露出以后至今的中国学报的基本功能：展示科研成果，促进学术交流。”[6]沈晓艳在《湖州职业技术学院学报》2004 年第 2 期发表的《中国大学学报源考略》中说：“中国最早的大学学报为哪一家，创刊于何年，还有些争议。一般认为 1906 年苏州东吴大学（苏州大学的前身）创办的《东吴月报》是中国最早的大学学报。《东吴月报》的创刊号为《学桴》……《东吴月报》虽然没有以‘学报’命名，却是学报界公认的我国最早的大学学报。”[7]

其四，《河北农业大学学报》（其前身为直隶高等农业学堂创办的《北直农话报》）为中国最早的大学学报。中国最早的大学学报出现于 1905 年。

黄金祥等认为，河北农业大学的前身“直隶高等农业学堂于清光绪三十一年（1905 年）创办的《北直农话报》为我国北方地区创刊最早的农学刊物”。“《河北农业大学学报》的创刊时间，理应追溯至清光绪三十一年（1905 年）。”[8]由此似乎自然可以推出这样的结论：《河北农业大学学报》理应为“最早的大学学报”。

其五，上海圣约翰书院创办的《约翰声》是中国最早的大学学报。中国最早的大学学报出现于 1889 年前后。

姚远提出“至迟在清光绪十五年（1889 年）前后，上海圣约翰书院创办的《约翰声》双月刊为最早，并新补充 1913 年 7 月 1 日西安西北大学创办的《学丛》月刊为最早综合性学报之一。即认为《约翰声》、《学桴》、《学丛》三刊为我国综合性大学所办的三份最早的文理综合性大学学报”[9]。

笔者认为，上述五种刊物中，《北京大学月刊》、《复旦学报》、《北直农话报》、《约翰声》都不能称为中国最早的大学学报。

第一，正如宋应离所说：“有的认为我国最早的大学学报是 1919 年创办的《北京大学月刊》，有的则认为是 1917 年创办的《复旦》杂志。这些看法是就比较典型的学报而言的。”这就是说，如果从“比较典型”的意义上说，我国最早的大学学报是《复旦》杂志或《北京大学月刊》。所谓“比较典型”，应该是指刊物所具有的大学学报的属性和特征的比较完备的程度。

关于大学学报的属性和特征，学术界已有比较深入的讨论。有人提出“学报的主要的、突出的特性就是其学术性和内向性”，有人“提出了学报的第三个特性，即覆盖学科的综合性”，有人提出“读者对象的有限性也应该被承认是学报的一个特性”，还有人提出“对于学术性，所有的研究者都没有分歧，再继续找出学报与其他刊物相区别之处，就可概括出学报的特性。徐久刚进行比较的结果是：学报与其他刊物相区别的是其高校性。高校性中的全校性把学报和学校的系、所办的学术刊物相区别，高校中的内向性把学报和其他受有关学会委托而由学校承办的不具有明显内向性的学术刊物相区别，高校中的全面性把学报和由学校主办的专门性学术刊物相区别。总之，学术性、高校性（全校性、内向性、全面性）是学报缺一不可的两个根本特性”[10]。

不管怎么说,大学学报的本质属性应该是“一种由高等院校定期出版的学术刊物”。在这个意义上说,在《复旦》杂志或《北京大学月刊》创刊之前,还有更早的“由高等院校定期出版的学术性刊物”。

第二,河北农业大学前身为直隶高等农业学堂。学堂于1905年创办的《北直农话报》确实是中国创办最早的学报之一。我们可以认同“《北直农话报》为我国北方地区创刊最早的农学刊物”。但当我们讨论何为中国创办最早的大学学报的时候,我们就很难认同《河北农业大学学报》或《北直农话报》为中国最早的大学学报。理由再简单不过,1905年创办《北直农话报》的直隶高等农业学堂并不是大学。

第三,基于上述理由,我们同样不能认同“上海圣约翰书院创办的《约翰声》是中国最早的大学学报”。因为1889年前后创办《约翰声》的圣约翰书院还不是大学。圣约翰大学创办于1906年,在美国哥伦比亚特区注册。

从大学学报史的角度看,对《北直农话报》和《约翰声》的研究确实很有意义。之所以有意义,因为这些研究能为我们揭示相关大学学报发展的前史。我们完全可以对《北直农话报》和《约翰声》等刊物作大量的研究,这个时候,我们研究的对象不应界定为“大学学报”。我们也可以从“大学学报”的角度研究这些刊物,不过,这个时候,我们研究的对象只应界定为“大学学报”的前身,而不是“大学学报”本身。

二、东吴学报是中国最早的大学学报

有鉴于上述辨析,考察《东吴月报》的大学学报属性,笔者同样认为,东吴大学的《东吴月报》是中国最早“由高等院校定期出版的学术性刊物”、中国最早的大学学报。理由如下:

第一,《东吴月报》是东吴大学由学校创办的刊物。

东吴大学创办于1901年,它的前身为1879年曹子实、潘慎文创办于苏州的存养书院(1883年改名为博习书院)、1882年林乐知创办于上海的中西书院、1896年孙乐文创办于苏州的宫巷书院。1899年,博习书院并入上海的中西书院。1901年宫巷书院迁入博习书院旧址,东吴大学正式开办。1911年,中西书院又从上海并入东吴大学。如果从它的前身算起,东吴大学的历史已有120多年了。从学报史的角度看,我们还未发现上述三个书院的学报,还不能断定东吴大学学报是否有自己的前史。

《东吴月报》是东吴大学由学校创办的刊物。这一点,在创刊号的《本报简章·名目》项下就有明确说明:“本报命名《东吴月报》,系苏州东吴大学堂所刊发之杂志。”

顺及,关于东吴大学创办的历史,有些文章说:“东吴大学堂由基督教卫理公会创办于清光绪二十六年(1900年)。光绪二十七年(1901年),由苏州博习书院、上海中西书院及苏州宫巷书院三校合并而成,称东吴大学堂。民国后,英文校名为苏州大学,中文校名为东吴大学。”这样的叙述错误过多,兹不赘述[11]。

第二,《东吴月报》是定期出版的刊物。

《学桴》之前,东吴大学还曾有过类似的出版物,即1903年出版的《雁来红》。《雁来红》标明为“东吴大学堂杂志之一,Soochow University Annual,1903”,可译为《东吴年刊》。《雁来红》硬板纸底,灰色布质封面,有照片有文字。孙乐文校长在刊首写了《序言》,刊内所载《东吴大学堂记》详载学校创办经过与办学宗旨,可贵的是,《雁来红》还刊有学术论文十余篇,短小精悍,或讨论中外历史,或探究科学问题。此外,还有反映东吴大学校园生活的短文多篇,刊物篇幅虽小,但容量极大。作为东吴大学的"定期"出版学术刊物,《雁来红》实际上也已具备大学学报的属性,可惜的是,《雁来红》只出了一期,未能成为真正定期出版的刊物。在某种意义上说,《雁来红》的出版为《东吴月报》的创办奠定了基础。

《东吴月报》创刊时计划"月出一期,惟暑假、年假之际停出二期。全年共出十册。西历每月一号发行"。实际上,包括刊名和出版周期都时有变化。这方面的情况,学术界已有不少介绍与论述。许周鹣著文说,1906 年 6 月出版《东吴月报》(创刊号名为《学桴》),共出版 12 期。1907 年 11 月起,刊名《学桴》,改为双月刊,共出几期不详。1913 年改刊名为《东吴》,至 1917 年停刊。1918 年改名《东吴季报》,季刊,同年 10 月停刊。1919 年 4 月复刊,更名《东吴学报》,季刊。何时停刊不详。1925 年重新发刊,改名《东吴杂志》。1926 年继办,更名《新东吴》,季刊。何时停刊不详。1933 年重新发刊,名曰《东吴》,季刊。自第 2 卷起又改名为《东吴学报》,1936 至 1938 年每年出 1 期。目前共存刊 19 卷 57 期 54 本[4]。宋应离在所著《中国大学学报简史》中也有同样的介绍。姚远则认为:东吴月报刊名屡经变更,出版时间长达 30 多年,目前共存刊 21 卷 64 期 61 册[9]。

第三,《东吴月报》是以学术性为主的刊物。

《学桴·发刊词》开宗明义:"西士谋刊行月报,以表学堂之内容,与当代学界交换知识。"揭橥了《东吴月报》的学术性宗旨。

《学桴》内容除"告白"外,分为五类:论说、学科、时事、译丛和杂志,共 32 页。其中学术性较强者有:论说刊登《学桴·发刊词》、《论近日支那学校之科学宜以英文教授》、《劝学说》、《女子教育》等 4 篇,占 11 页;学科刊登《心理学问答》、《地理补义》、《镀镍新法》、《植物浅译》等 4 篇,占 6 页;译丛刊登《万国公法论》占 3 页。上述三类共计 20 页。约占刊物内容的三分之二左右。

另据宋应离研究,"《东吴月报》的内容从第 1 期至第 3 期,分图画、论说、学科、时事、译丛和丛录六类。论说和学科二类刊登的是论文,约占二分之一的版面,译丛是译文,这些内容和今日学报的内容近似。其余几项内容带有新闻性、时事性,近似今日校刊之内容。故早期的《东吴月报》兼有今日学报与校刊的内容。《东吴月报》第 4 期之后,去掉了时事性的内容,增加了'教育'内容,学术论文分量有所增加"[5]35。

三、《学桴》相关解读

《东吴月报》创刊号《学桴》封面设计为一帆船航行于波涛之中,船首尾各一人,或立或坐。船桅上高悬一旗,上书"东吴月报"四字,左上方风云滚滚,映衬"第一期"三字。船上风帆满满,大书"学桴"二字。

从《学桴·发刊词》内容看,作者着墨最重者为两点,一是关于学桴的议论,一是关于"所谓过渡时代"的议论。

关于学桴,作者指出,"学桴者,预备过渡时代器具之一部分也"。但作者强调这一部分的重要性,强调教育对于政治、经济、军事、宗教的重要性,作者申明:"而何不以兵桴,以商桴;而何不以政治桴,以宗教桴,而独有取于学者?盖兵商政教皆备于学。则学者载种种桴之桴也。而又可谓合种种桴而所成之桴也。"

关于过渡时代,作者指出:"过渡二字名词含义甚广,几与天演相出入。"发刊词并以大量篇幅阐发"过渡"之含义。如"试观政治界。曰酋长政体、曰家族政体、曰市府政体、曰邦域政体。此以形式论也。而其精神上,有君治、有共治、有民治之区别。消长乘除,若寒暑之迭更、潮汐之相代者,过渡也”。“而报界之过渡亦可得而言。其始莫不受政府之禁锢,渐进而享有言论自由、出版自由之权。今则政府且保护之,提倡之,资助之矣。”“中国之政治界、宗教界及学界、报界之过渡何如者?政界则由封建而郡县,由闭关而通市。近且欲革除数千年来专制之粃政,不单求野求彝,以达其宝柜金牛之目的。宗教界则自人神杂糅,墨梵混同,缁黄峙南北之宗、章缝性学之敌,以至利氏东渡,踪近折芦……且有介五洲宗教同源之论者……”可见,这里的“过渡”是指演变、演化、发展的趋势和结局。

作者还指出,“过渡”的趋势或结局有积极和消极两种可能。即作者所说:“过渡一词,幸词也,而亦危词也。”如在美国则为“幸词”,“以美洲言,阁龙探险以还,一过渡而为撒克逊人辟秦之桃源。又过渡而十三州独立旗飞,自由钟响。又过渡而合南北为一家。又过渡而县古巴、藉布哇、囊括飞立滨。雄心未已。一手握两大洋之管钥,欲一跃而过之。其所谓华盛顿主义变为孟罗主义,孟罗主义变为麦荆来主义者,大有风利不得泊之势。过渡如此,始足豪矣”。“过渡”在埃及、波兰等国则为“危词”,“埃及、印度、犹太、波兰,名国也。一过渡而父母他人,旧历史之光荣渐堕;河山易主,新舆图之标识难明”。

作者以“学桴”期许创刊的《东吴月报》,期望《东吴月报》能与国家、社会同为“过渡时代”天演之胜者,并在“过渡时代”中发挥自己的作用。

作为中国最早的大学学报,《学桴》的封面设计、栏目设置、刊登内容等也引起研究者的兴趣,有些方面还产生不同的解读。有些解读显然存在失误,试举数例如下:

其一,《东吴月报》创刊号《学桴》并未注明出版时间。其出版时间系根据第2期出版时间推算。《东吴月报》第2期封面标明出版于“西历一千九百六年七月”,按一月一期算,创刊号出版于1906年6月。有的文章说,《东吴月报》于“清光绪三十二年六月(1906年7月)创刊”[9],不知所据为何。

其二,《中国文理综合性大学学报考》一文称:“编者将《学桴》比做驶离‘新政将兴而未兴,科举垂废而未废’这种过渡时代的一个小木筏,以期由此跨越19世纪,驶向20世纪。”[9]这一说法是对历史与学桴发刊词的错误解读。学桴发刊词在述及东吴大学创办历史时这样说:“东吴学堂之设焉,适当西历十九祺二十祺之交,新政将兴而未兴,科举垂废而未废,社会志趣如飐涡中罗经,靡定所向。而此学堂独挟其输入之文明、元有之国粹,岿然出现于锦帆泾上。”东吴大学创办于1901年初,正是“新政将兴而未兴,科举垂废而未废”之时。《学桴》创办于1906年,“新政”已举办6年,科举已废除1年。编者根本就没有“将《学桴》比做驶离‘新政将兴而未兴,科举垂废而未废’这种过渡时代的一个小木筏”。

其三,《中国文理综合性大学学报考》一文称:“《学桴》又名《东吴月报》。清光绪三十二年六月(1906年7月)创刊于江苏苏州。东吴大学堂文理学院学生会东吴学报社编辑,东吴大学堂学生会出版科出版。”这是对东吴大学校史的误解。除创刊时间外(已述于上文),还有两处错误。一是《东吴月报》创刊时东吴大学文理学院尚未成立。文理学院成立于1911年葛赉恩出任东吴大学校长、上海中西书院并入东吴大学之后。二是《东吴月报》创刊时东吴大学学生会尚未成立。东吴大学学生会成立于1919年五四运动期间,如《东吴季刊》(1922年)记载:“吾校学生会之创设”,“正五四运动波澜汪涌之时也”。“学生会之名,始于民八五四,时则奸宄窃政,国事日非……莫不疾首痛心。北平学子,发难于先,南省生徒,响应于后,群情激昂,举国沸腾……身虽在学,心岂忘国,欲谋领导民众,拯救危亡之举……故有学生会之组织也。”[12]《东吴月报》之创刊，绝不可能由“东吴大学堂文理学院学生会东吴学报社编辑，东吴大学堂学生会出版科出版”。

作为中国最早的大学学报，与日后“比较典型”的大学学报相比，创刊时期的东吴大学学报自然是不成熟的。这些不成熟主要表现在“（一）评述和时事报道的文章占比重大，而学术性文章较少，内容庞杂。即使有些文章属于学术探讨，但学术性不强。（二）周期不太固定，出版时断时续。（三）作者面较窄，写稿人较少”等方面。但也正如宋应离所说：“尽管存在上面这些问题，但作为我国最早创办的大学学报——《东吴月报》，走过了一段漫长曲折的道路，是由不成熟到逐渐成熟的发展过程，在师生的支持下，在编辑人员的努力下，对于当时师生探讨科学真理，反映学术成果方面取得了可喜成绩，在办刊方面也积累了不少经验，提供了我们今天许多可借鉴的有益东西，对我们办好今天的学报，也会从中受到一些启发。”[5]38,39

参考文献：

[1] 李扬明. 中国大学学报史述略[J]. 华东师范大学学报，1983 (3).

[2] 万泉. 我国大学学报考[J]. 辽宁大学学报，1981 (6).

[3] 谢振中. 中国学报的产生、发展与现状[J]. 陕西情报工作，1983 (2).

[4] 许周鹣. 东吴大学学报沿革考札[J]. 苏州大学学报，1987 (3).

[5] 宋应离. 中国大学学报简史[M]. 郑州：中州古籍出版社，1988.

[6] 孙义清. 中国大学学报百年发展回顾[J]. 江西社会科学，2001 (1).

[7] 沈晓艳. 中国大学学报源考略[J]. 湖州职业技术学院学报，2004(2).

[8] 黄金祥. 河北农业大学学报. 创刊百年通过专家论证[J]. 河北农业大学学报，2005(5).

[9] 姚远，亢小玉. 中国文理综合性大学学报考[J]. 中国科技期刊研究，2006(1).

[10] 林蔚，孙景峰. 近年来我国学术界对大学学报研究综述[M]//宋应离. 中国大学学报研究. 开封：河南大学出版社，1987.

[11] 王国平. 东吴大学[M]. 石家庄：河北教育出版社，2003.

[12] 东吴季刊. 1922.

原载《苏州大学学报》(哲学社会科学版)2006 年第 3 期

东吴大学学报沿革考札

许周鹣

《东吴学报》创刊于1906年6月,是全国创刊最早的高校学报。[1]创刊号名曰《学桴》,其封面画一帆船驶行波涛中,桅杆旗上有"东吴月报"四字,并套红色。

一、期刊沿革

1906年6月出版创刊号,名曰《学桴》。第二期改名为《东吴月报》,月刊,共出版十二期。1907年11月起,又恢复原名《学桴》,并改为双月刊。《学桴》现仅见存第一期、第二期两本。共出版几期不详,何时停刊亦无从查考。1913年12月继办,改名《东吴》,双月刊,刊期以"号"次为序,并始设卷次,年出六号(期)为一卷,至1917年停刊,现见存刊三卷九本。1918年改名曰《东吴季报》,季刊,同年10月停刊。共出四期,为一卷。旋即于1919年4月复刊,更名为《东吴学报》,季刊,年出四期为一卷。其中从第三期去"学报"二字,名曰《东吴》,仍为季刊,何时停刊不详。现见存刊共四卷十三本。1925年3月重新发刊,改名曰《东吴杂志》,同年6月停刊。共出版二期。[2]1926年1月继办,更名为《新东吴》,季刊。第三卷起,去"新"字,又名《东吴》。现见存刊三卷五本,何时停刊不详。1933年又重新发刊,名曰《东吴》,季刊。自第二卷起又改名为《东吴学报》,从第四卷起出版不正常,1936年、1937年、1938年三年中,各年出一期。从目前全国馆藏目录中所能看到的最后一期《东吴学报》,其出版时间是1938年6月。嗣后无资料可查。

《东吴学报》前后曾用过《学桴》、《东吴月报》、《东吴》、《东吴季报》、《东吴学报》、《东吴杂志》和《新东吴》等七种刊名。目前共存刊十九卷五十七期五十四本。刊名的字体有印刷体,亦有黄炎培、东孙署、朱南一、杨永清、陈其采等名家的题字。

《东吴学报》出版时间至少有30多年(以目前存刊的最后一期计算)。其间学报的刊名屡次更替,出版几经停复。终究其因,《东吴学报》乃非校方主办,而长期系由东吴大学学生会主办,由学生会出版科(后改为出版部)出版,东吴学报社编辑。东吴学报社由"同学会教职员及在校学生三团体各举代表,推选职员"组成[3],并以学生为主,教师仅任顾问。《东吴季报》(1918年)的《本社职员表》中,除中文顾问稽健鹤先生、英文顾问文乃史先生2位为教师,其余9位均为学生。学生会主办东吴学报,就直接影响了学报的稳定性、连续性。首先,学生的流动性大,且学生会换届频繁,致使学报不能正常出版。往往"自同学会(学生会)改组之议起,东吴季报暂辍刊行"[4],需待"学生会各职员选出后,本刊方能负责有人,乃嘱印刷者作速印刷"[5],因而刊名也常随之更改,"所以别于旧也"[6]。同时学生会组织的编辑出版机构有时不够健全,往往把杂志社处于学生会的"临时特别之事"的地位,加之"一切团体事业任一、二人把持,於是神秘不测之事,遂层出不穷矣"。[7]这样容易产生各种问题,如曾发生了"所有账目,条理不清、格式独特,……但觉头绪茫然"[8]之类的经济问题。由此而引起内部矛盾,影响正常出版。再者,学报由学生业余编印,暑假学生云散,遂无人顾问,故有"月出一册,惟暑假之际停出二期,全年共出十册"[9]之类的非正常情况出现。如有一期学报上登有这样的"启事":因"至暑假,前出版科长陈君因事旋里,而出版科诸君亦先后星散,致校对无人,印刷因而停止"[10]。

由于上述种种原因,致使学报不能连续正常出版。直到1933年才由"校当局计议出一中心刊物,将集各学系而熔为一炉"[11],并由校长等任命专人"主持其事",设了"总编辑",正式成为校办刊物,遂出版正常,直至抗战前夕,才延缓出版和中止。

二、版本变迁

1906年至1908年[12]的《学桴》、《东吴月报》为线装32开本,用四号宋字竖排,每页约为360字。每册35页左右,约12 000多字。《东吴月报》目录分类竖排。

1913年至1917年的《东吴》为平装16开本,用5号宋字竖排,每页为450字。每册50页至80页不等,约22 000到36 000字。其目录分类竖排。

1918年至1922年的《东吴季报》、《东吴学报》、《东吴》亦为平装16开本,中英文合版。每册170页至200页,英文版面约占三分之一。中文用4号宋字竖排,每页490字,每册约为60 000字。其目录不再分类,仅登篇名,中文目录竖排,刊登于封面;英文目录横排,刊登于封底。

1925年的《东吴杂志》为平装16开本,每册120页,中英文各半。中文用5号宋字竖排,每页650字。每册中文约为40 000字。其目录排法同上,但不刊登于封面封底。

1926年至1928年的《新东吴》为平装16开本,用5号宋字竖排,每页900字,每册50页左右,约45 000字。仅第一卷第三、四期(合刊)为中英文合版,其他均为中文版。其目录排法同上。

1933年至1938年的《东吴》、《东吴学报》为平装16开本,用5号宋字横排,每页900字。每册120页至160页,约10万~15万字。其中两期为英文专刊,四期为中文专刊,其他均为中英文合版,英文所占比例不等。其中文专刊目录竖排,英文专刊、理科专刊目录横排。

《东吴学报》创刊时,每期仅1万多字,后发展为10多万字;由线装本发展为平装本,由中文版发展为中英文合版,这说明随着时间的推移,东吴学报的印刷、装订、版式、容量等都在不断改进,逐步趋于成熟。

三、内容分化

《东吴月报》第一期至第三期分图画、论说、学科、时事、译丛和丛录六类。论说、学科是论文,约占二分之一的版面。译丛是译文。以上三类近似今日学报之内容。时事、丛录是新闻、校闻、杂记。这两项近似现在的校刊。故早期的东吴学报兼有今日学报、校刊的内容。《东吴月报》第四期至十二期与前三期相比去掉了"时事",增加了"教育",学术论文的内容有所增加。

《学桴》(1907—1908年)分图画、论说、文科、理科、法科、医科、小说和杂录八类,原译丛类的译文归入各学科中。论文篇幅增加,杂录内容减少。系文理综合性刊物,并兼有一部分如同今日校刊的内容。

《东吴月报》、《学桴》的"论说"结合现实较紧,如《论今日中国之时机》、《拒烟演说记》、

《论支那抵制鸦片》、《列强之对华政策》、《论中国二千年来文化背景之种因》、《女子教育》、《今日中国女学之前途》，并刊登了反对裹足的《天足会》。但由于早期学报每期仅 1 万余字，刊登的文章有限，经常连载，《万国公法论》和《大西洋上之陆路》二文竟各连载十三、十二期。

《东吴》（1913—1917 年）、《东吴季报》（1918 年）分为通论、学术、文艺、杂俎、纪事和附录，理科的论文归入"学术"一类。杂俎、纪事、附录约占三分之一版面，排 6 号宋体，而论文排 5 号宋体，以示区别。《东吴》（1919—1922 年）、《东吴杂志》（1925 年）、《新东吴》（1926 年至 1928 年）主要刊登各科论文，仍有三分之一版面登载文艺作品、杂记和校闻。这阶段的学报性质与以前的相似。

《东吴学报》（1933—1938 年）以专刊的形式出版，有经济学专号、社会科学专号、国际问题专号、理化专号、生物专号和文学专号等。全部刊登学术性论文，不再有文艺、校闻之类的内容，已成纯学术性刊物。

值得指出的是，东吴学报上的文科论文结合现实较紧，反映了时代的脉搏。1921 年中国共产党建党时期，学报上曾刊登了宣传马列主义及其他新思潮的论文，如《布尔萨维克之研究》、《革命的劳工运动史》、《社会主义问题与社会学》等，并展开了对三民主义和中国政体的探讨，如《中山民族主义之研究与批评》、《吾国今日不宜采用联邦制》、《中国共和谈》等论文。还有些论文就国民运动与劳工问题发表见解：如《国民运动与今后的国民运动》、《社会运动之原因与其今后之趋势》、《中国女工问题之研究》和《怎样去废除没有成年的劳工》等。学报对当时颇为流行的实业救国问题也展开了热烈的讨论，如《实业救国策》、《发展我国农工银行之刍议》、《中国工业改革的实质问题》、《中国工业退步的缘由》、《中国黄丝业之危机》、《中国近年丝织物外销衰落的原因及其对策》和《国联与中国技术合作之研究》等。学报还刊登了深入研究中国社会问题的文章，如《我国今日农村经济破产的实例》、《中国婚制感言》、《旧家庭的三大改革》、《反对大家族制的理由》、《组织新家庭之要素及促成之方法》、《谈民法亲族篇中之婚约问题》。其中，并就中国妇女问题展开了探讨，如《中国妇女的解放》、《中国妇女运动的批评》、《女学生与贤母良妻》、《中国男女同校的采用》等。另外，还有一些文章反映了三十年代世界纷乱的政治风云，如《最近国际政治纷争中苏俄外交的胜利》、《托罗斯基的世界革命》、《国联大会中日争论报告书》、《中东铁路与日俄关系》、《风靡世界的经济国家主义及前途》和《希特勒执政后欧洲国际新形势》等。

东吴学报创办时内容庞杂、学术性欠强，其主要原因是与由学生会主办有关，与其办刊宗旨有关。因办刊者是"受同学命、任编辑事"[13]，故学报主要面向学生，办刊是为利于"在校同学品学友谊"[14]，为密切"毕业诸君与在校同学之关系"[15]。由于刊物的主办者和读者对象都是学生，一切对学生负责，而学生的需要是多方面的，所以学报内容就杂了。其次，学报的作者亦以学生为主，学报是"各位同学得在该杂志自由发表言论"的园地[16]，因是"自由发表言论"，"杂"是势在必然。

大概当时也发现了这个"杂"的问题，因此于 1926 年在学报上刊登了这样的启事："东吴学生会出版科，以发行两种刊物为宜。一为三日刊或周刊，多载时论。一为半月刊或月刊，表章文艺学术"[17]。到 1927 年正式"将新东吴改为两种刊物，一种是半月刊，专载校内新闻、时评、杂感和其他小品文字，还有一种是半年刊，这是专载各种学术文章及其他长篇专著的"。[18]（现北京大学图书馆尚存有《东吴半月刊》1927 年）东吴半月刊的出版，使学报的学术性有了显著的提高。1933 年由校方主办《东吴学报》后，学报成为正规的学术性刊物。

四、作者演变

对于《东吴月报》(1906—1907 年)《学桴》(1907—1908 年)来说，写稿的人较少，同一期上反复出现同一作者姓名每每为常事。《学桴》第一期上稽健鹤的名字出现 4 次，第二期上稽健鹤的名字出现 3 次。《东吴》(1913 年)第一卷第一号，"陆志韦"出现 4 次;《东吴学报》(1919 年)第一卷第二期"沈体兰"出现 5 次;《东吴》(1919 年)第一卷第三期"尤敦信"出现 6 次。其他一期上出现 2 次、3 次者不胜枚举。这种现象一直持续到 1922 年。1925 年之后的《东吴学报》虽仍有一期出现同一作者姓名 2 次、3 次者，但其出现的频率已大为减少，这说明稿源增多，作者群在扩大。

1925 年前，学报的作者主要集中于少数人，如沈体兰、沈青、陆志韦、稽健鹤、王鼎、赵紫宸、沈申寿、尤敦信、张原洁、张师竹等。1925 年之后，作者群有了明显的变化，上述诸位的名字少见或不见于学报，经常发表文章的作者有李兢渊、谢佐禹、陈恩成、王佐才、陈冽、汪葆熙、佘贻泽、沈起炜、范烟桥、严志弦等人。自此已有了一股强大的学术力量，成了办好学报的中坚。

总之，《东吴学报》的创立经历了一个从不成熟到逐渐成熟的发展过程，经过全校师生的长期努力，它终于渐趋完善，成为师生们商讨国计民生、研究国内外政局、探究科学真理和反映教学科研成果的阵地，成为一个学术性较强的刊物。这对于我们今天办好学报来说也会提供某些有益的经验。

注释

[1]《复旦学报》1918 年创刊，《北大月报》1919 年创刊，《清华学报》1937 年创刊。

[2] 从《新东吴》第一卷第一期(1926 年)的《稽查东吴杂志社账目报告书》一文中，可确定《东吴杂志》仅出二期。

[3][14][15]《东吴杂志》第一卷第一期(1925 年)，《发刊辞》。

[4][6][13]《东吴学报》第一卷第一期(1919 年)，《重组发刊小言》。

[5]《新东吴》第一卷第三、四期(1926 年)，《本报简章》。

[7]《新东吴》第一卷第三、四期(1926 年)，《来函》。

[8]《新东吴》第一卷第一期(1926 年)，《稽查东吴杂志社账目报告书》。

[9]《东吴月报》第二期(1906 年)，《本报简章》。

[10]《新东吴》第一卷第三、四期(1926 年)，《本刊启事》。

[11]《东吴》第一卷第一期(1933 年)，《卷头语》。

[12] 此处所用起始年限，均以所见到的馆藏本为据。下同。

[16]《新东吴》第一卷第一期(1926 年)，《本杂志征文通告》。

[17]《新东吴》第一卷第三期(1926 年)，《出版科启事》。

[18]《新东吴》第二卷第一期(1927 年)，《最后的一页》。

原载《苏州大学学报》(哲学社会科学版)1987 年第 3 期

百年盛会　兴味空前

刘建生

一百年前，住在苏州天赐庄东吴大学堂的东吴月报执事人、总主笔祁天锡，怎么也不会想到——

一百年后，1 553 种类似于东吴学报的大学学报如春笋般涌出，如今已是玉树临风，日益壮大，成为世界上引人注目的期刊群落。

一百年后，200 多位大学学报的主编、主任聚集在这里，隆重纪念中国的大学学报一百周岁，为百年盛事精彩定格，为我们共同的学报事业、期刊事业、教育事业鼓与呼，令人振奋、令人感动。

一百年后，教育部长、大学校长、学报学会会长和台湾东吴大学的学长们在这里用热情洋溢的语言弘扬科学文化，倡导中国传统，鼓励开放与研发，为高校学报发力，如春风化细雨，如旱苗沐甘霖。

与其说大家在纪念一种媒体形态的百年华诞，纪念《学桴》的渐行渐彰并成为一种业界的标识，纪念 20 世纪伊始中国学界正式开始的科学文化技术交流的渠道沟通——

不如说大家更是在纪念一种精神，一种悠悠百年、薪火延续、发扬光大的学报精神。纪念“以表学堂之内容，与当代学界交换知识”的创刊初衷，纪念立志过渡精神，政治、宗教、科学、哲学、历史各种文化要素和文化演进的高远志向，纪念“真理日名，人格日上，教育资料日富”的办刊理念，纪念文以载道、厚德载物，甘做舟楫、连接彼岸，服务国家、服务学术的社会使命。

今天，我们念念不忘这种精神，我们传承和弘扬这种精神。在这种精神的指引下，我们打造出更多更强的学报精品、学术成果、学业建树，提升社会科学和自然科学整体发展水平，推动和谐社会的全面建设、健康发展。

感谢一百年来，各个不同时代、不同时期的学报同仁的艰苦卓绝的努力。他们开掘我们这片精神家园，积累社会共同的精神财富，推演学术成果的不断涌现，凝聚科学文化发展的最新成果。我们听到过许多专家学者对学报的温馨回忆；看到过一批又一批学术新人在这片土地上成长起来，成为国家的栋梁；知道更多的莘莘学子从中汲取知识和营养，丰富科学文化学术涵养，也丰富自己的人生、实现自己的追求。

感谢一百年来，默默无闻的一代又一代学报学人的无私奉献。他们在这片土地上辛勤耕耘、播种、浇水、施肥、除草、呵护和培育，许多成果、许多专门人才成功的里程碑上，并没有刻上我们各位主编和编辑的名字，但是人们不会忘记他们，社会永远记住他们，科学与文化的进步和成长时刻离不开他们。

当然，众多并不意味着强大，综合不说明有特色，有时甚至很难说，有了胜于无。应当承认，在一百年后，在媒体形式多元化、信息沟通多渠道、资料来源多网络的今天，学报生存和发展的空间受到前所未有的打击和挤占；缺乏适度的竞争，没有引入市场机制，尤其是满足于“政府且保护之、提倡之、资助之”的现状，也使我们学报的内部发展缺乏生机和活力，缺乏创新和建树，平庸者多，维持现状者多，满足低层次的需求多，引领学术新境界、新发展、新开掘者少，成为学界科研推进的明星者少，进入世界范畴学科前沿、学识尖端的对话者少。各位主编，各位同行，“路漫漫其修远兮，吾将上下而求索”，求索之路，研发之事，创新之役，繁荣之未来，任重而道远！

我们欣喜地看到政府管理部门为改变这种状况所做出的不懈努力。新闻出版总署、教育部先后出台专门文件，除在学报的刊号资源方面大力支持外，特别强调了要扶持和鼓励重点院校重点学科创办高水平的品牌期刊。特别是教育部制定和实施的名刊名栏建设工程，正在对高校学报精品办刊、整体提升产生重大影响。

我们高校学报自己的组织高校学报学会，也为刊物的繁荣和建设，为精品期刊的打造、精品栏目的打造作出了巨大的贡献。

目前，正在全国逐步铺开的文化体制机制改革，也包括出版体制机制改革的工作，改革的目的在于推进繁荣和发展，制度创新，宽松政策的出台、良好氛围的建立，一定会大大促进高校学报的长足发展，改革将会为我们大学的出版业、期刊业、学报业创造更好的发展环境，给予更多的优惠和支持，提供新的动力和活力。

我们欣慰地看到，外动不如内动，不少学校已经行动起来。

一些学报开始在酝酿整体突破，打造国际水平，争取在世界学术交流中对话，在学术前沿中崭露头角，占领文化科学和学术研究与发展的前端甚至制高点，立志成为世界学术界的知名品牌和精品，成为学术学科发展中引领世界潮流的领头刊物。

相当多的学报选择了栏目制胜的战略，先办出闻名学界的品牌栏目、知名栏目，成为某一学科、某一专业、某一研究领域的权威和标杆，名栏制胜，然后开始整体突破。

更多的学报主编在思考，能否保证自己苦心经营的刊物中，每一期都有一篇重头文章推出，这篇文章能够探寻学科前沿，引领学术潮流，成为学科建设的基石。

试想，每年如果我们能有二三十种学报成为世界顶尖级的“牛津版”、“哈佛版”，我们有一百到两百个栏目成为世界学术交流中的知名栏目、权威园地，我们每期有 1 553 篇论文成为学术界叫得响的精品，成为本学科和学术领域中的建树之作、扛鼎之作，那么，我们将会对整个中国的科学文化发展，对整个社会的学科建设和学术繁荣做出多么大的贡献。

借用一句古诗：我劝主编重抖擞，不拘一格发精品，不拘一格造品牌，不拘一格创名牌。

我们更为欣慰地看到，越来越多的学报注重科学研究与指导社会实践相结合，在学术成果的普及、扩大、推广等方面做了大量的工作，并取得了卓越的成效，让人称道。

学术成果的通俗演绎、科学阐释和指导实践，也是我们义不容辞的责任。我在不久前东北片的学报主编调研座谈会上举过一篇 4.5 万字的论文救活一家出版社的例子。那种影响人们一生的科学观、研究观的论文，也许不是顶尖级的研究成果，却能在社会实践中产生巨大的社会效用。

我们每一位主编、每一位编辑要善于立足于中国国情，在学术成果的普及、推广、使用等方面作出我们应有的贡献。

我们由衷地希望大家珍惜我们手中的出版资源，珍爱我们这一片宝贵的园地，珍重我们对每一篇文章的选择，珍视我们学报圣洁的名誉和在读者心目中的位置。希望大家在质量上下功夫，在深开掘上多努力，在占有更多信息资源和学科知识方面勤积累，在推出精品、擢拔新人的培育中深耕耘，不负时代、不负时光、不负机遇，作出让自己一生无愧无怨的切实奉献。

我的同事告诉我，《学桴》这个刊名，既蕴含着先贤先哲奋发图强、济世救民的理想抱负，又有求真务实、学海泛舟的科学追求，还有为学术擂鼓呐喊、助威的意味。学海无边，学报摆渡，各位主编和编辑的苦心造诣、苦心经营，在百年之后的今岸，张帆启航。我们岸上的人该做点什么，我想我们所有的人，都一齐来做擂响教育、科学与文化进步这面大鼓的鼓槌，希望在社会不断擂响的奋进鼓点中，通过各位的努力，中国的高校学报有一个更大更强的发展，中国高校学报的整体水平有一个更高更快的提升。

原载《苏州大学学报》(哲学社会科学版)2006 年第 4 期

《学桴》领航一世纪　百舸争流创名刊

龙协涛

一百年前，在苏州大学的前身东吴大学，一本取名有深刻含义的杂志《学桴》诞生了。一只学术航船扬帆鼓浪从这里出发，揭开了具有现代意义的中国大学创办学术杂志的序幕。在中国大学学报走过的一百年的发展历史中，有三个事实是值得特别关注的。

第一，它是一个独特的学术期刊群，可真正称得上是具有中国特色的东西。国外的著名大学未办剑桥学报、哈佛学报，但中国的清华学报、燕京学报以及虽未以学报冠名但的的确确是大学办的学术刊物《北京大学月刊》、《国学季刊》等享誉学术界，在中国现当代学术史、期刊史上具有里程碑的意义。

第二，中国的教育家、中国的学者非常重视大学的学报，如《北京大学月刊》就是蔡元培倡导创办并亲自撰写发刊词，解放后的《北京大学学报》也是当时任校长的马寅初倡导创办并亲自撰写发刊词。著名的教育家、《资本论》的翻译者、曾任厦门大学校长的王亚南还明确提出，看一所大学主要看三个东西，一看教师队伍，二看图书馆，三看学报。把高校学报当成衡量一所大学办学水平的重要标志。

第三，共和国的领袖毛泽东非常关注大学的学报，他盛赞以扶植“小人物”出名的山东大学《文史哲》；他还要求中央办公厅为他订阅《中山大学学报》；1973 年，他看到大学停办、学术荒芜，及时批示要恢复大学学报的出版。我以为毛泽东在他波澜壮阔的一生有一点大学学报的情结也不为过。

今天，中国高校社科学报已发展到 1 000 多种，成为中国社科院系统、各省市社科院系统、各省市社科院及社科联系统之外的，一个影响较大、不可替代的学术期刊方面军。在学报发展的不同时期，特别应指出的是 2001 年至 2002 年，当时任总书记的江泽民同志连续三次发表要重视哲学社会科学的讲话，教育部随后就召开了全国高校社科学报工作会议，紧接着就下发了关于加强和改进高校社科学报工作的文件，又紧接着推出了哲学社会科学名刊工程。这些讲话、文件和措施在高校社科学报界搅动了一池春水，波光荡漾，形势喜人。主管领导部门对学报的支持力度从来没有像今天这样大，出台的改革创新措施从来没有像今天这样多，学报工作者在思想上的触动从来没有像今天这样深，高校社科学报面貌的变化从来没有像今天这样显著。像《北京大学学报》、山东大学《文史哲》等刊物，可谓是老刊换新姿、名刊创佳绩；而一些普通院校的学报也办得不普通，边远地区办的学报走进了学术关注的中心。名刊工程如暖流、如东风，它催发了北国之春的鲜花，如吉林大学社科学报；它又收获了彩云之南的硕果，如云南大学《思想战线》。总之，今天的高校社科学报界呈现的是一派百舸争流、百花争艳的生机蓬勃的大好局面。

高校社科学报的可喜变化主要体现在三个方面：

第一，以第一批入选教育部名刊工程 11 家学报为代表，有一部分学报已经跃入国内一流、国际知名的高校品牌期刊的行列。这些学校的领导对办刊非常重视，把办好学报列入学校扶重保强的战略规划，特别珍惜自家学报的品牌和声誉，视同“名门闺秀”。这些学报走联合办刊之路，集中两校或几校的研究成果，优势互补，强强联合，有效地整合学术资源，实现做大做强的目标。这些学报选择了先进的办刊理念，实行开门办刊。组稿发稿的视野再也不局限在学府的学院高墙之内，能够从校外、海外、国外选用优质稿件。有的学报成立了由国内著名学者和国外专家组成的编委会，有的还开始出版学报的英文版。

第二，有一批学报从自身的实际出发，或根据学校的学科优势，或根据地方特色，或根据历史传统，办好一两个重点栏目，打破了千刊一面的僵化局面，走上了特色化、个性化的办刊之路。栏目的设置总是从“问题意识”出发的，总是和重大课题联系在一起的，学科的交叉性和综合性居其基本属性，它既体现某一学科链的必要延伸，又体现多个学科生长点的有效聚合。栏目是期刊的眼睛，点睛之笔画好了，整个期刊皆活，有望在林林总总的期刊之林中实现“万绿丛中一点红”的效应。

第三，对于大多数普通高校的学报而言，它们遵循服务育人的办刊宗旨，适应我国高等教育快速发展的需要，面向千千万万学写学术论文、学做学问的青年学子，为他们难以在国内有影响的刊物上发表的处女作提供发展园地，为这些尚未出名的“小人物”的学术起步搭建一个初始阶梯。这些刊物担负着学术培训、学术实习的任务，不知激励了多少人才、扶植了多少人才、培养了多少人才，这些是 CSSCI 等期刊评价的各种数据统计不出来的，但从学术人才成长的规律看，这些刊物所发挥的作用和存在的价值理应充分肯定。

中国近现代创办社科学报已有 100 年，新中国创办高校社科学报已有 50 多年，高校社科学报成立自己的行业组织已有 18 年，这三件事值得在学术史、教育史和期刊史上抒写。

我们的学报学会是 1988 年成立的，从成立之日起，我们牢记办会宗旨，做好联系广大会员和政府主管部门的桥梁和纽带，配合教育部社科司开展各项工作。18 年来，我们召开各种类型学术年会、学术研讨会，举办培训班共 35 次。除倡导会员要成为各自专业的学者外，我们组织开展共同的编辑学研究，出版编辑学专著 40 多部，发表编辑学论文 3 000 多篇。开展过三次评优活动，表彰先进，鞭策后进。编辑出版学会的《通讯》达 315 期之多，给广大会员提供充分交流办刊经验和信息的平台。去年 10 月，根据当时的形势，在学会的常务理事会上，我们制定并通过了《高校社科学报工作者职业道德倡议书》。通过开展以上一些活动，目的是促进高校社科学报的学术质量和办刊水平的整体提升。事实证明，我们的学会是一个人心齐、人气旺、会风正的学术社团。

一百年留下了一段厚重的历史，一百年留下了一笔丰富的精神遗产，值得回顾，值得总结，值得继承。新的世纪，新的时代，我们国家新的发展历史时期，又给我们提出了新的课题、新的任务、新的奋斗目标，任重而道远，艰巨而光荣。为建设中国特色的社会主义，我们需要发达的自然科学，也需要繁荣的哲学社会科学。环顾当今世界的发展潮流，各个国家各个民族在物质生产、物质生活层面毫无疑问是逐步趋同的，然而，展示一个民族的个性、保存一个民族精神风貌特征的，则主要在精神生产、精神生活领域。学术文化是一个民族精神风貌展现和生存发展的根基，哲学社会科学是引导国民前进的精神灯火，学术理论期刊是繁荣发展哲学社会科学的重要链条。包括学术理论期刊编辑在内的广大哲学社会科学工作者，目标高远，责任重大，使命崇高。编辑理应“铁肩担道义”，尽“学术把关人”之义务，绝不可头脑不清、政治不敏锐而茫然不识时务；编辑只有秉持学术良知、坚守学术本位、维护学术尊严的权利，绝不可为学术赝品、学术次品、提职称提供便利；学术期刊是专家学者开展学术争鸣、发表研究心得的公共平台，绝不可蜕变为以学术谋私、搞学术腐败的人投机钻营的活动舞台。作者期盼有学术鉴赏力和伯乐精神的编辑，社会呼唤具有学术公信力和良好学术声誉的期刊。而办好一份学术期刊，就等于树起了一面学术旗帜，它可以坚持一种正确的社会舆论导向，张扬一种先进的学术文化理念，倡导一种优良的学风，团结一批真正献身学术的学人，其对学术的繁荣与发展乃至社会的进步，功莫大焉！

各位代表，高校社科学报的100年的确值得我们纪念。这是中国学术发展史上的100年，是我们学报工作者引以为骄傲的100年。百年积累，百年奋发；百年开拓，百年收获。它预示着未来一个新的更加广阔的发展前景。让我们学报界的广大同仁在主管部门的领导下，以纪念学报百年为契机，明辨方向，牢记责任，不辱使命，为繁荣发展中国的哲学社会科学更加努力奋斗，抒写新的历史、创造新的辉煌。

原载《苏州大学学报》（哲学社会科学版）2006年第4期

试评《东吴学报》的地位和作用

许周鹣

20世纪初,中国当时的教育界正值"科举垂废而未废"[1]的封建教育向近代教育转化的时期,反映近代先进思想、近代科学的报纸刊物相继涌现,我国第一份高校学报《东吴学报》于1906年应运而生,其刊行宗旨是"表学堂之内容,与当代学界交换知识"[2],并期望"此报为强种强国之起点"[3]。它的诞生是社会发展的产物,亦促进了近代教育思想和各种先进思想在中国的传播。

民国初年的苏州仍是一个相对封闭的地方。辛亥革命时期,苏州并没有像武汉等一些大城市那样有过激烈的武装暴动,仅仅是江苏巡抚程德全宣布独立,由巡抚改称都督,苏州随之进入中华民国时期,因而对旧的东西触动不大,旧思想、旧道德依旧浓厚地笼罩着苏州城。直至民国九年(1920年)苏州某个家长还"不许他的子弟看介绍新思想的报纸"[4];某个大家族的族长竟下令全族人不准剪辫,并威胁"谁敢剪辫,定要出族"[5]。与苏州近邻的上海,当时宣传新思想的现代报刊多达上百种,而苏州却寥若晨星,充其量仅四五种而已,且每种刊物只发行一年左右即予停刊,惟《东吴学报》能持续刊行30多年(其间曾几经变动),独树一帜,对苏州社会上封建思想的冲击和新思想的输入建树了一定的功绩。

东吴大学是实行近代资产阶级教育的学校,开设了西方政治思想和自然科学课程,培养的学生不再是封建文人,而是已成为资产阶级和小资产阶级知识分子。作为这股新生力量的喉舌,《东吴学报》自创刊之日起即抨击封建社会的种种弊端,号召青年学生应该首先觉悟,冲破封建礼教的约束,积极投身于改造社会的时代潮流,承担起青年应负的职责。《东吴学报》宣传新思想新文化的主要表现有三个方面:一是宣传资产阶级近代教育思想,欲使中国摆脱愚昧的现状;二是倡议家庭改革和妇女解放,力求变革封建婚姻家庭观念;三是介绍西方各种改良主义,介绍马克思主义和十月革命,掀起中国社会革命的浪潮。

近代中国在与西方各国的接触中,暴露了文盲过多、教育落后等弱点。《东吴学报》大量刊文介绍了资产阶级的教育思想和教育救国论,宣传教育平等,并主张通过教育改革达到政治改良的目的。它指出现代社会不可能建筑在文盲和愚昧之上,因此"教育是巩固民族的要素,是强种立国的基础"[6]。中国必须实行普及教育,人民才有"充足的知识、高尚的理想",再去"谋社会的幸福"。[7]学生们经过调查,当时入学的儿童"只有全体学龄儿童的十分之一",要普及教育就必须"照原有的小学数增加十倍"[8],这样,既要增添教师和教育经费,又要解决贫苦家庭的经济困难和童工问题,这些问题在军阀政府统治下无法解决。依赖政府资助来实行普及教育已成为泡影,学报转入对义务教育及其具体方式的探讨。学报刊载的文章认为,义务教育能使无力就学的儿童和文盲的成年人受到教育,开办义务学校"实在是根本上改良中国的一种好办法"[9]。强调义务学校的招生对象应面向各阶层,尤其不应"看轻"农民,农民是"我们的主人翁","我们的衣食住"都由他们供给,所以中国若"要兴旺,非把农民教育去办不可"[10]。并痛斥统治阶级不愿普及教育,害怕农民觉悟,要农民“永远做目不识丁的愚夫,可以奴隶”[11]。学报上还刊文总结青年学生利用暑假期间在苏州和江浙各地开办义务学校的经验。由于封建势力的抵制、资金的匮乏和学生本身的弱点等诸因素,义务学校不能长久存在,受到义务教育的人数也极有限。然而,东吴学生大都是富家子弟,自幼养尊处优,能有上述为国家为人民实行义务教育的决心和行动,这确是他们受到新思想新文化的熏陶而自我觉悟的结果。《东吴学报》成为学生宣传普及教育、总结实践经验的阵地,在苏州地区产生了一定的影响。

《东吴学报》以西方传入的进化论、天赋人权学说为理论武器,向封建的婚姻家庭制度、观念及礼俗进行讨伐。《东吴学报》刊文指出“家庭为一种社会组织,在社会中实占有重要位置,其势力足以左右社会之进化。”[12]中国封建社会的旧道德、旧家庭观使家庭成为维护专制统治的顽固堡垒,窒息了中国人的个性,摧残了中国人的创造力,使中国长期停滞于宗法社会而不能前进。文章痛斥中国家庭制度太发达了,造成家之外无社会、家之外无天地。各家庭“多抱利己主义,……事事以家庭为目的,……若有稗益于家庭者,即卖国亦所不惜,……致社会国家蒙其大害。”[13]旧家庭成了社会发展的严重桎梏,这是要实行“家庭革命”的根本原因。

“家庭革命”涉及到家庭问题的各个方面,重点是破除封建的纲常礼教,以争得人们的独立自主之权。学报载文批判“父为子纲”,尖锐地指出家长实乃第二君主,“家长可以靠着神权礼法”去压制幼辈,“只要子孙能把祖宗传下来的几百亩地或几千亩地保住”就好了[14],强行禁止子弟接受新的思想,使后辈饱食终日,碌碌无为,毫无进取性,惟听父母之所择,而无子女容喙之地,阻止了社会的进化,破坏了人们的幸福。该文还指出:父母之生子女是长幼遗传的规律,绝无尊卑的道理,所以父与子是平等的。在新型的家庭关系中,父子、夫妇之间应是平等相处。文章还极力提倡建立一夫一妻制的、与父母分居的新型小家庭,消除子女对父母的依赖,培养各家庭的自主和自强,让每个人认识到自己对国家、对社会的作用,从而促进整个社会的进步。

与此同时,妇女问题也被当作一个重要的社会问题进行探讨。《东吴学报》刊文指出,封建家庭中存在着夫尊妻卑的丑恶的现实,受害最深者是女子。她们被“三从四德”、“贤妻良母主义”等封建伦理观念所束缚,使她们“根本失去了成为家庭、社会、民族成员的资格”[15],也失去了做人的权利。童养媳、婢女和妾等更若置于水火之中。男女不平等的制度和习惯盘踞于社会之上,遗害无穷。它禁痼女子的智慧,残贱妇女的肢体。妇女们并不是“原来智能低下,而是她们没有机会接受教育,被剥夺了参与政治的权利”[16]。文章批判了男尊女卑的旧思想,号召妇女与旧家庭决裂,尊重自己的人格,发展自己的个性,担负起社会的责任,真正成为国家、民族的一员。文章还进一步研究了妇女解放的具体途径。由于中国社会封建势力根深蒂固,妇女解放不是“一举手一移足”的易事,应该认真“研究怎样能够于最短的时间,收最大的效果”。首先,要“提倡普通女子必须学识”,得到智力解放;然后,鼓励女子“参入各种职业”,获取经济上的独立,最后,让“女子参政”[17],自己觉悟,得到与男子平等的公民权利。这些文章中讨论和研究的问题在当时社会上亦属先进思想之列,它对于冲击旧观念和旧道德,对于家庭改革新思想在苏州的传播,无疑起了推动作用。

随着新思想的广泛传播,《东吴学报》还介绍了国家社会主义、无政府主义学说以及英法奥意等国社会民主党的概况。伟大的俄国十月社会主义革命的胜利给正在黑暗中奋斗的中国人民带来了希望的曙光。学报也重点介绍了马克思主义的原理,如唯物历史观、剩余价值论、科学社会主义和阶级斗争观等等,阐明马克思的社会主义革命能使“受压迫自分裂的民族,达到民族国家独立;无参政的下等阶级,获得政治上的自由”[18]。称颂社会主义“竖起新哲学、新经济、新国际”,是“进攻资本主义的精壮武器”。马克思主义是“引导人民为无产阶级奋斗的明星,……是解放无产的人之哲学”[19]。其中刊登的《布尔萨维克之研究》一文认为应该用实事求是的方法评价俄国十月革命,反对统治者诬蔑十月革命是“扰乱社会秩序最可怕的举动”、是“洪水猛兽”的说法,认为它是一次社会革命行动,并为之辩解说:革命“初出现的时候,自然有些破坏事情”,因此苏俄初建时的贫困“是革命后不曾恢复的结果”,决不是布尔什维克故意制造“恐怖”。《东吴学报》还报道了苏俄政府机关的工作效率“达到最高之度,把专制时代敷衍气息,说(脱)得干干净净”。认为苏俄的社会生活有了根本性的改变,“推广普及教育”,提高了“女子在社会上的地位”,解决了儿童问题等等。文章赞扬列宁是一位“聪明过人之人”,他“意志坚决、勇果豪爽,无自私自利之心肠,对于革命抱不屈服不调和的态度”。并断言俄国革命“决不会不影响他国的”,也决不是“贵客上宾多数欢迎的”。《东吴学报》加入了时代的洪流,在新文化运动中宣传了最新的革命思想——马克思主义,与各进步刊物相呼应,划破了苏州沉闷的上空。

新思想的深入传播敦促了中国人民的觉醒。1919 年爆发了轰轰烈烈的五四运动,震撼了中国大地,也震动了苏州古城。东吴学生积极参加苏州的五四运动,《东吴学报》及时刊文赞扬五四运动的成果说:在学校中“改良教授,去适应新思想的潮流,这可算是教育改良的萌芽了,岂不可喜吗?”社会上“大小团体都组织起来,各人想自决的方法,……这不是社会的好现象吗?”[20]之后,改革之声浪日高一日。《东吴学报》结合苏州当时现状,揭露乡绅“鱼肉乡人,敲剥咀吸农人汗血骨髓,要皆苏中平民之敌,而社会进化之贼也”。[21]苏州“乃绅士之天堂”[22],穷人之地狱,社会改革势在必然。学报载文认为,应该“加添新出版物,用白话文字来鼓吹”[23]新思想,让新思想在社会中占优势,以减小社会改革的阻力。在各种新思潮中,社会主义是“为全体谋福利顶好的办法”[24],是我们努力的方向。然而,中国社会的保守性极强,改革决不是轻而易举之事,“旧观念、旧制度必受极大之打击,然后归于消灭”,“改新者之牺牲必矣”。为了拯救中国国民,务必建立“良善政治”[25]。《东吴学报》刊文反对守旧卖国的军阀政府,怒斥段祺瑞“除卑词屈膝、媚事列强外无外交;除压迫民众、厚敛人民以奉事军阀、豢养政客外无内政”,“只要禄位坚固,即祸国残民,亦所不恤!”[26]灭绝人道的“三一八惨案”发生后,更证明段祺瑞是“帝国主义的刽子手”,是“危害人类利益团结的蟊贼”[27]。只有推翻军阀统治,中国才能有出路。《东吴学报》以极其鲜明的态度支持当时的新型政权广州国民政府,身在吴中心向南粤,发表了不少具有强烈时代感和现实感的文章,盼望代表当时进步势力的国民党政府能把中国引向光明之途。这在社会上、尤其是苏州地方扩大了进步势力的威望。但由于不能用阶级分析的方法看问题,从而无法探求中国社会的正确出路。

《东吴学报》的创办活跃了学生的思想,加强了学术交流,培养了学生的写作能力和社会实践能力。在 1906 年至 1918 年期间,《东吴学报》所刊文章 50% 以上为学生所撰写;1919 年至 1927 年学报的作者几乎全是学生;1933 年学校主办学报后,仍有 70% 的文章为学生所撰。学生在读书期间就有发表文章的园地,有利于他们钻研学业。例如,1921 年毕业的吴芷芳在学生时代就经常发表文章,知识面广,思路清晰,能击中当时中国社会的弊端。由于学生时代基础扎实,业务水平不断提高,他后来任东吴大学政治系主任、教授。另一位1922年毕业的沈体兰曾任东吴学报社社长,学生期间撰文达十多篇,不仅学业优秀,而且社会活动能力强。他深入社会基层,写出了反映中国社会上的童工问题、义务教育问题和农民问题的文章,提出了自己对这些问题的独到见解。毕业后从事中学教育,后任上海麦伦中学校长,成为体育界的著名人士。

《东吴学报》经常刊发学生们的社会调查文章,支持学生深入社会生活、研究现实问题。例如,《江浙当铺状况》一文的作者系大学三年级学生,他详细调查了江浙当铺的渊源、种类、数量、行业现状和雇员的待遇等,探讨当铺在近代没落的社会原因,是一篇研究社会经济的好文章。《中国女工问题之研究》的作者系大学二年级学生,他调查了各行业女工的现状,分析了女工问题产生的政治、经济原因,呼吁各界人士"为社会之治安计、国家安宁计",应正视女工的问题,唤醒女工,"促其团结,自求解决"。这些文章的发表有利于改变闭门读书的风气,鼓励学生深入生活,克服自身的弱点,促使他们走上了获得真才实学的途径。

东吴大学是一所教会学校,美国创办该校的目的是利用文化教育侵略中国,培养其奴役中国人民的工具。但是,这在客观上也传播了西方近代文明。科学知识一旦被爱国学生所掌握就变成了反对侵略、要求民族独立的力量。虽然《东吴学报》有些文章也宣扬基督教义和奴化思想;在反帝的口号中,只提反日反英,不提反美,如此等等,这些都起了一定的消极作用。但是总的说来,要求民族独立和科学民主的新思想始终占主导地位,这一情形尤其在五四运动之后表现得更为明显。《东吴学报》创刊较早,鉴于当时教学科研水平较低,故学报的学术性欠强,但它毕竟为东吴师生提供了一个阵地。它对于培养学生反帝爱国热情、提高科研能力、深入社会生活并增强工作能力都起了显著的作用。《东吴学报》促进了科学文化的交流,冲击了旧文化旧礼教,有助于人们的思想解放。这是我们不应当忽视的。

注释:

[1][2]《发刊辞》,《东吴月报》第一期,1906年。
[3]《发刊辞》,《东吴》第一期,1913年。
[4][5]《反对大家族制的理由》。
[6][7][8]《普及教育与中国》。
[9]《暑假义务学校之研究》。
[10][11]《我对于农民教育的计划》。
[12][13]《组织新家庭之要素及促成之方法》。
[14]《我的旧家庭观》。
[15]《中国妇女的解放》。
[16][17]《中国妇女运动的批评》。
[18][19]《革命的劳工运动史》。
[20][23]《国民运动与今后的国民运动》。
[21][22]《时评》,《新东吴》第一卷第三期,1926年。
[24]《社会主义问题与社会学》。
[25]《社会运动之原因与其今后之趋势》。
[26][27]《评论》,《新东吴》第一卷第二期,1926年。

原载《苏州大学学报》(哲学社会科学版)1988年第2期

评《东吴学报》的地方特性

许周鹣

《东吴学报》刊发于古城苏州的高等学府——东吴大学,它是我国创刊最早的高校学报,办刊时间长达32年(1906—1938年),共出版57期,在东吴师生们齐心努力下,《东吴学报》成为理论性较强的学术刊物,它不仅有一定的学术水平,并具有鲜明的地方特性。

《东吴学报》办刊期间,正值中国社会大变革的时代。轰轰烈烈的辛亥革命震动了中国大地,清王朝专制大厦的倾塌,中华民国的创建,使中国人民看到了希望的曙光,青年学生关心祖国的前途已蔚然成风。东吴师生虽然受到校方基督教和洋奴思想的灌输,但他们在革命的浩瀚激流中,迸发出爱国热情,决心以实际行动来"证明东吴大学绝不是所谓'洋奴养成所',东吴学生是'十足的中国国民'"[1]。东吴师生纷纷走出校门,深入社会,为振兴家乡的建设事业出谋划策,充分发挥了他们掌握近代科学知识的优势。

东吴师生们利用地处苏州的地理条件,对苏南社会的各个侧面进行了广泛的调查研究,他们对苏南社会现状,工业生产、自然环境的研究成果,形成了《东吴学报》自身的苏南地方特性。这一特性使《东吴学报》的学术性和理论性更带有现实意义,同时也有利于东吴师生深入社会生活,改变闭门读书的习气,走上获得真才实学的途径。下面,我们具体看一看《东吴学报》当时集中反映和阐发的五个方面的问题。

一、苏南的社会经济

苏南位于长江下游、东海之滨,又毗邻上海,是近代中国较为先进的地区。但苏南近代社会经济的发展,内受封建传统势力的羁绊,外遇帝国主义经济侵略的压制,速度缓慢,呈现徘徊不前的局势。如何使苏南社会经济的发展跟上时代的步伐,为国家的工业化打下基础,东吴师生对苏南社会的各个方面进行了详细的调查和研究,在《东吴学报》上先后发表了《吴县和无锡》、《改良苏州市政刍议》、《城市街道的改进方法》、《中国女工问题之研究》、《社会夜校》、《苏州教育之沿革》、《苏州乡土历史地理概略》、《土地村有之研究》等八篇文章。其中以《吴县和无锡》[2]一文最为集中地阐述了苏南名城苏州和无锡在近代的进步、社会特色及发展中的障碍。

《吴县和无锡》首先描绘了两个苏南都市的近代面貌,苏州和无锡同时步入近代工业社会,近代新思想新文化对封建传统势力冲击较大,社会变动剧烈,两市的市容已"装饰得十足的摩登化了","商店里播送出无线电的音响,橱窗中装缀着眩眼的货物,晚上,各色霓红灯辐射出灿烂的光灿,把苏州和无锡装扮得异常妖艳。"两市的工厂逐次建立,促进了交通业和通讯业的进步,苏州经无锡、镇江,到南京直达公路的通车,形成了江南的大动脉。"苏州和无锡市区的街道不停地在拓宽,最新式的流线型汽车开始在大街上奔驰。"长途电话线的安装,使苏州、无锡形成了江苏电话网的中心,还可以和其他省市通话。两市在近代都得到了一定的发展,成为苏南名噪一时的现代化都市。

《吴县和无锡》一文进一步分析了两个近代姐妹城市的不同内涵。透过苏州和无锡繁华的面纱,可以看出两市代表了两个不同的社会,并认为苏州已落后于邻城无锡。无锡当时的"大小工厂,共有196家……工人数共有40 739人。"正是这些劳动者"撑起了整个无锡社会",因此,无锡的社会是建筑在劳工身上的。由于苏州和无锡社会结构的不同,从而决定了苏州以消费为主、无锡以生产为主的不同特征。

《吴县和无锡》又以实例为据,加强说服力。苏州社会主要以消费为主,娱乐场所特别多,"电影院时常吸引进许许多多的观众,茶馆里更是终日的坐着各色的茗者"。全城到处有绸缎庄,观前街上排列着大小银行。地主们将剥削来的钱财,任意吃喝玩,或者将钱存入银行拿利息。苏州社会的另一特殊性,住着许多"寓公",他们曾任厅长或部长等高官,到了休养之龄,却仍"保留着相当的身价",专到苏州"这天堂来享受晚年之乐"的。这些寓公到苏州来是消费的,不是来发展生产的,更增加了苏州的消费性。

无锡则不然,虽亦有娱乐场所,"可是生意是惨淡之至"。以电影院为例,每场可接纳800位观众,"然而除了星期日外,平日每场是不会超过200位观众的。"无锡的人们"是被工作支配着的",他们为着生计而工作,不能像苏州的"地主们和寓公们有多余的钱,可以随心所欲"地消费。

文章又探讨了苏州落后于邻城无锡的内在原因。苏州和无锡同处一隅,外界条件类同,而苏州工业的发展比无锡缓慢得多,文中归结其原因如下:(一)苏州社会的封建传统意识浓厚,富绅们虽有钱,宁可将资金购买地产或进行商业投机和高利贷盘剥,却不愿投资到工业部门。使苏州的工业缺乏资本,就无法发展。(二)苏州居民中上层人士居多,他们贪图安逸,不喜劳作,更不愿干苦工。仅以苏纶纱厂的工人为例,其中百分之八十是外地工人,百分之二十的本地工人中,又夹杂了许多苏北人。(三)苏州的工业起步比无锡晚,苏州的人士对工厂缺少管理及规划的经验,再加上外来资本主义的侵略和国内先进工业的竞争,大多数工厂倒闭了,使苏州人士对工业不感兴趣。(四)苏州人士墨守旧法,不图改良,更无冒险精神。近代工业社会,机器在不断更新,工厂管理亦应时而变,若一味保守,势必跟不上时代前进的步伐。以上的结论未必一定合理,但苏州若要继续保持其苏南古城应有的地位,必须从封建束缚中挣脱出来,改变轻视近代工业的旧观念,清除苏州社会习俗中的贪闲享受之风,才能具备与邻城无锡竞争的实力,从而保持与无锡相媲美的地位。

文章最后深刻揭示了两市不可避免的危机。在苏州"外来资本主义无情的摧毁了农业的手工副业,高利贷商业资本主义榨去了农民最后的一滴血",加剧了苏州农业经济的破产和社会动荡。无锡虽然比苏州进步,但也与苏州同样陷入了难以拯救的深渊。资本主义国家不仅把大量的过剩商品向中国倾销,而且在华开设大批工厂,其中尤以日本开设的工厂最多,几乎垄断了中国的纺纱业,吞并许多中国纱厂进而又侵入铁业、丝织业等其他行业,使无锡的基本工业棉纱业、面粉业、丝织业,铁业均受到排挤而大量倒闭,使无锡的经济达到崩溃的边缘。因此,帝国主义的侵略是民族经济发展的桎梏。要拯救苏州和无锡的民族经济,必须首先"和远东帝国主义者作一次英勇的殊死战,"再"逐一的脱离其他帝国主义的羁绊,达到完全的自由独立"。这是苏州和无锡发展的惟一出路,《吴县和无锡》一文看到了问题的症结。中国要谋求民族经济的发展,确是步履艰难,只有摆脱了帝国主义和封建主义的枷索,才能真正发展民族经济,走上工业化的道路。

二、苏南的工业

东吴师生在东吴大学经济学会的组织下，调查了苏南各地的工业状况，发表了《中国实业的研究》、《中国工业改革的实质问题》、《中国工业退步的缘由》、《中国桐油工业之调查》、《中国黄丝业之危机》、《中国近年丝织物外销衰落的原因及其对策》、《无锡去后，推原中国丝业之失败与落伍》、《参观中央造币厂记》、《参观长兴煤矿记》、《宁沪铁道》等10篇文章。其中对苏南丝织业的讨论最为热烈。

《中国近年丝织物外销衰落的原因及其对策》一文首先回顾了丝织业在中国国民经济中的重要地位。自1516年开始，中国的丝织业产品就盛销国外。1880年改用新式缫丝铁机生产，外销仍兴盛不衰，中国的丝织业"不仅对内解决衣的需要及维持千万人的生计，且在全世界中、日、意、法四大蚕丝国间，始终占居首位"。丝织业是中国国内的主要创汇工业，弥补了当时的外贸逆差。但自第一次世界大战后，"日人突飞猛进，丝织品出口猛增，因之这首席的荣誉遂归彼邦所有"。至30年代，中国丝织业外销日趋衰落，民国二十一年(1932年)到民国二十四年(1935年)的四年中，绸缎外销锐减了往年的三分之二。丝绸外销的锐减，使外汇收入猛降，一时难望返还，令人深感痛惜。

苏南因历史的沿袭、气候的适宜、人工工资的低廉，丝织业最为发达，是全国丝织业的主要产地。那几年苏南丝织业生产和外销的衰落直接影响了苏南社会的安定和人民生活的改善。这不能不引起东吴师生的关注。

《无锡去后，推原中国丝业之失败与落伍》、《中国近年丝织物外销衰落的原因及其对策》、《中国黄丝业之危机》三文依据苏南养蚕、缫丝、丝织各业的大量材料，认真分析和总结了我国丝织业外贸衰落的主、客观原因。

作者们各抒已见，提出了振兴中国丝织业的良策。他们认为我国与各国的贸易在"理论上早已达到平等互惠的原则"，但与各国的实际贸易往来中并未真正实行，若我国政府"能从外交途径纠正这一点……我国丝织业的竞争力当能增强甚多"。政府对丝织业应给予资助，"筹拨款项，以长期低利方式贷于各厂，备更换必须机械之用"。同时，由丝织工会或政府设立职工训练所，聘请专门技术教导，"各厂得自由派荐职员及工人入所受训"，提高工人的操作技术水平。政府应设法解决茧、丝的合理运输问题，力求减少运费，降低成本。作者们深信，丝织业若"能有政府保护，出品改良，则中国有历史之华丝"、绸缎，断能振兴发展，重登国际丝绸市场，其"前途非悲观而为乐观矣"。文中恳切地指出了苏南丝织业的优势和危机，提出了振兴苏南丝织业的个人见解，这对苏南工业的发展起了某些积极作用。

三、苏南的农业

苏南是名闻全国的鱼米之乡，不仅农业发达，且农副产品亦种类繁多。东吴师生们运用所学的生物学知识，结合本地农业的现状，展开了对农作物和田间虫类的研究，发表了《中国农业改革》、《苏州蟾蜍之研究》、《苏州的水蚤》、《养蜂事业观》、《月蛾生活史初步研究报告》、《害田鸟之捕捉法》、《病菌灭蝗法》、《吴县淡水藻类社会之初步观察》、《落花生花的形态研究》、《苏州及附廓茹菇(慈姑)斑点病之研究》等十篇文章，其中最具有代表性的是对慈姑斑点病的研究，为防止和消灭农副业中的病虫害作出了贡献。

《苏州及附廓茹菇(慈姑)斑点病之研究》一文记述了东吴学生研究植物病害的成果，慈姑是苏南民间普遍食用的蔬菜，并且有祛痰的功用。慈姑的生长期土地上需要寸许积水，苏南农田地势低洼，雨量颇多，适于种植慈姑。所以慈姑成为苏南广泛种植的农副产品，具有一定的经济价值，但是那几年，苏州地区的慈姑经常为某种斑点病所害，产量大减，甚至没有收获。

作者在农田中进行了仔细观察，害病的慈姑叶每叶上有二至十八个斑点，半数以上的慈姑叶均受其害。斑点病有两个发生期，一是在农历五、六月中，慈姑叶因斑点病而枯死，以致收获全无；二是在农历七、八月中，慈姑叶害病枯死，此时慈姑虽已长成，但未至最后成熟阶段，造成大幅度减产。慈姑的这一病害，使菜农的损失颇大。

作者采集了得斑点病的慈姑叶，在实验室中进行培养分析，并参考国外的有关资料，确认该斑点病是由一寄生菌所引起的，寄生菌生成大孢子，大孢子集成球体再生殖无数小孢子，小孢子寄生于慈姑叶上繁殖，使慈姑叶枯死。作者经过多次试验，发现硫酸铜和碳酸铜具有杀死小孢子的作用，具体方法是：在慈姑未下种前，先用三千分之一的硫酸铜溶液浸半小时，可以杀死依附于慈姑表面的小孢子，再用碳酸铜粉末撒布泥土上，杀死泥土中的小孢子，这样可以保证慈姑在生长期不得斑点病，以获丰收。这一方法的研究成功，说明东吴学生已能将书本知识主动应用于实践，为家乡的农业生产贡献自己的智慧。

四、苏南的金融

东吴大学经济系的师生，结合自己的本专业，对苏南的金融货币事业进行了调查研究，发表了《中国银行事业之调查》、《发展我国农工银行之刍议》、《中国银行制度之病态》、《我国承兑所及有承兑汇票的特点》、《营业费概论》、《废两改元之商榷》、《中国旧式集资法——会》、《江浙当铺状况》等八篇文章。其中最后两篇是专述苏南民间的金融业，这是一个鲜为人注意的课题，更突出了其苏南的地方特性。

《江浙当铺状况》一文阐明了当铺的性质，它是民间抵押式借款机构。苏南平民急于用钱时，向亲戚借款碍于情面，向他人借款又不能以空言取信于人，常常到当铺借钱，另外以物为质，存于当铺，以后还钱赎物，并加以利息。所以当铺是调剂平民经济的行业。

文中指出，江浙当铺的一个特点是数量多。民国初年，江苏有当铺 347 家，上海有 145 家，浙江有 325 家，另一个特点是当铺的营业有一定的规范，甚至各县的当铺成立了当业慈善机构“辅仁会”，当铺中在职人员去世，其家中老亲、寡妻、幼儿不能自给，“由辅仁会助其家用，至老者身死，幼者自立后，津贴方止”。

由于苏南当铺的广泛设置，中华民国的江苏省和浙江省政府制定了典当业的规则，当铺应到各地方政府办理登记手续，领取执照，定期纳税，加强对民间当业的管理。

文中重点探讨了 30 年代苏南当业衰落的原因。苏南地处沿海，商业经济较为发达，各地相继开办银行，银行又在各处设立“堆栈”，以招来押贷，且利息比当铺低，因而将当铺的大宗生意吸引入银行。这是当铺衰落的主要原因。其二，帝国主义对华的掠夺，使人民日趋贫困，金价暴涨，而当铺的金价较市价为低，民间相率将金货赎回，致使当铺资金不足而倒闭。其三，欧风东渐，社会习俗大变，“男女衣服变迁无定，男子尤多西服，各依身材而裁制，女子衣服变更无穷，越十余月后已不入时，且人造丝日久后光色俱退，毛织品易生虫蠹”，当铺没入后不易售去。因此当业的衰落是近代社会发展的必然趋势。

虽然银行在某些方面已替代了当铺的职能，但当铺便利平民的资金周转，仍是民间不可缺少的金融机构，应该采取措施以维持一部分当业的存在。当铺应多方设法扩充资本，尽可能降低税率，缩短当本，以适应衣服时式的变化，让传统的金融继续在苏南发挥其作用。

五、苏州的卫生

东吴师生接受了近代教育后，深知公共场所的空气、水的卫生度，直接影响苏州市民的健康，他们展开了对苏州市卫生状况的调查和研究，先后发表了《苏州公共卫生设施法》、《苏州井水研究》、《苏州公众场所空气中细菌数调查》、《苏城饮料之卫生》、《水及水源之微菌学及卫生观》、《牛乳内之细菌及杀菌法》、《个人卫生》、《鼠患》等八篇文章。

《苏州公众场所空气中细菌数调查》一文报导了东吴师生分别化验了苏州电影院、戏院、茶馆、玄妙观等公共场所的空气，发现各类细菌众多，有白喉菌、脑膜炎菌、结核菌、肺炎菌、天花菌、感冒菌等，使公共场所的空气成为传染疾病的大本营。因此公共场所的空气清洁与否，"对吾人之健康有莫大之关系"，应该"竭力提倡并促进各公共场所的卫生"。文中呼吁苏州市政府，为了市民的健康，应将电影院，戏院、街道等公用场所的地面铺得平滑，减少尘埃，因为尘埃是细菌传播之媒介。文中又倡议苏州市民自觉保持良好的卫生习惯：（一）"各公共场所，当禁止随意吐痰。"（二）公共场所之地面，经常拖洗，减少尘埃。（三）"街道旁之食物，切勿露陈，以免病菌附着其上而传染疾病。"作者认为若能做到以上几点，定能减少苏州公共场所疾病的传播，对苏州市民大有益处。

《苏城饮料之卫生》一文重点研究了苏州市民的饮水问题。文中指出苏州市民习惯饮用河水、井水，或置缸贮存清水。但看上去似乎清洁的河水、井水中，"每立方寸亦容有无数之微生物"，置缸贮存的清水时间一长，也容易滋生细菌，饮用这样的水是极不卫生的。况且，苏州市民又惯于在河中洗涤污物，饮用河水就成为传染时疫的最佳途径。但当时人们不懂科学卫生知识，不知道时疫的传播是由细菌传染而成的，故一旦发生时疫，"以为此殆天灾之流行，非人所能抵抗，因之愈传愈广"，"不数日而竟致传播全城"。文中极力提倡让苏州市民饮用自来水，但当时在苏州筹建自来水厂，并非一时能办到的。在苏州建成自来水厂之前，作者认为应采用其他措施，保护水源清洁，以救燃眉之急，河水："禁止抛弃污物于河中，禁止内河洗濯各种污物"，有计划地进行浚河。井水："井边四周宜禁止倾倒污秽之水，近井之阴沟宜填塞"，经常浚井，同时"取缔茶寮所用之饮水，禁止老虎灶[3]出售未沸之饮水"。大力提倡饮用经过砂漏的水。以上的措施虽难以完全实现，但这表达了东吴师生对苏州的关心和热诚，他们正逐步用科学的方法来引导和改变家乡的卫生状况。

《东吴学报》在办刊期间，刊发了一批研究苏南社会现实的文章，形成了《东吴学报》的苏南地方性，反映了时代的脉搏，显现了东吴师生们热爱乡土、立志建设家乡的信心。《东吴学报》曾长期由学生刊办，学报的作者百分之七十是学生，因此，《东吴学报》的地方性有利于激发学生们的学习主动性，增强了他们的科研能力，促进了高校科学知识和科研成果的社会化，为学生们毕业后直接为社会服务打下了坚实的基础。

《东吴学报》的这一特性说明它并不单纯地刊登纯理论的文章，注意面向现实，面向社会，体现了高校学报的社会价值。这一特性也是我们今天刊办学报的借鉴之处，应该选登一部分研究地方现实问题的文章，以提高学报的社会效益，增强高校学报的生命力。

注释:

[1]《时评》,载《新东吴》第2卷第1期,1927年。

[2] 30年代,“吴县”、“苏州”两个地名均指现在的苏州市。

[3] 老虎灶:苏南城镇专出售沸水的店铺。

原载《河南大学学报》(哲学社会科学版)1989年第5期

移植和本土化的二重奏

——东吴大学近代建筑文化遗产对我们的启示

汪晓茜

19世纪中叶以后,清廷不敌西方诸国侵略,被迫签下数纸不平等条约。战事连连溃败,民族危机深重促使社会"争言维新""图强西学",呼吁改革及学习列强之长的声浪日增。对于民族资产阶级和具有爱国思想与忧患意识的知识分子来说,西方基督教各宗派传教差会在中国兴办的教育事业正是为数不多的传播西学的重要渠道。

美国卫斯理宗(The Methodist Episcopal Church,1819年成立)是近代美国基督教新教的重要派别,1844年因黑奴问题和南北战争意见分歧导致分裂,北方教派叫美以美会,南方派别称监理公会。监理会本部设在美国田纳西州首府纳什维尔。在对外传教活动中,监理会是美国主要的差会之一。1848年,监理会派遣传教士戴乐(C. Tayor)和秦右(B. Jenkins)先后到达上海和苏州,正式在华开展传教活动。1879年起该会先后在苏州创办博习书院(Buffington Institute)、宫巷书院(Kung Hang School),在上海创办中西书院(Anglo-Chinese College)。

教会学校是中国沦为半殖民地半封建社会的产物。西方教会依据不平等条约来华传教,因直接的布道活动收效甚微而采取办学这样一种迂回手段。1900年在华监理会决议合并三书院,以苏州宫巷书院为基础,于苏州天赐庄博习书院旧址,扩建为大学。1901年6月监理会在美国田纳西州政府注册成立中央大学堂(其英文名为Central University of China),1908年变更为东吴大学(Soochow University),推著名传教士林乐知(Young J. Allen,上海万国公报创办人)为董事长,孙乐文(David L. Anderson)为校长。20世纪中国最早创立的基督教会大学之一——东吴大学就此正式诞生(图1)。该校西学课程大体仿效美国大学,国学则自作安排,分设有文、理、医学、神学及法科(设于上海昆山路),另有景海女子师范、4所附中、20所附小、吴语学校等组成完整的东吴教育体系。学校以"Unto a Full-grown Man"(意为"为社会造就完美的人格")* 和"养天地正气,法古今完人"为校训强调学生人格的陶冶。

图1 东吴大学旧址校门

办校50多年间,东吴大学在教育和学术研究上成就突出,声誉卓著,为社会培养无数专业人才,如费孝通、谈家桢、赵朴初、马寅初、顾维钧、许国璋、李政道等等。1952年东吴大学撤销,经院系调整成立江苏师范学院,1982年改名苏州大学。在台校友则于1954年复校,

* 引自《圣经·新约》以弗所书第四章第十三节。

成立台湾第一所私立大学,校名沿用东吴大学至今。

一、校园环境和总体规划

东吴大学校址为原博习书院。清末,博习书院所在地——苏州葑门天赐庄一带多为荒地和坟茔,除暂时占用该处原博习书院的校舍外,办校购置土地和盖房架屋的经费主要依靠苏,沪、浙等地民间的捐款,当然更少不得地方官府的支持,监理会才能够为新校购置 7—8 英亩(约 3 万 m^2)的土地,包括迁走一所佛寺和几百处半个多世纪前太平天国时期殉难者的墓穴,使之成为东吴大学校园的中心地带。

如今的东吴大学旧址位于苏州市古城区十梓街 1 号的苏州大学校园内,东临葑门内城

图 2　东吴大学旧址鸟瞰

河,与古城墙隔河相望,西南河流环抱,北及校内东西大道"东吴路",占地约 6 万 m^2,总建筑面积约 2.1 万 m^2。总平面略呈纵长方形,校门北向,并以此为起点形成一条贯通南北的主轴线,沿校门侧平行安排多幢西式风格别墅,为当时高级教职员的居所,而主要校舍则分布在轴线尽端草坪操场的北、西、东三面。从校园建成后绘制的鸟瞰图可见,平面基本对称,道路平直,主次分明,以草坪操场为中心布置教学场所和学生宿舍,同时见缝插针安排多处平整的草地和活动场地(图 2)。整体而言,呈几何规则式的开放形态,布局工整、气势宏大。校园的配套设施在当时堪称完备先进,1913 年所有教室、宿舍、办公室、图书馆等皆安装了电灯,并在 1920 年自建了永久性发电房和半封闭式体育馆。校内树木葱茏,环境幽美清新。目前尚无资料证明东吴大学校园自开创之初即有统一的规划,如从学校历史沿革分析,校园最终格局的形成应是分阶段逐步实施的结果。尽管没有完整的规划方案,但总体布局参照了西方大学校园严谨规则的模式,将它与托马斯·杰佛逊设计的美国南方弗吉尼亚大学校园相对照,就可以发现两者风格和气质上的相似,也进一步证明其教会办校这样特殊的文化背景(图 3)。

图 3　美国弗吉尼亚大学校园

如今,校园往日的格局基本完好,草坪多,树木更多。随处可见滋生的绿意,秀木成行,树身或是挺拔耸立,或是婀娜百转,不一而足。因其年代久远,故皆高大遮日,其上群鸟争鸣,绿荫红瓦相映。东吴大学旧址被许多人视作中国最美的校园之一。环境的美不仅可以启迪文思,对学生的人格塑造也具有重要的潜移默化的功用(图 4)。

二、中心区代表性历史建筑

图4　东吴大学旧址核心区草坪

东吴大学开创初期很长一段时间内仍沿用原博习书院的校舍，那是中式的庄园建筑，如今已荡然无存。此后，校舍建设主要经历两个阶段：第一阶段从1901年至1927年，即三位美籍校长的任期间；第二阶段自1927年华人校长杨永清就职直至1937年抗战开始。这两个阶段奠定了学校的基本面貌，其中主要建筑物包括：1903年春落成、位于全校中心的钟楼"林堂"；宣统元年（1909）秋开工，三年后落成的图书馆"孙堂"；1924年秋建成的理科楼"葛堂"；1929年建成的"维格堂"；1930年建成的学生宿舍"子实楼"；1937年建成的司马德体育馆和游泳池等。这些建筑在西方传统建筑风格基础上各具特色，或作欧洲文艺复兴式，或仿中世纪城堡，或效美国教堂样式，既多样又统一，至今保持原貌（图5）。此外北部有一排6幢与校门平行的西式别墅小楼，造型美观，陆续建成于1903—1937年。西面五层的"蕴秀楼"系1937年建成的女生宿舍。

图5　东吴大学教学楼之一：维格堂

东吴大学旧址及其14幢校舍如今保存完好，2002年10月被列入江苏省重点文物保护单位，类别为近现代重要史迹及代表性建筑。2005年7月笔者等对其中的代表性建筑进行了测绘和调查工作。

1. 钟楼

习惯上被苏大人称作"钟楼"的建筑早年又名"林堂"，系该校最古老的教学主楼，始建于1901年，1903年落成，因纪念该校奠基者之一林乐知得名。

钟楼由英国建筑师（姓名不详）设计，建筑面积约3 150 m^2（含屋架层、塔楼面积），主体三层，局部（塔楼）六层，总高24m。大楼位处校园轴线中心，主入口朝北，平面呈"n"形，基本对称，北向伸出弧形两翼，南向面对中心草坪操场。该建筑初期的使用功能比较复杂，兼具教学、实验、阅览、办公、会议等多样用途，但内部划分规律，主要楼层层高4.5m，空间高大宽敞。二层西端设有大型贯通空间，为可容纳500人左右的会议厅。作为教会学校，东吴大学早期开设有神学课程，师生的祈祷、布道活动多于此处进行。建筑外观为 20 世纪初中国曾流行的西方殖民风格：使用拱券结构形成外廊，红砖与青砖混合砌筑墙体，瓦楞铁皮屋面，石制柱式、古典线脚和花饰等装饰物，显得端庄文雅。而象征圣母和天国的玫瑰窗、花式窗棂及钟塔等基督教堂建筑元素的引入则凸显学校的宗教氛围，也令其在一般的西式房屋中显得不同凡响。钟楼主体结构采用了近代典型的西式砖木混合体系，室内楼面结构为砖墙架密肋木梁，上铺企口松木地板；地面结构为砖砌地垅墙，上架密肋木梁、木地板；屋顶采取三角木桁架；建筑内外砖墙以中国传统青砖按“一皮顺一皮丁”的西式方法砌筑，石灰砂浆勾凸圆“线香缝”，门窗、外廊洞口上方或以红砖砌弧形拱券，或搭花岗石过梁，建筑表面因而形成青灰基调上的深浅纹路，细腻悦目。

该楼落成后，成为当时苏州地区规模最大的西式建筑，校长孙乐文为此十分自豪，他在回忆录中写道：“我怀疑在中国是否还有另一幢这样漂亮的大学建筑，恐怕没有比这更合适我们工作的大楼了。”[1] 如今除塔尖和烟囱损毁外，钟楼依旧保存良好，楼前几株百年历史的香樟、银杏枝繁叶茂，见证了钟楼所经历的风风雨雨，它们共同构成苏州大学标志性的场景（图 6）。

图 6　现苏州大学标志性建筑：钟楼

2. 精正楼

又名“孙堂”，以纪念东吴大学第一任美籍校长孙乐文，兴建于 1908—1912 年。孙堂建造费用来自美国弗吉尼亚州林奇堡（Lynchburg）考特街区教堂的捐款，是东吴大学建设的第二座教学楼。

该楼位处钟楼的西侧，坐西朝东。楼高四层，局部五层（阁楼、塔楼），总建筑面积达 3 000m^2。精正楼的平面布局基本对称，入口设两层通高门廊，内部安排多处大空间用作阅览和教室，其余为办公室，两端塔楼为楼梯和库房。建筑物主体采用砖木混合结构，墙体砌筑以优质红砖为主，局部夹杂青砖，砖缝以石灰砂浆勾成凸圆缝，外墙厚度往上逐层递减，自二层以上每开间皆设砖墩（壁柱）突出室外，并通过水平向腰箍加强建筑的结构整体性。楼层结构为木制密肋梁承托木楼板，灰板条抹灰吊顶，三角形木屋架支撑带老虎窗的四坡铁皮屋面。其室内显然受美国 18 世纪公共建筑中乔治式装修风格的影响，比较正规，如粉刷或镶板墙面，木质踢脚板以及细腻的装饰细部。精正楼外观效果不同于钟楼，呈现欧洲中世纪寨堡古朴厚重而内向的特色。主立面采取哥特复兴式构图，轮廓整齐庄重，比例均衡和谐，其入口处理成高大凸出的尖券门廊。建筑物的开窗别具一格：底层窗洞上方用石砌过梁，二层为弧度平缓的红砖发券，三、四层则变成四圆心尖券，各窗外框以宽隅石镶边，形成凹凸的肌理。大面积清水红砖间或夹杂少量青砖及石材，局部点缀石雕花饰，既整体又富于变化。精正楼的细部和装饰精美，如腰线、檐下盲券、齿饰、雉堞、隅石、扶壁、雕刻等。尤其值得称道的是，中国工匠以高超的砖工技巧充分表现出西方传统建筑中复杂的线脚和装饰，风格纯正，工艺精湛，具有很高的艺术和技术水平，是近代西式风格建筑中难得的精品。

夏日的精正楼立面爬满了藤蔓，与美国东部常春藤大学校舍的面貌十分相似，斜阳西照下凝视这座巍峨的建筑，说不出的高贵、雅致、神秘和幽静（图7，8）。

图7　东吴大学教学楼之一：孙堂

图8　美国常春藤盟校耶鲁大学校舍

3. 司马德体育馆

司马德体育馆（Smart Memorial Gymnasium）建于1934—1937年间，是东吴大学校舍发展第二个阶段的代表作品，因纪念美籍教师司马德（R. D. Smart）在东吴倡导体育教学的功勋得名。这是一座外观两层，内部单层的大跨空间建筑，歇山屋顶，坡度和缓，平面呈"H"形，主体部分屋架采用六榀芬式钢桁架和木制斜梁支撑，两侧的健身房上空则覆盖豪式木屋架。立面上排列贯通两层的高大拱窗，入口凸出并以文艺复兴式线脚装饰，上方"体育馆"三字乃时任东吴校董的孔祥熙所题。体育馆以清水红砖砌筑，最为特别之处在于外墙红砖里还夹杂着大量大小不一、扭曲变形的深褐色砖块作饰面，砂浆砌缝宽大，据称乃利用烧坏的"废料"所致，苍老厚重，粗糙的肌理产生与西方古典建筑中粗斫手法类似的效果，实属巧为利用，独具匠心的做法（图9）。

图9　司马德体育馆

虽然东吴大学是一所教会大学，是美国基督教整个传统事业的一个组成部分，在本质上带有"文化侵略"的色彩。但不容否认的是，客观上它为当时的中国培养了一大批优秀人才的同时，也为我们留下了丰富而宝贵的文化遗产，而美丽的校园就是其中的精华。经过历史的风雨沧桑，草木楼台都已经内化为一种宝贵的精神文化象征，熏染陶冶着一代代学人的精神气质。

三、东吴大学近代建筑遗产的特点和价值

中国近代历史上的教会大学数量并不多，仅辅仁大学、燕京大学、东吴大学、圣约翰大学、金陵大学、金陵女子文理学院、长沙雅礼大学、华西协和大学、齐鲁大学等10余所，但在中国教育近代化过程中起着某种程度的示范和导向作用。作为中西文化交流的重要媒介，这些学校在建设过程中始终伴随着移植和本土化的二重奏，即其外化的建筑形态和内在技术体现出中西文化的共同作用，而不同历史阶段、不同学校，两种文化的影响力又不尽相同，从而使校园面貌呈现较大差异。从技术层面分析，东吴大学的校舍规划设计大致倾向比较纯粹的西式做法，与同时期教会办燕京大学、金陵大学、华中大学等多数教会大学将西式材料、结构体系与中国大屋顶建筑造型、装饰相结合，具有明显"中国固有式"风格的做法不尽相似。当然它也反映出一定的本土化内容，即在大体西化外形下包含某种中西融合和折衷的意味，而这种特征表达得比较含蓄和微妙。

图10　石岩花园和沁心亭

例如，东吴大学校园在总体格局和景观营造上秉承西方式的井然有序和平铺直叙，如轴线对称、道路齐整和规整宽阔的草坪，大意上保持着西方人的审美情趣。但局部又会点缀小块迂回曲折、意境深远的中式园林，如1929年学校运动场东隅堆土垒石建造的"石岩花园"和仁寿亭（今名沁心亭），亭台水榭，曲岸假山一应俱全，明显借鉴苏州园林的造景手法，尺寸不大却为校园略嫌平淡的布局增添几许灵动之气（图10）。

图11　中国工匠用红砖砌西式圆线脚

其次，尽管东吴大学校舍建筑在技术上采用比较典型的西式做法，但又夹杂着一些变通和地方化的处理，反映出转型期中国建筑多样灵活的一面。在外国职业建筑师控制之下，东吴大学主要校舍建筑无论是平面布置、主体结构、屋架和主要装修做法皆采用西人惯用之手法，如砖（石）墙体承重、密肋木梁式楼层、木桁架屋顶等，其承重体系是西式砖（石）木混合体系。然而仔细研究，中国工匠仍然在建造过程中"酌情处理"，掺入许多中国传统技术手段和审美趣味，从而使建筑技术、工艺方面呈现混合形态。例如当地工匠结合当地材料、施工工艺的变通做法，特别是在砖工方面有着创造性的贡献：利用青砖或红砖表现复杂的西式线脚、花饰（图11）。早期主要靠砍砖磨光而成，后期引入先进工具如砖刨，使砖工线脚花饰的

施工效率和质量大为提高,这种高超的技艺如今已经很难复制,以致作者在现场所见“精正楼”入口处破损的红砖砌圆线脚目前只能暂以圆木棍填补。而部分校舍将中国传统抬梁式屋架的构造与西式桁架结合起来,从科学角度分析不尽合理,当是民间工匠不甚理解西式结构的原理,即兴所至[2]。也证明中国近代建筑发展初期,对尚处于移植阶段的西式建筑风格和技术而言,工匠的因素显得尤为关键。

中西合璧的特征在校舍建筑形式上亦有所反映,如西式装饰中夹杂中国传统纹样,青红砖混砌等。学校附属的原景海女子师范学校内有一“陶然亭”,立于西方古典爱奥尼柱式之上是中国古亭的飞檐翘角,而柱式处理则相当简化,很不规范,可见当时中国工匠发挥的余地相当之大(图12)。在司马德体育馆墙面处理上,因地制宜,以过火烧坏的红砖饰面同样表达出西式建筑厚重结实的特征,是颇为巧妙的一笔。

图12　中西合璧形式的陶然亭

中国近代教会大学在教学内容、形式与管理方面全部是西式的,但校舍建设自始至终受时局和社会思潮的强烈影响。出于缓和民族情绪和适应教会本土化等方面的考虑,校园建筑大部分采用了折衷的中国大屋顶与钢筋混凝土材料、现代使用功能相结合的艺术形式,是典型的“戴瓜皮帽穿西装”打扮。但东吴大学则比较完整保留西方大学建设特征和氛围,它与山东新教大学(齐鲁大学前身)皆以少见的典型西洋手法,在中国近代教会大学中显得卓尔不群,因而本身具有特殊的建筑艺术价值。此外,近代中西文化交流史包括建筑交流史,是一个双向互动的过程。教会大学既是基督教文化与近代西方文明的载体,同时它又处于东方传统文化环境与氛围中,因而又不可避免走向本土化、世俗化。回顾和分析近代教会大学的建设历程,我们可以从它们独特的建筑文化和建筑面貌深刻体会中国近代社会特殊的历史际遇,东吴大学校园就为我们解读这一现象提供了佐证,从而体现出重要的历史和文化价值。

四、对当代校园建设的启示

中国高等学校从19世纪末的启蒙阶段到今天高等教育改革的深入开展,其中校园建筑环境也随之发生了根本变化。教书育人、环境育人已成为人们的共识,而作为创造高等学校环境主体的建筑在其中发挥着重要作用。东吴大学作为中国近代一流教会大学,校园不仅具有重要的历史和建筑文化意义,其建设过程仍有不少值得当代借鉴之处。

1. 营造格局清晰、收放得当的校园环境

今天,苏州大学主校区是以东吴大学旧址为发端向北延续形成。东吴大学旧址以草坪为中心,四周围合建筑,视野开阔,气势宏大,钟楼作为主体建筑,形象突出,此片区域很好地起着空间节点的作用,适于驻足留连,并形成学校的标志性场景。钟楼所在的校园主轴线上,由主要校舍和交通线、公共空间交替形成收放得当、富有节奏的空间序列(图13)。校园的公共空间则呈现互补的两种形态,一方面旧址核心区遵循规整清晰的西式几何式格局,注重外部空间的开敞效果;另一方面,局部仍以山水树木完成对私密空间的塑造,建筑力求融于自然,有中国园林之意趣,如钟楼北侧教工宿舍和沁心亭区域。整体而言,东吴大学所在校园环境营造是成功的，树木林立，草地葱郁，建筑分布错落有致，外部空间收放得当，漫步校园，路线虽漫长却不觉冗长，充满情趣。校园规划设计如何避免单调乏味的空间形态，创造开阔和幽静相结合的校园环境，东吴大学为我们提供了一个很好的范例。

2. 注重校园建筑的个性和标志性

东吴大学旧址上的主要建筑充分反映着欧美近代大学校舍的典型形制。例如孙堂采用了在英国19世纪流行的“哥特复兴”建筑基础上改进以适应高等教育需要而形成的“校园哥特”式样。这种“校园哥特”式建筑的平面、结构体系规整，功能合理，外观结实厚重，以尖券母题强调竖向性，确立了欧美近代校园建筑的基本面貌和识别性，从而形成一种具有历史传统和文化意味的符号，最典型的实例集中在美国“常春藤盟校”中，如耶鲁大学、布朗大学、普林斯顿大学等校舍。尽管我们并无必要刻意模仿此式样，但研究现代高等学校之办学需求，创作具有高校特色的建筑功能和形象依然十分重要。此外，校园建筑也有必要体现一定标志性，就如东吴大学的林堂（钟楼）建筑，以其高度和特殊形式，承担对大学历史和文化氛围的诠释，人文精神需要表达，建筑是最好的媒介。

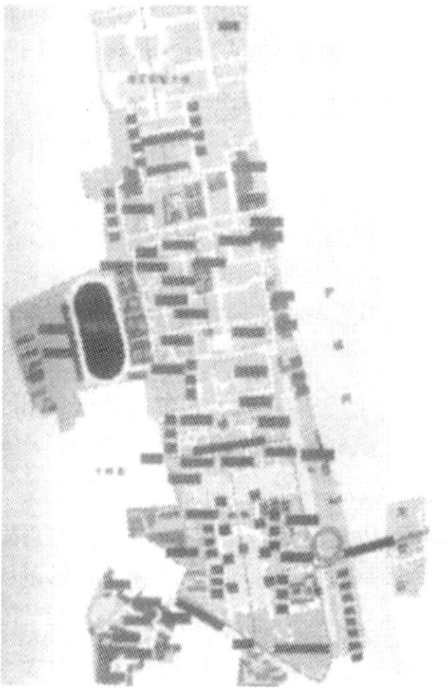

图13　苏州大学校园总图（红线范围内系原东吴大学校址）

3. 新旧建筑空间和形式间的协调

对于那些遗留历史建筑的校区，其建设过程中一定存在新旧间呼应和文脉延续的问题，东吴大学旧址和其新建作品的设计经验值得汲取。东吴大学中心草坪四周的校舍分别建于不同年代，但处理中显示出微妙的对话关系。孙堂对面的维正楼，时间稍晚，其尖券入口、简化的线脚和孙堂形成呼应，而相对的维格堂和体育馆则采用了相似的文艺复兴式横向体量和线脚。中心草坪南端王健法学院为东吴大学旧址上惟一近年新建的校舍，它完成了旧址建筑群的围合，又是校园轴线末端的节点，其主入口以巨大的圆洞门将校园轴线引伸入中庭，使内外空间贯通，造成延展纵深的效果，并削弱新建筑16 000m^{2}的巨大体量对整体环境的压迫，同时圆洞门也以中国传统形式语汇和北侧钟楼立面西式券廊做法巧妙呼应。法学院采用完全无装饰线脚的简洁体形，但提取了旧址的重要建筑语汇，以青红砖混砌的墙面体现着场所的精神，与旧址建筑形成统一的整体（图14）。

图14　新建的王健法学院主立面

由于人们所熟知的原因，20世纪50年代初，教会大学绝迹于中国大陆。东吴大学的命运也是一样。但建筑和设备留存,学术思想和影响流传,仍成为具有深刻历史和人文内涵的宝贵财富。

本文写作过程中得到刘先觉教授的悉心指导和审阅,特此致谢。

参考文献

[1] 王国平. 博习天赐庄. 石家庄: 河北教育出版社,2003.
[2] 李海清. 中国建筑现代转型. 南京: 东南大学出版社,2004.

原载《新建筑》2006 年第 1 期

博习医院(苏州)始末

夏东民　龚　政　张孝芳

苏州博习医院创建于1883年(光绪九年),系美国基督教监理公会在中国设立的第一所教会医院,从创建至今,已有112年的历史。该院现名“苏州医学院附属第一医院”、“苏州市第一人民医院”,是一所综合性西医教学医院。苏州博习医院的建立与发展,不仅对苏州西医的传入与发展起到积极的促进作用,而且对我国苏南地区及东南沿海地区的西医事业,也有举足轻重的影响。现就“苏州博习医院”的沿革、组织机构、医疗预防、医学教育等方面的内容作一概述。

医院的沿革

从苏州博习医院112年的历程来看,经历了“初创、奠基、抗日战争、恢复”等4个历史时期。

(1) 初创时期　苏州博习医院是由美国传教士兼医生兰柏(J. W. Lambuth)之子兰华德(W. R. Lambuth)及婿柏乐文(W. H. Park)于1883年11月8日创建的。在创建前,兰柏曾两次到苏州布道和行医,1877年兰华德到苏州,在天赐庄租赁民房3间,试办诊病所,题名为“中西医院”。试办3年后,兰华德回到美国重新研究医学和医学建筑。1882年11月2日,兰华德偕妹婿柏乐文由美抵沪,后即到苏州筹措资金,得教会及苏州士绅捐款1万美元,在天赐庄购地7亩,于4月8日破土动工,半年后告竣。医院题名为“苏州博习医院”,英文名为“Soochow Hospital”。

医院初创时,共盖有中式平屋8幢,为庄园式建筑,其中1幢为门诊室,3幢为内、外科病房,1幢为手术室,其他则作宿舍、洗衣房及厨房之用。当时仅设病床30张。医院开办第一年,门诊量即达7 600人次,住院125人次。

1884年,柏乐文回美国继修医业,于1886年春学成返苏。1886年兰华德赴日本教会工作,柏乐文任院长。

1903年美籍传道士罗格思在医院训练药剂师,并主管X光机。1909年美国外科医生苏迈尔(J. A. Snell)奉命来医院任外科主任,同年开始有护士工作。

1913年美国护士福耳曼(Forman)到医院任看护主任,并创办“博习医院护士学校”。1916年医院开辟了病理学科。1917年医院正式装备了X光全套仪器,并添置了病理切片机、显微镜、膀胱镜、验眼电镜等设备。同年,苏迈尔任博习医院院长。经过了30多年的开拓,博习医院信誉日隆,求治者倍增,至1919年,年门诊量已达12 630人次,住院1 075人次,割症(手术)608人次。

(2) 奠基时期　1919年,苏迈尔得教会、洛克菲勒基金及地方捐款资助,筹得银元20万元,兴建新医院。新医院在原址重建,占地7.6亩,1920年开始动工,1922年春建成。

新医院共建有3层半住院大楼和2层门诊大楼各1幢,总面积为3 329m^2,造价2.5万银元。新院设计床位100张,室内装有冷、热水管,电灯,电话等装置。新院于1922年7月启用,至 1927 年全部开放使用。1926 年 8 月,美国外科专门医学院派人来院审定,“视建筑、人才、仪器三项之设备完全”,认为该院为合格医院。且谓“如此医院全中国仅三四处而已”。其时,医院共有职工 96 人,内中美籍医生 4 人,中国医生 8 人、美籍护士 3 人,中国护士 18 人、护生 12 人、检验 1 人、药剂 2 人、行政 5 人、工役 41 人、传道 2 人。医院内设有内、外、妇产、耳目鼻喉、牙、肺、儿、公共卫生等临床科室,还设有手术室、药房、化验、放射等辅助科室及戒烟所。1927 年全年门诊量为 16 149 人次,住院 948 人次。*

1927 年 8 月,北伐战争迅速发展到长江流域,鉴于时局趋势,医院董事部推选李广勋为院长,此为苏州博习医院第一位由中国人担任的院长。李院长上任后,订出 5 项治院方针:① 维持高标准;② 经济自主;③ 求院务工作之普及;④ 介绍现代医学于民众;⑤ 本院之一切设备供诸同道,以资应用并加以指导,以求日臻完善。同年 12 月 4 日,柏乐文在美国病逝,为纪念柏医生,医院在苏州宫巷“乐群社”设立送诊处,每周 3 次由各专科主任免费应诊。同时还募集“柏氏贫病救济基金”2 万元,以其利息补助贫病者的医药费。1929 年医院购电力引擎一台,可自行发电。

1933 年 11 月 11 日,为纪念博习医院成立 50 周年。医院举行隆重庆祝典礼,还编印了纪念册一本,其中提到:50 年中,医院诊治病人 100 万人次,培养医科毕业生 26 人,有毕业文凭的护士 37 人。

1936 年,苏迈尔院长患肺炎病故于苏州博习医院,院长一职由美国医生赵乐门(J. C. Thoroughman)接替。同年春,医院门诊大楼失火,屋顶被毁,6 月重新翻造门诊,改建为 3 层平顶楼房。

(3) 抗日战争时期 1937 年 11 月,卢沟桥事变发生后,日军兵逼昆山。苏州局势紧张,医院被迫停诊。部分人员携带 X 光机、手术器械等内撤,拟在内地开设后方医院。不料中途遇盗,医疗器械被劫一空,部分人员回乡,另部分人员辗转南昌到达汉口,参加红十字会第 37、38 医疗小分队,为难民看病。

1941 年初,太平洋局势紧张,美籍人员先后回国,由董事会推外科主任肖伯萱任院长。次年底,肖辞去院长职务,由蒋育英继任。12 月 8 日,珍珠港事件爆发,医院被日本“同仁会”接收。1943 年 1 月 21 日,日本第 170 兵站进驻医院,日本人中山正雄担任院长。医院原工作人员部分离院,部分留驻继续工作。1945 年 8 月,日本投降后“同仁会”撤出医院,由教会收复。

(4) 恢复时期 1945 年 10 月 12 日,教会派出史友惠等 5 人组成复院委员会,负责接收及恢复医院工作。1946 年 6 月,美籍人员再度来院,赵乐门复任院长。时年,病床恢复至 150 张,职工人数发展至 140 人。

1947 年,医院得到联合国救济总署及中国善后救济总署分配的 200 张病床的设备和大批被服、食品、器材等物资,内中电凝箱、制造生理盐水的自动装置等在当时尚属先进。这批物资的补给,改善了医院的装备,恢复了医院的元气。以后又陆续增添了新的设备,如 200 毫安 X 光机、镭锭、新陈代谢测验器、短波透热机、冰箱、化验室培养及病理切片设备等。

1948 年苏州解放前夕,基督教监理公会华东、华中、江西三个年议会的 10 个教区长在镇江集会,商讨教会和教会医院、学校的应变措施,部署统一行动。

1949 年 1 月,院董事会推举陈王善继、诸荣恩担任正、副院长,赵乐门退任外科主任。4

---

* 见《博习医院成立 50 周年纪念册(1933 年)》

月27日，苏州解放。1950年6月10日，赵乐门离院回国。

1951年11月9日，苏州博习医院正式由苏南行署接办。从此，医院结束了68年的教会医院的历史，从私立教会医院转变成为全民制的公立医院，踏上了新的历程。医院接收时，共设有病床150张，职工197人，分设内、外、妇产、儿、牙、耳目鼻喉、肺、皮肤花柳科等临床科室及放射、检验、药房等辅助科室。医院总面积为4 990m^2，年门诊量为80 700人次，住院为4 968人次，手术为2 640人次。

医院的医疗和预防工作

苏州博习医院是苏南地区成立较早的一所西医医院，同时也是苏州最早的一所西医医院。该院创建以来，对西医的传播起到积极的促进作用，在西医新技术、新疗法的应用及公共卫生等方面作出了贡献。

（1）新技术、新疗法的应用　“苏州博习医院”在创建初期，首任院长柏乐文便将在西方刚发明的新技术、新设备引进医院，如麻醉术、消毒法、X光机等。1885年柏乐文在随医院出诊船巡诊时，遇到一村民，他2天前被铁匠铺的热铁屑溅伤眼球，患眼红肿、畏光、疼痛，此时柏乐文用“可卡因”滴患眼施行麻醉，然后用铲形小刀将铁屑剔出。而“可卡因”用于眼角膜麻醉是1884年刚由德国眼科学会承认和推广的首创性发明。另有一次，一患儿背上生痈肿，柏乐文用一管子冷冻麻醉喷雾剂对局部皮肤进行麻醉后施行手术。1890年，家住甫桥西街的顾某咽喉被竹芒刺入梗在喉间，由博习医院狄医生进行气管切开抢救。1903年博习医院还配备X光机，而X光机是1895年刚发明研制出来的。由此可见，博习医院初创时期担负了把西方医学新技术、新疗法引进中国的开拓性工作。1917年，“苏州博习医院”已成为当时我国较为先进的西医医院了，拥有病理切片机、显微镜、膀胱镜、验眼电镜及全套X光仪器，同时还拥有医院自己培训的医科学生和护士。

在治愈率方面，据博习医院1919年年报：内科痊愈203人，占54.3%；未痊愈75人，占20%；加重1人，占0.3%；死亡40人，占10.7%。外科痊愈580人，占54%；未痊愈281人，占26.3%；加重5人，占4%；死亡68人，占6.3%。其中用蒙药者227人，用麻药者335人，不用蒙、麻药者26人。外科病种方面，已开始腹部外科，据记载有一农民，47岁（住院号3866），被牛角触破右腹，肠流腹外达9小时，依法洗净，纳肠入腹缝合伤口后渐愈。其他的病种还有：肠痈、胃疡、肠道被阻、肠瘤、胆囊炎、胆石等。

抗战胜利后，苏州博习医院由于获得了联合国救济总置及中国善后救济总署的支援，不仅装配了床位等设施，还增添了新的设备，使医院在开展新技术方面，迈开了新的步伐。当时，在开展手术种类方面，有普外骨科、泌尿外科、妇产科、五官科、口腔科、眼科等。

（2）重视公共卫生及疾病的预防　博习医院创办人柏乐文十分重视公共卫生及疾病的预防工作，他为改善医院周围环境，在医院周围铺上一层石灰和砂。他提出疟疾、霍乱、鼠疫等传染病与蚊蝇、虱子的传播有关。1910年6月，苏迈尔还去东吴大学演讲蚊虫的危害与防御方法，并在东吴大学开展灭蚊活动，规定每晚8时到8时半为扑蚊时间，并予以检查。

1919年苏州时疫流行，死亡人数占整个医院死亡人数的四分之一，医院提出了清洁街道、疏通沟渠、屏绝蝇虫、勿使滋殖为染疾媒介等预防措施。

此外，医院对性病的流行进行了流行病学调查，医院全年住院验血病人752人中，患有梅毒者约占40%，因当时社会上娼妓泛滥，而造成性病流行。

医院内护士每年都要经过一次严格的体格检查，并注射伤寒、副伤寒、白喉、猩红热等疫苗及牛痘苗接种。医院内还用图画和文字进行卫生方法的宣传。住院病人入院前，都要去卫生处理室进行卫生处理，一律换医院衣服，病人一切衣物均不准带入病房。1926 年，医院特施公共卫生方法，进行学生的体格检查，内科与产科医生担任邻近学校的保健工作，如东吴、景海、振华、振声四所中学。1928 年起，每逢星期五午前 10 时至 12 时，免费施种牛痘苗。医院还与"乐群社"合办婴儿卫生讲习社及胎教卫生会，派一名公共卫生护士，对婴儿进行家访，同时医院还设有产前检查门诊和育婴室，与婴儿保健门诊一起应诊。

1935 年 2 月 9 日至 2 月 16 日，医院为配合教会举办六星期福村学校，派出 4 位医生去近郊农村北里巷参加第二周"健康周"的工作。其内容为讲习清洁卫生及预防疾病的方法，查验乡村人的体格，进行疾病诊治及预防接种工作，具体安排是：① 每日举行诊治；② 每日早晨检查体格；③ 每日下午探望农家；④ 每日举行卫生演讲一次；⑤ 用表格、报纸、显微镜等显示；⑥ 每日放幻灯。卫生演讲题目为：周一：内肠寄生虫；周二：各种结核病；周三：各种感冒的避免及怎样灭蝇，周五：天花、麻疹、猩红热及白喉；周六：个人卫生、颗粒性结膜炎，疥癣及金钱癣；周日：维他命。经查验北里巷农民三分之一患脾肿大，可见当时的疟疾（感冒瘴气）实为大患。

医院的教学工作

（1）博习医院医学班　1883 年，博习医院创建时无一中国人任西医师。但随医院诊务日渐发达，医师缺乏，医院便开始注意在中国人中培养西医人才。最早培养出来的中国人西医师是曹子实，他在兰华德来苏行医时，就已跟从兰华德学习西医。1887 年，与博习医院毗邻的妇孺医院成立，柏乐文与妇孺医院的斐医生合作，设立医学班（有称医学院或医科大学的），共同教授学生。当时男女兼收，同室授课，但男女分坐，分道进出。据《教保》第 38 册，1903 记载，当时医学班的学制为 5 年，毕业生授予医学士学位。医学班从 1883 年起，至 1909 年 7 月结束，共得毕业生 26 名。医学班毕业的学生服务于社会各界，均颇有声誉。1904 年，医学班归并东吴大学，1909 年医院最后一班医学生毕业，此后医院不再招收医学生，仅接受教会所办的医学院校学生来院实习。

（2）博习高级职业护士学校　1913 年美籍护士主任福耳曼创建博习护士学校，初为护士班，后称护士学校。1936 年在教育部立案后定校名为"苏州市私立博习高级护士职业学校"。学校的行政组织、人事隶属均在苏州博习医院的管辖之下。1951 年 11 月，苏南行署接管学校。1952 年 1 月，学校与医院正式脱离隶属关系。该校从创建至此，共培养毕业生 200 余名，其中男生约 20 余名。

综上所述，"苏州博习医院"虽然是美国教会组织传教活动的产物，且传教士医生的行医活动大多是为着传教布道、笼络人心之目的，但苏州博习医院的创建和发展，对西医在苏州的传入与扩散起到了积极的促进和推动作用，并对苏南地区及我国东南沿海地区的西医发展有着举足轻重的影响，在我国西医近代史上有着重要的一页。

本文在撰写过程中，得到苏州医学院附属第一医院院志编写组的大力支持与帮助，并提供了院志资料，在此表示感谢。

文内资料均引自苏州医学院附属第一医院院史。

原载《中华医学杂志》1997 年第 27 卷第 2 期

博习医院建筑文化的读悟

张战卫

建筑中的文化信息包含两方面内容，一方面是它所记录的人类社会活动中的文化信息，另一方面是建筑本身所包含的文化内涵。苏州大学附属第一医院的前身——博习医院创建于清光绪九年(1883 年)，是苏州乃至江苏最早的新教传播和西医推广的中心。民国八年至十一年(1919—1922 年)，博习医院在原址上拆除旧房，由上海 G. F. ASHLEY 建筑公司设计重造新院。

在建筑结构上，博习医院因楼房采用砖混结构为苏州建筑业最早而被记载于《苏州志》。

在设计上，就整个建筑群体来看，采用了以中华古代建筑中轴线为主要标志的平面对称性格局(门诊楼及病房楼的正门，以及与之相连接的走廊都处在一条纵向的直线上，东西两侧基本上为严格的对称布局，使单个建筑体或整个建筑群体的中轴线都强烈地凸显出来)，又巧妙地融进了中华建筑典型的庭院(半敞)式平面布局；就单个建筑体而言，门诊楼属中式，病房楼为西式，堪称中西合璧。

门诊楼居南、临街，为两层殿宇式建筑，面积约 7 738.22 平方英尺(718.88 平方米)。屋顶和门庭顶部为歇山顶式，一、二层之间筑有复檐，均以琉璃瓦覆盖。一字形正脊呈花式镂空，正脊的中央为砖雕的“博习医院”字样，正脊的两端饰有兽吻，这除了美观，更主要的是在观念上具有“防火”功能，取祈求平安和吉祥之意。立面以清水青砖砌就，整座建筑气派、工艺考究。有文字记载：“本院门诊室悉用北平建筑皇宫之金砖造成，当时制造是砖之窑适在苏城之外，本院于废清时将其所余旧砖悉数购得。须知，此砖于民国之前实无法可

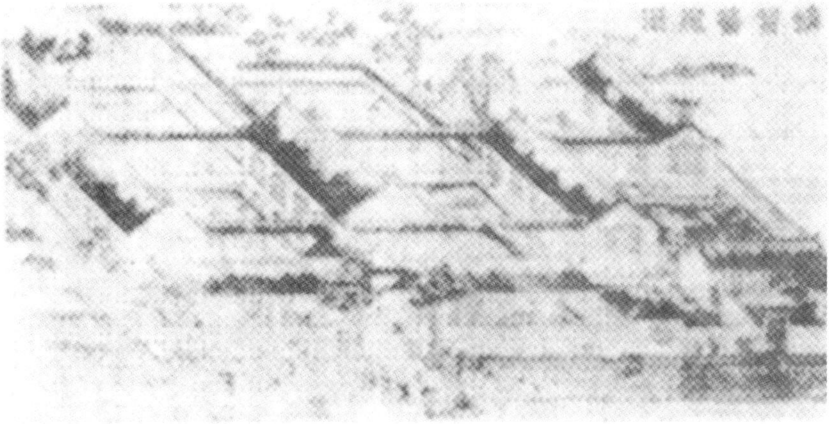

博习医院图　1883年初(光绪九年),柏乐文得到教会和苏州地方人士的捐款一万美金,以一千美金在天师庄21号(后改天赐庄,今为十梓街3号)购买民地七亩,同年4月8日破土动工,历时半年,医院告竣,题名苏州博习医院。医院为庄园式建筑,共有中式平屋八幢。

得之者也,是以此为苏城惟一庄严之建筑物也,明矣。”青砖虽历经沧桑,其上,“光绪十一年成造细料二尺见方金砖”、“宣统三年成造细料二尺二寸见方金砖”、“督造官江南苏州知府魁元”、“监造官署苏州府照汤濶尘”、“田四甲”、“徐子卿窑”的印记依旧清晰可辨,在记录了那个年代制造皇家“金砖”的严肃与规范的同时,还揭示了清朝官职爵位、户籍制度、篆刻艺术等多元文化。门诊一楼为各科诊疗室,1 404.72平方英尺(130.5平方米)的大厅,按照院方规定,每天早晨开诊前5—10分钟,全体职工在此先集体合唱赞美诗,后由牧师朗读圣经,开诊后作为病人候诊室;还专门设立了传教士室,向就诊者传播福音。许多人在这里受到宗教思想的灌输,西方近代医学也是从这里传入苏州,使相信西医西药的苏州人日渐增多。二楼为职工宿舍,同样独辟一间传教士宿舍。在3 869.11平方英尺(359.44平方米)的生活区内,配设卫浴间208平方英尺(19.41平方米)、娱乐室363.75平方英尺(33.79平

医生住宅　1918年,由中华医药部拨款建造的苏迈尔院长住宅。

方米)和藏书室237.29平方英尺(22.05平方米)。

病房楼居北,呈倒置的“凹”字型,三层西式、平顶,面积约35 153.52平方英尺(3 265.77平方米);建筑立面朴实无华,是较早的国际现代派建筑风格。顶层的中部设肺病疗养室,东西两翼辟为屋顶花园。

病房楼　1920年由上海G. E. ASHLEY建筑公司设计并建造。

砖混结构,二层殿宇式建筑。

当时的博习医院无论规模、流程,还是设施、医术,在苏州、在江苏都是第一。民国十五年(1926年)8月,美国外科专门医学院派员来院鉴定,确认博习医院为合格医院,且谓“如此医院全中国仅三四处而已”。

参考文献

[1] 王振复:《大地上的“宇宙”》,复旦大学出版社,2001年5月。

[2] 王振复、杨敏芝:《人居文化——中国建筑个体形象》,复旦大学出版社,2001年5月。

[3] 苏州市地方志编纂委员会:《苏州志》,江苏人民出版社,1995年1月。

原载《档案与建设》2003年第6期

江苏师范学院图书馆介绍

邬中建

江苏师范学院(下称“江苏师院”)于1952年由东吴大学等院校合并建成,初名“苏南师范学院”,1953年改为今名。

江苏师院图书馆的历史源流,实际上是过去五个图书馆,即东吴大学、国立社教学院、江南大学(部分)、江苏省立教育学院、无锡国专的汇合。它的初建期有23万册藏书(其中线装书72 000多册,外文书24 000册),其大部分都是古籍和解放前出版物。这种状况显然不能适应社会主义新型大学,它需要不断地大量地渗入新鲜血液,改变原来藏书结构,才能适合教学需要。党和政府关心它的发展,决定拨款建造新楼。1953年11月,建筑面积1 940m^2的“冂”形建筑落成了。图书馆迁入新楼后,标志着它进入了新的发展时期。

1953年底建成使用的图书馆楼,座落在清静的校园东南角。1958年学院又拨给图书馆一幢二层旧建筑:红楼。红楼的可使用面积约1 500m^2,图书馆在此设立了分馆,原来的“冂”形建筑就称为总馆。目前,全馆总藏书量近80万册,其中外文书刊9万多册,古籍线装书约20万册。该馆的藏书具有自己的特色,突出表现为书刊种类繁多,正适合于多学科的综合性师范学院特点。

馆舍扩充以来,图书不断地大量增加。当时,中文分类采用参照《中国人民大学图书馆图书分类法》修订补充的刘国钧《中国图书分类法》,外文分类则采用杜威十进法。1961年,编印了《馆藏古籍线装书目录》、《馆藏解放前中文图书目录》(上、下二册)、《馆藏解放后中文图书目录》(按类分七册)、《馆藏西文图书目录》,基本上反映了馆藏的图书概貌。1962年起,中外文新书一起改用《中国科学院图书馆图书分类法》,所编新书称为“新系统”图书,以区别于1962年以前的“老系统”。

粉碎“四人帮”以后,江苏师院图书馆新购图书成倍增长。1980年购书费为17万元,购书74 892册,为了解决新书的编目问题,该馆采编组采用了半机械化的涂料机,改进书脊上书写索书号的加工手续,提高了工作效率,使新书能较快地投入流通。

该馆在1979年及时完成了古籍善本书的编目工作,经审核合于标准的古籍善本书有187种计1 873册。该馆又挑选了比较好的古籍562部计4 363册列入馆藏善本书,加强管理、以供参考。接着,又编印出《馆藏方志目录》、《馆藏年谱(年表)目录初编》等。《馆藏方志目录》收各类地方志784种计7 471册,其中以江浙地区地方志为多。《馆藏年谱(年表)目录初编》收有谱主580人。去年,该馆又对馆藏再次进行清点,除古籍线装书外,清点工作大部分已经完成。

江苏师院图书馆借书处设在总馆,它分文科口、理科口、文艺口和教工口分别办理个人借阅,平均日流通量达850多册。根据各借书口的具体情况,该馆流通组采用不同方法,保证借还图书工作顺利进行。文艺口借出图书的书袋卡按借出日期排列,以便到期分别催还;文科口、理科口则按学生学号排列,方便同学还书,同时还几本书,只要一次抽卡。教师借的书,品种广,复本少,借期长,为了方便查找某种书被哪位教师借去,故教师借出图书的书袋卡按索书号顺序排列。除个人借阅外,还配合各系科教学办理学生集体借书。1980—1981 学年度第一学期,借书处办理集体借书 5 400 多册。

报刊阅览室和图书阅览室都设在总馆二楼,一南一北相对。它们各有阅览座位 150 个,每周开放时间 56 个小时。凡是解放后出版的馆藏中文期刊,到报刊阅览室均能查阅到。中文现期期刊报纸 851 种中,开架期刊近 180 种,报纸 30 多种陈列在报刊阅览室内,其它 600 多种则半开架借阅。图书阅览室是学生到馆阅读参考书的主要场所。设在红楼分馆的教师参考阅览室主要为教师、研究生服务,高年级学生撰写论文或开展学术研究活动亦可到此查找所需图书资料。

江苏师院图书馆征集、整理有各类图刊资料索引、目录供读者查找使用。该馆同 300 多个单位建立了书刊资料交换关系,努力开辟资料来源,作好资料工作。报刊资料组以师院特点出发配合教学,根据全国统编教材,做了 1978 年到 1980 年发表在各种参考资料上的 2 000多篇文章的篇名卡片,编出了《馆藏中学语文教学参考资料目录》,很快油印成册,供前往各中学实习的中文系 1977 级学生使用,受到欢迎。

图书馆的外文现期期刊 566 种均分配在各资料室。该馆对各系的资料室在业务上进行领导,互通有无,加强联系。各系资料室主要为本系教师服务。文、史,政教三系资料室还附设学生报刊阅览室,物理系资料室附设有学生图书报刊阅览室。各系资料室的所有图书资料均由图书馆统一购配。

江苏师范学院图书馆行政上直接由院长领导,设采编组、流通组、报刊资料组。目前有馆领导 2 人,工作人员 42 人。其中,高等院校毕业的超过半数计 24 人;60 岁以上的 3 人,30 岁以下的 6 人,平均年龄为 45 岁;从事图书馆工作 20 年以上的有 9 人,最近三四年进馆的 25 人。为了提高全馆的业务水平,该馆每周闭馆半天组织业务学习,并编制了馆藏图书馆学书刊目录以供参考。另有少数同志分别到系跟班旁听大学课程或进夜校补习外语,提高文化。该馆为了建设一支过硬的图书情报资料队伍,努力做好在职学习,以适应图书馆事业的不断发展。

江苏师范学院图书馆近 30 年来为教学和科研作出了贡献,各级领导也十分关心它的发展。正计划新建 5 000m^2 的新楼。在未建新楼之前,图书馆的领导和同志们大力挖掘潜力,力争在现有条件下为教学科研作出更大贡献。

原载《江苏图书馆工作》1981 年第 4 期

附　录

创办与发展

张镜濂. 论上海中西书院之益[N]. 万国公报,1889－09.

锦堂王荣和. 论中西书院有大益于中国[N]. 万国公报,1883－04－07.

赘翁. 中西书院议[N]. 万国公报,1882－05－27.

赘翁. 创立中西书院议[N]. 万国公报,1882－03－18.

崇明张书绅少芸. 书中西书院启后[N]. 万国公报,1882－1－8.

俞释之. 私立东吴第二中学校校史[J]. 东吴年刊,1929(1):189.

杨木武. 战乱中的东吴大学(1937—1945)[G].//东吴大学校史研究小组. 东吴大学建校百年校史学术研讨会论文集. 台北:东吴大学印行.

佚名. 江苏省立教育学院沿革与使命[J]. 民众教育通讯,1933,3(2):128.

佚名. 江苏省立教育学院更名之由来[J]. 江苏教育季刊,1930(创刊号):4－22

叶运升. 回忆母校省立教育学院——从无锡到桂林[J]. 苏大校友,2007(1):49－50.

佚名. 根之茂者其实繸,膏之沃者其光晔——从江苏师范学院到今日苏州大学[J]. 苏大校友,2006(2):16－18.

庆. 抗战中的国立江苏医学院[J]. 民意(汉口),1941(169):12.

校史人物

王元龄. 记故校董柏乐文先生遗泽[J]. 东吴年刊,1929(1):294.

沈体兰. 校内纪事:祁天锡先生[J]. 东吴,1921,3(2):112.

王志稼,李惠林. 悼祁天锡博士,吴县淡水藻类社会之初步观察[J]. 东吴学报,1938,4(3):1－8.

佚名. 人物:江长川牧师[J]. 平民月刊,1934,10(7):15－16.

周壬林. 人物:吴经熊先生[J]. 人间世,1935(42):20－21.

樊志辉. 吴经熊哲学思想探悉[J]. 学术论坛,2000(3).

姬小康. 吴经熊法律哲学思想研究[J]. 中北大学学报,2007(4).

胡卫清. 传教士教育家潘慎文的思想与活动[J]. 近代史研究,1996(2):244－262.

蒋定国. 让学生超过自己——访遗传学家谈家桢教授[J]. 人才,1981－07:22.

嵇康长. 文录:东吴大学校监院孙公传[J]. 湖南教育杂志,1916(6).

吴竞. 章太炎在东吴大学时"赴学寻问"江苏巡抚(恩寿)的考辨[J]. 江苏师范学院学报,1981(4):27.

佚名. 用有限的人类智慧去认识无限的宇宙奥秘——记著名物理学家、诺贝尔物理学奖获得者李政道[J].苏大校友,2004(1):43-44.

董礼波.在昆虫界永生:记已故著名生物学家胡经甫院士[N].科技日报,1999-05-22(8).

佚名.中国遗传学奠基人谈家桢[J].苏大校友,2004(2):30-34.转引自湖州科技信息网:湖州名人.

佚名.卓越的世纪老人——记原全国人大副委员长、民进中央主席雷洁琼校友[J].苏大校友,2005(1):44-45.选自世界华人名人录.

陆承曜.杨绛生命如火[J].苏大校友,2006(1):35-36.

佚名.南方周末——特别报道他们见证了东京审判[N].google 网上.

赵学昌.李维格对外开放性实践及思想简析[J].天津师范大学学报,1999(3):34-38.

王同起,瞿冕良.李维格的理想与事业——拯中原于涂炭　登仁兆于康庄[G].北京:中国档案出版社,2000.

查时杰.东吴三杰——谢洪赉、赵紫宸、黄仁霖三位校友对中国基督教会的贡献[G].//东吴大学校史研究小组.东吴大学建校百年校史学术研讨会论文集.台北:东吴大学印行.

刘云天.赤诚印寸心　浩然天地间——记中华职业教育社早期社员、著名教育家、职业指导专家刘湛恩[J].教育与职业,2003(3):52-53.

管有明,仲鑫.亲历东京大审判的苏州人[J].苏大校友,2007(1):64-65.

姚奠中.国学大师与老夫子:章太炎、唐文治[J].文史研究,1997(1):34.

曲士培.唐文治办学思想简评[J].教育史研究,1996(2):53-57.

李剑萍.论唐文治的人才观及教育思想[J].教育史研究,1996(3):34-35.

郭齐家.论唐文治教育思想的历史价值和现实意义[J].教育研究,1996(10):65-69.

宋恩荣,熊贤君.简论唐文治的"教育救国"思想[J].教育研究,1996(10):70-75.

刘露茜.唐文治对近代高等工程教育的贡献[J].高等工程教育研究,1993(2):67-73.

唐孝端.唐文治与上海交通大学[J].无锡教育学院学报,1992,12(3):88-90.

黄汉文.经世淑民,长留教泽:怀念唐文治先生[J].上海文史,1991(3):11-15.

朱述宾.唐文治的教育观概说[J].教育评论,1989(6):56-58.

周宗湘.唐文治和交通大学[J].华东师范大学学报(教育科学版),1986(3):61.

秦宝春.桃李满庭芳——记近代著名教育家唐文治[N].人民政协报,1985-11-26:3.

黄汉文.缅怀唐文治先生[J].文教资料简报,1985(2):93.

孙嘉麟.上海名人论:唐文治[J].大众(上海 1942),1945(32):104-105.

薛好捷.记唐文治先生父子[J].宇宙风:乙刊,1940(25):388-389.

赵一新.书法家王蘧常传略[J].书法研究,1984(2):1.

斐尔.上海名人论:王蘧常[J].大众(上海 1942),1945(29):99-110.

佚名.王蘧常先生:历史系讲师[J].之江年刊,1940:1.

佚名.王蘧常先生:历史系讲师(照片)[J].之江年刊,1939:1.

黄达强.一身正气,风范长存——怀念郭影秋同志[N].北京日报,1986-11-11:2.

金木.对马克思主义理论教育的深切关怀——纪念郭影秋同志[J].教学与研究(北京),1986(1):9.

张腾宵.理想.精神.情操——郭影秋同志的高风亮节[N].人民日报,1986-05-11:5.

佚名.壮志常在心未已——访郭影秋同志[N].北京晚报,1980-06-06:1.
王俊义.我所认识和了解的郭影秋[J].纵横,2003(6):28-31.
乔申颖.范敬宜办报思想初探[J].报刊之友,2003(21):32-36.
李艳.范敬宜新闻评论特色初探[J].报刊之友,2003(4):30-34.
滕礼.简析点子宗编辑范敬宜的成功之道[J].当代传播,2000(4):52-54.
周瑞金.总编辑与书法大师:顾廷龙、范敬宜[N].文汇报,1997-01-12:3.
崔亮,阿木.敢问路在何方:访红学大师冯其庸[J].退休生活,2003(7):10-13.
俞宏理.现代文人画家冯其庸[J].文艺研究,1998(5):146-147.
田苑.大哉红楼梦,再论一千年:记著名红学家冯其庸先生[J].红楼梦学刊,1997(4):306-315.
王磊.上下求索路漫漫:记著名红学家冯其庸先生的学书道路[J].中国书法,1997(5):60-62.
叶君远.学者.诗人.书画家:记著名红学家冯其庸教授[J].红楼梦学刊,1991(3):173-186.
濮之珍.评唐兰先生文字改革的理论[J].语文知识,1956(总51):12.
魏建功.驳唐兰先生的文字改革论[J].中国语文,1956(总44):13.
黎锦熙.对于唐兰先生所提文字改革方案要点的意见[J].中国语文,1956(总44):16.
边兴昌.评唐兰先生的文字改革理论[J].中国语文,1956(总45):27.
关兴三.对于唐兰先生的文字改革理论的批评[J].中国语文,1956(总45):31.
王力.论唐兰先生的文章的思想性和逻辑性[J].中国语文,1956(总43):13.
吴祥兴.学习魏建猷先生的治学精神,繁荣上海师范大学学术研究:纪念魏建猷教授九十诞辰[J].上海师范大学学报,1998,27(1):152-153.
郭静洲,姚长鼎.近代会党史研究的开路人魏建猷[J].江淮文史,1996(3):79-83.
苍朗.不谙世故的大画家:朱屺瞻[J].文艺生活,1999(6):62-63.
谢荣,丁黎.世纪老人朱屺瞻大师[J].今日名流,1996(8):37-39.
谷苇."梅花草堂"世纪春:朱屺瞻百有五岁纪事[J].世纪,1995(5/6):40-42.
谷苇.先生身前是梅花:朱屺瞻的"文学因缘"[N].文学报,1995-05-04:4.
佚名.世纪老人:朱屺瞻[J].名人,1994(8/9):31-32.
刘士安."坚定不移跟共产党走":访百岁入党的艺术大师朱屺瞻[N].人民日报:海外版,1991-05-21:21.
于文清.中国画坛上的不老松——记我国最年长的艺术大师朱屺瞻[N].联合时报,1990-03-09:4.
黄可.艺高德馨,大气浩然——朱屺瞻绘画艺术讨论会纪要[J].美术,1990(7):11-12.
张停.默默耕耘的国画巨匠——朱屺瞻[J].美术,1988(12):31-32.
文清.国画艺术大师朱屺瞻[J].艺潭,1986(5):57.
朱继功.学到老创新到老——访著名国画家朱屺瞻[N].北京晚报,1981-07-14:1.
赵丽宏.让生命之树常青——访老画家朱屺瞻[J].新体育,1981(1):12.
谢荣,丁黎.世纪画家朱屺瞻[J].人物,1996(5):82-90.

附录

苗体君. 试析唐文治对早期交通大学的改革[J]. 河南教育学院学报,1997(1).
徐祖广. 唐文治办学主张浅谈[J]. 上海高教研究,1990(4):105－109.
唐孝端. 先祖父唐文治事略[J]. 无锡教育学院学报,1995,15(2):45－48.
李济才. 唐文治教育思想述略[J]. 无锡教育学院学报,1995,15(2).
沈筠蓉. 一代文化巨人唐文治[J]. 苏大校友,2005(1):43.
秦和鸣. 不忘恩师 保持晚节——缅怀王蘧常先生[J]. 苏大校友,2004(1):9－50.
傅旭. 心怀全局写苍生——范敬宜的新闻生涯[J]. 苏大校友,2004(2):38－40. 选自《北京青年报》.
章学新. 周振甫　永远的怀念[J]. 苏大校友,2005(1):50－51.
祝彦. 梁漱溟:最后的儒者[J]. 苏大校友,2006(1):48－51.
杜廼松. 深切思念唐兰先生[J]. 苏大校友,2006(2):51－52.
佚名. 我国近代力学的奠基人:钱伟长[J]. 苏大校友,2007(1):55.
李永贤. 俞庆棠的民众教育思想与实践[J]. 教育史研究,2000(2):60－64.
茅仲英. "民众教育的保姆"——记女教育家俞庆棠[N]. 团结报,1986－02－22:4.
马玲亚. 俞庆棠对民国时期民众教育的贡献[J]. 教育评论,2003(3):83－85.
佚名. 人物:高践四先生[J]. 平民月刊,1934,10(11):19－20.
梁小克. 雷沛鸿传略[J]. 河池师专学报(文科版),1985(2):52.
张子臣. 我国昆虫研究仍须奋起直追——访由"蟋蟀迷"到昆虫专家的吴福桢[N]. 人民日报:海外版,1988－03－23:2.
纪希晨. 访"虫王"——记昆虫学家吴福桢同志[N]. 人民日报,1982－04－15:3.
秦柳方. 国之瑰宝 人之楷模——怀念著名乡村教育家童润之[J]. 苏大校友,2004(1):51－52.
佚名. 经济学家钱俊瑞[J]. 苏大校友,2004(2):40－41.
王俊义. 辞去省长做校长——记兼资文武的郭影秋校友[J]. 苏大校友,2005(1):52－54.
姚民,林冈. 先富起来的农民和田埂边的大学——记浙江省农函大校长许岩校友办学十年的业绩[J]. 苏大校友,2005(2):61－62.
佚名. 著名的老一代马克思主义经济学家——秦柳方[J]. 苏大校友,2006(1):46－48.
沈基宇,王瑞珍,戴增义,吕新亚(戴珍义执笔). 访我国著名语言文字学家周有光[J]. 苏州大学校友会(北京老校友分会)校友动态,2007(1). 内部资料.
佚名. 为教育事业鞠躬尽瘁——追纪母院俞庆棠先生的追悼大会[J]. 苏州大学(原江苏教育学院)校友动态,南京校友分会,2006(49). 内部资料.
佚名. 俞庆棠先生与上海市实验民众学校[J]. 苏州大学(原江苏教育学院)校友动态,南京校友分会,2006(49). 内部资料.
秦柳方. 纪念人民教育家俞庆棠诞辰一百周年[G]. //江苏省太仓市政协文史资料委员会.《太仓文史》第十三辑俞庆棠纪念文集,1997. 内部资料.
唐孝纯,唐孝宣,唐孝端,等. 深情怀念母亲俞庆棠先生[G]. //江苏省太仓市政协文史资料委员会.《太仓文史》第十三辑俞庆棠纪念文集,1997. 内部资料.
马飞海. 俞庆棠先生在上海[G]. //江苏省太仓市政协文史资料委员会.《太仓文史》第

十三辑俞庆棠纪念文集,1997. 内部资料.

戴增义. 郭影秋同志忆俞庆棠老师[G]. //江苏省太仓市政协文史资料委员会.《太仓文史》第十三辑俞庆棠纪念文集,1997. 内部资料.

孔海珠. 胡乔木谈人民教育家俞庆棠[G]. //江苏省太仓市政协文史资料委员会.《太仓文史》第十三辑俞庆棠纪念文集,1997. 内部资料.

熊贤君. 崇高的精神 伟大的事业[G]. //江苏省太仓市政协文史资料委员会.《太仓文史》第十三辑俞庆棠纪念文集,1997. 内部资料.

许岩. 学习俞庆棠教育思想 发展农村教育事业[G]. //江苏省太仓市政协文史资料委员会.《太仓文史》第十三辑俞庆棠纪念文集,1997. 内部资料.

刘于艮. 俞庆棠教育思想永存[G]. //江苏省太仓市政协文史资料委员会.《太仓文史》第十三辑俞庆棠纪念文集,1997. 内部资料.

张宗纯. 深切怀念人民教育家俞庆棠老师[G]. //江苏省太仓市政协文史资料委员会.《太仓文史》第十三辑俞庆棠纪念文集,1997. 内部资料.

陈君谋. 人民教育家俞庆棠教授[G]. //江苏省太仓市政协文史资料委员会.《太仓文史》第十三辑俞庆棠纪念文集,1997. 内部资料.

龚家玮. 民众教育的创始人俞庆棠老师[G]. //江苏省太仓市政协文史资料委员会.《太仓文史》第十三辑俞庆棠纪念文集,1997. 内部资料.

陆炜. 我所认识的俞庆棠先生[G]. //江苏省太仓市政协文史资料委员会.《太仓文史》第十三辑俞庆棠纪念文集,1997. 内部资料.

徐为裳. 皓首忆师情[G]. //江苏省太仓市政协文史资料委员会.《太仓文史》第十三辑俞庆棠纪念文集,1997. 内部资料.

杜永康. 俞庆棠教授在抗日救亡运动中[G]. //江苏省太仓市政协文史资料委员会.《太仓文史》第十三辑俞庆棠纪念文集,1997. 内部资料.

叶岛. 师德永存[G]. //江苏省太仓市政协文史资料委员会.《太仓文史》第十三辑俞庆棠纪念文集,1997. 内部资料.

王退斋. 永念师恩[G]. //江苏省太仓市政协文史资料委员会.《太仓文史》第十三辑俞庆棠纪念文集,1997. 内部资料.

李钟. 难忘俞师情[G]. //江苏省太仓市政协文史资料委员会.《太仓文史》第十三辑俞庆棠纪念文集,1997. 内部资料.

杨汝熊. 学习俞庆棠老师的崇高精神[G]. //江苏省太仓市政协文史资料委员会.《太仓文史》第十三辑俞庆棠纪念文集,1997. 内部资料.

丛光祖. 缅怀俞庆棠老师[G]. //江苏省太仓市政协文史资料委员会.《太仓文史》第十三辑俞庆棠纪念文集,1997. 内部资料.

甘兰经. 温故而知新[G]. //江苏省太仓市政协文史资料委员会.《太仓文史》第十三辑俞庆棠纪念文集,1997. 内部资料.

陈汀声. 回忆吾师俞庆棠对电教事业的贡献[G]. //江苏省太仓市政协文史资料委员会.《太仓文史》第十三辑俞庆棠纪念文集,1997. 内部资料.

戴公亮. 我在俞师指导下从事电教工作[G]. //江苏省太仓市政协文史资料委员会.《太仓文史》第十三辑俞庆棠纪念文集,1997. 内部资料.

朱谊民. 学习俞庆棠先生的办学精神[G].//江苏省太仓市政协文史资料委员会.《太仓文史》第十三辑俞庆棠纪念文集,1997. 内部资料.

陆泰. 人民教育家俞庆棠[N]. 人民政协报,1986－03－11:3.

尤仁安. 俞师印象追忆[G].//江苏省太仓市政协文史资料委员会.《太仓文史》第十三辑俞庆棠纪念文集,1997. 内部资料.

王传鼎. 回忆俞老师对我的教诲[G].//江苏省太仓市政协文史资料委员会.《太仓文史》第十三辑俞庆棠纪念文集,1997. 内部资料.

余因. 好老师好前辈[G].//江苏省太仓市政协文史资料委员会.《太仓文史》第十三辑俞庆棠纪念文集,1997. 内部资料.

黄秋农. 太仓县民众教育实验区概况[G].//江苏省太仓市政协文史资料委员会.《太仓文史》第十三辑俞庆棠纪念文集,1997. 内部资料.

蒋丽似,沈逸令,张克己. 俞庆棠与上海市立民众学校[G].//江苏省太仓市政协文史资料委员会.《太仓文史》第十三辑俞庆棠纪念文集,1997. 内部资料.

余振鹏,孙彬斐,施怀宁,王绍铨. 回顾民校历程怀念庆棠先生[G].//江苏省太仓市政协文史资料委员会.《太仓文史》第十三辑俞庆棠纪念文集,1997. 内部资料.

沈吕默. 俞庆棠先生二三事[G].//江苏省太仓市政协文史资料委员会.《太仓文史》第十三辑俞庆棠纪念文集,1997. 内部资料.

杨福环. 人民教育先驱俞庆棠[G].//江苏省太仓市政协文史资料委员会.《太仓文史》第十三辑俞庆棠纪念文集,1997. 内部资料.

陈鲁生. 深深的怀念[G].//江苏省太仓市政协文史资料委员会.《太仓文史》第十三辑俞庆棠纪念文集,1997. 内部资料.

过荫苏. 先生之风 山高水长[G].//江苏省太仓市政协文史资料委员会.《太仓文史》第十三辑俞庆棠纪念文集,1997. 内部资料.

王秀琴. 永远的忆念[G].//江苏省太仓市政协文史资料委员会.《太仓文史》第十三辑俞庆棠纪念文集,1997. 内部资料.

钱小柏. 怀念俞庆棠老师[G].//江苏省太仓市政协文史资料委员会.《太仓文史》第十三辑俞庆棠纪念文集,1997. 内部资料.

孙月平. 俞庆棠先生在沪创办成人教育的业绩[G].//江苏省太仓市政协文史资料委员会.《太仓文史》第十三辑俞庆棠纪念文集,1997. 内部资料.

孔令璋. 最好的东西应该给予最大多数的人民[G].//江苏省太仓市政协文史资料委员会.《太仓文史》第十三辑俞庆棠纪念文集,1997. 内部资料.

叶京琦. 倾心社教 师范永存[G].//江苏省太仓市政协文史资料委员会.《太仓文史》第十三辑俞庆棠纪念文集,1997. 内部资料.

陈鹤琴. 悼人民教育家俞庆棠先生[G].//江苏省太仓市政协文史资料委员会.《太仓文史》第十三辑俞庆棠纪念文集,1997. 内部资料.

吴耀宗. 俞庆棠先生的回忆[G].//江苏省太仓市政协文史资料委员会.《太仓文史》第十三辑俞庆棠纪念文集,1997. 内部资料.

耿丽淑. 纪念亡友——热心爱国的教育家俞庆棠[G].//江苏省太仓市政协文史资料委员会.《太仓文史》第十三辑俞庆棠纪念文集,1997. 内部资料.

童润之.悼民众教育的保姆——俞庆棠先生[G].//江苏省太仓市政协文史资料委员会.《太仓文史》第十三辑俞庆棠纪念文集,1997.内部资料.

张锡昌.学习你的事业精神[G].//江苏省太仓市政协文史资料委员会.《太仓文史》第十三辑俞庆棠纪念文集,1997.内部资料.

唐庆诒.祭庆棠文[G].//江苏省太仓市政协文史资料委员会.《太仓文史》第十三辑俞庆棠纪念文集,1997.内部资料.

唐庆诒.悼庆棠[G].//江苏省太仓市政协文史资料委员会.《太仓文史》第十三辑俞庆棠纪念文集,1997.内部资料.

陆泰.人民教育家俞庆棠[N].人民政协报,1986-03-11:3.

廖宇阳.爱国社会教育家陈礼江[J].心桥,2001(7):42-43.

袁少卿.从学生领袖到政治活动家——追忆许德珩老师[J].苏大校友.2004(1):53-54.

甘兰经.一代报人俞颂华[J].苏大校友,2005(1):55.

佚名.中国当代舞蹈先驱者戴爱莲[J].苏州大学校友会(北京老校友分会)校友动态,2007(1).内部资料.

王海兴,曹金元."坛坛罐罐当仪器 拼拼凑凑做实验"——记著名物理学家朱正元教授[J].苏大校友,2004(1):54-53.

蒋华莉.斯人已去 风范长存[J].物理教师,1995(1).

沈永昭.深切怀念 认真学习[J].物理教师,2000(12):2-3.

中国教育学会物理教学专业委员会.学习朱正元先生的教育思想,推进物理素质教育——纪念朱正元先生诞辰100周年[J].物理教师,2000(12).

管家柱.缅怀恩师:记江苏师范学院教育系主任刘百川教授[J].教育论坛(苏州),2004(3):67-68.

佚名.把毕生心血用在基础课讲坛上的人——记江苏师范学院化学系主任程有庆教授[N].光明日报,1979-11-07:2.

佚名.推广远红外新技术的热心人(江苏师范学院物理系教授许国梁)[N].新华日报,1978-09-03:2.

佚名.顶峰逆浪搞科研——记江苏师范学院讲师姜耶光[N].新华日报,1977-10-13:3.

吴允和.对父亲的回忆:(吴天石)[J].文教资料,1999(1):12-15.

季为群.人民教育家吴天石[J].江苏地方志,1994(1):52-54.

陈辽.教育家、学者、诗人吴天石:读《吴天石集》[J].江苏高教,1992(4):75-77.

佚名.师之范,师之师——吴天石同志加强师资培养工作的思想和实践[J].南通师专学报(社科版),1987(4):92.

钱任初.浅谈吴天石的语文教育观[J].江苏教育(中学版),1986(7):7.

吴奔星.诗人、友人、领导——缅怀吴天石同志[J].雨花,1986(9):68.

佚名.怀念吴天石同志[J].江苏教育(小学版),1979(1):5.

钱静人.回忆吴天石、李敬仪同志[J].群众,1979(1):43.

许含章,朱瑞兮.陶熔材器赖洪炉:记人民教育家吴天石[J].文教资料,1999(1):

3 -11.

陈光. 难以忘怀的纪念——为吴天石同志逝世二十周年而作[N]. 新华日报,1986 -08 -05(2).

刘古平. 教学不已 阖棺乃止——记著作等身的教育家刘百川[J]. 苏大校友,2004(1):56 - 57.

佚名. 献身国防事业的乔登江[J]. 苏大校友,2004(1):58 - 59.

郝 洪,姚佳佳,钱小萍. 丝绸路上啼血杜鹃[J]. 苏大校友,2004(2):54 - 55. 选自 1999 年 10 月 13 日人民日报"华东人物"《五十年五十人》.

王炜. 服务公众:高志凯[J]. 苏大校友,2005(1):58 - 59.

佚名. 雪地天晴朗 又闻腊梅香——纪念著名音乐家、原江苏师范学院艺教系主任刘雪庵[J]. 苏大校友,2005(2):55 - 60. 选自《刘雪庵作品选》,本刊略作删改,标题选自周小燕纪念刘雪庵的诗句.

徐歌. 四十寒暑情系蚕与桑——记广西家蚕遗传育种学科带头人顾家栋[J]. 苏大校友,2006(1):37 - 39.

林锡旦. 程有庆:曾借化工理 勤栽桃李妍[J]. 苏大校友,2006(1):52 - 57.

郑辟疆. 省女蚕所负时代之任务及今后之改进[J]. 江苏教育(苏州 1932),1933,2(5):36 - 38.

费达先,曹鄂. 经纶天下 衣被苍生 挽回权利 谁之任? 我国现代蚕丝科技革新的先驱者——郑辟疆[J]. 学会,1994(07).

燕明. 史量才与申报流通图书馆[J]. 福建图书馆理论与实践,2004(2):(封三)57.

傅国涌. "报有报格":史量才之死[J]. 书屋,2003(8):19 - 24.

彭年德. 爱国报人史量才[J]. 江苏地方志,2001(1):38 - 39.

庞荣棣. 一代报王史量才[J]. 人物,2000(4):37 - 44.

庞荣棣. 史量才和他的朋友们[J]. 上海滩,2000(1):34 - 37.

庞荣棣. 为历史留下一份可信的资料:纪念史量才诞辰 120 周年[J]. 新闻记者,2000(1):67 - 68.

张允若. 办报和治史:从史量才的办报思想谈起[J]. 新闻传播,1997(5):36 - 37,39.

陈少鹏. 报业大王史量才[J]. 历史学习,1996(4):24 - 25.

吉家友. 史量才的办刊活动及编辑思想[J]. 信阳师范学院学报,1995,15(3):106 -110.

周幼瑞. 邹韬奋与史量才[N]. 人民政协报,1990 - 11 - 16:3.

凌其翰. 我所知道的史量才先生[N]. 团结报,1984 - 11 - 03:4.

马荫良. 一位爱国的新闻事业家——纪念史量才先生殉难五十周年[J]. 新闻记者,1984(11):11.

柳中燨. 与史量才接触往事[J]. 人物,1982(5):103.

陆诒. 我所接触的史量才[J]. 新闻研究资料,1982(总 16 辑):178.

马荫良. 史量才接办申报初期史料[J]. 新闻研究资料,1980(5 辑):153.

顾景超. 纪念史量才先生[J]. 生力,1936(2):40.

黄炎培. 史量才先生之生平[J]. 人文(上海 1930),1934,1 - 2.

佚名. 报业巨子史量才[J]. 苏大校友,2004(2):27－29. 选自《中华长江文化大系》.

杨守松,吴靖宇. 人到无求品自高:记我国蚕丝专家费孝通胞姐费达生[N]. 文汇报,1997－01－20:12.

吴友松. 春蚕吐丝丝不尽——访苏州市政协副主席、蚕丝专家费达生[N]. 新华日报,1987－07－27:4.

邵湘华. 春蚕吐丝丝成锦——记费达生先生的青年时代[J]. 陕西青年,1982(11):6.

米叶. 蚕丝革命战士女厂长费达生[J]. 人物杂志,1949(三年选集):16－19.

池田宪司,周德华. 费达生与中国蚕业改革[J]. 国外丝绸,2002(2).

王小霞,陆玉琴. 名人相册费达生[J]. 档案与建设,2005(12).

沈国抚. 新中国蚕丝事业的奠基人——记当代黄道婆费达生二、三事[J]. 人才开发,2003(11). 期刊网.

黄扬,谢舜方. 当代"黄道婆"——记著名女蚕丝专家费达生[J]. 苏大校友,2004(1):60－61.

琇文. 莫道桑榆晚 奉献在丝绸——记江苏蚕业领路人、"老厅长"朱竹雯[J]. 苏大校友,2004(1):45－46.

陈向斌. 丝毫之间天地宽——记中国现代蚕业科学家刘仕贤[J]. 苏大校友,2004(2):34－35. 根据原文略作删改.

彭铭华. "蚕桑女"传奇——记奉献蚕桑事业的浦玉华校友[J]. 苏大校友,2005(1):46－48.

云蚕. 情系紫荆关——记蚕桑专家、优秀共产党员陆锡芳校友[J]. 苏大校友,2005(2):49－50.

珍珏. 纺织锦绣蚕文化的人——记蚕业科学家、蚕业教育家徐俊良[J]. 苏大校友,2006(2):40－41.

金琇珏. 情系蚕桑的热心人——记离休教授高级农艺师孙肇钰[J]. 苏大校友,2007(1):56－57.

佚名. 苏州丝绸工业专科学校在前进——郑辟疆委员的发言[N]. 人民日报,1960－04－10:18.

冯磊. 新者为元,时者为尚——王新元[J]. 苏大校友,2005(1):60－61.

北青. 王小选——当上新西兰议员的苏大人[J]. 苏大校友,2005(2):75－79.

雷全林. 李建华:续写"万事利"丝绸传奇[J]. 苏大校友,2006(1):58－60.

水木. 吹向进军国际市场的号角——记中国服装协会常务副会长蒋衡杰校友[J]. 苏大校友,2006(2):57－59.

佚名. 让丝绸这个国宝级的产品继续发扬光大——记中国丝绸工业总公司总经理兼中国丝绸协会副会长唐琳校友[J]. 苏大校友,2007(1):62－64.

孙健. 赤子之情——访苏州医学院院长杜子威教授[N]. 人民日报:海外版,1985－11－27:2.

叶成华. 为治疗脑神经疾病探新路——记苏州医学院副院长杜子威教授[N]. 光明日报,1983－05－30:2.

叶成华. 愿作春风鼓征帆——记六届人大代表、苏州医学院副院长杜子威教授[N]. 健康报,1983－06－16：2.

周昭先.一位归国博士的情怀——访苏州医学院副院长杜子威教授[N].人民日报,1983－10－21：3.

吕国庆.发奋攻难关,一载胜三年——记北大毕业生、苏州医学院讲师阮长耿[N].北京日报,1982－06－14：2.

张秀亚.传记：张謇(一八五三至一九二六)[J].大众知识(北平),1936,1(4)：32－37.

傅任敢.振兴南通教育蔚为全国模范的张謇先生,近代中国教育人物像传之一：(照片)[J].中华教育界,1936,23(9)：1.

陈本铭.论张謇的教育思想和办学活动[J].福建师范学院学报,1963(1)：41.

陈乃林.试论张謇的实业教育思想[J].扬州师院学报(社科版),1981(2)：96.

王梦凡.张謇的教育思想及其所提倡的教育事业[J].河北师范大学学报(哲社版),1983(1)：73.

颜世贵."祖国有我用武之地"——访六届全国人大代表、归侨杜子威[N].人民日报,1983－06－14：4.

陈毅贤.宝刀不老：记南通医学院程达人教授[J].人物,1992(6)：126－131.

黄菊盛.张謇与私立南通医学专门学校[J].档案与建设,2003(3).期刊网.

何玉叶,张廷栖.张謇与南通大学前身之一的南通医学专门学校[J].南通大学学报(教育科学版),2005(2).期刊网.

孙如溶.一位研究"人类保护神"的人——记农工党员、苏州医学院博士生导师江家贵[J].前进论坛,1998(7).期刊网.

舒怀.状元张謇[J].苏大校友,2005(1)：28－31.

佚名.广育桃李满天下——记中国现代神经外科事业的奠基人之一杜子威博士[J].苏大校友,2004(1)：47－48.

耿新芳.追求与探索是科学生涯中的永恒主题——记挑战恶性肿瘤的首席科学家詹启敏校友[J].苏大校友,2004(2)：36－37.

吴强.殷殷游子意　脉脉浦东情——二访浦东新区南医院院长、留日博士刘卫东校友[J].苏大校友,2005(1)：49.

王馨荣.医界翘楚陈明斋[J].苏大校友,2005(2)：51－54.

王馨荣.驰骋医苑攻血癌 德术双馨誉杏林——记中华医学会资深会员、著名血液病学专家陈悦书[J].苏大校友,2006(1)：40－43.

欣荣.杏林耕耘结硕果 良言嘉兴育英才——记骨科专家唐天驷[J].苏大校友,2006(2)：42－45.

张苏娅.记儿科专家陈务民教授[J].苏大校友,2007(1)：61－62.

马亚中.钱仲联先生对学术文化与教育事业的贡献[J].苏州大学学报,2004,20(1)：59－60.

罗时进.钱仲联先生临终时刻[J].苏州大学学报,2004,20(1)：62.

钱仲联,涂晓马.犹有壮心歌伏枥：钱仲联先生访谈录[J].文艺研究,2003(5)：66－75.

马亚中,严明,赵杏根.钱仲联先生教学治学笔谈[J].苏州大学学报,1997(4)：44－

50.57.
李志成.治学篇——苏州大学钱仲联教授访问记[N].新华日报,1985-11-14:4.
柴邦衡.柴德赓与苏州[J].民主,2007(6):38-40.
吴竞.缅怀柴德赓主任[J].民主,2006(9):40-42.
王国平,许金芳.现代已故史学家·董蔡时[G].//中国历史学年鉴1998.北京:三联书店,2000.
宋智.在敬文精神的鞭策中成长——记"长江计划特聘教授"马余强校友[J].苏大校友,2005(2):73-74.
郁乃尧.中国当代帛画第一人——董文政和他创造的吴默画[J].苏大校友,2007(1):58-61.

教学科研

四一.文化情报:关于东吴法科[J].社会新闻,1932,1(16):345-346.
彭文馀.东吴体育纪略[J].东吴年刊,1929(1):195.
唐纳.培养中国的近代法律家:东吴大学法学院[J].比较法研究,1996,10(2):185—210
杨大春.西学东渐与上海近代法律教育——以东吴法学院为中心[J].法治论丛,2006(6).
佚名.无锡国专续办文书科[J].正谊(桂林),1944,3(7):14.
佚名.消息汇志:四、社会教育司司长陈礼江谈电教设施情形[J].全国学术工作咨询处月刊,1936,2(9):57-58.
佚名.陈礼江先生讲:江苏省立教育学院实况(续):第二是试验研究[J].国立四川大学周刊,1935,4(11):3-4.
佚名.江苏师范学院中文系成立明清诗文研究室[J].文学研究动态,1981(7):13.
桑戈.巩固和发展无产阶级文化大革命的伟大成果:教改的闯将——江苏师范学院中文系改革文艺理论课教学方法的前后[N].新华日报,1974-03-19:3.
佚名.苏医政学院创设农村医药初级服务员训练班[J].中华医学杂志(上海),1935,21(7):822-823.
佚名.组织及学制:国立江苏医学院组织大纲[J].国立江苏医学院十周年纪念特刊,1948(特刊):98-101.

学生运动与活动

木易.从东吴大学看"收回教育权运动"[J].苏州大学学报,1989(4):135-140.
振德.东吴大学音乐团小史[J].东吴年刊,1929(1):239.
佚名.东吴义务夜校概况[J].老少年,1931,8(5):5-6.
赵寿昌.东吴一中学生会会史[J].东吴年刊,1930(2):295.
佚名.东吴青年会会史[J].东吴年刊,1929(1):233.
佚名.东吴摄影学会小史[J].东吴年刊,1929(1):247.
赵紫宸.东吴学堂青年会之历史[J].青年,1911,14(8):171-172.

佚名. 远东军事法庭中之东吴同学[J]. 老少年,1947(复刊号): 8.

宝珊. 惠寒小学小史[J]. 东吴年刊,1929(1): 235.

佚名. 记事: 惠寒小学暑假休业式[J]. 东吴,1931,1(1): 83 - 84.

佚名. 他还像我们贫下中农——记苏州蚕桑专科学校工农兵学员邢向元[N]. 新华日报,1975 - 05 - 08: 2.

佚名. "我们工人阶级的大学生!"——记苏州丝绸工学院工人试点班学员回厂后的事迹[N]. 新华日报,1974 - 05 - 01: 3.

王河. 叫化子变成了医学生——苏州医学院医疗系六一级甲班钟德才同学的家史[N]. 健康报,1964 - 01 - 29: 4.

何焕奎. 勗南通学院医科毕业同学[N]. 社会医报,1932(169): 3091 - 3092.

灵灵,冯菲. 追梦少年的创业路——苏大毕业生冲击《创智赢家》大奖[J]. 苏大校友,2006(2): 60.

其　他

沈体兰. 纪事: 东吴学报之胚胎[J]. 东吴学报,1919,1(1): 86.

许润元. 东吴大学论(一)[J]. 中国学生(上海 1935),1937,4(7): 4 - 5.

许润元. 东吴大学论(二)[J]. 中国学生(上海 1935),1937,4(8): 4 - 5.

玄黄. 东吴大学[J]. 中学生,1937(76): 121 - 124.

王君纲. 东吴大学: 附照片[J]. 中国学生(上海 1929),1929,1(9): 12 - 13.

严枚. 参观苏州东吴大学感言(附图)[J]. 中华教育界,1914 - 07 - 15,第 19 号[第 3 卷第 7 期].

郑敏.《东吴月报》——中国最早的大学学报[J]. 杭州师范学院学报(社会科学版),1995(2). 期刊网.

沧浪之魂. 辉煌与消逝? ——东吴大学之命运[EB/OL]. google 网上.

蒋源. 老东吴回忆——东吴大学的第一年刊[EB/OL]. google 网上.

佚名. 东京审判——庭审旧闻[Z]. 2006 - 04 - 30. 苏大档案馆全宗号 3 长 172.

谢政谕. 百年来东吴大学中西学术融贯之研究——从历任校长治校理念谈起[G]. //东吴大学校史研究小组. 东吴大学建校百年校史学术研讨会论文集. 台北: 东吴大学印行.

佚名. 江苏教育概况: 江苏省立教育学院[J]. 江苏教育(苏州 1940),1943,6(2): 29 -31.

佚名. 江苏教育概况(续): 江苏省立教育学院[J]. 江苏教育(苏州 1940),1943,6(3): 40 - 42.

佚名. 江苏教育概况(续): 江苏省立教育学院[J]. 江苏教育(苏州 1940),1943,6(4): 6 - 9.

佚名. 专载: 陈礼江先生讲: 江苏省立教育学院实况[J]. 国立四川大学周刊,1935,4(10): 2 - 5.

高践四,金海同. 江苏省立教育学院工作概况[J]. 山东民众教育月刊,1932,3(7): 101 -115.

佚名. 江苏省立教育学院的恢复与新生[J]. 苏州大学(原江苏教育学院),南京校友分会,2006(49).

张英霖.名园与高校结缘的一段史话——写在拙政园新立《社教学院址记》碑碣之时[J].苏大校友,2006(2):27-29.

佚名.为充实与提高中等教育师资队伍作出了贡献　江苏师范学院纪念建院十周年[N].新华日报,1962-10-28:1.

高虹.江苏师范学院的财务管理工作[J].人民教育,1955(4).

邓学基.苏州丝绸工学院图书馆在前进[J].江苏图书馆工作,1986(1):90.

佚名.让春风吹进青年人的心田——苏州丝绸工学院教师认真做好学生的思想政治工作[N].新华日报,1981-02-18(2).

蒋晓虹.从苏医毕业生情况看我院教学和德育工作成效及改进的思路[J].苏州医学院学报,1999(10).

胡周,淑安,胡定安.国立江苏医学院院歌(歌曲)[J].国立江苏医学院十周年纪念特刊,1948(特刊):1.

后　记

本书的问世，凝聚着众人的辛劳。编辑过程中，我们得到苏州大学校领导、发展委员会办公室和图书馆领导的热诚关心和大力支持。在搜集资料和整理过程中，张云坤、孙红娣、秦猛猛、马海涛、孙志军、邓通、刘峰、李婧、江静、余静等给了我们极大的帮助。出版社施放、陈少英、谢长耕等老师，对本文集的材料和编辑提出了不少有益的修改意见。谨此致以诚挚的感谢！本书编辑难免疏漏之处，热诚希望得到大家指正。

编　者

2008 年 10 月